Geschäfte einer US-Corporation
im Eigen- oder Fremdinteresse
ihrer Directors oder Officers

Europäische Hochschulschriften Recht

European University Studies in Law

Publications Universitaires Européennes de Droit

Band/Volume **6260**

Mario Pälicke

Geschäfte einer US-Corporation im Eigen- oder Fremdinteresse ihrer Directors oder Officers

Eine Analyse der Entwicklung des Richter- und Gesetzesrechts am Beispiel der General Corporation Laws in Delaware, Kalifornien und New York

PETER LANG

Bibliografische Information der Deutschen Nationalbibliothek
Die Deutsche Nationalbibliothek verzeichnet diese Publikation in der Deutschen Nationalbibliografie; detaillierte bibliografische Daten sind im Internet über http://dnb.d-nb.de abrufbar.

Zugl.: Frankfurt (Main), Univ., Diss., 2018

D 30
ISSN 0531-7312
ISBN 978-3-631-85670-3 (Print)
E-ISBN 978-3-631-86294-0 (E-PDF)
E-ISBN 978-3-631-86731-0 (EPUB)
DOI 10.3726/b19040

Peter Lang – Berlin · Bern · Bruxelles · New York · Oxford · Warszawa · Wien

Diese Publikation wurde begutachtet.

www.peterlang.com

Vorwort

Die vorliegende Abhandlung wurde im Sommersemester 2018 von der Rechtswissenschaftlichen Fakultät der Goethe Universität Frankfurt/M. als Dissertation angenommen. Tag der mündlichen Doktorprüfung war der 21.08.2018. Für die Publikation wurden Literatur und Rechtsprechung bis zum Juli 2018 berücksichtigt.

Mein herzlicher Dank gilt meinem hochverehrten Doktorvater Herrn Professor Dr. *Hans-Joachim Mertens*, der mich in meiner Zeit als wissenschaftlicher Mitarbeiter am Institut für Ausländisches und Internationales Wirtschaftsrecht in Frankfurt/M. in der Verfolgung meines Promotionsvorhabens bestärkt und gefördert hat. Eng verbunden fühle ich mich ihm gegenüber aufgrund des mir gewährten Freiraums bei der Konzeption und Ausarbeitung dieser Dissertation.

Herrn Professor Dr. *Andreas Cahn*, LL.M. danke ich für die zügige Erstellung des Zweitgutachtens. Ebenso danke ich Herrn Professor Dr. *Peter von Wilmowsky* für die Übernahme des Vorsitzes in der Disputation.

Zu Dank verpflichtet bin der University of Pennsylvania und der University of California, Berkeley für die Nutzung der Bibliothek und Datenbanken während meiner beiden Forschungsaufenthalte in den USA.

Das Erstellen dieser Abhandlung ist mir durch vielfältige Unterstützung erleichtert worden. Dank schulde ich vor allem Frau Rechtsreferendarin *Sophie Starcik* für die zeitintensive Redigation des Manuskripts sowie für die sich daraus ergebenden Anregungen.

Besonderer Dank gilt ferner meinen Eltern, *Rosemarie* und *Rolf H. Pälicke*, sowie meiner lieben Großmutter, *Margarete Pälicke* - in stiller Verbundenheit, welche meine umfassende Ausbildung stets wohlwollend und in jeder Hinsicht großzügig unterstützt und gefördert haben.

Von Herzen danke ich meiner lieben Ehefrau, *Nicole A. Pälicke*, für ihre stete Ermutigung und ihr Vertrauen. Meinem kleinen Sohn, *Maximilian N. Pälicke*, danke ich für sein Lächeln, das mir stets energiespendende Motivation gewesen war. Ihnen beiden ist meine Dissertation gewidmet.

Frankfurt am Main, im August 2018 *Mario Pälicke*

Inhaltsverzeichnis

Abkürzungsverzeichnis

A.	Atlantik Reporter (Regionalfallrechtssammlung)
A.2d.	Atlantik Reporter 2d Series (Regionalfallrechtssammlung)
a.A.	andere Ansicht
a.a.O.	am angegebenen Ort
a.B.	am Beispiel
ABA	American Bar Association
A.B.A.J.	American Bar Association Journal
Abs.	Absatz/Absätze
abzgl.	abzüglich
A.&E. E.L.	The American and English Encyclopedia of Law
a.F.	alte Fassung
aff'd	affirmed
Ala.L.Rev.	Alabama Law Review
Alb.L.Rev.	Albany Law Review
ALI	American Law Institute
A.L.R.	American Law Reports
Alt.	Alternative
Am.	American
Am.Bank.L.J.	American Bankruptcy Law Journal
Am.Bus.L.J.	American Business Law Journal
Am.Bus.L.J.	American Business Law Journal
am'd	amended
Am.Jur.2d Corp.	American Jurisprudence Corporations, 2d Series
Am.L.Reg.	American Law Register
Am.L.Rep.	American Law Reports
Am.L.Rev.	American Law Review
Am.U.L.Rev.	American University Law Review

Co.	Company
Col.L.Rev.	Colorado Law Review
Colum.L.Rev.	Columbia Law Review
Colum.Bus.L.Rew.	Columbia Business Law Review
Colum.J.Asian L.	Columbia Journal of Asian Law
Colum.J.L.& Soc. Probs.	Columbia Journal Law & Social Problems
Cong.	Congress
Cong.Rec.	Congressional Record
Corp.	Corporation(s)
Corp.L.Rev.	Corporation Law Review
Corp.&Sec.L.Advisor	Corporate & Securities Law Advisor
Creighton L.Rev.	Creighton Law Review
C.L.P.	Current Legal Problems
Const.	Constitution
Cornell L.Q.	Cornell Law Quarterly
Cornell L.Rev.	Cornell Law Review
Ct.	Court
Ct.App.	Court of Appeals (Federal)
Ct.Err.&App.	Court of Errors and Appeals
D.	Digests
Del.	Delaware
DGCL	Delaware General Corporation Law
D.Del.	District of Delaware
Del.Code.Ann.	Delaware Code Annotated
Del.Ch.	Delaware Chancery Court
Del.J.Corp.L.	Delaware Journal of Corporate Law
Del.Super.	Delaware Superior Court
DePaul B.&C.L.J.	DePaul Business & Commercial Law Journal
Den.L.J.	Denver Law Journal

DePaul L.Rev.	DePaul Law Review
Dept.	Department
ders./dies.	derselbe/dieselben
Deriv.Litig.	Derivative Litigation
Dick.L.Rev.	Dickinson Law Review
dissm' o.o.g.	dismissed on other grounds
Dist.	District
Div.	Division
d.h.	das heißt
Duke L.J.	Duke Law Journal
E.	East(ern)
ed.	Edition
E.D.	Eastern District
Eng.Rep.	English Reports
Emory L.J.	Emory Law Journal
et al.	et alii
Eq.	Equity
F.	Federal Reporter
f., ff.	folgende, fort folgende
Fla.	Florida
Fla.B.J.	Florida Bar Journal
Fla.St.U.L.Rev.	Florida State University Law Review
Fn.	Fußnote(n)
Ford.L.Rev.	Fordham Law Review
F.R.C.P.	Federal Rules of Civil Procedure
F.Supp.	Federal Supplement
Ga.	Georgia
Ga.L.Rev.	Georgia Law Review

Geo.L.J.	Georgetown Law Journal
Geo.Wash.L.Rev.	George Washington Law Review
Glpkt.	Gliederungspunkt
Harv.L.Rev.	Harvard Law Review
Harv.J.L.	Harvard Journal on Legislation
Hrsg./hrsgg.	Herausgeber/herausgegeben
Hofstra L.Rev.	Hofstra Law Review
HS	Halbsatz
Houst.L.Rev.	Houston Law Review
i.A.a.	in Anlehnung an
I.C.C.L.J.	International and Comparative Corporation Law Journal
i.d.R.	in der Regel
i.H.v.	in Höhe von
Ill.	Illinois
Ill.BJ.	Illinois Bar Journal
Inc.	Incorporated
Ind.	Indiana
Ind.L.J.	Indiana Law Journal
Iowa L.Rev.	Iowa Law Review
i.S.v.	im Sinne von insgesamt
i.V.m.	in Verbindung mit
i.V.z.	Im Vergleich zu
J.	Journal
J.Acc.&Econ	Journal of Accounting and Economics
J.Bus.L	Journal of Business Law
J.Corp.L.	The Journal of Corporation Law
J.Fin.Eco.	Journal of Financial Economics

J.L.Econ.&Org.	Journal of Law, Economics & Organizations
Jh.	Jahrhundert
J.L.Stud.	Journal of Legal Studies
J.M.L.Rev.	John Marshall Law Review
J.Small & Emerging Business Law	Journal of Small & Emerging Business Law
Jur.	Jurisprudence
Juid.Rev.	Juridical Review
Kan.	Kansas
Kann.L.Rev.	Kansas Law Review
Ky.	Kentucky
Ky.L.J.	Kentucky Jaw Journal
L.	Law
Law.	Lawyer
L.Hist.Rev.	Law and History Review
lit.	litera
L.J.	Law Journal
Loy.L.A.L.Rev.	Loyola of Los Angeles Law Review
L.Q.Rev.	Law Quarterly Review
Louis.L.Rev.	Louisiana Law Review
L.Rev.	Law Review
L.&Contemp.Probs.	Law and Contemporary Problems
Marq.L.Rev.	Marquette Law Review
Mass.	Massachusetts
MBCA	Model Business Corporation Act
Md.	Maryland
Me.	Maine
Mich.	Michigan
Mich.L.Rev.	Michigan Law Review

Mich.St.L.Rev.	Michigan State Law Review
Minn.	Minnesota
Minn.La.Rev.	Minnesota Law Review
misc.	miscellaneous
Misso.	Missouri
Misso.L.Rev.	Missouri Law Review
Mio.	Millionen
mod'd	modified
m.N.	mit Nachweisen
m.N.d.	mit Nachweisen dazu
(j.)m.V.a.	(jeweils) mit Verweis auf
(j.)m.V.d.	(jeweils) mit Verweis darauf
m.w.N.	mit weiteren Nachweisen
N.	North(ern)
NASDAQ	National Association of Securities Dealers Automated Quotation
NASDAQ E.R.	NASDAQ Equity Rules
N.C.	North Carolina
Neb.L.Rev.	Nebraska Law Review
n.F.	neue Fassung
Nev.	Nevada
No.	Number
N.C.Rep.	North Carolina Reports
N.H.	New Hampshire
N.J.	New Jersey
Notre Dame L.Rev.	Notre Dame Law Review
N.W.	North Western Reporter
N.W.2d	North Western Reporter 2d Series
Nw.U.L.Rev.	North Western University Law Review
N.Y.	New York, New York Reporter
N.Y.2d	New York Reporter 2d Series

NYBCL	New York Business Corporation law
NYNPCL	New York Not-For-Profit Corporation law
N.Y.C.P.	New York Common Pleas
N.Y.S.	New York Supplement
N.Y.S. 2d	New York Supplement 2d Series
N.Y.L.J.	New York Law Journal
NYSE	New York Stock Exchange
NYSE L.C.M.	New York Stock Exchange Listed Company Manual
NYSE A.C.G.	New York Stock Exchange American Company Guide
N.Y.Times	New York Times
N.Y.U.L.Rev.	New York University Law Review
N.Z.L.Rev.	New Zealand Law Review
Ohio St.L.J.	Ohio State Law Review
Ohio St.L.J.	Ohio State Law Journal
Ore.L.Rev.	Oregon Law Review
o.o.g.	on other grounds
op.	opinion
Ox.J.Leg.S.	Oxford Journal of Legal Studies
P.	Pacific Reporter
P.2d	Pacific Reporter 2d Series
p.	Page
Pa.	Pennsylvania
PALI	Principles (of Corporate Governance) of the American Law Institute
Penn.St.L.Rev.	Pennsylvania State Law Review
Pepp.L.Rev.	Pepperdine Law Review
PLI/Corp.	Practicing Law Institute Corporate Law
Q.	Quarterly

rearg. denied	reargument denied
reh'g denied	rehearing denied
Rn.	Randnummer
repr'd	reprinted
rep'd	repealed
Rev.	Review
rev'd o, o.g,	reversed on other grounds
RIW	Recht der Internationalen Wirtschaft
Rn.	Randnummer
S.	Seite(n) / Satz / Southern
s.	siehe
SA	Securities Act of 1933
S.C.	South Carolina
sec.	Section
S.Cal.L.Rev.	Southern California Law Review
S.Ct.	Supreme Court
S.D.	Southern District
S.E.	Southern Reporter
S.E.2d	Southern Reporter 2d Series
Seattle U.L.Rev.	Seattle University Law Review
SEA	Securities and Exchange Act of 1934
SEC	Securities and Exchange Commission
Sec.Reg.L.J.	Securities Regulation Law Journal
Sec.Reg.&L.R..	Securities Regulation & Law Report
sect.	section
seq.	Sequi
s.i.e.	siehe im einzelnen
slip op.	slip opinion (vs. bench opinion)
SMU L.Rev.	Sothern Methodist University Law Review

sog.	sogenannt
SOA / SOX	Sarbanes-Oxley Act
Stan.L.Rev.	Stanford Law Review
Stat.	Statutes, Sammlung der Bundesgesetze
St.L.U.L.Rev.	St. Louis University Law Review
St.John's L.Rev.	St. John's Law Review
S.U.L.R.	Southern University Law Review
Suff.U.L.Rev.	Suffolk University Law Review
Sup.Ct.	Supreme Court
Super.Ct.	Superior Court
Supp.	Supplement
S.W.	South Western Reporter
S.W.2d	South Western Reporter 2d Series
Sw.U.L.Rev.	Southwestern University Law Review
Tenn.L.Rev.	Tennessee Law Review
Tex.L.Rev.	Texas Law Review
tit.	Title(s)
Tul.L.Rev.	Tulane Law Review
U./Univ.	University
u.a.	unter anderem; und andere
UALR L.J.	University of Arkansas at Little Rock Law Journal
U.Balt.L.Rev.	University of Baltimore Law Review
UCC	Uniform Commercial Code
U.C.Davis L.Rev.	University of California at Davis Law Review
U.Chi.L.Rev.	University of Chicago Law Review
U.Cin.L.Rev.	University of Cincinnati Law Review
UCLA L.Rev.	University of California at Los Angeles Law Review
U.Det.L.J.	University of Detroit Law Journal
U.Ill.L.Rev.	University of Illinois Law Review

U.Ill.L.F.	University of Illinois Law Forum
U.Kan.L.Rev.	University of Kansas Law Review
U.L.A.	Uniform Laws Annotated
UMKC L.Rev.	University of Missouri at Kansas City Law Review
U.Pa.L.B.L.	University of Pennsylvania Journal of Business Law
U.Pa.L.Rev.	University of Pennsylvania Law Review
ursp.	ursprünglich
U.S.C.	United States Code
U.S.F.L.Rev.	University of San Francisco Law Review
usw.	und so weiter
U.S.	United States Reports
USA	United States of Amerika
U.S.C., U.S.C.A.	United States Code, United States Code Annotated
Utah L.Rev.	Utah Law Review
U.To.L.Rev.	University of Toledo Law Review
U.Toronto L.J.	University of Toronto Law Journal
v. (vs.)	versus
Va.	Virgina
Va.L.Rev.	Virginia Law Review
Valp.L.Rev.	Valparaiso University Law Review
Vand.L.Rev.	Vanderbilt Law Review
vgl.	vergleiche
Ves.Sen. / Ves.Jr.	Reports of cases argued and determined in the High Court of Chancery
vertd.	vertiefend
Vill.L.Rev.	Villanova Law Review
Vol.	Volume
W.	West(ern)

Wash.	Washington
Washb.L.Rev.	Washburn Law Review
Wash.&Lee L.Rev.	Washington & Lee Law Review
Wash.U.L.Rev.	Washington University Law Review
Wash.U.L.Q.	Washington University Law Quarterly
W.F.L.Rev	Wake Forest Law Review
Wis.	Wisconsin
Wisc.L.Rev.	Wisconsin Law Review
WL	Westlaw
Wm.&Mary L.Rev.	William & Mary Law Review
Wm.Mitch.L.Rev.	William Mitchell Law Review
W.Va.L.Rev.	West Virginia Law Review
www	world wide web
Yale L.J.	Yale Law Journal
Vill.L.Rev.	Villanova Law Review
z.B.	zum Beispiel
Ziff.	Ziffer
zugl.	Zugleich
zusfd	zusammenfassend
zustd.	zustimmend
zzgl.	zuzüglich
=	entspricht
$	US Dollar

US-Aufsätze und Urteile werden so zitiert, wie es in de USA üblich ist:

Aufsätze: Autor, Jahrgang, Titel der Zeitschrift, erste Seite, Fundstelle, Erscheinungsjahr

Urteile: Prozessparteien, Band, Urteilssammlung, erste Seite, Fundstelle, Gericht, Jahr des Urteils

Ansonsten entsprechen die Abkürzungen:

Duden, Konrad: Duden - die deutsche Rechtschreibung, 27. Auflage,

Mannheim/Leipzig/Wien/Zürich, 2017

Kirchner, Hildebert / Abkürzungsverzeichnis der Rechtssprache
8. Auflage, Berlin, 2015

§ 1 Einleitung

A. Einführung in die Thematik

Im Fokus dieser Arbeit steht die Frage nach der historischen Entwicklung und dem Zusammenspiel der einst durch Richterrecht geschaffenen und später zum Teil kodifizierten Kriterien zur Beurteilung der Rechtsgültigkeit von Verträgen oder Transaktionen einer US-amerikanischen Business Corporation (nachfolgend „Corporation") in Fällen, in denen einer oder mehrere ihrer *directors* oder *officers* (nachfolgend „Leitungsorgane")[1] auf Seiten der Gegenpartei faktisch oder rechtlich agieren und hierbei ein eigenes oder sachfremdes Interesse verfolgen. Die Frage nach der Korrelation dieser durch Gesetzes- und Richterrecht geschaffenen Kontrollkriterien stellt sich seit Inkrafttreten der gemeinhin als „*safe-harbor rules*"[2] benannten Gesetzesvorschriften[3], mittels derer in der 2. Hälfte des 20. Jahrhunderts nahezu alle einzelstaatlichen Gesetzgeber auf eine über Jahrzehnte hinweg divergierende Judikatur zur Beurteilung solcher Verträge und Transaktionen (gemeinsam nachfolgend auch „Geschäfte") reagiert haben[4]. Diesen *safe-harbor rules* zufolge sollen Geschäfte einer Corporation weder nichtig noch anfechtbar sein aufgrund des in der Regelung beschriebenen Eigen-/Fremdinteresses eines oder mehrerer ihrer *directors*

---

1 Neben dem Terminus „Leitungsorgane" werden fortan als Synonyme für eine Bezeichnung der *directors* und *officers* einer Corporation die Worte Exekutivmitglieder; Verwaltungsorgane; Unternehmens- und Geschäftsleiter gebraucht. Ungeachtet einer formaljuristischen Bestimmung trägt die terminologische Zusammenfassung beider Personengruppen der Tatsache Rechnung, dass *officers* nicht selten aus dem Kreis des *board of directors* entstammen und mit der Führung der Geschäfte einer Corporation betraut werden. Dogmatisch gesehen fehlt allerdings dem Amt eines *officer* der Organcharakter. Vgl. eingehend zu den beiden Amtsträgern unter Glpkt. § 2 A. II.

2 Im Folgenden werden Begriffe aus der anglo-amerikanischen Rechtssprache, mit Ausnahme des Terminus ‚Corporation' in kursiver Schriftform und durch Kleinschreibung gekennzeichnet, soweit sie nicht der Beschreibung von Fundstellen oder Gerichtsentscheiden dienen.

3 So z.B. Holtz, 28 Suffolk U.L.Rev. 93, 105 (1994); Orlinsky, 24 Del.J.Corp.L. 451, 508 Fn.296 (1999); Daniel, 40 Vand.L.Rev. 663, 683 (1987). Als *safe-habour* gilt ein Zustand bestimmter Rechtssicherheit.

4 Siehe zur divergierenden Rechtsprechung des 19. und 20. Jahrhunderts unter Glpkt. §§ 5–6.

(oder *officers*)[5], sofern sie durch entsprechenden Beschluss des *board of directors* oder der Aktionäre der Gesellschaft autorisiert oder aus deren Sicht angemessen ausgehandelt worden sind[6].

Obschon die Einführung der Vorschriften insoweit zur Rechtssicherheit und -klarheit beigetragen hat, als das Eigen-/Fremdinteresse eines Leitungsorgans nach entsprechender Autorisierung des Geschäfts keinen Anfechtungsgrund mehr darstellt, so wird doch seither in der Wissenschaft kontrovers diskutiert, ob das Geschäft schon durch die Einhaltung der Gesetzesnorm einen ‚sicheren Hafen' erlangt, so dass sich eine beschränkte richterliche Überprüfung des Geschäfts nach Maßgabe der geltenden „*equitable common law rules*" rechtfertigt[7]. Grund dafür bilden die Kontrollkriterien wie auch die disjunktive Ausgestaltung einer *safe-harbor rule*, wodurch die Frage ausgelöst wird, ob schon eine Zustimmung nach Maßgabe einer Norm imstande ist, den Rechtsstatus des Geschäfts der Corporation und/oder den gerichtlichen Maßstab für dessen Prüfung mit Blick auf die Verteilung der Beweislast zwischen den (Prozess-)Parteien nachhaltig zu beeinflussen. Eine unmissverständliche Antwort hierauf sind die Gerichte über lange Zeit hinweg schuldig geblieben, so dass sich aus deren Judikatur eine in der Literatur kontrovers geführte Debatte entwickeln konnte[8].

Vorzüglich veranschaulichen lässt sich diese Kontroverse am Beispiel der in den Jurisdiktionskreisen Delaware, Kalifornien und New York geltenden *safe-harbor rules*, weil die dortigen Gerichte schon im Vorfeld der einzelstaatlichen Gesetzgebung die Methodik zur rechtlichen Beurteilung der Wirksamkeit von Geschäften im Eigen-/Fremdinteresse von Exekutivmitgliedern im Wesentlichen mit geprägt haben. So ist die Judikatur der New Yorker Gerichte beispielhaft für die Rechtsfortbildung in diesem Bereich, da sich deren Sichtweisen und Argumente auch in Urteilen aus anderen Rechtsordnungen wiederfinden[9]. Das Recht von Kalifornien verdient deshalb Beachtung, weil dessen Gesetzgeber zu den Ersten gehörte, der sich in einer Kodifizierung der *equitable common law rules* versuchte, und dessen Gesetzentwurf für die Legislative in anderen

---

5 In der Regel gelten die Normen nur für die *board*-Mitglieder einer Corporation [so z.B. § 713 NYGCL; § 310 CGCL; §§ 8.60-8.63 MBCA]; nur wenigen *safe-harbor rules* erstrecken sich sowohl auf *directors* wie *officers* [so z.B. § 144 DGCL].

6 Vgl. MBCA Annotated Introduction, Vol. 1, XIX; Fletcher, Cyclopedia, § 931 (2016); Lane, Corporate Officers, § 4.01[E], 4-14 (2015).

7 Siehe zur Terminologie unter Glpkt. § 1. D. Fn. 35 ff.

8 Siehe zur Frage nach der Rechtswirkung der *safe-harbor rules* unter Glpkt. § 7 A. I. 3. b); § 7 A. II. 3. b); § 7 A. IIII. 3. b).

9 Siehe m.N. unter Glpkt. § 5 B. II.-IV und § 6 B. III.

Gliedstaaten beispielgebend in Wortlaut und Gestaltung einer Norm war[10]. Als eine Folge der Vorreiterschaft des Gesetzgebers waren es erstmalig auch die kalifornischen Richter, welche Stellung bezogen zur Frage des Zusammenspiels zwischen den *equitable common law rules* und den durch die *safe-harbor rule* statuierten Kriterien zur Beurteilung der Gültigkeit solcher Geschäfte[11]. Wiederum mit der Rechtsprechung der Delaware Gerichte lässt sich überzeugend der Nachweis führen, dass erst jüngste Urteile des Supreme Court und Chancery Court of Delaware dazu beigetragen haben, die Frage nach dem Zusammenspiel zwischen den gesetzlichen und richterrechtlichen Kontrollkriterien für Geschäfte im Eigen-/Fremdinteresse der Leitungsorgane einer Corporation klar zu beantworten[12]. Eine Analyse des im zweitkleinsten aller Gliedstaaten geltenden Rechts ist darüber hinaus gerechtfertigt, weil es über seine Grenzen hinaus als liberal und managementfreundlich gilt[13], was letztlich dazu führte, dass sich in Delaware die Mehrzahl aller bundesweit handelnden Corporations niedergelassen haben[14]. Die Tatsache, dass Delaware Urteile nach Ansicht anderer Gliedstaatengerichte als wegweisend gelten[15], lässt zudem erwarten, dass aus den jüngsten Entscheidungen des Delaware Supreme und Chancery Court Anleihen genommen werden mit der Folge, dass die von Seiten der Gesetzgeber mit der Einführung der *safe-harbor rules* angestrebte Harmonisierung der gerichtlichen

10 Siehe m.N. unter Glpkt. § 6 B. I. und § 7 B.

11 Siehe m.N. unter Glpkt. § 6 B. I. 2. b) bb).

12 Siehe m.N. unter Glpkt. § 7 A. I. 3. d).

13 Allen, 25 Del.J.Corp. L. 70, 71 (2000); Henn/Alexander, Corporations, § 92, S. 178 ff. (1983); Kaouris, 20 Del.J.Corp. 965, 973 (1995); DeMott, 48 L.&Cont.Probs., 161, 172 (1985), Hatzis-Schoch, RIW 1992, 539, 539, 541 f.; Teichmann, ZGR, 2017, 543, 545 ff..

14 In Delaware beheimatet sind mehr als 1 Mio. Unternehmen, darunter mehr als 50% aller börsennotierten US-Gesellschaften sowie 66% aller Fortune-500-Corporations und Tausende von Tochtergesellschaften von Unternehmen außerhalb der USA. Vgl. Ann. Report of the State of Delaware, Dep't. of State Division of Corporations; abrufbar unter Vertiefend dazu: Kaouris, 20 Del.J.Corp. 965, 966 ff. (1995); Romano, Genius, S. 39 ff. (1993); Romano, 1985 J.L.Econ&Org, 225 ff; Roe, 117 Harv.L.Rev. 588, 590 ff. (2003).

15 Vgl. Achey v. Linn County Bank, 931 P.2d 16, 21 (Kann.Sup.1997); Kamen v. Kemper Fin. Serv., Inc., 908 F.2d 1338, 1343 (7th Cir.1990), Detwiler v. Offenbecher, 728 F.Supp. 103, 147 Fn.17 (S.D.N.Y.1989); NCR Corp. v. American Tel. Co., 761 F.Supp. 475, 499 (S.D.Ohio 1991); m.w.N. zu den Gründen und im Vergleich zu anderen Staaten: Kahan/Kamar, 55 Stan.L. 679, 739 ff. (2002), Fleischer, FS Baums, Bd. 1, 2017, 417, 424 ff.

Methodik bei der Überprüfung solcher Geschäfte einer Corporation künftig auch in Urteilen aus den anderen Rechtsordnungen Ausdruck findet. Schließlich bietet sich eine Untersuchung der in den vorbenannten Bundesstaaten geltenden Normen an, weil sie zu den wenigen zählen, welche noch nicht dazu übergegangen sind, einen der Modellvorschläge zu übernehmen, die sich im *Model Business Corporation Act* (nachfolgend „MBCA") finden[16].

Angesichts der Relevanz des Analysegegenstands für das Verhältnis zwischen einer Corporation und deren Exekutivmitglieder haben sich bereits US-amerikanische[17] und deutsche[18] Autoren darin versucht, die Rechtsentwicklung zu Geschäften im Eigen-/Fremdinteresse von Unternehmensleitern darzulegen. Ebenso finden sich Schriften, in denen die Rechtsprechung Delawares zur Frage untersucht worden ist, ob eine den Vorgaben der dortigen *safe-harbor rule* genügende Autorisierung eines Geschäfts ausreicht, den an sich für Unternehmensbeschlüsse entwickelten gerichtlichen Prüfungsmaßstab zu beeinflussen[19]. In diesen Werken sind jedoch zahlreiche Bereiche wie Aspekte für eine sachgerechte Beurteilung von Geschäften einer Corporation im Eigen-/Fremdinteresse von Leitungsorganen unbehandelt geblieben. Fernerhin sind an den Schlussfolgerungen und erzielten Ergebnissen dogmatisch Zweifel anzumelden, so dass diese Arbeit dazu dienen soll, die noch bestehenden Lücken in anderen Werken zu schließen und eine Anregung dafür zu geben, die bislang vertretenen Rechtsauffassungen nochmals zu überdenken. Der Verfasser möchte folglich bestimmte bis dato in der Literatur publizierte Erkenntnisse und Thesen in Frage stellen und auf diese Weise zur Wiederbelebung der dazu einst geführten Diskussion beitragen. Zum besseren Verständnis der Problematik bleibt der Untersuchungsgegenstand daher nicht nur auf eine Darstellung und Erörterung des auf der Grundlage einer *safe-harbor rule* gesprochenen Rechts begrenzt, sondern wird gleichfalls die dem Gesetzesrecht zugrundeliegenden allgemeinen Rechtssätze beleuchten. Im Ergebnis soll der Leser nicht nur mit den einschlägigen Gesetzesnormen vertraut gemacht werden, sondern auch ein Hilfsmittel für Zwecke ihrer Auslegung und rechtskonformen Anwendung erlangen. Ein entsprechendes Bedürfnis hierfür rechtfertigt sich nicht zuletzt daraus, dass Gesetzesvorschriften, deren Wirkung unterschiedlich interpretiert werden kann, die

16 Siehe zum MBCA unter Glpkt. § 1 E.; siehe zu den *safe-harbor rules* des MBCA unter Glpkt. § 7 A. I. 3. c).

17 Siehe m.N. dazu unter Glpkt. § 5 C. I.

18 Siehe m.N. dazu unter Glpkt. § 5 C. II.

19 Siehe m.N. dazu unter Glpkt. § 7 A. I. 3. b).

gebotene Rechtsklarheit vermissen lassen. Für eine Corporation wie deren im Eigen-/Fremdinteresse agierenden Leitungsorgane hat dies zur Folge, dass die Frage nach dem rechtlichen (Fort-)Bestand eines Geschäfts noch Jahre später zum Gegenstand einer gerichtlichen Prüfung gemacht werden kann. Im Hinblick darauf dürfte es unerlässlich erscheinen, sachgerecht beurteilen zu können, innerhalb welcher Grenzen und nach welchen Beurteilungskriterien Geschäftsleiter berechtigterweise ein eigenes oder sachfremdes Interesse bei einem rechtsgeschäftlichen Handeln im Namen ihrer Gesellschaft verfolgen dürfen.

B. Terminologische Zuordnung

Geschäfte einer Corporation im Eigen-/Fremdinteresse eines oder mehrerer ihrer Exekutivmitglieder werden terminologisch der Rubrik der „*director/officer conflict of interest transactions*" zugeordnet[20]. Anlass hierfür bildet der Interessen- oder Pflichtenkonflikt von *directors* oder *officers* einer Corporation, wenn sie mit dem Geschäft der Corporation eigene oder sachfremde Interessen zu verwirklichen suchen und nicht ausschließlich zum Wohl der Gesellschaft und Gesamtheit ihrer Aktionäre gehandelt haben. Die Pflicht, allein das Gesellschafts- und Aktionärsinteresse mit entsprechender Sorgfalt zu wahren und zu fördern, folgt aus der Natur der Rechtsbeziehung zwischen dem Leitungsorgan und der Corporation, die eine Treuepflichtenbindung schon von Rechts wegen mit der Übernahme des Amtes entstehen lässt[21]. Die Treueverpflichtung rechtfertigt sich nicht zuletzt aus der unkörperlichen Gestalt einer Corporation, wodurch sie außerstande ist, einen natürlichen Willen zu bilden und eigenständig am Rechtsverkehr teilzunehmen oder rechtliche Erklärungen abzugeben[22]. Im rechtsgeschäftlichen Sinne handeln kann eine Corporation daher nur durch eine (kollektive) Willensbildung ihrer Organe oder durch ein wiederum seitens ihrer (Leitungs-)Organe autorisiertes Handeln eines entsprechend bevollmächtigten Vertreters[23]. Der aus dem Eigen-/Fremdinteresse von Geschäftsleitern entstehende Interessen-/Pflichtenwiderstreit lässt wiederum

---

20 Bainbridge, Corporation Law, § 7.2., S. 142 ff. (2009); Lazarus/McCartney, 36 Del.J. Corp.L. 967, 972 (2011); Gevurz, Corporation Law, § 4.2, S. 321 (2000); Pinto/Branson, Corporate Law, § 9.03, S. 223 f. (2004); Clark, Corporate Law, §. 4.1, S. 147, § 5, S. 159 (1986).

21 Siehe zur Herleitung und dem Gehalt der Loyalitätspflicht nebst seiner speziellen Ausfüsse unter Glpkt. § 4 A.-D.

22 Siehe m.N. zur Rechtsform der Business Corporation unter Glpkt. § 2 A. I.

23 Siehe m.N. zu den Organen und Vertretern einen Corporation unter Glpkt. § 2 A. II.

aufgrund der menschlichen Natur die Vermutung dafür entstehen, dass das Geschäft nur auf die Erzielung eines Vorteils bzw. Vermeidung eines Nachteils von pekuniärer Art für sich selbst oder einen fremden Dritten ausgerichtet gewesen sei. Für eine Corporation und deren Aktionäre begründet diese Vermutung daher die Gefahr des Missbrauchs der mit Amtsannahme anvertrauten Rechtsmacht[24], soweit nicht der dem betreffenden Unternehmensleiter zufließende Vor- oder Nachteil gleichermaßen die Aktionäre der Corporation begünstigt bzw. belastet. Ein solcher Missbrauch der Leitungsmacht kann sich zum Beispiel in einem aus der Sicht der Corporation nachteiligen Austauschgeschäft offenbaren wie auch in der Kreditvergabe zu marktunüblichen Zinsen oder zu einer überhöhten Sicherheitsleistung.

Director/officer conflict of interest transactions werden wiederum als „*self-dealing transactions*" in Fallkonstellationen qualifiziert, in denen der Interessen-/Pflichtenkonflikt eines *director* oder *officer* aus dessen Handeln - rechtlich oder faktisch - auf beiden Seiten des Geschäfts einer Corporation resultiert[25]. Ein solches Handeln kann entweder erfolgen, indem Leitungsorgane in persona als Gegenpartei agieren, auch bei der Gegenpartei ihrer Corporation eine Management- oder Kontrollfunktion innehaben oder aufgrund eines bestimmten Rechtsverhältnisses zur Gegenpartei an dem Geschäft pekuniär partizipieren. Im Recht einer Corporation wird der Terminus *self-dealing transaction* zumeist untechnisch gebraucht, indem damit die im Geltungsbereich einer *safe-harbor rule* liegenden Fallkonstellationen erfasst werden und zwar ungeachtet der Frage, ob die auf Seiten der Gegenpartei einer Corporation direkt oder indirekt handelnden Leitungsorgane die Willensbildung in einer Corporation veranlasst oder beeinflusst haben[26]. Rechtstechnisch betrachtet lassen sich allerdings nur solche Geschäfte als ein *self-dealing* qualifizieren, bei denen der im Interessen-/Pflichtenkonflikt handelnde *director* oder *officer* derart mitgewirkt hatte, dass dessen Handeln für die Entscheidungsfindung in einer Corporation (mit-)ursächlich geworden ist[27].

---

24 Der Begriff ‚Rechtsmacht' soll im Sinne der dem Inhaber kraft Gesetz oder Vertrag mit dem Amt anvertrauten Befugnisse verstanden werden, mittels derer auf fremde Vermögenswerte eingewirkt werden kann Vgl. zu den Befugnissen von Leitungsorganen unter Glpkt. § 2 A. II. 1.-3.

25 O'Kelly/Thompson, Corporations, 322 (2017); Cox/Hazen, Corporations, 521 (2003); Melchione/Oppelt, 7 DePaul B&C.L.J. 203, 217 (2009).

26 Siehe zur Geltung der *safe-harbor rules* in Del., Cal. und N.Y. unter Glpkt. § 7 A. I. 2. b); § 7 A. II. 2. a) und § 7 A. III. 2. a).

27 Vgl. Cede & Co. v. Technicolor, Inc., 634 A.2d 345, 361 (Del.Sup.1993), Aronson v. Lewis, 473 A.2d 805, 812 (Del.Sup.1984); Gearhart Industries, Inc. v. Smith

Ein *self-dealing* liegt folglich dann vor, wenn das Geschäft einer Corporation unter Einbindung des im Eigen-/Fremdinteresse agierenden *director* durch die übrigen *board*-Mitglieder autorisiert worden ist, oder wenn es zwar die Zustimmung durch beschluss- sowie handlungsfähige *board*-Mitglieder erlangte, diese jedoch von einem im Eigen-/Fremdinteresse handelnden Geschäftsleiter beeinflusst worden sind - sei es durch eine falsche oder unzureichende Offenlegung einer als wesentlich geltenden Information oder durch dessen Machtstellung innerhalb der Gesellschaft. Schließlich ist ein *self-dealing* einschlägig, wenn dabei ausschließlich das im Eigen-/Fremdinteresse handelnde Leitungsorgan tätig geworden ist, weil es ein mit rechtsgeschäftlicher Handlungsmacht ausgestatteter *executive officer* der Corporation ist oder weil die Mehrheit oder alle im *board* oder *board*-Ausschuss amtierenden *directors* befangen sind.

Mit Blick auf die mitunter untechnische Verwendung des Terminus *self-dealing transaction* soll für Zwecke der Bezeichnung der in dieser Arbeit zu analysierenden Konfliktsituationen an der Formulierung „Geschäfte einer Corporation im Eigen-/Fremdinteresse von Verwaltungsorganen" festgehalten werden. Der Vorteil dieser Wendung liegt einerseits darin, dass sich damit sowohl Gegebenheiten erfassen lassen, in denen Leitungsorgane einer Corporation in persona oder als alter ego der Gegenpartei gehandelt haben wie auch jene, in denen das Eigeninteresse eines Leitungsorgans am Geschäft einer Corporation aus einer - wie auch immer gearteten - persönlichen oder wirtschaftlichen Beziehung zur Gegenpartei resultiert. Zum anderen lässt die Wendung offen, ob und wenn ja inwieweit, der Willensbildungsprozess in einer Corporation durch das im Interessen-/Pflichtenkonflikt handelnde Leitungsorgan beeinflusst worden ist, so dass die Möglichkeit erhalten bleibt, zwischen autorisierten und nicht autorisierten Geschäften einer Corporation im Eigen-/Fremdinteresse von Verwaltungsorganen zu unterscheiden.

C. Ziel der Untersuchung

Eines der primären Ziele dieser Dissertation soll darin liegen, den Erkenntnisprozess aufzuzeigen, den die einzelstaatlichen Gerichte in der Herausbildung des Rechts zu Geschäften einer Corporation im Eigen-/Fremdinteresse eines oder mehrerer ihrer *directors* oder *officers* bislang durchlaufen haben und welcher den Urteilen nach insbesondere für die New Yorker Gerichte bis in das

---

International, Inc., 741 F.2d 707, 719 (5th Cir.1984); zugl. O'Kelly/Thompson, Corporations, S. 322 f. (2017).

Jahr 1856 zurückreicht. Im Zuge dessen wird zum einen der Nachweis dafür geführt, dass sich eine einheitliche Methodik in der Beurteilung der Anfechtbarkeit solcher Geschäfte erst zur Mitte des 20. Jahrhunderts ausgebildet hatte. Analysiert und widerlegt wird dabei die bislang in der Wissenschaft als vorherrschend geltende Theorie, wonach noch um das Jahr 1880 herum eine einheitliche Prüfungsweise insoweit praktiziert worden sei, als solche Geschäfte ungeachtet der Fairness bereits aufgrund der aus dem Interessen-/Pflichtenkonflikt abgeleiteten Vermutung eines treuwidrigen Handelns selbst dann für ungültig erklärt werden konnten, wenn sie eine Autorisierung durch mehrheitlich unbefangene und unabhängige *directors* erlangt hatten. Eine zielorientierte Auseinandersetzung mit dieser These macht es aus Verständnisgründen erforderlich, dass der Leser das traditionell geprägte anglo-amerikanische Rechtsbildungsverständnis ebenso begreift wie die einst von englischen *courts of equity* entwickelte Methodik zur Beurteilung der Gültigkeit von Geschäften zwischen Personen(-gruppen) in Verhältnissen mit Fremdgeschäftsbesorgungscharakter. Aus diesem Grunde werden gleichermaßen die für solche (Treue-)Verhältnisse einst nach *law* und *equity* entwickelten Verhaltens(-treue)pflichten im Allgemeinen und im Besonderen am Beispiel des Rechts zur Beurteilung des Wirksamkeit von Geschäften eines Treuhänders (im folgenden „*fiduciary*") in der Stellung eines *trustee* oder *agent* mit dem anvertrauten Vermögensgegenstand näher erläutert[28].

Jenseits der Auseinandersetzung mit der vorskizzierten These wird diese Arbeit unter Heranziehung ausgewählter Entscheide in gliedstaatenübergreifender Hinsicht Antworten zu folgenden Fragen liefern: Warum die einem Leitungsorgan mit der Übertragung des Amtes anvertraute Rechtsmacht bereits kraft objektiven Rechts beschränkt ist und warum eine Überschreitung des Handlungsermessens ohne eine wirksame Zustimmung durch die Organe einer Corporation die Anfechtung oder gar Unwirksamkeit einer veranlassten Maßnahme und/oder die Auferlegung persönlicher Sanktionen zur Folge haben kann. Warum sich über Jahrzehnte hinweg kein homogener Maßstab in der Beurteilung der Frage nach der Anfechtbarkeit von Geschäften im Eigen-/Fremdinteresse von Leitungsorganen herausbilden konnte. Warum die Gerichte in ihrer Kontrollmethodik differenzierten zwischen Geschäften einer Corporation, die im eigenen oder sachfremden Interesse eines oder mehrerer Verwaltungsorgane standen, und jenen, bei denen *board*-Mitglieder auf Seiten der Gegenpartei

28 Siehe zu den Rechtsquellen unter Glpkt. § 1 C. und zur Erläuterung der Termini *law* und *eqiuty* unter Glpkt. § 3 I-II.

ebenso eine Verwaltungsratsposition innehatten. Warum und inwieweit sich der gerichtliche Beurteilungsmaßstab für Darlehensverträge zugunsten einer Corporation von dem für gewöhnliche Austauschgeschäfte geltenden Prüfungsmaßstand unterschied. Warum, in welchem Zeitraum und inwieweit sich gliedstaatenübergreifend ein Wandel in der Würdigung des Anfechtungsrechts einer Corporation in den Arten einer *self-dealing transaction* vollzogen hatte. Schließlich soll aufgezeigt werden, dass sich schon frühzeitig die Mehrheit der Gerichte dafür aussprach, *self-dealing transactions* in Fällen einer Autorisierung durch mehrheitlich handlungsfähige *directors* nach jenen Kriterien zu überprüfen, die einst die *courts of chancery* zur Beurteilung der Wirksamkeit eines autorisierten Eigen-/Fremderwerbs anvertrauter Vermögensgüter durch einen *fiduciary* im Amte eines *trustee* oder *agent* entwickelt hatten.

Neben der historischen Exegese des vor der Einführung der *safe-harbor rules* geltenden Richterrechts liegt der Fokus dieser Arbeit auf der Würdigung des Gesetzesrechts zu Geschäften einer Corporation im Eigen-/Fremdinteresse von Leitungsorganen in den Gliedstaaten Delaware, New York und Kalifornien. Die hierfür in Betracht kommenden Regelungen werden zum einen hinsichtlich ihres Geltungsbereichs, ihrer Voraussetzungen und Rechtswirkungen erläutert. Zudem werden all die Bundesgesetze beleuchtet, die geeignet sind, einzelstaatliches Recht zur Frage der Wirksamkeit eines Geschäfts zu überlagern. Eingehend analysiert wird das Zusammenspiel zwischen dem gesetzten und zuvor gesprochenen Recht. Zum einen deswegen, weil die *equitable common law rules* zu Geschäften im Eigen-/Fremdinteresse von Unternehmensleitern nicht gänzlich in den *safe-harbor rules* dieser Gliedstaaten kodifiziert worden sind. Insbesondere erstrecken sich die jeweiligen Vorschriften nicht gleichermaßen auf *directors* wie *officers*, so dass Geschäfte einer Corporation mit *officers* bisweilen weiterhin nach *case law* zu würdigen sind[29]. Eines Rückgriffs auf die *equitable common law rules* bedarf es fernerhin in solchen Fallkonstellationen, in denen manche der *directors* oder *officers* einer Corporation auf beiden Seiten ihres Geschäfts handeln und/oder wiederum andere *directors* oder *officers* zwar ein pekuniäres Interesse am Geschäft haben, nicht jedoch auf Seiten der Gegenpartei der Corporation - rechtlich oder faktisch - in Erscheinung treten. Außerdem stellt sich im Hinblick auf das weitestgehend dispositiv ausgestaltete Gesetzesrecht die Frage, ob und wenn ja inwieweit, sich die zu analysierenden Normen durch Satzungsrecht modifizieren lassen.

29 Siehe zum Begriff ‚*case law*‘ unter Glpkt. § 1 C. Fn. 38.

Letztlich wird die eingangs erwähnte im Schrifttum kontrovers geführte Debatte zur Frage behandelt, ob und wenn ja, inwieweit mit Erfüllung des Gesetzesrechts der Rechtsstatus des Geschäfts und/oder der gerichtliche Kontrollmaßstab für Entscheidungen in Unternehmensfragen beeinflusst werden kann. Dabei gilt es herauszufinden, ob der bisweilen in der Literatur bekundeten Ansicht gefolgt werden kann, wonach sich für Geschäfte einer Corporation eine beschränkte Überprüfung ihrer Fairness rechtfertige, wenn sich deren Autorisierung nach Maßgabe der Vorgaben einer *safe-harbor rule* vollzogen habe. Diese Diskussion zielt im Wesentlichen daher darauf ab, den Leser intellektuell in die Lage zu versetzen, das Zusammenspiel zwischen dem gesetzten und gesprochenen Recht zu Geschäften einer Corporation im Eigen-/Fremdinteresse ihrer Verwaltungsorgane problemlos zu deuten, so dass er imstande sein wird, die rechtlichen Anforderungen für deren Ausgestaltung wie auch Autorisierung optimal zu bestimmen.

D. Rechtsquellen für den Untersuchungsgegenstand

Die Grundlage des Analysegegenstands bildet das Recht einer kommerziell geprägten Corporation[30]. Maßgebend hierfür ist in erster Linie das Recht des Bundesstaates, in dem diese gegründet worden ist, selbst wenn deren Verwaltungssitz in einem anderen (Glied-)Staat liegt oder am Gründungsort keinerlei Geschäftsaktivitäten stattfinden. Durchbrochen wird die Inkorporationsregel (*internal affairs doctrine)*[31], also die bundesweite Geltung des Rechts des Gründungsortes für die inneren Belange einer Corporation, zum Beispiel für *pseudo-foreign corporations*[32], die nach Betriebsvermögen und Umsätzen zu mehr als der Hälfte in Kalifornien lokalisiert sind[33]. In Delaware gilt auch für Corporations

30 Siehe zu den Erscheinungsformen der Rechtsgestalt einer Corporation und den Unterarten einer Business Corporation unter Glpkt. § 2 A. I.

31 Siehe zur Gründungsteorie: CTS Corp. v. Dynamics Corp. of Am., 481 U.S. 69, 91 (1987); Edgar v. MITE Corp., 457 U.S. 624, 645 (1982); urspr. schon in: Bank of Augusta v. Earle, 38 U.S. 519 (1839); m.w.N: Kozyris, 1985 Duke L.J. 1, 24 ff. (1985); Tung, 32 J.Corp.L. 33, 44 (2006).

32 Siehe zum Begriff: VantagePoint Venture Partners 1996 v. Examen, Inc., 871 A.2d 1108, 1110 Fn.1 (Del.Sup.2005); ähnlich: § 117 CGCL.

33 Vgl. § 2115 CCGL; bestätigend dazu: State Farm Mut. Auto Ins. Co. v. Super.Ct. of L.A. County, 8 Cal.Rptr.3d 56, 64 (Cal.App.2003); m.w.N. Stevens, 48 Bost.Coll.L.Rev. 1047, 1052 (2007); Halloran/Hammer, 23 UCLA L.Rev. 1283 (1976). Siehe m.V.a. §§ 1319-1320 NYBCL zu den Haftungs- und Aktionärsklagerechten für eine nicht in New York gegründete aber von dort aus geführte Corporation: Greenspun v. Lindley, 330 N.E.2d 79, 81 (N.Y.Sup.1975).

die Gründungsregel[34]. Grund für diese Regel bildet ein Umkehrschluss zur *interstate commerce clause* in der U.S.-Verfassung, woraus sich keine Bundesgesetzgebungshoheit für das Kapital- und Personengesellschaftsrecht ergibt[35], so dass das Rechtsregime einer Gesellschaftsform stets mit der Auswahl des Gründungsorts einhergeht[36]. Teil des Gründungsrechts bildet u.a. das Verhältnis einer Corporation zu ihren Organen und Vertretern[37], so dass sich auch Geschäfte im Eigen-/Fremdinteresse der Verwaltungsorgane einer Corporation in erster Linie nach dem Gründungsrecht richten.

Zum Inkorporationsrecht gehört das im Gesetz verankerte Recht (*statutory law*) und das dazu ergangene Fallrecht (*state case law*)[38]. Grundlage dafür bilden zumeist die aus Richterrecht entstandenen *equitable common law rules,* die sich wiederum aus den Prinzipien des gemeinen Rechts (*common law*)[39] und des billigen Rechts (*equity*

34 Vgl. McDermott, Inc. v. Lewis, 531 A.2d 206, 218 f. (Del.Sup.1987), m.w.N. Göthel, RIW 2006, 41 f.. Vertiefend für einen Vergleich zwischen dem Recht Delawares, New Yorks und Kaliforniens: Stevens, 48 Bost.Coll.L.Rev. 1047, 1048 ff., 1062 ff, 1066 ff. (2007).

35 Vgl. U.S. Const. Art. I § 8 cl. 3; m.V.d. CTS Corp. v. Dynamics Corp. of Am., 481 U.S. 69, 89 (1987).

36 Dennoch sind dem Bund bestimmte Rechte vorbehalten, wie z.B. im Bereich gewerblicher Rechtsschutz, Kapital-, Wettbewerbs-, Insolvenz-, Seerecht und betreffend die Gründung von Gesellschaften mit öffentlich-rechtlichem Bezug. Vertiefend zu den Regelungskompetenzen zwischen dem Bund und der Länder: Abernathy, Law in the U.S., S. 315 ff., 787 ff. (1995); Conrad, Corporations in Perspective, S. 6 ff. (1976).

37 ALI, Restat. (2d) of Conflict of Laws, § 309; m.N.d. Coleman v. Taub, 638 F.2d 628 (2d Cir.1984); m.w.N. Note, 115 Harv.L.Rev. 1480 (2002).

38 Der Begriff ‚*case law*' wird fortan zur Beschreibung des US-amerikanischen Fall- bzw. Richterrechts die Corporation betreffend verwendet, wie es von Landes- wie Bundesgerichten im Vorfeld der Einführung von *safe-harbor rules* in den Jurisdiktionskreisen praktiziert worden ist.

39 Der Begriff ‚*common law*' ist dreideutig. Im weiteren Sinne verweist er auf die angelsächsisch beeinflussten Rechtsordnungen und steht in Abgrenzung zum *civil law* der römisch-germanischen Rechtsfamilie. Im engeren Sinne umfasst er das von den königlichen Gerichten Englands entwickelte Recht, welches vom Normenkomplex der ‚*equity*' ebenso differiert wie vom Gewohnheitsrecht der Gerichte der Feudalheeren oder dem statuierten Recht des Königs (z.B. Magna Charta 1217) oder Parlaments. Zudem dient der Begriff verwirrenderweise mitunter als Synonym für den Terminus ‚*case law*' in Abgrenzung zum ‚*statutory law*', wenngleich Ersterer das Richterrecht aus *law* wie *equity* miteinschließt. Vertiefend dazu: Elsing/Van Alstine, US-Handels-& Wirtschaftsrecht, Rn. 55 ff., S. 38 f. Fn. 3; Blumenwitz, Einführung, S. 12 (2003).

law)[40] entwickelt haben[41]. Eine Konkretisierung erfährt das weitestgehend disponible Gesetzesrecht durch das Verfassungsrecht der Corporation (*charter law*), wie es in Gestalt ihrer Satzung (*articles of incorporation*) und einer Geschäftsordnung (*bylaws*) besteht[42]. Neben der Rechtsprechung der Landesgerichte wird auch die der Bundesgerichte berücksichtigt werden, weil Bundesrichter angehalten sind, das Landesrecht so anzuwenden, wie es in dem berufenen Gliedstaat gesprochen worden ist bzw. womöglich praktiziert werden würde[43]. Der Rechtsweg zu Bundesgerichten ist jenseits ihrer Zuständigkeit in Fragen zu Bundesgesetzen eröffnet, wenn Prozessparteien heterogene Gründungsorte (Wohnsitze) haben oder eine Rechtswegdivergenz aus einer Anspruchsgrundlage folgt[44]. Bundesgesetzliche Normen werden behandelt, soweit sie geeignet sind, das Landesrecht zu verdrängen.

Soweit diese Rechtsquellen zur Auslegung der jeweiligen *safe-harbor rules* nicht ausreichen sollten, wird auf die Normen und Kommentare in den Musterregelwerken zum Recht der Corporation rekurriert. Dazu zählen die „*Analysis and Recommendations*" aus den „*Principles of Corporate Governance*" des *American Law Institute* (nachfolgend „PALI") und der von dem *Committee on Corporate Laws* der *Section of Corporation, Banking & Business Law* des Bundesverbandes

---

40 Siehe zum Begriff ‚*equity*' unter Glpkt. § 3 A.-B.; m.w.N.: Gillen/Woodman, Trusts, S. 42 (2008); Baker, Introduction, S. 10 ff. (1990).

41 Der Terminus '*equitable common law rules*' dient fortan zur Beschreibung der Verhaltenstreueprinzipien von Leitungsorganen, insbesondere im Kontext mit Geschäften einer Corporation im Eigen-/Fremdinteresse von einem oder mehreren ihrer Exekutivmitgliedern.

42 Vgl. §§ 109, 102 DGCL; §§ 202, 212(a) CGCL; §§ 402, 601 NYBCL. Im Verhältnis zueinander sind *articles* [Delaware: ‚*corporate charters*'; New York: ‚*certificate of incorporation*'] lex specialis zu *bylaws*. Die *bylaws* können aber enthalten, was in den *articles* geregelt werden darf. Praxisüblich normieren Erstere die internen Belange, insbesondere die Rechte und (Treue-)Pflichten der Organe und Vertreter einer Corporation. Die *articles* regeln das Außenverhältnis der Gesellschaft gegenüber Dritten und dem Gründungsstaat. Änderungen der *bylaws* sind - anders als die der *articles* - nicht gegenüber dem *secretary of state* anzeigepflichtig. Vgl. m.w.N. Bainbridge, Corporate Law, § 2.3, S. 13 f. (2009).

43 Vgl. Erie R.R.Co. v. Tompkins, 304 U.S.64 (1938); Van Dusen v. Barrack, 376 U.S.612 (1964); Kamen v. Kemper, 500 U.S.90 (1991). Danach dürfen Bundesgerichte kein '*federal general common law*' schaffen und haben Gliedstaatenrecht wie soeben erwähnt anzuwenden.

44 Vgl. 28 U.S.C. §§ 1331, 1332 und § 1367 (*supplement jurisdiction*).

der US-Rechtsanwaltschaft herausgebrachte (*Reversed*) MBCA[45]. Während Letzterer Musterregeln enthält, die dazu anregen sollen, Fallrecht zu kodifizieren und Gesetzesrecht zu reformieren, enthalten die PALI Reformvorschläge betreffend die Verwaltung und Überwachung einer Corporation. Unterstrichen werden die Unterschiede zwischen diesen Regelwerken schon in der Bezeichnung, weil die ergänzenden Worte im Titel der PALI „*Analysis and Recommendations*' nahelegen, dass sie im Vergleich zum MBCA nicht als „*restatement of the established common law*" zu erachten sind, sondern lediglich als eine „legislative" Empfehlung an die Unternehmen, deren Organe sowie die Gerichte[46]. Trotz aller Kritik an den PALI[47] ist deren Erfolg doch darin zu sehen, dass sie von so manchem Gericht als Hilfsmittel zur Auslegung einzelstaatlichen Rechts herangezogen werden, wenn der Wortlaut einer Norm mehrere Auslegungsmöglichkeiten bietet oder zu bestimmten Fragen keine oder zumindest keine klare Judikatur vorliegt[48].

E. Gang der Untersuchung

An vorskizzierten Zielen orientiert sich auch das methodologische Vorgehen bezüglich des Themas. Insgesamt besteht diese Dissertation aus 3 Teilen mit 8 Paragraphen. Im 1. Teil wird es darum gehen, die den Exekutivmitgliedern einer Corporation anvertraute Rechtsmacht dogmatisch zu bestimmen. Dazu werden in § 2 Inhalt und Grenzen der den *directors* und *officers* einer Corporation mit Übertragung des Amtes anvertrauten Rechtsmacht zur rechtsgeschäftlichen Verpflichtung der Gesellschaft erläutert. Ziel ist es aufzuzeigen, inwieweit schon deren Amtsstellung dazu befähigt, die Corporation in persona oder durch kollektive Willensbildung im Innen- und Außenverhältnis rechtsgeschäftlich zu

45 Siehe zu den PALI: iehe zum MBCA: hierzu jüngst L. Schmidt, RIW 2016, 718; Teichmann, FS Baums, Bd. 2, 2017, 1227, 1231 ff.

46 Vgl. zur Gliederung der PALI in ‚*analysis and recommendation*', ‚*comment*' und ‚*reporter's note*' bei: Perkins, 41 Bus.Law. 1195, 1198 (1986); zur Übersicht der Normen der PALI bei Hansen, A Guide (1995); Hansen/Sommer, 51 Bus.Law. 1331, 1332 ff. (1996).

47 So z.B. Hansen/Johnston/Alexander, 45 Bus.Law. 2083, 2090 ff. (1990); Hansen, 48 Bus. Law. 1355, 1360 ff. (1993); Carney, 61 Geo.Wash.L. Rev. 898, 919 ff. (1993); Dooley, 47 Bus.Law. 461 ff. (1992); Beveridge, 41 DePaul L.Rev. 655, 676 ff. (1992); m.w.N. Glpkt. § 7 A. I. 3. c) cc).

48 Vgl. Gries Sport Enterprises, Inc. v. Cleveland Browns Football Co., Inc, 496 N.E.2d 959, 972; 26 Ohio St.3d 15 (Ohio Sup.1986; Del.Law): [zu § 5.02 PALI]; Northeast Harbour Golf Club, Inc. v. Harris, 661 A.2d 1146, 1152 (Me.Sup.1995): [zu § 5.05 PALI]; Marx v. Akers, 88 N.Y.2d 189, 202; 644 N.Y.S.2d 121 (N.Y.App.1996): [zu § 1.23 PALI].

vertreten. Fernerhin werden die Möglichkeiten dargelegt, unter denen ein außerhalb der Grenzen der Rechtsmacht von Leitungsorganen vollzogenes Geschäft dennoch zur Rechtsbindung einer Corporation führen kann. Zudem werden jene die Verhaltenspflichten von Leitungsorganen kennzeichnenden Maxime erläutert, deren Erfüllung im Falle eines *board*-Beschlusses eine auf den Fehlgebrauch ihres Ermessens begrenzte richterliche Würdigung der *board*-Entscheidung und der damit autorisierten Maßnahme bewirken kann. Die Gründe für die Herausbildung von Verhaltens(-treue)pflichten für Geschäftsleiter einer Corporation, einschließlich ihrer Ausprägungen werden in § 3 skizziert. An diesen Befund wird in § 4 angeknüpft, indem die für *directors* wie *officers* einer Corporation geltende Loyalitätspflicht im Allgemeinen sowie hinsichtlich ihrer beiden Ausformungen erläutert wird, deren Erfüllung redliches Handeln vermuten lässt, wenn Leitungsorgane mit einem Geschäft ihrer Corporation auch ein Eigen-/Fremdinteresse verfolgen. Schließlich werden der Empfängerkreis der Loyalitätspflicht und die Rechtsfolgen in Fällen beleuchtet, in denen sich Leitungsorgane im Widerspruch zu ihrer Treuebindung verhalten haben.

Im 2. Teil dieser Niederschrift wird der Entwicklungsprozess in der Rechtsprechung nachgezeichnet, wie er sich in der Frage der Überprüfung des Anfechtungsrechts einer Corporation bei Geschäften im Eigen-/Fremdinteresse von Verwaltungsorganen bis zur Einführung der *safe-harbor rules* vollzogen hat. Während in § 5 die im 19. Jahrhundert vorherrschenden Prüfungsweisen eingehend analysiert werden, wird in § 6 die Rechtsfortbildung in der 1. Hälfte des 20. Jahrhunderts unter besonderer Beachtung der richterlichen Praxis in den drei Jurisdiktionskreisen Delaware, New York sowie Kalifornien beleuchtet. Im Besonderen wird in § 5 erläutert, inwieweit die für einen *fiduciary* im Amte eines *trustee* oder *agent* geltenden Rechtssätze und -behelfe für die Beurteilung der Wirksamkeit des Eigen-/Fremderwerbs eines anvertrauten Vermögensgegenstands im Wege einer Analogiebildung auf das Recht einer Corporation zur Kontrolle von Geschäften im Eigen-/Fremdinteresse von Leitungsorganen übertragen worden sind. Den Abschluss von § 5 wird eine eingehende Analyse der im Schrifttum vertretenen Sichtweisen bilden, die dem Befund des Verfassers zur gerichtlichen Prüfungsmethodik im 19. Jahrhundert widersprechen. Dazu werden die jeweiligen Thesen der Kommentatoren auf ihren Gehalt hin sowie im Lichte der ihnen zugrunde gelegten Urteile hinsichtlich der Frage geprüft, ob die daraus gezogenen Schlüsse tatsächlich die damalige Rechtslage zu Geschäften im Eigen-/Fremdinteresse von Leitungsorganen wiedergeben. Im Rahmen des § 6 wird es darum gehen, dazulegen, inwieweit sich in der 1. Hälfte des 20. Jahrhunderts in der richterlichen Prüfungsmethodik zu solchen Geschäften ein Wandel vollzogen hatte und inwieweit dieser von den damaligen Unternehmen selbst beeinflusst worden ist. Fernerhin werden jene in diesem Zeitraum auf Bundesebene eingeführten Vorschriften beleuchtet, soweit sich deren (Nicht-)Erfüllung auf den rechtlichen (Fort-)Bestand von Geschäften im Eigen-/Fremdinteresse von Unternehmensleitern auswirken konnte.

Im Fokus des 3. und letzten Teils dieser Dissertation werden all die gesetzlichen Vorschriften stehen, die in den Rechtsordnungen Delaware, Kalifornien und New York in der 2. Hälfte des 20. Jahrhunderts zwecks einer Beurteilung der Anfechtbarkeit von Verträgen einer Corporation im Eigen-/Fremdinteresse von Leitungsorganen eingeführt worden sind. Unter § 7 werden zuvorderst die *safe-harbor rules* und sodann die für Darlehen und Bürgschaften relevanten Regelungen hinsichtlich ihres Geltungsbereichs, ihrer Voraussetzungen und Rechtswirkung erläutert. Ziel ist es dabei, unter Einbindung repräsentativer Judikate das Zusammenspiel zwischen dem Gesetzes- und Richterrecht zu untersuchen, um aufzuzeigen, dass sich solche Geschäfte einer Corporation trotz Kodifizierung des Rechts nicht ohne Einbeziehung der *equitable common law rules* rechtlich würdigen lassen - weder hinsichtlich ihres rechtlichen Status noch in der Frage der Rechtmäßigkeit des Handelns von Unternehmensleitern. Im Anschluss daran wird die für Darlehens- und Bürgschaftsgeschäfte einer Corporation nach Bundesrecht geltende Verbotsnorm in der Frage erläutert, inwieweit durch deren Anwendung geltendes Gliedstaatenrecht verdrängt wird. Abschließen wird der § 7 mit einer zusammenfassenden Vergleichsbetrachtung der behandelten Regeln, um die Gemeinsamkeiten und Unterschiede hinsichtlich des Geltungsbereichs, ihrer Anforderungen und Rechtswirkungen im Falle der (Nicht-)Erfüllung herauszuarbeiten. Ihr Ende wird diese Arbeit in ihrem § 8 finden, unter dem die wesentlichen Ergebnisse der Untersuchung thesenförmig dargestellt werden.

1. Teil: Dogmatische Bestimmung der Rechtsmacht von Leitungsorganen einer Corporation

Dem Untersuchungsverlauf zufolge werden im 1. Teil dieser Arbeit die Rechtsprinzipien behandelt, womit sich die Verhaltens-(treue-)pflichten der *directors* und *officers* einer Corporation beschreiben und Inhalt wie Grenzen ihrer Rechtsmacht, insbesondere im rechtsgeschäftlichen Kontext, bestimmen lassen. Dazu wird zunächst die einem Leitungsorgan mit dem Amt anvertraute Rechtsmacht erläutert (sub § 2); sodann werden die Rechtsgrundlagen zu deren Entstehung im Allgemeinen (sub § 3) und im Besonderen (sub § 4) erläutert.

§ 2 Rechtsmacht von Leitungsorganen einer Corporation im rechtsgeschäftlichen Kontext

Die rechtliche Verpflichtung einer Corporation bei Geschäften im Eigen-/Fremdinteresse von einem oder mehreren ihrer Verwaltungsorgane steht und fällt in erster Linie mit der aus dem Amt resultierenden Rechtsmacht der (ebenso) auf Seiten der Gesellschaft handelnden *directors* oder *officers*. Betrachtet werden daher zunächst die den *directors* und *officers* einer Corporation mit der Amtsannahme anvertrauten Befugnisse in Bezug auf die rechtsgeschäftliche Verpflichtung einer Corporation (sub A.). Im Anschluss daran werden die aus den Verhaltensgrundpflichten der Unternehmensleiter resultierenden Grenzen im Gebrauch der Befugnisse zur rechtlichen Vertretung einer Corporation skizziert (sub B.). Letztlich werden die Verfahrensweisen erläutert, wodurch der rechtliche (Fort-)Bestand von Geschäften einer Corporation auch in Fällen eines (mutmaßlich) pflichtwidrigen (rechtsgeschäftlichen) Handelns eines oder mehrerer ihrer *directors* oder *officers* gesichert werden kann (sub C.). Die jeweils getroffenen Ergebnisse werden sodann zusammengefasst (sub D.)

A. Umfang der Rechtsmacht von Exekutivmitgliedern einer Corporation

Nach dem Leitbild aller *corporation laws* nimmt eine Business Corporation am Rechtsverkehr teil, wenn ihr das (rechtsgeschäftliche) Handeln eines ihrer Organe oder Vertreter zugerechnet werden kann[49]. Grund hierfür ist die Rechtsnatur einer Corporation, welche als eine juristische Person erachtet wird und daher erst durch Willensbildung ihrer Organe oder durch ein von deren Organen autorisiertes Verhalten eines bevollmächtigten Vertreters handlungsfähig ist[50]. Die Business Corporation - eine von insgesamt 5 Gestaltungsformen einer Corporation[51] - ist in der Praxis entweder in einem kapitalistischen Modus als *public (publicly held) corporation* oder personalistisch als *close (closely held) corporation* anzutreffen. Soweit nachfolgend nicht zwischen diesen beiden Typen einer Business Corporation unterschieden wird, ist davon auszugehen, dass das sie betreffende Recht auf jeden Typus gleichermaßen Anwendung findet.

I. Die US-amerikanische Business Corporation

1. Wesensmerkmale der beiden Unterarten einer Business Corporation

In der Praxis ist die Business Corporation zu 90% in der Form einer *close corporation* anzutreffen[52]. Wie schon der Name „geschlossene Corporation" nahelegt,

49 Vgl. § 141(a) DGCL; § 300 CGCL; 701 NYBCL; § 8.01(b) MBCA; so schon: Morawetz, Corporations, § 577, S. 548 (1886).

50 Vgl. § 122 DGCL; § 202 NYBCL; § 105 CGCL, wonach eine Corporation Trägerin von Rechten und Pflichten sein und unter ihrem Namen klagen und verklagt werden kann. Grundlage der Normen bildet die ‚*entity theory*', wonach eine Corporation ungeachtet ihrer Aktionäre besteht [vgl. Dartmouth College v. Woodward, 17 U.S. 250, 303 (1819): Santa Clara Co. v. S. Pac. R.R. Co. 118 U.S. 394, 396 (1886)]. Als eine Gegenposition dazu gilt die ‚*contract theory*', wonach eine Corporation aufgrund ihrer Statuten als Vertrag zwischen Staat und Gesellschaft; Gesellschaft und Aktionär und den Aktionären untereinander erachtet wird [vgl. Davos v. Louisville Fas & Electric, 142 Atl. 654 (Del.Ch.1928)]. Vertiefend dazu: Radin, 32 Col.L.Rev. 643 (1932); m.w.N. Millon, 1990 Duke L.J. 201, 206 (1990); Horwitz, 88 W.Va L.Rev. 173, 215 (1985).

51 Ebenso anzutreffen ist sie als *public corporation* (Körperschaft des öffentlichen Rechts), *government-owned-corporation* (regierungseigene Gesellschaft), *non for profit (charitable) corporation* (gemeinnützige Gesellschaft) und als *professional corporation* (Freiberuflergesellschaft).

52 Conard, 63 Cal.L.Rev. 440, 458 (1975); Kay, 69 Wash.L.Rev. 207, 231 f. (1994).

ist diese Rechtsform geprägt durch einen überschaubaren Kreis an Aktionären, die auch Kontroll- oder Managementleistungen erbringen wollen[53]. Sie eignet sich daher gerade für kleine und mittelständische (Familien-)Unternehmen, deren Mitglieder ihre Funktion nicht nur in einer Kapitalaufbringung und Ausübung von Mitgliedschaftsrechten sehen, sondern auch in der Mitwirkung im Bereich der Verwaltung und des Managements der Gesellschaft[54]. Charakteristisch dafür ist eine begrenzte Anzahl an Aktionären[55], Verfügungsbeschränkung für Anteile[56] und die Registrierungspflicht als *close corporation*[57]. Zudem wird der personengesellschaftliche Typus durch den möglichen Verzicht auf ein *board* betont, so dass die Gesellschaft von den Aktionären in der Regel unter Vorsitz des Mehrheitseigners geführt wird[58]. Wesensunterschiede zur *public corporation* ergeben sich aus Spezialnormen[59], wie zum Beispiel die steuerliche Behandlung der *close corporation*[60]. Eine bundesweite Richtschnur an Normen findet sich im

---

53 Vgl. Donahue v. Rodd Electrotype Co. of N.E., Inc., 328 N.E.2d 505 (Mass.Sup.1975); Smith v. Atlantic Properties, Inc., 422 N.E.2d 798 (Mass.App. 1981); m.w.N.: O'Neal, Close Corporations, § 1.19 (2007); ders. 1972 Duke L.J. 867, 868 (1972); ABA, 58 Bus. Law. 1073 (2003).

54 Fungieren Aktionäre sogleich als *directors* spricht man von einer ‚*incorporated partnership*' oder - falls nur ein Aktionär vorhanden ist - von einer ‚*incorporated proprietorship*'. Angesichts ihrer Eigenheiten wird eine *close corporation* bisweilen als Pendant zur deutschen GmbH betrachtet. So z.B. Bungert, Gesellschaftsrecht, S. 10, 31 ff., 55 ff. (2003); v. Bonin, in: Grenzüberschreitende Gesellschaften, Rn. 6 ff. (2004).

55 Vgl. § 342(a) DGCL (max. 30 Aktionäre); § 158(a) CGCL (max. 35 Aktionäre); in New York findet sich keine entsprechende Beschränkung.

56 Vgl. § 202(b) DGCL; insoweit bereits: Lawson v. Houshold Finance Corp., 147 A 213 (Del.Ch.1929), aff'd, 152 A. 723 (Del.Sup.1930).

57 Vgl. §§ 342, 343 DGCL; § 158(a) CGCL.

58 Vgl. §§ 350, 351 DGCL; § 300(b) CGCL, §§ 701, 620(b) NYBCL; siehe zur personalistischen Prägung bereits: Ripin v. Atlantic Mercantile Co., 98 N.E. 855, 865 (N.Y.Sup.1912); Graczykowski v. Ramppen, 477 N.Y.S.2d 454 (N.Y.App.Div.1984).

59 Sonderregeln zur *close corporation* finden sich z,B. in §§ 341-356 DGCL; § 158 iVm §§ 186, 202, 204, 300, 418, 421, 706, 1111, 1201, 1800, 1904 CGCL und in § 620 NYBCL. Danach gilt als *close corporation*, deren Aktionäre die in der Norm festgelegte Anzahl nicht überschreiten, deren Anteile nicht an der Börse gehandelt werden und diesbezüglich Übertragungsbeschränkungen (Vorkaufsrecht, Vinkulierung etc.) gelten.

60 Vgl. Internal Revenue Code [26 U.S.C. §§ 1361, 1362 (1986)], wonach eine *close corporation* nach Antragsstellung als *Subchapter S-corporation* behandelt, wenn sie in den USA ansässig ist, weniger als 75 Aktionäre hat, die natürliche Personen sind und Anteile aus einer Gattung haben.

erstmals 1981 durch die ABA veröffentlichten *Model Statutory Close Corporation Supplement*, der als Anhang zum MBCA konzipiert worden ist[61].

Im Vergleich zur *close corporation* ist für eine *public corporation* die klare Trennung zwischen dem Eigentum der Aktionäre sowie der Kontrolle des Unternehmens durch deren *directors* charakteristisch, weil Letztere über viele Mitglieder verfügt, die zumeist nur einen prozentual geringen Anteil besitzen[62]. Das Aktionärsinteresse ist in der Regel auf die Verwaltung des Anteils zu Investitionszwecken begrenzt, so dass der Einfluss der Aktionäre auf die Geschäftspolitik regelmäßig nicht über die (Ab-)Berufung der *board*-Mitglieder hinausgeht. Für Publikumsgesellschaften, welche keine Börsenzulassung anstreben, besteht die Pflicht zur Registrierung gegenüber der Aufsichtsbehörde für den Börsen- und Kapitalmarkt (*Security and Exchange Commission, SEC*), soweit deren stimmberechtigten Anteile von 500 oder mehr Gesellschaftern gehalten werden und auch das Betriebsvermögen der Gesellschaft über $ 10 Mio. liegt[63]. Eine Registrierung bei der SEC hat die Anwendung der Vorschriften zum Kapitalmarktrecht zur Folge[64], so dass gerade die (Mindest-)Kapitalaufbringung bei Gründung nicht nach Landesrecht ergehen darf[65]. Ungeachtet der Größe eines Unternehmens ist dessen Registrierung Voraussetzung für die Zulassung an einer der US-Börsen oder zum Handel im freien Verkehr (*over-the-counter, otc*)[66]. Maßgebend dafür sind der Securities Exchange Act (1934)[67]

61 Siedel, 11 Del.J.Corp.L. 383, 385, 406 (1986); Bradley, 10 J.Corp.L. 817 (1985); ders., 38 Bus.Law. 1031 (1983).

62 In *close corportations* entsteht daher weniger der ‚*principal-agent-conflict*‘, bei dem es rechtlich u.a. um die im Unternehmen für die Aktionäre verbleibenden Entscheidungs- und Kontrollrechte sowie in ökonomischer Hinsicht um die erforderlichen Aufwendungen geht (*agency costs*), welche eine Unternehmensbindung der Leitungsorgane sicherstellt und bei der Überwachung ihrer Leistungen entstehen. Vertiefend: Fama/Jensen 26 J.Law.&Econ 301 ff. & 327 ff. (1983); Easterbrook/Fischel, 38 Stan. L.Rev. 271 ff. (1986); Brudney, 85 Col.L.Rev. 1403 ff. (1985).

63 Vgl. § 12(g)(1) SEA (1934) [15 U.S.C. § 78 I (g)(1)], womit die festgelegte Summe erhöht wird.

64 So z.B. zur Berichtspflicht gegenüber der SEC nach §§ 13, 15(d) SEA (1934) oder in der *proxy regulation* nach § 14(a)-(c) SEA (1934).

65 Vgl. §§ 102(a)(4), 151(a) DGCL; § 400 CGCL; § 501 NYBCL, wonach die Zahlung eines Mindestkapitals bei Gründung nicht vorgesehen ist.

66 Vgl. §§ 12(a) 13b(a) SEA (1934); §12(g)(1) SEA (1934) [15 U.S.C. § 781(a)].

67 Vgl. 15 U.S.C.A. §§ 78a - 78jj). Der SEA (1934) regelt den Handel mit Wertpapieren einer Corporation nach deren Ausgabe an einer US-Börse, die Verhaltenspflichten einschließlich den Offenlegungspflichten der daran beteiligten Personen, insbesondere

und die SEC-Rules[68]. Die Börsenzulassung einer Corporation führt zwangsläufig zur Geltung des Sarbanes-Oxley Act (2002)[69]. Bei außerbörslichen Wertpapierhandel ist nach dem Securities Act (1933) zu verfahren[70].

2. Ursprung und Entwicklung einer Business Corporation

Die Ausbildung einer Corporation wurzelt in den Unzulänglichkeiten des englischen *company law,* das noch im 18. Jahrhundert die legislative Vergabe einer *charter* als Gründungsvoraussetzung vorsah[71]. An diesem Hoheitsakt, der durch die Krone, dem Parlament oder örtlichen Gouverneur erfolgen konnte, hielten die Kolonialstaaten nach der Unabhängigkeitserklärung fest, so dass die Corporation nicht ohne Zustimmung des Landesgesetzgebers die mit der Rechtsfähigkeit verbundenen Rechte erlangen konnte[72]. In den Genuss einer *charter* kamen anfangs jedoch nur Unternehmen mit erkennbarem Allgemeinnutzen, insbesondere solche für den Aufbau einer Infrastruktur wie auch Versicherungen und Kreditinstitute[73]. Als Folge dessen fand die Kapitalisierung von Unternehmen ebenso in nicht inkorporierter Form statt, nämlich durch die *„deed of settlement companies"* (auch *joint-stock companies*), welche durch Vertrag unter ihren Mitgliedern entstanden und in rechtlicher Hinsicht als *partnerships*

---

der Leitungorgane, Aktionäre und Unternehmen, und will einen geordneten Handel wie auch informierten Kapitalmarkt gewährleisten.

68 Die SEC-Rules, respektive die General Rules & Regulations zum SA (1933) [17 C.F.R. § 230] und General Rules & Regulations zum SEA (1934) [17 C.F.R. § 240] haben Verordnungscharakter, so dass ihr Inhalt ohne Gesetzgebungsverfahren durch die SEC geändert werden kann. Zudem besitzen sie die Autorität eines Gesetzes, so dass deren Verletzung zu straf-, zivil- und verwaltungsrechtlichen Sanktionen führen kann.

69 Vgl. § 2(a)(7) SOA i.V.m. § 12 SEA (1934). Kapitalmarktrechtlich relevant ist auch der Williams Act [§§ 13(f)-(e) & 14 (d)-(f) SEA (1934)]

70 Vgl. 15 U.S.C.A. §§ 77a - 77aa) ff. Der SA (1933) regelt die Erstausgabe von Wertpapieren (Neuemission), das Erfordernis einer Registrieung jedes öffentlichen Zeichnungsangebots und Offenlegungspflichten bzgl. der Aktienausgabe zur Gewährleistung einer angemessenen Information.

71 Siehe zum *company law:* Griffin, Company Law (2008); zu den Unterschieden zwischen *corporation* und *company*: Gower, 69 Harv.L.Rev. 1369, 1371 ff. (1956); ders., 11 Bus. Law. 39 ff. (1955).

72 Williston, 2 Harv.L.Rev.105, 149 (1888); Seligman, 1 Del.J.Corp.L. 249, 254 (1976); Raymond, 19 Harv.L.Rev. 350 (1906).

73 Dodd, 61 Harv.L.Rev. 1351, 1352 f. (1948); Friedman, History, S. 188 (1985); Compton, 9 Geo.Wash.L.Rev. 125, 126 (1940).

behandelt worden sind[74]. Im Zuge fortschreitender Industrialisierung gewann diese Unternehmensform zunehmend an Bedeutung, so dass sich in den Jurisdiktionskreisen das Bedürfnis nach deren gesetzlicher Regulierung entwickelte, das mit Einführung von *general (in)corporation laws* befriedigt worden ist, so dass eine Corporation ihre Rechtsfähigkeit durch Vertragsschluss und Eintragung im Landesgesellschaftsregister erlangen konnte[75]. Den Weg für eine Deregulierung dieser Gesetze[76] ebnete der U.S. Supreme Court mit der Entscheidung in Paul v. Virgina[77] aus dem Jahre 1868, wodurch die interterritoriale Aktivität einer Corporation ungeachtet des Gründungsorts für zulässig erklärt und deren Wahlmöglichkeit hinsichtlich desselben unabhängig vom Tätigkeitsbereich betont wurde[78]. Gerade kleinere Gliedstaaten nahmen dieses Urteil seinerzeit zum Anlass, ihre Corporation Laws zu deregulieren, um deren Attraktivität für Inlands- sowie Auswärtsgründungen von Unternehmen zu unterstreichen[79]. Aus diesem Bestreben resultierte der noch fortwährende Wettbewerb in der Deregulierung der Gesetze, welcher unter den Termini ‚*race of laxity*'[80], ‚*race to the buttom*'[81] oder ‚*race to the top*'[82] diskutiert wird[83].

---

74 Gower, Principles, S. 25 ff., 33 ff. (1969); Merkt, US-Recht, S. 61, Rd. 8 f. (2013).

75 Nach Eingang der *articles* erlangt eine Corporation bei Einhaltung ihrer Mindestanforderungen vom *secretary of state* das *certificate of authority*; vgl. §§ 101(c), 102(a)(1) DGCL, §§ 201(a), 201(c) CGCL, § 201(e) NYBCL.

76 Vgl. N.Y.Act (1811); m.w.N. SELIGMAN, 1 Del.J.Corp.L. 249, 258 (1976); DODD, 61 Harv.L.Rev. 1351, 1376 (1948).

77 Vgl. Paul v. Virginia, 75 U.S. 168 (1868).

78 Anders gewendet, können zwar innerstaatliche Aktivitäten verboten werden (*intrastate commerce*), ein Gliedstaat darf jedoch nicht Aktivitäten behindern, die eine Gesellschaft zwischen mehreren Gliedstaaten entfaltet (*interstate commerce*); vgl. Paul v. Virginia, 75 U.S. 168 (1868).

79 Eine Inlandsgründung betrifft die Gründung im Staat, wo der Schwerpunkt der Geschäftstätigkeit liegt; überregional agierende Unternehmen durchlaufen im Staat, wo sie geschäftlich agieren, ebenso ein Anmeldeverfahren (Auswärtsgründung). So *Gevurts*, Corporation Law, S. 39 (2000).

80 'Wettlauf um Laxheit': so urspr. Justice *Brandeis* in Louis K. Liggett Co. v. Lee, 288 U.S. 517, 559 (1933).

81 ‚Wettlauf nach Unten': so urspr. WILLIAM L. CARY [83 Yale L.J. 663, 666 (1974)]; zustd. Macey/Miller, 65 Texas L.Rev. 469, 472f. (1987); Bebchuk/Cohen, 90 Calf. L.Rev. 1775, 1783 ff. (2002), Bebchuk/Hamdani, 112 Yale L.J. 553, 561 ff. (2002).

82 ‚Wettlauf nach Oben'; so urspr. *Ralph K. Winter* [6 J.Legal Stud. 251 (1977)]; zustd. Fischel, 76 Nw.U.L.Rev. 913, 915 (1982); KLAUSNER, 81 Va.L.Rev. 757, 842 ff. (1995); ROMANO, 1 J.L.Econ.&Org. 255, 270 ff. (1985).

83 Siehe zusfd. zum Diskurs: von Hein, Rezeption, S. 495 ff. (2008).

B. Die Exekutivmitglieder einer Business Corporation

Als Exekutivmitglieder einer Corporation lassen sich sowohl die *directors* wie *officers* qualifizieren, wobei nur Ersteren in ihrer Gesamtheit als *board of directors* ein Organcharakter beigemessen wird[84]. Als weiteres Organ einer Corporation gelten die Aktionäre, respektive deren Versammlung (*shareholders' meeting*), deren Rechtsmacht jedoch in der Regel auf die im Gesetz geregelten Zuständigkeiten begrenzt ist[85]. Gegenüber den Anteilseignern sind die *board*-Mitglieder folglich grundsätzlich nicht weisungsabhängig, auch wenn durch Mehrheitsbeschluss eines *shareholders' meeting* Weisungen erteilt werden sollten[86]. In *public corporations* ist das sog. *one-tier-* bzw. *two level-governance*-Gefüge aber selten anzutreffen, da die vielschichtigen Geschäftsbereiche regelmäßig eine dreigeteilte Organstruktur notwendig machen. Ermöglicht wird diese Struktur durch Inanspruchnahme eines dem *board* zuerkannten Delegationsrechts, wodurch das übliche Tagesgeschäft, die Festlegung von Geschäftsstrategien sowie Unternehmenszielen und das Personalmanagement auf die leitenden Angestellten einer Corporation verlagert werden kann[87]. Mit der Rechtsausübung besteht zwar die Zuständigkeit und

---

84 Vgl. Arnold v. Society for Savings Bancorp, Inc., 678 A.2d 533, 539 (Del.Sup.1996); m.w.N. unter Glpkt. § 2 A. II. 1-2. Vertiefend zur Frage nach der Qualifizierung eines *officer* als „*corporate organ*“: AVIRAM, 2013 U.Ill.L.Rev. 763, 765ff. (2013).

85 Soweit Geschäftsentscheidungen nicht delegiert worden sind, unterliegen folgende Maßnahmen dem Vorbehalt einer Zustimmung der Aktionäre: (i) außergewöhnliche Geschäfte wie. z.B. die Verschmelzung, §§ 251-258, 261(c) DGCL; § 903(2) NYBCL; § 1103 CGCL [nicht erfasst werden der *small scale merger*, wenn die Stellung der Aktionäre der Erwerbs-Gesellschaft nicht nachhaltig betroffen wird, oder der *short form merger* zwischen Mutter- und Tochtergesellschaft, wenn die Mutter mindestens 90% der Anteile hält; § 253 DGCL; § 1110(a) CGCL; § 905 NYBCL (unter bestimmen Voraussetzungen wäre ein (zustimmungsfreier) *short form merger* auch bei geringerem Aktienbesitz möglich, § 251(h) DGCL); (ii) Veräußerung des oder wesentlicher Teile des Gesellschaftsvermögens, § 271(a) DGCL; § 909(a) NYBCL; § 1001 CGCL); (iii) Liquidation des Unternehmens, § 275(b) DGCL; §§ 1101 f. NYBCL; § 1900 CGCL; (iv) Erlass, Zusätze oder Änderung der *articles*, § 242(a) DGCL; § 803 NYBCL; § 902 CGCL; (v) Erlass, Zusätze oder Änderung der *bylaws*, § 242(b) DGCL; § 601(a) NYBCL; § 211 CGCL), soweit hierfür nicht kraft *articles* das *board* zuständig ist, § 109(a) DGCL); (v) (Ab-/)Berufung der *board*-Mitglieder, §§ 211(b), 141(k) DGCL; § 706(a) NYBCL.

86 Vgl. Paramount Commc's, Inc. v. Time Inc., 1989 WL 79880,*30 (Del.Ch.1989); aff'd, 571 A.2d 1140 (Del.Sup.1990); Am. Int'l Rent A Car, Inc. v. Cross, 1984 WL 8204, *3 (Del.Ch.1984).

87 Vgl. §§ 141(a), 142(a) DGCL; § 715(a)/(b) NYBCL; § 312(b) CGCL: §§ 8.01(b), 8.41 MBCA, vgl. zum '*officer*' unter Glpkt. § 2. A. II. 2.

Verantwortlichkeit der *board*-Mitglieder zur Führung einer Corporation fort[88], deren Aufgaben beschränken sich fortan jedoch regelmäßig darauf, Beschlüsse in den dem *board* kraft Gesetz oder Satzung zugewiesenen Geschäftsfällen zu treffen[89] und die *officers* bei der Erledigung der verlagerten Managementbereiche zu überwachen und zu beraten[90]. Für Letzteres zeigen sich nicht selten die in *board*-Ausschüssen handelnden *directors* verantwortlich[91]. Große Gesellschaften machen daher von der 2. Variante vieler Gesetzesnormen Gebrauch, wo es heißt: „*(...) the business and affairs of a corporation shall be managend by or under the direction of a board (...)*"[92], während in kleinen Gesellschaften eine Organstruktur im Sinne der 1. HS dieser Wendung vorherrscht. Im Hinblick darauf lassen sich vorskizzierte Unterschiede zwischen großen und kleinen Gesellschaften um ein stets in *public corporations* anzutreffendes Phänomen ergänzen, wonach weniger den *directors* als vielmehr den *officers* die zentrale Rolle bei Entscheidungen in Unternehmensbelangen zukommt. Im Schrifttum wird dieses Phänomen nicht zuletzt aufgrund der sich in diesem Jahrhundert ereigneten Bilanzskandale in *public corporations*[93], in deren Fokus stets Pflichtverletzungen der *officers* standen, kontrovers im Lichte der fortwährenden Debatte zur angemessenen *Corporate Governance* diskutiert[94].

---

88 Vgl. § 141(a) DGCL; § 300(a) CGCL; m.V.d. Chapin v. Benwood Found., Inc., 402 A.2d 1205, 1211 (Del.Ch.1979), In re Walt Disney Co. Deriv.Litig., 907 A.2d 693, 761 Fn. 49 (Del.Ch.2005).

89 Vgl. Grimes v. Donald, 1995 WL 54441, *8 (Del.Ch.1995), aff'd, 673 A.2d 1207 (Del. Sup.1996); Lehrman v. Cohen, 222 A.2d 800, 805 (Del.Sup.1966); Adams v. Clearance Corp., 121 A.2d 302, 304 (Del.Sup.1956).

90 Siehe zu den Aufgaben des *board*: ABA, 65 Bus.Law. 107, 122 (2009); Simmons, 2013 U.Ill.L.Rev. 1131, 1144 (2013); Cox/Hazen, Corporations, S. 137 (2003); Balotti/Finkelstein, Del.Corp.L. § 4.1 (2014).

91 Siehe eingehend dazu unter Glpkt. § 2 A. II. 3.

92 Vgl, § 141(a) DGCL; § 300(a) CGCL. [hervorgehoben vom Verfasser]. M.V.d. Unanue v. Unanue, 2004 WL 5383942, *15 (Del.Ch.2004). Sieh im Vergleich dazu § 701 NYBCL, § 8.01(b) MBCA "*(...) shall be managed under the direction (...) of its board of directors*".

93 Siehe m.N. am Beispiel von Darlehensgeschäften einer Corporation gegenüber Leitungsorganen unter Glpkt. § 7 D.

94 Vertiefend bei: Shaner, 48 U.C.Davis.L.Rev. 271, 289 ff. (2014); dies, 66 Bus.Law. 27, 28, 50 ff. (2010); Johnson/Ricca, 67 Bus. Law. 75, 77 ff. (2011); Graf, 66 Bus.Law. 315, 319 ff. (2011)); Paredes, 32 Fla.St.U.L.Rev. 673, 674 ff. (2005); Rodrigues, 61 Fla.L.Rev. 1, 6 ff. (2009); Hamilton, 40 Houst.L.Rev. 3, 19 ff. (2003); Johnson/Millon, 46 Wm&Mary L.Rev. 1597, 1621 ff. (2005).

1. Das *board of directors* und deren Rechtsmacht

Als Geschäftsführungs- und Vertretungsorgan der Corporation agiert das *board of directors* in deren Belangen durch kollektive Willensbildung - ob in einer formell berufenen Versammlung durch die einfache beschlussfähige Mehrheit der vertretenen *directors*[95], wobei ebenso Telefonkonferenzen möglich sind[96], oder außerhalb einer Versammlung durch einen von allen *board*-Mitgliedern gefassten Zirkulationsbeschluss, soweit die Satzung nicht anderes bestimmt[97]. Letztere Handlungsform trägt dem *case law* Rechnung, wonach eine nicht durch Plenarbeschluss veranlasste Maßnahme Rechtsbindung erlangen konnte, wenn die übrigen *board*-Mitglieder das Handeln des Kollegen in Kenntnis aller Umstände geduldet[98] oder die (*director*-)Aktionäre einvernehmlich auf eine Willensbildung per Beschluss verzichtet hatten[99]. Das Gebot der Willensbildung in Sitzungen wahrt die Rechte der *directors* und Aktionäre gleichermaßen, weil Ersteren damit eine Anhörung und Information in den Unternehmensbelangen ermöglicht und für Letztere der statutarisch verbriefte Anspruch auf kollektive Entscheidungsfindung gewahrt wird. Hierdurch können die Ansichten und

95 Vgl. § 141(a) DGCL, § 300(a) CGCL, § 701 NYBCL. Hiervon abweichend kann die Satzung eine qualifizierte Mehrheit (*supermajority*) bis hin zur Einstimmigkeit regeln [vgl. § 141(b) DGCL; §§ 212(b)(4), 307(a)(8) CGCL; §§ 708(d), 709 NYBCL]. Eine *supermajority*-Klausel stärkt die Interessen der Aktionäre, weil *board*-Beschlüsse die Präsens nahezu aller *directors* benötigen; zudem ist es möglich, durch bloßes Fernbleiben dem Antrag zu ‚widersprechen'. Siehe zur Klausel z.B.: Cede & Co. v. Technicolor, Inc., 634 A.2d 345, 365 f (Del.Sup.1993); Olincy v. Merle Norman Cosmetics, Inc., 200 Cal.App. 260 (Cal.App.1962); Lewis v. Steinhart, 40 A.D.2d 817; 338 N.Y.S.2d 552 (N.Y.Sup.App.Div.1972).

96 Vgl. § 141(i) DGCL; § 307(a)(6) CGCL; § 708(c) NYBCL. Grundsätzlich hat jeder *director* eine Stimme, soweit nicht unterschiedliche Gruppen von *directors* bestehen und deren Stimmrechte abweichend geregelt sind (vgl. § 141(d) DGCL).

97 Ein Zirkulationsbeschluss bedarf der Schriftform; vgl. § 141 (f) DGCL; § 307(b) CGCL; § 708(b) NYBCL. Ist eine Zustimmung nicht zu erzielen, sind *board*-Mitglieder veranlasst, in einer formell berufenen Versammlung über die betreffende Geschäftsmaßnahme abzustimmen.

98 Vgl. Jourdan v. Long Island R.R., 115 N.Y. 380, 385; 22 N.E. 153 (N.Y.Sup.1889); Scott v. Superior Sunset Oil Co., 144 Cal. 140; 77 P. 817 (Cal.Sup.1904); m.w.N. Ballantine, Corporations, § 60, S. 152 (1946); Perstein, 53 B.U.L.Rev. 101, 110 (1973).

99 Vgl. Buell v. Buckingham & Co., 16 Iowa 284, 287 (Iowa Sup.1864); Gerald v. Empire Square Realty Co., 195 A.D. 244; 187 N.Y.Supp. 306 (N.Y.Sup.App.Div.1921); m.w.N. Ballantine, Corporations, § 44, S. 125 (4) (1946); Perlstein, 53 B.U.L.Rev. 100, 110 (1973).

Erfahrungen jedes einzelnen *director* angemessenes Gehör und entsprechende Berücksichtigung im Rahmen der jeweiligen Meinungsbildung der *directors* finden[100]. Als Folge des Prinzips der kollektiven Willensbildung kann eine Corporation durch einen einzelnen ihrer *director* nur dann verpflichtet werden, wenn er als deren *agent* mit entsprechender Vollmacht handelte[101].

Als deren Kollegialorgan ist das Handeln des *board* als eines der Corporation selbst zu begreifen[102]. Die Rechtsmacht des *board* ist daher originärer Natur und nicht - wie z.B. beim Institut *der agency*[103] - Ausfluss eines Subordinationsverhältnisses[104]. Im Umfang erstreckt sich die Rechtsmacht des *board* auf die Vornahme aller gewöhnlichen Geschäfte. Hiervon ausgenommen sind solche, welche dem Vorbehalt der Zustimmung durch die Aktionäre unterliegen[105] oder der Unternehmensverfassung widersprechen[106]. Die weiteren Grenzen ihrer Rechtsmacht der *board*-Mitglieder ergeben sich aus deren Treuebindung[107]. Beschlussfähig ist das *board* bei der Anwesenheit der nötigen Mindestzahl an *directors* in einer

---

100 Der Grundsatz der kollektiven Willensbildung im *board* verbietet daher eine Vertretung der *directors* untereinander oder durch einen Dritten; vgl. Craig Medicine Co. v. Merchant's Bank of Rochester, 14 N.Y.S. 16 (N.Y.Sup.1891); Lippmann v. Kehoe Stenograph Co., 95 Atl. 895 (Del.Ch.1915). Das '*no vote by proxy*'-Prinzip gilt allerdings nicht in Louisiana: [§ 12:81(E) La.Rev.Stats. Ann.].

101 Vgl. Barkin Const. Co. v. Goodman, 221 N.Y. 156; 116 N.E. 770 (N.Y.App.1917); Knapp v. Rochester Dog Protective Ass'n, 235 A.D. 436; 257 N.Y.S. 356 (N.Y.A.D.1932) m.w.N. ALI, Restat. (3d) of Agency, § 14C, cmt.b; Bainbridge, Corporate Law, § 5.4, S.76 (2009).

102 Vgl. AGR Halifax Fund, Inc. v. Fiscina, 743 A.2d 1188, 1195 (Del.Ch.1999); so bereits Burrill v. Nahant Bank, 2 Met 163, 166 (Mass.Sup. 1840); Hoyt v. Thomson, 19 N.Y. 207, 216 (N.Y.Sup.1859); m.w.N. Eisenberg, Corporations, S. 203 (2005).

103 Siehe zum Begriff ‚*agency*': ALI, Restat. (3d) of Agency § 1.01; Restat. (2d) of Agency § 1; m.w.N. Harris, Corporations, S. 3 ff (2009); Jensen/ Meckling, 3 J. Fin. Eco. 305, 308 (1976); DeMott, 58 Ala.L.Rev.1049, 1050 (2007).

104 Vgl. Arnold v. Soc'y for Sav. Bancorp, Inc., 678 A.2d 533, 540 (Del.Sup.1996); Burcham v. Unison Bancorp, Inc., 77 P.3d 130, 147 (Kan.Sup.2003); zugl. ALI, Restat. (2d) of Agency § 14C; ALI, Restat. (3d) of Agency, § 1.01 cmt. f (2); m.w.N. unter Glpkt. § 3 A.

105 Vgl. zu den unter Zustimmungsvorbehalt der Gesellschafter stehenden sog. *fundamental transactions* bereits unter Glpkt. § 2 A. II. Fn. 85.

106 Außerhalb des Satzungszwecks liegende Maßnahmen gelten als *ultra vires transactions* und können durch das *board* für ungültig erklärt werden, falls die Satzung keine *catch-all*-Klausel hat, wonach jede rechtlich zulässige Tätigkeit Gesellschaftszweck sein kann. [vgl. § 124 DGCL; § 208(b) CGCL; § 203 NYBCL; m.w.N: Merkt, US-Recht, Rn. 296 (2013).

107 Siehe eingehend dazu unter Glpkt. § 2 B. und § 4.

Sitzung. Ist eine feste Anzahl geregelt, bildet die einfache Mehrheit der vertretenen Soll-Mitglieder das Quorum. Soweit es nicht in den *articles* untersagt ist, kann in den *bylaws* ein geringeres Quorum festgelegt werden, falls damit nicht die Anzahl von 1/3 der Soll-*board*-Mitglieder einer Gesellschaft unterschritten wird[108]. Regelt die Verfassung eine variable Anzahl, so ist das Quorum aus der Anzahl der amtierenden *directors* zu bilden[109]. Anders als bei einer variablen Anzahl führt eine Vakanz im *board* bei fester Mitgliederzahl und bei nicht erreichtem Quorum zur Nichtigkeit des *board*-Beschlusses[110]. Als zulässig gelten ebenfalls Ein-Mann-*boards*[111]. Je nach Gesetz hat das *board* aus mindestens einer natürlichen Person bestimmten Alters zu bestehen; weitere Anforderungen folgen aus der Satzung[112] und aus anderen Bestimmungen[113].

2. Die (*executive*) *officers* und deren Rechtsmacht

Als (*executive*) *officers*[114] gelten nur die leitenden Angestellten einer Corporation, deren Rechtsmacht sich explizit aus den *bylaws* ergibt oder durch Beschluss

108 Vgl. § 141(b) DGCL; § 307(a)(7) CGCL; § 707 NYBCL; zum *case law*: Bruch v. Nat'l Guar.Credit Corp., 116 A. 738, 740 (Del.Ch.1922); Olincy v. Merle Norman Cosmetics, Inc., 200 Cal.App.2d 260 (Cal.App.1962); Cirincione v. Polizzi, 14 A.D.2d 281, 283; 220 N.Y.S.2d 741 (N.Y.Sup.App.Div.1961).

109 Vgl. Blish v. Thompson Automatic Arms Corp., 64 A. 2d 581, 599 (Del.Sup.1948); m.w.N. Folk, DGCL, § 141, S. 60 (1972).

110 Vgl. Bruch v. Nat'l Guar.Credit Corp., 116 A. 738, 740 (Del.Ch.1922). Zur Vorbeugung einer Handlungsunfähigkeit ist die Ausfüllung einer Vakanz oftmals gesetzlich geregelt; s.z.B. § 223 DGCL; § 305 CGCL; § 705 NYBCL.

111 Vgl. § 141(b) DGCL; § 702(a) NYBCL. Kalifornien folgt in § 212(a) CGCL dem ‚*not-less-than-the-number-of-shareholders*'-Prinzip, wonach bei 1 Aktionär mindestens 1 *director*, bei 2 Aktionären mindestens 2 *directors* und darüber hinaus wenigstes 3 *directors* amtieren müssen.

112 Bisweilen wird die Gesellschafterstellung als Bedingung an das Amt geknüpft, um *directors* ‚sensibler' für die Unternehmensbelange zu machen. Vgl. Stroud v. Grace, 1990 Del.Ch.LEXIS 185, *24 (Del.Ch.1990), aff'd in part, rev'd in part o,o.g, 606 A.2d 75 (Del.Sup.1992).

113 So z.B. NASDAQ E.R. 5605(b); NYSE L.C.M. § 303A.01; NYSE A.C.G. §§ 802(a), wonach die Mehrheit der *directors* unabhängig sein muss, soweit die Gesellschaft keinen Mehrheitseigner hat, vgl. NASDAQ E.R. 5615(c)(1) i.V.m. 5605(b); NYSE L.C.M. § 303A.00 i.V.m § 303A.01.

114 Siehe zum Begriff ‚*officer*' in § 3114(b) DGCL; Gantler v. Stephens, 2008 WL 401124, *7 (Del.Ch.2008). Siehe zum Begriff „*executive officer*': SEC-Rule 3b-7 [17 C.F.R. 249].

von *board*-Mitgliedern festgelegt worden ist[115]. Nach den meisten der Gesetze ist zumindest ein Schriftführer als *officer* einer Corporation zu bestellen[116]; ergänzend dazu verlangen einige andere Statuten die Berufung eines ‚*chief executive officer*' (CEO)[117], der - soweit er dem *board* angehört - als *president, chairman* oder *managing director* benannt wird[118]. In den Grenzen der Satzung kann eine als *officer* berufene Person auch mehrere Ämter übernehmen[119]. Nicht selten stammen die durch das *board* gewählten *executive officers* aus dem Kreis seiner Mitglieder, so dass *board*-Mitglieder auch in *inside* und *outside directors* klassifiziert werden; während Erstere bei der Gesellschaft angestellt sind, agieren Letztere im Nebenberuf, da sie hauptberuflich zumeist Politiker oder Angestellte anderer Unternehmen sind[120]. *Outside directors* werden nach den publizitätspflichtigen Unterlagen börsennotierter Corporations auch als *dependent directors* geführt, wenn sie zur Gesellschaft eine als wesentlich geltende ökonomische Beziehung haben; andernfalls gelten sie als *independent*[121]. Die Aufgaben für *officers* folgen regelmäßig aus den ihnen zugewiesenen Bereichen des Managements; ergänzend dazu werden *officers* mit der Vorbereitung unternehmensleitender Entscheidungen des *board* oder seiner Ausschüsse wie auch mit deren

---

Relevant wird die begriffliche Differenzierung z.B. mit Blick auf § 402 SOA (2002); s. dazu unter Glpkt. § 7 C.

115 Vgl. § 142(b) DGCL; § 312(b) CGCL; § 715(a) NYBCL; ebenso Goldman v. Shahmoon, 208 A.2d 492, 493 (Del.Ch.1965); Syracuse Television, Inc. v. Channel 9 Syracuse, Inc., 273 N.Y.S.2d 16, 28 (N.Y.Sup.1966); Lewis v. LeBaron, 61 Cal.Rptr. 903, 911 (Cal. Sup.1967); m.w.N. Sparks/Hamermesh, 48 Bus.Law. 215, 216 (1992); Jones, 44 Am. Bus. L.J. 475, 493 (2007).

116 Vgl. § 142(a) DGCL; § 312(a) CGCL; § 715(a) NYBCL; s. zur Amtsstellung eines ‚*secretary*': Bainbridge, Corporate Law, § 5.8, S. 92 (2009).

117 Vgl. § 715(a) NYBCL; § 312(a) CGCL.

118 Vertiefend: von Hein, RIW 2002, 501, 503 ff.

119 Vgl. § 142(a) DGCL; § 715(e) NYBCL; § 312(a) CGCL. Praxisüblich ist eine Personenverscheidenheit zwischen dem CEO und *secretary* aus Gründen der Feststellung der Identität des CEO bei Unterschriftsleistungen. So auch: Klein/Coffee, Business Organizations, S. 132 (2004).

120 Die Aufteilung der *board*-Mitglieder in '*insiders*' und ‚*outsiders*' bildet eines der Ergebnisse aus der seit Mitte der 80-er Jahre in den USA geführten *corporate governance*-Debatte, denn noch bis in die 70-er Jahre hinein galt es üblich, dass das *board* einer Corporation zumindest mehrheitlich aus *inside directors* bestand. Vertiefend: Hamilton/Macey, Corporations, 688 ff. (2003); Zalecki, 24 U.Tol.L.Rev. 831, 838 f. (1993).

121 Brodsky/Adamski, Officer & Directors, § 23:1 (2012); Clarke, 32 Del.J.Corp. 73, 78 (2007); s. zum Begriff ‚*independent*' unter Glpkt. § 2 B. I. 4.

Durchführung betraut[122]. Zur Aufgabenerfüllung können sich *officers* der Hilfe von ‚*sub-agents*' einer Corporation bedienen, welche deren gewöhnliche Angestellte oder beauftragte sachverständige Dritte sein können[123]. Maßgebend für das Rechtsverhältnis eines *officer* zur Corporation ist der Vertrag über dessen Anstellung sowie die Regeln zum Rechtsinstitut der *agency*, weil die *officers* aufgrund ihrer Amtsstellung als *agents* einer Corporation betrachtet werden[124].

Nach der *agency* bestimmt sich auch die Vertretungsmacht eines *officers* im Innen-/Außenverhältnis, die aus einer Vollmachtsurkunde (*actual authoritiy*), schlüssigen Bevollmächtigung (*implied authoritiy*), an das Amt angelehnten Vollmacht (*inherent authority*) oder aus dem Anschein einer Vollmacht aus früherem Handeln bzw. der Duldung vollmachtlosen Handelns (*apparent authority*) erwachsen kann[125]. Anstatt einer Einzelvertretung kann eine Gesamtvertretung unter mehreren *officers* angeordnet werden. Maßgebend für eine *actual authority* ist der konkrete Wortlaut der Bevollmächtigung, für deren Erteilung sich die *bylaws* der Gesellschaft, der Anstellungsvertrag eines *agent* oder ein *board*-Beschluss anbieten. Von der *implied authority* sind jene Handlungen umfasst, hinsichtlich derer der Wortlaut einer Vollmacht zwar schweigt, deren Vornahme jedoch für eine sachgerechte Geschäftsbesorgung unumgänglich sind[126]. Einer *apparent authority* liegt wie der *implied authority* der Gedanke des Vertrauensschutzes zugrunde, so dass deren Bestimmung vom Empfängerhorizont des Geschäftsgegners einer Corporation erfolgt und ein von der Gesellschaft veranlasstes und aus Rechtschutzgründen zurechenbares Handeln voraussetzt. Als schutzwürdig gelten Geschäftsgegner, die in gutem Glauben in das Bestehen der Vollmacht handeln und denen gegenüber durch ein früheres ähnliches Handeln der Anschein einer Bevollmächtigung gesetzt bzw. ein vollmachtloses Verhalten in der Kenntnis aller Umstände einspruchslos geduldet worden ist[127]. Im

122 Vgl. § 142(a) DGCL; § 307(a) CGCL; § 715(g) NYBCL.

123 Vgl. § 141(a) DGCL; § 8.01, cmt. MBCA; § 3.01 cmt. PALI; siehe zum *sub-agent*: ALI, Restat. (3d) of Agency, § 3.15(1).

124 Vgl. Science Accessories Corp. v. Summagraphics Corp., 425 A.2d 957, 962 (Del. Sup.1980); In re eBay Inc. S'holders Litig., 2004 WL 253521, *5 (Del.Ch.2004); Joseph Greenspon's Sons Iron & Steel Co. v. Pecos Valley Gas Co., 156 A. 350 (Del.Ch.193l); zur Begründung Glpkt. § 4 A. I.

125 ALI, Restat. (3d) of Agency, §§ 2.01.2.03; Folk, DGCL, § 141, S. 72 (1972); Ballantine/Sterling, Cal.Corp.L., § 89.02, S.5-57 (2009).

126 Vgl. Garber v. Prudential Ins. Co., 203 Cal.App.2d 693, 701; 22 Cal.Rptr. 123 (Cal. App.1962); s.a. ALI, Restat. (3d) of Agency, § 2.01, cmt. b).

127 Vgl. Martin v. Webb, 119 U.S. 7, 15; 3 S.Ct. 428 (1884), ALI, Restat. (2d) of Agency, § 27; m.w.N. Note, 57 Colum.L.Rev. 868 (1957).

Vergleich dazu folgt die *inherent authority* stets aus dem Inhalt der konkreten Geschäftsbesorgung, so dass diese Maßnahmen umfasst, deren Vornahme die Amtsstellung für gewöhnlich mit sich bringt[128]. Beispielhaft dafür ist die Rechtsmacht eines CEO, die - abhängig von Art und Größe eines Unternehmens - grundsätzlich die Vornahme aller Handlungen wie auch Verträge im üblichen Geschäftsgang erfasst[129].

3. Die *board committees* und deren Rechtsmacht

Entschließt sich das *board* einer Corporation, zur Aufgabenerfüllung einen Ausschuss zu bilden, oder ist es durch Börsenzulassung dazu verpflichtet[130], ist dieser - je nach Gesetz - mit einem oder mehreren *directors* zu besetzen[131]. Aus Praktikabilitätsgründen sollte ein Ausschuss mindestens 3 *directors* haben, da eine Zweier-Besetzung zu einer Pattsituation führen kann und Beschlüsse eines Ein-Mann-Komitees kritisch hinsichtlich Besetzungsgrund und Unbefangenheit eines *director* gerichtlich geprüft werden[132]. Im Hinblick auf den für Entscheidungen des *board* anwendbaren Beurteilungsmaßstab der Gerichte[133] sollten sich *board committees* nur aus unabhängigen und unbefangenen Mitgliedern zusammensetzen[134], weil die Gerichte bei Geschäften einer Corporation im Eigeninteresse

---

128 Vgl. ALI, Restat. (2d) of Agency, § 8A; m.w.N. Note, 57 Colum.L.Rev. 868, 869 ff. (1957); Harris, Corporations, S. 13 (2009).

129 Vgl. McKiernan v. Lenzen, 56 Cal. 61, 64 (Cal.Sup.1868); Phillps. v. Campbell, 43 N.Y. 271 (N.Y.App.1870); Italo-Petroleum Corp. of Am. v. Hannigan, 14 A.2d 401, 416 (Del.Sup.1940); m.w.N. Bainbridge, Corporate Law, § 5.8, S. 93 (2009); Hamilton, 24 W.F.L.Rev. 5, 10 (1989).

130 Insbesondere gilt dies für die an der NYSE und der NASDAQ gelisteten Unternehmen. Für diese sind folgenden *board*-Ausschüsse obligatorisch: *audit committee*, vgl. NASDAQ E.R. 5605(c)(2)(A); NYSE L.C.M. § 303A.06; s.a. § 301 SOA (2002); *compensation committee*, vgl. NASDAQ E.R. 5605(c)(2)(A); NYSE L.C.M. § 303.A.05(a); *nominating committees*, vgl. NASDAQ E.R. 5605(e); NYSE L.C.M. 303A.04(a).

131 Vgl. § 141(c) DGCL; § 712(a) NYBCL [Ein-Mann-Besetzung genügt]; § 311 CGCL [mindestens Zwei-Mann-Besetzung erforderlich].

132 Vgl. Lewis v. Fuqua, 502 A.2d 962, 967 (Del.Ch.1985); m.V.d. Kahn v. Tremont Corp., 694 A.2d 422, 430 (Del.Sup.1997); Kahn v. Dairy Mart Convenience Stores, Inc., 1996 Del.Ch.LEXIS 38,*19 (Del.Ch.1996); Strassburger v. Earley, 752 A.2d 557, 571 (Del. Ch.2000); Gesoff v. IIC Industries, Inc., 902 A.2d 1130, 1146 (Del.Ch.2006); m.w.N. Simpson/Brody, 69 Bus.Law. 1117, 1137 (2014).

133 Siehe eingehend dazu unter Glpkt. § 2 B. und Glpkt. § 2 C. I.

134 Vgl. Weinberger v. UOP, Inc., 457 A.2d 701, 709 Fn.7 (Del.Sup.1983); m.w.N. zur Begriffsbestimmung unter Glpkt. § 2 B. I. 3.-4.

ihres herrschenden Aktionärs[135] die Voreingenommenheit schon eines Komiteemitglieds als *„evidence of unfair dealing“* betrachten[136]. Beim Auswahlverfahren sollte ferner sichergestellt werden, dass die Mitglieder des Ausschusses nicht von den *directors* vorgeschlagen werden, die hinsichtlich eines Beschlussantrags als befangen gelten[137]. Ein aus unabhängigen und unbefangenen *directors* bestehender Ausschuss sollte dazu ermächtigt sein, den Rat unabhängiger Rechts- und Finanzexperten einzuholen und auf dessen Grundlage zu entscheiden, weil die Handlungs- und Beschlusskompetenz eines Komitees eine Grundvoraussetzung für die Geltung der *business judgment rule* bei Geschäften im Eigeninteresse eines herrschenden Aktionärs darstellt[138]. Maßgebend für die Willensbildung in einem Komitee sind die für *board*-Mitglieder geltenden Regeln[139]. *Board*-Komitees werden grundsätzlich[140] mit Beschlussmehrheit aller amtierenden *directors* gebildet[141].

Ausschüsse ermöglichen eine diversifizierte Zuweisung der Verantwortung in Unternehmensfragen und eine effiziente Zusammenführung der Spezialkenntnisse und Erfahrungen der einzelnen *directors*. Soweit Geschäfte keinem Plenarbeschluss unterliegen, können sie an Ausschüsse übertragen werden[142].

---

135 Siehe zum Begriff ‚herrschender Aktionär' unter Glpkt. § 2 B. I. 4. sowie zur Historie dieses Begriffs unter Glpkt. § 5 B. III. 1.

136 Vgl. Nebel v. Southwest Bancorp. Inc., 1999 Del.Ch.LEXIS 30, 41 (Del.Ch.1999); repr.'d, 24 Del.J.Corp. 1158 (1999) [hervorgehoben vom Verfasser], m.V.a. Rosenblatt v. Getty Oil Co., 493 A.2d 929, 937 Fn. 7 (Del.Sup.1985).

137 Vgl. In re Fort Howard Corp. S'holders Litig, 1988 Del.Ch.LEXIS 110, *36 (Del. Ch.1988); Cede & Co. v. Technicolor, Inc., 634 A.2d 345, 366 Fn. 35 (Del.Sup.1993); Weinberger v. UOP, Inc., 457 A.2d 701, 709 Fn. 7 (Del.Sup.1983).

138 Siehe zum Institut der *'business judgment rule'* unter Glpkt. § 2 B. und Glpkt. § 2 C. I.. Vertiefend zur Frage der Anwendbarkeit des Instituts bei Geschäften im Eigeninteresse eines herrschenden Aktionärs: Simpson/Brody, 69 Bus.Law. 1117, 1120 ff. (2014); Lazarus/ McCartney, 36 Del.J. Corp.L. 987, 998 ff. (2011); Siegel, 24 Del.J.Corp.L. 27, 39 ff. (1999); Allen/Jacobs/Strine, 56 Bus.Law. 1287, 1306 ff. (2001).

139 Vgl. § 141(c)(4) DGCL; § 712(a) NYBCL; § 311 CGCL.

140 Nach § 141(c)(1) DGCL genügt eine Beschlussmehrheit der vertretenen *directors*, soweit die Corporation nach dem 01.07.1996 gegründet wurde. Für Corporations älteren Gründungstages gilt dies, soweit ein entsprechender Beschluss aller *board*-Mitglieder vorliegt; vgl. § 141(b)/(c) DCGL.

141 Vgl. § 712(a) NYBCL; § 311 CGCL.

142 Vgl. § 141(c) DGCL; § 307(a)(7) CGCL; § 717 NYBCL; siehe auch: Krasner v. Moffett, 826 A.2d 277, 286 Fn. 37 (Del.Sup.2003). In der Regel unterliegen einem Plenarbeschluss Geschäfte unter Zustimmungsvorbehalt der Aktionäre: § 141(a) DGCL; § 311(a) CGCL; § 712(a)(1) NYBCL.

Praxisüblich ist die Formierung von *overview committees* zur (i) Kontrolle der Finanz- und Buchführung (*finance committee*), (ii) Aufbereitung der vom *board* zu entscheidenden Vorfälle (*executive committee*); (iii) Auswahl der Abschlussprüfer und Prüfung der Bilanzpolitik (*audit committee*); (iv) Gestaltung der Unternehmensrichtlinien und Kontrolle der *executive officers* (*corporate governance committee*) sowie (v) zur Selektierung und Nominierung von künftigen *directors* und *officers* (*nominating committees*)[143], insbesondere zur Sicherstellung der Anzahl von *outside directors*, um die Balance zwischen *outside* und *inside directors* zu gewährleisten und den Vorgaben an eine Ausschussbesetzung zu entsprechen[144]. Ebenso sind *compensation committees* gebräuchlich zur Überwindung von Interessenkonflikten bei der Festlegung der Managementvergütung. Spezielle Aufgaben erledigen *special negotiating committees*, um eine sachgerechte Vertretung der Gesellschaft gerade bei Geschäften im Eigen-/Fremdinteresse einer Mehrheit ihrer *board*-Mitglieder oder im Interesse ihres herrschenden Gesellschafters zu gewährleisten.

C. Grenzen der Rechtsmacht von Leitungsorganen im Lichte der *business judgment rule*

Die einem *director* oder *officer* mit Amtsübertragung anvertraute Rechtsmacht ist in der Ausübung begrenzt durch die aus deren Treueverpflichtung

---

143 Siehe zur Praxis der Fortune 500 in Spencer Stuart US Board Index, 2017, S. 29 [www.spencerstuart.com/-/media/ssbi2017/ssbi_2017_final.pdf].

144 So sind z.B. folgende *board*-Ausschüsse börsennotierter Corporations (ohne Mehrheitsaktionär) gänzlich mit unabhängigen *directors* zu besetzen: *audit commitees* [vgl. NASDAQ E.R. 5605(c)(2)(A); NYSE L.C.M. § 303A.07(a); § 301 SOA (2002)]; *compensation committees* [vgl. NASDAQ E.R. 5605(c)(2)(A); NYSE L.C.M. § 303A.05(a)]; *nominating committees* [vgl. NASDAQ E.R. 5605(e)(1)(B); NYSE L.C.M. § 303A.04(a)]. Ausnahmen gelten für Corporations mit Mehrheitseigner, einschl. Muttergesellschaften, vgl. NASDAQ E.R. 5615(c)(1) i.V.m. 5605(b), (d) & (e). Nach dieser Rule gilt NASDAQ E.R. 5605(c)(2)(A) auch für börsennotierte Corporations mit Mehrheitseigner; vgl. NASDAQ E.R. IM-5615-5. Eine ähnliche Vorschrift betreffend eine *controlled company* findet sich in NYSE L.C.M. § 303A.00 i.V.m § 303A.01, § 303A.04 & § 303A.05, so dass auch NYSE L.C.M. § 303A.07(a) auf börsennotierte Corporations mit Mehrheitseigner Anwendung findet. Vor dem Hintergrund dieser Vorgaben verfügten im Jahre 2017 schon 85% der *directors* einer der Furtune 500 Corporation über den Status der Unabhängigkeit i.S.d. Norm. Vgl. Spencer Stuart US Board Index, 2017, S. 16 (Fn. 143); m.w.N. Rodrigues, 33 J.Corp.L. 447, 452 ff. (2008). Näher zur Definition eines *independent director:* SEC Regulation S-K § 407(a)(1); SOA § 78j-l(m)(3)(B); NASDAQ E.R. 5605(a)(2)(A)-(G); NYSE L.C.M § 303A.02.

erwachsenden Normen (*standards of conduct*)[145] und durch die für Leitungsorgane nach Landes-[146] und Bundesrecht[147] geltenden Verhaltensbestimmungen. Für eine Konkretisierung der allgemeinen Treuepflichten erweisen sich die Grundprinzipien als hilfreich, deren Vorliegen bei Unternehmensbeschlüssen von *board*-Mitgliedern grundsätzlich vermutet werden. Diese Grundprinzipien finden sich auch in dem Rechtsinstitut der sog. *business judgment rule*[148] wieder, das neben dem sog. *intermediate standard of enhanced judical scrutiny*[149] und dem sog. *fairness test*[150] einen gerichtlichen Kontrollmaßstab für Unternehmensbeschlüssse bildet (*standard of judical review*)[151]. Danach wird bei einem bewusst in den Unternehmensbelangen gefassten *board*-Beschluss[152] vermutet, dass die Entscheidungsträger unabhängig,

145 Vgl. In re Citigroup Inc. S'holder Deriv.Litig., 964 A.2d 106, 114 Fn. 6 (Del.Ch.2009); Gantler v. Stephens, 965 A.2d 695, 708 (Del.Sup.2008); Bancroft-Whitney Co. v. Glen, 64 Cal.2d 237, 345 (Cal.Sup.1966); m.w.N. zu den Grundlagen der Treuebindung unter Glpkt. §§ 3-4.

146 Vgl. § 309(a) CGCL; § 717(a) NYBCL; § 141 DGCL; §§ 8.31(a); 8.42(a) MBCA; § 4.01 PALI; m.w.N. Block/Barton/Radin, BJR, S. 2 (2009).

147 Siehe am Beispiel des SOA (2002) die Auflistung von Johnson/Sides, 30 Wm.Mitchell L.Rev. 1149, 1155 (2004).

148 Mit Blick auf die Rechtswirkungen des Instituts [s. dazu unter Glpkt. § 2 C. I.] wird im Schrifttum bisweilen begrifflich differenziert zwischen der ‚*business judgment rule*' (falls es um die haftungsrechtliche Wirkung geht) und der ‚*business judgment doctrine*' (falls es um die materielle Wirkung geht). So ursprl.: Hinsey, 52 Geo.Wash.L.Rev. 609, 611 (1984). Kritisch dazu: ABA, 53 Bus.Law. 157, 176 (1997); Marsh, Cal.Corp.L., § 11.03[A] (2011). Die Gerichte lassen dies bislang unkommentiert: Gries Sport Enterprises Inc. v. Cleveland Browns Football Co., Inc, 496 N.E. 2d 959, 964 Fn. 4 (Ohio Sup.1986; Del.Law.; Revlon, Inc. v. MacAndrews & Forbes Holdings, Inc., 506 A.2d 173, 180 Fn.10 (Del.Sup.1986).

149 Vgl. Johnston v. Pedersen, 28 A.3d 1079, 1090 (Del.Ch.2011); Reis v. Hazelett Strip-Casting Corp., 28 A.3d 442, 457 (Del.Ch.2011); In re Del Monte Foods Co. S'holders Litig., 25 A.3d 830, 830 (Del.Ch.2011); m.w.N. unter Glpkt. § 2 B. I. 3.

150 Zu den '*three standards of review*': In re Trados Inc. S'holder Litig., 73 A.3d 17, 35 (Del.Ch.2013); Laster, 40 Wm.Mitchell.L.Rev. 1443, 1446.

151 Vgl. Unitrin Inc. v. American General Corp., 651 A.2d 1361, 1371 (Del.Sup.1995); m.w.N.: PALMITER, 67 Tex.L.Rev. 1351, 1361 (1989).

152 Nicht als Entscheidung des *board* gilt das bloße Nichtstun, soweit selbiges nicht schon aus einer Entscheidung des *board* hervorgegangen ist. Vgl. Aronson v. Lewis, 473 A.2d 805, 813 (Del.Sup.1984), m.V.d. Rabkin v. Philip A. Hunt Cem. Corp., 1987 Del. Ch.Lexis 522, *3 (Del.Ch. 1987); Scheenstra v. California Dairies, Inc., 213 Cal.App.4th 370, 387 (Cal.App.2013); m.w.N. Block/Barton/Radin, BJR, S. 40 (2009).

unbefangen, gutgläubig sowie informiert gehandelt haben. Diese Vermutungswirkung kommt einer Entscheidung durch Plenarbeschluss auch dann noch zugute, wenn zumindest eine beschlussfähige Mehrheit der *directors* unabhängig und unbefangen agiert hatte[153]. Bei Beschlüssen im Ausschuss müssen alle Ausschussmitglieder unabhängig und unbefangen sein[154]. Liegt ein entsprechendes Handeln vor, wird den *board*-Mitgliedern ein bestimmter Ermessensspielraum für die Entscheidungsfindung insoweit gewährt, als eine auf Feststellung eines Ermessensfehlgebrauchs eingeschränkte Überprüfung der Geschäftsmaßnahme durch ein Gericht hinsichtlich der Frage erfolgt, ob die getroffene Entscheidung nach den Gesamtumständen (auf Basis des Sachvortrags eines Klägers) ökonomisch vertretbar erscheint und (irgend-)einen berechtigten Unternehmensnutzen erkennen lässt[155]. Besonderheiten gelten bei der Autorisierung von Geschäften im Interesse eines herrschenden Aktionärs oder Maßnahmen, die zum Wechsel in der Leitungs-/Kontrollmacht der Corporation führen können[156].

Hinsichtlich des ihr zugrundeliegenden Zwecks lässt sich eine Unternehmensentscheidung angreifen, die nach den Gesamtumständen nicht geeignet ist, den Gesellschafts- und Aktionärsinteressen zu dienen. Dies ist der Fall, wenn mit hinreichender Wahrscheinlichkeit ein rational handelnder Geschäftsmann mit Rücksicht auf die Gesellschafts- und Aktionärsinteressen nicht so geurteilt hätte und das zu würdigende Verhalten zumindest als grob fahrlässig betrachtet werden kann[157]. Ein Ermessenmissbrauch liegt vor, wenn

---

153 Vgl. Lee v. Pincus, 2014 WL 6066108, *10, *13 (Del.Ch.2014); Paramount Comm., Inc., v. QVC Network, Inc., 637 A.2d 34, 42, Fn. 9 (Del.Sup.1994); Barnes v. State Farm Mut. Auto Ins. Co., 16 Cal.App.4th 365, 378 (Cal.App.1993).

154 Vgl. In re PNB Holding Co. S'holders Litig., 2006 Del.Ch.LEXIS 158, *3 (Del.Ch.2006); Auerbach v. Bennett, 47 N.Y.2d 619, 632; 393 N.E.2d 994 (N.Y.App.1979); Gaillard v. Natomas Co., 208 Cal.App.3d 1250; 1264; 256 Cal.Rptr.2d 702 (Cal.App.1989).

155 Vgl. In re Om Group, Inc. S'holders Litig., 2016 Del.Ch.Lexis 155 (Del.Ch.2016); In re TriQuint Semiconductor, Inc. S'holders Litig, C.A.No. 9415-VCN, slip op. at 8 (Del.Ch.2014); Kamin v. American Express Co., 383 N.Y.S.2d 807, 810; 86 Mis.2d 809 (N.Y.Sup.1976), aff'd 54 A.D.2d 654; 387 N.Y.2d 993 (1976); m.w.N. Furlow, 3 Utah L.Rev. 1061, 1087 (2009).

156 Siehe dazu schon unter Glpkt. § 2 A. II. 3. und m.w.N. unter Glpkt. § 2 B. I. 3. sowie § 2 C. I.

157 Vgl. Aronoff v. Albanese, 85 A.D.2d 2, 5; 446 N.Y.S.2d 368 (N.Y.Sup.App.Div.1982); Cohen v. Ayers, 596 F.2d 733, (7th Cir.1979; N.Y. Law); Saxe v. Brady, 184 A.2d 602, 610 (Del.Ch.1962); In re Walt Disney Co. Deriv.Litig., 731 A.2d 342, 368 (Del.Ch.1998).

Geschäftsmaßnahmen einer Gesetzesnorm oder dem Satzungsrecht widersprechen (*illegal acts*)[158], insbesondere außerhalb des statuarischen Zwecks eines Unternehmens liegen (*ultra vires acts*)[159] oder ein grobes Missverhältnis zwischen Leistung und Gegenleistung aufweisen (*corporate waste acts*)[160]. Die Pflichtwidrigkeit von illegal acts folgt daraus, dass Leitungsorganen schon per se hinsichtlich der Wahrung von Gesetz, Satzung oder Geschäftsordnung kein Entscheidungsermessen zugestanden wird. Ihnen wird - ebenso wie bei natürlichen Personen - eine Kenntnis des (Satzungs-)Rechts und Gesetzes unterstellt und deren Einhaltung abverlangt. Die Pflichtwidrigkeit von *corporate waste acts* folgt daraus, dass ein wirtschaftlich vernünftiger und loyal handelnder Manager nicht ein Geschäft abschließen würde, bei dem die Gesellschaft eine im Vergleich zur erbrachten Leistung um ein Vielfaches im Wert geringere Gegenleistung erlangen würde.

I. Beurteilungskriterien für redliches Handeln bei Entscheidungen der *board*-Mitglieder

Im Hinblick darauf wird bei den *directors* einer Corporation ein sorgfältiges und loyales Verhalten im Rahmen ihrer Entscheidungsfindung in Belangen ihres Unternehmens grundsätzlich dann vermutet, wenn deren Entscheidung durch sämtliche der folgenden 4 Beurteilungsmerkmale gekennzeichnet ist.

1. Kriterien für eine informierte Entscheidung *(informed judgment)*

Als informiert gelten jene *board*-Mitglieder, welche ihre Entscheidung mit der im Verkehr gebotenen Sorgfalt durch entsprechende Recherche wie Würdigung der wesentlichen Informationen vorbereitet und ihre Meinung unter Einbeziehung derselben durch Abwägung der Chancen und Risiken getroffen

158 Vgl. Abrams v. Allen, 74 N.E.2d 305, 306 (N.Y.Sup.1947); Zapata Corp. v. Maldonado, 430 A.2d 779, 782 (Del.Sup.1981); Briano v. Rubio, 4 Call.App.4th 1167, 1178 (Cal. App.1996).

159 Vgl. Michelson v. Duncan, 407 A.2d 211, 218 (Del.Sup.1979, Solomon v. Armstrong, 747 A.2d 1098, 1114 (Del.Sup.1999); Marsili v. Pacific Gas. & Electric Co. 124 Cal. Rptr. 313, 320; 51 Cal.App.3d 313 (Cal.App.1975); Sammis v. Stafford, 48 Cal.App.4th 1935, 1943 (1Cal.App.996).

160 Vgl. In re 3Com Corp. S'holders Litig., 1999 Del.Ch.LEXIS 215, *12 (Del.Ch.1999); Harbor Fin. Partners v. Huizenga, 751 A.2d 879, 892 (Del.Ch.1999); Gaillard v. Natomas Co., 208 Cal.App.3d 1250, 1273 (Cal.App.1989); Marx v. Akers, 88 N.Y.2d 189, 198 (N.Y.App.1996).

haben. Das dafür gebotene Maß entspricht nach den meisten Gesetzen dem im Deliktsrecht wurzelnden Maßstab der leichten Fahrlässigkeit (*slight negligence*)[161], so dass jene Sorgfalt gilt, die eine vernünftige Person in vergleichbarer Amtsstellung unter gleichen oder ähnlich gelagerten Umständen anzuwenden pflegt[162]. In Delaware gilt dagegen für Entscheidungen der *outside directors*[163] ein *gross negligent standard*, so dass erst „*a reckless indifference to or a deliberate disregard of the whole body of stockholders (...)*" haftungsauslösend wirkt, also leicht fahrlässiges Verhalten unschädlich ist[164]. Für Entscheidungen, nicht aber gewöhnliche Handlungen[165], ist dieser Maßstab damit zu rechtfertigen, dass es zumeist um komplexe wirtschaftliche Zusammenhänge geht, die stets eine Abwägung des Für und Wider bezüglich der zu autorisierenden Maßnahme aus Unternehmenssicht erforderlich machen[166]. Auch deshalb wird es den *directors* zugestanden, neben den eigenen Kenntnissen[167] auf Unterlagen und Auskünfte dritter für die Corporation tätiger Personen zu vertrauen, soweit sie als kompetent, verlässlich und vertrauenswürdig anzusehen sind[168]. Gründet eine

---

161 ALI, Restat. (2d) of Torts, §§ 289 ff.; m..V.d. Dyson, 40 Ind.L.J. 341 Fn.4 (1965); Bainbridge, Corporate Law, § 6.1, S. 96 (2009).

162 Vgl. § 309(a) CGCL; §§ 715(h), 717(a) NYBCL; § 8.30(a),(b) MBCA; § 4.01(a) PALI; so schon Hun v. Cary, 82 N.Y. 65,71 (N.Y.Sup.1880).

163 Für non-*director officers* gilt der einfache Fahrlässigkeitsstandard: vgl. Gantler v. Stephens, 2008 Del.Ch.LEXIS 20 (Del.Ch.2008), rev'd, 965 A.2d 695, 708 (Del. Sup.2009); ebenso in § 8.42(a) MBCA und ALI, Restat. (3d) of Agency, § 8.08. Siehe zur Begründung unter Glpkt. § 2 B. II.

164 Vgl. Tomczak v. Morton Thiokol, Inc., 1990 WL 42607, *12 (Del.Ch.1990) m.V.d. Benihana of Tokyo, Inc. v. Benihana, Inc., 891 A.2d 150, 192 (Del.Ch.2005) [hervorgehoben vom Verfasser]; siehe auch: Allaun v. Consolidation Oil Co., 147 A. 257, 261 (Del.Ch.1929); m.V.d. Citron v. Fairchild Camera & Instrumtent Corp.,1988 WL 53322, *15 (Del.Ch.1988); aff'd, 569 A.2d 53; 1989 Del. LEXIS 469,*45 (Del.Sup.1989).

165 Umstritten ist der Sorgfaltsmaßstab außerhalb einer Entscheidung [vgl. Graham v. Allis-Chalmers Mfg. Co., 188 A.2d 130 (Del.Sup.1963); Boing Co. v. Shrontz, 1992 WL 81228,*4 [Del.Ch.1992)]. Im Schrifttum wird differenziert: siehe z.B. Veasey/ Manning, 35 Bus.Law. 919, 927 (1980) [*gross negligence*] oder Arsht, 4 Del.J.Corp.L. 652, 659 (1979) [*slight negligence*]; m.w.N. Palm/Kearney, 40 Vill.L.Rev. 1298, 1304 ff. (1995).

166 Zugl. Eisenberg, 62 Ford.L.Rev. 437, 447 f. (1993); m.w.N. unter Glpkt. § 2 B. II.

167 Vgl. In re Emerging Comm., Inc. S'holders Litig., 2004 Del.Ch. LEXIS 70, 143 ff (Del. Ch. 2004); Rapoport v. Schneider, 29 N.Y.2d 396 (N.Y.Sup. 1972); so auch: § 8.30 MBCA (1984), cmt. 2; § 4.01(a) PALI, Reporters note & cmt.

168 Vgl. § 141(e) DGCL; § 717(a) NYBCL; § 309(b) CGCL; so auch: § 8.30(e) & (f)) MBCA; § 4.02(a), (b); §§ 4.01(a), (b) PALI.

Entscheidung auf den Informationen von Dritten, so gilt die *oversight function* der Sorgfaltspflicht, für deren Wahrung es nötig ist, dass die Entscheidung nicht unter Hast getroffen werden darf, sondern nach einer angemessenen Abwägung des Für und Wider; nicht in blindem Vertrauen, sondern nach kritischer Prüfung aller wesentlichen Unterlagen[169], gerade derer von Finanz- und Rechtsexperten[170], und nach einer Teilnahme am kollektivem Beratungsprozess[171]. Gerade mit Blick auf letztere Anforderung sollten *board*-Mitglieder nur ausnahmsweise im Wege eines schriftlichen/elektronischen Umlaufverfahrens handeln, weil andernfalls der Vorwurf der unsorgfältigen Meinungsbildung ergehen könnte[172].

2. Kriterien für eine gutgläubige Entscheidung (*bona fide judgment*)

Die Entscheidung muss ferner subjektiv durch ein Handeln in gutem Glauben motiviert gewesen sein. Maßgebend dafür sind grundsätzlich die inneren Beweggründe und Bewertungsmaßstäbe eines *director*, wie sie zur Zeit der Entscheidungsfindung bestanden. Gutgläubiges Verhalten ist stets dann zu vermuten, wenn die Entscheidung im Lichte aller Umstände von der inneren Überzeugung getragen gewesen war, dass die Geschäftsmaßnahme dem berechtigten Gesellschafts- wie Aktionärsinteresse dienen werde[173]. Im Umkehrschluss dazu liegt bösgläubiges Handeln vor, wenn vorsätzlich zum Nachteil der Corporation oder deren Aktionären entschieden worden ist[174],

---

169 Siehe m.N. zur Bestimmung der Wesentlichkeit einer (offenlegungspflichtigen) Information unter Glpkt. § 3 C. II.

170 Siehe m.N. zur Frage nach der Handlungsfähigkeit von Mitgliedern eines *board*-Komitees unter Glpkt. § 2 C. I.

171 Vgl. Muoio & Co., LLC v. Hallmark Entm't Invs. Co., 2011 WL 863007, *21 (Del. Ch.2011), aff'd 35 A.3d 419 (Del.Sup.2011); Kamin v. American Express Co., 383 N.Y.S.2d 807, 812; 86 Mis.2d 809 (N.Y.Sup.1976), aff'd 54 A.D.2d 654; 387 N.Y.2d 993 (1976); m.w.N.: Lafferty/Schmidt/Wolfe, 116 Penn State L.Rev. 837, 842 f. (2011); Balotti/Finkelstein, Del.Corp.L. § 4.7, S. 4-179.187 (2014).

172 Siehe m.N. zur Möglichkeit einer (informellen) Willensbildung im Umlaufverfahrens bereits unter Glpkt. § 2 A. II. 1.

173 Vgl. In re Walt Disney Co. Deriv.Litig., 825 A.2d 275, 289 (Del.Ch.2003), aff'd, 907 A.2d 693, 756 Fn. 464 (Del.Ch.2005); aff'd, 906 A.2d 27, 64 (Del.Sup.2006), Berg & Berg Enterprises, LLC v. Boyle, 178 Cal.App.4th 1020, 1045; 100 Cal.Rptr.3d 875 (Cal. App.2009); Finley v. Superior Court, 80 Cal.App. 1152, 1157 (Cal.App.2000).

174 Vgl. Lyondell Chemical v. Ryan, 970 A.2d 235, 241 (Del.Sup.2009); McPadden v. Sidhu, 964 A.2d 1262, 1266 (Del.Ch. 2008); Stone v. Ritter, 911 A.2d 362, 369 (Del.Sup.2006); so schon in: Karasik v. Pacific E. Corp., 180 A. 604, 607 (Del.Ch.1935).

wenn bewusst eine Gesetzesnorm verletzt worden ist[175] oder wenn in Kenntnis der Verpflichtung zum Handeln die Verwaltungsentscheidung unterblieben ist[176], wie z.B. bei einer tatenlosen Duldung eigennützigen Geschäftsgebarens eines CEO durch das *board*[177].

Im Hinblick darauf wird die Verpflichtung zu einem gutgläubigen Handeln (*duty of good faith*) nicht selten als *duty not to act in bad faith* beschrieben[178]. Mit anderen Worten liegt gutgläubiges Handeln vor, wenn jemand in ehrlicher, loyaler, redlicher wie zumutbarer Weise bestrebt war, das Richtige zu tun[179]. Für ein bösgläubiges Handeln genügt jedoch nicht schon eine grob fahrlässig getroffene Entscheidung[180], selbst wenn sich in einem sog. *no fault termination agreement* zugunsten des CEO eine Regelung findet, die diesem nach nur 14 Monaten Amtszeit eine Abfindungszahlung von über $ 140 Mio. gewährt[181]. Gerade in solchen Fällen wird angesichts der Zulässigkeit einer Haftungssauschlussregel in der Satzung einer Corporation die gebotene Differenzierung zwischen sorgfaltswidrigen und illoyalen Verhalten unterstrichen[182], zumal einige der Gesetze eine Haftungsausschlussregelung für

---

175 Vgl. Stone v. Ritter, 911 A.2d 362, 369 (Del.Sup.2006); In re Walt Disney Co. Deriv. Litig., 906 A.2d 27, 67 (Del.Sup.2006) m.V.a. In re Caremark Int'l Inc. Deriv.Litig., 698 A.2d 959, 962 (Del.Ch.1995).

176 Vgl. Lyondell Chemical v. Ryan, 970 A.2d 235, 240 (Del.Sup.2009); Stone v. Ritter, 911 A.2d 362, 369 (Del.Sup.2006); In re Walt Disney Co. Deriv.Litig., 906 A.2d 693, 27, 66 (Del.Sup.2006) m.V.a. Gagliardi v. TriFoods Int'l Inc., 683 A.2d 1049, 1051 Fn.2 (Del. Ch.1996).

177 Vgl. Pereira v. Cogan, 294 B.R. 448, 531 ff. (S.D.N.Y.2003; Del.Law).

178 Vgl. Robinson v. Pittsburg Oil Refining Corp., 14 Del.Ch. 193, 199 (Del.Ch.1924); Auerbach v. Bennett, 393 N.E.2d 994, 1000 (N.Y.Sup.1979).

179 Nowicki, 55 Buff.L.Rev. 460, 483 (2007; ders. 60 SMU L.Rev. 441, 491 (2007); Bishop, 2007 Mich.St.L.Rev. 905, 937 f. (2007).

180 Vgl. Lyondell Chemical v. Ryan, 970 A.2d 235, 241 (Del.Sup.2009); McPadden v. Sidhu, 964 A.2d 1262, 1266 (Del.Ch.2008); Stone v. Ritter, 911 A.2d 362, 369 (Del.Sup. 2006); s. zu diesen Fällen auch Furlow, 3 Utah L.Rev. 1061, 1079 fj. (2009).

181 Vgl. In re Walt Disney Co. Deriv.Litig., 825 A.2d 275, 278, 286 (Del.Ch.2003); aff'd, 907 A.2d 693, 755, Fn. 464 (Del.Ch.2005); aff'd, 906 A.2d 27, 64 (Del.Sup.2006); siehe ausführlich zum Fall: Duggin/Goldman, 56 Am.U.L.Rev. 211, 241 ff. (2006).

182 Vgl. In re Walt Disney Co. Deriv.Litig. 906 A.2d 27, 65 (Del.Sup.2006); Kalísch-Jarcho, Inc. v. City of N.Y., 448 N.E.2d 4123, 416 (N.Y.App. 1983). Die Unterscheidung zwischen sorgfaltswidrigem und illoyalem Handeln ist geboten, weil die *duty of good faith* als besondere Ausprägung der Loyalitätspflicht zu begreifen ist, so dass ein bösgläubiges Verwaltungshandeln stets eine Verletztung der Loyalitätspflicht darstellt. Würde schon grob fahrlässiges Handeln Bösgläubigkeit begründen, wäre auch die Loyalitätspflicht verletzt. Siehe zum Problem unter Glpkt. § 4 C. I.-II.

sorgfaltswidriges, nicht aber für illoyales Verhalten von Leitungsorganen ermöglichen[183]. Entsprechende Gesetzesvorschriften würden demzufolge ihre rechtliche Wirkung verlieren, wenn bereits bei einer grob fahrlässig getroffenen Entscheidung ein bösgläubiges Handeln vermutet werden dürfte.

3. Kriterien für eine unbefangene Entscheidung (*disinterested judgment*)

Abgesehen von den in *safe-harbor rules* skizzierten Interessenlagen bei *self-dealing transactions*[184] gelten *directors* (wie *officers*) als befangen, wenn mit der Entscheidung ein pekuniär geprägter Vor- oder Nachteil von wesentlicher Art verwirklicht bzw. vermieden werden kann. Für die Bestimmung der Wesentlichkeit des Eigeninteresses urteilen die Gerichte in Delaware[185] nicht mehr nach einer objektiven (*reasonable person test*), sondern nach einer subjektiven Betrachtung (*actual person test*)[186], wobei sich die Prüfungsweisen dann nicht unterscheiden, wenn die Person keine „*eccentric characteristics*" offenbart[187].

Beide Verfahren differieren insoweit, als bei Ersterem ein wesentliches Eigeninteresse vermutet wird, wenn der aus der betreffenden Entscheidung resultierende Vor-/Nachteil eine derartige Tragweite besitzt, dass nach den Umständen des Einzelfalls zumindest eine hinreichende Wahrscheinlichkeit dafür besteht, dass eine vernünftige Person in der Unbefangenheit ihrer Meinungsbildung beeinflusst worden wäre, während bei Letzterem die ökonomischen Verhältnisse des Entscheidungsträgers berücksichtigt werden, so dass ein wesentliches Eigeninteresse bejaht werden kann, wenn der in Rede stehende Vor-/Nachteil aus der Entscheidung die Neutralität der Willensbildung des betreffenden *director* beeinflussen kann[188]. Nach

183 Siehe mit Beispielen zu entsprechenden Normen unter Glpkt. § 4 C. I.

184 Siehe am Beispiel der *safe harbor rules* in Del., Cal. und N.Y. unter Glpkt. § 7 A. I.-III.

185 Siehe m.N. zum Cal.Law unter Glpkt. § 7 A. II. 2. a) und zum N.Y.Law unter Glpkt. § 7 A. III. 2 a).

186 Vgl. Cede & Co. v. Technicolor, Inc., 634 A.2d 345, 363 f (Del.Sup.1993), dism'd on remand. sub.nom. Cinerama, Inc. v. Technicolor, Inc., 663 A.2d 1155, 1161 (Del. Ch.1994), aff'd 663 A.2d 1156, 1167 (Del.Sup.1995).

187 Vgl. Cinerama, Inc. v. Technicolor, Inc., 663 A.2d 1155, 1161 (Del.Ch.1994); In re Trados Inc. S'holder Litig., 2009 Del.Ch. LEXIS 128, *22 (Del.Ch.2009); m.V.d. Robotti & Co. v. Liddell, 2010 WL 157474, *12 (Del.Ch.2010), repr'd, 36 Del.J.Corp. L. 265, 278 (2011);

188 Vgl. N.J. Carpenters Pension Fund v. InfoGROUP, Inc., 2011 WL 4825888, *10 (Del. Ch.2011); In re Walt Disney Co. Deriv. Litig., 731 A.2d 342, 354 (Del.Ch.1998), rev'd o.o.g., 764 A.2d 244 (Del.Sup.2000); In re GM Class H. S'holders Litig., 734 A.2d 611, 617 (Del.Ch.1999).

dieser Methode könnte insbesondere die Autorisierung von Verträgen einer Corporation mit nahen Angehörigen von *board*-Mitgliedern, wie z.B. mit dem Sohn[189] oder Großvater[190] eines *director* oder dem Schwager eines CEO[191], Zweifel an dessen Neutralität auslösen. Als unschädlich gelten solche finanziellen Vor-/Nachteile, welche in der betreffenden Form gleichermaßen allen Anteilseigner einer Corporation zufließen würden[192]. So gelten z.B. *directors* nicht schon aufgrund ihrer Aktionärsstellung als befangen, wenn über eine Dividendenzahlung zu befinden ist, weil hiervon jeder Gesellschafter im Verhältnis seiner Anteile an der Corporation partizipieren würde[193]. Ebenso wenig gelten *directors* im Falle einer Honorierung ihrer Leistung als per se *interested*[194].

Über das finanzielle Eigeninteresse hinaus wird eine Befangenheit von Entscheidungsträgern bejaht, wenn der Erhalt der Leitungsmacht und damit verknüpfte nicht monetäre Vorteile vordergründig sind. In Betracht kommen hierbei Entscheidungen zur Abwehr einer feindlichen Übernahme der Corporation sowie jene, welche einen Wechsel in der Leitungs-/Kontrollmacht einer Corporation auslösen können[195]. Beschlüsse dieser Art sind nach dem Delaware Recht von der *business judgment rule* erst dann geschützt, wenn sie einen „*intermediate standard of enhanced judical scrutiny*" erfolgreich durchlaufen

189 Vgl. Chaffin v. GNI Group, Inc.,1999 Del.Ch.LEXIS 182, *17 f. (Del.Ch.1999).

190 Vgl. Mizel v. Connelly, 1999 Del.Ch.LEXIS 157,*11 (Del.Ch.1999); In re China Agritech. S'holder Deriv.Litig, 2013 WL 218514,*20 (2013).

191 Vgl. Harbor Fin. Partners v. Huizenga, 751 A.2d 879, 898 Fn.31 (Del.Ch.1999).

192 Vgl. Larkin v. Shah, 2016 Del.Ch.LEXIS 134, *27 (Del.Ch.2016); Chester Cty. Empls.' Ret. Fund v. New Residential Inv. Corp., 2016 WL 5865004, *9 (Del.Ch.2016); Robotti & Co. v. Liddell, 2010 WL 157474, *12 (Del.Ch.2010), repr'd, 36 Del.J.Corp. L. 265, 278 (2011).

193 Vgl. Pfeffer v. Redstone, 965 A.2d 676, 690 (Del.Sup.2009); Cheff v. Mathes, 199 A.2d 548, 505; 41 Del.Ch. 494 (Del.Sup.1964).

194 Vgl. Grabow v. Perot, 539 A.2d 180, 188 (Del.Sup.1988); In re E.F. Hutton Banking Practice Litig., 634 S.Supp. 265, 271 (S.D.N.Y.1986). Anderes gilt bei Vergütungen, welche das für das Amt übliche Gefüge übersteigen; vgl. Orman v. Cullman, 794 A.2d 5, 29 Fn. 62 (Del.Ch.2002).

195 Bei ‚*hostile take over transactions*' wird eine Corporation gegen den Willen des Managements von einem anderen Rechtssubjekt übernommen, indem deren Anteilseigner ein befristetes Angebot zum Anteilserwerb erhalten (*tender offer*) und die Zielgesellschaft Abwehrmaßnahmen einleitet [s. Unocal Corp. v. Mesa Petroleum Co., 493 A.2d 946, 955 (Del.Sup.1985)]. Im Vergleich dazu ergehen ‚*change in control transactions*' mit Willen des Managements, wie z.B. Börsenabgang oder Fusion [s. In re Netsmart Techs., Inc. S'holders Litig., 924 A.2d 171, 175 (Del.Ch.2007)].

haben[196]. In Fällen der Abwehr einer feindlichen Übernahme ist dies anzunehmen, wenn dargelegt werden kann, dass einerseits durch das Übernahmeangebot eine drohende Gefahr für die bisherige Geschäftspolitik bestand und somit die Maßnahme nicht bloß dem Erhalt der Leitungsmacht diente (*reasonableness test*), sowie andererseits, dass die getroffene Maßnahme aus Sicht der Entscheidungsträger als vernünftiges und angemessenes Mittel zur Abwendung der drohenden Gefahr erachtet wurde (*proportionality test*)[197]. Bei allen anderen Geschäften einer Corporation, die in der Regel zum Verlust der Leitungsmacht führen, genügt der Beweis dafür, dass der Beschluss unter Einbeziehung aller wesentlichen Informationen erging und im Lichte aller Einzelfallumstände aus Sicht eines Entscheidungsträgers als vernünftig erschien[198]. Somit ist dieses Verfahren durch eine Rationalitätsbetrachtung geprägt, so dass eine mutmaßlich oder nachweislich auch als eigennützig veranlasste Geschäftsmaßnahme gleichwohl vernünftig sein kann, wenn dadurch den Interessen der Gesellschaft und deren Anteilseigner Rechnung getragen worden ist[199].

4. Kriterien für eine unabhängige Entscheidung (*independent judgment*)

Als unabhängig[200] gelten Entscheidungsträger, wenn deren Meinungsbildung selbstbestimmt erfolgte, also weder durch äußere unlautere Einflussnahme noch aufgrund eines inneren Verlangens bestimmt waren, die Interessen der

196 Vgl. Binks v. DSL.net, Inc., 2010 WL 1713629, *6 (Del.Ch.2010); In re Topps Co. S'holders Litig., 926 A.2d 58, 92 (Del.Ch.2007); m.w.N. Lazerus/McCartney, 36 Del. J.Corp.L. 987, 990 (2011), Furlow, 3 Utah L.Rev. 1061, 1989 (2009).

197 Vgl. Unitrin Inc. v. American General Corp., 651 A.2d 1361, 1384 (Del.Sup.1995); m.w.N.: Swanson, 30 Ga.L.Rev. 943, 969 (1996); Lafferty/ Schmidt/Wolfe, 116 Penn St.L.Rev. 837, 859 (2011); Moore, 31 Del.J.Corp.L. 865, 883 (2006); Bainbridge, 31 Del.J.Corp.L. 769 (2006).

198 Vgl. In re Del Monte Foods Co. S'holders Litig., 25 A.3d 813, 830 (Del.Ch. 2011); Paramount Communications Inc. v. QVC Network Inc., 637 A.2d 34, 45 (Del.Sup.1994); Wayne County Employees Retirement System v. Corti, 2009 WL 2219260, *10, 35 (Del. Ch.2009), repr'd, 35 Del.J.Corp.L. 738, 761 (2010), aff'd, 996 A.2d 795 (Del.Sup.2010); Lyondell Chem. Co. v. Ryan, 970 A.2d 235, 239 (Del.Sup.2009).

199 Die Gerichte Kaliforniens folgen insoweit dem Recht Delawares; siehe z.B. in Katz v. Chevron Corp, 22 CA.4th 1352, 1367 (Cal.Sup.1994); m.w.N. Weakley/Magistrale, Fiduciary Duties, § 4.49, 4-64 (2017).

200 Der Begriff ‚*independent*' wird landesrechtlich einheitlich bestimmt [s. z.B. § 1.43(a)(3), (b)(1) MBCA; § 1.23(a) PALI]. Unterschiede können zu Kapitalmarkt-/

als dominant anzusehenden Person(-engruppe) über die ihrer Corporation zu stellen[201]. Gerichten stellt sich die Frage der Neutralität von Entscheidungsträgern stets bei Geschäftsmaßnahmen, die entweder im Eigeninteresse eines oder mehrerer der Leitungsorgane einer Corporation stehen oder einen Vorteil für den als ‚herrschend' geltenden Aktionär (*controlling shareholder*) mit sich bringen[202]. Zweifel an einer Unbefangenheit entstehen nicht schon durch kollegiale oder freundschaftliche Bande - sei es, weil *directors* im gleichen sozialen Umfeld verkehren, bereits geschäftlichen Kontakt hatten oder sich als Freunde bezeichnen[203]. Eine Voreingenommenheit ist bei *directors* allerdings dann anzunehmen, wenn eine gegenwärtige oder vergangene Bindung persönlicher oder geschäftlicher Art vermuten lässt, dass ehr das eigene Ansehen als die innere Verbundenheit zur dominanten Person riskiert werden würde. Die Gerichte haben dies bislang in Fällen bejaht, in denen ein finanziell ergiebiges Geschäftsverhältnis

Börsenrechtsnormen (s. schon Fn. 130) bestehen, welche in Delaware als „*(...) a useful source (...) for illustrative purpose*" gelten. Vgl. In re MFW S'holders Litig., 67 A.3d 496, 510 (Del.Ch.2013); Kahn v. M&F Worldwide Corp., 88 A.3d 635, 648 Fn.26 (Del.Sup.2014); m.w.N.: Rodriguez, 10 J.Bus.&Techn.L. 113, 115 (2015); Clarke, 32 Del.J.Corp.L. 73, 84 (2007); Fairfax, 96 Iowa L.Rev. 127, 134 (2010).

201 Vgl. Parfi Holding AB v. Mirror Image Internet, Inc., 794 A.2d 1211, 1232 (Del. Ch.2001), rev'd in part o.o.g., 817 A.2d 149 (Del.Sup.2002); m.w.N. Fiegenbaum, 41 Del.J.Corp.L. 763, 778 (2017); Holland, 11 U.Penn.J.Bus.Law, 675, 687 (2009); Rodrigues, 33 J.Corp.L. 447, 466 (2008)

202 Als *controlling shareholder* gilt eine Person-(engruppe), die entweder an den stimmberechtigten wie ausgegebenen Aktien einer Corporation eine Kapital-/Stimmenmehrheit innehat oder - bei geringerem Anteil - durch (Ab-)Berufung der Mehrheit der *directors* imstande ist, für eigene Zwecke die Geschäftspolitik zu beeinflussen. Vgl. zu dessen Treuepflicht unter Glpkt. § 6 B. III. 1.; m.w.N. zur aktuellen Rechtslage: Citron v. Fairchild Camera & Instrument Corp., 1988 WL 53322, *16 (Del.Ch.1988); aff'd, 569 A.2d 53, 70 (Del.Sup.1989); Meister v. Mensinger, 230 CA4[th] 381, 395 (Cal.App.2014); m.w.N. Siegel, 24 Del.Corp.L. 27, 32 (1999); DeMott, 13 Conn.J.Int'l L. 233, 236 (1999); siehe ferner z.B. die Vorgaben in: § 1.10(a) (1) PALI [25% Grenze]; SEC-Rule 405(f) SA (1933); § 12b-2 SEA (1934).

203 Vgl. Beam ex rel. M. Stewart Living Omnimedia, Inc. v. Stewart, 833 A.2d 961, 966 (Del.Ch.2003), aff'd, 845 A.2d 1040 (Del.Sup.2004); Lichtenberg v. Zinn, 260 A.D..2d 741, 743; 687 N.Y.S.2d 817 (N.Y.Sup.App.Div.1999); Sanford v. Colgate Univ., 36 A.D.3d 1060, 1061; 828 N.Y.S.2d 633 (N.Y.Sup.App.Div.2007). Vertiefend zur '*structural bias*': Sharpe, 34 Seattle U.L.Rev. 1435, 1449 ff. (2011); Hill/McDonnell, 32 Iowa J.Corp.L. 833, 853 ff. (2007); Davis, 90 Iowa L.Rev. 1305, 1307 ff. (2005). Siehe im Vergleich zur Gerichtspraxis in Del. und N.Y. den gegenteiligen Ansatz des ALI in § § 5.02(a)(2) PALI: Eisenberg, 62 Ford.L.Rev. 437, 452 ff. (1993); Small, 1377, 1381 ff. (1993).

zwischen dem *director* und der dominanten Person bestand[204], in denen ein *director* ein hoch dotiertes Amt in einem von der dominanten Person kontrollierten Unternehmen inne hatte[205] oder in denen eine vom *director* geführte Organisation über Jahre hinweg von der dominanten Person gesponsert wurde[206]. Gleichermaßen wird einem Entscheidungsgremium die Neutralität in der Willensbildung abgesprochen, wenn durch die dominante Person falsche oder fehlerhaft erstellte Informationen mitgeteilt wurden[207]. Nicht ausreichend ist hingegen der Umstand, dass *directors* von dem herrschenden Gesellschafter einer Corporation ausgewählt worden sind[208], es sei denn, dieser hatte gerade die Möglichkeit für den Erhalt der künftigen Amtsstellung in der Gesellschaft geschaffen[209].

II. Exkurs: Geltung der *business judgment rule* für Entscheidungen eines *officer*

Die vorstehend skizzierten Wirkungsstränge der *business judgment rule* basieren auf der Überlegung, dass den Interessen einer Corporation und deren Aktionären in der Frage der richterlichen Überprüfung von Entscheidungen des *board*

---

204 Vgl. Tsutsui v. Barasch, 67 A.D.2d 898, 898; 892 N.Y.S.2d 400 (N.Y.Sup.App.Div.2009); Bansbach v. Zinn, 1 N.Y.3d 1, 12; 801 N.E.2d 395, 403 (N.Y.Sup.2003); Kahn v. Tremont Corp., 1996 Del.Ch.LEXIS 40 (Del.Ch.1996); rev'd o.o.g., 694 A.2d 422, 426 (Del. Sup.1997); Kahn v. Dairy Mart Convenience Stores, Inc., 1996 Del.Ch.LEXIS 38,*19 (Del.Ch.1996), repr'd, 21 Del.J.Corp. 1143, 1157 (1996).

205 Vgl. In re Trados Inc. S'holder Litig., 2009 WL 2225958, *8 (Del.Ch.2009); Carlson v. Hallinan, 925 A.2d 506, 530 (Del.Ch.2006); In re MAXXAM, Inc., 659 A.2d 760, 773 (Del.Ch.1995); ders. unrep'd in: 23 Del.J.Corp.L. 277, 318 f. (1998); Drobbin v. Nicolet Instrument Corp., 631 F.Supp. 860, 874 (S.D.N.Y.1986).

206 Vgl. Biondi v. Scrushy, 820 A.2d 1148, 1156 (Del.Ch.2003); In re Oracal Corp. Derivative Litig., 824 A.2d 917, 922 (Del.Ch.2003); In re The Limited, Inc. S'holders Litig., 2002 Del Ch. LEXIS 28; 2002 WL 537692 (Del.Ch.2002).

207 Vgl. Cinerama, Inc. v. Technicolor, Inc., 663 A.2d 1155, 1168 (Del.Ch.1994); m.w.N. zur Offenlegungspflicht unter Glpkt. § 4 C. II.

208 Vgl. In re Trados Inc. S'holder Litig., 2009 WL 2225958, *8 (Del.Ch.2009); In re Tyson Foods Consul. S'holders Litig., 919 A.2d 563, 588 (Del.Ch.2007); Aronson v. Lewis, 473 A.2d 805, 816 (Del.Sup.1984), rev'd o.o.g. in Brehm v. Eisner, 746 A.2d 244 (Del. Sup.2000):

209 Vgl. In re e Bay, Inc. S'holders Litig, 2004 Del.Ch.LEXIS 4, *9 (Del.Ch.2004); Levien v. Sinclair Oil Corp., 261 A.2d 911, 914 (Del.Ch. 1969),aff'd, 280 A.2d 717 (Del. Sup.1971); Litle v. Waters, 1992 WL 25758, *7 (Del.Ch.1992), repr'd, 18 Del.J.Cop. 315, 323 (1993).

(wie auch der Gesellschafterversammlung) am besten damit gedient sei, wenn nicht die Wirtschaftlichkeit einer Entscheidung, sondern deren Rechtmäßigkeit kontrolliert wird. Im Falle einer Erfüllung der vorskizzierten Kriterien soll sich ein Gericht nicht die Frage stellen dürfen, ob ein ordentlicher Geschäftsmann im konkreten Fall ebenso gehandelt hätte, sondern ob die getroffene Entscheidung aus Sicht des Unternehmens (irgend-)einen erkennbaren und berechtigten Zweck erfüllt. Diese schon in den Anfängen der Herausbildung des Rechts zur Corporation nachweisbare Erwägung[210] fußt auf nachfolgend skizzierten Erkenntnissen aus der Würdigung von Unternehmensentscheidungen[211]:
(i) Board-Mitglieder seien als Menschen nicht unfehlbar und benötigen deshalb Ermessensfreiheit[212]: Danach ist den *directors* einer Corporation zur Entscheidungsfindung im *board* oder *board*-Ausschuss ein bestimmter Ermessenspielraum zuzugestehen, damit sie dazu ermutigt werden, bei Entscheidungen wohl kalkulierte Risiken einzugehen, ohne gleich Gefahr laufen zu müssen, für eine sich im Nachhinein als fehlerhaft erweisende Unternehmensentscheidung persönlich zur Verantwortung gezogen zu werden.
(ii) (Minderheits-)Aktionäre sollen nur im Ausnahmefall eine Unternehmensentscheidung anfechten[213]. Nach diesem Grundsatz soll der Einfluss der Anteilseigner einer Corporation auf die gesetzlichen und vertraglichen Zuständigkeiten begrenzt bleiben, so dass bei Fehlentscheidungen von *board*-Mitgliedern nicht die eigenen Ansprüche im Widerspruch zu den Interessen der Gesellschaft verfolgt werden können.
(iii) Richter seien nicht die besseren Manager und dürfen nicht auf dem Klageweg zu diesen werden[214]. Anerkennung findet in dieser Überlegung der organschaftliche

---

210 Vgl. Percy v. Millaudon, 8 Mart. (n.s.) 68, 78 (La.1829); Spering's Appeal, 71 Pa. 11, 24 (Pa.Sup.1872); Fox v. Hale & Norcgross Silver Mining Co., 108 Cal. 369, 386; 41 P. 308 (Cal.Sup.1895); Pollitz v. Wabash R.R., 207 N.Y. 113, 123; 100 N.E. 721 (N.Y.App.1912).

211 Vgl. m.w.N.: Johnson, 60 Bus.Law. 439, 455 (2005); ders., 55 Bus.Law. 625, 628 ff. (2000); Bainbridge, 57 Vand.L.Rev. 83, 85 ff. (2004).

212 Vgl. Scott v. Depeyster, 1 Edw. Ch. 13, 535 (N.Y.Ch.1833); Beach v. Williamson, 78 Fla. 611, 620 (Fla.Sup.1919); Chelrob v. Barrett, 293 N.Y. 442, 460; 57 N.E.2d 825 (N.Y.Sup.1944); Gagliardi v. Trifoods Int'l, Inc., 683 A.2d 1049, 1052 (Del.Ch.1996).

213 Vgl. Chelrob v. Barrett, 293 N.Y. 442, 459; 57 N.E.2d 825 (N.Y.Sup.1944): Smith v. Van Gorkom, 488 A.2d 858, 872 (Del.Sup.1985).

214 Vgl. Scheenstra v. California Dairies, Inc., 2013 Cal.App.4th 370, 387 (Cal.App.2013); Karasik v. Pacific Eastern Corp., 180 A. 604, 611 (Del.Ch.1935); Auerbach v. Bennett, 47 N.Y.2d 619, 630; 393 N.E.2d 994 (N.Y.Sup.1979).

Grundsatz der Selbstverwaltung einer Corporation sowie die Erkenntnis der Richter, Unternehmensbelange nicht besser beurteilen zu können, als wohl informierte, unbefangen und sorgfältig im Unternehmensinteresse handelnde *board*-Mitglieder.

Obschon sich diese Erwägungen auch auf die Gruppe der (non-)*director officers* übertragen lassen, sind deren Entscheidungen nicht in allen Gliedstaaten von der *business judgment rule* geschützt[215]. Beispielhaft hierfür ist die Gerichtspraxis Kaliforniens betreffend die Anwendung des § 309 CGCL[216], wonach die Rechtswirkungen des Instituts bloß *outside directors* einer Corporation zugute kommen[217]. Begründet wird die Ausgrenzung der (non-)*director officers* damit, dass sie im Vergleich zu *directors* von den Unternehmensbelangen stets Kenntnis haben oder diese aufgrund ihres Amtes erlangen können, so dass für deren Entscheidungen in Unternehmensfragen eine strengere Beurteilung gerechtfertigt sei[218]. Diese zum Teil in der Wissenshaft befürwortete Ausgrenzung der (non-) *director-officers*[219] wird gestützt durch statistische Erhebungen, wonach die Arbeitszeit eines im Nebenberuf agierenden *director* zehnmal geringer sei als die eines *officer*, so dass in Bezug auf dessen Sorgfalt bei der Kontrolle und Bewertung von unternehmensrelevanten Informationen bei einem *director* ein geringerer Maßstab anzulegen sei und bei einem *officer* ein größeres Maß an Sorgfalt verlangt werden dürfe[220]. Hinzu kommt der Umstand, dass *board*-Mitglieder die

---

215 Vgl. zum Beispiel die Auflistung in: Block/Barton/Radin, BJR, S. 97 f. (2009); Flaum/Lari, 41 Sec.Reg.& L.Rep. 622, 624 Fn.17 (2009); Jones, 44 Am.Bus.L.J. 475, 480 ff. (2007); Johnson, 60 Bus.Law 439, 460 (2005); Sparks/Hamermesh, 60 Bus.Law. 865, 867 ff. (2005).

216 Vgl. vormals § 820 S.1 CCC (1947); m.N.d. unter Glpkt. § 6 B. I. 2., Vertiefend zum § 309 CGCL (1977): Batenga/Willis, 16 Pepp.L.Rev. 1083, 1100 (1989); Marsh, Cal. Corp.L, § 11.03[A] (2011). Siehe zu wortlautähnlichen Normen z.B. § 717 NYBCL, § 8.31 MBCA oder § 4.01 PALI.

217 Vgl. Scheenstra v. California Dairies, 213 Cal.App.A4th 370, 386 (Cal.App.2013); Biren v. Equalty Emergency Medical Group, Inc., 102 Cal.App.4th 125, 143 (Cal.App.2002); FDIC v. Faigin, 2013 U.S.Dist. LEXIS 94899 (C.D.Cal.2013).

218 Vgl. § 309 CGCL cmt. m.V.a. § 35 MBCA (1975); siehe dazu: ABA, 29 Bus.Law. 953 (1974); m.V.d. Ballantine/Sterling, Cal.Corp.L. § 102.01, 6-10.2 f. Fn. 4 (2011); Batenga/Willis, 16 Pepperdine L.Rev. 1083, 1086 ff. (1989); Miller, 4 U.Balt.L.Rev. 259, 260 (1975).

219 Johnson, 60 Bus.Law 439, 460 (2005); ders./Millon, 46 Wm&Mary L.Rev. 1597, 1642 (2005); Sharfman, 34 Del. J. Corp. L. 813, 815 (2009); zsfd. Hilton, 94 N.C.L.Rev. 2155, 2171 f. (2016).

220 Johnson/Ricca, 67 Bus.Law. 75, 82 (2011); Balotti/Shaner, 74 L.&Cont.Probs. 161, 172 (2011).

zumeist komplexen Sachverhalte schwerlich selbst durchdringen können und damit zwangsläufig auf die Expertise der *officers* oder die von sachverständigen Dritten angewiesen sind. Darüber hinaus ist dem Verhältnis der *directors* zu den *officers* eine Informationsasymmetrie immanent, deren Ausgleich nicht unbedingt dadurch erfolgt, dass *directors* die Einsicht in unternehmensrelevante Unterlagen beanspruchen können, weil der damit erlangte Kenntnisgrad in seiner Qualität und Quantität steht und fällt mit der entweder vom *officer* selbst oder unter dessen Leitung aufbereiteten Informationen. Gesetzgeberische Bestätigung finden die aus der Unternehmenspraxis vorherrschenden Umstände darin, dass *directors* auf die Richtigkeit und Vollständigkeit von Informationen der *officers* vertrauen dürfen[221]. Schließlich wird ein eingegrenzter Prüfungsmaßstab für Entscheidungen eines *officer* deshalb abgelehnt, weil *officers* - anders als *directors* - mit Blick auf deren weitaus höhere Entlohnung nicht mehr zu einer Leistungserbringung und Eingehung wohl kalkulierter Unternehmensrisiken ermutigt werden müssen[222].

Gegen diese durchaus überzeugenden Überlegungen wird mitunter von einigen Autoren vorgebracht, dass sich ein homogener Sorgfalts- und Prüfungsmaßstab für Entscheidungen von *directors* und *officers* aus Gründen der Gleichbehandlung hinsichtlich der Existenz einer Treuebindung rechtfertigen würde[223]. Bei Gerichten, insbesondere in Delaware[224], hat dieses Argument jedoch bislang kein Gehör gefunden. Eine Stellungnahme hierzu hätte sich im Rahmen der Entscheidung in Gantler v. Stephens[225] angeboten, weil der Supreme Court darin erstmals die bislang vom Chancery Court praktizierte

---

221 Vgl. § 141(e) DGCL; § 717(a) NYBCL; § 309(b) CGCL; § 8.42(c) MBCA; ebenso: Balotti/Shaner, 74 L.&Cont.Probs. 161, 169 (2011).

222 Johnson, 60 Bus.Law 439, 458 (2005); ders./Millon, 46 Wm.&Mary L.Rev. 1597, 1642 (2005); McMurray, 40 Vand.L.Rev. 605, 620 (1987); näher zu *director fees*: Johnson/Ricca, 67 Bus.Law. 75, 81 Fn. 35 (2011).

223 Aviram, 2013 U.Ill.L.Rev. 763, 767 Fn.19, 782 f. (2013); Follett, 35 Del.J.Corp.L. 563, 575 (2010); Sparks/Hamermesh, 60 Bus.Law. 865, 865 (2005); dies. 48 Bus.Law, 215, 234 (1992); ABA, 54 Bus. Law. 1229, 1231 (1999); Bainbridge, Corporation Law, § 6.4, S. 124 (2009).

224 Gleiches gilt für New York; vgl. a.a.O. unter Glpkt. § 7 C. I. 3. c). Ungeeignet ist ein Rückgriff auf den Fall Estate of Detwiler v. Offenbecher [vgl. 728 F.Supp. 103 (S.D.N.Y.1989)], weil dieser nach dem Recht Michigans erging und eine klare Stellungnahme zur Geltung der business judgment rule für *officers* vermissen lässt; so auch: Johnson, 60 Bus.Law 439, 448 (2005).

225 Vgl. Gantler v. Stephens, 2008 Del.Ch. LEXIS 20 (Del.Ch.2008), repr'd, 33 Del.J. Corp.L. 528 (2008); rev'd, 965 A.2d 695 (Del.Sup.2009).

Gleichbehandlung von *inside* und *outside directors*[226] bezüglich des Bestehens der Treuepflicht bestätigte[227]. Gleichwohl blieb ein Hinweis auf die Geltung der *business judgment rule* für (*executive*) *officers* aus; Erwähnung fand das Institut erst im Rahmen der Kontrolle der Wirksamkeit des *board*-Beschlusses[228]. Ebenso wenig lassen sich ältere Entscheide des Chancery Court als Argumentationsbasis heranziehen, obschon dies bisweilen mit Hinweis auf Kelly v. Bell[229] und Kaplan v. Centex Corp.[230] versucht wird[231]. Die fehlende Eignung der Fälle folgt daraus, dass im ersterwähnten nicht die Entscheidung eines *officer*, sondern ein *board*-Beschluss zu prüfen war, womit dessen unbefugtes Handeln gebilligt worden ist[232], und im letztgenannten Fall die Redlichkeit im Verhalten des *inside director* nach Faktenlage festgestellt und nicht vom Gericht vermutet worden ist[233]. Hinzu kommt, dass im ersten Urteil lediglich betont wird: "*(...) officers were not necessarily liable to the corporation because they honored the commitment, provided they exercised honest business judgment* "[234], und diese Phrase im zweiten Urteil dahin ausgelegt wurde, dass die Entscheidung eines *officer* „*(...) in the absence of any divided loyalty and in the light of subsequent ratification by the board of directors (...)*" durch die *business judgment rule* 'vermutlich' geschützt

226 Vgl. McPadden v. Sidhu, 964 A.2d 1262, 1275 (Del.Ch.2008); Ryan v. Gifford, 935 A.2d 258, 269 (Del.Ch.2007); In re Walt Disney Co. Deriv. Litig., 2004 WL 2050138, *3 (Del.Ch.2004); Copi of Delaware, Inc. v. Kelly, 1996 WL 633302, *5 (Del.Ch.1996).

227 Vgl. Gantler v. Stephens, 965 A.2d 695, 708 (Del.Sup.2009). Bestätigung der Supreme Court sodann bezüglich der Gleichstellung von *directors* und *officers* in Frage nach ihrer Treueverpflichtung z.B. in: Hampshire Group., Ltd. v. Kuttner, 2010 WL 2739995, *11, Fn.75 (Del.Ch.2010); ZRII, LLC v. Wellness Acquisition Grp., Inc., 2009 WL 2998169, *11, Fn.117 (Del.Ch.2009).

228 Vgl. Gantler v. Stephens, 965 A.2d 695, 709 (Del.Sup.2009); zugl.: Shaner, 48 U.C.Davis.L.Rev. 271, 298 (2014); Johnson/Ricca, 67 Bus.Law. 75, 86 (2011); Johnson/Garvis, 64 Bus.Law. 1105, 1107 f. (2009); Laster/Haas, 2009 Corp.& Sec.L.Advisor, 2, 8 (2009).

229 Vgl. Ella M. Kelly & Wyndham, Inc. v. Bell, 254 A.2d 62, 75 (Del.Ch.1969), aff'd, 266 A.2d 878 (Del.Sup.1970).

230 Vgl. Kaplan v. Centex Corp., 284 A.2d 119 (Del.Ch.1971).

231 So z.B.: Henn/Alexander, Corporations, § 242, S. 663 (1983); Block/Barton/Radin, BJR, S. 97 (2009); Oltmanns, Geschäftsleiterhaftung, S. 18, 97 (2001); Klöckner, Informationspflichten, S. 33 (2009); Sparks/Hamermesh, 60 Bus.Law. 865, 865 (2005); § 4.01(c), cmt. a), 140 PALI.

232 Vgl. Ella M. Kelly & Wyndham, Inc. v. Bell, 266 A.2d 878, 879 (Del.Sup.1970).

233 Vgl. Kaplan v. Centex Corp., 284 A.2d 119, 124-129 (Del.Ch.1971).

234 Vgl. Ella M. Kelly & Wyndham, Inc. v. Bell, 266 A.2d 878, 879 (Del.Sup.1970) [hervorgehoben vom Verfasser].

sei[235]. Die insoweit bestehenden Zweifel an einer Geltung des Instituts bleiben ebenso in Folgeurteilen erhalten, weil darin zumeist Entscheidungen von *inside directors* zu prüfen waren[236] oder konstatiert worden ist, dass die *officers* einer Corporation bei redlichem Verhalten nicht zur Verantwortung gezogen würden[237]. Als unergiebig erweisen sich auch Bundesgerichtsurteile[238], weil in einigen der Urteile die Anwendung *business judgment rule* auf non-*director-officers* bejaht[239] und in anderen wiederum verneint wurde[240]. Eine unmissverständliche Stellungnahme in dieser Frage dürfte allerdings aus künftigen Entscheidungen des Chancery Court hervorgehen, weil dieser durch die Revision des § 3114(b) Del.Code nunmehr auch über das (mutmaßlich) treuwidrige Verhalten eines *non-resident, non-director officer* urteilen kann[241].

D. Richterliche Bestätigung einer außerhalb der Rechtsmacht liegenden Geschäftsmaßnahme

I. Richterliche Standards bei der Feststellung einer (mutmaßlichen) Pflichtwidrigkeit

Gesellschafter einer Corporation, die mit einer Entscheidung der *board*-Mitglieder unzufrieden sind, können deren Umsetzung im Wege einer Anfechtungsklage durch Gerichtsbeschluss verhindern[242]. Mit Blick auf die Vermutungswirkung der *business judgment rule* ist es dazu erforderlich, nachzuweisen, das zumindest eines ihrer Kontrollmerkmale (bei der Mehrheit der *directors*) unerfüllt geblieben

---

235 Vgl. Kaplan v. Centex Corp., 284 A.2d 119, 124-125 (Del.Ch.1971) [hervorgehoben vom Verfasser].

236 Vgl. In re MFW S'holders Litig., 67 A.3d 496, 526 Fn.148 (Del.Ch.2013); ähnlich: Schreiber v. Pennzoil Co., 419 A.2d 952, 956 (Del. Ch.1980); Haber v. Bell, 465 A.2d 353, 357 (Del.Ch.1983); Pogostin v. Rice, 480 A.2d 619 (Del.Sup.1984).

237 Vgl. Gagliardi v. Trifoods Int'l, Inc., 683 A.2d 1049, 1053 (Del.Ch.1996); In re Caremark Int'l Deriv.Litig., 698 A.3d 959, 967 (Del.Ch.1996)

238 Vgl. m.N. Follett, 35 Del.J.Corp.L. 563, 569 (2010); Matwyshyn, 34 Del.J.Corp.L. 965, 999 (2009); Flaum/Lari, 41 S.R&L.R. 622, 624 (2009).

239 Vgl. Stanziale v. Nachtomi (In re Tower Air, Inc.), 2004 U.S.Dist. LEXIS 7375 (D.Del.2004); aff'd, 416 F.3d 229, 238,Fn. 12 (3d Cir.2005).

240 Vgl. Platt v. Richardson, 1989 U.S.Dist., LEXIS 7933, *6 (M.D.Pa.1989).

241 Vgl. 74 Del.Laws 213, ch. 83, § 3 (2004); vertfd: Shaner 66 Bus.Law. 27, 33 (2010); Johnson/Millon, 46 Wm&Mary L.Rev. 1597, 1612 (2005).

242 Siehe zur Auflistung der Rechtsbehelfe in prozessrechtlicher Hinsicht: Palm/Kearney, Villa.L.Rev. 1297, 1349 f. (1995).

ist[243]. Die materielle Rechtswirkung des Instituts bewirkt daher in verfahrensrechtlicher Hinsicht eine Umkehr in der Verteilung der Beweislast zugunsten der *board*-Mitglieder, indem (widerlegbar) vermutet wird, dass deren Willensbildung pflichtgemäß nach Maßgabe der erläuterten Merkmale stattgefunden habe[244]. Mit anderen Worten wird den Entscheidungsträgern ein loyales sowie sorgfältiges Verhalten unterstellt. Scheitert der klägerische Sachvortrag, bleibt die richterliche Überprüfung der betreffenden Entscheidung (bei entsprechendem Sachvortag) auf die Frage beschränkt, ob diese nach den Gesamtumständen für das Unternehmen (irgend-)einen vernünftigen Nutzen erkennen lässt und wirtschaftlich sinnvoll erscheint[245]. Prozessrechtliche Folge ist somit, dass die Gerichte von einer Angemessenheitsprüfung abgehalten sind, selbst wenn sich die Entscheidung bei einer ex post Betrachtung als sinnwidrig oder unklug erweisen sollte[246]. Nachforschungen danach, ob ein ordentlicher Manager in der konkreten Situation anders geurteilt hätte, sind zu unterlassen, da das Institut unter anderem davor schützen soll, dass Zweckmäßigkeitserwägungen des Gerichts an die Stelle einer Unternehmensentscheidung von erfahrenen *board*-Mitgliedern treten[247]. Letztlich bleibt die richterliche Prüfung (bei entsprechendem Klägervortrag) daher stets darauf begrenzt, ob die *board*-Mitglieder im Rahmen des ihnen von Rechts wegen gewährten Ermessens gehandelt hatten.

Besonderheiten gelten für Maßnahmen im Interesse des herrschenden Aktionärs einer Gesellschaft[248]. Mit Blick auf dessen Machtstellung

---

243 Im Lichte der Rechtswirkung der Regel betonte der Supreme Court daher auch in Telxon Corp. V. Meyerson, 802 A.2d 257, 264 (Del.Sup.2002): „*Where only one director has an interest in an transaction, however, a plaintiff seeking to rebut the presumption of the business judgment rule under the duty of loyalty must show that the interested director controls or dominates the board as a whole*".

244 Laster, 40 MwMitschell L.Rev. 1443, 1455 (20114); Yablon, 13 Card. L.Rev, 497, 500 f. (1991); Palm/Kearney, Villa.L.Rev. 1297, 1300 (1995).

245 Vgl. Singh v. Attenborough, 137 A.3d 151, 152 (Del.Sup.2016); Kamin v. American Express Co., 383 N.Y.S.2d 807, 810; 86 Mis.2d 809 (N.Y.Sup.1976); Cramer v. General Telephone & Electronics Corp., 582 F.2d. 259, 275 (C.A.Pa.1978).

246 Vgl. Citron v. Fairchild Camera & Instrument Corp., 569 A.2d 53, 64 (Del.Sup.1989); Biren v. Equality Emergency Med. Group, Inc. 102 Cal.App.4th 125, 137 (Cal. App.2002); Bodell v. General Gas & Electric Corp., 140 A. 264, 267 (Del.Sup.1927).

247 Siehe zu den drei Hauptzielrichtungen der *business judgment rule* bereits unter Glpkt. § 2 B. II.

248 Vgl. In re Orchard Enters., Inc. S'holders Litig., 88 A.3d 1, 24 (Del.Ch.2014); In re MFW S'holders Litig., 67 A.3d 496, 528 (Del.Ch.2013), aff'd, Kahn v. M&F Worldwide

und Treuepflicht gegenüber Minderheitseignern einer Corporation[249] wird eine Beurteilung nach Maßgabe der *business judgment rule* nur bei solchen Geschäften befürwortet, die sowohl nach den Kontrollkriterien des Instituts durch *board*-Mitglieder autorisiert worden sind wie auch eine Zustimmung durch die Mehrheit der Minderheitsaktionäre der Gesellschaft erlangt hatten[250]. Soweit die Autorisierung durch ein *board*-Komitee erging, ist dessen Beschluss nur in Fällen geschützt, in denen unabhängige sowie unbefangene Mitglieder mit der Handlungskompetenz entschieden hatten. Eine sog. „*real bargaining power at arm's length*" wird unterstellt, wenn sie dazu befähigt worden sind, die Vertragsinhalte für die Corporation zu verhandeln, neutrale Rechts- und Finanzexperten anzufordern sowie die Vertragsverhandlungen abzubrechen bzw. gegen die Vornahme des Geschäfts zu stimmen[251]. Fehlt es an einer (wirksamen) Autorisierung des Geschäfts durch die Mehrheit der Minderheitsaktionäre (bei gleichzeitigem Vorliegen eines von der *business judgment rule* geschützten Komiteebeschlusses) oder haben die Komiteemitglieder ohne die gebotene Verhandlungs- und Beschlusskompetenz gehandelt (bei gleichzeitigem Vorliegen einer als wirksam geltenden Genehmigung durch Minderheitsaktionäre), führt ein ansonsten den *business judgment rule*-Kriterien genügender Beschluss eines *board*-Komitees bzw. eine als gültig geltende Zustimmung durch die Mehrheit der Minderheitsaktionäre nur zur Umkehr der Beweislast für die (Un-)Fairness des Geschäfts zugunsten des herrschenden Aktionärs mit der Folge, dass es Aufgabe eines Klägers ist, den Mangel an Fairness aus Sicht einer Corporation nachzuweisen[252].

Beachtenswert in solchen Situationen ist stets, dass zwar die Frage nach der Fairness des Geschäfts den Prüfungsmaßstab bildet, jedoch die haftungsrechtliche Wirkung der *business judgment rule* für die als unabhängig, unbefangen,

---

Corp., 88 A.3d 635, 644 (Del.Sup.2014); In re CNX Gas Corp. S'holders Litig., 4 A.3d 397 (Del.Ch.2010).

249 Siehe eingehend zur Treuebindung des herrschenden Gesellschafters einer Corporation unter Glpkt. § 5 B. III. 1. und § 6 B. II. 3.

250 Siehe ergänzend zu o.g. Fundstellen (Fn. 247) unter Glpkt. § 2 C. II.

251 Vgl. Friedman v. Dolan, 2015 WL 4040806, *26 (Del.Ch.2015); Corwin v. KKR Fin. Holdings LLC, 125 A.3d 304, 308 (Del.Sup.2015); Kahn v. M&F Worldwide Corp., 88 A.3d 635, 644 (Del.Sup. 2014) m.V.d. Larkin v. Shah, No.10918-VCS (Del.Ch.2016).

252 Vgl. Muoio & Co. LLC v. Hallmark Entm't Inves. Co., 35 A.3d 419 Del.Sup.2011); Kahn v. Tremont Corp., 694 A.2d 422, 428 (Del.Sup.1997); Kahn v. Lynch Communications Systems, Inc., 638 A.2d 1110, 1117 (Del.Sup.1994); m.w.N. zur '*fairness*' unter Glpkt. § 2 C. III.

gutgläubig und informiert geltenden *board*-Mitglieder erhalten bleibt[253]. An diesem Grundsatz wird auch deutlich, dass die prozessrechtliche Wirkung der *business judgment rule* nicht zwangsläufig mit deren haftungsrechtlichen Wirkung einhergehen muss. Letztere zeigt sich darin, dass *directors* vor der persönlichen Inanspruchnahme wegen eines Vermögensschadens bewahrt werden, dessen Eintritt auf einem abweichenden (aus ex ante Sicht) unabsehbaren Geschehensablauf resultiert[254]. Hiervon unberührt bleiben Schäden, deren Eintritt auf einem sonstigen - nicht vom Entscheid getragenen - sorgfaltswidrigen Handeln beruht, sei es bei Durchführung einer Maßnahme oder deren Unterlassen[255]. Die haftungsrechtliche Wirkung der *business judgment rule* kommt allerdings nur einem *director* zugute, der deren Kontrollkriterien erfüllt. Pflichtwidrig handelnde *directors* können die Inanspruchnahme nur durch Autorisierung der Maßnahme durch einen (Mehrheits-)Beschluss der Gesellschafter vermeiden. Eine haftungsrechtliche Wirkung kann ein solcher aber nur bei einem Sorgfaltspflichtverstoß entfalten; Ansprüche aus einer Loyalitätsverletzung sind nicht heilbar[256]. Durch einen Gesellschafterbeschluss können daher Ansprüche zum Erlöschen gebracht werden, welche zum Beispiel dadurch entstanden sind, dass *directors* ohne sorgfältige Überprüfung des Für und Wider aus Sicht der Corporation entschieden oder eine Maßnahme außerhalb der nach *case law* oder Gesellschaftssatzung gewährten (gewöhnlichen) Rechtsmacht autorisiert hatten. Davon unberührt bleibt allerdings die prozessrechtliche Wirkung eines Aktionärsbeschlusses hinsichtlich der gerichtlichen Prüfung der veranlassten Verwaltungsmaßnahme[257].

Eine den Kontrollkriterien der *business judgment rule* widersprechende Entscheidung von *directors* lässt grundsätzlich ein treuewidriges Verwaltungshandeln

---

253 Vgl. Citron v. E.I. Du Pont de Nemours 585 A.2d 490, 499 (Del.Ch.1990); zustd. Brown/Maimone/Schoell, 23 Del.J.Corp.L. 1157, 1161 (1998).

254 Vgl. AC Acquisition Corp. v. Anderson Clayton & Co., 519 A.2d 103, 111 (Del. Sup.1986); Barnes v. State Farm Mut. Auto Ins. Co., 16 Cal.App.4th 365, 378 (Cal. App.1993); Barr v. Wackman, 329 N.E.2d 180, 187 (N.Y.Sup.1975).

255 Vertiefend zur Differenzierung zwischen den beiden Teilbereichen einer Sorgfaltspflicht – der sog. ‚*oversight function*' und '*decisional function*': In re Caremark Intern. Inc. Derivative Litig., 698 A.2d 959, 967 (Del.Ch.1996); m.w.N. Rhee, 88 Notre Dame L.Rev.1139, 1149 ff. (2013); Brown, 26 Del.J.Corp.L. 45 ff. (2001).

256 Vgl. In re Wheelabrator Technologies, Inc. S'holders Litig., 663 A.2d 1194, 1203 (Del. Ch.1999) m.V.a. Michelson v. Duncan, 407 A.2d 211, 219 (Del.Sup. 1979); Gaillard v. Natomas Co., 208 Cal.App.3d 1250; 1273; 256 Cal.Rptr.2d 702 (Cal.App.1989); Rapoport v. Schneider, 278 N.E.2d 642, 646 (N.Y.Sup.1972).

257 Siehe eingehend dazu unter Glpkt. C. II.

vermuten. Diese Vermutung kann durch einen (vermeintlich) pflichtwidrig handelnden *director* widerlegt werden, indem er den Nachweis dafür führt, dass die (veranlasste) Maßnahme aus der Sicht seiner Corporation zum Zeitpunkt ihrer Autorisierung den prozeduralen und sachlichen Kontrollkriterien für die sog. *fairness* des Geschäfts entsprach und weder einen (kausalen) Schaden für die Gesellschaft noch deren Anteilseigner verursacht hat/hätte[258]. Ein Gericht erlangt damit quasi ex post die Stellung eines unvoreingenommenen Entscheidungsträgers, dessen Aufgabe es ist, im Lichte der Unternehmensbedürfnisse die Fairness der Maßnahme zu prüfen. Gelingt der Nachweis der Fairness, lebt die Vermutung für redliches Verwaltungshandeln wieder auf; andernfalls kann eine unzureichende Fairness den rechtlichen (Fort-)Bestand eines Geschäfts gefährden und für den pflichtwidrig handelnden Entscheidungsträger zur persönlichen Inanspruchnahme führen. Mit anderen Worten begründet eine im Sinne einer *business judgment rule* ergangene Entscheidung die Vermutung für die Angemessenheit der damit autorisierten Geschäftsmaßnahme, während ein Gericht ohne eine entsprechende Verwaltungsentscheidung von der Fairness des Geschäfts zu überzeugen ist[259]. Deshalb wird es in Delaware auch als „*determinative of the outcome of [the] litigation*" erachtet, ob eine Maßnahme von der *business judgment rule* geschützt ist oder einer *fairness*-Analyse unterliegt[260]. In Fällen eines (vermeintlich) pflichtwidrigen Handelns lässt sich eine begrenzte Kontrolle der Fairness eines Geschäfts nur durch den Nachweis einer Autorisierung durch Gesellschafterbeschluss erreichen. Grund dafür ist, dass Gesellschafterbeschlüsse als die Entscheidung eines Organs in den Belangen einer Corporation betrachtet werden, welche ebenso den Schutz vor einer richterlichen Prüfung verdienen wie unternehmensbezogene Entscheidungen von *board*-Mitgliedern einer Corporation[261].

---

258 Siehe eingehend dazu unter Glpkt. § 2 C. III.

259 Vgl. In re John Q. Hammons Hotels Inc. S'holder Litig., 2011 WL 227634, *7 (Del. Ch.2011); Cinerama, Inc. v. Technicolor, Inc., 663 A.2d 1155, 1172 (Del.Ch.1994); Aronoff v. Albanese, 85 A.D.2d 2, 5; 446 N.Y.S.2d 368 (N.Y.Sup.App.Div.1982); Ench v. Breslin, 241 A.D.2d 475, 477; 659 N.Y.S.2d 893 (N.Y.Sup.App.Div.1997).

260 Vgl. In re Cornerstone Therapeutics, 115 A.3d 1173 (Del.Sup.2015) m.V.a. Mills Acquisition Co. v. Macmillan, Inc., 559 A.2d 1261, 1279 (Del.Sup.1988), m.V.a. AC Acqusitions Corp. v. Anderson Clayton & Co., 519 A.2d 103, 111 (Del.Ch.1986): [hervorgehoben vom Verfasser]; m.w.N. zu den '*burdens of proof rules*': Yablon, 13 Cardozo L.Rev. 497, 500 ff. (1992); Palm/Kearney, 40 Villa.L.Rev. 1297, 1316 ff. (1995).

261 Vgl. Gantler v. Stephens, 2008 Del.Ch. LEXIS 20 Fn. 52 (Del.Ch.2008); rev.'d, o.a.g., 965 A.2d 695 (Del.Sup.2009); Aronoff v. Albanese, 85 A.D.2d 2, 4 (N.Y.Sup.App.Div.1982);

II. Zustimmung durch eine Mehrheit der Gesellschafter einer Corporation

Ein als (mutmaßlich) pflichtwidrig geltendes Geschäft von *board*-Mitgliedern einer Corporation kann durch eine den Kriterien der sog. „*shareholder ratification rule*“ genügenden Zustimmung wirksam werden. Gemeinhin wird dieses Institut im Rahmen der Autorisierung von Verwaltungsmaßnahmen gebraucht, welche nicht schon kraft Gesetzes oder Satzung einem Zustimmungsvorbehalt der Aktionäre unterliegen und hinsichtlich derer um Zustimmung durch die Aktionärsversammlung explizit ersucht worden ist[262]. Voraussetzung für die Geltung dieser Regel ist daher zunächst eine im alleinigen Entscheidungsermessen der *directors* liegendes Geschäft[263]. Ferner muss explizit um Zustimmung der Aktionäre ersucht werden, so dass ein als (mutmaßlich) pflichtwidrig geltendes Verwaltungshandeln nicht konkludent im Zuge einer einen anderen Sachverhalt betreffenden Zustimmung der Anteilseigner autorisiert werden kann[264]. Weiterhin kann dieses Institut nur Anwendung finden, wenn die in Rede stehende Pflichtverletzung zwar die Anfechtung einer Entscheidung rechtfertigt, nicht aber einen Grund für deren Nichtigkeit bildet; differenziert wird insoweit zwischen anfechtbaren (*voidable*) und bereits nichtigen (*void*) Geschäften[265]. Als *void* gelten Geschäfte, die betrügerisch, rechtswidrig, unternehmenszweckwidrig veranlasst wurden oder wodurch die Vermögensgüter einer Gesellschaft verschwendet oder gar verschenkt worden sind[266]. Im Vergleich dazu gelten Maßnahmen nur als anfechtbar, welche im Interesse einer Gesellschaft liegen, allerdings von Leitungsorganen veranlasst worden sind, denen die erforderliche Bevollmächtigung fehlte oder deren Entscheidung nicht

---

Remillard Brick Co. v. Remillard-Dandini Co., 109 Cal.App.2d 405, 419; 241 P.2d 66 (Cal.App.1952).

262 Vgl. Gantler v. Stephens, 2008 Del.Ch. LEXIS 20 Fn.52 (Del.Ch.2008); rev'd, 965 A.2d 695, 713 (Del.Sup.2009); Corwin v. KKR Fin. Holdings LLC, 125 A.3d 304, 308 (Del. Sup.2015); Espinoza v. Zuckerberg, 124 A.3d 47 (Del.Ch.2015).

263 Siehe zum Zustimmungsvorbehalt der Aktionäre zu Geschäftsmaßnahmen bereits unter Glpkt. § 1 A. II. Fn. 85.

264 Vgl. Calma v. Templeton, 114 A.3d 563, 583 (Del.Ch.2015) m.V.a. In re Santa Fe Pacific Corp. S'holders Litig., 669 A.2d 59, 68 (Del.Sup.1995); m.w.N. Folk, DGCL-Fundamentals, § 141.02[11], S. 187 (2017).

265 Vgl. Picacard v. Sperry Corp., 48 F.Supp. 465 (N.Y.S.D.1943); Aronoff v. Albanese, 85 A.D.2d 3, 4-5; 446 N.Y.S.2d 368 (N.Y.Sup.App.Div. 1982); Michelson v. Duncan, 407 A.2d 211, 218-19 (Del.Sup.1979); Williams v. Geier, 671 A.2d 1368, 1379 Fn. 23 (Del. Sup.1994).

266 Siehe m.N. bereits unter Glpkt. § 2 B. I. Fn. 158-160.

jene der *business judgment rule* zugrundeliegenden Merkmale erfüllte[267]. Nur anfechtbare Entscheidungen lassen sich wirksam autorisieren, wenn die Gesellschafterversammlung beschlussfähig war und eine unbefangene Mehrheit der stimmberechtigen Aktionäre ohne unlauteren Einfluss auf die Willensbildung[268] in Kenntnis aller wesentlichen Umstände die Zustimmung erklärte[269]; als nichtig geltende Geschäfte können hingegen nur durch einstimmigen Beschluss autorisiert werden, falls das Geschäft im Entscheidungsermessen der Aktionäre liegt, also nicht schon nichtig ab initio ist[270]. In beiden Fällen sollte dafür gesorgt werden, dass schon in der Einladung und auch in der Versammlung in einer dem Empfängerhorizont entsprechenden Weise die wesentlichen Geschäftsumstände mitgeteilt und die Folgen des Beschlusses erläutert werden[271]. Nicht ausreichend ist eine informelle Zustimmung, selbst wenn der unbefangene herrschende Aktionär der Corporation für die Maßnahme plädiert hatte[272].

III. Nachweis der Fairness der Geschäftsmaßnahme

Unternehmensentscheidungen, die nicht dem Schutzbereich der *business judgment rule* unterfallen, können gleichwohl richterliche Bestätigung finden, wenn sie zum Zeitpunkt ihrer Vornahme aus Sicht der Gesellschaft fair erschienen. Grundlage für die Analyse der Fairness bildet der *entire fairness test*[273], welcher

---

267 Vgl. Schreiber v. Carney, 447 A.2d 17, 26 Del.Ch. 1982); Michelson v. Duncen, 407 A.2d 211, 219 (Del.Sup.1979).

268 Siehe zur Erläuterung des Begriffs ‚*coercive*' z.B. Kahn v. M&F Worldwide Corp., 88 A.3d 635, 645 (Del.Sup.2014); In re Pure Resources, Inc. S'holders Litig., 808 A.2d 421, 445 (Del.Ch.2002); ln re Cox Communications S'holders Litig., 879 A.2d 604, 614 (Del.Ch.2005).

269 Vgl. Harbor Fin. Partners v. Huizenga, 751 A.2d 879, 892 (Del.Ch.1999); m.w.N. zu den Unterschieden zwischen *case law* und *safe harbor rules* am Beispiel der Autorisierung von Geschäften im Eigen-/Fremdinteresse von *board*-Mitgliedern unter Glpkt. § 6 B. I.-III. vs. § 7 A. I.-III.

270 Vgl. Keenan v. Eshleman, 2 A.2d 904, 909 (Del.Sup.1938); Rapoport v. Schneider, 278 N.E.2d 642, 646 (N.Y.Sup.1972).

271 Vgl. Lacos Land Co. v. Arden Group, Inc., 517 A.2d 271, 279 (Del.Ch.1986); Williams v. Geier, 671 A.2d 1368, 1387 (Del.Sup. 1994); Katz v. Oak Industries, Inc., 508 A.2d 873, 880 (Del.Ch.1986); m.w.N. zur Offenlegungspflicht unter Glpkt. § 4 C. II.

272 Vgl. Espinoza v. Zuckerberg, 124 A.3d 47 (Del.Ch.2015); Gantler v. Stephens, 2008 Del.Ch. LEXIS 20 Fn.52 (Del.Ch.2008).

273 Alternativ finden sich in Urteilen die Begriffe ‚*inherent fairness*' [urspr.: Pepper v. Litton, 308 U.S. 295, 306; 60 S.Ct. 238 (1939)] oder ‚*intrinsic fairness*'[urspr.: Sinclair Oil Corp. v. Levien, 280 A.2d 717, 723 (Del.Sup.1971)], wobei auch diese nur eine

unter Berücksichtigung von materiellen und prozeduralen Kontrollfaktoren der Frage nachgeht, ob das autorisierte Geschäft mit hinreichender Wahrscheinlichkeit auch von einem vernünftig agierenden Manager anstelle des Entscheidungsträgers im Zeitpunkt der Meinungsbildung getätigt worden wäre[274]. Mit einer Analyse der Fairness eines Geschäfts aus ex ante Sicht wird gerade in Fällen der Befangenheit oder Voreingenommenheit bei einer Mehrheit der *board*-Mitglieder der Möglichkeit Rechnung getragen, diese könnten gleichwohl gutgläubig zum Wohle der Corporation und deren Aktionäre entschieden und somit im Sinne ihrer Treuepflicht deren Interessen über die eigenen oder die eines Dritten gestellt haben. Nicht zuletzt deshalb findet sich in der Kommentierung zur *safe-harbor rule* des MBCA der Hinweis: „*(...) that an interest conflict is not in itself a crime or a tort or necessarily injurious to others. Contrary to much popular usage, having a ‚conflict of interest' is not something one is ‚guilty of'; it is simply a state of affairs. Indeed, in many situations, the corporation and the shareholders may secure major benefits from a transaction despite the presence of a director' conflicting interest*"[275].

Bei der Gewichtung der jeweiligen Fairnesskriterien handeln die Gerichte nach eigenem Ermessen, so dass ein fehlendes materielles Element nicht zwangsläufig zur ‚*unfairness*' des Geschäfts führen muss, wenn die Entscheidungsfindung unter Einbeziehung aller prozeduralen Kriterien stattgefunden hatte[276]. Andererseits gibt die Entscheidungspraxis zu erkennen, dass ein prozeduraler Mangel nicht zwangsläufig im Wege der Darlegung der materiellen Fairness einer Verwaltungsmaßnahme nivelliert werden kann, insbesondere, wenn die prozedurale Inkorrektheit auf die materielle Fairness des Geschäfts durchschlägt, wie z.B. in Fällen einer fehlenden oder unzureichenden Offenlegung der wesentlichen Umstände[277].

Tautologie des gemeinen ‚*fairness*'-Begriffs sind. Zustd. in: Tanzer v. Inter.Gen.Indus., Inc., 402 A.2d 382, 386 (Del.Ch.1979); zugl. Siegel, 24 Del.J.Corp.L. 27, 49 Fn. 101 (1999).

274 Vgl. Weinberger v. UOP, Inc., 457 A.2d 701, 711 (Del.Sup.1983); HMG/Courtland Probs., Inc. v. Gray, 749 A.2d 94, 115 (Del.Ch.1999).

275 Introduction Cmt. § 8.60 MBCA (1989): [hervorgehoben vom Verfasser].

276 Vgl. Delaware Open MRI Radiology Assoc., P.A. v. Kessler, 898 A.2d 290, 311 (Del. Ch.2006); Tevis v. Beigel, 156 Cal.App.2d 8, 15; 319 P.2d 98 (Cal.App.1957); aff'd, 174 Cal.App.2d 90, 344 P.2d 360, 363 (Cal.App.1959); Borden v. Guthrie, 23 A.D.2d 313, 318; 260 N.Y.2d 769 (N.Y.Sup.App.Div.1965), aff'd, 17 N.Y.2d 571; 215 N.E.2d 511 (1966).

277 Siehe mit Fokus auf (sachliche) *fairness*: Cede & Co. v. Technicolor, Inc., 634 A.2d 345, 366 Fn. 34 (Del.Sup.1993); Burt v. Irvine Co., 237 Cal.App.2d 828, 851; 47 Cal.

Begrifflich wird die Fairness-Analyse durch die Termini des ‚*fair dealing*' und ‚*fair price*' beherrscht[278].

Ziel der *fair dealing*-Analyse bildet zum einen die Feststellung einer sachgerechten Meinungsbildung: d.h. ob die Entscheidung in Kenntnis aller wesentlichen Umstände des Geschäfts getroffen worden war; inwieweit durch Leitungsorgane Offenlegungspflichten gewahrt worden sind; ob genügend Zeit für die Prüfung der Geschäftsbedingungen bestand; wer die Vor- und Nachteile des Geschäfts präsentiert hatte; auf wessen Empfehlung es zurückgeht und unter welchen Umständen die Meinungsbildung stattfand. Zum anderen wird hinterfragt, ob die Verhandlungen mit der Aggressivität und Sorgfalt geführt wurden, die gewöhnlich unter einander kongenialen Geschäftsparteien zu erwarten ist (‚*arm's lenght bargain*'). Schließlich wird darauf geachtet, inwieweit das Geschäft den Interessen der Aktionäre Rechnung trägt: d.h. ob sich dessen Zeitpunkt auf den Aktienkurs nachteilig auswirkte; ob es wirtschaftlich geboten war; ob dessen Inhalte gutgläubiges Handeln nahelegen und ob es die Finanzen der Gesellschaft rechtfertigen.

Im Mittelpunkt der *fair price*-Analyse stehen hingegen sämtliche in Betracht kommende Wertmaßstäbe, wodurch sich die Angemessenheit der erbrachten Leistung im Vergleich zur Gegenleistung bestimmen und die Frage beantworten lässt, ob ein vernünftiger Manager den gezahlten Preis für fair erachtet hätte. Geachtet wird dabei auf den Zeitpunkt der Autorisierung des Geschäfts, so dass künftige Einflüsse auf die Werthaltigkeit der ausgetauschten Leistungen außer Acht zu lassen sind, soweit diese nicht schon für die Entscheidungsträger vorhersehbar waren oder hätten sein können. Beurteilungsrelevant sind daher die Art der Sach- oder Geldleistung; der Marktpreis zum Stichtag; der zu erwartende Gewinn und Nutzen für die Gesellschaft; die Möglichkeit für Leitungsorgane, einen Vorteil direkt oder indirekt zu sichern oder alternative Angebote Dritter oder Gutachten von Experten[279].

Rptr. 392 (Cal.App.1965); a.A.: State ex rel. Hayes Oyster Co. v. Keypoint Oyster Co., 64 Wash.2d 375, 391 P.2d 979 (Wash.Sup.1964). Das ALI folgt letzterem Ansatz und ernted auch Kritik aus den Reihen der Literatur; m.N. unter Glpkt. § 7 A. I. 3. c) cc).

278 Vgl. Americas Mining Corp. v. Theriault, 51 A.3d 1213, 1239 (Del.Sup.2015); In re Brunner Air Cop. Corp., 287 F.Supp. 256, 263 (N.D. N.Y.1968); Albert v. 28 Williams St. Corp., 473 N.E.2d 19, 26 (N.Y.Sup.1984); Tenzer v. Superscope, Inc., 39 Cal.2d 18, 31; 702 P.2d 212 (Cal.Sup.1985); m.w.N. Chapman/James, 42 Tex.J.Bus.L, 315, 322 f. (2008).

279 Vgl. Weinberger v. UOP, Inc., 457 A.2d 701, 712 ff. (Del.Sup.1983); Mueller v. MacBan, 62 Cal.App.3d 277, 277; 132 Cal.Rptr. 222 (Cal.App.1965); Pepper v. Litton, 308 U.S. 295, 306 (1939); m.w.N. zur Entwicklung der Judikatur zum '*fairness test*' unter Glpkt. §§ 5-7.

E. Zwischenergebnis

Als Befund zur Frage nach der Rechtsmacht von Leitungsorganen ist festzuhalten, dass eine Corporation bei Geschäften im Innen- wie Außenverhältnis durch kollektive Willensbildung ihrer *directors* oder durch Handeln eines entsprechend bevollmächtigten *officer* vertreten werden kann. Rechtsgeschäftliche Erklärungen eines nicht bevollmächtigten und nicht als *officer* amtierenden *director* wirken gegenüber einer Corporation abseits der Tatbestände zur Rechtsscheinhaftung nicht verpflichtend. Erklärungen namens der Gesellschaft außerhalb der anvertrauten Befugnisse eines (non-)*director-officer* sind der Genehmigung durch entsprechenden Beschluss der *board*-Mitglieder grundsätzlich zugänglich. Entscheidungen der *directors* können im Plenum oder durch einen *board*-Ausschuss getroffen werden, soweit in der betreffenden Angelegenheit kein Plenarbeschluss kraft Gesetzes oder Satzung geboten ist. Innerhalb der Grenzen der ihnen mit dem Amt anvertrauten Rechtsmacht handeln *directors* und *officers*, wenn eine Entscheidung in Unternehmensbelangen nach sorgfältiger Information, in gutem Glauben, von Eigen-/Fremdinteressen unbeeinflusst zum Wohl der Corporation und deren Aktionären ergangen ist.

Ein diesen Vorgaben genügender Beschluss der *directors* ist von der *business judgment rule* geschützt; (non-)*director officers* können sich auf die Wirkungen dieses Instituts nicht in allen Gliedstaaten berufen. Entscheidungen der *board*-Mitglieder durch Plenarbeschluss unterfallen diesem Institut selbst in Fällen, in denen einige, nicht aber die beschlussfähige Mehrheit der *directors* als befangen oder parteiisch gelten. Komiteemitgliedern kommt das Institut nur zugute, wenn sie gänzlich unbefangen und unabhängig sind. Besonderheiten gelten bei Geschäften einer Corporation im Interesse ihres herrschenden Aktionärs oder bei solchen, die für *directors* einen Wechsel in der Leitungs-/Kontrollmacht zur Folge haben können. Nicht im Geltungsbereich der *business judgment rule* liegende Verwaltungsentscheidungen können eine Zustimmung in den Grenzen des Entscheidungsermessens einer Gesellschafterversammlung finden, wenn - in Fällen eines Mehrheitsbeschlusses - eine Zustimmung nach der *shareholder ratification rule* vorliegt oder alle Aktionäre der als (mutmaßlich) pflichtwidrig geltenden Maßnahme zugestimmt haben. Ein wider den Kriterien der *business judgment rule* autorisiertes Geschäft kann ohne eine wirksame Zustimmung der Aktionäre richterliche Bestätigung finden, wenn dessen Fairness für die Gesellschaft aus ex ante Sicht vom (mutmaßlich) pflichtwidrig handelnden Verwaltungsorgan bewiesen worden ist.

§ 3 Treuepflicht als Instrument zur Rechtsmachtbegrenzung in Vertrauensverhältnissen

Die skizzierten Grenzen der Rechtsmacht von Leitungsorganen wurzeln in deren Verhaltenspflichten, welche im Kern aus der Pflicht zur Sorgfalt (*duty of care*) sowie zur Loyalität (*duty of loyalty*) bestehen. Während Erstere dazu anhält, die mit dem Amt einhergehenden Aufgaben mit der Sorgfalt zu erledigen, welche eine vernünftige Person unter den gleichen oder ähnlichen Umständen anzuwenden pflegt[280], gebietet Letztere ein von persönlichen und sachfremden Motiven unabhängiges Verhalten im Glauben, es werde dem Gesellschaftsinteresse dienen und zum Wohl der Gesamtheit der Aktionäre beitragen[281]. Mit anderen Worten bestimmt die *duty of loyalty*, wessen Interessen es zu wahren und zu fördern gilt, während die *duty of care* vorgibt, mit welcher Sorgfalt ein interessengerechtes Handeln zu erfolgen hat. Beide Verhaltenspflichten, welche für *directors* wie *officers* einer Corporation gleichermaßen gelten[282], sind in einigen Gesetzen zum *corporation law* zumeist in Anlehnung an den MBCA geregelt worden[283]. Delaware hat zwar bislang auf eine Kodifizierung verzichtet, lässt aber durch dessen Supreme Court seit dem Entscheid in Stone v. Ritter[284] wieder klar erkennen, dass die Treuepflichtenbindung zweigeteilt ist. Als obsolet gilt daher die erstmals in Cede & Co. v. Technicolor, Inc.[285] gebrauchte Phrase

---

280 Vgl. § 309(a) CGCL; §§ 715(h), 717(a) NYBCL; In re Caremark Intern. Inc. Deriv. Litig., 698 A.2d 959, 967 (Del.Ch.1996); m.w.N. Griffith, 55 Duke L.J. 1, 10 (2005); Balotti/Hinsey, 56 Bus.Law. 35, 39 (2000); Chittur, 10 Del. J.Corp. L. 505, 510 ff. (1985).

281 Vgl. Hampshire Group, Ltd. v. Kuttner, 2010 WL 2739995, *12 (Del.Ch.2010); Auerbach v. Bennett, 47 N.Y.2d 619, 631; 393 N.E.2d 994 (N.Y.App.1979); Professional Hockey Corp. v. World Hockey Assoc., 143 Cal.App.3d 410, 414; 191 Cal.Rptr. 773 (Cal.App.1983).

282 Vgl. § 715(h) NYBCL vs. § 717(a) NYBCL; Gantler v. Stephens, 965 A.2d 695, 708 (Del.Sup.2009); GAB Business Services, Inc. v. Lindsey & Newsom Claim Services, Inc., 83 Cal.App.4th 409, 420 (Cal.App.2000).

283 Vgl. §§ 8.31(a), 8.42(a) MBCA, m.V.d. ABA, 53 Bus.Law. 157, 179 (1997); siehe auch § 4.01 PALI, m.V.d. Orts, 61 Geo.Wash.L.Rev. 14, Fn. 166 (1992); m.N. zu den Normen der Gliedtaaten: Block/Barton/Radin, BJR, S.2 f. (2009).

284 Vgl. Stone v. Ritter, 911 A.2d 362, 370 (Del.Sup.2006); aff'd, Lyondell Chemicals Co. v. Ryan, 970 A.2d 235, 243 (Del.Sup.2009).

285 Vgl. Cede & Co. v. Technicolor, Inc.., 634 A.2d 345, 361 (Del.Sup.1993); m.w.N. zu den sog. 'Cede-Fällen' unter Glpkt. § 7 A. I. 3. d) cc).

von den „*(...) triads of their fiduciary duty*“, derer zufolge die Pflicht zum gutgläubigen Verhalten als originäre Verpflichtung und nicht als besondere Ausprägung der Loyalitätspflicht zu begreifen sei[286]. Der Delaware Chancery Court hat diese Sicht des Supreme Court in keinem seiner Urteile bekräftigt[287]. In der Wissenschaft wird das Für und Wider dieser Rechtsprechung seither kontrovers diskutiert[288].

Für den Analysegegenstand sind nur die Rechtssätze und -behelfe zur Loyalitätspflicht bedeutsam, die aufgrund des traditionell geprägten Rechtsbildungsverständnisses anglo-amerikanischer Gerichte durch Analogiebildung der Maxime entstanden, womit die englischen *courts of equity* die Redlichkeit und Schutzwürdigkeit von Personen in Verhältnissen mit Fremdgeschäftsbesorgungscharakter prüften. Im Besonderen zeigt sich dies an den anfänglichen Urteilen zu Geschäften im Eigen-/Fremdinteresse von Leitungsorganen, in denen nicht selten Judikate von Kollegen aus dem Mutterland zitiert wurden, die über die Gültigkeit eines Eigen-/Fremderwerbs anvertrauter Vermögensgüter durch einen *fiduciary* zu befinden hatten[289]. Will man die Gründe für die aus der Loyalitätspflicht erwachsenden Grenzen der Rechtsmacht begreifen, kommt man nicht umhin, sich mit den allgemein für Treueverhältnisse geltenden Prinzipien zu befassen. Zudem werden sich bei deren Kenntnis die Beweggründe damaliger Richter besser erschließen lassen, die über mehr als ein Jahrhundert hinweg davon abgehalten haben, die Varianten eines Geschäfts im Eigen-/Fremdinteresse von Leitungsorganen einer Corporation nach einheitlichen Kriterien zu prüfen. Im Folgenden sollen daher zunächst die Rechtsquellen der Treuepflicht erläutert werden (sub A.) sowie das Rechtsbildungsverständnis des für

---

286 Vgl. Cede I-III [hervorgehoben vom Verfasser]; ebenso in: Malone v. Brincat, 722 A.2d 5, 9 (Del.Sup.1998); McMullin v. Beran, 765 A.2d 910, 920 (Del.Sup.2000); Emerald Partners v. Berlin, 787 A.2d 85, 99 (Del.Sup.2001). Siehe dazu auch m.w.N. unter Glpkt. § 4 C. I.

287 Vgl. Orman v. Cullman, 794 A.2d 5, 14 Fn.3 (Del.Ch.2002); Emerald Partners v. Berlin, 787 A.2d 85, 91 Fn.63 (Del.Ch.2001); Guttman v. Huang, 823 A.2d 492, 506 Fn.34 (Del. Ch.2003); Kahn v. Dairy Mart Convenience Stores, Inc., 1994 Del.Ch. LEXIS 22 (Del.Ch.1994).

288 Vertiefend zum Diskurs: Sale, 89 Cornell L.Rev. 456, 464 ff. (2004); Griffith, 55 Duke L.J. 1, 34 ff. (2005); Novicki, 55 Buff.L.Rev. 460, 482 ff. (2007); Furlow, 3 Utah L.Rev. 1061, 1066 ff. (2009); Lund, 37 Fla.St.U.L.Rev.394, 400 ff. (2010); Gold, 43 U.C.Davis L.Rev. 457, 527 ff. (2009); Strine/Hamermesh/Balotti, 98 Geo.L.J. 629, 631 ff. (2010).

289 Vgl. eingehend dazu unter Glpkt. § 4 A. und § 5 B.

deren Entwicklung (einst) zuständigen Gerichtszweigs (sub B.). Daran anschließen wird sich eine Darlegung der Motive für die Etablierung der Treuepflicht (sub C.), die Skizzierung ihres Regelungsgehalts (sub D.) sowie deren Rechtswirkungen im rechtsgeschäftlichen Zusammenhang (sub F.).

A. Rechtsquelle für eine Grundpflichtenbindung in Treuebeziehungen

Die Prinzipien zur Ausgestaltung von Verhaltenspflichten in Treueverhältnissen liegen in der Materie der *equity* begründet - einem neben dem Rechtszweig des *common law* bestehenden Normenkomplex, der durch eine Rezeption des englischen Rechts auch in den Kolonien Amerikas zur Anwendung kam. Geebnet wurde dieser Weg durch das Urteil in Calvin v. Smith[290], das das englische *common law* für anwendbar erklärte, wenn sich bestimmte Rechtsfragen nicht durch eigene Quellen beantworten ließen[291]. Befördert wurde die Entwicklung des Rechts auf der Grundlage der englischen Regeln aus *law* und *equity* durch die Publikation der Werke *Kents*[292], *Blackstones*[293] und *Storys*[294] in den damaligen Koloniegebieten. Mit der Loslösung von England endete aber die Rezeption des Rechts und blieb auf die bis dato geltende richterliche Spruchpraxis beschränkt[295]. Zwar wurde für Rechtsfindungszwecke noch in einigen Urteilen auf die spätere Judikatur aus dem Mutterland rekurriert; das Souveränitätsbestreben der Gliedstaaten veranlasste die Gerichte jedoch zur Fortbildung der bestehenden Grundsätze nach eigenem Ermessen[296].

290 Vgl. Calvin v. Smith, 7 Rep. 1 (7 Co.Inst. 17b) (1608).
291 Pound, The Spirit, S. 53 ff. (1921); Grasmann/Will, Einführung, S. 503 ff. (1988).
292 Kent, Commentaries (1826-30), s. zur Person: Robinson, The Common Law of Kent (1822).
293 Blackstone, Commentaries (1791); s. zur Person: Kadens, 103 Nw.U.L.Rev. 1553 (2009).
294 Story, Commentaries (1838); s. zur Person: Woodward, 45 Wash.&Lee.L.Rev. 623 (1988).
295 Pound, 64 L.Q.Rev. 49, 51 f. (1951); Wengler, FS Rabel, S. 39 ff. (1954); Grasmann/Will, Einführung, S. 505 (1988).
296 Vgl. m.N. zum *corporate law* unter Glpkt. § 5 B.; zum *trust law*: Davoue v. Fanning, 2 Johns. Ch. 252 (N.Y.Ch.1816); Michoud v. Girod, 4 How. 503, 555 (1846); zum *agency law*: Highberger v. Stiffler, 21 Md. 338; 83 A.D. 563 (Md.Sup.1864); Todd v. Grove, 33 Md. 188 (Md.Sup.1870).

Anlass für die Ausbildung des *equity law* gab das formalistische Verfahren der königlichen Gerichte Englands und die im frühen Mittelalter unzulänglichen Rechtsbehelfe und -prinzipien des *common law*. Danach konnten Klagegesuche nur in einer dafür geeigneten Form überprüft werden - dem sog. *writ*[297], so dass Klägern, denen der passende *writ* fehlte, der Weg zu den königlichen Gerichten versperrt blieb[298]. Rechtsschutzbedürftigen blieb damit bloß die Möglichkeit, ihre Begehren direkt dem König vorzutragen. Für solche Petitionen zuständig zeigte sich dessen Kanzler, der als *keeper of the King's Conscience* auch die königlichen Geschäfte besorgte[299]. Dieser konnte das Klageansinnen getreu der Maxime „*equity looks to the intent rather than to the form*"[300] ungeachtet der Formalien des *common law* faktenspezifisch durch Anhörung der Parteien beurteilen und mit entsprechender Rechtsempfehlung an den König weiterleiten. Mit Zunahme der Gesuche entwickelte sich aus der anfangs noch außergerichtlichen Beschwerdeinstanz eine eigene Jurisdiktion, welche nach königlichem Beschluss direkt dem *Lord Chancellor* unterstand[301]. Der dadurch geschaffene *court of chancery* existierte in England bis zum Erlass der *Judicature Acts*[302]; in den USA ist diese Gerichtsbarkeit noch gegenwärtig in einigen der Jurisdiktionskreisen anzutreffen[303].

---

297 Der Begriff ‚*writ*' [‚*to write*'] entspricht einem Schreiben des Königs an den Sheriff der Grafschaft an den Beklagten, dem Befehl zu folgen oder sich vor Gericht zu verantworten. Dieser wurzelt im römischen Aktionenrecht, das Anspruchsinhalt und -umfang durch Klageformel bestimmte. Danach galt eine Klage nicht als Mittel zur Anspruchsverfolgung, sondern zur Durchführung eines Verfahrens, so dass schon mit Auswahl des *writ* die Bindung an ein bestimmtes Verfahren erfolgte. Vertiefend Baker, Introduction, S. 66 ff. (1990), Adams, 16 Colum.L.Rev. 87 ff. (1916).

298 Ende des 12. Jahrhunderts gab es um die 75 *writs*. Die Ausstellung neuer *writs* wurde mit der Provision of Oxford (1258) verboten und im Statute of Westminster II (1285) insoweit gelockert, als Klagebegehren möglich waren, die in Analogie zu bestehenden *writs* formuliert werden konnten. Vertiefend: Maitland, Forms of Action, S. 53 ff (1968); Pollock/Maitland, History, S. 565 f. (1968).

299 Holdsworth, History I, S. 396 (1966); Zweigert/Kötz, Einführung, S. 184 (1996); Wolff, Trust, S. 31, Fn.70 (2005).

300 Siehe zu den 12 anerkannten *equity*-Maximen: Francis, Maxims of Equity (1728); m.V.d.: Hudson, Equity & Trusts, S. 24 ff. (2010).

301 Im eigenen Namen amtierte der Kanzler erstmals im Jahre 1473. Siehe: Pearce/Stevens, Trusts, S. 5 (1998); Holdsworth, History I, S.4 04 (1966).

302 Die seit 1875 geltenden Judicature Acts [36/37 Vict. c. 66; 37/38 Vict. c. 83)] regeln die prozessuale Verschmelzung der beiden Gerichtszweige.

303 So z.B. in Delaware [vgl. Del.Const, art. VI, § 14 (1792)]. Des Weiteren ist der *Chancery Court* in New Jersey, Illinois und Virginia zugelassen. Auf Bundesebene wurde

B. Rechtsbildungsverständnis der *courts of equity* bei der Beurteilung von Anspruchslagen

Die Rechtsprechung des Kanzlers und das Verfahren seiner Rechtsfindung waren beeinflusst durch die im kanonischen und römischen Recht stark verankerten Maxime von Billigkeit und Gerechtigkeit[304]. Grund hierfür war die schulische Ausbildung des Kanzlers in den römisch-kanonischen Denkformen und die bis ins 16. Jahrhundert hineinreichende Gepflogenheit seiner Berufung aus dem Stand der Kleriker[305]. Im Besonderen zeigt sich der kanonische Einfluss auf die Rechtsbildung in der Befugnis des Kanzlers - gleich einem Bischof - nach der kirchenrechtlichen Methode der sog. *denuntiatio evangelica* zu urteilen, die sich in einer faktenspezifischen wie im eigenen Ermessen liegenden Analyse eines Begehrens zeigt. Die Rechtsfindung erfolgt dabei nach der Maxime „*equity acts in personam*" durch Einwirkung auf die Person des Beklagten mit dem Ziel, dessen Verhalten an den gemeinhin anerkannten Wertvorstellungen - der *public policy* - auszurichten und eine Unbilligkeit im Recht zu korrigieren oder nur zu kanalisieren. Unter Berufung auf Gott und das die Sündenfreiheit symbolisierende reine Gewissen eines Menschen (*good conscience*)[306] appellierte der Kanzler dadurch an das Gewissen des Beklagten, indem er durch die Auferlegung von Pflichten versuchte, dessen Gewissen an einer sog. *good conscience* auszurichten[307]. Den Maßstab hierfür bildete zunächst das an Ethik und Moral angelehnte eigene Gewissen des Kanzlers, der bestrebt war, die eigene Idee von Billigkeit und Gerechtigkeit in seinen Urteilen zu abstrahieren und so auch für dritte Personen greifbar zu machen[308]. Sein Ziel war es, die nach *common law*

---

das duale System nach § 2 F.R.C.P. (1938) abgeschafft. Vertiefend: *DeFuniak*, Modern Equity, S. 6 ff. (1956).

304 *Vinogradoff*, 24 L.Q.Rev. 373, 380 (1908); Coing, 71 L.Q.Rev. 223 (1955); *Musson*, The Influence, S. 325, 326 ff. (2014).

305 Dies änderte sich 1529 nach Absetzung von Kardinal *Thomas Wolsey* durch König Heinrich VIII. Seither besaßen Kanzler neben der geistlichen auch oder nur eine juristische Ausbildung, wie z.B. *Sir Thomas More* (Nachfolger von *Wolsey*). *Pearce/Stevens* [Trusts, S. 6 (1998)] geben an, Lord *Shaftesbury* (1673-82) sei der letzte "*non-legal chancellor*" gewesen. Vertiefend zum *court of equity*: *Gillen/Woodman*, Trusts, S. 44 (2008).

306 Vgl. Earl of Oxford's Case, 1 Ch.Rep. 1, 3 (21 Eng.Rep. 485) (1615); Chesterfield v. Janssen, 2 Ves. 125, 142 (1750); m.w.N. Holdworth, 13 Mich.L.Rev. 293, 295 (1915).

307 Vgl. Earl of Oxford's Case (1 Rep. in Ch. 1, 6-7 (1615).

308 John Selden, Table Talk, S. 43 (1927) m.V.d. Evens/Jack, Sources of English History, S. 223 (1984); Macnair, 2007 Ox.J.Leg.S. 659, 670 (2007).

bestandenen Unbilligkeiten oder Unzulänglichkeiten nicht zu beseitigen, sondern zu ergänzen oder neu zu bilden[309]. Lediglich in Fällen, in denen *law* und *equity* divergierten, sollte stets Letzterem der Vorrang gebühren - eine Maxime, die im *Earl of Oxford's case*[310] wurzelt und später Teil der *Judicature Acts* geworden ist[311].

Diese von der Person des Kanzlers abhängige Rechtsbildung erlangte mit Zunahme der Gesuche und im Zuge der Ende des 16. Jahrhunderts einsetzenden Publikation von Urteilen der *courts of chancery*[312] eine gewisse Systematik, die seither weniger durch das Prinzip der *good conscience* gekennzeichnet ist, als vielmehr durch paradigmatische Fälle und eine Analogiebildung von bestehenden Rechtssätzen[313]. Klagebegehren wurden entweder nach einer dafür passenden Regel oder durch analoge Anwendung eines sich bereits bewährten Rechtsprinzips oder -behelfs beurteilt, soweit hinsichtlich der Sachverhalte eine ähnliche Interessenlage bestand oder eine gleiche Wertung nach der *public policy* geboten war[314]. Ähnlich verhielt es sich mit der Etablierung der Treuepflicht für Verwaltungsorgane einer Corporation, indem jene Maxime adaptiert wurden, deren Anwendung sich bereits in den damals anerkannten und heute als *formal fiduciary relationships* benannten Prototypen einer Treuebeziehung[315] bewährt

---

309 Vgl. Maxime: »*equity will not suffer a wrong without a remedy*« und »*equity regards as done that ought to be done*«; vgl. m.N. bereits Fn. 296.

310 Im Earl of Oxford's Case [a.a.O.] stellte Lord Chief Justice Sir *Edward Coke* (1552-1634) ein Urteil von Lord Chancellor Sir *Thomas Ellesmere* (1540-1617) zur Prüfung durch König James I., worin es um die Frage der Wirksamkeit einer *equity*-Verfügung ging, den Kläger eines *common law*-Urteils festzunehmen, dessen Vollstreckung dieser betrieben hatte. Der König delegierte die Sache an Sir *Francis Bacon* (1561-1626), der selbst Kanzler war und zugunsten der *equity* urteilte. Siehe zum Fall: Holdsworth, A History I, S. 463 ff. (1945).

311 Vgl. Judicature Acts, 36-37 Vict. c. 66: sec. 25/11 (1873).

312 Vgl. z.B. Fonblanque: Ballow, A Treatise of Equity (1812); m.w.N. Macnair, in: Itinera Fiduciae, S. 207 ff. (1999).

313 Main, 78 Wash.L.Rev. 429, 445 ff., 453 ff. (2003); Holdsworth, History I, S. 454 (1966); Macnair, in: Itinere Fiduciare, S. 207 f. (1998).

314 Vgl. Burdett v. Willett, 2 Vern. 638 (1708); York Buildings Co. v. MacKenzie, 8 Brown 42, 64 [3 Eng.Rep. 432] (1795); Foley v. Hill, 2 HLC 28, 35 [9 Engl..Rep. 1002] (1848); m.w.N. Frankel, 71 Cal.L.Rev. 795, 805 (1983); Conaglen, Fiduciary Loyalty, S. 12 (2011).

315 Vgl. zur Phrase z.B. Smith, 55 Vand.L.Rev. 1399, 1412 (2002). Britische Autoren prägten die Wendung '*status based fiduciary relationship*'; siehe z.B. Flannigan, 9 Oxford J.o.L.S. 285, 301 (1989); Moffat, Trusts Law, S. 615 ff. (1999).

hatten[316]. Nicht selten geschah es mit Verweis auf die vom römischen Kaiser Justinian I. eingeführten Digesten[317], wie zum Beispiel in Aberdeen Railway Co. v. Blaikie Brothers.[318], worin *Lord Cranworth* versucht war, das Verbot für Geschäfte im Eigen-/Fremdinteresse von *directors* aus der Digest 18.1.34.7 abzuleiten[319]. Im Ergebnis hat diese Rechtsfindungsweise aber nicht zur Rezeption des römischen Rechts geführt[320], weil es dem Kanzler im Vergleich zum Prätur nicht um die Ausbildung eines in sich geschlossenen auf rationalen Rechtssätzen basierenden Systems ging, sondern um einzelfallspezifische Rechtsbildung[321]. Dem Kanzler ging es demnach nicht um die Anwendung einer bereits gesetzlich fixierten Bestimmung, sondern um die Lösung der ihm angetragenen Problematik auf der Grundlage des konkreten Geschehens, so dass eine Erläuterung allgemeiner Fragen grundsätzlich auf den betreffenden Fall beschränkt blieb. Ihre Rechtsgrundlage findet diese Methodik in der Lehre von der „*stare decisis et non quieta movere*"[322], derer zufolge die anglo-amerikanische Judikatur nicht

316 Vgl. eingehend dazu unter Glpkt. § 4 A.-B.

317 Vgl. D. 18.1.34.7: D. 18.1.46 und D. 26.8.5 in: Mommsen/Krueger/Watson, Digest (1998); Otto/Schilling/Sinitenis, Corpus Iuris Civilis (1984).

318 Vgl. Aberdeen Railway Co. v. Blaikie Bros., 1 Macq. 461; 149 Rev.Rep. 32; 17 Sess. Cas 20, (H.L.Scottl.1854). Siehe insoweit gleichfalls: Cochran v. Black, 17 D. 321, 337 (1855); Perston v. Perston, 1 M. 245, 249 (1863); Michoud v. Girod, 45 U.S. 503; 4 How. 503, 559 (1846).

319 Vgl. Aberdeen Railway Co. v. Blaikie Bros., 1 Macq. 461, 474; 149 Rev. Rep. 32; 17 Sess. Cas 20 (H.L.Scottl. 1854). Chancellor *Cranworth* betonte darin, dass es einem Vormund wegen seiner Treuebindung zum Mündel nicht erlaubt sei, seine Rechtsmacht zum Eigenerwerb eines dem Mündel gehörenden Guts zu gebrauchen und dass diese Regel auch für Personen gelten müsse, welche in einer einem Vormund vergleichbaren Pflichtenbindung stehen. Siehe eingehend zum Fall und den Rechtsfolgen für das Company Law unter Glpkt. § 5 B. II. 2. a) bb).

320 Scrutton, Roman Law Influence, S. 220-221 (1907) [zum Einfluss des römischen Recht auf die Judikatur zu Minderjährigen, Partnerschaften und Soldaten]; Pollock/Maitland, History, S. 238 (1968); Zweigert/Kötz, Einführung, S. 178 (1996).

321 Vgl. Chesterfield v. Janssen, 2. Ves. 126, 155 (1750); ebenso: Perry, A Treatise, § 170, S. 234 (1899).

322 Nach der *stare decisis* (auch ‚*doctrine of precedents*' = bei Urteilen verbleibend) sind Untergerichte an die im Urteil eines Obergerichts enthaltene Grundregel (*ratio*) gebunden, bis sie vom erkennenden oder höherrangigen Gericht verworfen wird und dadurch neues Recht entsteht. Gleichwohl verbleibt den Gerichten ein gewisser Spielraum in der Beurteilung eines Präjudizes, so dass auch bewusst von dem Vorentscheid in der Hoffnung abgewichen werden kann, das Obergericht werde die vertretene Ansicht aufgreifen. Die *stare decisis* erstreckt sich nur auf Rechtsfragen und erfasst nur tragende Urteilsgründe (*holding*), also die juristische Aussagekraft eines

deduktiv, sondern vielmehr induktiv geprägt ist, also nicht vom Allgemeinen aufs Einzelne schließt, sondern mit einer am Einzelfall erlangten Erfahrung die (Wieder-)Herstellung des gewollten oder zumindest billigen Rechtszustands zu begründen sucht[323].

C. Terminologische Bestimmung des für Personen in Treuebeziehungen geltenden Rechts

In Ermangelung geeigneter Rechtsbehelfe im *common law* lag ein Schwerpunkt der *equity*-Judikatur in der Prüfung von Anspruchsbegehren, die sich aus einem enttäuschten Vertrauen entwickelt hatten[324]. Klagegegenstand bildeten zumeist Abreden, die nach damaligem Vertragsrecht nicht durchsetzbar oder auf Erlangung eines nach *equity law* unlauteren Vermögensvorteils für den Erwerber gerichtet waren[325]. Diese Anspruchslagen folgten nicht selten aus

---

Falles (*ratio decidendi*). Keine Bindungswirkung erlangen die nicht im Fokus des Falles stehenden Bemerkungen (*obiter dictum*) zum materiellen Recht oder Vergleiche mit anderen Quellen, die den zu betreffenden Fall illustrieren und möglicherweise eine Deutung der künftigen Rechtsentwicklung zulassen. Vertiefend dazu: Summers, Precedents, S. 355, 371 ff. (1997); Farnsworth, Introduktion, S. 51 ff. (1996); Kempin, Introduktion, 2 A. (1990).

323 Holdsworth, History IV, S. 217 ff. (1966); Weber, Wirtschaft und Gesellschaft, S. 457 f. (1956); Zweigert/Kötz, Einführung, S. 186 f. (1996).

324 Vgl. Gartside v. Isherwood & Ors, 1 Bro.C.C. 558, 560 [28 Eng.Rep. 1297] (1778); Filmer v. Gott, 4 Bro.P.C. 230 (1774); m.w.N. Perry, A Treatise, § 166, S. 228 (1899); Sealy, 1962 Cam.L.J. 69 (1962); Bean, Fiduciary Obligation, S. 25 (1995).

325 Zu den *writs* im Mittelalter zählte nicht der Anspruch auf Geltendmachung einer Nicht-/Schlechtleistung aus einem formlos begründeten Vertrag, da es die Formalien des *common law* nicht zuließen, den Vertragsinhalt festzustellen. Möglich waren nur der ‚*writ of dept*' und ‚*writ of covenant*'. Während Letzterer nur für förmlich in einer Urkunde besiegelte Versprechen galt (*contract under seal*), verlangte Ersterer eine bestehende Schuld, so dass stets die Leistungserbringung an den Beklagten nötig war. Somit war kein Rechtsschutz zu erlangen, wenn eine formlos begründete Pflicht durchgesetzt werden sollte oder eine Sache durch unlauteres Handeln der Gegenpartei erworben worden war. Diese Lücke des *common law* füllte die *chancery*, deren Maxime ‚*equity looks as done what ought to be done*' oder ‚*equity looks to the intent rather then the form*' es ermöglichten, z.B. mit Behelf des *equitable property right* am treuwidrig erlangten Vermögensgut Nutzungs- und Zugriffsrechte zu sichern (*constructive trust*). Zudem ließ sich mit der *specific performance* eine Vertragspflicht zwangsweise durchsetzen, wenn der Vertrag gültig, eine *consideration* möglich und Schadenersatz unbefriedigend war. Vertiefend: Oakley, Constructive Trust, S.141 ff. (1987); Frey, Specific Performance, §§ 3 ff. (1985).

Rechtsbeziehungen mit Fremdgeschäftsführungscharakter worin einer Partei aufgrund ihrer Persönlichkeit oder Fähigkeit die Rechtsmacht über das Vermögen der anderen Partei zwecks Besorgung eines bestimmten Geschäfts in deren Interesse anvertraut worden ist[326]. Beispiele hierfür bilden das Gebilde der ‚*use*‘[327], als Vorläufer des ‚*technical trust*‘[328], und die Institute der Vormundschaft, Verwahrung, Stellvertretung, einschließlich der Anwalt-Mandanten-Verhältnis. Gerade die beiden Ersteren gelten als typische Geschöpfe des *equity law*, weil sie sich aus dem damaligen Bestreben der Menschen nach einer Umgehung der

326 Siehe zur anfänglichen Kategorisierung von Treueverhältnissen: Holdsworth, 13 Mich.L.Rev. 293 (1915).

327 Die Figur der ‚*use*‘ [= zugunsten; wurzelnd im altfranzösischen ‚al oes‘ und abgeleitet vom lateinischen ‚ad opus‘] beschreibt ein Verhältnis zur Fremdgeschäftsführung, das zwischen mindestens zwei Personen in Bezug auf die formale wie ökonomische Inhaberschaft an einem Rechtsgut. Es entsteht grundsätzlich ohne Vertrag durch bloße Übertragung eines nach *common law* anerkannten Rechts an einem Vermögensgut (in der Regel das Recht an Grund und Boden) durch den *feoffor* (Verfügender, ‚A‘) an den *feoffee* (Verpflichteter, ‚B‘) - zwecks Verwahrung [*passive use*] oder Verwaltung [*active use*] zugunsten einer oder mehrerer durch ‚A‘ benannter (begünstigter) Personen (*cestui que use* ‚C‘). Die an den Übertragungsakt (*feoffment to use*) geknüpfte Auflage für B und die dem C gewährten Rechte waren aus vorbenannten Gründen nach *common law* nicht durchsetzbar. Getreu der erwähnten *equity*-Maxime wurde dem C ein *equitable property right* am übertragenen Gut zuerkannt, so dass eine Aufspaltung des Eigentumsrechts dergestalt erfolgte, dass der B zwar ein Eigentumsrecht nach *common law* besaß, das aber wegen des *beneficial interest* des C darauf beschränkt war, es allein in dessen Interesse [‚*to the use of C*‘] auszuüben. Weiterführend: Maitland, Equity, S. 24 (1949); Ames, Lectures, S. 243 ff (1913); Baker, Introduction, S. 283 (1990); Biancalana, in: Itinera Fiduciae, S. 111 ff, (1998).

328 Die Figur des *trust* konnte aus dem Gebilde der *use* entstehen, da König Heinrich VIII. 1535 das ‚*statute of uses*‘ erließ [27 Hen. 8, cap. 10], womit der *passiv use* an einem Grundstück verboten worden ist. Danach sollte fortan bei Verfügung durch A auf B zugunsten des C sogleich der C das Eigentumsrecht am übergegangen Gut erhalten. Weil das Gesetz nur das bloße Halten eines Grundstücks regelte, blieb davon der *active use* (Eigentumserlangung für Verwaltungszwecke) und der *use* an beweglichen Sachen unberührt. Zudem erlangte im 17. Jahrhundert die bis dato nichtige Regel eines sog. ‚*use upon a use*‘, also die zweigliedrige Kette von *uses* (A-B-C-D) Anerkennung [s. Tyrell's Case, 2 Dyer 155a (1557)]. Als Folge dessen unterfiel bei Übertragung einer Sache von A auf B *to the use of* C *to the use of* D das Recht des D als Zweitbegünstigten dem Schutz der *equity* [s. Sambach v. Dalston, Tothil 188 (1634)]. Zur Unterscheidung wurde der zweite *use* als *trust* benannt [s. Hopkins v. Hopkins, 1 Atk. 581, 591 (1738): „*to the use of B in trust of X*“]. Vertiefend: Baker, 93 L.Q.R. 33 ff. (1977); Simpson, 48 U.Ch.L.Rev. 632, 647 ff. (1981).

Unwägbarkeiten des *common law* gebildet haben[329]. Benannt wurden solche Vertrauensverhältnisse als ‚*trusts*' oder ‚*relationships of trust and confidence*'[330]. Personen, denen zur Geschäftsführung Vermögensgut anvertraut war, galten gemeinhin als ‚*trustees*'[331]. Kausal für den unspezifischen Sprachgebrauch war das noch rudimentär ausgeprägte Rechtsvokabular, das sich erst im Zuge einer Publikation von Entscheidungen der *chancery courts* weiter entwickelte[332]. Sehr

---

329 Die Entstehung von *use* und *trust* ist dem im englischen Mittelalter vorherrschenden Rechtsbegrenzungen aufgrund der feudalen und religiösen Bindungen sowie dem Liegenschaftsrecht geschuldet. Letzteres wird daran deutlich, dass mit Eroberung Englands (1066) durch die Normannen eine Neuverteilung des Grundbesitzes erfolgte, welcher durch William dem Eroberer als Lehen an seine Gefolgsleute vergeben worden ist. Diese konnten das Land gegen Steuerzahlung und Dienstleistung entweder selbst nutzen oder es an Vasallen gegen entsprechende Auflagen vergeben. Durch die rechtliche Gebundenheit von Grund und Boden wurde zwischen relativem Eigentum des Einzelnen in Form von Besitz und Nutzung eines Grundstücks und absoluten Eigentum des Königs differenziert. Rechtlich betrachtet gab es somit kein veräußerliches oder vererbliches Recht auf Eigentum am Grundstück, sondern nur ein sog. ‚foedum' (vererbliches Nutzungsrecht), das mit der jeweiligen Beziehung zwischen Herr und Vasall entstand und grundsätzlich mit dem Tode des Vasallen endete (und an den Herrn zurückfiel), soweit nicht ein erwachsener Sohn des Vasallen als Erbe in Betracht kam. Für Lehensnehmer bestand ein Veräußerungsverbot am Grundstück [Magna Charta, Art. 43 (1217)] und das Verbot der gewillkürten Erbfolge [23 Hen. 8, c 10]. Insbesondere für fahrende Ritter stellte sich das Problem der Versorgung ihrer Familien, wenn sie nicht mehr lebend aus den Kreuzzügen zurückkehrten und keinen Erben hatten. Mit Errichtung eines *use* wurde daher der dem Lehensnehmer gebührende Titel am Lehensgrundstück schon zu Lebzeiten auf eine oder mehrere vertrauenswürdige Personen (z.B. Freunde des Vasallen) mit der Auflage der Verwahrung bzw. Verwaltung zugunsten einer oder mehrerer bestimmter Personen übertragen. Der Erwerber des Titels galt fortan als ‚Eigentümer' des Grundstücks mit der Folge, dass die Feudallasten mangels persönlicher Bindung zum Feudalherren nicht für diesen galten. Ein *use* mit mehreren Personen stellt sicher, dass auch nach dem Tode eines Einzelnen das Grundstück nicht gleich an den Lehensherrn zurückfiel. Zu den Motiven der *uses*: Lewin, A Treatise, Ch. 1 (1837); Baker, Introduction, S. 256 ff. (1990); Helmholz, in Itinera Fiduciae, 153, 165 (1998).

330 Als *trust* tituliert wurde in: Coggs v. Bernard, 2 Lord Raym. 909 (1703) [Verwahrung]; Duke of Beaufort v. Barty, 1 P.Wms. 703, 705 (1721) [Vormundschaft]; Charitable Corporation v. Sutton, 2 Atk. 400, 405 (Ch.1742): [*company*]; Cole v. Gibson, 1 Ves Sen 503, 508 (1750) [Dienerschaft]; Jones v. Lewis, 2 Ves.Sen.240 (1751) [Erbschaftsverwaltung]; m.w.N. Hallgring, 41 Wash.U.L.Rev. 801, 802 Fn. 11 (1966).

331 Vgl. York Buildings Co. v. MacKenzie, 8 Brown 42, 64 [3 Eng.Rep. 432] (1795); m.w.N. Sealy, 1967 Cam.L.J. 83, 85 (1967).

332 Vgl. m.N. bereits unter Glpkt. § 3 C. Fn. 308.

prägnant zeigt sich die terminologische Rechtsfortbildung in der Spezifizierung des *trust*-Begriffs, dessen Gebrauch sich zunehmend auf Fallgruppen zur Verwaltung fremden Eigentums beschränkte[333].

Als Folge der begrifflichen Etablierung des *trust* im technischen Sinne zum Ende des 19. Jahrhunderts entstand das Bedürfnis nach einem alternativen Terminus zur Bezeichnung jener Personen(-gruppen), denen zwar die Besorgung eines ihnen fremden Geschäfts anvertraut worden war, das jedoch die für den *technical trust* eigene zweigeteilte Eigentümerstruktur am anvertrauten Vermögen vermissen ließ[334]. Fündig wurden die Gerichte im Wort ‚*fiduciary*'[335], indem sie durch ihre Kenntnis des römischen Rechts auf das lateinische Vokabular rekurrierten und den dortigen Begriff des ‚*fiduciarius*' modifizierten[336]. Obschon der Rückgriff auf diesen Terminus dafür sorgte, dass fortan Rechtsverhältnisse ohne eine duale Eigentümerstellung der Parteien nicht mehr als *trusts* galten, sondern als *fiduciary relationships*[337], so hielten sich die Gerichte doch zurück in der systematischen Bestimmung der neuen Wortschöpfung[338]. Nachvollziehbar ist daher, dass entsprechende Versuche in der Wissenschaft erst zur Mitte des letzten Jahrhunderts hin erfolgten, wobei sich eine allgemeinverbindliche Definition nicht etablieren konnte[339]. Grund dafür ist zweifelsohne, dass sich der Begriff wegen der divergierenden Erscheinungsformen von Treueverhältnissen und der Vielfalt an Präzedenzentscheiden nur schwerlich abstrakt darstellen lässt[340]. Im anglo-amerikanischen Recht wird dem Terminus daher nur

333 Vgl. Cholmondeley v. Clinton, 4 Bli 1, 183 (1820); m.w.N. zusf: Rusch, Gewinnhaftung, S. 26 ff. (2003).

334 Sealy, 1962 Cam.L.J. 69, 71 (1962); Finn, Obligations, S. 2 (1977); Rusch, Gewinnhaftung, S. 29 (2003)

335 Vgl. Bishop of Winchester v. Knight, 24 Eng.Rep. 447, 448 (1 P Wms 406, 407) (1717) [Pächter = *fiduciary*]; Mayor v. Lowten, 1 Ves.& B. 226 (1813): [*director* = *fiduciary*]; Woodhouse v. Meredeth, 1 Jac.&W. 204, 213 (1820); Cholmondeley v. Clinton, 4 Bli 1, 183 (1820)

336 Das Wort ‚*fiduciarius*' wurzelt im lateinischen Verb ‚*fido*' und beschreibt eine Vertrauensperson: Black's Law Dictionary, S. 658 (2014).

337 DeMott, 1988 Duke L.J. 879, 880 (1988); Rotman, 34 Alta L.Rev. 821, 838 (1996); Sealy, 1962 Cam. L.J. 69, 71 (1962).

338 Siehe bereits unter Glpkt. § 3 B. zu den Gründen für die Zurückhaltung der damaligen Gerichte hinsichtlich einer Abstrahierung des Rechts.

339 Vertiefend: Laby, 56 Buff.L.Rev. 99, 104, ff (2008); Rotman, 34 Alta L.Rev. 821 ff. (1996)); Scott, 37 Cal.L.Rev. 539 ff. (1949); Sealy, 1962 Cam.L.J. 69 ff. (1962); Cooter/Freedman, 66 N.Y.U.L.Rev. 1045, 1046 (1991); Böger, System, S. 183 ff. (2009).

340 Zust. Frankel, 71 Cal.L.Rev., 795, 797 (1983); Sealy, 1962 Cam.L.J. 69, 73 (1962); De Mott, 1988 Duke L.J. 879, 891 (1988).

eine deskriptive Signifikanz zuerkannt[341], weil sich damit all jene Rechtsmassen terminologisch zuordnen lassen, die einst von der *chancery* zur Würdigung von Treuebeziehungen gebildet und fortan durch Richterrecht weiterentwickelt wurden[342]. Als Folge dessen dient das Wort ‚*fiduciary relationships*' nur als Sammelbegriff für Rechtsbeziehungen, deren Eigenheiten einander ähneln und die sich im Vergleich zu solchen zwischen einander ebenbürtigen Parteien (*arm's length relationships*) durch eine gesteigerte Verpflichtung des *fiduciary* auszeichnen[343]. Charakteristisch für einen *fiduciary* ist die freiwillig übernommene Pflicht, nach eigenem Ermessen (*discretion*) in den Belangen einer anderen Person(-engruppe) (*entrustor*[344]) mit dem Ziel zu handeln, ein bestimmtes Geschäft mit der gebotenen Sorgfalt in deren Interesse mit der anvertrauten Rechtsmacht zu besorgen (*delegation*), die in der Regel eine Einwirkung auf fremde Vermögensgüter ermöglicht[345].

D. Beweggründe zur Ausbildung von Grundpflichten für Vertrauenspersonen (*fiduciaries*)

Im Vergleich zu Beziehungen zwischen kongenialen Parteien geben Treueverhältnisse aufgrund der Ungleichheit der Parteienstellung Anlass zu einer das übliche Maß übersteigendenden Pflichtenbindung, die sich in der Vormachtstellung des *fiduciary* und in der Unterlegenheit des *entrustor* niederschlägt[346]. Die

---

341 Sealy, 1962 Cam. L.J. 69, 71 (1962); ders., 1963 Cam.L.J. 119 (1963); Shepherd, 97 L.Q.Rev. 51, 54 (1981); Finn, Obligations, S. 1 (1977).

342 Vgl. Shepherd, The Law of Fiduciaries, S. 12 (1981); Sealy, 1962 Cam.L.J. 69, 73 (1962); De Mott, 72 Duke L.J. 879, 891 (1988).

343 Siehe eingehend dazu unter Glpkt. § 3 C.-F.

344 Trefflichst lässt sich die Person-(engruppe), welche der *fiduciary* verpflichtet ist, mit dem Begriff ‚*entrustor*' (Vertrauensgeber) beschreiben [zugl. Frankel, 71 Cal.L.Rev. 795, 800 Fn.17 (1983); ders. 74 Or.L.Rev. 1209, 1210 (1995)]. Gebraucht werden bisweilen auch die Begriffe ‚*beneficiary*' [so z.B. Clapp, 3 Md.L.Rev. 221, 222 Fn. 5 (1939); Sealy, 1962 Cam.LJ. 69, 73 Fn.15 (1962] oder ‚*principal*' [so z.B. Conaglen, 65, Cam.L.J. 366, 370 (2006)], obschon diese gleichsam dem Institut der *trust* bzw. der *agency* eigentümlich sind.

345 Zugl. Scott, 37 Cal.L.Rev. 539, 540 (1949); Sealy, 1962 Cam.L.J. 69, 76 (1962); Waters, 65 Can.Bar Rev. 37, 60 (1986); Smith, 55 Vand.L.Rev. 1399, 1402 (20002); Shepherd, 97 L.Q.Rev. 51, 75 (1981); ALI, Restat (3d) of Agency, § 1.01 cmt. e.; ALI, Restat. (2d) Contracts, § 193 cmt. a.

346 Frankel, Fiduciary Law, S. 26 (2011); Ogilvie, 1995 J.B.L. 638, 647 (1995); Laby, 56 Buff.L.Rev. 99, 105 (2008).

Vormachtstellung folgt dabei aus der Intensität der Rechtsmacht, die nicht nur einen bestimmten Ermessensspielraum zur Geschäftsführung gibt, sondern auch die faktische oder rechtliche Möglichkeit zur Einwirkung auf anvertrautes Vermögen (des *entrustor*)[347]. Die Unterlegenheit des *entrustor* zeigt sich wiederum in der begrenzten Kontroll- und Einflussmöglichkeit zur Frage der Angemessenheit und Interessengerechtigkeit der Geschäftsbesorgung des *fiduciary*[348]. Darüber hinaus wird die unterlegene Stellung am Informationsdefizit im Verhältnis zum *fiduciary* deutlich, da sich dieser durch sein Amt im Gegensatz zum *entrustor* am Ort des eigentlichen Geschehens befindet und folglich einen Kontroll- und Kenntnisvorsprung über geschäftsrelevante Umstände besitzt[349]. Dies wiederum eröffnet das Problem einer Feststellung von Pflichtwidrigkeiten im Verhalten eines *fiduciary*, weil nicht auszuschließen ist, dass geschäftsrelevante Informationen verheimlicht werden, um eine Nicht- oder Schlechtleistung bei der Besorgung des betreffenden Geschäfts zu kaschieren[350].

Die zuerkannte Rechtsmacht wie auch die zwischen den Parteien bestehende Informationsasymmetrie begründet die Gefahr eines Missbrauchs der dem *fiduciary* mit dem Amt gewährten Entschlussfreiheit. Grundlage für diese Gefahr bildet die menschliche Natur, respektive das Phänomen des grundsätzlichen Strebens der Menschen nach persönlicher Bereicherung und Wohlstand (im Zweifel auf Kosten anderer). Nicht selten begründeten die kanonisch geschulten Kanzler die Missbrauchsgefahr in Anlehnung an die Psalme im Lukas- oder Matthäus-Evangelium[351], wonach niemand in eigenen Belangen richten soll[352]. Zur Vorbeugung missbräuchlichen Handelns in Treuebeziehungen sahen sich die Gerichte dazu berufen, die einem *fiduciary* mit der anvertrauten Rechtsmacht gewährte Ermessensfreiheit zur Besorgung eines Geschäfts durch Auferlegung

347 Siehe zum *trustee*: ALI Restat. (2d) of Trusts, § 2, cmt. b.; siehe zum *agent*: Restat. (3d) of Agency, § 1.01.

348 Frankel, Fiduciary Law, S. 26 (2011); ders. 71 Cal. L. Rev. 795, 809 (1983); Macgregor, 14 U.of Endin. L. Rev. 121, 122 (2010).

349 Hoover, 5 Clev.-Marsh.L.Rev. 7, 10-11 (1956); Mowbray/Tucker, Lewin on Trusts, S. 469, Rn. 20-60 (2000); Simpson, Conflicts S. 83 (2002)

350 Vgl. Ex parte Lacey, 6 Ves 625, 627 [31 Eng.Rep. 1228] (1802); Hatch v. Hatch, 9 Ves. 292, 397 [32 Eng.Rep. 615] (1804): m.w.N.: Hoover, 5 Clev.-Marsh.L.Rev. 7, 12, 33 (1956); Sugden, Vendors & Purchasers, S. 423 (1820).

351 Vgl. Die Bibel, Matthäus 6:24 ["*Niemand kann zwei Herren dienen (…)*"]; Lukas 16:13 [„*Kein Sklave kann zwei Herren dienen (…)*“] m.V.d. z.B. Sugden, Vendors & Purchasers, S. 423 (1820); Hoover, Clev.-Marsh.L.Rev. 7, 33 (1956).

352 Vgl. Whichcote v. Lawrence, 3 Ves 740, 750 [30 Eng.Rep.1248] (1798); m.w.N. Hallgring, 41 Wash.L.Rev. 801, 805 (1966).

bestimmter Verhaltenspflichten in angemessener Weise zu begrenzen und die Position eines *entrustor* zu stärken, dessen Vermögensinteressen gerichtlich geltend zu machen[353]. Diese Grundpflichtenbindung wurde dabei so gestaltet, dass einem *fiduciary* der Anreiz genommen wird, Eigen-/Fremdinteressen zum Nachteil des *entrustor* nachzugeben, ohne das Motiv zu beeinträchtigen, ein für ihn fremdes Geschäft sorgfältig im Interesse des *entrustor* zu besorgen[354].

Im Lichte der unzähligen Varianten zur Begründung einer Treuebeziehung war den Gerichten klar, dass *entrustors* nur durch eine kraft objektiven Rechts wirkende Treueflicht geschützt werden konnten[355]. Grundlage dafür bildet die Erkenntnis, dass gesellschaftliche Behelfe in Form von Moralvorstellungen oder Marktprinzipien stets dem zeitgenössischen Wandel unterliegen und somit nicht dauerhaft gelten[356]. Privatrechtlich können Pflichten wiederum nur übernommen werden, wenn zwischen den Parteien eines Treueverhältnisses auch die Möglichkeit für rechtsgeschäftlich getroffene Vereinbarungen besteht[357]; zudem werden sie nur zweckdienlich sein, wenn Pflichtwidrigkeiten beweisbar und sanktionierbar sind. Doch selbst eine Treuebindung, welche auf vertraglicher Basis entsteht, wie zum Beispiel die der *agency*, bedarf zur Feststellung der Pflichtwidrigkeit einer Kontrolle des *fiduciary*, die wiederum einen Personal-, Kosten- und Zeitaufwand nach sich zieht, der den Nutzen einer Fremdgeschäftsführung in Frage stellt[358]. Selbst ein Zustimmungsvorbehalt kann im Einzelfall auf die Geschäftsführung kontraproduktiv wirken, weil damit einerseits dem Bedürfnis nach einer Ermessensfreiheit des Amtsträgers widersprochen und andererseits vom *entrustor* eine Meinungsbildung auf einem für ihn fremden Fachgebiet abverlangt wird, insbesondere wenn der *fiduciary* gerade aufgrund des Erwerbs seiner Expertise hinzugezogen wurde[359]. Schließlich ist zu bedenken, dass eine

---

353 Vgl. eingehend dazu unter Glpkt. § 3 D.-F.

354 Rounds/Rounds, Loring A Trustee's Handbook, § 6.1.3, S. 362 (2009) m.V.a. Bogart, Trust & Trustees, § 543 (1993).

355 Frankel, 71 Cal. L. Rev. 795, 820 (1983); Seavey, Agency, § 3 (1964); DeMott, 1988 Duke L.J. 879, 887 (1988); Glover, Equity, S. 53 (1995).

356 Vgl. Ex parte Lacey, 6 Ves 625, 629 [31 Eng.Rep. 1228] (1802); Evanturel v. Evanturel, L.R. 6 P.C. 1, 29 (1874); ebenso: Gillen/Woodman, Trusts, S. 842 (2008); Frankel, 71 Cal.L.Rev. 795, 797, 816 (1983).

357 So z.B. der *technical trust*, der nicht aus einer Abrede zwischen dem *trustee* und *beneficiary* hervorgeht; m.N. bereits unter Glpkt. § 3 C. Fn. 324.

358 Hoover, 5 Clev.-Marsh..L.Rev. 7, 11 (1956); Frankel, Fiduciary Law, S. 29 (2011); vertiefend: Clark, Agency Costs, S. 55 ff. (1985).

359 Frankel, 71 Cal. L.Rev. 799, 813 (1983); Cooter/Freedman, 66 N.Y.U.L.Rev. 1045; 1049 (1991); Flannigan, 2004 N.Z.L.Rev. 215, 222 (2004).

gerichtliche Durchsetzung vertraglicher Pflichten unmöglich ist, wenn hierfür das geltende Recht - also seinerzeit das *common law* - keinen geeigneten Behelf anbietet[360].

E. Regelungsgehalt der Grundverpflichtung für den als *fiduciary* geltenden Personenkreis

Die Entstehung der mitunter als *fiduciary obligation*[361] geltenden Grundverpflichtung für *fiduciaries* folgte aufgrund des Rechtsbildungsansatzes der *equity* anfangs dem Prinzip der ‚*good conscience*' und später der ‚*doctrine of precedents*'[362]. Von einem *fiduciary* wurde daher erwartet, dass er das angetragene Geschäft gewissenhaft allein unter Wahrnehmung und Förderung der Interessen des *entrustor* tätigt[363]. Zur Erfüllung dieser Grundpflicht hatte ein *fiduciary* den beiden Verbotsregeln Beachtung zu schenken, die im modernen Recht unter den Begriffen ‚*no-conflict-rule*' und ‚*no-profit-rule*' behandelt werden[364]. Wider diesen Regeln agiert ein *fiduciary*, wenn er die ihm anvertraute Rechtsmacht bei oder außerhalb seiner Amtsführung für die Erlangung eines persönlichen Vorteils missbraucht (*no-profit-rule*)[365] oder damit eine Situation schafft bzw. sich in eine solche begibt, die ein Eigen-/Fremdinteresse erkennen und damit einen Konflikt mit der Verpflichtung dem *entrustor* gegenüber vermuten lässt

---

360 Siehe zur Problematik der Rechtsbehelfe nach *common law* bereits unter Glpkt. § 3 B.-C. und Fn. 324 ff.

361 Siehe zum Terminus z.B. Gillen/Woodman, Trusts, S. 837 (2008); Laby, 56 Buff.L.Rev. 99 (2008); DeMott, 1988 Duke L.J. 879 (1988). Andere Autoren nutzen den Begriff ‚*fiduciary doctrine*', so z.B. Rotman, 34 Alta. L. Rev. 822, 827 (1996); Flannigan, 122, 122 L.Q.R. 449 (2006). Wiederum andere gebrauchen díe Bezeichnung ‚*fiduciary principle*', wie z.B. Scott, 37 Cal.L. Rev. 539 (1949).

362 Siehe zu den beiden Termini bereits unter Glpkt. § 3 B.

363 Nolan, Conflicts of Interest, S. 88 (1998); Frankel, 71 Cal.L.Rev. 795, 819 (1983); Rotman, 34 Alta. L. Rev. 822, 827 (1996).

364 Withe/Tudor, Equity, S. 738 f. (1912) m.V.a. Fox v. Mackreth, 2 BroCC 400 [29 Eng. Rep.224] (1788), aff'd. 4 BroPC 258, 2 Cox Eq.Cas. 320 [30 Eng.Rep.148] (1791); Perry, A Treatise, § 197, S. 284 (1899); Frankel, Fiduciary Law, S. 108 (2011).

365 Vgl. Whichcote v. Lawrence, 3 Ves 740, 752 [30 Eng.1248] (1798); Ex parte Lacey, 6 Ves. 625, 626 [31 Eng.Rep. 1228] (1802); Robinson v. Pett, 3 P.Wms. 249, 251 (1734); Burgess v. Wheate, 1 Eden 177, 266 (1759); Middleton v. Spicer, 1 Bro.C.C. 201, 305 (1783).

(*no-conflict-rule*)[366]. Während sich die *no-profit-rule* aus den Sachverhalten entwickelte, bei denen der *fiduciary* bestrebt war, einen bestimmten Vermögensvorteil für sich aus Geschäften mit einem fremden Dritten zu generieren[367], geht die *no-conflict-rule* auf eben jene Fallkonstellationen zurück, in denen der *fiduciary* ungeachtet der Erlangung eines persönlichen Vorteils aus dem Geschäft im Eigen-/Fremdinteresse tätig geworden ist[368].

F. Formen der Ausprägung einer Treuebindung im rechtsgeschäftlichen Zusammenhang

Die an diesen beiden Verbotsregeln ausgerichtete Bestimmung der Loyalitätspflicht hat dazu geführt, dass sich im Zuge der Entwicklung der *equity* weitere Formen (il-)loyalen Handelns ausbilden konnten, deren Darlegung und Erläuterung für den Gegenstand dieser Arbeit allerdings nicht geboten erscheint. Hilfreich für das Verständnis der Methodik der Gerichte zur Feststellung eines illoyalen Verhaltens bei Geschäften im Eigen-/Fremdinteresse von Leitungsorganen ist jedoch der Hinweis auf die Möglichkeit zur Ausgestaltung des Grundverhältnisses einer Treuebeziehung durch eine zwischen den Parteien im Vorfeld ihrer Entstehung oder danach getroffenen Abrede, wodurch sich der mit der Loyalitätspflicht intendierte Schutzzweck in bestimmten Grenzen aufheben lässt, ohne den *entrustor* zu benachteiligen[369]. Terminologisch wird diese Gestaltungsoption durch die dogmatische Differenzierung zwischen einem ‚*self-dealing*' und ‚*fair-dealing*' unterstrichen[370]. Der Unterschied zwischen beiden Formen liegt

---

366 Vgl. York Buildings Co. v. Mackenzie, 8 Bro. 42, 63 [3 Eng.Rep. 432] (1795); Ex parte Bennett, 10 Ves. 381, 389 [32 Eng.Rep. 893] (1805); m.w.N: Kerr, Fraud & Mistake, S. 133 (1902); Mowbray/Tucker, Lewin on Trusts, S. 449, Rn. 20-27 (2000).

367 So z.B. bei geheimen Gewinnen aus Spekulationsgeschäften mit Treuegut; Entgegennahme von Provisionen oder Schmiergeldern durch Dritte: Siehe dazu: Scott, 37 Cal.L.Rev. 539, 545 ff (1949); Sealy, 1962 Cam.L.J. 69, 77 (1962); Moffat, Trusts Law, S. 555 (1999).

368 So z.B. Eigen-/Insichgeschäfte, Gründung eines im Wettbewerb zum *entrustor* stehenden Unternehmens; Verwertung vertraulicher Information im Eigen-/Fremdinteresse; Wahrnehmung einer im Amtsbereich des *fiduciary* liegenden Geschäftschance. m.w.N. unter Glpkt. § 5 A. I. ff..

369 So z.B. ALI, Restat. (2d) of Trusts, § 222 (1959); ALI, Restat. (3d) of Trusts, § 78 cmt. c(2); zugl. Laby, 56 Buff.L.Rev. 99, 102, 119 ff. (2008); siehe ferner am Beispiel von Geschäften im Eigen-/Fremdinteresse eines *fiduciary* mit dem anvertrauten Vermögensgut unter Glpkt. § 5 A. III.

370 Conaglen, Fiduciary Loyality, S. 125 (2011); ders., 65 Cam.L.J. 365, 366 (2006); Mowbray/Tucker, Lewin on Trust, S. 501, Rn. 20-126 (2000); Nolan, Conflicts of

darin, dass sich beim *self-dealing* der unmittelbare oder mittelbare Eigenerwerb eines anvertrauten Vermögens ohne wirksame Zustimmung des *entrustor* und damit im Widerspruch zur Loyalitätspflicht vollzieht, während ein *fair-dealing* bei geeigneter Zustimmung des *entrustor* zur Rechtsbindung führen kann[371]. Grundbedingung eines *fair-dealing* ist allerdings stets ein Handeln des *fiduciary* in gutem Glauben sowie die Offenlegung der wesentlichen Geschäftsumstände zwecks Entscheidungsfindung des *entrustor*[372]. Mit anderen Worten ist das *self-dealing* eines *fiduciary* stets durch dessen Interessenkonflikt geprägt, während dieser beim *fair dealing* eines *fiduciary* bei wirksamer Zustimmung des *entrustor* aufgelöst ist. Ähnlich verhält es sich beim Kontrahieren eines *fiduciary* namens personenverschiedener *entrustors*: Liegt deren Zustimmung vor, hat der Vertrag Bestand, wenn der *fiduciary* gutgläubig nach Mitteilung der entscheidungsrelevanten Umstände agiert hatte. Dabei kommt die ‚*duty of impartiality*' zum Tragen, wonach den Interessen beider Parteien Rechnung getragen ist, wenn die Vertragsbedingungen nicht zum Vorteil der einen und zum Nachteil der anderen Partei durch den *fiduciary* ausgestaltet worden sind.

I. Pflicht zum guten Glauben im Treue- und Vertragsverhältnis (*duty of good faith*)

Als Folge der Treuebindung gelten für *fiduciaries* besondere Regeln bei Verträgen mit dem *entrustor*. Während in Treuebeziehungen die Verfolgung von Eigen-/Fremdinteressen grundsätzlich illoyal ist[373], besteht in *arm's length relationships* unter einander kongenialen Parteien nur ein Rücksichtnahmegebot, das in bestimmten Grenzen eine Verfolgung von Eigeninteressen durch die Vertragsparteien erlaubt[374]. Schon frühzeitig wurde darauf hingewiesen, dass in Fragen der Auslegung eines Vertrages grundsätzlich von einer konkludenten Parteiabrede betreffend die Verpflichtung zu einem *good faith* auszugehen sei[375]. Die in den Anfängen des *common law* vorherrschende strikte Bindung der

Interests, S. 94 (1998); Simpson, Conflicts, S. 83 (2002); Hudson, Equity & Trusts, S. 286 (2005).

371 Siehe eingehend dazu unter Glpkt. § 5 A. III.

372 Siehe eingehend dazu unter Glpkt § 3. F. I.-II.

373 Siehe bereits unter Glpkt. § 3 C.

374 Frankel, 71 Cal.L.Rev. 795, 801 (1983); Brudney, 38 B.L.L.Rev. 959, 622 (1997); De Mott, 1988 Duke L.J. 879, 892 (1988)

375 Vgl. Bush v. Marshall, 47 U.S. 284, 291 (1849); Chicago, Rock, Island & Pacific R.R. Co. v. Howard, 74 U.S. 392, 413 (1868); O'Neal Supply Co. v. Petroleum Heat & Power Co., 280 N.Y.50, 54; 19 N.E.2d 676 (N.Y.Sup.1939)

königlichen Gerichte an den explizit bekundeten Parteiwillen konnte sich im US-amerikanischen Vertragsrecht nicht etablieren[376]. Seitens der Gerichte findet der allgemeine Grundsatz eines gutgläubigen Handelns darin Anerkennung, dass die Prüfung vertraglicher Inhalte nach den Kriterien der ‚*reasonableness*' und ‚*fairness*' erfolgte[377]. Hiernach besteht für jede der Parteien eines Vertrages einer Verpflichtung zu Treu und Glauben insoweit, als den berechtigten Erwartungen und Interessen der jeweiligen Gegenpartei kooperativ und nachsichtig zu begegnen und demzufolge rechtsmissbräuchliches oder selbstsüchtiges Handeln zu unterlassen ist[378]. Als treuewidrig gilt, wenn der Gegenpartei die billigerweise zu erwartenden Vorteile des Vertrags durch eigennützige Handeln der anderen Partei entzogen worden sind[379]. Dieser subjektiv-objektiv geprägte Verhaltensmaßstab ist im heutigen Recht auch dem § 205 *Restatement (2d) of Contracts* zugrundegelegt, wonach für jede der Parteien mit dem Zeitpunkt der Entstehung ihrer Rechtsbeziehung eine Pflicht zum *good faith and fair dealing* begründet wird[380]. Dessen Kommentierung zufolge werde mit dieser Pflicht das Vertrauen in den vereinbarten Vertragszweck und in den Bestand legitimer Erwartungen geschützt sowie von Handlungen des *bad faith* abgegrenzt, welche mit den „*(...) community standards of decency, fairness and reasonableness (...)*" unvereinbar seien[381].

II. Pflicht zur Offenlegung im Treue- und Vertragsverhältnis (‚*duty of disclosure*')

Der Rechtsschutzgedanke, auf welchem die Verpflichtung zum *good faith and fair dealing* basiert, zeigt sich exemplarisch an den im *equity law* geschaffenen Ausnahmen vom Prinzip des ‚*caveat emptor*'. Danach sind Vertragsparteien

376 Newman, 54 Cornell L.Rev. 553 (1969); Teevens, Law of Contract, S. 306 ff (1990); Summers, 67 Cornell L.Rev. 810 (1982)

377 Vgl. Schaller v. Marine National Bank of Neenah, 131 Wis.2d 389; 388 N.W.2d 645, 647 (Wis.Sup.1986).

378 Siehe m.w.N. zu den Versuchen: Burton, 94 Harv.L.Rev. 369 (1980); Summers, 67 Cornell L.Rev. 810 (1982); Farnsworth, 30 Chi.L.Rev. 66 (1963); rechtsvergleichend: Berger, Treu & Glauben, S. 36 ff (2003).

379 Vgl. Gaudio v. Griffith Health Services Corp., 249 Conn. 523; 733 A.2d 297 (Conn. Sup.1999); O'Neal Supply Co. v. Petroleum Heat & Power Co., 280 N.Y. 50, 54; 19 N.E.2d 676 (N.Y.Sup.1939).

380 ALI, Restat. (2d) of Contracts, § 205; m.w.N. Summers, 67 Cornell L.Rev. 810, 818 (1982).

381 ALI, Restat. (2d) of Contracts, § 205, cmt. a: [hervorgehoben vom Verfasser].

grundsätzlich selbst für die Beschaffung der Informationen verantwortlich, die ihre Entscheidungsfindung zur Frage der Vornahme des Geschäfts erheblich beeinflussen könnten. Dieser im *common law* herausgebildete und seit dem 17. Jahrhundert allgemein anerkannte Grundsatz[382] wurzelt in der damals bestandenen idealistischen Annahme, dass in einer marktwirtschaftlich geprägten Gesellschaft die am Rechtsverkehr teilnehmenden und kontrahierenden Parteien einander kongenial und somit grundsätzlich imstande seien, ihre Interessen ohne Mitwirkung der Gegenpartei wahrzunehmen[383]. Anerkennung findet hierbei das Prinzip der Vertragsfreiheit durch freie Auswahl der Geschäftspartei und individuelle Gestaltung des Vertragsinhalts. Als Folge dessen begründet das bloße Schweigen einer der Parteien bezüglich eines wesentlichen Vertragsaspekts grundsätzlich kein bewusst täuschendes Handeln, wenn die Gegenpartei zur Beschaffung und Einordnung der fehlenden Information selbst imstande ist[384].

Die *equity courts* haben allerdings eine Einschränkung des *caveat emptor* in Situationen befürwortet, in denen sich aufgrund der Rechtsbeziehung der Parteien ein Ungleichgewicht zwischen ihnen ergab oder durch unlauteres Verhalten ein Vorteil der einen zum Nachteil der anderen Partei erlangt wurde[385]. Exemplarisch hierfür sind die Fälle der ‚*misrepresentation*'[386], die eine Mitteilungspflicht begründen, wenn es eine der Parteien schuldhaft/schuldlos unterlassen hatte, über eine Fehlvorstellung aufzuklären, die aufgrund ihrer Erklärung bei der Gegenpartei hinsichtlich eines wesentlichen Geschäftsumstandes hervorgerufen

---

382 Vgl. Moore v. Hussey, 80 Eng.Rep. 243, 249 (1601); Chandelor v. Lopus, 79 Eng.Rep. 3 (1603); m.w.N.: Hamilton, 40 Yale L.J. 1133, 1164 (1931); Teevens, Law of Contract, S. 136 (1990); Aiyah, Freedom of Contract, S. 464 (1979); Berger, Treu & Glauben, S. 24 (2003)

383 Vgl. Laidlaw v. Organ, 15 U.S. (2 Wheat) 178 US. 1817); Simpson Timber Co. v. Palmberg Construction Co., 377 F.2d 380, 385 (9th Cir. 1967); m.w.N. Kessler, 43 Colum.L. Rev. 629, 630 (1943); ders. 74 Yale L.J. 262, 263 (1964); Posser/Keeton,Torts, S. 737 (1984).

384 Vgl. Egan v. Hudson Nut Products, 142 Conn. 344; 114 A.2d 213, 215 (Conn. Sup.1955); Swinton v. Whitinsville, 311 Mass. 677; 42 N.E.2d 808 (Mass.Sup. 1942); Weil Clothing Co. v. Glasser, 213 F.2d 296 (5th Cir.1954).

385 Hamilton, 40 Yale L.J. 1133, 1164 f (1931); Teevens, Law of Contract, S. 136 ff. (1990).

386 Eine *misrepresentation* kann schuldhaft oder schuldlos ergehen. Während eine vorsätzliche *misrepresentation* schon im 18. Jh. sanktionsbehaftet war [vgl. Pasley v. Freeeman, 3 T.R. 51 (1789)], ist die fahrlässig oder verschuldensunabhängig ergangene *misrepresentation* erst seit dem 20. Jh. anspruchsbegründend. Vertiefend: Harper/ McNelly, 22 Minn.L.Rev. 939, 941 ff. (1938); Posser/Keeton, Torts, S. 745 (1984).

oder unterhalten worden ist[387]. Mit anderen Worten sind Personen, die Bekundungen zum Vertragsgegenstand machen, stets zur Wahrheit verpflichtet. Für sie besteht eine Mitteilungspflicht, wenn sie die Behebung der Fehlvorstellung durch Weglassen der entscheidungsrelevanten Information trotz Nachfrage durch die Gegenpartei unterlassen[388] oder eine Behauptung nicht berichtigt worden ist, die zwar für sich allein gesehen der Wahrheit entspricht, im Gesamtkontext jedoch nicht zutreffend ist, weil nur ein Bruchteil derselben dargelegt worden ist[389]. Gleiches gilt bei unterlassener Berichtigung einer falschen oder nachträglich falsch gewordenen Behauptung[390].

Jenseits der Fälle der *misrepresentation* gilt es als weitere Ausnahme vom *caveat emptor*-Grundsatz, wenn sich aufgrund der Eigenheit der Beziehung der Parteien eine Pflicht zur Offenlegung rechtfertigt[391]. Kennzeichnend dafür sind Fälle, in denen eine Partei der anderen gegenüber über Spezialwissen verfügt, also über Informationen, die für die Entscheidungsfindung der Gegenpartei bedeutsam sein können[392]. Um der unfairen Bevorteilung der mehr wissenden gegenüber der weniger wissenden Partei vorzubeugen unterliegt Erstere gegenüber Letzterer der Verpflichtung zur Offenbarung bezüglich der Informationen, die der Gegenpartei wegen des Informationsgefälles höchst wahrscheinlich unbekannt geblieben wären. Bestätigung findet die Pflicht bei Versicherungsverträgen[393], Grundstücks-/Hauskaufverträgen[394] sowie bei Verträgen betreffend

---

387 ALI, Restat. (2d) of Torts, § 525, cmt. b.

388 Vgl. Boileau v. Records & Breen, 165 Iowa 134; 144 N.W. 336, 338 (Iowa Sup.1913); m.w.N. Note, 36 Wash.L.Rev. 202, 204 ff (1961).

389 Vgl. Lock v. Schreppler, 426 A.2d 856, 862 (Del.Super. 1981); Rochester Methodist Hospital v. Travelers Insurance Co., 728 F.2d 1006, 1017 (8th Cir. 1984); Note, 37 C.J.S., § 16. S. 247 (1968); siehe auch ALI, Restat. (2d) of Contracts, 159, cmt. b..

390 Vgl. Pashley v. Pacific Electric Railway Co., 25 Cal.2d 226, 235; 153 P.2d. 325 (Cal. App.1944)); m.w.N. Note, 37 C.J.S. § 25, S. 205 (1968); ALI, Restat. (2d) of Contracts, § 161 (a).

391 Siehe zu den Ausnahmen zum *caveat emptor*-Prinzip: Posser/Keeton, Torts, S. 373 ff. (1984); Kessler/Fine, 77 Harv.L.Rev. 401, 441 ff. (1964); Keeton, 15 Tex.L.Rev. 1, 34 ff. (1936); Note, 37 C.J.S. § 15, 242 (1968); Berger, Treu & Glauben, S. 24 ff. (2003).

392 Vgl. Congress Financial Corp. v. John Morrel & Co., 790 F.Supp. 459, 473 (S.D.N.Y.1992); Simpson Timber Co. v. Palmberg Constr. Co., 377 F.2d 380, 385 (9th Cir.1967); m.w.N: Note, 37 C.J.S. § 19, 200 (1968); ALI, Restat. (2d) of Contracts, § 551, cmt. c.

393 Vgl. Carter v. Boehm, 97 Eng.Rep. 1162, 1164 (1766), Columbian Insurance Co. of Alexandria v. Lawrence, 27 U.S. 25, 29 (1829).

394 Vgl. m.N. bei Berger, Treu & Glauben, S. 139 (2003).

den Erwerb von Geschäftsanteilen an Personen- oder Kapitalgesellschaften[395]. Mit Blick auf das in Treuebeziehungen bestehende Informationsgefälle sind ebenso Geschäfte zwischen einem *fiduciary* und *entrustor* hinsichtlich eines Treueguts vom *caveat emptor*-Prinzip ausgenommen[396].

G. Zwischenergebnis

Als Zwischenfazit ist festzuhalten, dass *fiduciaries* bereits von Rechts wegen dazu verpflichtet sind, bei Amtsführung ausschließlich die (Vermögens-)Interessen des *entrustor* zu fördern und zu wahren. Rechtlich wurzelt die Obliegenheit in dem von den englischen *chancery courts* geschaffenen *equity law*, dessen Entwicklung den unzulänglichen Regeln und Behelfen der *courts of (common) law* geschuldet ist und das in den Gliedstaaten im Zuge einer Rezeption des englischen Rechts zur Anwendung gelangte. Getreu ihrer Maxime ‚*equity acts in personam*' waren die *equity courts* in ihrer Rechtsfindung bestrebt, auf Grundlage der gemeinhin anerkannten Wertvorstellungen von Moral und Ethik zu entscheiden und Unbilligkeiten im Recht durch die Auferlegung bestimmter Grundpflichten entsprechend zu korrigieren. Das Bedürfnis für eine Korrektur von Unbilligkeiten erkannte die *chancery* insbesondere in Beziehungen mit Fremdgeschäftsbesorgungscharakter, da das *common law* keine Rechtsbehelfe zur Verfügung stellte, wenn Personen versuchten, Anspruchsbegehren aufgrund enttäuschten Vertrauens geltend zu machen. Rechtsverhältnisse dieser Art wurden anfangs als *relationships of trust and confidence* bezeichnet und später als *fiduciary relationships* mit dem *fiduciary* und dem *entrustor* als Parteien des Rechtsbeziehung. Für Letzteren rechtfertigt sich ein besonderer Schutz, der durch eine Treueverpflichtung des *fiduciary* und den Behelfen des *equity law* in Fällen einer Nicht-/Schlechtleistung des *fiduciray* gewährleistet wird. Ausfluss der Treuepflicht des *fiduciary* ist eine Beschränkung des mit dem Amt anvertrauten Ermessens, so dass der zur Besorgung des Geschäfts zugestandene Ermessensspielraum stets dort die Grenze findet, wo wider den Interessen des *entrustor* bestimmte Eigen-/Fremdinteressen des *fiduciary* verfolgt werden. Ein im Zuge der Geschäftsbesorgung im Eigen-/Fremdinteresse agierender *fiduciary* ist daher veranlasst, den daraus resultierenden Widerstreit mit der Treuepflicht durch den *entrustor* zur Auflösung zu bringen, was durch Handeln in gutem Glauben unter Offenlegung aller wesentlichen Umstände geschehen kann.

---

395 Vgl. Brass v. American Film Technologies, Inc., 19 UCC Rep.Serv.2d 1148; 987 F.2d 142, 151 (2d Cir.1993); m.w.N. unter Glpkt. 4 C. II. 2.

396 Siehe eingehend dazu unter Glpkt. § 5 A.

§ 4 Treuepflicht als Instrument zur Rechtsmachtbegrenzung für Exekutivmitglieder

Rückblickend auf das Rechtsausbildungsverständnis der *chancery* sollte es nicht verwunderlich sein, dass auch Geschäftsleitern einer Corporation aufgrund der Natur ihrer Beziehung zur Gesellschaft und deren Aktionären eine schon von Rechts wegen wirkende Treuepflichtenbindung bescheinigt worden ist. Woraus sich diese Verpflichtung im Einzelnen für das Amt eines *director* und *officer* ableitet (sub A.), soll ebenso den Gegenstand des nunmehr folgenden Abschnitts bilden wie die Frage nach den Prinzipien, die deren Treuepflicht im Allgemeinen (sub B.) und in ihren Ausprägungsformen beschreiben (sub C.). Ferner werden der Empfängerkreis einer Treuepflicht im Recht der Corporation aufgezeigt (sub D.) und die möglichen Rechtsansprüche im Fall einer Treueverletzung von Leitungsorganen skizziert (sub E.).

A. Herleitung einer allgemeinen Treuepflichtenbindung für Exekutivmitglieder

Der Treuepflichtcharakter der Beziehung eines Leitungsorgans zur Corporation und deren Aktionären fand unter Gerichten schon frühzeitig Bestätigung[397]. Gegenüber den *directors* wird dieser darin deutlich, dass ihnen kraft Gesetz wie Satzung mit ihrem Amt die Rechtsmacht über die in den Sachen und Rechten einer Corporation gebundenen Vermögensinteressen ihrer Aktionäre zur Verwaltung anvertraut wird[398]. Dadurch entsteht eine für Treueverhältnisse typische Möglichkeit zur Einwirkung auf fremde Interessen, die die Gefahr eines Missbrauchs

---

397 Vgl. Randel v. Chesepeake & Delaware Canal Co., 1 Harr. 233 (Del.Ch.1833); American Central R.R. Co. v. Miles, 52 Ill. 174, 175 (Ill.Sup. 1869); Hoyle v. Plattsburgh & Montreal R.R. Co., 54 N.Y. 314, 328 (N.Y.Sup.1873); m.w.N. Uhlman, 19 B.U.L.Rev. 12, 16 (1939).

398 Vgl. § 141(e) DGCL; § 309 CGCL; § 717(h) NYBCL; § 8.01(b) MBCA; so schon: Leavitt v. Oxford & Geneva S.M. Co., 3 Utah 265, 272, 1 P 356 (Utah Sup.1883); Fleckner v. Bank of the United States, 21 U.S. 338 (1823); m.w.N. Morawetz, Corporations, § 536, S. 503 (1886).

der weitestgehend weisungsungebundenen Amtsstellung begründet[399]. Gleiches gilt für die *officers*, die eine Rechtsmacht über die Vermögenswerte einer Corporation erlangen, da ihnen in den *bylaws* oder mit *board*-Beschluss bestimmte Aufgaben mit dem Ziel übertragen werden, diese zum Wohl der Corporation weisungsgetreu und gutgläubig mit gebotener Sorgfalt zu erledigen[400]. Mit der Anstellung eines *officer* entsteht gegenüber der Corporation ein Verhältnis im Sinne der *agency*, also ein bereits zu den Prototypen einer Treuepflichtbeziehung gehörendes Subordinationsverhältnis[401]. Charakteristisch hierfür sind die Weisungsgebundenheit der *officers* gegenüber den *board*-Mitgliedern, das Handeln des *officers* im fremden Namen und die Kontrolle der anvertrauten Aufgabenbereiche[402]. Die für Treueverhältnisse typische Gefahr für rechtsmissbräuchliches Handeln ergibt sich aus wiederum aus dem Informationsvorsprung der *officers*, der den mit Erledigung des Tagesgeschäfts einhergehenden Einblicken in und Kenntnissen über die Unternehmensbelange geschuldet ist[403]. Aufgrund dieser Gefahr sahen sich die Gerichte veranlasst, die sich schon in anderen Treuebeziehungen, insbesondere dem *trust* und der *agency*, bewährten Rechtssätze und -behelfe auf das Treueverhältnis eines *director* oder *officer* zur Corporation und deren Aktionären durch eine Analogiebildung zu übertragen.

Als Präzedenzfall für die Herleitung einer Treuepflichtenbindung für *board*-Mitglieder dürfte wohl das im Jahre 1742 ergangene Urteil in Charitable Corporation v. Sutton[404] in Betracht kommen, worin *Chancellor Hardwicke* betonte, dass die *directors* ihre Rechtsmacht - gleich einem *agent* - in dem Vertrauen erlangen würden, ihr Amt im Interesse der Corporation mit der gebotenen Sorgfalt auszuführen[405]. Mit der Annahme ihres Amtes werde - wie bei einem ‚*common trustee*' - eine Treuebeziehung begründet, welche eine Inanspruchnahme bei sorgfalts- oder treuwidrigem Verhalten ermöglichen würde[406]. Diese

---

399 Siehe m.N. zu den Wesensmerkmalen einer ‚*fiduciary relationship*' bereits unter Glpkt. § 3 C.

400 Vgl. §§ 141(a), 142(a) DGCL: § 715(a)/(b) NYBCL; § 312(b) CGCL; §§ 8.01(b), 8.41 MBCA.

401 ALI, Restat. (3d) of Agency, § 1.01, § 8.09; ALI, Restat. (2d) of Agency, § 1.

402 Siehe m.N. zu den *officers* einer Corporation bereits unter Glpkt. § 2 A. II.

403 Siehe m.N. zu den Unterschieden zwischen *directors* und *officers* bereits unter Glpkt. § 2 B. II.

404 Vgl. Charitable Corp. v. Sutton, 2 Atk. 400 [26 Eng.Rep.642] (1742).

405 Vgl. Charitable Corp. v. Sutton, 2 Atk. 400, 405 f. [26 Eng.Rep. 642] (1742); m.V.d. Adley v. Whitstable Co., 34 Eng.Rep. 122 (1810).

406 Vgl. Charitable Corp. v. Sutton, 2 Atk. 400, 405 f. [26 Eng.Rep.642] (1742): Lord *Hardwicke* folgte hierbei dem Ansatz Sir *Holts* im Entscheid Coggs v. Bernard [1 Salk.

im Mutterland begründete Terminologie zur Qualifizierung der *directors* einer Corporation prägte bis in das 20. Jahrhundert hinein auch die Judikatur einiger US-amerikanischer Gerichte mit der Folge, dass *directors* entweder nur als *trustees*[407] oder sowohl als *trustees* wie *agents*[408] bezeichnet wurden. Grund für die Bezeichnung war jedoch nicht der Gedanke an die Vergleichbarkeit der jeweiligen Ämter, sondern die Tatsache, dass sich *directors* - wie *trustees* und *agents* - in einer Vertrauensstellung befinden, die eine Treuepflicht gegenüber der das Vertrauen entgegenbringenden Personengruppe rechtfertigt[409]. Zum Ausdruck gelangt dies insbesondere im Entscheid Spering's Appeal[410], worin *directors* als Personen beschrieben worden sind, die sich - gleich einem ‚*agent*' oder ‚*bailee*' - zur sorgfältigen Besorgung eines fremden Geschäfts verpflichtet haben. Wegen ihres Amtes können sie nur insoweit als *trustees* gelten, als sie bestimmten Personen gegenüber zur Loyalität verpflichtet seien[411]. Diesen Umstand unterstrich der New York Supreme Court später im Urteil Litwin v. Allen mit den Worten: „*It has sometimes been said that directors are trustees. If this means that directors in the performance of their duties stand in a fiduciary relationship to the company, that statement is essentially correct*"[412].

Das Gericht nahm damit Bezug auf die Unterschiede zwischen dem Amt eines *trustee* oder *agent* und dem eines *director*, die schon Jahrzehnte zuvor in Hoyt

26 (1703)], der die Treueflicht für einen Verwahrer (*bailee*) aus dem Rechtsverhältnis zum Hinterleger (*bailor*) abgeleitet hatte, weil der *bailee* sich mit dem Erhalt der Sache des *bailor* zu einer sorgsamen Verwahrung derselben verpflichtet habe (*bailment*).

407 Vgl. Gray v. Portland Bank, 3 Mass. (3 Tyng) 364, 379 (Mass.Sup.1807); Attorney General v. Utica Insurance Co., 2 John Chan. 371, 385 (N.Y.Ch.1817); Kohler v. Black River Falls Iron Co., 67 U.S. 715, 721; 17 L.Ed 339 (1862); Gilman, Clinton & Springfiled R.R. Co. v. Kelly, 77 Ill 426 (Ill.Sup.1875); European & North American Railway Co. v. Poor, 59 Me. 277, 278 (Me.Sup.1871).

408 Vgl. Verplanck v. Mercantile Ins. Co. of N.Y., 1 Edw.Ch. 83, 87 (N.Y.Ch.1831); Percy v. Millaudon, 8 Mart.(n.s.) 68, 74 (La.Sup.1829); Brigs v. Spalding, 141 U.S. 132, 149; 11 S.Ct. 924 (1891); O'Connor Mining & Manufactoríng Co. v. Coosa Furnace Co., 95 Ala 614, 617; 10 So. 290 (Ala.App.1891); Ten Eyck v. Pontiac R.R., 74 (Mich.Sup. 226; 41 N.W. 905 (Mich.Sup.1889).

409 Zustd. Uhlman, 19 B.U.L.Rev. 12, 16 f. (1939); Johnson/Millon, 46 Wm.&Mary L.Rev. 1597, 1620 (2005).

410 Vgl. Spering's Appeal, 71 Pa. 11 (Pa.Sup.1872).

411 Vgl. Spering's Appeal, 71 Pa. 11, **9 (Pa.Sup.1872).

412 Vgl. Litwin v. Allen, 25 N.Y.S.2d 667, 677 (N.Y.Sup.1940) [hervorgehoben vom Verfasser].

v. Thomson's Executor[413] zur Sprache kamen. Danach sei die Rechtsmacht der *directors* im Vergleich zu jener der *agents* von originärer Natur und nicht bloß Ausfluss eines Subordinationsverhältnisses[414]. Der damit attestierte Organcharakter spiegelt sich darin wieder, dass die Befugnisse eines *agent* jederzeit vom *principal* widerrufen werden können[415], während *directors* nur bei treuwidrigem Handeln nach Aktionärsbeschluss aus dem Amt ausscheiden[416]. Zum anderen unterliegen *directors* den Weisungen der Aktionäre nur nach einstimmigem Beschluss[417], wohingegen ein *agent* grundsätzlich während seiner Geschäftsführung vom *principal* überwacht wird[418]. Zudem gilt für Entscheidungen eines *agents* kein über die übliche Sorgfalt hinausgehender Maßstab[419], während ein solcher für *directors* im Institut der *business judgment rule* Bestätigung gefunden hat[420]. Der Umstand, dass in dem vorbenannten Urteil mangels Vergleichbarkeit eines *director* mit einem *agent* nicht versucht wurde, Parallelen zum Amt eines *trustee* aufzuzeigen, lässt sich wohl damit begründen, dass *directors* - anderes als *trustees* - nicht Inhaber des Eigentumsrechts am anvertrauten Gut sind[421], und die Corporation - als *artificial entity*[422] - als Inhaberin des Gesellschaftsvermögens betrachtet wird[423]. Insoweit ließe sich allenfalls die Corporation als *trustee* bezeichnen, die - aufgrund ihrer Rechtsnatur durch deren

413 Vgl. Hoyt v. Thomson's Executor, 19 N.Y. 207 (N.Y.App.1859), dissm'd o.o.g. in Hoyt v. Sheldon, 66 U.S. (1 Black) 518 (1862).

414 Vgl. Hoyt v. Thomson's Executor, 19 N.Y. 207, 216 (N.Y.App.1859); Beveridge v. New York Elevated R.R. Co., 112 N.Y. 1; 2 L.R.A. 648 (N.Y.App.1889s); siehe ebenso: Leavitt v. Oxford & Geneva S.M. Co., 3 Utah 265, 272, 1 P 356 (Utah Sup.1883).

415 ALI, Restat. (3d) of Agency, § 3.06(5); ALI, Restat. (2d) of Agency, § 118.

416 Vgl. Hoyt v. Thomson's Executor, 19 N.Y. 207, 216 (N.Y.App.1859); Continental Securities Co. v. Belmont, 206 N.Y. 7; 99 N.E. 138 (N.Y.Sup.1912); m.w.N. zur Frage nach einer Abberufung von *board*-Mitgliedern (aus wichtigem Grund) unter Glpkt. § 4 E.

417 Siehe bereits unter Glpkt. § 2 A. II.

418 ALI, Restat. (3d) of Agency, § 8.09(2), cmt. c.; zugl. Shaner, 66 Bus.Law. 27, 44 f. (2010); Note, 29 Colum.L.Rev. 338, 345 (1929).

419 ALI, Restat. (3d) of Agency, § 8.08; zugl. Johnson, 60 Bus.Law. 439, 445 (2005); ders./ Millon, 46 Wm.Mary L.Rev. 1597, 1630 (2005).

420 Siehe m.N. bereits unter Glpkt. § 2 B. I.-II.; zustd. Aviram, 2013 U.Ill.L.Rev. 763, 770 (2013); Sjostrom, 54 U.Kan.L.Rev. 251, 286 (2005).

421 Siehe m.N. bereits unter Glpkt. § 3 B.-C.

422 Siehe m.N. zur Rechtsfähigkeit einer Corporation bereits unter Glpkt. § 2 A. I.

423 Vgl. Hodges v. New England Screw Co., 1 R.I. 312, 350 (R.I.Sup.1850); Booth v. Robinson, 55 Md. 419, 436 (Md.App.1881); Bosworth v. Allen, 168 N.Y. 157, 165; 61 N.E. 163 (N.Y.App.1901).

directors - das anvertraute Vermögen zugunsten ihrer Aktionäre (*beneficiaries*) verwaltet[424]. Letztlich sind für die (Ab-)Berufung der *directors* die Aktionäre zuständig, während *trustees* vom *settlor* und nicht vom *beneficiary* (ab-)berufen werden[425]. Als Folge der Eigenheit ihrer Amtsstellung wird das Verhältnis der *dirctors* zur Corporation und den Aktionären mitunter auch als eines *sui generis* erklärt[426]. Damit ist es möglich, auch den Spezifika eines *director* Amtes im Verhältnis zum *officer* Rechnung zu tragen, die sich in der Praxis darin zeigen, dass (nur) für *outside directors* Haftungsausschlussklauseln gelten[427] und für die Entscheidung eines *officer* (zum Teil) ein schärferer Prüfungsmaßstab angelegt wird[428].

B. Allgemeiner Regelungsgehalt der Loyalitätspflicht von Exekutivmitgliedern

Der Ansatz der Gerichte, die Treuepflichten für Leitungsorgane im Lichte der für *trustees* und *agents* entwickelten Maxime zu bestimmen, führte dazu, dass sich auch im Recht einer Corporation das Konzept der Aufgliederung der Treuepflicht in entsprechende Rubriken und Ausprägungsformen wiederfindet. Als Folge dessen wird deren Regelungsgehalt nicht abstrakt, sondern fallgruppenspezifisch bestimmt[429], was der Delaware Chancery Court jüngst im Urteil Nagy v. Bistricer[430] mit der Formulierung begründete: „*(...) a fiduciary may act disloyally for a variety of reasons other than personal pecuniary interest (...)*"[431].

---

424 Siehe m.N. zur Struktur eines *technical trust* und dessen Vorläufer bereits unter Glpkt. § 3 B.-C.

425 Note, 61 Harv.L.Rev. 335 f. (1948); Sealy, 1967 Cam. L. J. 83, 86 f. (1967); Ruder, 40 Bus. Law. 1383, 1385 f. (1985).

426 Vgl. New York Dock Co. v. McCollom, 16 N.Y.S.2d 844 (N.Y.Sup.1939); In re E.C. Warner Co., 45 N.W.2d 388 (Minn.Sup.1950); m.w.N.: Bowman, 4 Mich.L.Rev. 577, 584 (1906); Uhlman, 19 B.U.L.Rev. 12, 16 (1939); Note, 35 Minn. L. Rev. 564, 567 (1951).

427 Siehe zu den Rechtswirkungen solcher Klauseln unter Glpkt. § 4 C. II.

428 Siehe bereits zur Frage nach der Geltung der *business judgment rule* für Entscheidungen der non-*director officers* unter Glpkt. § 2 B. II.

429 Vgl. Guth v. Loft, Inc., 5 A.2d 503, 510 (Del.Sup.1939); Meinhard v. Salmon, 249 N.Y.458, 464; 164 N.E. 545 (N.Y.Sup.1928); m.w.N.: Kaouris, 20 Del.J.Corp.L. 965, 984 (1995), Mitchell, 138 U.Pa.L.Rev. 1675, 1692 f. (1990); Holtz, 28 Suffolk U.L.Rev. 93, 95 (1999).

430 Vgl. Nagy v. Bistricer, 770 A.2d 43 (Del.Ch.2000); ähnlich m.V.d. in Guttman v. Huang, 823 A.2d 492, 506 Fn.34 (Del.Ch.2003).

431 Vgl. Nagy v. Bistricer, 770 A.2d 43, 48 Fn. 2 (Del.Ch.2000) [hervorgehoben vom Verfasser].

Dennoch lässt die fallspezifische Behandlung der Loyalitätspflicht ein gemeinsames Prinzip erkennen, welches durch eine positiv wie auch negativ gestaltete Verhaltenstreuebindung qualifiziert werden kann. So zeigt sich deren positive Prägung darin, dass in Ausübung des Amtes alleinig die Gesellschafts- und Aktionärsinteressen ermessensfehlerfrei von Verwaltungsorganen wahrzunehmen und zu fördern sind. Aus einem Umkehrschluss daraus folgt die negative Prägung, respektive das Gebot, alles zu unterlassen, was die positive Pflicht verletzen könnte. Mit anderen Worten besteht die Verpflichtung zur Treue darin, weder Situationen zu schaffen noch Gegebenheiten zu nutzen, wodurch die Loyalität des Leitungsorgans gegenüber den Gesellschafts- und Aktionärsinteressen mit eigenen oder Interessen Dritter konfligiert[432]. Eine der Fallgruppen zur Loyalitätspflicht bildet das Handeln von Leitungsorganen bei Geschäften einer Corporation im Eigen-/Fremdinteresse[433], wobei Vergütungsabreden für (*inside) directors* zumeist als eigene Rubrik behandelt werden[434]. Als eine eigene Fallgruppe gelten auch Geschäfte einer Corporation im Eigen-/Fremdinteresse eines *director/officer*, der zugleich deren herrschender Gesellschafter ist[435], weil Verträge mit *controlling shareholders* als eigene Sektion[436] im Spektrum der Treueplicht gelten[437].

Die Pflicht zum loyalen Handeln beginnt für *directors* wie *officers* mit Übernahme ihres Amtes und endet, soweit keine längere Treuebindung im

---

432 Vgl. Bailey v. Jacobs, 325 Pa. 187, 194; 189 Atl. 320 (Pa.Sup.1937); Solash v. Telex Corp., 1988 WL 3587, *7 (Del.Ch.1988).

433 Vgl. eingehend dazu unter Glpkt. §§ 5-7.

434 So z.B. in § 5.02 und 5.03 PALI; s.a. Drechsler/Black/Sparks, DCL, § 14.03 und § 15.09 (2008); Baker/Cary, Corporations, S. 403, 432 (1958); Pinto/Branson, Corporate Law, § 9.03 und § 9.04.

435 Siehe zum Begriff bereits unter Glpkt. § 2 B. I. 4. und zur rechtlichen Behandlung unter Glpkt. § 2 C. I.

436 Siehe zur Entwicklung der Fallgruppe unter Glpkt. § 5 B. III. 1 und am Beispiel des *case law* in Delaware unter Glpkt. § 6 B. II. 3.

437 Als weitere Gruppen gelten: (i) Wettbewerbsverbotsverstöße [*competition with the corporation*: s. Meinhard v. Salmon, 249 N.Y. 458; 164 N.E. 545 (N.Y.Sup.1928); (ii) unbillige Geschäftschancennutzung [*usurption of corporate opportunity*: s. Industrial Indem. Co. v. Golden State Co., 117 Cal.App. 519; 256 P.2d 677 (Cal.App.1953); (iii) Abwehr feindlicher Übernahmeangebote [*take-over defences*: s. Cheff v. Mathes, 199 A.2d 548 (Del.Sup.1964); (iv) Handel mit Geheiminformationen [*insider trading*: s. Diamond v. Oreamuno, 248 N.E.2d 910 (N.Y.App. 1969) und Leitungsmachtmissbrauch, s. Solash v. Telex Corp., 1988 WL 3587, *7 (Del.Ch.1988); m.w.N. Merkt, US-Recht, S. 440 ff. (2013).

Gesellschaftsinteresse liegt, mit Ablauf ihrer Amtszeit[438]. Irrelevant für den Beginn der Pflichtenbindung ist der Akt der formalen Bestellung eines Leitungsorgans, weil die Treueverpflichtung für einen *fiduciary* bereits kraft objektiven Rechts zur Entstehung gelangt[439]. Ein loyales Handeln obliegt daher auch den de facto *directors* oder de facto *officers* einer Corporation[440], also Personen, die hinsichtlich des Rechts auf Amtsführung nur einen vermeintlichen Anspruch besitzen. Voraussetzung für eine Treuebindung ist bloß ein Handeln für eine de jure oder de facto Corporation[441]. Ein für zwei oder mehrere Corporations tätiger *director* oder *officer* (*interlocking directorates*) steht in einer gleichgelagerten Treuebindung gegenüber jeder der Gesellschaften und deren Anteilseignern[442]. Die Treueverpflichtung besteht amtsunabhängig für einen *outside director* wie *inside director* [443]. Trotz der weitestgehend disponiblen *corporation laws* kann die Rechtswirkung der Treuepflicht nicht vertraglich abbedungen, sondern nur hinsichtlich ihres intendierten Schutzzwecks modifiziert werden[444]. Gesetzliche Anerkennung findet jedoch ein Ausschluss der Haftung für Sorgfaltspflichtverletzungen[445], wobei dieser grundsätzlich nur gegenüber den *outside directors* wirkt, nicht jedoch (*director-*)*officers*[446]. Eine Haftungsausschlussklausel für *officers* wird bislang nur in wenigen Gesetzen für zulässig

438 Folk, DGCL, § 141.2, S. IV 40 (2013); Branson, Corporate Goverance, S. 485 ff. (1993).

439 Vgl. GAB Bus. Servs., Inc. v. Lindsey & Newsom Claim Servs., Inc., 99 Cal. Rptr. 2d 665, 670 (Cal. App. 2000); m.w.N. unter Glpkt. § 3 D.

440 Vgl. Pereira v. Cogan, 294 B.R. 449, 523 f. (S.D.N.Y.2003; Del.Law).

441 Harris, Corporations, S. 109 f. (2009); Lattin/Jennings/Buxbaum, Corporations, S. 378 (1968); Ballantine, Corporations, § 59, S. 148 f. (1946).

442 Siehe m.N. unter Glpkt. § 6 B. I. 1. b); B. II. 2.; B. III. 2.

443 Vgl. Leal v. Meeks (In re Cornerstone Therapeutics Inc., S'holder Litig.), 2014 WL 4418169 (Del.Ch.2014), aff'd, 115 A.3d 1173, 1180 (Del.Sup.2015); Gantler v. Stephens, 965 A.2d 695 (Del.Sup.2008).

444 Vertiefend am Beispiel der Satzungsnormen betreffend die Zulässigkeit von *self-dealing transactions* unter Glpkt. § 6 B. IV.

445 Vgl. § 102(b)(7) DGCL; § 204(a)(10) CGCL; § 402(b) NYBCL, wonach bei einer grob fahrlässigen Sorgfaltspflichtverletzung ein Ausschluss der Schadensersatzhaftung möglich ist Hiervon unberührt bleiben Schäden aus Treuewidrigkeiten oder bösgläubigem Handeln; gleiches gilt für Ansprüche auf Erfüllung, Unterlassung oder Abberufung. Siehe m.w.N. Block/Barton/Radin, BJR, S. 109 ff. (2009).

446 Vgl. zu § 102(b)(7) DGCL: Lyondell Chemical v. Ryan, 970 A.2d 235, 240 (Del. Sup.2009); Pereira v. Cogan, 294 B.R. 449, 534 (S.D.N.Y.2003; Del.Law); m.w.N. Folk, DGCL, § 102.15.2.3 (2013); zu § 204(a)(10) CGCL: Neubauer v. Goldfarb, 108 Cal.App.4th 47, 51 (Cal.App. 2003); m.w.N. Ballantine/Sterling, Cal.Corp.L, § 204 (2011); des § 402(b) NYBCL: Bildstein v. Atwater, 635 N.Y.S.2d 88, 89 (N.Y.Sup.App.

erklärt[447]. Zudem ist nach den meisten Gesetzen ein Verstoß gegen die Loyalitätspflicht von der Möglichkeit eines Haftungsausschlusses ausgenommen; fehlt eine solche Vorschrift, ist nach dem *case law* zu verfahren[448].

C. Formen der Ausprägungen der Loyalitätspflicht von Exekutivmitgliedern

I. Pflicht zum Handeln in gutem Glauben (*duty of good faith*)

Eine spezielle Ausformung findet die Treuepflicht in der Verpflichtung zum gutgläubigen Handeln. Deren Erfüllung setzt bei Verwaltungsorganen eine Geisteshaltung voraus, die darauf ausgerichtet ist, Gesellschafts- und Aktionärsinteressen in ermessensfehlerfreier Form wahrzunehmen und zu fördern[449]. Bedeutung erlangt diese Pflicht auch im Rahmen des Aushandelns und der Autorisierung von Geschäften im Eigen-/Fremdinteresse von Leitungsorganen, weil ohne (objektiven) Nachweis der Verwerflichkeit der Gesinnung des Handelnden nicht mit hinreichender Wahrscheinlichkeit angenommen werden kann, dass das eigene Interesse über das Interesse der Gesellschaft und der Anteilseigner gestellt worden ist[450]. Doch auch jenseits dieser Konstellation steht und fällt die Loyalität mit der Gesinnung des Handelnden, da auch eine von unbefangenen wie unabhängigen *directors* getroffene Entscheidung nicht zwangsläufig ein alleinig an den Unternehmens- und Gesellschafterinteressen ausgerichtetes Verhalten garantiert. Daher bildet ein gutgläubiges Handeln gleichsam die Grundbedingung für die Wahrung von Loyalität[451]. Schon frühzeitig ist die Korrelation zwischen diesen beiden Verhaltensanforderungen in

---

Div.1995); Teachers' Retirement Sys. of La. v. Welch, 664 N.Y.S.2d 38, 39 (N.Y.Supp. App.Div.1997); m.w.N. White, NYBE, § B402.01 (2009).

447 So z.B. in Louisiana, Maryland, Nevada, New Hampshire, New Jersey, Utah und Virginia. Zugl. Honabach, 45 Washb.L.J. 307, 322 (2006).

448 Siehe z.B. cmt. zu § 204(a)(10) CGCL: 1987 Cal.Stats. ch. 1203, § 4; m.V.d. Marsh, Cal.Corp.L., § 11.04, 11-40 (2011); Weakley/Magistrale, Fiduciary Duties, § 4.73, 4-94 (2017); a.A. jedoch ohne Begründung: Oltmann, Geschäftsleiterhaftung, S. 194 (2001).

449 Siehe bereits unter Glpkt. § 2 B. I. 2.; m.w.N. Strine, 57 Bus.Law. 1371, 1373 (2002); Furlow, 3 Utah L.Rev. 1061, 1069 (2009).

450 Siehe m.N. zum *fairness test* bereits unter Glpkt. § 2 C. III; siehe zur Herausbildung der Kriterien zum *fairness test* unter Glpkt. § 5 A.-B.

451 Vgl. Guttman v. Huang, 823 A.2d 492, 506 Fn.34 (Del.Ch.2003); Stone v. Ritter, 911 A.2d 362, 370 (Del.Sup.2006); zugl. Holland, 11 U.Penn J.Bus.L. 675, 698 (2009); Strine/Hamermesh/Balotti, 98 Geo.L.J. 629, 666 ff. (2010).

der Literatur im Wege des synonymen Gebrauchs der beiden Termini ‚*loyality*' und ‚*good faith*' unterstrichen worden. Beispielhaft dafür ist die Anmerkung in dem vielfältig gerichtlicherseits zitierten Werk von *Morawetz*[452], wonach einem *director* die Rechtsmacht unter der Bedingung anvertraut werde, „*(...) in good faith for the benefit of the principal, and in accordance with the true purpose of the agent's appointment*" zu handeln[453]. Ähnliche Worte findet *Thomson*, wonach *board*-Mitglieder "*(...) must exercise the utmost good faith in all transactions* [so that] *all their acts must be for the benefit of the corporation and not for their own benefit*"[454]. Anerkennung fand damit eine Tradition, die in den Urformen des *fiduciary law* ihren Anfang nahm[455], und in dem durch Musterfälle und Analogiebildung geprägten Rechtsverständnis der Gerichte wurzelt[456].

Diese Rechtsterminologie, die sich insbesondere in Entscheiden zum Analysegegenstand findet[457], hielt insoweit Einzug in einige *corporation laws*, als darin zur Geisteshaltung von *directors* zu lesen ist: „*A director shall perform the duties of a director (...) in good faith, in a manner such director believes to be in the best interest of the corporation and the shareholders*"[458]. Umsetzung durch den Gesetzgeber fand damit der mit nahezu gleicher Wendung versehene Modellvorschlag zum geltenden § 8.30(a) MBCA, dessen Kommentierung in Anlehnung an den Fall Gagliardi v. TriFoods Int'l, Inc.[459] den Hinweis enthält, dass bei einer Entscheidungsfindung von *directors* dann kein gutgläubiges Verhalten zu vermuten sei, "*(...) where a board lacked an actual intention to advance corporate welfare and (...) where a transaction (...) is authorized for some purpose other than a genuine attempt to advance corporate welfare or is known to constitute a violation of applicable positive law*"[460]. Im Besonderen gelangt die Korrelation zwischen der Loyalität und Gutgläubigkeit bei einem *director* im Wortlaut

452 Morawetz, Corporations (1886). Siehe zu den Hinweisen auf dessen Werk unter Glpkt. § 5 B. II. und Glpkt. § 5 C. I.

453 Morawetz, Corporations, § 516, S. 483 (1886) [Hervorgeboben vom Verfasser].

454 Thompson, Commentaries, § 1215, S. 164 (1909) [Hervorgeboben vom Verfasser].

455 Siehe zum *trust*: Wormley v. Wormley, 21 U.S. (8 Wheat.) 421, 438 (1823); m.w.N. Story, Commentaries on Equity, § 1676 (1918); Pomeroy, A Treatise, §§ 1066, 1075 (1941); zur *agency*: Huffcut, The Law of Agency, § 90 (2d 1901); Tiffany, Principal & Agent, § 146 (1924).

456 Siehe bereits unter Glpkt. § 3 A.-B.

457 Siehe m.N. unter Glpkt. §§ 5-6.

458 Vgl. § 309(a) CGCL; § 717(a) NYBCL [hervorgehoben vom Verfasser]; m.w.N. Block/Barton/Radin, BJR, S. 2 (2009).

459 Vgl. Gagliardi v. TriFoods Int'l, Inc., 683 A.2d 1049, 1051 n.2 (Del.Ch.1996).

460 Vgl. § 8.31 MBCA, cmt. 1.A. § 1 [Hervorgeboben vom Verfasser].

der *safe-harbor rules* zum Ausdruck, weil darin mit dem *good faith*-Begriff in verschiedener Form auf die Loyalitätspflicht verwiesen wird[461]. Schließlich sind die jüngsten Urteile aus Delaware anzuführen, worin wieder einhellig bekundet wird, dass die ‚*duty of good faith*' in der Verpflichtung zu einem loyalen Handeln eine Ausprägung findet und nicht als originäre Pflicht zu begreifen sei[462]. In diesem Sinne urteilte auch der Supreme Court im Urteil Stone v. Ritter, worin er anmerkte: (i) "*(…) the requirement to act in good faith is a subsidiary element, i.e., a condition, of the fundamental duty of loyalty (…)*; (ii) „*(…) the obligation to act in good faith does not establish an independent fiduciary duty that stands on the same footing as the duties of care and loyalty.*" und wonach (iii) "*(…) the fiduciary duty of loyalty is not limited to cases involving a financial or other cognizable fiduciary conflict of interest. It also encompasses cases where the fiduciary fails to act in good faith*"[463]

II. Pflicht zur Offenlegung (*duty of disclosure*)

Eine weitere Ausprägungsform findet die Loyalitätspflicht in der zum Teil als ‚*duty of disclosure*'[464] oder ‚*duty of candor*'[465] benannten Pflicht zur Offenlegung von wesentlichen Unternehmensinformation. Ihrem Charakter nach ist diese Verpflichtung aber mit Blick auf die im Vorfeld einer jeden Offenlegung gebotenen sorgfältigen Aufbereitung und Bewertung einer Information stets von hybrider Rechtsnatur[466]. Von praktischer Relevanz ist dieser dogmatische Aspekt in Fällen einer Inanspruchnahme von *directors*, welche sich mit Hinweis

---

461 Vgl. § 144 DGCL, § 310 CGCL, § 713 NYBCL; siehe für eine weitere Auflistung von Normen: Note, 11 Wm.Mitchell L.Rev. 199, 214 (1985).

462 Siehe zur Problematik bereits einleitend unter Glpkt. § 2.

463 Vgl. Stone v. Ritter, 911 A.2d 362, 370 (Del.Sup.2006), aff'd, Lyondell Chemicals Co. v. Ryan, 970 A.2d 235, 243 (Del.Sup.2009).

464 Vgl. Pfeffer v. Redstone, 2008 WL 308450, *8 (Del.Ch.2008); aff"d, 2009 WL 188887 (Del.Sup.2009). Gebraucht wird dieser Begriff z.B. von: Hamermesh, 49 Vand.L.Rev. 1087, 1096 (1996); Barbera, 26 Del.J.Corp. L. 563, 565 (2001); Rohrbacher/Zeberkiewicz, 63 Bus.Law. 881 (2008).

465 Vg. Stroud v. Grace, 606 A.2d 75, 84 (Del.Sup.1992). Genutzt wird dieser Terminus z.B. von: German, 34 Del.J.Corp.L: 221, 224 (2009); Barclift, 41 Valp.U.L.Rev. 269 (2006); Pease, 14 Del.J.Corp.L. 445, 447 (1989).

466 Vgl. urspr. Zirn v. VLI Corp., 621 A.2d 773, 778 (Del.Sup.1993) ['Zirn I'], aff'd, 681 A.2d 1050, 1058 (Del.Sup.1996) ['Zirn II']; sodann auch: Pfeffer v. Redstone, 965 A.2d 676, 684 (Del.Sup. 2009); m.w.N. Strine/Hamermesh/Balotti, 98 Geo.L.J. 629, 639 Fn. 18, 1163 ff. (2010).

auf eine Satzungsklausel zum Ausschluss der Haftung zu verteidigen versuchen, da eine solche nur bei Sorgfalts- nicht aber Loyalitätspflichtverstößen gesetzliche Anerkennung findet[467]. Gerichte sind daher in Fällen der Verletzung der Offenlegungspflicht in der Regel vor die Frage gestellt, ob diese im Bereich der Sorgfalts- oder der Loyalitätspflicht des beschuldigten *director* anzusiedeln ist. Die Antwort hierauf wird in Delaware seit den Urteilen in Zirn v. VLI Corp.[468] davon abhängig gemacht, ob die Geschäftsmaßnahme, im Rahmen derer eine wesentliche Information nicht offenbart worden ist, im Eigeninteresse von *board*-Mitgliedern liegt[469]. Soweit dies nicht zutrifft, gilt die Offenlegungspflicht als „*offshoot of the fiduciary duty of care (...)*"; andernfalls als Ableger der *duty of loyalty* mit der Folge, dass ein sich auf eine Haftungsausschlussregelung berufender Sachvortrag wirkungslos bleiben würde[470]. Ungeachtet der Qualifizierung des Vorwurfs der Treueverletzung kann dieser nur Bestätigung finden, wenn die nicht zur Offenlegung gelangte Information als solche von wesentlicher Art zu betrachten ist. Den Prüfungsmaßstab dafür bildet der in den § 14 SEA (1934) eingebettete börsenrechtliche Standard, den der U.S. Supreme Court erstmal in TSC Industries, Inc. v. Northway, Inc.[471] zur Anwendung brachte. Als wesentlich gelten danach Information, bei deren Kenntnis ein rationaler Investor in der betreffenden Sache mit hinreichender Wahrscheinlichkeit zu einer anderen als der vertretenen Meinung gelangt wäre; die Beweislast dafür trägt der Kläger[472]. Nicht der Offenlegung unterliegen (wesentliche) Informationen, von deren Kenntnis Leitungsorgane ausgehen dürfen, da sie der Öffentlichkeit bereits

---

467 Siehe m.N. bereits unter Glpkt. § 4 B.

468 Vgl. Zirn v. VLI Corp., 621 A.2d 773 (Del.Sup.1993), aff'd, 681 A.2d 1050 (Del. Sup.1996).

469 Vgl. O'Reilly v.Transworld Healthcare, Inc., 745 A.2d 902, 914 Del.Ch.1999); Cinerama, Inc. v. Technicolor, Inc., 663 A.2d 1134, (Del. Ch.1994), aff'd, 663 A.2d 1156, 1169 (Del.Sup.1995); m.w.N. Barbera, 26 Del.J.Corp. L. 563, 582 (2001).

470 Vgl. Zirn v. VLI Corp., 681 A.2d 1050, 1062 (Del.Sup.1996) [hervorgehoben vom Verfasser], m.V.d. Arnold v. Society for Savings Bancorp., Inc.,650 A.2d 1270, 1288 (Del. Sup.1994); aff'd, 678 A.2d 533, 535 (Del.Ch.1996); m.w.N. Barclift, 41 Valp.U.L.Rev. 269, 285 (2006).

471 Vgl. § 14(a) SEA (1934) [15 U.S.C. § 78(j)], m.V.d. TSC Industries, Inc. v. Northway, Inc., 426 U.S. 438, 448; 96 S.Ct. 2126 (1976).

472 Vgl. Freedman v. Barrow, 427 F. Supp. 1129, 1140 (S.D.N.Y.1976); Rosenblatt v. Getty Oil Co., 493 A.2d 929, 944 (Del.Sup.1985); Lacos Land Co. v. Arden Group, Inc., 517 A.2d 271, 279 (Del.Ch.1986); Pfeffer v. Redstone, 965 A.2d 676, 684 (Del.Sup.2009).

bekannt sind[473] oder aus Sicht eines vernünftigen Investors zu den Grundkenntnissen der Kapitalbeteiligung gehören[474].

1. Rechtsgrund der für *officers* geltenden Offenlegungspflicht

Rechtsgrundlage der *duty of candor* bildet im Verhältnis der *officers* zur Corporation das *agency law*, da die *officers* als *agents* einer Corporation gelten, respektive als die Vertreter der namens der Corporation berufenen *board*-Mitglieder[475]. Nach *agency law* ist ein *agent* verpflichtet, dem *principal* unaufgefordert alle wesentlichen die Geschäftsführung betreffenden Umstände offenzulegen, einschließlich derer, die treuwidriges Handeln vermuten lassen[476]. Hierzu gehören jene Informationen, die dem *agent* in Ausübung seines Amtes zur Kenntnis gelangt sind, welche er kennen sollte oder welche bei einer sorgfältigen Amtsführung hätten bekannt sein können und deren Mitteilung vom *principal* erwünscht ist oder für die Geschäftsführung Bedeutung erlangen könnte, soweit mit der Mitteilung nicht eine höherrangige Obliegenheit einem Dritten gegenüber verletzt wird[477]. Ähnliches gilt nach den ‚*standards of conduct for officers*' im MBCA, die bereits mehrheitlich in die *corporation laws* übernommen wurden[478] und derer zufolge eine als wesentlich geltende Information einem *superior officer*, dem *board* oder einem der Komitees gegenüber unverzüglich mitzuteilen sei[479]. Obschon die Wichtigkeit der Information nach dem für *directors* geltenden Maßstab zu bestimmen ist[480], wird

---

473 Vgl. In re MONY Grp., Inc. S'holder Litig., 853 A.2d 661, 683 (Del.Ch.2004); Zirn v. VLI Corp., 1995 WL 362616, *5 Del.Ch.1995); aff'd, 681 A.2d 1050 (Del.Sup.1996); Seibert v. Harper & Row, Publishers, Inc., 1984 WL 21874, S.*6 (Del.Ch.1984).

474 Vgl. Wayne County Empl. Retirement Sys. v. Corti, 954 A.2d 319, 334 (Del.Ch.2008); Williams v. Geier, 1987 WL 11285 *9 (Del.Ch.1987).

475 Vgl. Mills Acquis. Co. v. Macmillan, Inc., 559 A.2d 1261, 1280 (Del.Sup.1988); Potter v. Pohlad, 560 N.W.2d 389, 394 (Minn.App.1997).

476 Vgl. Reid v. Robinson, 64 Cal.App. 46; 220 Pac. 676, 681; 220 P. 676 (Cal.App.1923); Globe Woolen Co. v. Utica Gas & Electric Co., 121 N.E. 378, 380 (N.Y.Sup.1918); Bennett v. Propp, 187 A.2d 405, 411 (Del.Sup.1992); ebenso: Morawetz, Corporations, § 518, S. 485 (1886).

477 ALI, Restat. (3d) of Agency, § 8.11 [*Duty to provide Information*]; Restat. (2d) of Agency, § 381 [*Duty to give Information*].

478 Vgl. MBCA Ann. § 8.42; siehe zu einer Auflistung der jeweiligen Gliedstaaten bei: Johnson, 63 Bus.Law. 147, 150 Fn. 16 (2007).

479 Vgl. § 8.42(b)(1)/(2) MBCA.

480 Vgl. Malpiede v. Townson, 780 A.2d 1075, 1086 (Del.Sup.2001); Shell Petroleum, Inc. v. Smith, 606 A.2d 112, 113 (Del.Sup.1992); m.w.N. Barclift, 41 Val.p.U.L.Rev. 269, 287 (2006).

doch die aus dem Amt eines *officers* resultierende Offenlegungspflicht als bedingungslos erachtet. Zum Ausdruck gelangt dies regelmäßig durch den in vielen Gesetzen geschaffenen Vertrauenstatbestand, wonach *directors*, die zur Entscheidungsfindung auf Informationen der *officers* zurückgreifen müssen, innerhalb der Grenzen der ‚*oversight function*' ihrer Sorgfaltspflicht stets darauf vertrauen dürfen, unaufgefordert, vollständig, wahrheitsgetreu sowie zeitnah durch den *officer* unterrichtet zu werden[481]. Diesen Normen liegt der Gedanke zugrunde, dass *officers* im Vergleich zu *directors* hauptberuflich für die Corporation tätig sind und daher Einblick haben in deren Belange oder zumindest imstande sind, Kenntnis darüber zu gewinnen[482]. Die insoweit entstehende Informationsasymmetrie lässt sich daher nur durch die Pflicht zur vollständigen wie auch unaufgeforderten Offenlegung der Information ausgleichen.

2. Rechtsgrund der für *directors* geltenden Offenlegungspflicht

Mit Blick auf die Qualifizierung der Stellung eines *director* als sui generis dürfte es nicht verwundern, dass der Rechtsgrund der *duty of disclosure* innerhalb der Wissenschaft unterschiedlich beurteilt wird. Während von manchen Autoren Normen wie der § 144 DGCL a.F.[483] angeführt werden[484], geben andere die im *case law* wurzelnde Publizitätspflicht bei einer Anwerbung von Stimmrechtsvollmachten an[485]. Wiederum andere sehen den Ursprung in der Natur der Beziehung der *directors* zu den Anteilseignern[486]. Der erstgenannten Theorie ist zuzugestehen, dass entsprechende Normen eine lange Geschichte haben. Einwenden lässt sich jedoch, dass deren Sinn nicht in der Kodifizierung einer Offenbarungspflicht lag, sondern in der Regelung der gesamtschuldnerischen Haftung für Schäden aufgrund einer unzutreffenden schriftlichen Erklärung betreffend

481 Vgl. § 141(e) DGCL; § 717(a) NYBCL; § 309(b) CGCL, § 8.42(c) MBCA, m.V.d. auch: German, 34 Del.J.Corp.L. 221, 256 f. (2009); Baclift, 41 Valp.U.Rev. 269, 289 f., 296 (2006).

482 Barclift, 41 Valp.U.L.Rev. 269, 291 (2006); Langevoort, 93 Geo.L.J. 285, 312 (2004); § 4.01, cmt. a. PALI.

483 Vgl. 21 Del.Laws c. 273, § 19 (1899), repealed in 1967. Eine dem § 144 a.F. DGCL (1953) im Wortlaut ähnliche Norm findet sich zum Beispiel im § 316 CCC (1874) oder im Ill. Rev. Stat. c.. xxxii, § 21 (1872).

484 Solomon, Corporation Law, S. 886 (1994); Brown, Corporate Disclosure, § 9.02 Rn. 9-4, 9-28 (1995).

485 Pease, 14 Del.J.Corp.L. 445, 448 (1989).

486 Hamermesh, 49 Vand.L.Rev. 1087, 1142 ff. (1996); m.w.N. zum Empfängerkreis der Treuebindung unter Glpkt. § 4 D.

die Lage oder Geschäfte einer Corporation[487]. Kodifizierung fand damit nur ein Behelf des *case law* zur *misrepresentation*[488], der auch ohne Gesetz Bestätigung findet[489]. Ähnlich verhält es sich mit den Maximen zur *‚solicitation of proxies'*, womit ebenfalls versucht wird, von unrichtigen oder irreführenden Erklärungen eines *director* in Anwerbungsformularen abzuhalten[490]. Wirklich überzeugen vermag nur die letztgenannte Überlegung, die als Quelle der *duty of disclosure* die Rechtsnatur des Verhältnisses zwischen *board*-Mitgliedern und Aktionären einer Corporation anführt. So wird z.B. schon im Jahre 1870 in dem Urteil MacLary v. Reznor[491] zur Mitteilungspflicht angemerkt, dass diese für den *fiduciary* gegenüber dessen *entrustor* ebenso bestehe wie für solche Geschäftsparteien, die über eine der Gegenpartei unzugänglichen Information verfügen[492]. Beide Aspekte sind typisch für die Beziehung der *directors* zu den Aktionären, da Erstere wegen ihrer Erfahrungen und Fähigkeiten in Unternehmensfragen berufen werden und Kenntnisse wie Einblicke in Unternehmensbelange besitzen, die die Meinungsbildung Letzterer im Rahmen der Ausübung ihrer Stimmrechte beeinflussen können. Hinzu kommt, dass Aktionäre durch ihren in der Regel in Unternehmensfragen fehlenden Sachverstand, auf Empfehlungen der *directors* angewiesen sind und darauf vertrauen, dass Mitteilungen vollständig und korrekt sind, insbesondere bei Geschäftsmaßnahmen, die zur Disposition der Aktionäre stehen.

In der Frage nach der Wahrung der Loyalitätspflicht von *directors* gegenüber den Aktionären wird zwischen den Fällen unterschieden, in denen die *directors* ausdrücklich um Zustimmung ersuchen, und solchen, in denen sich eine Mitteilungspflicht gegenüber Aktionären aus einem anderen Grund ergibt. Zur ersten

487 Vgl. § 316 CCC (1874); § 144 DGCL (1899).

488 Hamermesh, 49 Vand.L.Rev. 1087, 1105 (1996); German, 34 Del.J.Corp.L. 221, 225 (2009); siehe zur *misrepresentation* unter Glpkt. § 3 F. II.

489 Vgl. zu Entscheiden nach Abschaffung des § 144 DGCL a.F. im Jahre 1967: Kelly v. Bell, 254 A.2d 62, 71 (Del.Ch.1969); aff'd, 266 A.2d 878 (Del.Sup.1970); Marhart, Inc. v. CalMat Co., 1992 Del.Ch.LEXIS 85, *8 Del.Ch.1992); repr'd, 18 Del.J.Corp.L. 330, 336 (1992).

490 Vgl. Empire Southern Gas Co. v. Gray, 46 A.2d 741, 743, 746 (Del.Ch.1946); Continental Bank & Trust Co. of New York v. 200 Madison Avenue Corp., 43 N.Y.S.2d 402, 407 (N.Y.Sup.1943); m.w.N. Bruemmer, 60 Marq.L.Rev. 1100 ff. (1977); Cmt, 1960 Duke L.J. 623, 637 (1960). Siehe zu den Rechtsfolgen einer Pflichtverletzung im *‚proxy statement'* oder *‚registration statement'*: §§ 11, 12 SA (1933); § 18 SEA (1934).

491 Vgl. MacLary v. Reznor, 3 Del.Ch.445 (Del.Ch.1870).

492 Vgl. MacLary v. Reznor, 3 Del.Ch.445, 464 (Del.Ch.1870); siehe m.w.N. zur Offenlegungspflicht bereits unter Glpkt. § 3 F. II.

Rubrik zählen Fälle, in denen das intendierte Geschäft einem Erlaubnisvorbehalt unterliegt[493], nicht von der üblichen Rechtsmacht der *directors* gedeckt ist oder zwar im Handlungsermessen liegt, aber ein treuwidriges Handeln vermuten lässt[494], wie zum Beispiel Geschäfte zum Analysegegenstand[495]. Außerhalb eines Werbens der *directors* um Gesellschafterzustimmung sind jene Situationen anzusiedeln, in denen freiwillig für Beratungs- und Empfehlungszwecke Erklärungen zum Unternehmen erfolgen[496], der Erwerb oder die Veräußerung von Unternehmensanteilen gegenüber einem Aktionär angestrebt wird, soweit es sich bei diesem nicht (auch) um einen *director, officer* oder herrschenden Aktionär handelt[497], oder sich nach Bundesrecht Publizitätspflichten für entsprechend registrierte Corporations ergeben[498]. Jenseits dieser beiden Hauptrubriken sind *directors* verpflichtet, sich richtig und vollständig zu erklären sowie Erklärungen zu korrigieren, wenn sich (nachträglich) deren Fehlerhaftigkeit herausstellen sollte, wobei dieses Gebot nicht aus der *duty of disclosure*, sondern aus der *duty of good faith* abgeleitet wird[499]. Der insoweit begrenzte Geltungsbereich der *duty of disclosure* ist dadurch zu rechtfertigen, dass etwaige Erklärungen außerhalb der skizzierten Fälle grundsätzlich im Handlungsermessen der *directors* liegen, so dass diese nicht veranlasst sind, freiwillig Unternehmensinterna preiszugeben[500].

---

493 Siehe für eine Auflistung der nach Gesetz zustimmungspflichtigen Maßnahmen bereits unter Glpkt. § 2 A. II.

494 Siehe bereits unter Glpkt. § 2 B.-C.

495 Siehe eingehend unter Glpkt. §§ 5-7.

496 Vgl. Marhart, Inc. v. CalMat Co., 1992 Del.Ch.LEXIS 85, *8 (Del.Ch.1992); Ciro, Inc. v. Gold, 816 F. Supp. 253, 266 (D.Del.1993); Kahn v. Roberts, 1994 Del.Ch.LEXIS 33 *7 (Del.Ch.1994); dism'd, 1995 Del.Ch.LEXIS 151 (Del.Ch.1995); aff'd, 679 A.2d 460 467 (Del.Sup.1996).

497 Sparks/Culver, 1997 P.L.I.Corp. 383, 385 (1997); Barbera, 26 Del.J.Corp.L. 563, 565 (2001); Hamermesh, 49 Vand.L.Rev. 1087, 1103 (1996).

498 Beispielhaft dafür sind die Angaben im *‚registration statement'* zu emittierten Wertpapieren und den Emittenten, insb. zu Risikofaktoren, dessen Geschäftsbetrieb und Finanzlage [§ 8 SA (1933)]. So auch im *proxy statement* [§ 14-A i.V.m. SEC-Rule 19a-9; § 7 i.V.m. § 404 Regulation S-K Gleiches gilt zum Jahresabschluss, Form 10-K [§ 14(c) SEA (1934)].

499 Vgl. In re MONY Group S'holder Litig., 852 A.2d 9, 24 (Del.Ch.2004); Jackson Nat'l Life Ins. Co. v. Kennedy. 1999 Del.Ch.LEXIS 154 *30 (Del.Ch.1999); ebenso: Barclift, 41 Val.U.L.Rev. 269, 287 (2006); Barbera, 26 Del.J.Corp.L. 563, 566, 571 (2001); a.A. Schmitz, Haftung des Vorstands, S. 129 (2004), der gleichermaßen Erklärungen außerhalb einer "Beratungssituation" mit einbezieht.

500 Vgl. Goodwin v. Live Entm't, Inc., 1999 Del.Ch.LEXIS 5, *33, 38 (Del.Ch.1999); repr'd, 24 Del.J.Corp.L. 1084, 1112 (1999); aff'd 741 A.2d 15 (Del.Sup.1999): Arnold

In diesen Situationen darf daher stets zwischen dem Interesse einer Gesellschaft an der Geheimhaltung einer Information und dem Vermögensinteresse des Aktionärs auf Disposition bezüglich seiner Anteile abgewogen werden[501].

D. Wirkungskreis der Loyalitätspflicht von Exekutivmitgliedern

Ihre Wirkung entfaltet die Treuepflicht gegenüber der Corporation und der Gesamtheit ihrer Aktionäre[502], nicht aber gegenüber dem einzelnen Aktionär[503], da das auf Innenhaftung beruhende Organhaftungsrecht einem Aktionär nur erlaubt, Treuwidrigkeiten im Wege einer Prozessstandschaft geltend zu machen[504]. Grund dafür bildet der Gedanke, dass pflichtwidriges Handeln die Aktionäre in ihrer Gesamtheit tangiert. Zudem kann dadurch einer Begünstigung der Aktionäre gegenüber den Gläubigern der Corporation und der möglichen Gefahr doppelter Inanspruchnahme des pflichtwidrig Handelnden vorgebeugt werden[505]. Eine Treuebindung der Leitungsorgane gegenüber Gläubigern einer solventen Corporation scheidet aus, da deren Verhältnis zur Gesellschaft vertraglicher Natur ist[506]. Das Bestehen einer Treuepflicht während der Insolvenz

---

v. Society for Savings Bancorp, Inc., 650 A.2d 1270, 1279 (Del.Sup.1994); zugl. Barclift, 41 Val.U.L.Rev. 269, 285 (2006); Barbera, 26 Del.J.Corp.L. 563, 565 (2001); kritisch mit Blick auf Treuebindung: Hamermesh, 49 Vand.L.Rev. 1087, 1129 (1996).

501 Vgl. Raskin v. Birmingham Steel Corp., 1990 Del.Ch.LEXIS 194 *16 (Del.Ch.1990), worin eine Pflicht zur Offenlegung verneint worden ist. Gegenstand bildete die Frage, ob *directors* über die schlechte Finanzlage informieren und in Kauf nehmen müssen, dass ein vereinbarte Fusion gefährdet wird. Ähnlich Stroud v. Grace, 16 Del.J.Corp.L. 1588, 1610 (Del.Ch.1991), aff'd in part, rev'd in part, 606 A.2d 75 Del.Sup.1992).

502 Ausnahmen gelten bei einer Veräußerung von Aktien durch Leitungsorgane (und herrschende Gesellschafter) an Aktionäre ihres Unternehmens. Siehe zum Streitstand: Ballentine/Sterling, Cal.Cop.L. § 102.03, S. 6-15 ff. (2011); m.w.N. zum Gesichtspunkt schon unter Glpkt. § 4 D. II. 2.

503 Uhlman, 19 B.U.L.Rev. 12, 17 (1939); Berle/Means, Modern Corporation, § 221 (1936); Berle, 45 Harv.L.Rev. 1365 (1932); ders., 44 Harv.L. Rev. 1049 (1931); Dodd, 45 Harv.L.Rev. 1145, 1147 (1932); ders., 2 U.Ch.L.Rev. 194 (1935), Note, 29 Cal.L.Rev. 67, 69 (1940).

504 Siehe eingehend zur Abgrenzung zwischen einem sog. ‚*shareholder's derivative suit*' und '*shareholder's direct suit*' unter Glpkt. § 5 B. IV.

505 Vgl. Niles v. N.Y. etc. R.R. Co., 176 N.Y. 119; 68 N.E. 142 (N.Y.Sup.1903); Beeber v. Wilson, 285 Pa. 312; 131 Atl. 854 (Pa.Sup.1926).

506 Vgl. Katz v. Oak Industries, Inc., 508 A.2d 873, 879 (Del.Ch.1986); In re Kingston Square Assoc., 214 B.R. 713, 735 (Bank.S.D.N.Y.1997).

oder Abwicklung der Gesellschaft wird in New York bejaht[507] und in Kalifornien mit der ‚*trust fund doctrine*' gelöst, indem das Gesellschaftsvermögen zum Treuhandfond der Gläubiger wird[508] und eine Pflicht für die Leitungsorgane[509] insoweit entstehen lässt, als Handlungen zu unterlassen sind, die dem Eigeninteresse dienen oder Gläubiger untereinander bevorteilen[510]. Delaware hingegen ist von seinem anfangs treuepflichtbejahenden Ansatz abgerückt[511], weil in jüngsten Entscheiden betont wird, dass die Gläubiger bloß insoweit „*(...) in the shoes normally occupied by the shareholders*" treten würden, als sie in Prozessstandschaft klagen und Ansprüche der Gesellschaft in deren Namen erheben können[512].

E. Rechtsfolgen einer Verletzung der Loyalitätspflicht von Exekutivmitgliedern

Treuwidriges Verwaltungshandeln führt bei einem kausal verursachten Schaden zur Verpflichtung, die Gesellschaft zu entschädigen, insbesondere etwaige Gewinne aus damit verbundenen Geschäften oder gezogenen Nutzungen aus einem dadurch erlangten Vermögen herauszugeben (*actual damages*)[513]. Ursächlich ist ein Treueverstoß für Schäden, wenn er hinreichend wahrscheinlich nicht bei redlichem Verhalten eingetreten sowie für einen sorgfältig handelnden

507 Vgl. In re Kingston Square Associates, 214 B.R. 713, 735 (Bank. S.D.N.Y.1997); Metro Life Ins. Co. v. RJR Nabisco, Inc., 716 F.Supp. 1504, 1524 (S.D.N.Y.1989); In re Flutie New York Corp., 310 B.R. 31, 57 (Bank. S.D.N.Y.2004).

508 Vgl. Berg & Berg Enterprises, LLC v. Boyle, 178 Cal.App.4th 1020; 100 Cal.Rptr.3d 875, 894 (Cal.App.2009); In re Mervin's Holding, LLC, 426 B.R.488, 501 (Bankr.Del.2010); m.w.N: Weakley/Magistrale, Fiduciary Duties, § 4.61, 4-81 (2017); Gilhily/Dillman, 31 Cal.Bankr.J. 827 (2012).

509 Die ‚*trust fund doctrine*' gilt für *directors* wie *officers*; siehe CarrAmerica Realty Corp. v. Vidia Corp., 2006 WL 2868979, *16 (Cal.App.2006).

510 Vgl. Berg & Berg Enterprises, LLC v. Boyle, 178 Cal.App.4th 1020, 1041; 100 Cal. Rptr.3d 875, 894 (Cal.App.2009); m.V.a. In re Wright Motor Co., 299 F. 106 (9th Cir.1924); m.w.N. Weakley/Magistrale, Fiduciary Duties, § 4.61, 4-81/82 (2017).

511 Vgl. Credit Lyonnais Bank Nederland, N.V. v. Pathe Communications Corp., 1991 WL 277613, *36 Fn.55 (Del.Ch.1991); Geyer v. Ingersoll Publications Co., 621 A.2d 784, 789 (Del.Ch.1992); Katz v. Oak Industries, Inc., 508 A.2d 873, 879 (Del.Ch.1986).

512 Vgl. N.Am. Catholic Educational Programming Found., Inc. v. Gheewalla, 930 A.2d 92, 103 (Del.Sup.2007) [hervorgehoben vom Verfasser]; bestätigend in: Quadrant Structured Prods.Co. LTD. v. Vertin, 115 A.3d 535, 545 (Del.Ch.2015); m.w.N. Flaum/Lari, 241 N.Y.L.J. 65 (2009).

513 Vgl. Nagy v. Bistricer, 770 A.2d 43, 49 Fn.2 (Del.Ch.2000); Hoover Industries, Inc. v. Chase, 1988 WL 73758, *2 (Del.Ch.1988).

Manager vorhersehbar gewesen wären[514]. Die Schadensersatzpflicht wurzelt im *common law*; die Herausgabepflicht entspringt dem *equity law*[515]. Ein den konkreten Schaden übersteigender Geldbetrag kann als Strafschadensersatz verlangt werden, wenn das betreffende Tun als unerlaubte Handlung nach *tort law* zu betrachten ist (*punative damages*)[516]. Anspruchsgegner ist der Geschäftsleiter, haben mehrere gehandelt, haften sie gesamtschuldnerisch[517]. Zu erwägen ist fernerhin eine Abberufung aus dem Amt, wenn der Verstoß als wichtiger Grund gilt[518]. Soweit Schadenersatz ausscheidet, weil kein Anspruch besteht - z.B. mangels eines kausalen Schadens - oder die Geltendmachung wirtschaftlich, mangels Zahlungsfähigkeit des Leitungsorgans, sinnlos wäre, kann ein getätigtes Geschäft der Corporation zur Aufhebung bzw. Rückabwicklung gebracht werden[519]. Letztlich kann ein Treueverhältnis am rechtsgrundlos erlangten Gut richterlich angeordnet werden, womit die Pflicht zu dessen Verwaltung gegenüber der Corporation und Herausgabe begründet wird[520]. Jenseits der Haftung aufgrund eines treuwidrigen Handelns sind Leitungsorgane für eine Schädigung der Gesellschaft, deren Anteilseigner oder Angestellte oder gegenüber Dritten aus Delikt verantwortlich[521].

---

514 Siehe bereits unter Glpkt. § 2 B. I. 1.

515 Siehe zu den Gründen und zur Abgrenzung zwischen *law* und *equity* bereits unter Glpkt. § 3 A-B.

516 So in Fällen eines betrügerischen Handelns: Cal.Civ.Code § 3294(a); Thyssen, Inc. v. S.S. Furtune Star, 777 F.2d 57 (2d Cir.1985); E.I. Dupont de Nemours & Co. v. Pressman, 629 A.2d 436, 445 (Del.Sup.1995); a.A. für das Del.Law ohne Begründung: Knapp, Treuepflicht, S. 105 (2004).

517 Vgl. Leal v. Meeks (In re Cornerstone Therapeutics Inc., S'holder Litig.), 2014 WL 4418169 (Del.Ch.2014); aff'd, 115 A.3d 1173, 1180 (Del.Sup.2015); m.w.N. am Beispiel von nicht (wirksam) autorisieren Darlehensgeschäften unter Glpkt. § 7 B.

518 Nach § 141(k) DGCL; § 303(a) CGCL können *directors* grundlos abberufen werden, soweit unter ihnen nicht divergierende Klassen bestehen oder die *articles* einen wichtigen Grund vorschreiben. Nach § 706(a) NYBCL kann die Abberufung grundlos ergehen, wenn es die *articels* regeln.

519 Siehe m.N. zur Frage nach der Abgrenzung zwischen einer als nichtig und als anfechtbar geltenden Maßnahme bereits unter Glpkt. § 2 C. II.

520 Vgl. Guth v. Loft, 5 A.2d 503, 510 (Del.Sup.1939); Gottlieb v. McKee, 107 A.2d 240, 243 (Del.Ch.1954).

521 Vertiefend: Knepper/Bailey, Liablity, § 6.01 ff. (2002); ALI. Restat. (3d) Agency, § 7.01; dass. Restat., (2d) of Agency § 343 f.

F. Zwischenergebnis

Als Befund ist festzuhalten, dass die Treuepflicht eines Leitungsorgans in jenen Maximen wurzelt, die die englische *chancery* für Personen in Fremdgeschäftsführungsverhältnissen entwickelt hatte und von US-amerikanischen Gerichten im Wege der Rezeption des englischen Rechts adaptiert worden sind. Zur Entstehung gelangt die Loyalitätspflicht von Rechts wegen im Zeitpunkt der Übernahme des Amtes. Dem traditionell geprägten Rechtsbildungsverständnis anglo-amerikanischer Gerichte ist es geschuldet, dass sich die Loyalitätspflicht nicht abstrakt darstellen, sondern situationsspezifisch beschreiben lässt. Ihren Fallgruppen gemeinsam ist stets das Prinzip, dass die Exekutivmitglieder einer Corporation mit Amtsannahme unabdingbar dazu angehalten sind, die anvertraute Rechtsmacht ermessensfehlerfrei unter Außerachtlassung persönlicher oder sachfremder Motive allein im Gesellschafts- und Aktionärsinteresse zu gebrauchen. Ein verantwortungsvoller Umgang mit der Rechtsmacht gelangt darin zum Ausdruck, dass Leitungsorgane es unterlassen, Situationen zu schaffen, in denen Gesellschaft-/Aktionärsinteressen mit eigenen oder Interessen Dritter konfligieren könnten. Ausfluss der Loyalitätspflicht ist somit eine Begrenzung des der Rechtsmacht innewohnenden Ermessens, das eine besondere Konkretisierung in der ‚*duty of good faith*' und in der ‚*duty of disclosure*' erlangt. Die Relevanz der beiden Ausprägungsformen der Treuepflicht zeigt sich insbesondere in Konstellationen, in denen für Leitungsorgane konfligierende Interessen- und Pflichtenlagen bestehen, weil deren Auflösung zugunsten der Gesellschaft durch die Wahrnehmung dieser Pflichten möglich wird, so dass ein an sich mutmaßlich treuwidrig handelnder Geschäftsleiter dennoch redlich handeln kann. Wird von dieser Möglichkeit nicht Gebrauch gemacht, ist ein illoyales Verhalten nach den Regeln aus *law* und *equity* sanktionsbehaftet und kann durch die Corporation oder in deren Namen durch einen ihrer Anteilseigner klageweise geltend gemacht werden.

2. Teil: Entwicklung der *equitable common law rules* zur Beurteilung der Wirksamkeit von Geschäften einer Corporation im Eigen-/Fremdinteresse von Exekutivmitgliedern

Im nun folgenden Teil dieser Abhandlung wird im Wege einer gliedstaatenübergreifenden Analyse des im Vorfeld der Einführung der *safe-harbor rules* praktizierten Richterrechts die Frage beantwortet, unter welchen Bedingungen Geschäfte einer Corporation im Eigen-/Fremdinteresse der Leitungsorgane in ihrem rechtlichen (Fort-)Bestand im Falle einer Anfechtung durch ein Gericht bestätigt worden sind. Die Vorgaben an die Gültigkeit solcher Geschäfte sowie die Merkmale für deren richterliche Kontrolle haben sich im Zuge einer über 100-jährigen richterlichen Fortbildung jener Rechtssätze herausgebildet, auf deren Grundlage sich in allen Bundesstaaten ab der 2. Hälfte des 20. Jahrhunderts eine Kodifizierung dieses Rechtsbereichs vollzogen hatte. Welchen Erkenntnisprozess die einzelstaatlichen Gerichte hierbei durchlaufen haben, soll im Lichte der hierzu ergangenen Gerichtsentscheide nachgezeichnet werden – zunächst anhand der in der Zeit zwischen Mitte bis Ende des 19. Jahrhunderts gefällten Urteile (sub § 5) und sodann anhand der Fälle in der Periode zwischen Anfang bis Mitte des 20. Jahrhunderts (sub § 6).

§ 5 Entwicklung der *equitable common law rules* durch die Gerichte des 19. Jahrhunderts

Dem vorskizzierten Rechtsbildungsverständnis der anglo-amerikanischen Gerichte ist es geschuldet, dass die einzelstaatliche Rechtsprechung in der Frage der Pflichtwidrigkeit eines Verwaltungshandelns in ihren Anfängen noch wesentlich geprägt war vom Prinzip der Analogiebildung und Paradigma-Fälle. Nicht selten wird in entsprechenden Entscheidungen auf die sog. ‚*great rule of law*' Bezug genommen, worauf sich schon die englische *chancery* berief, wenn ein nicht (wirksam) vom *entrustor* autorisierter Eigen-/

Fremderwerb eines anvertrauten Vermögens durch einen *trustee* oder *agent* zu würdigen war[522]. Das Prinzip der Analogiebildung stieß jedoch in Fällen an seine Grenzen, in denen Leitungsorgane nicht eigenmächtig auf beiden Seiten des Geschäfts ihrer Corporation gehandelt hatten, sondern vielmehr nach entsprechender Offenlegung ihres Interessen-/Pflichtenkonflikts mit Zustimmung der übrigen *directors*. Grund dafür bildet nicht zuletzt die vom Mehrheitsprinzip beeinflusste Handlungsfähigkeit eines *board*, die sich in der Regel von der mehreren *trustees* oder *agents* anvertrauten Rechtsmacht unterscheidet[523]. Verwundern darf es daher nicht, dass die Frage der Anfechtbarkeit von Geschäften einer Corporation im Eigen-/Fremdinteresses von Unternehmensleitern keiner homogenen Beurteilungsmethodik unterlag[524]. Versucht man die Gründe hierfür zu verstehen, so kommt man nicht umhin, die Methodik zu begreifen, welche die englischen *equity courts* zur Überprüfung der Frage der Wirksamkeit von (un-)autorisierten Eigen-/Fremderwerben anvertrauter Vermögensgüter durch einen *trustee* oder *agent* entwickelt hatten. Dieser Tatsache Rechnung tragend, soll im Folgenden zunächst eine Erläuterung der Methodik erfolgen, die für die Beurteilung des rechtlichen (Fort-)Bestands von Geschäften im Eigen-/Fremdinteresse eines *trustee* oder *agent* nach *equity law* praktiziert wurde (sub A.), bevor im Anschluss daran, die Entwicklung der *equitable common law rules* durch US-amerikanische Gerichte dargestellt und erörtert wird (sub. B).

A. Methodik der *courts of equity* in der Beurteilung der Wirksamkeit eines (nicht-)autorisierten Eigen-/Fremderwerbs von anvertrauten Vermögenswerten durch einen *fiduciary*

Eine anschauliche Darstellung der Methodik zur Beurteilung der Wirksamkeit des (un-)autorisierten Eigen-/Fremderwerbs anvertrauten Vermögens in Fremdgeschäftsbesorgungsverhältnissen findet sich in den Entscheidungen des englischen Chancery Court unter dem Vorsitz eines *Lord Chancellor Eldon*[525],

522 Siehe zu diesem Rechtsbereich unter Glpkt. § 5 A.

523 Siehe zu den Unterschieden zwischen *directors* und *trustees* bereits unter Glpkt. § 4 A.

524 Siehe m.N. unter Glpkt. § 5 B. II.

525 Vgl. Ex parte Lacey, 6 Ves. 625 [31 Eng.Rep. 1228] (1802); Gibson v. Jeyes, 6 Ves Jun 266 [31 Eng.Rep.1044] (1801); Hatch v. Hatch, 9 Ves. 292 [32 Eng.Rep. 615] (1804); Coles v. Trecothick, 9 Ves Jun 234 [32 Eng.Rep. 592] (1804); Ex parte Reynolds, 5 Ves. 707 (1800); Sanderson v. Walker, 13 Ves. 601 (1807); Andrews v. Mowbray, Wils. Ex. 71 (1807).

der diese Stellung zwischen den Jahren 1801 bis 1806 wie auch zwischen 1807 bis 1827 inne hatte[526]. Nach Meinung vieler Gelehrter[527] sei es gerade *Lord Eldon* gewesen[528], welcher diesen Rechtsbereich[529] nicht bloß in seiner Tätigkeit als Kanzler anschaulich erläuterte und in vielerlei Hinsicht konkretisierte[530], sondern ebenso durch seine Argumente als Anwalt versuchte, auf die richterliche Praxis einzuwirken[531]. Nicht zuletzt deshalb bedienten sich anfangs auch US-amerikanische Gerichte seiner Einschätzungen bei der Kontrolle der Wirksamkeit von Geschäften im Eigen-/Fremdinteresse von Unternehmensleitern[532]. Durchmustert man dessen Urteile, ist festzustellen, dass die Frage nach der Treuwidrigkeit im Verhalten eines *fiduciary* bei Geschäften mit dem anvertrauten Vermögen in 4 Situationen thematisiert worden ist: nämlich wenn der *fiduciary* mit sich selbst kontrahiert hatte; den Eigen-/Fremderwerb eines anvertrauten Vermögensguts durch Einbindung eines Mittlers gestaltete; als Mitglied einer Gruppe von *fiduciaries* ein Eigeninteresse verfolgte oder mit dem *entrustor* verhandelte bzw. mit dessen Erlaubnis kontrahierte. Anhand dieser 4 (Konflikt-) Fälle wird aufgezeigt, worin die Treuwidrigkeit im Handeln bestand (sub I.), welche Folgen die Treuwidrigkeit eines *fiduciary* auf den Rechtsstatus seines Geschäfts hatte (sub II.) und wie von einem *fiduciary* die Vermutung treuwidrigen Handelns widerlegt werden konnte (sub III.).

---

526 Vertiefend zur Person Lord *Eldons*: Melikan, John Scott Lord Eldon S. 4 ff. 1999).

527 Watt, 14 Jurid.Rev. 141, 143 (1902), Scott, 49 Harv.L.Rev. 521, 522 (1936); Keeton/ Sheridian, Trusts, S. 308 (1974).

528 Vgl. gleichermaßen z.B: *Lord Loughborough* in: Whichcote v. Lawrence, 3 Ves.Jr.740 (1798); *Lord Alvanley* in: Campbell v. Walker, 5 Ves 678 (1800); *Lord Erskine* in: Morse v. Royal, 12 Ves.Jr.355 (1806); *Master of the Rolls, Grant* in: Randall v. Errington, 10 Ves.Jr. 423 (1805).

529 Vgl. zu den vorherigen Entscheiden: Whelpdale v. Cookson, 1 Ves Sen 9 [27 Eng. Rep.856] (1747); Chesterfield v. Janssen, 2 Ves.Sen.125, 138 (1758); Clarke v. Swaile, 2 Eden 134 (1762); Cole v. Gibson, 1 Ves.Sen. 503 (1750); Carpenter v. Heriot, 1 Eden 338 (1759).

530 Siehe z.B. zu dessen Kritik in der Frage nach der Notwendigkeit der Erlangung eines Vorteils für einen *fiduciary* bei Eigen-/Insichgeschäften in: Ex parte Lacey [6 Ves 625, 627 [31 Eng.Rep. 1228] (1802); m.V.d. auch unter Glpkt. § 5 A. III. 4.

531 Vgl. Fox v. Mackreth, 2 BroCC 400 [29 Eng.Rep.224] (1788), aff'd. 2 Cox Eq.Cas. 320 [30 Eng.Rep.148] (1791).

532 Vgl. Cumberland Coal & Iron Co. v. Sherman, 30 Barb. 553 (N.Y.Sup.1859), repr'd, Am.L.Reg., Vol.8, No. 6, 333, 349 (1860); Hoffman Steam Coal Co. v. Cumberland Coal & Iron Co., 16 Md. 456, *50 (Md.Sup.1860); Pearson v. Concord R.R. Corp., 62 N.H. 537, 543 (N.H.Sup.1883).

I. Mutmaßliche Treuwidrigkeit bei Geschäften im Eigen-/Fremdinteresse eines *fiduciary*

1. Geschäfte eines *fiduciary* in Personalunion

Der Kategorie von Geschäften eines *fiduciary* in Personalunion unterfällt der Eigen-/Fremderwerb anvertrauten Vermögens durch einen Gebrauch der zur Geschäftsführung anvertrauten Rechtsmacht[533]. Hierzu gehören der Selbstabschluss eines *agent*[534] oder *trustee*[535] sowie die Doppel-/Mehrfachvertretung eines *agent* bzw. Austauschgeschäfte eines *trustee* über Vermögensgüter aus zwei oder mehreren *trusts*. Davon umfasst ist ebenso der Gebrauch anvertrauter Zahlungsmittel zum Erwerb von Privatvermögen[536]. Charakteristisch für alle Fälle ist das Handeln eines *fiduciary* in persona auf beiden Seiten des Geschäfts. Ein nicht autorisiertes Geschäft in Personalunion begründet die Vermutung für ein treuwidriges Handeln, weil dadurch die Treuepflicht des *fiduciary* mit dessen Eigen-/Fremdinteresse in einen Konflikt gerät[537]. Wegen der Natur der Treuebeziehung liegt bei einem Interessen-/Pflichtenkonflikt die Vermutung nahe, der *fiduciary* könnte bei Gestaltung der Geschäftsinhalte ein Eigen-/Fremdinteresse verfolgt haben oder zumindest außerstande gewesen sein, unvoreingenommen im Interesse seines *entrustor* zu handeln[538]. Begründen lässt sich die Vermutung damit, dass beim Selbstabschluss die Treuepflicht zum Aushandeln bestmöglicher Geschäftsbedingungen vom konträr gelagerten Eigeninteresse des *fiduciary* tangiert wird. Die Vermutung für treuwidriges Verhalten zum Nachteil der Vermögensinteressen eines *entrustor* lässt gleichermaßen das Austauschgeschäft eines *trustee* über Vermögenswerte zweier oder mehrerer *trusts* oder das eines *agent* bei der Doppel-/Mehrfachvertretung entstehen, da die Treuepflichten des *fiduciary* den jeweiligen *entrustors* gegenüber miteinander konfligieren und

533 Perry, A Treatise, § 195, S. 280 (1899); Scott, 37 Cal.L.Rev. 539, 543 (1949); Hoover, 5 Clev.-Marsh.L.Rev. 7, 20 (1956).

534 Vgl. York Buildings Co. v. MacKenzie, 8 Brown 42 [3 Eng.Rep. 432] (1795); Ex parte Bennett, 10 Ves. 381, 383 [32 Eng.Rep. 893] (1805).

535 Vgl. Robinson v. Pett, 3 P.Wms. 249, 251 (1734); Burgess v. Wheate, 1 Eden 177, 266 (1759); Middleton v. Spicer, 1 Bro.C.C. 201 (1789).

536 Vgl. Lowther v. Lord Lowther, 13 Ves. Jun. 95 [33 Eng.Rep. 230] (1806); Woodhouse v. Meredith, 1 J.&W. 204 [37 Eng. Rep. 353] (1820); Massey v. Davies, 2 Ves.Jr. 318 (1794); Ex parte Hughes, 6 Ves. 617 (1802).

537 Siehe bereits unter Glpkt. § 3 E.

538 Perry, A Treatise, § 194, S. 275 (1899); Hallgring, 41 Wash.L.Rev. 801, 809 (1966); Hoover, 5 Clev.-Marsh.L.Rev. 7, 16 (1956).

demzufolge die Gefahr begründen, dass das Vermögensinteresse des einen *entrustor* zum Vorteil des anderen geopfert werden könnte[539].

2. Geschäfte eines *fiduciary* mit einer vertrauten Mittelsperson

Ein Eigengeschäft kommt in Betracht, wenn ein *fiduciary* bestrebt ist, ein anvertrautes Vermögensgut unter Einbindung einer Mittelsperson zu erwerben oder zu veräußern. Dabei kontrahiert ein *fiduciary* in Ausübung seines Amtes mit einem Mittler, der nicht wirklich ein substantielles Eigeninteresse an der Vornahme des Geschäfts hat, sondern als pro forma handelnder Dritter tätig wird. Als eine Mittelsperson kommt der instruierte Eigenvertreter des *fiduciary* oder ein ihm nahestehender Strohmann in Betracht. Beide Mittelsmänner handeln auf Anweisung, wobei die Anweisung an den Strohmann auch dahin geht, dem *fiduciary* am erworbenen Austauschobjekt entweder ganz oder teilweise Eigentum zu verschaffen[540] oder ihm zumindest ein Nutzungsrecht daran einzuräumen[541]. Nicht selten hatten die Gerichte Geschäfte eines *trustee* oder *agent* mit einer Person aus dessen Verwandtenkreis zu beurteilen - ob Kaufverträge[542] oder Abreden, wonach eine dem *fiduciary* zur Versteigerung anvertraute Sache ersteigert werden soll[543]. Nicht autorisierte Geschäfte mit Mittelspersonen lassen treuwidriges Handeln eines *fiduciary* vermuten, da dessen Eigen-/Fremdinteresse mit der Loyalitätspflicht dem *entrustor* gegenüber in Widerstreit gerät. Bei der damit geschaffenen Konfliktenlage verhält es sich ähnlich wie beim Handeln in eigener Person, da der *fiduciary* faktisch auf beiden Seiten des Geschäfts agiert - zum einen in Amtsausübung und zum anderen durch die Mittelsperson, die bestrebt sein dürfte, entsprechend den vorherigen Weisungen des *fiduciary* zu handeln. Ein *entrustor* läuft damit Gefahr, dass das Geschäft aufgrund des Eigeninteresses des *fiduciary* allein zu dessen Vorteil ausgestaltet sein könnte[544].

---

539 Perry, A Treatise, § 206, S. 299 (1899); Conaglen, 65 Cam.LJ. 366, 370 (2006).

540 Sugden, Vendors & Purchasers, S. 425 (1820); Scott, 37 Cal.L.Rev. 539, 543 (1949); Conaglen, 65 Cam.L.J. 366, 369 (2006).

541 Nolan, Conflict of Interests, S. 97 (1989); Mowbray/Tucker, Lewin on Trusts, S. 474, Rn. 20-69/70 (2000).

542 Vgl. Baker v. Carter, 1 Y. & C.Ex. 250, 251, 255 (1835); Murphy v. O'Shea, 8 Ir.Eq.R. 329, 333 (1845).

543 Vgl. Campbell v. Walker, 5 Ves 678 [31 Eng.Rep. 801] (1800); 13 Ves 601 (1807); Lister v. Lister, 6 Ves. 631 [31 Eng.Rep. 1231] (1802).

544 Vgl. Randall v. Errington, 10 Ves.Jr. 423 (1805); Campbell v. Walker, 13 Ves 601 (1807); 5 Ves 678 [31 Eng.Rep. 801] (1800); Dobson v. Racey, 8 N.Y. 216 [3 Sandf.Ch.66] (N.Y.App.1853); m.w.N. Mowbray/Tucker, Lewin on Trusts, S. 477, Rn. 20-75 (2000).

3. Geschäfte eines *fiduciary* mit Mitgliedern einer Gruppe von *co-fiduciaries*

Nicht autorisierte Geschäfte unter den Mitgliedern einer Gruppe von *fiduciaries* über ein der Gruppe anvertrautes Vermögen[545] legen schon aufgrund der bestehenden Parallelen zum Selbstkontrahieren eines *fiduciary* oder zum Geschäft eines *fiduciary* unter Einbindung einer Person seines Vertrauens ein treuwidriges Verhalten zum Nachteil eines *entrustor* nahe. Wie beim Selbstabschluss agiert ein *fiduciary* auf beiden Seiten des Geschäfts, wenn er am Prozess der Meinungsbildung der Gruppe mitwirkt bzw. - bei Geltung des Einstimmigkeitsprinzips - mitzuwirken hat. Das Interesse am Erwerb des Vermögens lässt einen Konflikt mit der Treuepflicht entstehen, der eine unbefangene an den Interessen des *entrustor* orientierte Willensbildung unmöglich macht. Verzichtet der *fiduciary* hingegen auf die Mitwirkung am Willensbildungsprozess, handelt er wider dem Prinzip kollektiver Willensbildung, wonach in der Regel die Entscheidung nach einem Meinungsaustausch über das Für und Wider des Geschäfts ergehen soll[546]. Demzufolge kann dem *entrustor* in beiden Fällen die Expertise seines *fiduciary* nicht zugutekommen. *Lord Loughborough* trifft daher auch zu Recht im Entscheid Whichcote v. Lawrence[547] die Feststellung, dass die Gefahr rechtsmissbräuchlichen Handelns bei mehreren *fiduciaries* keineswegs geringer sei[548]. Parallelen zu Geschäften eines *fiduciary* mit einem Eigenvertreter oder Strohmann offenbaren sich darin, dass unter Mitgliedern einer Gruppe von *fiduciaries* kollegiale oder freundschaftliche Bande entstehen, die zu einer Voreingenommenheit in der Meinungsbildung zum Nachteil des *entrustor* führen können. Geschäftsvorfälle dieser Art entstanden nicht erst im Zuge einer Herausbildung von (nicht)kapitalisierten Handelsgesellschaften[549], sondern schon in den Anfängen der Entwicklung der *uses* oder des *bailment,* wenn mehreren Personen Fremdvermögen zur Verwahrung oder Verwaltung anvertraut worden war[550].

---

545 Vgl. Passingham v. Sherborn, 9 Beav. 424 (1846); Hall v. Noyes, 3 Ves. 748 (1792); Whichcote v. Lawrence, 3 Ves.Jr.740 (1798).

546 Vgl. am Beispiel von Beschlüssen der *board*-Mitglieder einer Corporation bereits untere Glpkt. § 2 A. II. 1.

547 Vgl. Whichcote v. Lawrence, 3 Ves.Jr.740 [30 Eng.Rep. 1248] (1798), m.V.a. Hall v. Noyes, 3 Ves. 748; 3 Bro.Ch.C. 483 (1792).

548 Vgl. Whichcote v. Lawrence, 3 Ves.Jr.740, 750 [30 Eng.Rep. 1248] (1798).

549 Siehe m.N. bereits unter Glpkt. § 2 A. I. 2.

550 Siehe zu den Gründen rechtlicher (z.B. Feudalsystem) wie individueller Art (z.B. gegenseitige Kontrolle der *trustees*) bereits unter Glpkt. § 3 C.

4. Geschäfte eines *fiduciary* mit Zustimmung des *entrustor*

Geschäfte betreffend den Eigen-/Fremderwerb eines dem *fiduciary* (einst) anvertrauten Vermögens, die der *fiduciary* mit dem *entrustor* verhandelt oder nach dessen vorheriger Weisung begründet hatte oder sich im Anschluss daran genehmigen ließ, lassen ein treuwidriges Verhalten des *fiduciary* vermuten, weil aufgrund der skizzierten rechtsphänomenalen Eigenheiten einer Treuebeziehung die Gefahr besteht, dass der *fiduciary* es unterlassen haben könnte, seinen Interessenkonflikt im Sinne der seine Treuepflicht prägenden Verhaltensmaxime aufzulösen.

II. Rechtsstatus von Geschäften im Eigen-/Fremdinteresse eines *fiduciary*

Hinterfragt man den Rechtsstatus von Geschäften eines *fiduciary* in den vorbeschriebenen Fällen, offenbart ein Vergleich der Judikatur zum Eigen-/Fremderwerb anvertrauten Güter durch Anwälte[551], Diener[552],Vormünder[553], Vertreter[554] oder Treuhänder[555] zweifelsfrei eine Methodik der Rechtsfindung, die unabhängig von der dem *fiduciary* übertragenen Vertrauens- bzw.

---

551 Siehe zur Schenkung eines *client* an den *lawyer*: Saunderson v. Glass, 2 Atk 296 [26 Eng.Rep. 581] (1742); Welles v. Middleton, 4 Bro PC 245 [29 Eng.Rep. 1086] (1785); siehe zum Austauschvertrag zwischen *client* und *laywer*: Gibson v. Jeyes, 6 Ves Jun 266 [31 Eng.Rep.1044] (1801); Wood v. Downes, 18 Ves.Jun. 120 (1811); Montesquieu v. Sandys, 18 Ves. 302 (1811).

552 Siehe zur Schenkung eines *master* an den *servant*: Bridgman v. Green, Wilm 58 [97 Eng.Rep. 22] (1754); Cole v. Gibson, 1 Ves.Sen. 509 [27 Eng.Rep. 1169] (1750); Lord Hardwicke v. Vernon, 4 Ves.Jun. 411 [31 Eng.Rep. 209] (1798).

553 Siehe zur Schenkung eines *ward* an den *guardian*: Pearce v. Waring, 1 Ves. 380; 1 P.Wms. 120 (1737); Hylton v. Hylton, 2 Ves.Sen. 547 [28 Eng.Rep. 349] (1754); Hatch v. Hatch, 9 Ves. 292 [32 Eng.Rep. 615] (1804).

554 Siehe zum Eigenerwerb eines *agent*: Crowe v. Ballard, 3 Brown.C.C. 117 [29 Eng. Rep.443] (1790); Massey v. Davies, 2 Ves.Jun. 317 [30 Eng.Rep.651] (1794); York Buildings Co. v. MacKenzie, 8 Brown 42 [3 Eng.Rep. 432] (1795); Coles v. Bradley, 9 Ves. 234 (1804).

555 Siehe zum Eigenerwerb eines *trustee*: Whelpdale v. Cookson, 1 Ves Sen 9 [27 Eng. Rep.856] (1747); Testamentsvollstreckers *(executor)*: Holt v. Holt, 1 Ch.Cas.190 (1670); Killick v. Flexney, 4 Bro.c.C. 161 (1792); Zwangsverwalters (*sequestrator*): Whichcote v. Lawrence, 3 Ves 740 [30 Eng.1248] (1798); Coles v. Trecothick, 9 Ves Jun 234 [32 Eng.Rep. 592] (1804); Insolvenzverwalters (*assignee of bankrupt*): Ex parte Reynolds, 5 Ves. Jun. 707 [31 Eng.Rep.816] (1800); Ex parte Lacey, 6 Ves Jun 625 [31 Eng. Rep. 1228] (1802).

Amtsstellung praktiziert wurde[556] Danach war es einem *fiduciary* grundsätzlich nicht verwehrt, ein anvertrautes Vermögen zu erwerben oder mit dem Ziel des Erwerbs eines solchen in rechtsgeschäftlichen Kontakt mit den *entrustor* zu treten. Ein diesbezügliches Verbot wurde anfangs zwar erwogen[557], jedoch im Lichte des *common law*-Prinzips zur Vertragsfreiheit[558] und dem induktiv geprägten Rechtsbildungsansatz der *equity courts*[559] abgelehnt. Dem aus den Eigenheiten der Treuebeziehung erwachsenen Rechtsschutzbedürfnis des *entrustor* wollten die Gerichte vielmehr durch Gewährung des Rechts auf Anfechtung eines Geschäfts Rechnung tragen, wenn der *fiduciary* eigenmächtig oder ohne die wirksame Autorisierung seines *entrustor* gehandelt hatte. In ebendiesen Fällen konnte das Geschäft ungeachtet der Redlichkeit des *fiduciary* oder Angemessenheit der Bedingungen bei einer fristgemäßen Klage zur Aufhebung oder Rückabwicklung gebracht werden[560]. Unter mehreren *entrustors* war jeder Einzelne klagebefugt[561]. Anfechtungsgegner war der *fiduciary* oder ein bösgläubig handelnder Dritter[562].

Abhängig davon, ob der *fiduciary* das Geschäft mit oder ohne Zustimmung des *entrustor* begründete, galt der Eigen-/Fremderwerb anvertrauten Vermögens als ‚*presumptively*' oder ‚*ipso facto voidable*'[563]. Verständlich wird die Bezeichnung, wenn man den Begriff *voidable* (anfechtbar) zu bestimmen versucht. Als *voidable* gilt ein fehlerhafter Vertrag, der einer oder beiden Parteien nach Billigkeitserwägungen das (Dispositions-)Recht gibt, die

556 Siehe zum Rechtsbildungsverständnis der *chancery* bereits unter Glpkt. § 3 B.-C.

557 Vgl. Morse v. Royal, 12 Ves.Jr. 355, 371 (1806); Dunbar v. Tredennick, 2 Ball & Beatty 317 (1807); Norris v. La Neve, 3 Atk. 38 (1743); m.w.N.: Perry, A Treatise, § 206, S. 298 f. (1899); Watt, 14 Jurid.Rev. 141, 142 f. (1902).

558 Perry, A Treatise, § 206, S. 299 (1899); Kerr, Fraud & Mistake, S. 138 f., 156 f. (1902).

559 Siehe zur induktiv geprägten Rechtsfindungsweise der *chancery* bereits unter Glpkt. § 3 B.

560 Vgl. Campbell v. Walker, 5 Ves 678, 680 [31 Eng.Rep. 801] (1800); Ex parte James, 8 Ves Jun 337, 346 [32 Eng.Rep. 385] (1803); Randall v. Errington, 10 Ves.Jr. 423 (1805); zugl.: Perry, A Treatise, § 195,S. 278, § 198 S.285 (1899); Sealy, 1963 Cam.L.J. 119,127 (1963).

561 Vgl. Lister v. Lister, 6 Ves.Jr. 631, 632 (1802); ebenso: Perry, A Treatise, § 195 S. 277 (1899); Pettit, Equity, S. 379 Fn. 7 (1989)

562 Vgl. Cookson v. Lee, 23 L.J.Ch. 473 (1853); ebenso: Pettit, Equity, S. 380 (1989).

563 Vgl. Hoffmann Steam Coal Co. v. Cumberland Coal & Iron Co., 16 Md. 456, 506 (Md.App.1860), m.V.d. Pomeroy, A Treatise, § 958, S 1381 f. (1892); m.V.d. auch Perry, A Treatise, § 195 S. 278 (1899); Scott, 49 Harv.L.Rev. 521, 522 (1936); Steven, Corporations, § 148, S. 681 (1949).

rechtliche Bindung im Wege einer Anfechtungsklage zu beseitigen oder mit Genehmigung desselben konkludent auf dessen Aufhebung oder Rückabwicklung zu verzichten[564]. Bis zur Ausübung ds Wahlrechts wird das Geschäft (gegenüber einem Dritten) als wirksam behandelt, weil eine Genehmigung nicht per se eine explizite Willensbekundung des *entrustor* notwendig macht. Gegenüber einer anfechtungsberechtigten Partei kann das Geschäft allerdings nicht durchgesetzt werden, soweit nicht ordnungsgemäß auf die Geltendmachung dieses Anfechtungsrechts verzichtet worden ist. Die Bezeichnung ‚*ipso facto voidable*' wurzelt daher in der mangelnden Durchsetzbarkeit des Vertrages, da dessen Anfechtung in Fällen einer Klage des *fiduciary* auf Leistungserfüllung erklärt werden könnte. Soweit das Geschäft eines *fiduciary* jedoch eine entsprechende Zustimmung des *entrustor* erhalten hatte, erlischt dessen Anfechtungsrecht nach Feststellung einer willensmangelfreien Zustimmungserklärung[565]. Rechtsdogmatisch betrachtet lässt sich das Anfechtungsrecht daher als sog. ‚*default rule*' qualifizieren, mithin als einen durch den *entrustor* abdingbaren Rechtsgrundsatz.

III. Beurteilungskriterien für Geschäfte im Eigen-/Fremdinteresse eines *fiduciary*

Form- und fristgerecht zur Anfechtung gebrachte Geschäfte im Eigen-/Fremdinteresse eines *fiduciary* wurden grundsätzlich als ‚*constructive fraud*' behandelt (betrügerisch kraft richterlicher Vermutung)[566]. Einem *constructive fraud* unterfallen Verhaltensweisen im Widerspruch zu den Maximen des *equity law*, die ungeachtet eines Nachweises für betrügerisches Verhalten eine Vermutung dafür entstehen lassen, dass eine Person-(engruppe) durch unangemessenes Verhalten einen bestimmten Vermögensvorteil zum Nachteil einer nach *equity law* als schutzbedürftig geltenden Person(nengruppe) erlangt haben könnte[567].

---

564 ALI, Restat. (2d) of Contracts, § 7, cmt.; m.w.N. zur Frage nach der Abgrenzung zwischen '*void*' und '*voidable*': Corbin/Perillo, Contracts, § 1.6 S. 18 f. (1993); Schaefer, 33 Camp.L.Rev. 193, 194 ff. (2010).

565 Siehe m.N. unter Glpkt. § 5 A. III. 4.

566 Vgl. Chesterfield v. Janssen, 2 Ves 126, 155 (1750); Morse v. Royal, 12 Ves. 355, 373 (1806); Ex parte Lacey, 6 Ves Jun 625, 626 [31 Eng.Rep. 1228] (1802); Farnam v. Brooks, 26 Mass. 212, 236 (1830); Hunter v. Atkins, 3 Mylne & Keene 113, 134 (1834).

567 Kerr, Fraud & Mistake, S. 129 (1902); Hoover, 5 Clev.-Marsh.LRev. 7, 24 (1956); Conaglen, 65 Cam.L.J. 366, 387 (2006).

Im Verhältnis eines *fiduciary* zum *entrustor* führte die richterliche Vermutung unlauteren Verhaltens verfahrensrechtlich zu einer Umkehr in der Verteilung der Beweislast, so dass es einem *fiduciary* obliegt, das Gericht davon zu überzeugen, dass der Eigen-/Fremderwerb eines anvertrauten Vermögensgutes nicht eigenmächtig erfolgt war, sondern durch eine wirksame Zustimmungserteilung seines *entrustor*[568]. Mit dieser widerlegbaren Vermutungswirkung wird jenen Nachweisschwierigkeiten Rechnung getragen, welche sich für einen *entrustor* durch die rechtsphänomenalen Aspekte einer Treuebeziehung ergeben[569]. Im Vergleich zum gemeinhin nach *law* und *equity* geltenden Grundsatz, wonach es einem Kläger obliegt, ein pflichtwidriges wie schadensbegründendes Verhalten nachzuweisen, bildet die für Treueverhältnisse geltende Beweislastverteilungsregelung daher eine Ausnahme[570].

Der Behelf des *constructive fraud* ermöglichte eine Anfechtungsklage durch bloße Darlegung einer der vorskizzierten Gestaltungen des Eigen-/Fremderwerbs eines dem *fiduciary* anvertrauten Vermögens; nicht erforderlich war der Nachweis, dass der *fiduciary* mit einer verwerflichen Gesinnung gehandelt oder einen nach *equity law* unlauteren Vorteil für sich oder Dritte aus dem Geschäft realisiert hatte[571]. Ohne den Nachweis über eine entsprechende Zustimmung des *entrustor* sahen sich die Gerichte aufgrund der Loyalitätspflicht eines *fiduciary* sowie des Rechtsschutzbedürfnisses des *entrustor* nicht imstande, den Eigen-/Fremderwerb eines anvertrauten Vermögens unter dem Aspekt einer Fairness zu würdigen[572]. Das Unvermögen, den inneren Willen und die Motive eines *fiduciary* zu erforschen oder festzustellen, wurde mit dessen Vormachtstellung im Treueverhältnis begründet, aufgrund derer es ihm möglich sei, die wahren Beweggründe für das an sich treuwidrige Verhalten zu verbergen oder darüber

---

568 Withe/Tudor, Equity, S. 744, 753 (1912); Scott, 49 Harv.L.Rev. 521, 525 (1936); Mowbray/Tucker, Lewin on Trusts, S. 470 Rn. 20-60A (2000).

569 Siehe zu den Beweggründen der *chancery* für die Herausbildung einer Treuebindung bereits unter Glpkt. § 3 D.

570 Vgl. Chesterfield v. Janssen, 2 Ves 126, 155 (1750); Cook v. Fountain, 3 Swanst. 555 (1676); m.w.N. Perry, A Treatise, § 194, S. 275 (1899).

571 Vgl. Ex parte James, 8 Ves Jun 337, 344 [32 Eng.Rep. 385] (1803); Ex parte Bennett, 10 Ves. 381, 389 [32 Eng.Rep. 893] (1805); m.w.N. Perry, A Treatise, § 195, S. 278 (1899); Kerr, Fraud & Mistake, S. 138 f., 156 f. (1902).

572 Vgl. Ex parte James, 8 Ves Jun 337, 346 [32 Eng.Rep. 385] (1803); Mulvany v. Dillon, 1 Ball & Beatty, 409, 418 (1810; Jones v. Thomas, 2 Y.&C. Ex. 498, 520 (1837); m.w.N.: Perry, A Treatise, § 197 S. 283 (1899); Rounds/Rounds, A Trustee's Handbook, § 6.1.3, S. 362 (2009).

zu täuschen[573]. Aus diesem Grunde könne bei Indizien für ein Wohlverhalten des *fiduciary* nicht ausgeschlossen werden, dass das Geschäft nach dessen inneren Willen auf die Erlangung eines unlauteren Vorteils angelegt war. Gerade deswegen widersprach *Lord Eldon* in Ex party Lacey[574] dem Ansatz in *Whichcote v. Lawrence*[575], wonach ein *trustee* beim Eigenerwerb anvertrauten Guts einen Vermögensvorteil erlangt haben müsse[576]. Schließlich unterblieb eine Überprüfung der Ausgewogenheit der vertraglich vereinbarten Leistungen, da sich die Feststellung einer unlauteren Vorteilserlangung besonders dann als schwierig gestalten kann, wenn es an einen objektiven Wert- oder Vergleichsmaßstab für die ausgetauschten Leistungen fehlt[577]. Jenseits dieser Begründungen wurde stets im Lichte der konkreten Konfliktkonstellation argumentiert:

1. Geschäfte eines *fiduciary* in Personalunion

Bei einem Selbstkontrahieren eines *fiduciary* und einer unautorisierten Doppel-/ Mehrfachvertretung kann eine rechtliche Bindung des *entrustor* weder nach den Regeln aus *law* noch nach *equity* entstehen. Grund hierfür bildet die schon durch die Treuepflichtenbindung begrenzte Rechtsmacht eines *fiduciary*, da ein *fiduciary* seine Rechtsmacht zur Geschäftsbesorgung nur in dem Vertrauen übertragen bekommt, diese ausschließlich zur Wahrnehmung und Förderung der Interessen seines *entrustor* zu gebrauchen[578]. Damit steht der Gebrauch seiner Rechtsmacht quasi unter der Bedingung des pflichtgemäßen Handelns. Ebendiese Bedingung kann jedoch weder beim Selbstabschluss des *fiduciary* noch bei der unautorisierten Doppel-/Mehrfachvertretung eintreten, weil in beiden Fällen die (Treue-)Pflicht zur Wahrnehmung und Förderung der Interessen des *entrustor* mit dem Eigen-/Fremdinteresse am Erwerb eines anvertrauten Vermögensguts konfligiert. Auflösen lässt sich dieser Konflikt nur unter Einbeziehung

573 Vgl. Whichcote v. Lawrence, 3 Ves.Jr.740, 752 [30 Eng.Rep. 1248] (1798); Campbell v. Walker, 5 Ves 678, 681 [31 Eng.Rep. 801] (1800); Hatch v. Hatch, 9 Ves. 292, 298 [32 Eng.Rep. 615] (1804); ebenso: Hoover, 5 Clev.-Marsh.L.Rev. 7, 16 (1956).

574 Vgl. Ex parte Lacey, 6 Ves 625, 627 [31 Eng.Rep. 1228] (1802).

575 Vgl. Whichcote v. Lawrence, 3 Ves.Jr.740, 750 [30 Eng.Rep. 1248] (1798).

576 Vgl. Whichcote v. Lawrence, 3 Ves.Jr.740, 750 [30 Eng.Rep. 1248] (1798), ählich in: Fox v. Mackreth, 2 BroCC 400 [29 Eng.Rep.224] (1788), aff'd. 2 Cox Eq.Cas. 320 [30 Eng. Rep.148] (1791); m.V.d Scott, 49 Harv.L.Rev. 521, 522 (1936).

577 Vgl. Lister v. Lister, 6 Ves. 631, 632 (1802); Campbell v. Walker, 5 Ves 678 [31 Eng. Rep. 801] (1800); 13 Ves 601 (1807).

578 Siehe bereits unter Glpkt. § 3 C.-F.; m.w.N. Morawetz, Corporations, § 516, S. 483 (1886).

des *entrustor*[579]. Nach *common law* scheitert der eigenmächtige Eigen-/Fremderwerb schon an der ‚*two-party rule*‘[580], wonach das Geschäft eines *fiduciary* in Personalunion nicht seinen *entrustor* rechtlich verpflichten kann, da sich eine rechtsgeschäftliche Verpflichtung zu einem Tun oder Unterlassen auf personenverschiedene Rechtsträger erstrecken muss, so dass nicht ein und dieselbe Person Berechtigter wie Verpflichteter des eigenen Versprechens sein kann[581]. Das Fehlen dieser Grundvoraussetzung für die Vertragsschlusslehre zeigt sich beim eigenmächtigen Eigenerwerb eines anvertrauten Vermögensguts durch einen *agent* darin, dass die Erklärung des *agent* dem *principal* aufgrund der nach *equity law* beschränkten Vertretungsmacht nicht zugerechnet werden kann, so dass es folglich am Empfänger für die Vertragserklärung mangelt[582]. Im Vergleich dazu folgt die Beschränkung des „rechtsgeschäftlichen Handelns“ bei einem *trustee* aus der Rechtsstellung als Eigentümer eines nach *common law* zur Verwaltung übertragenen Vermögens[583]. Als Eigentümer eines Sondervermögens würde der *trustee* bei einem eigenmächtigen Eigenerwerb daher in dinglicher Hinsicht als Erwerber wie auch Verfügender in Betracht kommen und in obligatorischer Hinsicht sowohl Berechtigter wie auch Verpflichteter eines von ihm selbst erklärten Versprechens sein. Ähnlich wäre beim Handeln eines *trustee* oder *agent* für zwei oder mehrere *entrustors* zu argumentieren.

2. Geschäfte eines *fiduciary* mit einer ihm vertrauten Mittelsperson

Verträge eines *fiduciary* unter Einbindung eines Eigenvertreters oder instruierten Strohmanns können schon unter dem Gesichtspunkt der ‚*genuine*

579 Siehe eingehend dazu unter Glpkt. § 5 A. III. 4.

580 Die ‚*two-party rule*‘ ist ein im Verfahrensrecht des frühen *common law* verwurzelter Rechtssatz. Unter Glpkt. § 3 C. wurde bereits angemerkt, dass anfänglich der materiellrechtliche Anspruch aus der Klage selbst abgeleitet worden ist, so dass nicht zwischen Verpflichtung (*obligo*) und Klagerecht (*writ*) differenziert wurde. Rechtsfolge dessen war, dass Erwerber und Veräußerer eines Vermögensguts bzw. dessen Gläubiger und Schuldner nicht dieselbe Person sein durften, weil nicht ein und dieselbe Person gegen sich selbst klagen konnte. Mangels eines Klagerrechts fehlte es folglich am Rechtsgeschäft. Vgl. Moffat v. van Mullingen, 2 Chit 539 (1787); m.w.N.: Rink, Pflichtwidrige Vertretung, S. 52 (1936).

581 ALI, Restat. (2d) of Contracts, § 9; siehe auch § 1-201 (12) UCC; Calamari/Perillo, Contracts, S. 256 (1992).

582 Morawetz, Corporations, § 524, S. 491 (1886); Williston-Jaeger, Contracts, § 18 S. 32 (1959); ALI, Restat. (2d) of Contracts, § 9, cmt. b.

583 Siehe m.N. bereits unter Glpkt. § 5 A. I. 2.

transaction rule' keine rechtliche Verpflichtung auslösen, da danach eine zum rechtsgeschäftlichen Handeln anvertraute Rechtsmacht grundsätzlich auf Geschäfte mit einer dem *fiduciary* auf ‚Armes Länge' (d.h. unparteiisch) gegenüber tretenden Partei begrenzt ist[584]. Ihre Grundlage findet diese Regel in der Überlegung, dass einem *fiduciary* die anvertraute Rechtsmacht stets nur unter der Bedingung des Handelns innerhalb der Grenzen seiner Loyalitätspflicht gewährt wird. Ein Handeln unter alleiniger Wahrnehmung und Förderung der Interessen eines *entrustor* steht allerdings bei einem Geschäft mit einer dem *fiduciary* persönlich oder wirtschaftlich nahestehenden Partei in Frage, weil es ein dem eigenen oder dem Vorteil der Gegenpartei dienendes Verhalten wahrscheinlich macht[585]. Geschäfte mit Eigenvertreter oder Strohmännern gelten demnach nicht als ‚*arm's length transactions*', weil einem *fiduciary* hierbei eine nur als vermeintlich unabhängig geltende Vertragspartei gegenübertritt, mittels derer er das eigene Interesse am Erwerb des anvertrauten Vermögensguts zu kaschieren versucht. Aufgrund der positiven Kenntnis der Mittelsperson über den treuwidrig gestalteten Inhalt des Geschäfts fehlt es an einem Handeln in gutem Glauben, so dass für den *entrustor* die Rechtsbindungswirkung auch nicht unter dem Gesichtspunkt des Anscheins der weitergehenden Befugnis des *fiduciary* entstehen kann.

3. Geschäfte eines *fiduciary* mit Mitgliedern einer Gruppe von *co-fiduciaries*

Unter den Mitgliedern einer Gruppe von *fiduciaries* kann der Eigenerwerb anvertrauten Vermögens ohne die Autorisierung des *entrustor* keine Rechtsbindung auslösen, wenn das Grundverhältnis auf ein geschlossenes Handeln aller *fiduciaries* gerichtet ist. Hiervon ist auszugehen, wenn dem *entrustor* die unvoreingenommene Expertise jedes *fiduciary* zugutekommen soll und/oder eine rechtsgeschäftliche Handlung bezüglich des anvertrauten Vermögens eine Einstimmigkeit der *fiduciaries* erforderlich macht. Ersteres Ansinnen bleibt in Fällen des Eigenerwerbs eines anvertrauten Vermögensguts stets unerfüllt, weil das Eigeninteresse eines *fiduciary* eine neutrale Willensbildung aller *fiduciaries* unmöglich macht; gleiches träfe zu, wenn der Interessent nicht am Verfahren

---

584 Rounds/Rounds, A Trustee's Handbook, § 8.15.49, S.928, § 6.1.3, S. 380 (2009); Mowbray/Tucker, Lewin on Trusts, S.466, Rn.20-56/59 (2000).

585 Vgl. Randall v. Errington, 10 Ves.Jr. 423 (1805); Campbell v. Walker, 13 Ves 601 (1807); 5 Ves 678 [31 Eng.Rep. 801] (1800); Dobson v. Racey, 8 N.Y. 216; 3 Sandf.Ch. 66 (N.Y.App.1853); m.w.N. Mowbray/Tucker, Lewin on Trusts, S. 477, Rn. 20-75 (2000).

einer kollektiven Willensbildung teilnimmt[586]. Würde darüber hinaus eine rechtsgeschäftliche Übertragung eine Zustimmung aller erforderlich machen, könnte ohne die Mitwirkung des interessierten *fiduciary* keine wirksame Entscheidung getroffen werden bzw. könnte bei dessen Mitwirkung keine unvoreingenommene Entscheidungsfindung aller stattfinden. Schon von Rechts würde der ‚Eigenerwerb' wirkungslos bleiben, wenn er sich unter *trustees* vollzieht, weil sie durch die gesamthänderische Gebundenheit des Sondervermögens als Mit-Eigentümer gelten[587]. Beim Erwerb des anvertrauten Vermögensguts würde der *trustee* in dinglicher Hinsicht sowohl Erwerber wie Mit-Übertragender sein und in obligatorischer Hinsicht sowohl Berechtigter wie Mit-Verpflichteter, so dass das Geschäft - ungeachtet des treuwidrigen Handelns - bereits an der *two party rule* scheitert[588]. Wiederum unter *equity*-Gesichtspunkten würde der Interessent auf beiden Seiten des Geschäfts handeln, weil die Rechtsstellung der *trustees* als Gesamteigentümer ein gemeinsames Verfügungsrecht begründet, so dass die rechtsgeschäftliche Verfügung eines Sondervermögens eine Zustimmung aller voraussetzt[589].

4. Geschäfte eines *fiduciary* mit Zustimmung des *entrustor*

Eine rechtliche Bindung können jedoch Geschäfte im Eigen-/Fremdinteresse eines *fiduciary* auslösen, wenn sich der *entrustor* nach einer sachgerechten Auflösung des Interessenkonflikts des *fiduciary* mit der Verfügung des anvertrauten Vermögens zu den verhandelten Bedingungen einverstanden erklärt hat. Zustimmungserteilungen konnten mit Errichtung des Grundverhältnisses einer Treuebeziehung erfolgen, indem schon die Anforderungen an den Eigenerwerb des anvertrauten Guts explizit bestimmt werden[590]. In einer Treuebeziehung konnte die Zustimmung durch Aushandeln der Geschäftsinhalte stattfinden[591]

586 Siehe bereits unter Glpkt. § 5 A. I. 3.

587 Vgl. Shelton v. Homer, 46 Mass. 462, 468 (Mass.Sup.1843); m.w.N. Mowbray/Tucker, Lewin on Trusts, S. 466 Rn. 20-56 (2000).

588 Siehe aktuell: ALI, Restat. (2d) of Contracts, § 11; Calamari/Perillo, Contracts, S. 257 (1992).

589 Siehe z.B. zur Willensbildung eines *trustee* oder *agent* nach § 2268 California Civil Code (1879):[‚*All must act*'].

590 Vgl. Ayliffe v. Murray, 2 Atk. 58, 59 (1740); m.w.N.. Scott, 49 Harv.L.Rev. 521, 536 (1936); Rounds/Rounds, A Trustee's Handbook, § 6.1.3, S. 381 (2009); Mowbray/Tucker, Lewin on Trusts, S. 484, Rn. 20-88 (2000).

591 Vgl. Gibson v. Jeyes, 6 Ves 266 (1801); Fox v. Mackreth, 2 BroCC 400 [29 Eng. Rep.2249] (1788), aff'd. 2 Cox Eq.Cas. 320 [30 Eng.Rep.148] (1791); m.w.N. Perry,

oder durch aktive Billigung derselben durch einen *entrustor* in Kenntnis aller wesentlichen Umstände[592]. Wegen des Erfordernisses einer Kenntnisnahme des *entrustors* ließen die Gerichte den Einwand passiver Billigung durch Unterlassen der Rechtsverfolgung nicht gelten, wenn mehrere *entrustors* existierten und deren Kenntnisnahme zweifelhaft war[593]. Das Gebot der Einstimmigkeit begründete *Lord Eldon* in dem Urteil Ex parte Lacey[594] mit der gegenüber einem jeden einzelnen *entrustor* bestehenden Treuepflicht, wenn ein Vermögensgut zur Verwaltung im Interesse einer Gruppe von *entrustors* verfügt worden sei[595]. Widersprochen wurde hierbei der Auffassung *Lord Hardwickes* im Entscheid Whelpdale v. Cookson[596], wonach in solchen Fällen eine Wahrung des Mehrheitsprinzips genügen würde[597].

Für eine gültige Zustimmung musste der *entrustor* im Erklärungszeitpunkt rechtsfähig gewesen sein und in Kenntnis der wesentlichen Geschäftsumstände ohne unlautere Einflussnahme gehandelt haben[598]. Prüfungsrelevant waren daher die Willensmängeltatbestände des ‚*fraud in equity*' in Form der unbilligen Einflussnahme auf die Willensfreiheit (*undue influence*) und unterlassenen Aufklärung (*non-disclosure*), womit die zumeist unzureichenden Willensmängel des *common law* ergänzt und konkretisiert wurden[599]. Den Nachweis einer

A Treatise, § 195, S. 281 (1899); Mowbray/Tucker, Lewin on Trusts, S. 485, Rn. 20-91 (2000).

592 Vgl. Randall v. Errington, 10 Ves.Jr. 423 (1805); ebenso: Sugden, Vendors & Purchasers, S. 436 (1820); Clapp, 3 Md.L.Rev. 221, 222 (1939).

593 Vgl. Whichcote v. Lawrence, 3 Ves.Jr.740, 752 [30 Eng.Rep. 1248] (1798); Downes v. Granzebrook, 3 Mer.200, 208 (1817); ebenso: Sugden, Vendors & Purchasers, S. 436 (1820); Hanbury/Maudsley, Modern Equity, S. 572 Fn. 35 (1985); Conaglen, 65 Cam.L.J. 366, 372 (2006).

594 Vgl. Ex parte Lacey, 6 Ves Jun 625 [31 Eng.Rep. 1228] (1802).

595 Vgl. Ex parte Lacey, 6 Ves Jun 625, 628 [31 Eng.Rep. 1228] (1802) m.V.d. Sugden, Vendors & Purchasers, S. 430-431 (1820).

596 Vgl. Whelpdale v. Cookson, 1 Ves Sen 9 [27 Eng.Rep.856] (1747).

597 Vgl. Whelpdale v. Cookson, 1 Ves Sen 9 [27 Eng.Rep.856] (1747).

598 Erwähnt sei, dass *trustees* z.B. in Fällen, in denen die Zustimmung des *entrustor* mangels geistiger Reife nicht oder nicht zeitnah zu erzielen war, die Möglichkeit hatten, das Gericht anzurufen und die Autorisierung des Geschäfts zu beantragen. Vgl. Campbell v. Walker, 5 Ves 678, 681 [31 Eng.Rep. 801] (1800); Morse v. Hill, 136 Mass. 60, 68 (Mass.Sup.1883); m.w.N. Scott, 49 Harv.L.Rev. 521, 533 (1936).

599 Willensmängel des *common law* sind die Nötigung durch Androhung oder Ausübung von Gewalt gegen eine Person (*duress to the person*) oder durch unbilliges Vorenthalten einer der bedrohten Person eigenen Sache (*duress of goods*) [vgl. m.N. Schindler,

entsprechenden Entscheidungsfindung des *entrustor* hatte der *fiduciary* zu führen[600], weil auch diese Fallgruppe wegen eines mutmaßlich treuwidrigen Handelns als *constructive fraud* galt[601]. Für die Beweisführung war das Gericht davon zu überzeugen, dass der *fiduciary* seine Vertrauensstellung mit Wissen und Wollen seines *entrustor* aufgegeben hatte und dieser dadurch - in objektiver Hinsicht - eine im Vergleich zum *fiduciary* kongeniale Verhandlungsmacht über den Vertragsgegenstand besaß[602]. Diese Vorgaben bestanden unabhängig vom (Fort-) Bestand des Grundverhältnisses der Treuebeziehung, so dass ein *fiduciary* seinen Charakter als Vertrauensperson nicht schon mit dessen Beendigung verlor[603]. Maßstab für die gerichtliche Beurteilung bildeten demzufolge Elemente persönlicher wie sachlicher Art:

a) Persönliche Anforderungen an die Wirksamkeit einer Zustimmung des *entrustors*

aa) Wahrung der Aufklärungspflicht

In persönlicher Hinsicht war eine Kenntnis über die wesentlichen Geschäftsumstände erforderlich, wie sie im Zeitpunkt der Zustimmungserteilung bestanden. Dafür hatte der *fiduciary* durch die Wahrung seiner Mitteilungspflicht zu sorgen, indem er die wesentlichen bei Amtsführung bekannt gewordenen und bei sorgsamem Handeln erkennbar gewesenen Aspekte, einschließlich Sonderwissen, mitteilte[604]. Ebenso hatte der *fiduciary* die Rechte darzulegen, welche aus einem illoyalen Verhalten erwachsen[605], so dass dem *entrustor* klar wurde,

---

Drohung, S. 36 ff. (2005)] und die Täuschung durch vorsätzliche Irrtumserregung (*fraudulent misrepresantation*) [vgl. m.N. Wintterlin, Irreführung, S. 72 ff. (1968)].

600 Perry, A Treatise, § 195 S. 278 (1899); Kerr, Fraud & Mistake, S. 135 (1902); Scott, 49 Hav.LRev. 521, 524 (1936).

601 Siehe zum Begriff ‚*constructive fraud*' bereits unter Glpkt. § 5 A. II.

602 Vgl. Coles v. Trecothick, 9 Ves Jun 234, 244 [32 Eng.Rep. 592] (1804); Randall v. Errington, 10 Ves.Jr. 423 (1805); Sanderson v. Walker, 13 Ves. 601, 602 (1807); Scott v. Dunbar, 1 Molloy 442, 457 (1828); Harris v. Tremenheere, 15 Ves. 34, 42 (1808).

603 Kerr, Fraud & Mistake, S. 137 (1902); Sudgen, Vendors & Purchasers, S. 431 (1820); Withe/Tudor, Equity, S. 743 (1912).

604 Vgl. Ex parte Lacey, 6 Ves Jun 625, 626 [31 Eng.Rep. 1228] (1802); Andrews v. Mowbray, Wils. Ex. 71, 104 (1807); Woodhouse v. Meredith, 1 Jac. & W.204, 222 (1820); Selsey v. Rhoades, 2 S.& S. 41, 49 (1824), aff'd, 1 Bligh N.S.1 (1827); m.w.N. Kerr, Fraud & Mistake, S. 135 (1902).

605 Vgl. Coles v. Trecothik, 9 Ves 234, 246 [32 Eng.Rep. 592] (1804); Ex parte Lacey, 6 Ves Jun 625, 626 [31 Eng.Rep. 1228] (1802); Bingham v. Bingham, 1 Ves. 126, 127

dass mit Autorisierung des Geschäfts sein Anfechtungsrecht entfällt[606]. Wegen der rechtsphänomenalen Aspekte eines Treueverhältnisses wird es *fiduciaries* nicht zugestanden, einen möglichen Interessenkonflikt eigenständig zum Vorteil der Interessen eines *entrustor* aufzulösen, ohne diesen darüber informiert und ihm damit Gelegenheit gegeben zu haben, diesen fortan zu billigen. Mit Offenlegung der Ursachen des Interessenkonflikts des *fiduciary* und der Umstände des Geschäfts wird ein *entrustor* in die Lage versetzt, gegebenenfalls unter Einbeziehung von sachverständigen Dritten, das Für und Wider des Geschäfts zu prüfen sowie über die Tragweite seiner Zustimmung zu reflektieren, um es entweder (nachträglich) zu autorisieren oder anderweitige Verhaltensweisen daraus abzuleiten. Schließlich zielt die Offenlegung darauf ab, zu gewährleisten, dass der *fiduciary* keinen dem *entrustor* im Zeitpunkt der Zustimmung nicht schon bekannt gewesenen Vermögensvorteil generieren konnte[607]. Wollte ein *fiduciary* daher nicht den Anschein erwecken, relevante Tatsachen verschwiegen zu haben, musste er auch bei nachträglich eingetretenen Umständen, wie zum Beispiel bei Wertzuwachs der Sache, das Gericht überzeugen, dass ihm dieser weder bekannt war noch zur Kenntnis hätten gelangen können. *Lord Eldon* konstatierte daher auch in Ex parte James[608], dass es einem Anwalt nicht gestattet sein dürfe, einen Vorteil dadurch zu generieren, dass er in Kenntnis des Erwerbsinteresses eines Dritten ohne eine Offenlegung der Geschäftschance eine Sache vom Mandanten zu einem Kaufpreis von £ 350,00 erwirbt, um diese an den Dritten für £ 1400,00 weiter zu veräußern[609].

[27 Eng.Rep. 934] (1748); Ramsden v. Hylton, 2 Ves. 304 (1751); Murphy v. O'Shea, 8 Ir.Eq.R. 329, 333 (1845).

606 Perry, A Treatise, § 184 S. 261 (1899); Hoover, 5 Clev.-Marsh.L.Rev. 7, 31 (1956); Scott, 37 Cal.L.Rev. 539, 541 (1949)

607 Vgl. Morse v. Royal, 12 Ves. 355, 373 (1806); Coles v. Trecothik, 9 Ves 234, 246 (1804); Hunter v. Atkins, 3 Mylne&Keene 113, 134 (1834).

608 Vgl. Ex parte James, 8 Ves Jun 337 [32 Eng.Rep. 385] (1803).

609 Vgl. Ex parte James, 8 Ves Jun 337, 345 [32 Eng.Rep. 385] (1803); vgl. auch Lowther v. Lowther, 13 Ves 95, 98 (1806), worin *Lord Erskine* betonte „*(...) an agent to sell shall not convert himself into a principal, unless he can make it perfectly clear that he furnished his employer with all the knowledge that he himself possessed*.". Klagegegenstand bildete ein Kaufvertrag über ein Bild, dessen Urheber der *agent* verschieg, obwohl er wusste, dass es sich um ein Bild von Tizian handelte, und daher der vom *principal* bezahlte Preis weit unter dem Verkehrswert lag.

bb) Keine Ausnutzung der Vertrauensstellung

Letztlich hatte ein *fiduciary* sicherzustellen, dass der *entrustor* nach reiflicher Überlegung frei und unbeeinflusst durch die äußeren Umstände urteilen konnte. Hierfür war es erforderlich, zu gewährleisten, dass er auf Empfehlung des *fiduciary* von einem erfahrenen wohl informierten Dritten beraten wurde oder vom *fiduciary* selbst eine Aufklärung erhalten hatte, wie es aufgrund der Amtsstellung des *fiduciary* bei einem Geschäft mit einen neutralen Dritten geboten gewesen wäre[610]. Konnte ein *fiduciary* den Nachweis für eine solche Beratung nicht (überzeugend) führen, bestand die Vermutung für eine unlautere Ausnutzung seiner Vertrauensstellung (*undue influence*). Vermutet wurde entweder, dass der *entrustor* unzureichend vom *fiduciary* beraten worden war oder dass ihn der *fiduciary* davon abgehalten hatte, einen vertrauten und informierten Dritten heranzuziehen, und auf diese Weise unlauter zur Erteilung der Zustimmung durch den *fiduciary* bestimmt worden war. Ein Beispiel dafür ist der Fall Gibson v. Jeyes[611], wo *Lord Eldon* eine ‚*undue influence*' in einen Wertpapierkaufvertrag zwischen Anwalt und Klient sah, weil der Klientin - eine gesundheitlich angeschlagene 70-jährige Dame - weder empfohlen worden sei, einen über alle Geschäftsinhalte informierten und erfahrenen Dritten für Beratungszwecke aufzusuchen noch die im Vergleich zum Angebot des Anwalts günstigere Offerte eines Verwandten anzunehmen[612]. Besondere Kritik äußerte das Gericht an dem Umstand, dass es der Anwalt treuwidrig zugelassen habe, dass die Willensbildung der Klientin von der Antipathie ihrem Verwandten gegenüber getragen war[613].

Mit derLehre von der *undue influence*[614] bediente sich *Lord Eldon* einer Rechtsfigur des *equity law*, die einst zur Beurteilung von Geschäften zwischen Kind und

---

610 Vgl. Gibson v. Jeyes, 6 Ves 266, 278 (1801); Hunter v. Atkins, 3 Mylne&Keene 113, 134 (1834); m.w.N. Kerr, Fraud & Mistake, 135 (1902).

611 Vgl. Gibson v. Jeyes, 6 Ves 266 (1801).

612 Vgl. Gibson v. Jeyes, 6 Ves 266, 278 (1801): Zur Wahl stand das Angebot des Anwalts über eine Zahlung von £ 400 nebst einer Jahresrente von £ 50 zzgl. einer Vertragsstrafe über £ 800 und jenes des Verwandten (*Gibson*), der bereit war, mehr zu geben als jeder andere und sein Angebot zunächst auf eine Jahresrente von £ 60 nebst Sicherungshypothek erstreckte.

613 Vgl. Gibson v. Jeyes, 6 Ves 266, 271 (1801).

614 Folgt man *Winder* [vgl. 3 Modern L.Rev. 97 (1939; ders. 56 L.Q.Rev. 97 (1940)], so fand der Begriff erstmals Erwähnung in einem Report von *Lord Hartwicke* zur Entscheidung in Morris v. Burroughs [vgl. 1 Atk 399, 403 (1737) bzw. Morris v. Burrows, West t Hard 242 (1737)]. Vgl. m.w.N. insbesondere zum Gebrauch des Begriffs in der frühen Literatur: Wagner, in: Rechtstransfer, S. 354, 356 (2006).

Eltern[615] sowie Mündel und Vormund[616] entwickelt worden ist. Anlass dafür gaben die bestehenden Unzulänglichkeiten des frühen *common law*, wonach Kinder unter 7 Jahren (*infant*), Minderjährige bis 21 Jahren (*minor*) wie auch Mündel (*ward*) grundsätzlich als geschäftsfähig betrachtet wurden, obwohl diese besonderen Rechtsschutz aufgrund der Entwicklung ihrer geistigen Reife verdient hätten. Dass diese Lehre auch zur Würdigung der Gültigkeit von Geschäften zwischen anderen Personen einer Treuebeziehung zur Anwendung gebracht worden ist, dürfte mit Blick auf den durch Analogiebildung und Pradigma-Fälle geprägten Rechtsbildungsansatz der *equity* nicht verwunderlich sein. Eine Analogiebildung der Lehre lässt sich jedenfalls damit begründen, dass nicht nur die benannten Personengruppen, sondern jede Form von *entrustor* in der Willensbildung entweder durch das dem *fiduciary* entgegengebrachte Vertrauen oder durch die Autorität seiner Person mit dem Ziel der Erlangung eines ungebührenden Vorteils aus einem Geschäft beeinflusst werden kann.

b) Sachliche Anforderungen an die Wirksamkeit einer Zustimmung des *entrustor*

Bemerkenswert ist, dass die Gerichte jenseits der Fälle zum ‚*unconscionable bargain*‘[617] nicht auch die Ausgewogenheit der ausgetauschten Leistungen prüften, wenn vom *fiduciary* der Nachweis für eine kongeniale Verhandlungsposition des *entrustor* zur gerichtlichen Überzeugung geführt worden war[618]. Anerkennung fand damit die im *common law* wurzelnde Vertragstheorie, die geprägt ist durch die freie Selbstbestimmung und individuelle Verantwortung des Einzelnen und deshalb eine richterliche Bindung an den Vertragsinhalt und so bekundeten Parteiwillen

615 Vgl. Hearle v. Greenbank, 3 Atk. 695, 703 (1749); Carpenter v. Heriot, 1 Eden 338, 342 (1759); Wycherley v. Wycherley, 2 Eden 175 (1763).

616 Vgl. Duke of Hamilton v. Mohun, 1 P.Wms. 118 (1710); Hylton v. Hylton, 2 Ves.Sen. 547 (1754); Hatch v. Hatch, 9 Ves. 292 (1804).

617 Der Begriff ‚*unconscionable bargain*‘ wurzelt in der Lehre des ‚*unequel bargaining*‘, die im 16. Jahrhundert zu Geschäften entwickelt wurde, die ein auffälliges Missverhältnis zwischen Leistung und Gegenleistung aufwiesen, wie z.B. die Vergabe wucherischer Darlehen an potentielle Erben oder Personen in finanzieller Zwangslage. Vgl. Cole v. Gibson, 3 P Wms. 290 (1734); Chesterfield v. Janssen, 2 Ves. Sen. 125 (1751); m.w.N. Dawson, 45 Mich.L.Rev. 253, 267 (1947); Wagner, in: Rechtstransfer, S.354, 357 (2006).

618 Vgl. Selsey v. Rhoades, 2 Sim.&St. 41, 49 (1824); Hunter v. Atkins, 3 Mylne & Keene 113, 134 (1834); m.w.N: Watt, 14 Jurid.Rev. 141, 148 (1902); Conaglen, 65 Camp.L.Rev. 366, 378 (2006).

vorsieht[619]. Beanstandet wurden daher Verträge, die keinem freien Willen entsprangen, insbesondere inhaltlich damaligem Wertegefühl widersprachen[620]. Als solche sog. ‚*unconscionable bargain*' gelten Verträge mit Personen, die sich in finanzieller Notlage befinden oder durch fehlendes Urteilsvermögen, mangelnde Sprachkenntnis oder fehlende Sachkenntnis an einer Willensschwäche leiden, die die Fähigkeit begrenzt, die Tragweite ihres Handelns zu erfassen[621]. Beispielhaft dafür, dass die Angemessenheit der ausgetauschten Leistungen grundsätzlich irrelevant war, ist die Argumentation *Lord Eldons* im Urteil Coles v. Trecothik[622], worin der Eigenerwerb eines *trustee* aufgrund seines pflichtgemäßen Verhaltens seinem *entrustor* gegenüber für wirksam erklärt worden war, wenngleich das Angebot eines Dritten vorlag, welches den vereinbarten Kaufpreis um 25% überstieg[623]. Ähnlich verhielt es sich im Fall Luff v. Lord[624], wo der wahre Wert des Erlangten mit £ 2000 über dem Kaufpreis von £ 450 lag. Das Gericht bestätigte das Geschäft, weil es vom *entrustor* initiiert worden war, die wesentlichen Umstände bekannt waren und eine Beratung durch einen neutralen Dritten auf Anraten des *fiduciary* erfolgt war[625]. *Lord Westbury* gelangte daher auch in zweiter Instanz zu der Feststellung, dass der *entrustor* aufgrund redlichen Verhaltens seines *fiduciary* eine diesem gegenüber ebenbürtige Verhandlungsposition erlangt habe[626].

Trotz dieser Beispiele findet sich in der Literatur die Bemerkung mit Hinweis auf Morse v. Royal[627], dass nur solche Geschäfte Gültigkeit erlangen konnten, welche einer materiellen Fairness entsprachen[628]. Anlass dafür geben die

619 Vertiefend dazu: Farnsworth, Contracts, S. 506 ff. (1998); Leff, 115 U.Pa.L.Rev. 485, 492 ff. (1967); Cohen, 46 Harv.L.Rev. 553, 575 ff. (1933).

620 Vgl. Gibson v. Jeyes, 6 Ves 266, 273 (1801) m.V.a. Heathcote v. Paignon, Bro.C.C. 167 (1787); m.V.d.: Watt, 14 Jurid. Rev. 141, 147 (1902); ähnlich bereits: Badwin & Adler v. Rochford, 1 Wilson 229 (1748); Taylor v. Rochford, 2 Ves.Sen. 281 (1751).

621 Vgl. Crowe v. Ballard, 1 Ves. 215, 220 (1790); Huguenin v. Baseley, 14 Ves.Jun 273 (1807); Tat v. Williamson, 2 Ch.App. 55 (1866).

622 Vgl. Coles v. Trecothik, 9 Ves 234 [32 Eng.Rep. 592] (1804).

623 Dem *entrustor* wurde eine Kenntnis vom Wert des Austauschobjekts attestiert, da dieser anfangs selbst als Verwalter desselben fungiert hatte.

624 Vgl. Luff v. Lord, 34 Beaven 220 (1864), aff'd. 11 L.T. 695 (1865).

625 Vgl. Luff v. Lord, 34 Beaven 220, 230 (1864).

626 Vgl. Luff v. Lord, 11 L.T. 695 (1865).

627 Vgl. Morse v. Royal, 12 Ves. 355, 377 (1806); ebenso: Fox v. Mackreth, 2 BroCC 400 [29 Eng.Rep.224] (1788), aff'd. 2 Cox Eq.Cas. 320 [30 Eng.Rep.148] (1791); Marquis of Clarincade v. Henning, 30 Beav. 174, 184 (1861).

628 So z.B. Perry, A Treatise, § 195 S. 279 (1899) m.V.a. Morse v. Royal, 12 Ves. 355, 377 (1806).

folgenden Worte *Lord Erskins*: "*If the court can discover, that some advantage has been taken, some information acquired, which the other did not possess, though it is not to be precisely discovered, inadequacy, without going to the length of requiring it to be such as shocks the conscience, will go a vast way to constitute fraud*"[629], welche jedoch auch eine gegenteilige Interpretation zulassen würden.

Denn analysiert man die Passage im Lichte der rechtsphänomenalen Spezifika in einem Treueverhältnis, aufgrund derer es mitunter schwierig sein kann, die Redlichkeit eines *fiduciary* zweifelsfei zu bejahen[630], ließe sich argumentieren, dass die sachliche Fairness eines Geschäfts nur als ein Indiz für die Erfüllung der einem *fiduciary* bei Geschäften mit dem *entrustor* obliegenden Verhaltenspflichten zu werten ist und nicht als Voraussetzung für deren Wirksamkeit[631]. Der Nachweis der sachlichen Fairness des Geschäfts würde demnach darauf schließen lassen, dass der *fiduciary* keinen dem *entrustor* verborgen gebliebenen Vermögensvorteil durch eine Einflussnahme auf dessen Willensbildung oder durch Verschweigen eines wesentlichen Umstands erlangt hat. Im Gegenschluss dazu würde ein Ungleichgewicht der Leistungen, zumindest die hinreichende Wahrscheinlichkeit für unredliches Verhalten des *fiduciary* entstehen lassen. Mit anderen Worten würde ein nicht ausgewogenes Verhältnis zwischen den Leistungen Rückschlüsse auf eine fehlerhafte Mitteilung wesentlicher Umstände oder eine unlautere Einflussnahme zulassen[632]. Konform gehen würde diese Überlegung mit den Urteilsgründen in dem Fall Andrews v. Mowbray[633], wo *Lord Eldon* eine unterlassene Aufklärung des *entrustor* über die Wertsteigerung einer Kaufsache aus dem Missverhältnis zu deren Gegenleistung abgeleitet hatte. Mit Verweis auf Gartside v. Isherwood[634] betonte *Lord Eldon*, dass ein *fiduciary*, dem ein Vermögensgut anvertraut worden ist, in 9 von 10 Fällen auch imstande sei, dessen objektiven Wert zu bestimmen, so dass bei einer zu Lasten seines *entrustor* gehenden Diskrepanz in den Leistungspflichten mangelnde Offenlegung

629 Vgl. Morse v. Royal, 12 Ves. 355, 373 (1806) [Hervorgeboben vom Verfasser].

630 Siehe dazu bereits unter Glpkt. § 3 D.

631 Zustd. jeweils m.V.a. Morse v. Royal, 12 Ves. 355, 373 (1806): Watt, 14 Jurid. Rev. 141, 147 (1902); Conaglen, 65 Cam.L.J. 366, 384 (2006); Brudney, 38 Bost.Coll.L.Rev. 595, 598 & 606 (1997); Nolan, Conflict of Interests, S. 94 (1998).

632 Vgl. Ex parte James, 8 Ves Jun 337, 344 [32 Eng.Rep. 385] (1803); Edward v. Meyrick, 2 Hare 60, 70 (1842) m.w.N: Conaglen, 65 Cam.L.J. 366, 385 (2006); Frankel, 74 Ore.L.Rev. 1209, 1239 (1995).

633 Vgl. Andrews v. Mowbray, Wils. Ex. 71 (1807).

634 Vgl. Gartside v. Isherwood & Ors, 1 Bro.C.C. 558 [28 Eng.Rep. 1297] (1778).

oder unlautere Einflussnahme auf die Willensbildung des *entrustor* widerlegbar vermutet werden dürfe[635].

IV. Zwischenergebnis

Als Zwischenbefund ist festzuhalten, dass die US-amerikanischen Gerichte für die Beurteilung von Geschäften einer Corporation im Eigen-/Fremdinteresse von Leitungsorganen auf die für *fiduciaries* im Amt eines *trustee* oder *agent* geltenden Prinzipien rekurrieren konnten, wonach der Eigen-/Fremderwerb anvertrauten Vermögens nach sachgerechter Auflösung des Interessen-/Pflichtenkonflikts möglich war. Dies setzte ein redliches Verhalten des *fiduciary* sowie eine wirksame Zustimmung des *entrustor* voraus. Beweispflichtig hierfür war der *fiduciary*, der die Vermutung treuwidrigen Handelns zu widerlegen hatte. Solange dieser Nachweis durch den *fiduciary* nicht zur Überzeugung eines Gerichts geführt worden war, konnte der *entrustor* das ihm aus der Rechtsnatur der Treuebeziehung zuerkannte Recht auf Anfechtung des der Treuepflicht des *fiduciary* widersprechenden (rechtsgeschäftlichen) Handelns geltend machen. Für einen solchen Nachweis bedurfte es der Darlegung von Tatsachen, aus denen sich zweifelsfrei ergab, dass der *entrustor* durch Zutun des *fiduciary* eine kongeniale Verhandlungsposition derart erlangt hatte, dass er im Zustand der Geschäftsfähigkeit imstande war, das Für und Wider des Geschäfts einzuschätzen. Grundbedingung dafür war eine in der Regel durch entsprechende Offenlegung des *fiduciary* veranlasste Kenntnis des *entrustor* über die Beweggründe des *fiduciary* zur Vornahme des Geschäfts sowie über die wesentlichen Umstände desselben wie auch der Nachweis für eine Entscheidungsfindung des *entrustor*, welcher sich ohne eine unlautere Einflussnahme des *fiduciary* auf die Meinungsbildung vollzogen hatte. Soweit der *fiduciary* imstande war, das Gericht von einer solchen Entscheidungsfindung zu überzeugen, konnte die Wirksamkeit des Geschäfts richterliche Bestätigung erlangen. Die Frage der Angemessenheit der ausgetauschten Leistungen bildete dabei nur ein Indiz zur Feststellung, dass sich der *fiduciary* im Sinne seiner Treuepflichtenbindung dem *entrustor* gegenüber verhalten hatte. Ein auffälliges Missverhältnis zwischen den ausgetauschten Leistungen legte jedoch das Gegenteil nahe. Misslang dem *fiduciary* der Nachweis für eine entsprechende Entscheidungsfindung durch den *entrustor*, konnte Letzterer sein Anfechtungsrecht ungeachtet einer möglichen sachlichen Fairness des Geschäfts oder Gutgläubigkeit im Handeln des *fiduciary* klageweise geltend machen. Ausreichend war der Vortrag, der *fiduciary* habe sich durch den Eigen-/

---

635 Vgl. Andrews v. Mowbray, Wils. Ex. 71, 103-104 (1807).

Fremderwerb eines anvertrauten Vermögens bewusst in eine Konfliktlage begeben.

B. Einfluss der allgemeinen Regeln des *fiduciary law* auf die Methodik zur Beurteilung des Anfechtungsrechts bei Geschäften im Eigen-/Fremdinteresse von Unternehmensleitern

Vor dem Hintergrund dieses Zwischenbefundes wird im Folgenden die Frage Beantwortung finden, wie die US-amerikanischen Gerichte die für *trustees* und *agents* geltenden Regeln in die Würdigung von Geschäften einer Corporation im Eigen-/Fremdinteresse von Leitungsorganen haben einfließen lassen. Nach einer Darlegung des Fragen- und Problemkreises (sub I.) wird dies durch eine Analyse geschehen, bei der in Abhängigkeit von der Konstellation eines Geschäfts die gerichtliche Methodik erläutert wird, mit der die Gerichte die Frage des rechtlichen (Fort-)Bestands des Geschäfts beantwortet haben (sub II.). Gezielt wird dabei der Frage nachgegangen, ob, und wenn ja unter welchen Vorgaben, es möglich war, den Makel des Interessen-/Pflichtenkonflikts eines Leitungsorgans schon mit einer Autorisierung des Geschäfts durch die *board*-Mitglieder einer Corporation zu beseitigen oder ob es stets einer Zustimmung der Gesellschafter bedurfte. Im Anschluss daran wird skizziert, unter welchen Voraussetzungen ein nicht oder nicht wirksam durch *board*-Beschluss autorisiertes Geschäft richterliche Bestätigung finden konnte, wenn es die Aktionäre explizit genehmigt (sub III.) oder von der Anfechtung abgelassen hatten (sub IV.).

I. Skizzierung des Fragen- und Problemkreises

Mit Blick auf die skizzierten Möglichkeiten des (un-)autorisierten Eigen-/Fremderwerbs anvertrauter Vermögensgüter durch einen *fiduciary* im Amte eines *trustee* oder *agent* stellt sich die Frage nach einem mutmaßlich treuwidrigen Handeln von Leitungsorganen bei Geschäften einer Corporation in drei Fällen: (i) wenn einer oder mehrere *directors* oder *officers* der Corporation ebenfalls deren Gegenpartei sind; (ii) wenn eines oder mehrere der Leitungsorgane der Corporation deren Gegenpartei vertreten hatten und (iii) wenn eines oder mehrere der Verwaltungsorgane von einem Geschäft ihrer Corporation aufgrund einer zur Gegenpartei bestehenden Beziehung persönlicher oder wirtschaftlicher Art profitieren konnten. Jeder dieser Fälle ist durch einen Interessen-/Pflichtenkonflikt des betreffenden Leitungsorgans geprägt, da durch das Eigen-/Fremdinteresse am Geschäft nicht dessen Loyalitätspflicht gewahrt werden kann[636]. Während bei Geschäften zwischen Corporation und Exekutivmitglied die Treuepflicht zum Aushandeln der bestmöglichen Bedingungen durch das Eigeninteresse an einer Gewinnerzielung beeinträchtigt wird, kollidieren bei Geschäften zwischen personell verflochtenen Corporations die Treuepflichten der jeweils von beiden Parteien bestellten Leitungsorgane. Gleichermaßen entsteht ein Interessenkonflikt in Fällen, in denen die der Gegenpartei der Corporation ökonomisch oder persönlich verbundenen Leitungsorgane das Geschäft (mit-)autorisiert haben. Angesichts der grundsätzlich auf Vorteilserlangung ausgerichteten menschlichen Natur ist in jeder dieser Konfliktsituationen ein loyales Handeln höchst unwahrscheinlich. Die Antwort, ob eine sachgerechte Vertretung der Corporation durch die übrigen - nicht direkt oder indirekt für die Gegenpartei handelnden - Leitungsorgane erfolgen kann, steht und fällt einerseits damit, ob eine Corporation unter Außerachtlassung der im Eigen-/ Fremdinteresse agierenden Leitungsorgane weiter handlungsfähig bleibt, und andererseits damit, ob von den übrigen (als handlungsfähig geltenden) Entscheidungsträgern eine unabhängige Willensbildung im Gesellschaftsinteresse erwartet werden kann oder ob nicht vielmehr vermutet werden muss, dass diese durch die kollegialen oder freundschaftlichen Bindungen unter Geschäftsleitern oder aufgrund der (Macht-)Stellung eines befangenen Leitungsorgans, geneigt seien könnten, dessen persönliche Interessen über die ihrer Gesellschaft zu stellen.

Geschäfte einer Corporation im Eigen-/Fremdinteresse von Exekutivmitgliedern geben demzufolge - wie auch der (un-)autorisierte Eigen-/Fremderwerb anvertrauten Vermögens beim *trustee* oder *agent* - Anlass zur Vermutung für treuwidriges Handeln, da eine hinreichende Wahrscheinlichkeit dafür besteht, dass das befangene Leitungsorgan wider dem Gesellschafts- und Aktionärsinteresse agiert haben könnte. Mit Blick auf das durch Paradigma-Fälle und Analogiebildung geprägte Rechtsbildungsverständnis ist es nicht verwunderlich, dass die Geschäfte nach den Regeln des *constructive fraud* bewertet wurden[637]. Eine Corporation hatte damit die Wahl, durch eine Autorisierung des Geschäfts auf das Anfechtungsrecht zu verzichten, oder durch dessen Geltendmachung die Aufhebung eines noch nicht erfüllten Geschäfts oder - nach dem Leistungsaustauch - die Rückabwicklung der schon erbrachten Leistung zu beantragen, einschließlich der Inanspruchnahme eines Verwaltungsorgans auf die Herausgabe

---

636 Siehe eingehend dazu und m.N. unter Glpkt. § 5 B. II. 1.-3.

637 Siehe zum Begriff bereits unter Glpkt. § 5 A. II. und ferner: Hyams v. Calumet & Hecla Mining Co., 221 F. 529, 542 (6th Cir.1915); Efron v. Kalmanovitz, 249 Cal.App.2d 187; 57 Cal.Rptr. 248 (Cal.App.1967); Scott Systems, Inc. v. Scott, 996 P.2d 775, 780 (Colo. App.2000).

etwaiger Gewinne[638]. Ohne eine Autorisierung des Geschäfts musste daher die Gegenpartei einer Corporation damit rechnen, dass ein Erfüllungsbegehren verweigert werden würde bzw. auf dem Klageweg nicht durchsetzbar wäre - ob bei Verträgen einer Corporation mit *directors*[639], zwischen personell verflochtenen Corporations[640] oder mit einer einem oder mehreren ihrer *board*-Mitglieder wirtschaftlich nahestehenden Gegenpartei[641]. Im Hinblick auf die dem Institut des *constructive fraud* in prozessualer Hinsicht zuerkannte Wirkung[642] war es aber möglich, in einem Verfahren den Nachweis für eine wirksame Autorisierung zu führen und daher die aus dem Eigen-/Fremdinteresse abgeleitete Vermutung treuwidrigen Handelns zu widerlegen. Der mit dem Dispositionsrecht der Corporation verbundene Rechtsstatus des Geschäfts war unbestritten, weil selbst Urteile, in denen das Geschäft als unwirksam (*void*) erklärt worden ist, klar erkennen lassen, dass diese Bezeichnung aus der fehlenden oder mangelhaften Autorisierung des Geschäfts resultierte[643]. Gegenüber gutgläubigen Dritten wurden (noch) nicht angefochtene Geschäfte als wirksam behandelt[644].

---

638 Vgl. People v. Township Board of Overyssel, 11 Mich. 222, 229 (Mich.Sup.1863); Buell v. Buckingham & Co., 16 Iowa 284, 293 (Iowa Sup. 1864); Union Pacific R.R. Co. v. Credit Mobilier of America, 135 Mass. 367, 377 (Mass.Sup.1883); Louisville, New Albany v. Carson, 151 Ill. 444, 449; 38 N.E. 140, 141 (Ill.Sup.1894); Gorder v. Plattsmouth Canning Co., 36 Neb. 548, 556 (Neb.Sup.1893).

639 Siehe zum Erfüllungsbegehren: Munson v. Syracuse, Geneva & Corning R.R. Co., 103 N.Y. 58; 8 N.E. 355 (N.Y.App.1886); Munson v. Magee, 161 N.Y. 182; 55 N.E. 916, 919 (N.Y.App.1899); m.w.N. unter Glpkt. § 5 B. II. 1.

640 Siehe zum Erfüllungsbegehren: Coleman v. Second Avenue R.R. Co. 38 N.Y. 201 (N.Y.App.1868); Globe Woolen Co. v. Utica Gas & Electric Co, 151 A.D. 184, 191; 136 N.Y.S. 24 (N.Y.Sup.1912); m.w.N. unter Glpkt. § 5 B. II. 2.

641 Vgl. Bird Coal & Iron Co. v. Humes, 157 Pa. 278; 27 A. 750 (Pa.Sup.1893); Parker v. Nickerson, 112 Mass. 195 (Mass.Sup.1873); Barnes v. Brown, 80 N.Y. 527 (N.Y.Sup.1880); m.w.N. unter Glpkt. § 5 B. II. 3.

642 Siehe bereits unter Glpkt. § 5 A. II.-III.

643 Vgl. Miner v. Belle Isle Ice Co., 93 Mich. 97, 110; 53 N.W. 218 (Mich.Sup.1892); Thomas v. Brownville, Fort Kearney & Pacific R.R. Co., 2 F. 877; 1 McCrary' Cir.Rpts 392 (Neb.1880), rev'd, 109 U.S. 522 (1883); Pearson v. Concord R.R. Corp., 62 N.H. 537, 541 (N.H.Sup.1883). Erwähnenswert ist ebenso das Urteil des U.S. Supreme Court in Thomas v. Brownville, Fort Kearney & Pacific R.R. Co. [2 F. 877, 879; 1 McCrary' Cir. Rpts 392 (Cir.Neb.1880); 109 U.S. 522, 317; 3 S.Ct. 315 (1883)], worin der vorinstanzliche Entscheid darin korrigiert worden ist, dass *board*-Beschlüsse unter Teilnahme eines befangenen *director* nicht nichtig, sondern nur anfechtbar seien.

644 Vgl. Buell v. Buckingham & Co., 16 Iowa 284, 293 (Iowa Sup.1864); Stewart v. Lehigh Valley R.R. Co., 38 N.J.L. 505, 524 ((N.J.Err.&App. 1875); O'Connor Mining &

Obschon damit Einigkeit insoweit bestand, als das Eigeninteresse[645] oder der Pflichtenwiderstreit[646] von Leitungsorganen nicht per se die Unwirksamkeit eines Geschäfts der Corporation nach sich ziehen, sondern ohne ordnungsgemäße Autorisierung bloß das Recht für dessen Anfechtung begründen sollte, differierten die Gerichte doch erheblich in der Qualifizierung der Kriterien für eine solche Autorisierung. Beweisen lässt sich dieser Umstand sowohl anhand eines Vergleichs der Judikatur in den Gliedstaaten[647], wie auch am Beispiel der divergierenden Begründungen in Entscheiden aus ein und demselben Staate[648] und zudem an der konträren Argumentation der jeweiligen Richter innerhalb desselben Spruchkörpers[649]. Grund dafür waren die Probleme, die aus dem Versuch resultierten, die für *trustees* oder *agents* geltenden Rechtssätze zum Erwerb eines anvertrauten Vermögensguts im Recht einer Corporation anzuwenden[650]. Während diese von einigen wenigen Gerichten unbeschränkt zur Anwendung gelangten mit der Folge, dass den übrigen *board*-Mitgliedern die Fähigkeit für

---

Manufactoríng Co. v. Coosa Furnace Co., 95 Ala 614, 618; 10 So. 290 (Ala.App.1891); Munson v. Magee, 161 N.Y. 182; 55 N.E. 916, 919 (N.Y.App.1899); Sweeny v. Suger Refining Co., 30 W.Va. 443, 454 (W.Va.Sup.1887).

645 Vgl. Hartridge v. Rockwell, R.M. Charlton, 260, 265 (Ga.Super.1828); Hayward v. Pilgrim Society, 38 Mass. 270, 276 (Mass.Sup.1838); Rogers v. Danby University Society, 19 Vt. 187, 191 (Vt.Sup.1847); Central R.R. & Banking Co. of Georgia v. Clayhorn, 17 S.C.Eq. (Speers Eq.) 545, 562 (1844); City of St. Louis & County of St. Louis v. Alexander, 23 Mo. 483, 527 (Misso.Sup.1856).

646 Vgl. Proprietors of the Canal Bridge v. Gordon, 1 Pick 297 (Mass.Sup.1823); Hodge v. New England Screw Co., 1 R.I. 312 (R.I.Sup.1850); Adams Mining Co. v. Senter, 26 Mich 73 (Mich.Sup.1872); Manufacturers' Savings Bank v. Big Muddy Iron Co., 97 Mo. 38; 10 S.W. 865 (Mo.Sup.1888); Griffin v. Inman, Swann & Co., 57 Ga. 370 (Ga. Sup.1876).

647 Siehe eingehend dazu unter Glpkt. § 5 B. II. 1.-3.

648 Siehe die Begründungen in Munson v. Syracuse, Geneva & Corning R.R. Co., 103 N.Y. 58; 8 N.E. 355 (N.Y.App.1886) i.V.z. Sage v. Culver, 147 N.Y. 241; 41 N.E. 513 (N.Y.App.1895) oder Hoffmann Steam Coal Co. v. Cumberland Coal & Iron Co., 16 Md. 456 (Md.App.1860) i.V.z. Booth v. Robinson, 55 Md. 419 (Md.App.1881) oder Crymble v. Mulvaney, 21 Colo 203 (Colo.Sup.1895) i.V.z. Morgen v. King, 27 Colo. 539 (Colo.Sup.1900); oder Green v. Hugo, 81 Tex. 452 (Tex.Sup.1891) i.V.z. Tenision v. Patton, 95 Tex. 284; 62 S.W. 79 (Tex.Sup.1902).

649 Vgl. *Justice Manning* i.V.z. *Justice Campbell* in People v. Township Board of Overyssel, 11 Mich. 222, 226, 230 (Mich.Sup.1863) oder *Justice Ryland* i.V.z. *Justice Scott* in City of St. Louis & County of St. Lois v. Alexander, 23 Mo. 483, 526 f. (Misso.Sup.1856).

650 Siehe m.N. unter Glpkt. § 5 B. II.; zugl. Beveridge, 33 Loy. L.Rev.. 97, 103 (1999).

eine Vertretung der Corporation abgesprochen und die Person-(engruppe) des *entrustor* allein in den Anteilseignern der Corporation gesehen worden ist[651], versuchten andere, die Eigenheiten im Verhältnis einer Corporation zu den *directors* zu berücksichtigen, indem sie die Rechtsmacht der (übrigen) *board*-Mitglieder bei deren Handlungsfähigkeit anerkannten[652]. Wiederum andere Gerichte favorisierten eine Prüfung des Geschäfts aus ökonomisch-rechtlicher Sicht, indem sie dem mutmaßlich treuwidrig handelnden Leitungsorgan in Fällen einer an sich formal gültigen Autorisierung des Geschäfts ermöglichten, dessen Fairness aus Sicht der Corporation nachzuweisen[653].

II. Beurteilungsmethoden nach den *equitable common law rules* des 19. Jahrhunderts

In ihrer Beurteilung des Anfechtungsrechts einer Corporation gingen alle Gerichte darin konform, dass das eigenmächtige, nicht durch Beschluss des *board* oder der Aktionäre autorisierte Handeln von Leitungsorganen zur Aufhebung bzw. Rückabwicklung des Geschäfts ohne Rücksicht auf eine etwaige sachliche Fairness aus Sicht der Corporation oder die Redlichkeit des Leitungsorgans berechtigen sollte. Uneinheitlich urteilten die Gerichte dagegen, wenn das Geschäft durch das *board* autorisiert worden war. Mit Blick auf die Argumentation der Gerichte für die Begründung des Anfechtungsrechts lassen sich 3 hinsichtlich der jeweiligen Kontrollmerkmalen unterscheidende Beurteilungsmethoden nachweisen[654]. Für Unterscheidungszwecke sollen diese fortan als anti-*fairness*, pro-*fairness* und pur-*fairness* Methode qualifiziert werden. Die Namensgebung für diese Beurteilungsmethoden trägt dem Umstand Rechnung, dass der Gesichtspunkt der formalen oder sachlichen Fairness des Geschäfts in Fällen der Autorisierung durch die *board*-Mitglieder der Corporation bei einigen Gerichten unberücksichtigt blieb (anti-*fairness*), bei anderen Gerichten die Beurteilung beeinflusst hat, wenn mehrheitlich unabhängige *board*-Mitglieder gehandelt hatten (pro-*fairness*) und von anderen Gerichten wiederum stets geprüft wurde (pur-*fairness*). Die Gründe für die divergierende Methodik wie auch die jeweiligen Kontrollkriterien sollen

---

651 Siehe m.N. unter Glpkt. § 5 B. II. 1. a); 2. a); 3.

652 Siehe m.N. unter Glpkt. § 5 B. II. 1. b); 2. b); 3.

653 Siehe m.N. unter Glpkt. § 5 B. II. 1. c); 2. c); 3.

654 Note, 1 Va.L.Rev. 66 (1913); Note, 29 Col.L.Rev. 338 (1929); Kamm, 34 U.Det.L.J. 42 (1956); Donohue, 3 Bost.Coll. L.Rev. 543 (1962); Note, 41 Ford.L.Rev. 639, 640 (1973); Morawetz, Corporations, § 527, S.594 (1886); Ballantine, Corporation Law, § 123, S. 383 (1930).

nachfolgend anhand der bereits vorskizzierten 3 Konfliktkonstellationen dargestellt und erläutert werden (sub 1.-3.).

1. Geschäfte zwischen einer Corporation und Leitungsorganen

Geschäfte zwischen einer Corporation und deren Leitungsorganen wurden von der überwiegenden Mehrheit der Gerichte nach den Kriterien der pro-*fairness* Methode beurteilt (sub a)[655]. In nur wenigen Gliedstaaten[656], wie z.B. in New York[657] oder New Jersey[658], bildete die anti-*fairness* Methode die Richtschnur (sub b), obschon sie zu Recht mitunter in der Literatur[659] als prophylaktisch und praxisfeindlich kritisiert wird[660]. Die pur-*fairness* Methode fand seinerzeit ausschließlich bei (besicherten) Darlehensverträgen zugunsten einer Corporation Anwendung (sub c)[661]. Handelte eine Corporation jedoch selbst als

655 Roller, 5 Marqu.L.Rev. 169, 172 f. (1921); Note, 29 Colum.L.Rev. 338 (1929); Ballantine, Corporation Law, § 123, S. 389 (1930); Carp, 29 Cal.L.Rev. 480, 491 (1941); Stevens, Corporations, § 148, S. 682, 682 (1949); Note, 41 Ford.L.Rev. 639, 641,645 (1973).

656 Vgl. Cumberland Coal & Iron Co. v. Sherman, 20 Md. 117 (Md.Sup.1863); Pickett v. School District No. One, 25 Wis. 551 (Wis. Sup.1870); Port v. Russell, 36 Ind. 60 (Ind. Sup.1871); People v. Township Board of Overyssel, 11 Mich. 222 (Mich.Sup.1863); Reilly v. Oglebay, 25 W.Va. 36 (W.Va.Sup.1884); Morgen v. King, 27 Colo. 539 (Colo. Sup.1900); Miller v. Brown 1 Neb. 754; 95 N.W. 797 (Neb.Sup.1901).

657 Vgl. Cumberland Coal & Iron Co. v. Sherman, 30 Barb. 553 (N.Y.Sup. 1859), repr'd in Am.L.Reg. Vol.8, No. 6, 333 (1860); Butts v. Wood, 37 N.Y. 317, 318 (N.Y.Sup.1867); Bliss v. Matteson, 45 N.Y. 22 (N.Y.Sup.1871); m.w.N. unter Glpkt. § 5 B. II. 1 a) und § 6 B. III. 1.

658 Vgl. Stewart v. Lehigh Valley R.R. Co., 38 N.J.L. 505, 523 f. (N.J.Err.&App.1875); Gardner v. Butler, 30 N.J.Eq. 702 (N.J.Ch.1879); Kelsey v. New England St. Ry. Co., 48 A. 1001, 1002 (N.J.Ch.1901); Hayes v. Pierson, 45 A. 1091 (N.J.Ch. 1899); m.w.N. Glpkt. § 6 A. I. 3.

659 Als Befürworter outete sich *Max Pam* in: 26 Harv.L.Rev. 467, 473 (1913); ähnlich *Clark* in: Corporate Law, § 5.4 ff., S. 180-189, 188 (1986).

660 Ballantine, Corporation Law, § 123, S. 384 (1930); Note, 29 Colum.L.Rev. 388, 342 (1929; Note, 83 U.Pa.L.Rev. 56, 57 (1933); Carp, 29 Cal.L.Rev. 480, 484 Fn. 19 (1941); Stevens, Corporations, § 148, S. 678 f. (1949); Hoffman, 11 Buff L.Rev. 496, 563 (1962).

661 Vgl. Hayward v. Pilgrim Society, 38 Mass. 270 (Mass.Sup.1838); Hartridge v. Rockwell, R.M. Charlton, 260 (Ga.Super.1828); Central R.R. Banking Co. v. Clayhorn, 17 S.C.Eq. 545 (Ga. (Speers Eq.1844); Twin-Lick Oil Co. v. Marbury, 91 U.S. 587 (1875); Addison v. Lewis, 75 Va. 701 (Va.Sup.1881); Mullanphy Saving Bank v. Schott, 135 Ill. 655; 26 N.E. 640 (Ill.Sup.1891); m.w.N. unter Glpkt. § 5 B. II. 2. c).

Darlehensgeber, wurde nach der pro-*fairness* Methode verfahren[662], soweit der Geldabfluss aus Unternehmensgewinnen resultierte und das Geschäft nicht ultra vires war[663] oder einem gesetzlichen Verbot widersprach[664].

a) Merkmale und Begründung der anti-*fairness* Methode

aa) Kontrollkriterien und Rechtsstatus des Geschäfts

Die Anhänger der anti-*fairness*-Methode haben Geschäfte einer Corporation mit Verwaltungsorganen stets ohne Rücksichtnahme darauf, ob sich deren Autorisierung durch *board*-Beschluss mit oder ohne Mitwirkung des als Gegenpartei handelnden *director* vollzogen hatte, für *ipso facto voidable* erachtet[665]. Soweit das Geschäft nicht (auch) die Zustimmung der Aktionäre erlangt hatte, konnte es ohne Nachweis eines bösgläubigen oder schadenverursachendes Handelns schon aufgrund der dem Interessenkonflikt des Leitungsorgans abgeleiteten Vermutung eines treuwidrigen Verhaltens durch entsprechende Klage zur Aufhebung gebracht werden[666]. Im Geschäft selbst sahen die Gerichte einen ‚*constructive fraud*'[667]. Konnte der Nachweis für eine Autorisierung durch die

---

662 Vgl. Griffith v. Blackwater Boom & Lumber Co., 48 S.E. 442 (W.Va.Sup.1904); Klein v. Independent Brewing Ass'n, 83 N.E. 434 (Ill.Sup. 1907); m.w.N. Rich, 14 Bus.Law. 658, 559 f. (1959); Lane, Corporate Officers, § 4.05 (2015).

663 Vgl. Harts v. Brown, 77 Ill. 226, 231 (Ill.Sup.1875); Riley v. Callahan Mining Co., 155 P. 665, 670 (Idaho Sup.1916), m.w.N. Eaton, 48 Mich.L.Rev. 213, 214 (1949), Barnard, 1988 Wisc.L.Rev. 237, 241 (1988).

664 Vgl. § 14, N.Y.Law, ch. 40 (1848), m.V.d. Nellis Co. v. Nellis, 16 N.Y.S. 545, 547 (N.Y.Sup.1891); § 69 Md.Ann.Code Art. 23 (1888), m.V.d. Fisher v. Parr, 92 Md. 245, 274; 48 A. 621 (Md.Sup.1901); § 60 Mass.Gen.L, ch. 106 (1882), m.V.d. Old Colony Boot & Shoe Co. v. Parker-Sampson-Adams Co., 183 Mass. 557, 559; 67 N.E. 870 (Mass.Sup.1903).

665 Siehe m.V.a. die Mindermeinung: James, 6 Ind.L.J. 413, 414 (1931); Lane, 23 Cornell L.Q. 445, 446 (1938); Ballantine, Corporations, § 67 S. 170 (1946); Note, 29 Colum.L. Rev. 338, 341 (1929); Marron, 19 Cal.L.Rev. 304, 307 (1931); Note, 41 Ford L.Rev. 639, 641 (1973)

666 Vgl. Pickett v. School District No. One, 25 Wis. 551, 559 (Wis.Sup.1870); Stewart v. Lehigh Valley R.R. Co., 38 N.J.L. 505, 522 ((N.J.Err.& App.1875); Butts v. Wood, 37 N.Y. 317, 318 (N.Y.Sup.1867); Ogden v. Murray, 39 N.Y. 202, 207 (N.Y.App.1868); Munson v. Syracuse, Geneva & Corning R.R. Co., 103 N.Y. 58, 73; 8 N.E. 355 (N.Y.App.1886).

667 Vgl. Cumberland Coal & Iron Co. v. Sherman, 30 Barb. 553 (N.Y.Sup.1859), repr'd Am.L.Reg., Vol.8, No. 6, 333, 352 (1860); Hoffmann Steam Coal Co. v. Cumberland Coal & Iron Co., 16 Md. 456, **63 (Md.App.1860).

Aktionäre einer Corporation aber geführt werden, ließ sich die Vermutung treuwidrigen Verwaltungshandelns durch Nachweis der Fairness des Geschäfts zur Überzeugung des Gerichts widerlegen. Charakteristisch für die anti-*fairness*-Methode ist demnach, dass sich eine gerichtliche Beurteilung des Geschäfts nach den Kriterien einer Fairness nicht schon mit einer Autorisierung des Geschäfts durch *board*-Beschlusses erzielen ließ, sondern nur im Falle einer entsprechenden Zustimmung durch die Gesellschafter[668]. Ohne deren Zustimmung blieb die gerichtliche Prüfung des Geschäfts auf die Frage begrenzt, ob die Anfechtung form- und fristgerecht erfolgt war[669].

bb) Dogmatische Begründung der Kontrollkriterien

Die anti-*fairness* Methode basiert auf einer rigiden Analogiebildung der Regeln aus *law* und *equity*, welche sich zum eigenmächtigen Erwerb anvertrauter Güter durch einen *fiduciary* herausgebildet hatten. Corporations sollten ihr Anfechtungsrecht bei Geschäften mit Leitungsorganen ebenso ohne richterliche Beurteilung ihrer Fairness geltend machen können, wie es einem *entrustor* in Fällen gewährt worden ist, in denen ein *trustee* oder *agent* hinsichtlich des anvertrauten Vermögens mit sich selbst kontrahierte oder in denen Mitglieder einer Gruppe von *fiduciaries* ein anvertrautes Vermögensgut erworben hatten[670]. Vorbildwirkung erlangte die Urteilspraxis angelsächsischer Gerichte[671], welche die Sichtweise vertraten: „*It would be undesirable (...) to relax the rules relating to dealings between trustees and beneficiaries*“[672]. Kennzeichnend für die anti-*fairness* Methode ist die Einordnung der Aktionäre als alleiniger *entrustor*. Grundlage dafür bildet der Gedanke, dass die Vermögensinteressen der Anteilseigner in ihrer Gesamtheit im Innenverhältnis von den *board*-Mitgliedern

---

668 Siehe eingehend dazu unter Glpkt. § 5 B. III.

669 Siehe eingehend dazu unter Glpkt. § 5 B. IV.

670 Vgl. Cumberland Coal & Iron Co. v. Sherman, 30 Barb. 553 (N.Y.Sup.1859), repr'd Am.L.Reg., Vol.8, No. 6, 333, 349 (1860); Pickett v. School District No. One, 25 Wis. 551, 553 (Wis.Sup.1870); Morgen v. King, 27 Colo. 539, 555 (Colo.Sup.1900); Port v. Russel, 36 Ind. 60 **8 (Ind.Sup.1871); Munson v. Syracuse, Geneva & Corning R.R. Co., 103 N.Y. 58, 73; 8 N.E. 355 (N.Y.App.1886).

671 Vgl. Benson v. Heathorn, 1 You.&Coll., 326 [62 Eng.Rep. 909] (1842); Imperial Mercantile Credit Ass. v. Coleman, 6 Ch.App. 558 (L.R.1871), rev'd, 6 H.L. 189 (1873); m.w.N.: Sealy, 1967 Cam.L.J. 83, 96 (1967); Parsons, 5 Melbourne U.L.Rev. 395, 399 (1967).

672 Siehe *Sir Richard Baggallay* in North-West Transportation Co. v. Beatty, 12 App.Cas. 589, 600 (P.C.1887; a.t.f. Canada).

- gleich einem *trustee* - verwaltet und im Außenverhältnis - gleich einem *agent* - wahrgenommen werden, so dass stets die Geschäfte deren Autorisierung bedürfen, die aufgrund eines Interessenkonflikts von Leitungsorganen treuwidriges Handeln vermuten lassen[673].

Argumentiert wurde weiterhin damit, dass Gesellschafter einer Corporation stets Anspruch darauf hätten, dass sich jedes *board*-Mitglied an der kollektiven Meinungsbildung in einer Versammlung beteiligt und auf Basis der ausgetauschten Informationen sowie Kenntnissen im Interesse der Aktionäre entscheidet[674]. Deren Treuebindung gegenüber Anteilseignern lasse von jedem einzelnen *director* eine unbefangene wie unabhängige Meinungsbildung erwarten[675]. Dieser Anspruch sei von jenen *directors* nicht zu erfüllen, die (auch) im Eigeninteresse an der Autorisierung eines Geschäfts der Corporation teilnehmen würden, weil aufgrund des Interessenkonflikts eine unvoreingenommene Willensbildung unwahrscheinlich sei[676]. Zudem würde sich ein nicht an der Meinungsbildung mitwirkendes *board*-Mitglied treuwidrig verhalten, weil den Anteilseignern dadurch nicht auch dessen Erfahrungen und Kenntnisse zugutekommen würden. Wohl nicht zuletzt deshalb erlangte der Einwand eines als befangen geltenden *directors* wenig Gehör, wenn dieser vorgab, an der Beratung und Beschlussfassung seiner Kollegen nicht mitgewirkt zu haben. Die Gerichte erwiderten darauf vielmehr, dass die Loyalität des *fiduciary* nicht dadurch reduziert werde, dass neben ihm weitere *fiduciaries* mit der Geschäftsbesorgung betraut seien[677].

---

673 Vgl. Cumberland Coal & Iron Co. v. Sherman, 30 Barb. 553 (N.Y.Sup.1859), repr'd, Am.L.Reg., Vol.8, No. 6, 333, 351 (1860); Pickett v. School District No. One, 25 Wis. 551, 553 (Wis.Sup.1870); Port v. Russel, 36 Ind. 60, 66 (Ind.Sup.1871).

674 Vgl. Stewart v. Lehigh Valley R.R. Co., 38 N.J.L. 505, 523 (N.J.Ct.Err.&App.1875); Ogden v. Murray, 39 N.Y. 202, 207 (N.Y.App.1868); Beers v. New York Life Ins. Co., 20 N.Y.S. 788, 794 (N.Y.Sup.1892); siehe m.V.d. in: Tenison v. Patton, 95 Tex. 284, 292 (Tex.Sup.1902).

675 Siehe m.N.: Morawetz, Corporations, § 527, S. 494 (1886); Carp, 29 Cal.L.Rev. 480, 484 (1941); Ballantine, Corporations, § 67 S. 171 (1946); ders. Corporation Law, § 123, S.384 (1930); Note, 61 Harv.L.Rev. 335, 340 (1948); Bulbulia/Pinto, 53 Notre Dame Law., 201, 203 (1978).

676 Vgl. Hoffmann Steam Coal Co. v. Cumberland Coal & Iron Co., 16 Md. 456, **67 (Md. App.1860); Ogden v. Murray, 39 N.Y. 202, 207 (N.Y.App.1868); Hoyle v. Plattburgh & Montreal R.R. Co., 54 N.Y. 314, 329 (N.Y.App.1873).

677 Vgl. Stewart v. Lehigh Valley R.R. Co., 38 N.J.L. 505, 523 ((N.J Err.&App.1875); Beers v. New York Life Ins. Co., 20 N.Y.S. 788, 795 (N.Y. Sup.1892). Sheltor v. Homer, 46 Mass.462, 468 (Mass.Sup.1843).

Fernerhin sahen sich die Anhänger der anti-*fairness* Methode aufgrund der freundschaftlichen oder kollegialen Bande unter Leitungsorganen außerstande, zu beurteilen, ob die Meinungsbildung unter den übrigen Entscheidungsträgern durch den als befangen geltenden *director* beeinflusst worden war, wenn er an der *board*-Versammlung teilgenommen oder von seinem Stimmrecht Gebrauch gemacht hatte[678]. Beispielhaft hierfür sind die Entscheide Kelsey v. Sargent[679] und Beers v. New York Life Ins. Co.[680], worin ein *board*-Beschluss für ungültig befunden worden war, weil der befangene *director* - im ersten Fall - neben 3 weiteren *directors* durch Abgabe der Stimme an der *board*-Sitzung teilgenommen[681] und - im zweiten Fall - bloß als Versammlungsleiter, Protokollführer und Stimmenauszähler agiert hatte[682]. In beiden Urteilen sah das Gericht im Handeln des *director* eine unlautere Einflussnahme auf den Prozess der Meinungsbildung der Entscheidungsträger. Richterliche Bestätigung fand damit eine Argumentation, die sich auch in den ‚*Munson*'-Fällen[683] zeigt, wonach die ‚*great rule of law*' unabhängig davon gelte, ob das Geschäft einer Corporation mit einem Leitungsorgan durch Beschluss mehrheitlich unbefangener *board*-Mitglieder autorisiert worden ist, da sich nur schwerlich beurteilen lasse, ob und inwieweit deren Willensbildung durch den als Gegenpartei der Corporation agierenden *director* beeinflusst worden sei[684]. Nicht selten wurde *Lord Lougborough* in Whichcote v. Lawrence[685] zitiert, dessen Auffassung zufolge, die Gefahr treuwidrigen Verhaltens unter Mitgliedern einer Gruppe von *fiduciaries* nicht geringer sei[686]. Zustimmung fand

---

678 Vgl. Pickett v. School District No. One, 25 Wis. 551, 553 (Wis.Sup.1870); People v. Township Board of Overyssel, 11 Mich. 222, 227 (Mich. Sup.1863); Flint & Pere Marquette Railway Co. v. George M. Dewey, 14 Mich. 477, 487 (Mich.Sup.1866).

679 Vgl. Kelsey v. Sargent, 40 Hun 150 (N.Y.Sup.1886).

680 Vgl. Beers v. New York Life Ins. Co., 20 N.Y.S. 788 (N.Y.Sup.1892).

681 Vgl. Kelsey v. Sargent, 40 Hun 150, 152 (N.Y.Sup.1886).

682 Vgl. Beers v. New York Life Ins. Co., 20 N.Y.S. 788, 795 (N.Y.Sup.1892).

683 Vgl. Munson v. Syracuse, Geneva & Corning R.R. Co, 103 N.Y. 58; 8 N.E. 355 (N.Y.App. 1886); Munson v. Magee, 161 N.Y. 182; 55 N.E. 916 (N.Y.App.1899); Pratt v. Munson, 84 N.Y. 582 (N.Y.Sup.1881); Harpending v. Munson, 91 N.Y. 650 (N.Y.Sup.1883).

684 Vgl. Munson v. Syracuse, Geneva & Corning R.R. Co., 103 N.Y. 58, 74; 8 N.E. 355 (N.Y.App.1886); Munson v. Magee, 161 N.Y. 182; 55 N.E. 916, 919 (N.Y.App.1899); siehe zum Fall unter Glpkt. § 6 B. III.1.; Beveridge 33 Loy.L.A.L.Rev. 97, 112 f. (1999).

685 Vgl. Whichcote v. Lawrence, 3 Ves 740, 751 (30 Eng.Rep. 1248, 1253) (1798); siehe zum Fall bereits unter Glpkt. § 5 A. I. 3.

686 Vgl. Pickett v. School District No. One, 25 Wis. 551, 554 (Wis.Sup.1870); Port v. Russel, 36 Ind. 60, 66 (Ind.Sup.1871).

überdies die Ansicht des Klägeranwalts in Cumberland Coal & Iron Co. v. Sherman[687], wonach die (übrigen) *directors* ihre Unabhängigkeit verlieren, würden sie einem Kollegen gestatten, Gesellschaftsvermögen zu erwerben, weil dadurch eine künftige Erwartungshaltung geschaffen werde[688].

b) Merkmale und Begründung der pro-*fairness* Methode

aa) Kontrollkriterien und Rechtsstatus des Geschäfts

Liberaler als die Anhänger der anti-*fairness* Methode urteilten dagegen die der pro-*fairness* Methode, die das Geschäft nach seiner Fairness würdigten, wenn es ohne Mitwirkung eines befangenen *director* durch ein handlungsfähiges *board* der Corporation autorisiert worden war[689]. Ungeachtet ihrer Fairness wurden nur die Geschäfte gewürdigt, die durch ein eigenmächtiges Verhalten begründet worden sind[690]; deren Autorisierung durch *board*-Beschluss erst unter Einbeziehung der Präsenz oder Stimme eines als Gegenpartei agierenden *director* möglich war[691] oder die im Interesse der Mehrheit der *directors* lagen[692]. Hatte allerdings eine unbefangene beschlussfähige Mehrheit von *directors* für die Corporation gehandelt, war die Vermutung eines treuwidrigen Verhaltens mit dem Nachweis der Fairness des Geschäfts widerlegbar[693]. Einen Prüfungsgegenstand bildete daher stets die Frage, ob sich dessen Autorisierung durch einen Beschluss des *board* ohne die Mitwirkung des als

---

687 Vgl. Cumberland Coal & Iron Co. v. Sherman, 30 Barb. 553 (N.Y.Sup.1859) repr'd Am.L.Reg., Vol.8, No. 6, 333 (1860).

688 Vgl. Cumberland Coal & Iron Co. v. Sherman, 30 Barb. 553 (N.Y.Sup.1859); Am.L. Reg., Vol.8, No. 6, 333, 352 (1860); m.V.d. in Pickett v. School District No. One, 25 Wis. 551, 553 (Wis.Sup.1870); ähnlich: Beers v. New York Life Ins. Co., 20 N.Y.S. 788, 795 (N.Y.Sup.1892).

689 Siehe m.N. unter Glpkt. § 5 B. II. 1. b) cc) aaa); ferner bei: Ballantine, Corporation Law, § 123, S. 387 (1930); Marron, 19 Cal.L.Rev. 304, 307 (1931); Note, 83 U.Pa.l.Rev. 56, 59 (1934); Note, 29 Colum.L.Rev. 338, 340 (1929); Drechsler, 24 A.L.R.2d 71, 91 (1952).

690 Vgl. Alta Silver Mining Co. v. Alta Placer Mining Co., 78 Cal. 629; 21 P. 373 (Cal. Sup.1889); Davis v. Rock Creek L.F.&M. Co., 55 Cal. 364, 364 (Cal.Sup.1880); Barnes v. Lynch, 9 Okla. 11; 59 P. 995 (Okla.Sup.1899).

691 Vgl. Buell v. Buckingham & Co., 16 Iowa 284 (Iowa Sup.1864); Miner v. Belle Isle Co., 93 Mich. 97; 53 N.W. 218 (Mich.Sup.1892); Smith v. Los Angeles Immigration and Land Co-Operative Association, 78 Cal. 289; 20 P. 677 (Cal.Sup.1889).

692 Vgl. Haywood v. Lincoln Lumber Co.,64 Wis. 639; 26 N.W. 184 (Wis.Sup.1885); Mallory v. Mallory Wheeler Co., 61 Conn. 131; 23 A. 708 (Conn.Sup.1891); Jones v. Morrison, 31 Minn. 140; 16 N.W. 854 (Minn.Sup.1883).

693 Siehe m.N. dazu unter Glpkt. § 5 B. II. 1.b) cc) bbb).

Gegenpartei der Corporation handelnden *director* ereignet hatte. Soweit dies zutraf, ließ sich eine Anfechtung nicht mehr allein mit der Vermutung eines treuwidrigen Verhaltens begründen; andernfalls konnte das Geschäft ohne Rücksicht auf eine mögliche Fairness und ohne Nachweis bösgläubigen Handelns zur Aufhebung gebracht werden. Die aus dem Handeln eines Leitungsorgans auf beiden Seiten des Geschäfts abgeleitete Vermutung für treuwidriges Verhalten ließ sich in diesen Fällen nur widerlegen, wenn der Nachweis für eine wirksame Zustimmung der Aktionäre einer Corporation geführt worden ist[694]. Ohne eine solche galt das Geschäft als *constructive fraud*[695].

bb) Dogmatische Begründung der Kontrollkriterien

Die Anhänger der pro-*fairness* Methode bedienten sich für eine Beurteilung des Anfechtungsrechts zwar - ebenso wie jene der anti-*fairness* Methode - einer Analogiebildung des *fiduciary law*, versuchten dabei allerdings die besonderen Regeln der Willensbildung in einer Corporation mit einfließen lassen[696]. Eine Corporation galt danach als handlungsfähig, wenn eine beschlussfähige unbefangene Mehrheit von *board*-Mitgliedern gehandelt hatte[697]. Temporär in der Rechtsmacht begrenzt waren befangene *directors*, denen eine Befähigung für die Ausübung ihres Stimmrechts „pro hac vice" abgesprochen worden war[698].

---

694 Siehe eingehend dazu unter Glpkt. § 5 B. III.

695 Vgl. Moses v. Pratt, 44 Cal. 309, 318 (Cal.Sup.1872); Cumberland Coal and Iron Co. v. Parish, 42 Md. 598, 607 (Md.Sup.1875); Nye v. Storer, 168 Mass. 53, 55; 46 N.E. 402 (Mass.Sup.1897).

696 Vgl. People v. Township Board of Overyssel, 11 Mich. 222, 230 (Mich.Sup.1863); Buell v. Buckingham & Co., 16 Iowa 284, 292 (Iowa Sup. 1864); Clark v. American Coal Co. 86 Iowa 436, 449; 53 N.W. 291, 295 (Iowa Sup.1892); Budd v. Walla Walla Printing & Publishing Co., 2 Wash.Terr. 347, 353; 7 P. 896, 898 (Wash.Sup.1885); Hax v. R.T. Davis Mill Co., 39 Mo.App. 453, 456 (Misso.App.1889); Manuf. Co. v. Badley, 105 U.S. 175, 183; 26 L.Ed. 1031 (1881); Crymble v. Mulvaney, 21 Colo. 203; 40 P. 499 (Colo. Sup.1895); Fort Payne Rolling Mill v. Hill, 174 Mass. 224, 225; 54 N.E. 532 (Mass. Sup.1899); Farwell v. Babcock & Brown, 27 Tex.Civ.App. 162, 168; 65 S.W.509 (Tex. App.1901).

697 Vgl. Buell v. Buckingham & Co., 16 Iowa 284, 293 (Iowa Sup.1864); Curtin v. Salmon River Hydraulic Gold Mining & Ditch Co., 130 Cal. 345, 349; 62 P. 552 (Cal.Sup.1900); Tenison v. Patton, 95 Tex. 284, 293 (Tex.Sup.1902).

698 Vgl. Hope v. Valley City Salt Co., 25 W.Wa. 789, 807 (W.Va.Sup.1885); Curtin v. Salmon River Hydraulic Gold Mining & Ditch Co., 130 Cal. 345, 349; 62 P. 552 (Cal.Sup.1900); Tenison v. Patton, 95 Tex. 284, 293 (Tex.Sup.1902).

Hatte eine unbefangene Beschlussmehrheit entschieden, galt eine Corporation als angemessen vertreten, selbst wenn ein als Gegenpartei handelndes Leitungsorgan an der Sitzung des *board* teilgenommen oder von seinem Stimmrecht als *director* Gebrauch gemacht hatte[699]. Bei solchen *board*-Beschlüssen sahen sich die Gerichte imstande, die Frage des (Fort-)Bestands des Geschäfts im Lichte der Fairness zu prüfen, soweit hierzu vom befangenen Leitungsorgan vorgetragen worden war[700]. Mangelte es jedoch an einer sachgerechten Vertretung der Corporation, weil das befangene Leitungsorgan eigenmächtig gehandelt oder am *board*-Beschluss mitgewirkt hatte, wurde zum einen nach der *two-party-rule*[701] argumentiert, weil es - faktisch betrachtet - an korrespondierenden Erklärungen personenverschiedener Parteien fehlte, und zum anderen nach den *equity*-Prinzipien, weil durch das Handeln auf beiden Seiten des Geschäfts bewusst ein Interessenkonflikt geschaffen und damit gegen die Loyalitätspflicht verstoßen worden sei[702].

cc) Erläuterung der Kontrollkriterien im Einzelnen

aaa) Autorisierung des Geschäfts durch unbefangene Verwaltungsorgane

Nach der pro-*fairness* Methode waren stets solche Geschäfte einer Fairness-Betrachtung zugänglich, die durch *board*-Beschluss ohne Mitwirkung eines befangenen *director* wirksam autorisiert worden sind. Hierfür galt es nachzuweisen, dass ohne die Einbeziehung der Gegenwart oder Stimme eines befangenen *director* ein Mehrheitsbeschluss in einer beschlussfähigen Sitzung des

---

699 Vgl. Clark v. American Coal Co. 86 Iowa 436, 449; 53 N.W. 291, 295 (Iowa Sup.1892); Budd v. Walla Walla Printing & Publishing Co., 2 Wash.Terr. 347, 353; 7 P. 896, 898 (Wash.Sup.1885); Hax v. R.T. Davis Mill Co., 39 Mo.App. 453, 456 (Misso.App.1889); Smith v. Skeary, 47 Conn. 47 (Conn.Sup.1879); San Antonio State Ry v. Adams, 26 S.W. 1040 (Tex.Sup.1894); Tenison v. Patton, 95 Tex. 284, 294 (Tex.Sup.1902).

700 Vgl. Buell v. Buckingham & Co., 16 Iowa 284, 293 (Iowa Sup.1864); Tenison v. Patton, 95 Tex. 284, 293 (Tex.Sup.1902); zugl. Bulbulia/ Pinto, 53 Notre Dame Law. 201, 203 Fn. 19 (1978); siehe zur Frage nach der *fairness* eines Geschäfts unter Glpkt. § 5 B. II. 1. b) cc).

701 Siehe bereits unter Glpkt. § 5 A. III. 1.-3.

702 Vgl. People v. Township Board of Overyssel, 11 Mich. 222, 229 (Mich.Sup.1863); Miner v. Belle Isle Ice Co., 93 Mich. 97, 110; 53 N.W. 218 (Mich.Sup.1892); Haywood v. The Lincoln Lumber Co., 64 Wis. 639, 647; 26 N.W. 184 (Wisc.Sup.1885); Pacific Vinegar & Pickle Works, v. Smith, 145 Cal. 352, 362; 78 P. 550 (Cal. Sup.1904).

board zustande gekommen war[703]. Konnte der Nachweis einer sog. ‚*disinterested majority of a quorum of the entire board*' geführt werden, wurde der *board*-Beschluss nicht schon deshalb für anfechtbar erklärt, weil ein befangener *director* in einer Sitzung seiner unbefangenen Kollegen präsent war oder an der Abstimmung teilgenommen hatte[704]. Als eine Umgehung des Mitwirkungsverbots wurde bisweilen das sog. ‚*reciprocal voting*' qualifiziert, welches dann vorliegt, wenn in einer Versammlung hinsichtlich eines alle *board*-Mitglieder betreffenden Gegenstands mehrere Einzelbeschlüsse jeweils ohne Mitwirkung des davon konkret betroffenen *director* gefasst worden sind, wie z.B. bei Einzelbeschlüssen zwecks einer Festlegung der Leistungsvergütung[705]. Mit Ausnahme im Fall Funsten v. Funsten Commission Co.[706] fand stets eine ganzheitliche Analyse statt, weil nicht mit Sicherheit ausgeschlossen werden könne, dass die Kollegen in der Erwartung abstimmen, der begünstigte Kollege werde sodann ebenso wohlwollend für seine vormalige Fürsprecher votieren[707].

Gleichermaßen befürworteten die Gerichte eine Überprüfung der Fairness in Fallkonstellationen, in denen das Geschäft der Corporation zwar nicht formell durch *board*-Beschluss autorisiert worden war, wohl aber die Zustimmung durch einen ranghöheren sowie bevollmächtigten Vertreter gefunden hatte[708]. Exemplarisch hierfür ist der Entscheid Louisville, New Albany & Chicago Railway. Co. v. Carson[709], in dem eine Corporation auf Zahlung von Mietzinsen

---

703 Vgl. Miner v. Belle Isle Ice Co., 93 Mich. 97, 110; 53 N.W. 218 (Mich.Sup.1892); McNulta v. Corn Belt Bank, 164 Ill. 427, 448; 45 N.E. 954 (Ill.Sup.1896); Ravenswood Ry. Co. v. Woodyard, 46 W.Va. 558; 33 S.E. 285 (W.Va.Sup.1899).

704 Morawetz, Corporations, § 522, S. 489 (1886); Ballantine, Corporations, § 45 S. 131 (1946); Note, 29 Colum.L.Rev. 338 1929); Note, 83 U.Pa.L.Rev. 56, 59 (1934); Marron, 19 Cal. L.Rev. 304, 306 (1931); Stevens, Corporations, § 148, S. 682 (1949).

705 Vgl. Mallory v. Mallory Wheeler Co., 61 Conn. 131, 136; 23 A 708 (Conn.Sup.1891; Jones v. Morrison, 31 Minn. 140; 16 N.W. 854 (Minn.Sup.1883); McNab v. McNab & Harlin Mfg. Co., 16 N.Y.S. 448 (N.Y.Sup.1891); aff'd, 133 N.Y. 687; 31 N.E. 627 (N.Y.App.1892).

706 Vgl. Funsten v. Funsten Commission Co., 67 Mo.App. 559 (Misso.App.1896).

707 Vgl. Haywood v. Lincoln Lumber Co., 64 Wis. 639, 648; 26 N.W. 184 (Wisc.Sup.1885); Sagalyn v. Meekins, Packard & Wheat, 290 Mass. 434; 195 N.E. 769 (Mass.Sup. 1934); m.w.N.: Habeeb, 175 A.L.R. 577, 593 (1948); Collings, 38 Cal.L.Rev. 906, 909 (1959).

708 Morawetz, Corporations, § 527, S. 494 (1886); Ballantine, Corporation Law, § 123 S. 387 (1930); Marron, 19 Cal.L.Rev. 304, 307 (1931).

709 Vgl. Louisville, New Albany & Chicago Railway. Co. v. Carson, 151 Ill. 444; 38 N.E. 140 (Ill.Sup.1894).

an einen ihrer *inside directors* verurteilt wurde, obwohl dieser den Mietvertrag namens der Corporation als deren *managing director* unterzeichnet hatte. Zur Begründung führte das Gericht aus, die Corporation sei vom *board*-Präsidenten vertreten worden, weil der befangene *officer* auf dessen Anweisung in Kenntnis der übrigen *directors* gehandelt habe[710]. Eigenmächtig und damit treuwidrig hätte dieser nur gehandelt, wenn er ohne Anweisung des Präsidenten und ohne Einbeziehung der übrigen *board*-Mitglieder namens der Corporation tätig geworden wäre[711]. Das Gericht folgte hierbei *Morawetz*, der in seinem Werk zum Corporation Law ausführt, dass *directors* wie *officers* mit ihrer Gesellschaft stets kontrahieren können, wenn diese vertreten wurde durch einen anderen entsprechend bevollmächtigten *officer*[712].

bbb) Autorisierung im Lichte einer personellen wie sachlichen Fairness

Für eine Beschreibung des Fairness-Begriffs bedienten sich die Gerichte der Prinzipien der *equity* zur Beurteilung eines autorisierten Eigen-/Fremderwerbs anvertrauten Vermögens durch einen *fiduciary*[713]. Verzichtet wurde hierbei auf eine Definition des Begriffs[714], was wiederum nicht ungewöhnlich war aufgrund der im traditionellen Rechtsbildungsverständnis wurzelnden Abneigung vor einer Abstrahierung des Rechts[715]. Den Beweis der Fairness des Geschäfts konnte ein im Eigeninteresse handelndes Leitungsorgan führen, indem es Tatsachen vortrug, die eine Autorisierung des Geschäfts durch einen *board*-Beschluss belegten, der sich innerhalb der Grenzen des Handlungsermessens der *directors* der Corporation vollzogen hatte, also auf kein betrügerisches, rechts-/satzungswidriges oder verschwenderisches Handeln schließen ließ, und in Kenntnis aller wesentlichen Umstände des Geschäfts ohne eine unlautere Einflussnahme auf die Willensbildung der Beschließenden in gutem Glauben die Vorteilhaftigkeit des Geschäfts ergangen war.

---

710 Vgl. Louisville, New Albany & Chicago Railway. Co. v. Carson, 151 Ill. 444, 449; 38 N.E. 140, 141 (Ill.Sup.1894).

711 Vgl. Louisville, New Albany & Chicago Railway. Co. v. Carson, 151 Ill. 444, 449; 38 N.E. 140, 141 (Ill.Sup.1894).

712 Vgl. a.a.O m.V.a. Morawetz, Corporations, § 527, S. 494 (1886).

713 Siehe bereits unter Glpkt. § 5 A. III. 4.

714 Vgl. McNulta v. Corn Belt Bank, 164 Ill. 427; 45 N.E. 954 (Ill.Sup.1896); Adams v. Burke, 201 Ill. 395, 66 N.E. 235 (Ill.Sup.1903); ebenso: Note, 61 Harv. L. Rev. 335, 337 (1948); Note, 41 Ford.L.Rev. 639, 662 (1973); Hetherington, 1961 Wis.L.Rev. 92, 149 f. (1961).

715 Siehe bereits unter Glpkt. §§ 3-4.

aaaa) Keine unlautere Einflussnahme auf die Meinungsbildung

Eine Parteilichkeit der Entscheidungsträger wurde im Sinne der Lehre von der *undue influence*[716] in Abhängigkeit vom Handeln und der Stellung eines interessierten Leitungsorgans grundsätzlich vermutet. Zweifel an einer freien und ungehemmten Meinungsbildung begründeten nicht bereits die Gegenwart oder Teilnahme eines befangenen Exekutivmitglieds an dem Prozess der Entscheidungsfindung im *board*[717]. Grundsätzlich irrelevant waren daher kollegiale und freundschaftliche Bande unter *board*-Mitgliedern[718]. Kritisch analysiert wurde die Frage nach der Unvoreingenommenheit von Entscheidungsträgern jedoch, wenn das am Geschäft interessierte Leitungsorgan zugleich herrschender Aktionär der Corporation war. Dies fußt auf der Tatsache, dass ein herrschender Aktionär durch seinen Kapital- und Stimmrechtsanteil im Wege der (Ab-)Berufung einer Mehrheit der *board*-Mitglieder die Geschäftspolitik beeinflussen kann und demzufolge auch den Ausgang von *board*-Beschlüssen über Geschäfte in dessen Eigeninteresse[719]. Wie das Urteil in Adams v. Burke[720] zeigt, wurden daher stets jene *board*-Mitglieder für abhängig erklärt, deren Wiederwahl über Jahre hinweg vom herrschenden (*director*-)Aktionär gewährleistet worden war. Solche *directors* sind - wie z.B. in diesem Fall - als die ‚Diener' ihres ‚Herrn' qualifiziert worden[721], oder wurden, wie in im Fall Miner v. Belle Isle Ice Co.[722], als ‚*dummies*' benannt, denen wegen ihres Interesses an der eignen Wiederwahl die Unparteilichkeit für die Autorisierung solcher Geschäfte abzusprechen sei[723].

bbbb) Kenntnis über die wesentlichen Umstände des Geschäfts

Für den Nachweis einer Willensbildung in Kenntnis aller wesentlichen Umstande war es erforderlich, dass die Motive für die Vornahme des Geschäfts aus Sicht des

---

716 Siehe bereits unter Glpkt. § 5 A. III. 4. a) bb).

717 Vgl. Clark v. American Coal Co. 86 Iowa 436, 449; 53 N.W. 291, 295 (Iowa Sup.1892); Budd v. Walla Walla Printing & Publishing Co., 2 Wash.Terr. 347, 353; 7 P. 896, 898 (Wash.Sup.1885); Hax v. R.T. Davis Mill Co., 39 Mo.App. 453, 456 (Misso.App.1889).

718 Siehe im Vergleich zur anti-*fairness* Methode unter Glpkt. § 5 B. II. 1. a).

719 Siehe m.w.N. dazu unter Glpkt. § 5 B. III. 1.

720 Vgl. Adams v. Burke, 201 Ill. 395; 66 N.E. 235 (Ill.Sup.1903).

721 Vgl. Adams v. Burke, 201 Ill. 395, 399, 66 N.E. 235 (Ill.Sup.1903) m.V.a. McNulta v. Corn Belt Bank, 164 Ill. 427, 448; 45 N.E. 954 (Ill.Sup.1896); ähnlich: Strouse v. Sylvester, 6 Cal.Unrep. 798; 66 P 660 (Cal.Sup.1901).

722 Vgl. Miner v. Belle Isle Ice Co., 93 Mich. 97, 110; 53 N.W. 218 (Mich.Sup.1892).

723 Vgl. Miner v. Belle Isle Ice Co., 93 Mich. 97, 110-111; 53 N.W. 218 (Mich.Sup. 1892); m.V.d. Marron, 19 Cal. L.Rev. 304, 307 (1931).

interessierten Leitungsorgans offenlagen. Mitteilungspflichtig waren zudem die Faktoren, welche den Wert der angebotenen Leistung bestimmten, einschließlich der Kosten für deren Erstanschaffung oder etwaiger Vorteile aus steuerrechtlicher Sicht[724]. Der Nachweis über die Kenntnis der entscheidungserheblichen Geschäftsumstände war ein Indiz dafür, dass mit der gebotenen Sorgfalt über das Für und Wider des Geschäfts reflektiert werden konnte und, dass das befangene Verwaltungsorgan redlich gehandelt hatte, insbesondere über alle im Bereich des persönlichen Sonderwissens liegenden Umstände berichtet hatte[725]. Als *misrepresentation* galt es daher, wenn wesentliche Tatsachen nicht, nur unzureichend oder in unzutreffender Form offengelegt wurden und eine Fehlvorstellung über entscheidungserhebliche Gesichtspunkte bei den Entscheidungsträgern entweder hervorgerufen oder unterhalten worden ist[726].

cccc) Handeln in gutem Glauben an die sachliche Fairness des Geschäfts

Schließlich musste die Entscheidung der *director* ein Handeln in gutem Glauben klar erkennen lassen. Eine entsprechende Geisteshaltung wurde *board*-Mitglieder regelmäßig bei jenen Geschäften attestiert, die die Gesellschaft nicht benachteiligten und den Kriterien eines *‚arm's length bargain‘* entsprachen. Erforderlich dafür war, dass die Bedingungen des Geschäfts zur Zeit seiner Autorisierung entweder einem Drittvergleich standhielten, einem hypothetischen Vergleich aufgrund objektiv bestimmbarer Faktoren zur Werthaltigkeit zugänglich waren oder laut Sachverständigengutachten fair erschienen[727]. Für einen Drittvergleich bedurfte es des Nachweises, dass das Geschäft zu den gleichen Konditionen von einer im Vergleichsmarkt schon tätigen wirtschaftlich unabhängigen Person abgeschlossen worden wäre. Konnte auf marktübliche Alternativgeschäfte nicht rekurriert werden, galt das Geschäft als angemessen, wenn dessen Bedingungen, insbesondere die Werthaltigkeit der im Synallagma stehenden Leistungen objektiv bestimmbar waren, und einer hypothetischen Angemessenheitsbetrachtung standhielten, oder die der Corporation zugeflossenen Leistung im Vergleich zur

---

724 Siehe m.N. zur '*duty of disclosure*'bereits unter Glpkt. 4 C. II.

725 Stewart v. St. Louis, FT.S & W.R.Co., 41 F.734, 738 (C.C.D. Kans.1887); m.w.N. Brice, A Treatise, § 447-487 (1880); Note, 61 Harv.L.Rev. 335, 338 (1948); Beveridge, 33 Loy L.A.L.Rev. 97, 103 (1999).

726 Siehe m.N. zur *‚misrepresentation‘* bereits unter Glpkt. § 5 A. III. 4. a) aa).

727 Vgl. Ryan v. The Leavenworth, Atchinson & Northwestern Railway Co., 21 Kan. 365 (Kan.Sup.1879); Hubbard v. New York, N.E. & W. Investment Co., 14 F. 675, 676 (C.C.D. Mass.1882); Booth v. Land Filling & Improvement Co., 68 N.J.Eq. 536, 543; 59 A. 767 (N.J.Eq.1904).

Gegenleistung als werthaltiger erschien[728]. Eines Sachverständigengutachtens bedurfte es, wenn mangels Vergleichsmarkt weder ein Drittvergleich noch eine Werthaltigkeitsanalyse der Leistungen mangels verwertbarer Informationen in Betracht kam.

c) Merkmale und Begründung der pur-*fairness* Methode

aa) Kontrollkriterien und Rechtsstatus des Geschäfts

Die pur-*fairness* Methode bildete von Anbeginn den Prüfungsmaßstab bei Geschäften im Sinne eines (mit Unternehmenswerten besicherten) Darlehen an die Corporation durch eines ihrer Leitungsorgane[729]. Wie schon die Namensgebung unschwer vermuten lässt, ist für die pur-*fairness* Methode kennzeichnend, dass die Kriterien der prozeduralen wie sachlichen Fairness auch in Fällen den Kontrollmaßstab bildeten, in denen als Gegenpartei handelnden *directors* an der Autorisierung eines Geschäfts mitgewirkt hatten. Zurückverfolgen lässt sich diese Methode bei Darlehnsgeschäften bis zur Mitte des 19. Jahrhunderts[730]. Beispielhaft dafür ist die Argumentation des Gerichts im Urteil Leavitt v. Oxford & Geneva S.M. Co.[731], wonach ein *board*-Beschluss über eine Darlehensvergabe schon deshalb für ungültig zu erklären sei, weil das *board* nicht ohne die Mitwirkung des darlehensgebenden *director* beschlussfähig gewesen wäre; entscheidungserheblich sei nur, dass sich der *director* weder arglistig noch bösgläubig verhalten habe[732]. Ähnlich erging die Begründung im Fall Wyman v. Bowman[733], worin es um eine Darlehensvergabe

728 Vgl. Pepper Litton, 308 U.S. 295, 306 (1939), m.V.a. Twin-Lick Oil Co. v. Marbury, 91 U.S. 587, 590 (1875); zugleich: Moriatty v. James Butler Grocery Co., 261 App. Div. 20; 24 N.Y.S.2d 105 (N.Y.Sup.1940).

729 Note, 29 Colum.L.Rev. 338, 342 (1929); Note, 61 Harv.L.Rev. 335, 336 (1948); Marsh, 22 Bus.Law. 35, 68 (1966).

730 Vgl. Central R.R. & Banking Co. of Georgia v. Clayhorn, 17 S.C.Eq. (Speers Eq.) 545, 562 (1844); Hayward v. Pilgrim Society, 38 Mass. 270, 276 (Mass.Sup.1838); Justice *Ryland* in: City of St. Louis & County of St. Louis v. Alexander, 23 Mo. 483, 527 (Misso.Sup.1856); Stratton v. Allen, 16 N.J.Eq. 229, 232 (N.J.Ch.1863); Harts v. Brown, 77 Ill. 226, 231 (Ill.Sup.1875); Sutter Streeet R.R. Co. v. Baum, 66 Cal. 44; 4 P. 916 (Cal.Sup.1884); Mullanphy Savings Bank v. Schott, 135 Ill. 655, 666; 26 N.E. 640 (Ill. Sup.1891).

731 Vgl. Leavitt v. Oxford & Geneva S.M. Co., 3 Utah 265; 1 P 356 (Utah Sup.1883).

732 Vgl. Leavitt v. Oxford & Geneva S.M. Co., 3 Utah 265, 270 & 273, 1 P 356 (Utah Sup.1883).

733 Vgl. Wyman v. Bowman, 127 F. 257 (8th Cir.1904).

ging, welche ebenfalls durch die Stimmen der als Gegenpartei handelnden *directors* autorisiert worden war[734]. Einem *arm's length bargain* würden solche Darlehen genügen, die einen marktüblichen Zinssatz haben, mit Blick auf die Finanzlage der Corporation als wirtschaftlich notwendig erachtet werden konnten und hinsichtlich des Geldbetrages und Sicherungsgutes kein auffälliges Missverhältnis erkennen lassen[735].

bb) Dogmatische Begründung der Kontrollkriterien

Die pur-*fairness* Methode fußt auf der Überlegung, dass es den finanzpolitischen wie ökonomischen Interessen einer Corporation widersprechen würde, (Kredit-) Geschäfte mit Leitungsorganen ungeachtet der Fairness schon aufgrund der bloßen Vermutung treuwidrigen Verhaltens für anfechtbar zu erklären. Anerkennung findet der Gedanke, dass Leitungsorgane im Vergleich zu Dritten oftmals eher bereit seien, ihrer Corporation ein Darlehen - ggf. zu günstigeren Konditionen - zu gewähren, da sie den Nutzen des Geschäfts aufgrund ihrer Einblicke in die Unternehmensbelange besser erkennen als es Dritten glaubhaft vermittelt werden könnte, oder weil sie darauf vertrauen, aus ihrem Geschäft keinen Nachteil zu erleiden. Im Lichte dessen konstatierte auch der U.S. Supreme Court im Urteil Twin-Lick Oil Co. v. Marbury[736], dass einer Corporation nicht die Möglichkeit genommen werden dürfe, mit Personen zu kontrahieren, die gerade durch die Amtsstellung ein Interesse an deren wirtschaftlichen Fortbestand bekundet haben[737]. Bestätigung erlangte damit eine Einschätzung aus dem Urteil Central R.R. & Banking Co. v. Clayhorn[738], wonach es für eine Corporation gerade in Krisenzeiten nicht einfach sei, Dritte als Geldgeber zu finden, die ebenso bereit wären, ein (besichertes) Darlehen zu einem marktüblichen Zinssatz zu vereinbaren[739]. Ähnliche Erwägungen finden sich in der Entscheidung Wyman

734 Vgl. Wyman v. Bowman, 127 F. 257, 275 (8th Cir.1904).

735 Vgl. Twin-Lick Oil Co. v. Marbury, 91 U.S. 587, 589 (1875); Smith v. Skeary, 47 Conn. 47, 54 (Conn.Sup.1879); Leavitt v. Oxford & Geneva S.M. Co., 3 Utah 265, 275; 1 P 356 (Utah Sup.1883); Harts v. Brown, 77 Ill. 226, 231 (Ill.Sup.1875).

736 Vgl. Twin-Lick Oil Co. v. Marbury, 91 U.S. 587 (1875).

737 Vgl. Twin-Lick Oil Co. v. Marbury, 91 U.S. 587, 589 (1875); ebenso: Morawetz, Corporations, § 527, S. 528 (1886); Note, 61 Harv.L.Rev. 335, 336 (1948); Note, 83 U.Pa.L.Rev. 56, 62 (1934), Stevens, Corportions, § 148, S.679 (1949).

738 Vgl. Central R.R. & Banking Co. of Georgia v. Clayhorn, 17 S.C.Eq. (Speers Eq.) 545 (1844).

739 Vgl. Central R.R. & Banking Co. of Georgia v. Clayhorn, 17 S.C.Eq. (Speers Eq.) S. 545, 562 (1844).

v. Bowman[740], wonach einer Corporation bei der generellen Anfechtbarkeit eines (Darlehens-)Geschäfts per se die Möglichkeit genommen werde, in einer Notlage die finanzielle Hilfe eines ihrer Leitungsorgane in Anspruch zu nehmen[741].

2. Geschäfte zwischen personell verflochtenen Corporations

Analysiert man nunmehr die Gerichtspraxis zur Frage des Anfechtungsrechts einer Corporation bei Geschäften zwischen zwei auf Leitungsebene verflochtenen Unternehmen, so ist zunächst festzustellen, dass *interlocking directorates* nicht zwangsläufig die Unwirksamkeit eines Geschäfts zur Folge hatten, soweit nicht schon die Satzung einer Corporation das Verbot einer personellen Verflechtung bestimmte. Justiziare Anerkennung fand dabei die unternehmerische Freiheit von Personen zur Wahrnehmung von Management- oder Kontrollaufgaben in mehreren, auch miteinander konkurrierenden, Unternehmen[742]. Ebenso dürfte Beachtung gefunden haben, dass personelle Verflechtungen zwischen Unternehmen im Zuge einer stetig voranschreitenden Industrialisierung der Bundesstaaten zwangsläufig dann entstehen, wenn Aktionäre gewillt sind, Verwaltungsmandate an geeignete und sachkundige Personen zu vergeben. Überkreuzverflechtungen zwischen zwei Corporations sind in der Praxis regelmäßig dann anzutreffen, wenn (non-)*director officers* der einen Gesellschaft auch im *board* einer anderen Gesellschaft amtieren oder wenn *outside directors* einer Gesellschaft in einer anderen Gesellschaft bloß als *officer* fungieren. Wettbewerbsrechtlich ist von ‚*direct interlocks*' die Rede, wenn eine Verflechtung zwischen zwei auf gleicher Wirtschaftsstufe tätigen Unternehmen besteht; von ‚*indirect interlocks*' spricht man hingegen, wenn die *directors* zweier konkurrierender Corporations ebenfalls für ein drittes Unternehmen auftreten, das sich jedoch auf einer anderen Wirtschaftsstufe befindet, wie z.B. bei den Tochterunternehmen von zwei miteinander konkurrierenden Gesellschaften[743].

---

740 Vgl. Wyman v. Bowman, 127 F. 257 (8th Cir.1904).

741 Vgl. Wyman v. Bowman, 127 F. 257, 273 (8th Cir.1904); ähnlich: Illinois Steel Co. v. O'Donnell, 41 N.E. 185, 188 (Ill.Sup.1895).

742 Vgl. Leavensworth County Commissioners v. Chicago, Rock Island & Pacific Railway Co., 134 U.S. 688, 705, 707; 10 S. Ct. 708 (1890); San Diego, Old Town & Pacific Beach R.R. Co. v. Pacific Beach Co., 112 Cal. 53, 58 (Cal.Sup.1896).

743 Näher zu den Varianten von *interlocking directorates* bei: Pennings, Interlocking Directorates, S. 10 f. (1980); Note, 11 U.Mich. J.L.Rev. 361, 365 (1978); Cmt., 38 Rutgers L.Rev. 165, 168 (1985); siehe zur historischen Entwicklung auch: Sonquist/Koenig, 3 Insurgent Sociologist 196, 198 ff (1975); Roy, 2 Soc.Science Hist. 143, 144, 149 ff (1983); Ebke, ZGR 1990, S. 50, 51 (1990).

Doppel-/Mehrfachmandate begründen bei Verträgen zwischen zwei auf Ebene ihrer *board*-Mitglieder verflochtenen Corporations durch die konfligierenden Treuepflichten der für beide Parteien amtierenden *directors* die Gefahr eines Handelns zum Nachteil der einen und zum Vorteil der anderen Gesellschaft. Begegnet werden konnte der Gefahr durch Geltendmachung des Rechts auf Anfechtung des Geschäfts, soweit der (Treu-)Pflichtenkonflikt der betreffenden *directors* nicht sachgerecht aufgelöst worden war. Für dessen Prüfung folgten die Gerichte New Yorks vorwiegend der anti-*fairness* Methode (sub a.))[744], während in den anderen Gliedstaaten die pro-*fairness* Methode den Prüfungsmaßstab bildete (sub b.))[745]. Zweifel an einer Eignung der beiden Verfahren hegten einige Gerichte mit Auslauf des 19. Jahrhunderts, so dass diese fortan die Kriterien der pur-*fairness* Methode anwandten (sub c.))[746]. Unbeeinflusst blieb die damalige Prüfungsweise der Gerichte durch den im Jahr 1890 eingeführten *Sherman Act*, weil dieser nur der marktbeherrschenden Stellung von Wirtschaftsunternehmen entgegenzuwirken versucht, indem er Absprachen zur unlauteren Beeinträchtigung des freien Wettbewerbs reglementierte[747].

a) Merkmale und Begründung der anti-*fairness* Methode

aa) Kontrollkriterien und Rechtsstatus des Geschäfts

Nach der anti-*fairness* Methode ließ sich das Anfechtungsrecht für Geschäfte zweier auf *board*-Ebene miteinander verflochtener Corporations nicht ohne eine wirksame Zustimmung der Aktionäre beseitigen. Ungeachtet des Ausmaßes einer personellen Verflechtung der Parteien vollzog sich die Überprüfung des Geschäfts ohne Rücksicht auf dessen mögliche sachliche Fairness oder die Gutgläubigkeit im Handeln der gleichfalls von beiden Parteien mandatierten *directors*[748]. Zur Begründung einer Anfechtungsklage genügte der Hinweis auf

---

744 Note, 29 Colum.L.Rev. 338, 344 (1929); Bowman, 4 Mich.L.Rev. 577, 599 (1906); Pam, 26 Harv.L.Rev. 467, 475 (1913); James, 6 Ind.L.J. 413, 414 (1931; Lane, 23 Cornell L.Q. 445, 446 (1938); Marron, 19 Cal.L.Rev. 304, 307 (1931); m.N. unter Glpkt. § 5 B. II. 2. a).

745 Morawetz, Corporations, § 530, S. 497 (1886); Ballantine, Corporation Law, § 124, S. 392 (1930); Marron, 19 Cal.L.Rev. 304, 309 (1931); Carp, 29 Cal.L.Rev. 480, 492 (1941); m.N. unter Glpkt. § 5 B. II. 2. b).

746 Siehe m.N. unter Glpkt. § 5 B. II. 2. c).

747 Vgl. Sherman Act (1890), 15 U.S.C. §§ 1, 2; vertiefend dazu: Pogue, 54 A.L.J. 925, 940 (1985).

748 Vgl. N.Y. Central Ins. Co. v. Nat'l Protection Ins. Co., 14 N.Y. 85 (N.Y.App.1856); St James Church v. Church of the Redeemer, 45 Barb. 356, 356 (N.Y.Supp.1865); Currier

eine Verflechtung auf *board*-Ebene, die aufgrund des Treuepflichtenkonflikts der für beide Parteien handelnden *directors*, die Vermutung für ein treuwidriges Verhalten begründete. Die richterliche Kontrolle eines nicht durch die Gesellschafter autorisierten Vertrags blieb daher in der Regel auf die Feststellung einer form- und fristgerecht erklärten Anfechtung des Geschäfts begrenzt[749]. Bei dem entsprechenden Gesellschafterbeschluss entfiel dieses Anfechtungsrecht für die klagende Partei, so dass sich die Kontrolle des Geschäfts nach dem Maßstab richtete, der seinerzeit in Fällen eines durch Aktionärsbeschluss autorisierten (mutmaßlich) treuwidrigen Verwaltungshandelns Anwendung fand[750].

bb) Dogmatische Begründung der Kontrollkriterien

Charakteristisch für die anti-*fairness* Methode ist die Argumentation des Richters *van Brunt* im Urteil Metropolitan Elevated Ry. Co. v. Manhattan Elevated Ry. Co.[751], weil darin erstmals die Anfechtbarkeit für Geschäfte zwischen zwei Corporations bestätigt wurde, die nur hinsichtlich einer Minderheit ihrer *board*-Mitglieder personell verflochten waren[752]. Zudem wurde in dem Urteil erstmals eine Parallele zur Prüfungsmethodik bei Geschäften zwischen einer Corporation und ihren *board*-Mitgliedern gezogen[753]. Nach Ansicht *van Brunts* seien *"the evils to be avoided are the same, the temptations to a breach of trust are the same, the want of independent action exists, and the divided allegiance is just as apparent*

---

v. N.Y, W.S. & B.R.R. Co., 35 Hun 355 (N.Y.Sup.1885); Stokes v. Phelps Mission, 57 Hun 570 (N.Y.Sup.1888).

749 Vgl. Wallace v. Long Island R.R. Co., 12 Hun 460 (N.Y.App. 1877); Barr v. N.Y. Lake Erie & Western R.R. Co., 125 N.Y. 263 (N.Y.App.1891); Hart v. Ogdensburg & Lake Champlain R.R. Co., 35 N.Y.S. 566 (N.Y.Sup.1895).

750 Siehe eingehend dazu unter Glpkt. § 5 B. III.

751 Vgl. Metropolitan Elevated Railway Co. v. Manhattan Elevated Railway Co., 14 Abb.N.C. 103, 272-294; 11 Daly 373, 409 (N.Y.C.P.1884).

752 So auch Massie, 114 ALR 299, 308 (1938); Lattin, Corporations, § 80, S. 291 (1971); Dickerson, 1988 Colum.Bus.L.Rev. 91, 92 Fn. 2 (1988). Jenseits der personellen Verflechtung der Prozessparteien galt der zu prüfende Leasingvertrag deshlab als anfechtbar, weil – obwohl alle Sachwerte der Beklagten zum Gegenstand gemacht worden sind – keine Zustimmung der Gesellschafter eingeholt worden war. Das Geschäft war daher außerordentlicher Natur und lag schon deshalb außerhalb der gewöhnlichen Rechtsmacht des *board*. Siehe bereits unter Glpkt. § 2 A. II. 1.

753 Vgl. die Argumentation Richter *van Brunts* zur Frage der Anfechtbarkeit von Geschäften einer Corporation im Interesse von *board*-Mitgliedern in: Beers v. New York Life Insurance Co., 20 N.Y.S. 788 (N.Y.Sup.1892). Siehe zum Fall bereits unter Glpkt. § 5 B. II. 1. a) bb).

(...)"[754]. Vorherige Urteile New Yorker Gerichte lassen nur eine Analogiebildung zu den für *trustees* und *agents* geltenden Regeln zum unautorisierten Eigen-/Fremderwerb eines anvertrauten Vermögens erkennen[755]. Diese lassen sich in der Frage des Prüfungsmaßstabs schon deshalb der anti-*fairness* Methode zuordnen, weil darin zumeist in Anlehnung an Judikate der Kollegen aus dem Mutterland argumentiert worden ist. Beispielhaft dafür ist die Ansicht von *Lord Cranworth* in Aberdeen Railway Co. v. Blaikie Brothers[756], weil dieser sich zur Frage einließ, ob eine Company auch ein Anfechtungsrecht bei Geschäften mit einer anderen Gesellschaft habe, wenn nur eines ihrer *board*-Mitglieder auch für die Gegenpartei tätig sei. Unter Aufhebung des anderslautenden vorinstanzlichen Urteils[757] bejahte *Lord Cranworth* diese Frage, indem er die unbeschränkte Geltung der „*great rule of law*" auch für solche Geschäfte befürwortete[758]. Unerheblich sei der Umstand, wenn nur bei einer Minderheit der *directors* ein Pflichtenkonflikt bestehe, da die Treuepflicht den Anspruch gegenüber jedem *director* auf unbefangene Willensbildung begründe; selbige komme Aktionären aber nicht zugute, wenn *directors* auf beiden Seiten des Vertrags handeln[759]. Schließlich finden sich in dem Urteil all die anderen die anti-*fairness* Methode prägenden Argumente[760]. Spätere Entscheidungen der New Yorker Richter lassen sich nicht zweifelsfrei der anti-*fairness* Methode zuordnen, weil es darin stets um Geschäfte zwischen mehrheitlich auf *board*-Ebene verflochtener Parteien ging[761].

754 Vgl. Metropolitan Elevated Railway. Co. v. Manhattan Elevated Railway. Co., 14 Abb.N.C. 103, 272; 11 Daly 373, 524 (N.Y.C.P.1884).

755 Vgl. Torrey & Gilbert v. Bank of Orleans, 9 Paige 648, 662 (N.Y.Ch.1842); New York Central Ins. Co. v. National Protection Ins. Co., 14 N.Y. 85, 91 (N.Y.Sup.1856); Marie v. Garrison, 13 Abb. 201, 229 (N.Y.Super.1883); Saint James Church v. Church of the Redeemer, 45 Barb. 356, 356; 31 How.Pr. 381 (N.Y.Sup.1865); Wallace v. Long Island R.R. Co., 12 Hun 460 *7 (N.Y.App.1877); m.w.N.: Bowman, 4 Mich L.Rev. 577, 593 (1906), Note, 41 Ford.L.Rev. 639, 641 (1973).

756 Vgl. Aberdeen Railway Co. v. Blaikie Brothers., 1 Macq. 461; 149 Rev. Rep. 32; 23 L.T. 315; 17 Sess.Cas 20 (H.L.Scott.1854).

757 Vgl. Aberdeen Railway Co. v. Blaikie Brothers., 14 D 66 (H.L.Scott.1851); siehe zum Fall auch: Buckley, Corporations, S. 556 ff. (1988).

758 Vgl. Aberdeen Railway Co. v. Blaikie Brothers, 1 Macq. 461, 471; 149 Rev. Rep. 32, 39 (H.L.Scott.1854) [hervorgehoben vom Verfasser].

759 Vgl. Aberdeen Railway. Co. v. Blaikie Brothers, 1 Marq. 461, 471; 149 Rev. Rep. 32, 39 (H.L.Scott.1854).

760 Siehe schon Glpkt. 5 B. II. 1. a) bb); Aberdeen Railway. Co. v. Blaikie Brothers, 1 Marq. 461, 471; 149 Rev. Rep. 32, 38-40 (H.L.Scott.1854).

761 Vgl. Currier v. New York, W.S. & B.R.R. Co., 35 Hun 355, 357 (N.Y.Sup. 1885); Stokes v. Phelps Mission, 57 Hun 570 (N.Y.Sup 1888); Hart v. Ogdensburg & Lake Champlain

b) Kontrollkriterien der pro-*fairness* Methode

aa) Kontrollkriterien und Rechtsstatus des Geschäfts

Gleichermaßen liberal wie bei der Würdigung des Anfechtungsrechts bei Geschäften zwischen einer Corporation und deren Leitungsorgane entschieden die Befürworter der pro-*fairness* Methode bei Geschäften, welche ohne die Mitwirkung der im Pflichtenkonflikt befindlichen *directors* autorisiert worden waren[762]. Ohne Rücksicht auf die Fairness eines Geschäfts fand das Anfechtungsrecht nur in Fällen Bestätigung, in denen eine Pflichtenkollision bei einer Mehrheit der *board*-Mitglieder einer Corporation bestand oder in denen das *board* nicht ohne Mitwirkung der doppelt mandatierten *directors* handlungsfähig war[763]. Solche Geschäfte galten als ipso facto *voidable,* falls eine wirksame Zustimmung der Aktionäre fehlte[764]. Die Beweislast für die Wirksamkeit des *board*-Beschlusses wie auch für die Fairness des Geschäfts aus Sicht der klagenden Corporation gebührte den mutmaßlich treuwidrig handelnden Leitungsorganen[765].

bb) Dogmatische Begründung der Kontrollkriterien

Der Anwendung der pro-*fairness* Methode bei einer Überprüfung von Geschäften zwischen personell verflochtenen Corporations liegt der Gedanke zugrunde, dass sich die Vermutung eines treuwidrigen Handelns aufgrund eines Pflichtenkonflikts nur rechtfertigt, wenn die Autorisierung des Geschäfts durch die für die Gegenpartei einer Corporation handelnden Leitungsorgane zumindest mit veranlasst wurde. Typisch hierfür sind Situationen, in denen eine personelle

---

R.R. Co., 35 N.Y.S. 566, 587; 89 Hun 316 (N.Y.Sup.App.Div.1895); Burden v. Burden, 159 N.Y. 287; 54 N.E. 17 (N.Y.App.1899); Davis Provision Co. v. Fowler Bros. & Anglo-American Provision Co., 163 N.Y. 580 (N.Y.Sup.1900).

762 Vgl. U.S. Rolling Stock Co. v. Atlantic & Great Western R.R. Co., 34 Ohio St. 450, 466 (Ohio Sup.1878); Metropolitan T.&T. Co. v. Domestic T.&T. Co., 44 N.J.Eq. 568, 576; 14 A. 907 (N.J.Ch.1888).

763 Vgl. Pearson v. Concord R.R. Corp., 62 N.H. 537, 541 (N.H.Sup.1883); O'Connor Mining & Manufactoríng Co. v. Coosa Furnace Co., 95 Ala 614, 617; 10 So. 290 (Ala. App.1891).

764 Vgl. Booth v. Robinson, 55 Md. 419, 428 (Md.App.1881); O'Connor Mining & Manufactoríng Co. v. Coosa Furnace Co., 95 Ala 614, 617; 10 So. 290 (Ala.App.1891); U.S. Rolling Stock Co. v. Atlantic & Great Western Railroad Co., 34 Ohio St. 450, 466 (Ohio Sup.1878); Jesup v. Illinois Cent. R.R. Co., 43 F. 483, 499 (C.C. N.D. Ill.1890).

765 Carp, 29 Cal.L.Rev. 480, 492 (1941); Marron, 19 Cal.L.Rev. 304, 309 f. (1931).

Verflechtung bei einer Mehrheit der *directors* besteht oder in denen der *board*-Beschluss der klagenden Partei nicht ohne Mitwirkung eines oder mehrerer für die Gegenpartei handelnder *directors* zustande kam[766]. In diesem Sinne urteilte erstmals der Ohio Supreme Court in der Entscheidung U.S. Rolling Stock Co. v. Atlantik & Great Western R.R. Co.[767], indem er zunächst betonte, dass nach eingehender Recherche kein Urteil gefunden worden sei, worin ein Vertrag zwischen zwei Corporations nur deshalb für nichtig oder anfechtbar erklärt worden sei, weil die Verflechtung bei einer Minderheit ihrer *directors* bestanden habe[768]. Nach Meinung des Gerichts dürfe sich bei Geschäften zwischen personell verflochtenen Gesellschaften, die durch mehrheitlich unbefangene und unabhängige *directors* vertreten wurden, das Recht für eine Anfechtung nur bei rechtswidrigem oder unfairem Handeln einer der beiden Vertragsparteien ergeben[769]. Unnötig erschweren würde es den Handelsverkehr zwischen zwei personell verflochtenen Corporations, wenn deren Verträge ohne Nachweis einer fehlenden Fairness schon aufgrund der bloßen Vermutung treuwidrigen Verhaltens eines von beiden Parteien mandatierten *director* vernichtet werden könnten[770]. Bestätigung erlangte diese Einschätzung durch das Berufungsgericht im Entscheid Booth v. Robinson[771], worin zwei Corporations auch bei personeller Verflechtung auf *board*-Ebene als sachgerecht vertreten erachtet wurden, wenn der Beschluss durch eine beschlussfähige Mehrheit unbefangener *directors* ergangen war. Solange eine personelle Verflechtung nur bei einer Minderheit der *board*-Mitglieder einer Partei bestehe, könne nicht ohne Würdigung der Fairness des Geschäfts ein treuwidriges Verhalten vermutet werden[772].

766 Vgl. U.S. Rolling Stock Co. v. Atlantic & Great Western R.R. Co., 34 Ohio St. 450, 466 (Ohio Sup.1878); Booth v. Robinson, 55 Md. 419 (Md. App. 1881); Metropolitan T. & T. Co. v. Domestic T. & T. Co., 44 N.J.Eq. 568; 14 A. 907 (N.J.Ch.1888); Jesup v. Illinois Cent R.R. Co., 43 F. 483 (N.D.Ill.1890); Evansville Public Hall Co. v. Bank of Commerce, 144 Ind. 34; 42 N.E. 1097 (Ind.Sup.1896); St. Joe & M.F. Consolidation Mining Co. v. First National Bank, 10 Colo.App. 339; 50 Pac. 1055 (Colo.App.1898).

767 Vgl. U.S. Rolling Stock Co. v. Atlantic & Great Western R.R. Co., 34 Ohio St. 450 (Ohio Sup.1878).

768 Vgl. U.S. Rolling Stock Co. v. Atlantic & Great Western R.R. Co., 34 Ohio St. 450, 466 (Ohio Sup.1878).

769 Vgl. U.S. Rolling Stock Co. v. Atlantic & Great Western R.R. Co., 34 Ohio St. 450, 466 (Ohio Sup.1878).

770 Vgl. U.S. Rolling Stock Co. v. Atlantic & Great Western R.R. Co., 34 Ohio St. 450, 466 (Ohio Sup.1878).

771 Vgl. Booth v. Robinson, 55 Md. 419 (Md.App.1881).

772 Vgl. Booth v. Robinson, 55 Md. 419, 441 (Md.App.1881).

Mit dieser unmissverständlichen Argumentation ergingen seinerzeit aber nur wenige Gerichtsurteile, in denen die Kriterien der pro-*fairness* Methode den Maßstab zur Beurteilung eines Geschäfts bildeten. Grund hierfür ist, dass zumeist Verträge zwischen Corporations zur Anfechtung gebracht worden waren, deren Autorisierung *directors* veranlasst hatten, die mehrheitlich für beide Parteien gehandelt hatten[773]. Dass seinerzeit in den Entscheiden nicht im Wege eines obiter dictum Überlegungen zur ,Was-wäre-wenn-Frage' stattfanden, sollte aufgrund der Zurückhaltung der Gerichte vor einer Abstrahierung des Rechts nicht verwundern[774]. Nichtsdestotrotz lässt sich bei diesen Entscheiden überzeugend mit der Umkehrschlussanalyse arbeiten, wie z.B. die Fälle Goodin v. Cincinnati & Whitewater Canal Co.[775] oder Pearson v. Concord R.R. Co.[776] offenbaren.

Dass in den vorbenannten Fällen nach der pro-*fairness*-Methode verfahren wurde, offenbart sich darin, dass das erstgenannte Urteil auch durch den Ohio Supreme Court erging, also durch eben jenes Gericht, das einst - wie vorerwähnt - zur Feststellung gelangte: "*We have not (...) been able to find a case holding a contract made between two corporations (...) invalid, or voidable at the election of one of the parties thereto, from the mere circumstance that a minority of its board of directors are also directors of the other company. Nor do we think such a rule ought to be adopted*"[777]. Auf diese Worte bezog sich wiederum Richter *Smith* im zweitgenannten Fall, als er unter Hinweis auf erstgenanntes Urteil und auf U.S. Rolling Stock Co. v. Atlantik & Great W. R.R. Co.[778] zur Rechtslage ausführte: „*We approve the remarks of Welch, J. in (...)*"[779]. Einer Umkehrschlussanalyse zugänglich ist auch der Fall Memphis & Charleston R.R. Co. v. Woods[780],

---

773 Vgl. Pearson v. Concord R.R.Co, 62 N.H. 537 (N.H.Sup.1883); Memphis & Charleston R.R.Co. v. Woods, 88 Ala. 630; 7 So.108 (Ala.Sup.1889)

774 Siehe zur Rechtsfindungsmethodik der *chancery* bereits unter Glpkt. § 3 A.-B.

775 Vgl. Goodin v. Cincinnati & Whitewater Canal Co., 18 Ohio St. 169 (Ohio Sup.1868).

776 Vgl. Pearson v. Concord R.R. Corp., 62 N.H. 537 (N.H.Sup.1883).

777 Vgl. U.S. Rolling Stock Co. v. Atlantic & Great Western R.R. Co., 34 Ohio St. 450, 466 (Ohio Sup.1878); m.V.d. schon unter Fn. 767 ff.

778 Vgl. U.S. Rolling Stock Co. v. Atlantic & Great Western R.R. Co., 34 Ohio St. 450 (Ohio Sup.1878).

779 Vgl. Pearson v. Concord R.R. Corp., 62 N.H. 537, 547 (N.H.Sup.1883) [hervorgehoben vom Verfasser], m.V.a. Goodin v. Cincinnati & Whitewater Canal Co., 18 Ohio St. 169 (Ohio Sup.1868); U.S. Rolling Stock Co. v. Atlantic & Great Western R.R. Co., 34 Ohio St. 450, 466 (Ohio Sup.1878).

780 Vgl. Memphis & Charleston R.R. Co. v. Woods, 88 Ala. 630, 641; 7 So. 108 (Ala. Sup.1889).

im Lichte dessen später der Entscheid in O'Connor Min. & Manuf. Co. v. Coosa Furnace Co.[781] erging. In beiden Fällen wurde den Einschätzungen *Morawetzs* gefolgt, wonach ein *director* die Befugnis zum Handeln für eine Corporation - wie ein *agent* bei der unautorisierten Doppelvertretung - aufgrund seiner Treuepflicht „pro hac vice" stets dann verliere, wenn er zugleich für zwei Gesellschaften gehandelt hat[782]. Das Gericht dürfte seinerzeit wohl dessen Abhandlung zum Corporation Law vor Augen gehabt haben, worin *Morawetz* zur pro-*fairness* Methode anmerkt: „*Those directors who are agents of both companies would be disqualified from representing them both in a transaction in which their interests are opposed; but the other directors would retain their power of acting by vote of a majority of a quorum, as in case of a simple absence of the disqualified members from the meeting of the board*"[783].

c) Merkmale und Begründung der pur-*fairness* Methode

aa) Kontrollkriterien und Rechtsstatus des Geschäfts

Nur wenige der Landesgerichte sahen seinerzeit schon in der pur-*fairness* Methode einen geeigneten Maßstab zur Überprüfung von Geschäften zwischen zwei Gesellschaften mit *interlocking directorates*[784]. Die Anhänger dieser Prüfungsweise befürworteten das Anfechtungsrecht einer Corporation nicht schon aufgrund der personellen Verflechtung zweier Corporations auf *board*-Ebene, wenn die (Prozess-)Partei, die die Wirksamkeit des Geschäfts geltend machte, den Beweis seiner Fairness imstande war, zu führen. Damit bildete das Ausmaß einer personellen Verflechtung stets kein Kriterium der Fairness-Prüfung[785].

781 Vgl. O'Connor Mining & Manufactoríng Co. v. Coosa Furnace Co., 95 Ala 614, 617; 10 So. 290 (Ala.App.1891)

782 Siehe jeweils m.V.a.. Morawetz, Corporations, § 528 (1886): Memphis & Charleston R.R. Co. v. Woods, 88 Ala. 630, 641; 7 So. 108 (Ala.Sup.1889); O'Connor Mining & Manufactoríng Co. v. Coosa Furnace Co., 95 Ala 614, 617; 10 So. 290 (Ala.App.1891); Stewart v. St. Louis, FT.S & W.R.Co., 41 F.734, 738 (Cir.Kans.1887); Higgens v. Lansing, 154 Ill. 301; 40 N.E. 362, 380 (Ill.Sup.1895); McLeod v. Lincoln Medical College of Cotner Univ., 69 Neb. 555 (Neb Sup.1904); m.w.N. unter Glpkt. § 5 C.

783 Morawetz, Corporations, § 530 (1886) m.V.a. U.S. Rolling Stock Co. v. Atlantic & Great Western R.R. Co., 34 Ohio St. 450 (Ohio Sup.1878).

784 Bowman, 4 Mich.L.Rev. 577, 578 (1906); Ballantine, Corporations, § 67 S. 172 (1946); ders., Corporation Law, § 124 S. 393 (1930); James, 6 Ind.L.J. 413, 419 (1931); Note, 81 U.Pa.L. 598, 599 (1933); Carp, 29 Cal.L.Rev. 480, 492 (1941).

785 Vgl. Griffin v. Inman, Swann & Co., 57 Ga. 370, 377 (Ga.Sup.1876); Gasquet v. Fidelity Trust & S.V. Co., 75 F. 343 (C.C.A.1896); Smith v. Wills Manuf. Co., 148 Ind. 333; 46

Gegenstand der Prüfung bildete vielmehr die Frage, ob die (vermeintlich befangenen) *board*-Mitglieder einer Corporation gutgläubig und in Kenntnis der wesentlichen Geschäftsumstände entschieden hatten, insbesondere die vereinbarten Leistungen aus der Sicht des Klägers für ausgewogen erachten durften[786]. Im Vergleich zur anti- und pro-*fairness* Methode ist für die pur-*fairness* Methode somit charakteristisch, dass *interlocking directorates* zwar stets Anlass für eine argwöhnische Kontrolle eines Geschäfts gaben, aber das Ausmaß einer Verflechtung dessen Aufhebung/Rückabwicklung nicht rechtfertigen konnte[787].

bb) Dogmatische Begründung der Kontrollkriterien

Nicht unwesentlich für die Ausbildung der pur-*fairness* Methode dürfte die sich unter den Gerichten zunehmend durchsetzende Erkenntnis gewesen sein, dass eine personelle Identität auf Verwaltungsebene zweier miteinander kontrahierender Gesellschaften nicht zwangsläufig einen wirtschaftlichen Nachteil für eine der beiden bewirken muss[788]. Im Fokus einer richterlichen Prüfung müsse stets die Frage stehen, ob das Geschäft tatsächlich durch einen Pflichtenkonflikt von Leitungsorganen einer Partei zum Nachteil des einen und zum Vorteil des anderen Unternehmens oder seiner Gesellschafter gestaltet worden war[789]. Grundlage für diese Einsicht bildet zweifelsohne ein Erfahrungswert aus der unternehmerischen Praxis, wonach zwei auf Leitungsebene miteinander verflochtene Gesellschaften nicht selten gleichgelagerte Interessen haben, welche das Bedürfnis zur Aufnahme rechtsgeschäftlicher Beziehungen entstehen lässt. Dieses Bedürfnis

---

N.E. 1000 (Ind.Sup.1897); Mercantile Library Hall Co. v. Pittsburg Library Association, 173 Pa. 30, 41; 33 A. 744 (Pa.Sup.1896); German National Bank of Hastings v. First National Bank of Hastings, 55 Neb. 86, 92 (Neb.Sup.1898); Alexander v. Williams, 14 Mo.App. 13, 28 (Misso.App.1883).

786 Vgl. Sweeny v. Suger Refining Co., 30 W.Va. 443, 454 (W.Va.Sup.1887); Robotham v. Prudential Insurance Co., 64 N.J.Eq. 673, 712 (N.J.Ch.1903); Aldine Manuf. Co. v. Phillips, 129 Mich. 240, 243; 88 N.W. 632 (Mich.Sup.1902).

787 Cook, Corporations, § 365 (1913); Note, 29 Colum.L.Rev.338, 344 (1929); Note, 81 U.Pa.L. 598, 599 (1933); Ballantine, Corporations, § 67 S. 172 (1946); Note, 61 Harv.L. Rev. 335, 336 (1948).

788 Vgl. Adams Mining Co. v. Senter, 26 Mich. 73, 78 (Mich.Sup.1872); Mercantile Library Hall Co. v. Pittsburg Library Association, 173 Pa. 30, 41; 33 A. 744 (Pa.Sup.1896); m.w.N. zum Recht Kaliforniens unter Glpkt. § 6 B. I. b).

789 Vgl. Mercantile Library Hall Co. v. Pittsburg Library Association, 173 Pa. 30, 41; 33 A. 744 (Pa.Sup.1896); Bowman v. Gum, 327 Pa. 403, 410; 193 A. 271 (Pa.Sup.1937); m.w.N. zum Recht Kaliforniens unter Glpkt. § 6 B. I. b).

würde in Fällen einer gerichtlichen Auseinandersetzung dann unberücksichtigt bleiben, wenn eine der Parteien ungeachtet der möglichen Ausgewogenheit der vereinbarten Leistungspflichten, das Geschäft wegen ihrer personellen Verflechtung zur Aufhebung/Rückabwicklung bringen könnte. Schließlich ließ schon die damalige unternehmensrechtliche Entwicklung in den Gliedstaaten erkennen, dass gerade die Aktionäre von großen Corporations bestrebt waren, Leitungs- und/oder Kontrollmandate allein an Vertreter aus der Finanz- und Wirtschaftselite zu vergeben, so dass bei einer voranschreitenden Industrialisierung des Landes und dem damit einhergehenden Zuwachs an Firmengründungen personelle Verflechtungen zwischen Unternehmen (beabsichtigt oder ungewollt) zu einer zwangsläufigen Folge wurden. Im Lichte der wirtschaftlichen Entwicklung festigte sich daher zunehmend die Erkenntnis der Gerichte, dass es weder der Schutzwürdigkeit der Aktionäre noch den Vorstellungen der Unternehmen entspricht, wenn deren Geschäfte ohne Rücksicht auf die mögliche Angemessenheit der verhandelten Bedingungen klageweise zur Aufhebung oder Rückabwicklung gebracht werden könnten[790].

3. Geschäfte einer Corporation im finanziellen Interesse von Leitungsorganen

Beleuchtet man schließlich die gerichtliche Prüfungsmethodik bei Geschäften einer Corporation mit einer Gegenpartei, welche in einer wirtschaftlichen Beziehung zu einem ihrer Verwaltungsorgane stand, so ist festzustellen, dass Leitungsorganen das Recht zur Vertretung der Corporation abgesprochen wurde, die aus dem Geschäft einen wesentlichen Vorteil erlangt hatten, der in seiner Natur nicht gleichermaßen sämtlichen Anteilseignern der Corporation zugute gekommen war. Als wesentlich galten die Vorteile, deren Substanz geeignet war, die Neutralität im Handeln hinreichend wahrscheinlich zu beeinflussen[791]. Ein die Unvoreingenommenheit beeinflussendes finanzielles Eigeninteresse von Leitungsorganen wurde einerseits in Fällen bejaht, in denen die Gegenpartei der Corporation dem betreffenden Exekutivmitglied eine Provisionszahlung für die

790 Vgl. Note, 29 Colum.L.Rev.338, 344 (1929); James, 6 Ind.L.J. 413, 418 (1931); Note, 81 U.Pa.L.Rev. 598, 600 (1933); Modzelewski, 1960 U.Ill. L.F. 452, 454 (1960); Note, 41 Ford.L.Rev. 639, 642, 646 (1973); Lattin, Corporations, § 80, S. 290 (1971).

791 Morawetz, Corporations, §§ 517, 520 f., S. 483 f., 487 f. (1886); Note, 62 U.Pa.L.Rev. 450, 451 f. (1914); Ballantine, Corporation Law, § 123, S. 386 (1939); Stevens, Corporations, § 147, S. 672 f. (1949).

Vermittlung und/oder den Abschluss des Geschäfts versprochen hatte[792] oder Bereitschaft zeigte, mit dem betreffenden Leitungsorgan einen vorteilhaften Vertrag einzugehen[793]. Zudem wurde Leitungsorganen ein finanzielles Eigeninteresse am Geschäft der Corporation unterstellt, wenn sie zumindest mehrheitlich an deren Gegenpartei beteiligt, also herrschender Aktionär, waren[794].

Beispielhaft für die erstgenannte Fallgruppe ist die Begründung des Urteiles in Tenison v. Patton[795], worin ein *inside director* mit der Veräußerung eines Grundstücks der Corporation betraut worden war und vom Erwerber im Falle des Verkaufs den Auftrag zur Aufbereitung wie Parzellierung erhalten hatte. In Anwendung der pro-*fairness* Methode bejahte das Gericht zwar den Interessenkonflikt des *director*, nicht jedoch die Anfechtbarkeit des Geschäfts, da es ohne dessen Mitwirkung von den übrigen *directors* in Kenntnis aller relevanten Umstände, einschließlich der Geschäftschance, autorisiert worden sei[796]. An der entsprechenden Kenntnis der Entscheidungsträger über die wesentlichen Umstände des Geschäfts fehlte es hingegen im Fall European & North American Railway Co. v. Poor[797], wo dass das Gericht das Geschäft aufgrund der unterlassenen Offenlegung des Beklagten über die von der Gegenpartie der Gesellschaft für den Vertragsschluss versprochene Provision für anfechtbar erklärt hatte[798]. Das Gericht befand das Verhalten des Beklagten als treuwidrig und urteilte in Anlehnung an den Fall Flint & Pere Marquette Railway Co. v. Dewey[799], wo ebenso das Geschäft für anfechtbar erklärt wurde, weil die Vereinbarung zweier *directors* der Klägerin mit deren Geschäftspartner über

---

792 Vgl. European & North American Railway Co. v. Poor, 59 Me. 277, 278 (Me.Sup 1871); Flint & Pere Marquette Railway Co. v. Dewey, 14 Mich. 477 (Mich.Sup.1866); Kelsey v. New England Street Railway Co., 62 N.J.Eq. 742; 48 A. 1001 (N.J.Ch. 1900).

793 Vgl. Tenison v. Patton, 95 Tex. 284 (Tex.Sup.1902).

794 Vgl. Hill v. Gould, 129 Mo 106, 113; 30 S.W. 181 (Misso.Sup.1895); Gilman, Clinton & Springfield R.R. Co. v. Kelly, 77 Ill. 426 (Ill.Sup. 1875); Ryan v. Leavenworth A. & N.W. Railway Co., 21 Kan 365 (Kan.Sup.1879), m.w.N. Cook, Stock & Stockholders, § 662 (1894).

795 Vgl. Tenison v. Patton, 95 Tex. 284 (Tex.Sup.1902).

796 Vgl. Tenison v. Patton, 95 Tex. 284, 294 (Tex.Sup.1902); ähnlich: Hendricks v. Wall, 277 S.W. 207, 210 (Tex.App.1925); siehe ferner zur pro-*fairness* Methode: Nathan v. Whitehill, 67 Hun. 398 (N.Y.Sup.1893); Pneumatic Gas. Co. v. Berry, 113 U.S. 322 (1885).

797 Vgl. European & North American Railway Co. v. Poor, 59 Me. 277 (Me.Sup.1871).

798 Vgl. European & North American Railway Co. v. Poor, 59 Me. 277, 278 (Me.Sup.1871).

799 Vgl. Flint & Pere Marquette Railway Co. v. Dewey, 14 Mich. 477 (Mich.Sup.1866).

eine prozentuale Gewinnbeteiligung deren übrigen *board*-Mitgliedern gegenüber verschwiegen worden war[800].

Beleg für die letztgenannte Fallgruppe ist der Fall Gilman, Clinton & Springfield R.R. Co. *v.* Kelly[801], in dem die Anfechtbarkeit eines Geschäfts damit begründet wurde, dass die *directors* einer Corporation durch den Erwerb eines Mehrheitsanteils an deren Gegenpartei eine Pflichtenkonflikt geschaffen hatten, die ihnen ein unparteiisches Aushandeln des Geschäfts zum Vorteil ihrer Corporation unmöglich machte. Zudem wurde den *directors* ein allein auf Gewinnerzielung orientiertes Handeln zum Vorwurf gemacht, weil sie es unterlassen hatten, die entstandene Konfliktlage den Aktionären gegenüber offen zu legen[802]. Die Mehrheitseignerschaft von *directors* an der Gegenpartei ihrer Corporation bildete auch im Judikat Wardell v. Union Pacific R.R. Co.[803] den Anlass für die Vermutung treuwidrigen Verwaltungshandelns, die aufgrund eines allein zum Vorteil der Gegenpartei ausgehandelten Geschäft nicht widerlegbar war[804]. Hinzu kam, dass die an der Gegenpartei der Beklagten beteiligten *directors* auch in deren *board* amtiert und in den Folgejahren auf eine Übernahme der Beklagten durch die Gegenpartei hingewirkt hatten[805]. In dem Erwerb des Mehrheitsanteils am Geschäftspartner der Beklagten sah das Gericht ein treuwidriges Verhalten der *directors*, weil diese hierdurch mit dem Ziel einer Vorteilserlangung über ihre Stellung als Anteilseigner bewusst eine Konfliktsituation geschaffen hätten, wodurch sie nicht mehr imstande waren, die Bedingungen des Geschäfts allein zum Vorteil der Beklagten und deren Aktionäre auszuhandeln[806]. Der U.S. Supreme Court beurteilte den Fall unter Heranziehung der Kriterien der pro-*fairness* Methode, indem er im Lichte des für die beiden Vertragsparteien aufgrund ihres Gründungsortes geltenden Rechts nach der seinerzeit von den Gerichten Missouris[807] und Nebraskas[808] praktizieren Prüfungsweise verfuhr, die

---

800 Vgl. Flint & Pere Marquette Railway Co. v. Dewey, 14 Mich. 477, 481 (Mich.Sup.1866).

801 Vgl. Gilman, Clinton & Springfield R.R. Co. *v.* Kelly, 77 Ill. 426 (Ill.Sup.1875).

802 Vgl. Gilman, Clinton & Springfield R.R. Co., Kelly, 77 Ill. 426, 433 (Ill.Sup.1875).

803 Vgl. Wardell v. Union Pacific R.R.Co., 103 U.S. 651 (1880).

804 Vgl. Wardell v. Union Pacific R.R.Co.,103 U.S. 651, 658 (1880).

805 Vgl. Wardell v. Union Pacific R.R.Co., 103 U.S. 651, 654 f. (1880).

806 Vgl. Wardell v. Union Pacific R.R. Co., 103 U.S. 651, 658 (1880).

807 Vgl. *Judge Ryland* in City of St. Louis & County of St. Louis v. Alexander, 23 Mo 483 (Misso.Sup.1856); Kitchen v. St. Louis, Kansas City & Northern Railway Co., 69 Mo. 224 (Mo.Sup.1878); Hill v. Gould, 129 Mo 106, 113; 30 S.W. 181 (Misso.Sup.1895).

808 Vgl. Gorder v. Plattsmouth Canning Co., 36 Neb. 548; 54 N.W. 830 (Neb.Sup.1893); Fitzgerald v. Fitzgerald & Mallary Constr. Co., 44 Neb. 463, 491; 62 N.W. 899 (Neb.

bei der Beurteilung von Geschäften zwischen mehrheitlich auf *board*-Ebene verflochtenen Corporation Anwendung fand.

III. Möglichkeiten zur Beseitigung des Anfechtungsrechts einer Corporation durch die Aktionäre

Die im Eigen-/Fremdinteresse handelnden Leitungsorgane einer Corporation konnten die aus ihrem Interessen-/Pflichtenwiderstreit resultierende Vermutung für treuwidriges Handeln stets durch Nachweis einer entsprechenden Autorisierung des Geschäfts durch die Anteilseigner der Corporation widerlegen. Eine entsprechende Autorisierung konnte entweder durch eine gültige Beschlussfassung der Aktionäre in einer ordnungsgemäß berufenen Versammlung oder durch ein der Corporation zurechenbares Handeln sämtlicher Gesellschafter in Kenntnis der wesentlichen Geschäftsumstände nachgewiesen werden.

1. Formale Autorisierung des Geschäfts durch Mehrheitsbeschluss der Gesellschafter

Geschäfte einer Corporation, die im Entscheidungsermessen einer Mehrheit ihrer Anteilseigner lagen, bedurften in einer formell berufenen Aktionärsversammlung des Beschlusses einer einfachen Mehrheit der in der beschlussfähigen Versammlung vertretenen Kapital- und Stimmrechtsanteile der Corporation, soweit weder das Gesetz noch die Satzung eine qualifizierte Mehrheit oder Einstimmigkeit vorschrieb[809]. Das einst im Fall Cumberland Coal & Iron Co. v. Sherman[810] in Anlehnung an *Lord Eldons* Meinung in Ex parte Lacey[811] bekundete Erfordernis für eine Autorisierung des Geschäfts durch sämtliche Aktionäre, blieb in der Rechtsprechung zu *self-dealing transactions* unbestätigt. Für eine Beschlussmehrheit in einer beschlussfähigen Versammlung bedurfte es der Zustimmung durch eine Mehrheit der vertretenen Stimmanteile in Kenntnis aller wesentlichen Umstände des Geschäfts und eines Handelns der Gesellschafter

---

Sup.1895); German National Bank v. First National Bank, 55 Neb. 86; 75 N.W. 531, 533 (Neb Sup.1898).

809 Siehe folgende Fundstellen; zum geltenden Recht bereits unter Glpkt. § 2 C. II. und unter Glpkt. § 7 A. I. 4. b); A. II. 4. a) bb) und A. III. 4. b).

810 Vgl. Cumberland Coal & Iron Co. v. Sherman, 30 Barb. 553 (N.Y. Sup.1859); Am.L. Reg., Vol.8, No. 6, 333, 356 (1860).

811 Vgl. Ex parte Lacey, 6 Ves Jun 625, 628 [31 Eng.Rep. 1228] (1802); siehe dazu bereits unter Glpkt. § 5 A. III. 4.

ohne unlautere Einflussnahme auf die Stimmabgabe[812]. Die Beweislast für eine solche Zustimmung trug das mutmaßlich pflichtwidrig handelnde Leitungsorgan, respektive die Prozesspartei, welche die wirksame Autorisierung des Geschäfts geltend gemacht hatte[813]. Am Gesellschafterbeschluss konnten auch die ein Eigen-/Fremdinteresse verfolgenden Leitungsorgane in ihrer Eigenschaft als Aktionär oder Stimmrechtsvertreter teilnehmen[814]. Anerkennung fand dabei die in North-West Transportation Co. v. Beatty[815] vertretene Position, dass es einem Aktionär stets freistehe, eigene Interessen ohne Rücksicht auf die der anderen Anteilseigner und der Gesellschaft zu verfolgen[816]. In diesem Sinne argumentierte erstmals das Gericht im Urteil Gamble v. Queens County Water Co.[817], indem es ein per Gesellschafterbeschluss autorisiertes Geschäft nicht schon aus Gründen der Teilnahme des für befangene erklärten *director*-Gesellschafter der Corporation zur Aufhebung gebracht hatte[818]. Die Einschätzung: "*This is not the case of a trustee entering into a contract with himself or purchasing from himself, where the contract is liable to be repudiated at the mere will or even whim of the cestui que trust*"[819] begründete das Gericht mit der Tatsache, dass auch ohne Berücksichtigung des *director*-Gesellschafters eine unbefangene Mehrheit in der Gesellschafterversammlung für das Geschäft gestimmt hatte.

Jenseits dessen war zu klären, ob das Geschäft im Handlungsermessen einer Aktionärsmehrheit lag, respektive weder ein betrügerisches, rechtswidriges noch verschwenderisches Verhalten erkennen ließ, insbesondere dessen Bedingungen

---

812 Vgl. Hoffmann Steam Coal Co. v. Cumberland Coal & Iron Co., 16 Md. 456, 508 (Md. App.1860); Wallace v. Long Island R.R. Co., 12 Hun 460, *6 (N.Y.App.Div.1877), Metropolitan T.&T. Co. v. Domestic T.&T. Co., 44 N.J.Eq. 568; 14 Atl. 907 (N.J.Ch.1888); Kelley v. New-buryport & Amesbury Horse R.R. Co., 141 Mass. 496, 498; 6 N.E. 745 (Mass.Sup.1886); m.w.N. Landstrom, 31 B.U.L.Rev. 165, 174 (1951).

813 Siehe m.w.N. bereits unter Glpkt. § 5 B. II. 1.-3.

814 Vgl. Bjorngaard v. Goodhue County Bank, 49 Minn. 483; 52 N.W. 48 (Minn.Sup.1892); Miner v. Belle Isle Ice Co., 93 Mich. 97, 114; 53 N.W. 218 (Mich.Sup.1892); Nye v. Storer, 168 Mass. 53; 46 N.E. 402, 403 (Mass.Sup.1897); m.w.N. Ballantine, Corporations, § 175a S. 401 (1946); Zadeck, 10 Louis.L.Rev. 82, 85 f. (1949); Note, 53 Harv.L.Rev. 1368, 1369 ff. (1940)..

815 Vgl. North-West Transportation Co. v. Beatty, 1886 S.C.R. 598 (Canada 1886); 12 App. Cas. 589 (Privy Council 1887; a.t.f. Canada).

816 Vgl. North-West Transportation Co. v. Beatty, 12 App.Cas. 589, 600 (Privy Council 1887; a,t.f. Canada).

817 Vgl. Gamble v. Queens County Water Co., 123 N.Y. 91; 25 N.E. 201 (N.Y.App.1890).

818 Vgl. Gamble v. Queens County Water Co., 123 N.Y. 91, 98; 25 N.E. 201 (N.Y.App.1890).

819 Vgl. Gamble v. Queens County Water Co., 123 N.Y. 91, 97; 25 N.E. 201 (N.Y.App.1890).

nicht zum Nachteil der Minderheitsgesellschafter gestaltet waren[820]. Kritisch überprüft wurden daher Geschäfte einer vom herrschenden Aktionär kontrollierten Corporation, also von einer solchen, deren ausstehende Anteile mehrheitlich im Besitz einer Person(-engruppe) lagen oder die - bei geringerem Kapital-/Stimmrechtsanteil - von einer Person(-engruppe) kontrolliert wurde, die die Geschäftspolitik durch die (Ab-)Berufung einer Mehrheit der *directors* beeinflussen konnte[821]. Für eine Gruppe von Aktionären ist dies anzunehmen, wenn in Bezug auf deren faktischen Einfluss in einer Gesellschafterversammlung deren jeweiliger Stimmrechtsanteil einvernehmlich ausgeübt wird[822]. Herrschende Aktionäre sind der Corporation wie auch deren Minderheitseignern zur Treue verpflichtet, weil sie quasi stellvertretend durch die von ihnen gewählten *directors* für die Gesellschaft handeln und damit ebenfalls wie diese der Corporation und den übrigen Aktionären eine Treueverpflichtung schulden. Sind die amtierenden *board*-Mitglieder nicht vom herrschenden Gesellschafter ins Amt berufen worden, besteht zumindest insoweit eine indirekte Einflussmöglichkeit auf die Geschäftspolitik der Corporation, als *directors* in einer außerordentliche Versammlung auch grundlos abberufen werden können[823]. Im Hinblick darauf lassen Geschäfte einer Corporation im Interesse ihres herrschenden Gesellschafters grundsätzlich eine (allein) dessen Interessen berücksichtigende Meinungsbildung des *board* vermuten, so dass sie auch im Falle eines Gesellschafterbeschlusses nach den Kriterien der sachlichen Fairness im Sinne der bereits skizzierten *'arm's length bargain'*-Methode einem Drittvergleich unterzogen wurden[824].

---

820 Vgl. Brewer v. Boston Theatre, 104 Mass. 378, 394 (Mass.Sup.1870); Hazard v. Durant, 11 R.I. 197, 207 (R.I.Sup.1877); Wickersham v. Crittenden, 93 Cal. 17, 33; 28 P. 788 (Cal.Sup.1892); Chicago Hansom Cab Co. v. Yerkes, 141 Ill. 320, 334; 30 N.E. 667, 671 (Ill.Sup.1892).

821 Lattin, 17 Iowa L. Rev. 313, 335 (1932); Berle, 44 Harv.L.Rev. 1049 (1931); Hornstein, 92 U.Pa.L.Rev. 1, 4 (1943); Note, 44 Iowa L.Rev. 734 (1959); m.w.N. bereits unter Glpkt. § 2 B. I. 4.

822 Vgl. Miner v. Belle Isle Ice Co., 93 Mich. 97, 114; 53 N.W. 218 (Mich.Su.1892); McNulta v. Corn Belt Bank, 164 Ill. 427; 45 N.E. 954 (Ill.Sup.1896); Southern Pacific Co. v. Bogert, 250 U.S. 483, 487; 39 S.Ct. 533 (1919); m.w.N. de la Garza, 57 Denv.L.J. 609, 613 (1980).

823 Siehe bereits zur Abberufungsmöglichkeit eines *director* ohne Grund unter Glpkt. § 4 E.

824 Siehe a.a.O. j.m.V.a. North-West Transportation Co. v. Beatty, 12 App.Cas. 589 (Privy Council 1887; a.t.f. Canada); m.w.N. am Beispiel des *case law* in Delaware unter Glpkt. § 6 B. I. 2.; m.N. zur *'arm's length bargain'*-Methode bereits unter Glpkt. § 5 B. II. 1. b) cc) bbb).

2. Konkludente Autorisierung des Geschäfts durch ein Verhalten der Corporation

Der Verzicht auf die Geltendmachung des Anfechtungsrechts einer Corporation konnte auch durch ein ihr zurechenbares konkludentes Handeln aller Aktionäre in Kenntnis seiner Umstände erklärt werden - sei es durch aktive Duldung des (mutmaßlich) treuwidrigen Verwaltungshandelns (*acquiescence*)[825] oder durch Inanspruchnahme der mit dem Geschäft immanenten Vermögensvorteile (*retaining the benefits*)[826]. Letzteres wurde z.B. im Fall Barr v. N.Y. Lake Erie & Western R.R. Co.[827] aus einer über 8 Jahre hinweg währenden geschäftlichen Nutzung von Gegenständen abgeleitet, welche die Gesellschaft aufgrund eines Leasingvertrages mit einer personell auf *board*-Ebene verflochtenen Corporation angemietet hatte[828]. Den Einwand einer *acquiesence* konnte ein mutmaßlich treuwidrig handelndes Leitungsorgan erheben, wenn jedem Aktionär der Treueverstoß über längere Zeit bekannt war, aber die Anfechtung unterblieb[829]. Exemplarisch hierfür ist die Sachverhaltslage in Kelly v. Newburyport & Amesbury Horse R.R. Co.[830], wo das Gericht es als Autorisierung ansah, wenn eine gegenüber zwei *directors* bestehende und verzinste Forderung trotz Kenntnis durch die Jahresbilanzberichte über 10 Jahre hinweg unbeanstandet blieb[831]. In anderen Fällen wurde eine *acquiesence* bejaht, wenn Aktionäre für die Dauer von 3[832], 4[833],

825 Vgl. U.S. Rolling Stock Co. v. Atlantic & Great Western R.R. Co., 34 Ohio St. 450, 463 (Ohio Sup.1878): San Diego, Old Town & Pacific Beach R.R. Co. v. Pacific Beach Co., 112 Cal. 53, 61; 44 P. 333 (Cal.Sup.1896); siehe insoweit auch ALI, Restat, (2d) of Agency, § 43.

826 Vgl. Burrill v. Nahant Bank, 2 Metc. 163; 35 Am.Dec. 395 (Mass.Sup.1878); Underhill v. Santa Barbara Etc. Co., 93 Cal. 300 (Cal.Sup.1892); m.w.N. Note, 29 Colum.L.Rev. 338, 340 (1929); Homer, 76 Colum.L.Rev. 1156, 1163 (1976).

827 Vgl. Barr v. N.Y. Lake Erie. & Western R.R. Co., 125 N.Y. 263 (N.Y. App.1891).

828 Vgl. Barr v. N.Y. Lake Erie. & Western R.R. Co., 125 N.Y. 263, 277 (N.Y. App.1891).

829 Vgl. Mallory v. Mallory Weehler Co., 61 Conn. 131, 143; 23 A. 708 (Conn.Sup.1891); Louisville, New Albany & Chicago Railway Co. v. Carson, 151 Ill. 444, 450; 38 N.E. 140, 141 (Ill.Sup.1894).

830 Vgl. Kelly v. Newburyport & Amesbury Horse R.R. Co., 141 Mass. 496, 499; 6 N.E. 745 (Mass.Sup.1886).

831 Vgl. Kelley v. Newburyport & Amesbury Horse R.R. Co., 141 Mass. 496, 500; 6 N.E. 745 (Mass.Sup.1886).

832 Vgl. Louisville, New Albany & Chicago Railway Co. v. Carson, 151 Ill. 444, 450; 38 N.E. 140, 141 (Ill.Sup.1894).

833 Vgl. Twin Lick Oil Co. v. Marbury, 91 U.S. 587, 593 (1875).

5[834], 6[835], 7[836], 9[837] oder 20[838] Jahren ab Kenntnisnahme über die Geschäftsumstände keine Klage erhoben hatten. Prozessual ging es bei diesen Fällen um den Einwand der Verwirkung eines Rechts, also um einen (neben dem *common law*-Einwand der Verjährung möglichen) Rechtsbehelf des *equity law*, womit der Kläger aus Rechtsschutzgründen angehalten ist, Ansprüche unverzüglich geltend zu machen, damit sich die Verteidigung des Beklagten nicht durch zwischenzeitlich ändernde Faktoren erschwert[839].

IV. Gerichtliche Geltendmachung des Anfechtungsrechts durch einen Gesellschafter

Das Recht zur Anfechtung eines Geschäfts aufgrund mutmaßlich treuwidrigen Verwaltungshandelns wurde mit Blick auf die Wirkung einer Treuepflicht stets als ein originäres Recht der Gesellschaft erachtet[840]. Von diesem Recht machten die Unternehmen im 19. Jahrhundert jedoch nur in wenigen Fällen Gebrauch. Dies mag am Desinteresse der *directors* an einer ex post Analyse ihrer Beschlüsse ebenso gelegen haben wie an deren Abneigung im Rahmen eines Klageverfahrens auch auf der Beklagtenseite zu erscheinen. Wohl auch deshalb lassen einige der seinerzeit zur Anfechtung gebrachten Geschäftsvorfälle erkennen, dass die (mutmaßliche) Treuewidrigkeit erst durch das neue Management einer Corporation festgestellt und, nachdem die früheren *directors* mehrheitlich abberufen worden waren, zur Anfechtung gelangte[841]. Aktionäre konnten in diesen Fällen nur aus derivativem Recht vorgehen (*shareholder's derivative*

---

834 Vgl. Kitchen v. St. Louis Railway Co., 69 Mo. 224 (Misso Sup.1878).

835 Vgl. Coleman v. Second Avenue R.R. Co., 38 N.Y. 201, 203 (N.Y.App.1868); Ashhurst's Appeal. 60 Pa. 290, Syllabus (Pa.Sup.1869).

836 Vgl. Illinous Pneumatic Gas Co. v. Berry, 113 U.S. 322, 326 (1885).

837 Vgl. Higgins v. Lansingh, 154 Ill. 304, 373 (Ill.Sup.1895).

838 Vgl. Jesup v. Illinois Cent. R.R. Co., 43 F. 483, 505 (Cir.N.D. Ill.1890).

839 Vgl: Halstead v. Grínnan, 152 U.S. 412, 417 (1894); Galliher v. Cadwell, 145 U.S. 368, 373 (1892); Envo, Inc. v. Walters, 2009 WL 5173807, *8 (Del.Ch.2009), m.V.a. Reid v. Spazio, 970 A.2d 176, 182 (Del.Sup.2009); m.w.N. zum Einwand der ‚*laches*' Bray, 67 Vand.L.Rev. 1, 2 f. (2014).

840 Siehe dazu bereits unter Glpkt. § 4 D.

841 Vgl. Cumberland Coal & Iron Co. v. Sherman, 30 Barb. 553 (N.Y.Sup.1859) repr'd, Am.L.Reg., Vol.8, No.6, 333 (1860); Metropolitan Elevated Railway Co. v. Manhattan Elevated Railway Co., 14 Abb.N.C. 103; 11 Daly 373 (N.Y.C.P.1884); Polhemus v. Polhemus & Polhemus Printing Co., 43 Misc. 141; 88 N.Y.S. 273 (N.Y.Sup.1904); zugl.: Marsh, 22 Bus.Law. 35, 55 (1966); Note, 41 Ford.L.Rev. 639, 666 (1973).

suit)[842], da sie ein eigenes Klagerecht nur haben, wenn ihre (Mitgliedschafts-) Rechte verletzt worden sind[843]. Praktiziert wurde damit ein erstmals in Foss v. Harbottle[844] auf eine Company übertragenes Prinzip[845]. Ihre Grundlage findet die eingeschränkte Behandlung des *shareholder's derivative suit* zum einen darin, dass (Minderheits-)Aktionäre grundsätzlich davon abgehalten werden sollen, Geschäfte der Corporation nur aufgrund der bloßen Vermutung eines treuwidrigen Handelns von Leitungsorganen zu blockieren[846]. Zudem soll die Motivation von Personen unterbunden werden, Anteile an Unternehmen ausschließlich zum Zwecke der Geltendmachung eines mutmaßlich pflichtwidrigen Verwaltungshandelns zu erwerben. Schließlich fällt die Geltendmachung von Ansprüchen einer Corporation in die Zuständigkeit des *board*, sofern nicht die Einzelfallumstände eine Klage der Aktionäre aus einem abgeleiteten Recht rechtfertigen. Vor diesem Hintergrund ist die mitunter in Urteilen[847] wie Schriften[848]

---

842 Vertiefend zum '*derivative suit*': Harris, Corporations, S. 189 ff. (2009); DeMott, Derivative Actions, § 5.01 ff. (1987); Prunty, 32 N.Y.U.L.Rev. 980 (1980); Gevurtz, Corporation Law, 387 ff. (2000); Shub, 13 Del.J.Corp. 579 ff. (1988).

843 Ein ‚*direct suit*' rechtfertigt sich z.B. bei einer pflichtwidrigen Beschränkung von Stimm-, Bezugs- oder Informationsrechten der Aktionäre oder bei einer Beschädigung des Geschäftsanteils durch rechts-/satzungswidriges Handeln, also solchen, das einen individuellen und nicht nur einen für die Gesamtheit der Aktionäre entstandenen Schaden verursacht hat. Vgl. Hart v. Ogdensburg & Lake Champlain R.R. Co., 35 N.Y.S. 566, 567; 89 Hun 316 (N.Y.App.1895); Wickersham v. Crittenden, 93 Cal. 17, 33; 28 P. 788 (Cal.Sup.1892); m.w.N. Glenn, 33 Yale L.J. 580 (1924).

844 Siehe *Vice Chancellor Wigram* in Foss v. Harbottle, 2 Hare 461 [67 Eng.Rep. 189] (1843).

845 Vertiefend zum Fall, respektive zur Übertragung der Prinzipien zum *partnership law* auf das *company law* im Wege einer Analogiebildung: Boely, Remedies, S. 1 ff. (2004); ders., 28 Modern Law. Rev. 317, 318 ff. (1965); Wedderburn, 15 Cam.L.J. 194, 196 ff. (1957).

846 Vgl. Bill v. Western Union Tel. Co., 16 F.14, 19 (Cir.N.Y.1883); Burden v. Burden, 159 N.Y. 287, 307 (N.Y.App.1899); Robotham v. Prudential Insurance Co., 64 N.J.Eq. 673, 710 (N.J.Ch.1903).

847 Vgl. Stewart v. Lehigh Valley R.R. Co., 38 N.J.L. 505, 524 (N.J. Err.&App. 1875); O'Connor Mining & Manufactoríng Co. v. Coosa Furnace Co., 95 Ala 614, 618; 10 So. 290 (Ala.App.1891); Fudickar v. East Riverside Irrigation District, 109 Cal. 29, 41; 41 P. 1024 (Cal.Sup.1895).

848 So z.B. Note, 29 Colum.L.Rev. 338, 339 (1929); Marsh, 22 Bus.Law. 35, 36 (1966); Miller, 4 U.Bal.L.Rev. 259, 262 (1975); Holley, 52 Miss.L.J. 877, 878 (1982); Roman, 11 Colum. J.Asian L. 435, 438 (1997); Paschos, Die Stellung, S. 53 f. (2003).

den Rechtsstatus von Geschäften im Eigen-/Fremdinteresse von Leitungsorganen beschreibende Phrase *„(...) voidable at the option of the corporation or its stockholders (...)"* dogmatisch betrachtet ungenau, weil hierdurch der Eindruck entsteht, dass auch Anteilseigner deren Anfechtung geltend machen konnten[849].

Wollten Anteilseigner im 19. Jahrhundert ein abgeleitetes Recht ihrer Gesellschaft geltend machen, mussten sie im Wege der Doppelklage vorgehen, wenn neben der Rückabwicklung des Geschäfts auch ein Schaden der Corporation eingeklagt werden sollte[850]. Grund hierfür bildet die traditionelle Trennung zwischen *law* und *equity*, weil der Anspruch auf Schadenersatz dem *common law* entspringt, während der Anspruch auf die Duldung, Vornahme oder Unterlassung einer Handlung im *equity law* wurzelt[851]. Aktionäre hatten daher zunächst die Corporation - nach *equity law* - aus eigenem Recht mit dem Antrag zu verklagen, den aus treuwidrigem Verwaltungshandeln entstandenen Schaden - nach *common law* - durch Schadenersatzklage gegenüber dem treuwidrig handelnden Leitungsorgan geltend zu machen[852]. In den Vorgaben für eine derivative Klagebefugnis gleicht das damalige dem heutigen Recht wie folgt[853]: Neben der Sicherheitsleistung für die Verfahrenskosten[854], muss ein Kläger die Stellung eines Aktionärs sowohl im Zeitpunkt der Entstehung des Anspruchs inne haben (*contemporaneous ownership*) wie auch in der Phase zwischen der Erhebung der Klage und der Verkündung des Urteils (*continuing ownership*). Fernerhin muss - soweit nicht nutzlose Förmelei - das *board* schriftlich zur Geltendmachung möglicher Ansprüche durch den Kläger aufgefordert worden sein (*demand on the board*)[855]. In einigen Gliedstaaten hat diese Aufforderung ebenso gegenüber den Gesellschaftern zu erfolgen, was insoweit von Vorteil

---

849 Kritisch insoweit bereits Richter *Post* in Gorder v. Plattsmouth Canning Co., 36 Neb. 548, 556; 54 N.W. 830 (Neb.Sup.1893).

850 Nach geltendem Recht genügt es, wenn Leitungsorgane direkt aus abgeleitetem Recht der Corporation verklagt werden. m.N. Fn. 841

851 Siehe bereits unter Glpkt. § 3. A.-B.

852 Vgl. Hawes v. City of Oakland, 104 US 450, 452; 26 L.Ed. 827 (1881); Koral v. Savory, Inc. 276 N.Y. 215, 219; 11 N.E. 2d 883 (N.Y.Sup.1937); Cantor v. Sachs, 18 Del.Ch. 359; 162 Atl. 73, 76 (Del.Ch.1932).

853 Vgl. § 626(a), (b) NYBCL; § 800(b) CGCL; § 327 DGCL i.V.m. Del.Ch.Rule 23.1 [m.V.d. Lewis v. Ward, 852 A.2d 896, 901 (Del.Sup. 2004)]; siehe auch: § 7.01, cmt. c. PALI; §§ 7.40-7.47 MBCA; F.R.C.P., Rule 23.1(b).

854 Vgl. § 327 DGCL; § 800(c)-(f) CGCL; § 627 NYBCL; vormals: § 61(b) N.Y.Gen. Corp.L.; Mary. Laws 1945, § 989; N.J. Laws 1945, § 131

855 Vgl. Wathen v. Jackson Oil & Refining Co., 235 U.S. 635; 35 Sup.Ct. 229 (1915); Higgins v. Lansingh, 154 Ill. 304, 345 (Ill.Sup.1895); Bill v. Western Union Tel. Co., 16 F.14, 18 (N.Y.Cir. 1883); Hanna v. Lyon, 179 N.Y. 107; 71 N.E. 778 (N.Y.Sup.1904).

ist, als dadurch die Möglichkeit der Genehmigung des (mutmaßlich) treuwidrigen Handelns eröffnet wird[856]. Gegenüber *board*-Mitgliedern wird damit sowohl deren Managementkompetenz Rechnung getragen wie auch die Möglichkeit geschaffen, das betreffende Geschäft zu revidieren oder selbst Klage zu erheben, das Aktionärsklagerecht zu bejahen oder mangels hinreichender Anspruchslage die Klage abzulehnen[857]. Entbehrlich ist die Aufforderung, wenn gerade die *directors* über die Klagebefugnis befinden würden, gegen die sich der Vorwurf treuwidrigen Verhaltens richtet.

V. Zwischenergebnis

Als Zwischenbefund ist zur Frage der Prüfungsweise der Gerichte des 19. Jahrhunderts festzuhalten, dass Geschäfte einer Corporation im Eigen-/Fremdinteresse ihrer Verwaltungsorgane uneinheitlich nach den für *fiduciaries* im Amte eines *trustee* oder *agent* entwickelten Rechtssätzen überprüft worden sind. Einig waren sich die Gerichte nur insoweit, als Exekutivmitglieder einer Corporation das Recht besaßen, der Gesellschaft durch Gewährung eines (besicherten) Darlehens in krisenhaften Situationen zu helfen, wenn der Vertrag durch *board*-Mitglieder autorisiert und zu fairen Bedingungen gestaltet worden war. Betreffend die Beurteilung von Austauschgeschäften zwischen Corporation und Leitungsorgan herrschte insoweit Einigkeit, als von *directors* oder *officers* ein redliches Verhalten in Fällen nicht zu erwarten ist, in denen sie in persona als Gegenpartei, als deren Organ oder Vertreter oder als eine ihr in persönlicher oder wirtschaftlicher Hinsicht nahestehende Person(-engruppe) auf beiden Seiten des Geschäfts handeln. Uneinheitlich verlief die Überprüfung des Anfechtungsrechts einer Corporation jedoch bei Geschäften, die durch eine beschlussfähige Mehrheit von unbefangenen *board*-Mitgliedern autorisiert worden sind. Während die Mehrheit der Gerichte in den Kriterien der pro-*fairness* Methode den Prüfungsmaßstab sah, gab es auch jene, die nach der rigiden anti-*fairness* oder der flexiblen pur-*fairness* Methode verfuhren. Letztere gelangte vereinzelt mit Auslauf des 19. Jahrhunderts bei der Prüfung von Verträgen zwischen zwei (auch mehrheitlich) auf Verwaltungsebene personell verflochtenen Gesellschaften zur Anwendung. Die aus dem Interessen-/Pflichtenkonflikt abgeleitete

---

856 Vgl. Bill v. Western Union Tel. Co., 16 F.14, 18 (N.Y.Cir.1883); m.w.N. zum aktuellen Recht a.a.O. Fn. 843.

857 Wird die angestrebte Klage durch *board*-Beschluss für grundlos erklärt, kann sich ein Gesellschafter gegen diese Entscheidung wenden. Siehe eingehend dazu: Baumann/Weiss/Palmiter, Corporations, Rn. 926 (2003); Branson, Corporate Governance, S. 657 (1993).

Vermutung treuwidrigen Handelns ließ sich nach der pur-*fairness* Methode stets mit Nachweis der Fairness des Geschäfts für die Corporation widerlegen. Nach der anti-*fairness* Methode bedurfte es hingegen stets eines wirksamen Gesellschafterbeschlusses; ohne einen solchen war das Geschäft ungeachtet der prozeduralen oder sachlichen Fairness anfechtbar, solange dessen Aufhebung/Rückabwicklung in der gebotenen Frist vom Berechtigten beantragt wurde. Im Vergleich dazu ging es bei der pro-*fairness* Methode stets um die Frage der Fairness eines Geschäfts, wenn die Corporation durch eine beschlussfähige Mehrheit unbefangener *directors* ohne die Mitwirkung des befangenen *director* wirksam vertreten worden war. Im Rahmen der Fairness-Prüfung wurde geklärt, ob in Kenntnis aller wesentlichen Umstände und ohne unlauteren Einfluss entschieden worden war und ob die Geschäftsbedingungen auf ein gutgläubiges Verhalten der Entscheidungsträger schließen ließen. Von einer Prüfung der Fairness nahmen die Anhänger der pro-*fairness* Methode nur in Fällen Abstand, in denen Leitungsorgane eigenmächtig ohne *board*-Beschluss mit ihrer Corporation kontrahiert hatten oder die Autorisierung des Geschäfts nicht ohne Mitwirkung des befangenen *director* stattfinden konnte (weil ohne dessen Einbeziehung keine Beschlussfähigkeit oder -mehrheit hätte ermittelt werden können).

In ihren Kontrollmechanismen gleichen und unterscheiden sich die drei Prüfungsmethoden wie folgt: Während nach der pur-*fairness* Methode die bloße Vermutung pflichtwidrigen Verwaltungshandelns nur in Fällen mangelnder Fairness des Geschäfts aus Sicht der Corporation als Anfechtungsgrund genügte, bildete nach der pro-*fairness* Methode die prozedurale und sachliche Fairness einen Prüfungsmaßstab, wenn das Geschäft ohne Mitwirkung eines befangenen *director* durch beschlussfähige wie unbefangene Mehrheit der *board*-Mitglieder autorisiert worden war. Die Frage seiner Fairness stellte sich daher nicht, wenn das Geschäft eigenmächtig ohne *board*-Beschluss oder durch *board*-Beschluss unter Einbeziehung eines befangenen *director* bei der Feststellung einer Beschlussfähigkeit oder -mehrheit begründet wurde. Gänzlich ungeachtet der Fairness erfolgt die Würdigung von Geschäften nach der anti-*fairness* Methode, selbst wenn mehrheitlich unbefangene und handlungsfähige *directors* eine Corporation vertreten hatten. Anders als die Anhänger der pro-*fairness* Methode sahen sich die der anti-*fairness* Methode außerstande, der Frage der Fairness eines Geschäfts in Fällen nachzugehen, in denen befangene *directors* während einer Sitzung ihrer Kollegen anwesend waren oder von ihrem ‚Stimmrecht' Gebrauch gemacht hatten. Als eine unzulässige Umgehung des Mitwirkungsverbots für befangene *directors* sahen die Vertreter der pro-*fairness* Methode das *reciprocal voting* in Fällen, in denen hinsichtlich eines zusammenhängenden Beschlussgegenstands, wie z.B. zwecks Festsetzung der Leistungsvergütung, mehrere Einzelbeschlüsse im *board* jeweils ohne die Mitwirkung des hiervon konkret betroffenen *director* gefasst worden waren. In solchen Konstellationen ließ sich nach der pro-*fairness* Methode eine Fairness-Analyse nur erreichen, wenn das Geschäft gleichermaßen eine Zustimmung der Anteilseigner einer Corporation erlangt hatte. Bei einem von Aktionären autorisierten Vertrag galt die Vermutung treuwidrigen Handelns als widerlegt, wenn eine beschlussfähige Mehrheit in Kenntnis aller Umstände unbeeinflusst das Geschäft genehmigte. Für befangen erklärte Leitungsorgane waren zur Ausübung ihres Stimmrechts als Aktionär berechtigt. Hatten mehrheitlich unbefangene Aktionäre agiert, beschränkte sich die Fairness-Prüfung auf die Frage, ob das Geschäft ein betrügerisches, rechts-/satzungswidriges oder verschwenderisches Handeln darstellte. Eine Corporation konnte die Anfechtung eines Geschäfts im Wege der Anfechtungsklage erklären oder durch Verweigerung der Vertragserfüllung im Zuge einer Leistungsklage seitens der Gegenpartei. Aktionäre konnten das Anfechtungsrecht einer Corporation nur durch abgeleitete Klage geltend machen, wobei jedoch der bloße Hinweis auf eine Pflichtenkollision von *board*-Mitgliedern allein nicht genügte, um die Rückabwicklung des Geschäfts zwischen personell verflochtenen Corporations zu begründen.

C. Analyse der dem Zwischenergebnis widersprechenden Literaturmeinungen

Das Zwischenergebnis zur vorherrschenden Gerichtspraxis im 19 Jahrhundert widerspricht einer bislang im Schrifttum von einer großen Meinungsgruppe US-amerikanischer[858] wie deutscher[859] Autoren vertretenen Theorie,

858 Gough, 24 U.Kan.L.Rev. 655, 656 (1976); Bulbulia/Pinto, 53 Notre Dame Law. 201, 202 (1977); Buxbaum, 68 Cal.L.Rev. 1122, 1124 (1980); Clatterbuck, 58 Nebr.L.Rev. 909, 919 (1979); Holley, 52 Miss.L.J. 877, 879 (1982); Webber, 5 UALR L.J. 39, 42 (1982); Sommer, 52 Geo.Wash.L.Rev. 719 (1984); Ruder, 40 Bus. Law. 1383, 1387 (1985); Note, 11 Wm.Mitchel L.Rev. 199, 200 (1985); Clark, Corporate Law, S. 160 (1986); Hayes, 53 Tenn.L.Rev. 799 (1986); Moody, 35 Clev.St.L.Rev.95, 99 (1987); Animashaun, 16 S.U.L.Rev. 345, 350 (1989); Clare, 25 Creighton L.Rev. 603, 606 (1992); Small, 48 Bus. Law. 1377, 1377 (1993); Holtz, 28 Suffolk U.L.Tev. 93, 99 (1994); § 5.01 Reporter's Note 3, S. 207 PALI; Selegman, 59 Brooklyn L.Rev. 1, 4 (1993); Kay, 69 WashL.Rev. 207, 208 (1994); Block/Maimone/Ross, 59 Brook.L.Rev. 65, 76 (1995); Roman, 11 Colum.J.Asian L. 435, 438 (1997); Orlinsky, 24 Del.J.Corp.L. 451, 455 (1999); Gevurz, Corporation Law, § 4.2, S. 322 (2000) McGovern, 81 Neb.L.Rev. 170, 183 (2002); Cox, 48 Vill.L.Rev. 1077, 1979 (2003); Hecker, 54 U.Kan.L.Rev. 975, 1008 Fn.171 (2006); Rodrigues, 33 J.Corp.L. 447, 468 /(2008); Bainbridge, Corporation Law, § 7.2. S. 142 (2009); Hill/McDonnell, 36 Del.J.Corp.L. 903, 909 (2011); Palmiter, Corporations, § 13.2.1 f.. (2015).

859 Escher, Rechtsstellung, S. 64 ff. (1954); Mestmäcker, Verwaltung, S.152 ff. (1958); Hanke, Selbstkontrahieren, S. 145 f. (1966); Engfer, Interessenkollision, S. 41, 48

so dass deren Darlegung und Überprüfung den Gegenstand der nachfolgenden Abschnitte bilden soll. Nahezu ausschließlich findet in den dafür jeweils in Betracht kommenden Schriften eine bereits im Jahre 1966 durch Professor *Harold Marsh, Jr.* publizierte Monographie uneingeschränkte Anerkennung[860]. Unter dem Titel ‚*Prohibition*' vertritt *Marsh* darin die These, dass Geschäfte einer Corporation mit deren *directors* oder solche mit einer auf Leitungsebene personell verflochtenen Corporation noch um das Jahr 1880 herum im Wege einer direkten oder abgeleiteten Klage für unwirksam erklärt werden konnten, selbst wenn sie sachlich fair erschienen und durch neutrale *board*-Mitglieder autorisiert worden waren[861]. Als Anfechtungsgrund habe den Gerichten die aus dem Eigen-/Fremdinteresse eines *director* abgeleitete Vermutung eines treuwidrigen Handelns zum Nachteil der Corporation und ihrer Aktionäre genügt[862]. *Marshs* Theorie zufolge sei „*This principle, absolutely inhibiting contracts between a corporation and (...)*" für die einzelstaatlichen Gerichte noch im Jahre 1880 „*impregnable*" (schier unüberwindlich) gewesen[863]. Eine Abkehr von dieser rigiden Methodik sei in der Rechtsprechung erst um das Jahr 1910 herum erfolgt, als solche Geschäfte Bestätigung fanden, wenn sie durch mehrheitlich unbefangene und beschlussfähige *directors* autorisiert worden waren und sich in sachlicher wie prozeduraler Hinsicht als fair erwiesen, bzw. (weiterhin) aufgrund des Interessen-/Pflichtenkonflikts von *directors* angefochten werden konnten, wenn eine entsprechende Entscheidung durch *board*-Beschluss der Corporation nicht ergangen war[864]. Mit anderen Worten sei erst zu Beginn des 20. Jahrhunderts das Anfechtungsrecht einer Corporation bei Verträgen im Eigen-/Fremdinteresse der Leitungsorgane nach der pro-*fairness* Methode geprüft worden.

(1970); Großfeld, Management, S. 67 ff., Rn 4-155 ff. (1973); Hübner, Insichgeschäft, S. 64 f. (1977); Hopt/ Teubner, Corporate Governance, S. 285, 288 (1985); Ebke, ZGR 1990, S. 50, 73 ff.; Abeltshauser, Leitungshaftung, S. 274 (1998); Oltmanns, Geschäftsleiterhaftung, S. 53 ff. (2001); Thoma, Eigengeschäfte, S. 100 ff. (2003); Paschos, Die Stellung, S. 53 ff. (2003); Knapp, Treuepflicht, S. 92 (2004); Borsdorff, Interessenkonflikt, S. 32 (2009); Merkt, US-Recht, Rn. 960 (2013), Rhiel, Related-Party Transactions, S. 133 ff (2014).

860 Siehe eingehend dazu unter Glpkt. § 5 C. I. 1.

861 Marsh, 22 Bus.Law. 35, 37 (1966).

862 Marsh, 22 Bus.Law. 35, 36-37 (1966).

863 Marsh, 22 Bus.Law. 35, 39 (1966) [hervorgehoben vom Verfasser].

864 Marsh, 22 Bus.Law. 35, 39 (1966).

Kritisiert wird diese Theorie bislang nur von *Beveridge*, der sie für „*completely erroneous*" erklärt[865]. *Beveridge* bezieht sich hierbei auf *Morawetz*[866] und folgt damit einer Stimme aus der Literatur, derer sich die Gerichte des 19. Jahrhunderts in nicht wenigen Entscheidungen zum Zwecke der Begründung ihrer Prüfungsmethodik bedient haben[867]. Nicht selten finden sich darin die folgenden auch von *Beveridge* zitierten Worte zur anfänglichen Praxis: "*There is no arbitrary rule of law prohibiting contracts between a corporation and its agents, where (...). But the weight of authority and of reason appears to indicate that such a contract would be valid. It is never necessary that all the directors should take part in the deliberations of the board. There is no necessary im-propriety in a contract between a director and the corporation, if the latter is represented by other agents*"[868].

Im Schrifttum findet *Beveridges* These zwar Erwähnung, bleibt jedoch weitestgehend unkommentiert[869]. Lediglich *Eisenberg* nimmt zur ersten im Jahre 1992 erschienenen Schrift *Beveridges* insoweit Stellung, als dessen Feststellungen zwar in einigen Urteilen und führenden Werken zum *corporation law* des 19. Jahrhunderts Bestätigung finden, *Marshs* These würde sich aber an dessen Fundstellen beweisen lassen. Zudem gehe daraus nicht hervor, dass

---

865 Beveridge, 41 DePaul L.Rev. 655, 659 (1992); ders., 33 Loy. L.A. Rev. 97, 98 (1999) [hervorgehoben vom Verfasser].

866 Beveridge, 41 DePaul L.Rev. 655, 659 (1992); ders. 33 Loy. L.A. Rev. 97, 117 (1999).

867 Vgl. Stewart v. St. Louis, FT.S & W.R.Co., 41 F.734, 738 (Cir., D. Kans.1887); O'Connor Mining & Manufactoríng Co. v. Coosa Furnace Co., 95 Ala 614, 617; 10 So. 290 (Ala.App.1891); Memphis & Charleston R.R. Co. v. Woods, 88 Ala. 630, 641; 7 So. 108 (Ala.Sup.1889); Higgens v. Lansing, 154 Ill. 301; 40 N.E. 362, 380 (Ill.Sup.1895); m.w.N. schon unter Glpkt. § 5 B. II. 2. b) Fn. 780.

868 Morawetz, Corporations, § 527, S. 494 (1886) [hervorgehoben vom Verfasser]; mit gleicher Einschätzung: Brice, A Treatise, S. 477 (1880); Purdy/Beach, A Treatise, Vol. II, § 741 (1905); Correspondence, 16 Am.L.Rev. 917 (1882), Beach, Commentaries, § 276 (1891) .

869 Siehe z.B. Pinto/Branson, Corporate Law, § 9.03, S. 224 Fn.15 (2004); Jacobson, 21 Del.J.Corp.L. 981, 989 Fn.30 (1995); McGinty, 46 Emory L.J. 163, 183, 230 (1997); Gevurz, Corporation Law, § 4.2, S. 322 Fn.2 (2000); ders. Anthology, S. 129 (1997); Bauman/Weiss/Palmiter, Corporations, S. 728 (2003); Brown, 95 Ky.L.J. 53, 54 (2007); Enriques, 2 I.C.C.L.J., 297 (2000); Ballantine/Sperling, Cal.Corp.Laws, S.6-21 (2009); Hill/McDonnell, 36 Del.J.Corp.L. 903, 909 Fn.30 (2011); ergänzend hierzu sei auf die schon von *Beveridge* zitierten Literaturquellen verwiesen; siehe Beveridge, 33 Loy. L.A. Rev. 97, 98 Fn. 9 (1999).

anders geurteilt worden wäre, hätte das Geschäft die Zustimmung mehrheitlich unbefangener *directors* erlangt[870]. Diesen Gedanken greift *Beveridge* in einem zweiten Beitrag zu diesem Thema auf[871], der jedoch in der Lehre bislang - soweit ersichtlich - unkommentiert geblieben ist. Nicht zuletzt auch aus diesem Grunde soll nachfolgend *Marshs* These und die seiner Anhänger im Lichte der angeführten Rechtsprechungsnachweise kritisch untersucht wie auch widerlegt werden (sub I.-II). Entbehrlich erscheint ein Diskurs mit den Werken all jener Autoren, welche *Marsh* lediglich zitieren, weil sich Zweifel an deren Substanz schon mit der Widerlegung der Theorie *Marshs* begründen lassen.

I. Sichtweisen US-amerikanischer Autoren

1. Einschätzungen von *Marsh, Jr.*[872]

Beanstandungswürdig erscheint *Marshs* Einschätzung vor allem hinsichtlich des zitierten Materials, aus dem er eine einheitliche Prüfungsmethodik der Gerichte des 19. Jahrhunderts abzuleiten versucht. Unerwähnt bleiben die vorzitierten die pro- und pur-*fairness* Methode kennzeichnenden Entscheide[873]. Erwähnt werden einerseits Fälle, in denen die Vertragsparteien mehrheitlich personell verflochten waren[874], die Autorisierung des Geschäfts unter Mitwirkung eines befangenen *director* veranlasst worden war[875] oder die Leitungsorgane eigenmächtig ohne *board*-Beschluss die Corporation vertreten hatten[876]. Schließlich dienen jene

---

870 Cary/Eisenberg, Cases & Materials, S. 650-651 (1995); m.V.d. Solomon v. Armstrong, 747 A.2d 1098, 1115 Fn. 48 (De.Ch.1999).

871 Siehe m.V.a. Cary/Eisenberg [Cases & Materials, S. 651 (1995)]: Beveridge, 33 Loy.L.A. Rev. 97, 99 Fn. 10 (1999).

872 Marsh, 22 Bus.Law. 35, 36 ff. (1966).

873 Siehe m.N. bereits unter Glpkt. § 5 B. II. 1. b)-c) und B. II. 2. b)-c). *Marshs* Theorie zufolge sei nur im Fall Union Pacific R.R. Co. v. Credit Mobilier of America, 135 Mass. 367 (1883) von der ‚gemeinhin praktizierten' Regel abgewichen worden. Marsh, 22 Bus.Law. 35, 38 (1966).

874 Marsh, 22 Bus.Law. 35, 36 Fn. 3 (1966) m.V.a. u.a.: Wardell v. Union Pacific R. R. Co., 103 U. S. 651 (1880); Hoffman Steam Coal Co. v. Cumberland Coal & Iron Co., 16 Md. 456 (1860); Pearson v. Concord R.R. Co, 62 N. H. 537 (1883).

875 Marsh, 22 Bus.Law. 35, 36 Fn. 3 (1966) m.V.a. u.a. Mallory v. Mallory-Wheeler Co., 61 Conn. 131, 23 A. 708 (1891); European & North American Railway Co. v. Poor, 59 Me. 277 (1871).

876 Marsh, 22 Bus.Law. 35, 36 Fn. 3 (1966) m.V.a. u.a. Davis v. Rock Creek L. R. & M. Co., 55 Cal. 359 (1880); Cumberland Coal & Iron Co. v. Parish, 42 Md. 598 (1875).

die anti-*fairness* Methode charakterisierenden Entscheidungen als Fundstelle[877]. Kritikwürdig ist darüber hinaus, dass die Argumente der Gerichte keine angemessene Bewertung finden. Beispielhaft hierfür ist die Auseinandersetzung mit dem Urteil Cumberland Coal & Iron Co. v. Parish[878], wodurch *Marsh* anzumerken versucht, dass bereits aus den unter *directors* bestehenden kollegialen oder freundschaftlichen Banden eine Voreingenommenheit in deren Willensbildung abgeleitet worden sei[879]. Unerwähnt bleibt hierbei jedoch, dass das Gericht im Nachweis der Fairness eines Geschäfts gerade eine Möglichkeit sah, jene „peinliche wie undankbare Situation" zu entkräften, in der sich *directors* befänden, wenn sie ein Geschäft zwischen ihrer Gesellschaft und einem ihrer Amtskollegen zu genehmigen hätten. Betont wird dies durch die folgende Passage: „*(...) the onus of proof being upon him to establish the perfect fairness, adequacy, and equity of the transaction (...) he who bargains in a matter of advantage with a person, placing confidence in him, is bound to show that a reasonable use has been made of that confidence.*"[880]. Konkretisierung fanden diese Ausführungen später durch dasselbe Gericht im Fall Booth v. Robinson[881], wo zur Anfechtbarkeit von Geschäften einer Corporation mit *interlocking directorates* bemerkt wurde, dass treuwidriges Handeln von Leitungsorganen nicht schon dann zu vermuten sei, wenn eine personelle Verflechtung auf Leitungsebene bloß bei einer Minderheit der jeweiligen *board*-Mitglieder bestehe[882]. Gänzlich unerwähnt lässt *Marsh* die Tatsache, dass die zur Anfechtung gebrachte Grundschuldbestellung gerade deshalb keine Bestätigung finden konnte, weil sie ohne *board*-Beschluss durch das eigenmächtige Handeln eines *inside director* der Klägerin veranlasst worden war[883].

---

877 Marsh, 22 Bus.Law. 35, 36 (1966) m.V.a. Metropolitan Elevated Railway Co. v. Manhattan Elevated Railway Co., 11 Daly 373 (1884); Munson v. Syracuse, G. & C. Ry. Co., 103 N. Y. 58; 8 N. E. 355 (1886); Stewart v. Lehigh Valley R. R. Co., 38 N.J.Law 505 (1875).

878 Vgl. Cumberland Coal & Iron Co. v. Parish, 42 Md. 598 (Md.App.1875).

879 Marsh, 22 Bus.Law. 35, 37 (1966) m.V.a.: Cumberland Coal & Iron Co. v. Parish, 42 Md. 598 (1875).

880 Vgl. Cumberland Coal & Iron Co. v. Parish, 42 Md. 598, 606 (Md.App.1875); zustd. Beveridge, 33 Loy. L.A. Rev. 97, 108 (1999).

881 Vgl. Booth v. Robinson, 55 Md. 419, (Md.App.1881).

882 Vgl. Booth v. Robinson, 55 Md. 419, 441 (Md.App.1881); siehe zum Fall bereits unter Glpkt. § 5 B. II. 2. b).

883 Vgl. Cumberland Coal & Iron Co. v. Parish, 42 Md. 598, 610 (Md.App.1875); m.V.d auch Beveridge, 33 Loy. L.A. Rev. 97, 108 (1999).

Des Weiteren ist *Marsh* darin zu widersprechen, dass sich die Gerichte außerstande gesehen hätten, die für *fiduciaries* zum un-/autorisierten Eigen-/Fremderwerb anvertrauten Vermögens geltenden Regeln an die Eigentümlichkeiten eines Vertrags im Eigen-/Fremdinteresse von Leitungsorganen anzupassen[884]. Zutreffend ist vielmehr, dass die Richter mehrheitlich nach der *great rule of law* erst in Fällen verfuhren, in denen Leitungsorgane eigenmächtig ohne einen gültigen *board*-Beschluss gehandelt oder befangene *directors* an der Autorisierung eines Geschäfts durch einen Beschluss der Kollegen mitgewirkt hatten[885]. Mitnichten weisen erst die Entscheide Anfang des 20. Jahrhunderts auf die pro-*fairness* Methode hin[886]. Beispielhaft hierfür ist gerade das Urteil U.S. Rolling Stock Co. v. Atlantic & Great Western R.R. Co.[887], worin - wie bereits angeführt[888] - konstatiert worden ist, dass bislang kein Verdikt gefunden worden sei, worin die Anfechtbarkeit oder Nichtigkeit eines Geschäfts einer Corporation deshalb bejaht worden ist, weil eine Minderheit ihrer *board*-Mitglieder auch das Amt des *director* bei der Gegenpartei inne hatte[889]. Angesichts der ungenauen Analyse der Entscheidungsgründe verwundert es nicht, dass *Marsh* anmerkt, die damaligen Gerichte hätten ihren Sinneswandel in der Beurteilungsweise nicht explizit begründet[890]. Verkannt wird dabei, dass es einer solchen Stellungnahme nicht bedurfte, weil die Mehrheit der Gerichte auch in der 1. Hälfte des 20. Jahrhunderts an den bisherigen Beurteilungsmerkmalen festgehalten hatte[891]. *Marshs* Überlegungen zufolge sei der (vermeintliche) Wandel in der Prüfungsweise damit zu begründen, dass die Gerichte in einer Analogiebildung der *equity*-Grundsätze zum autorisierten Eigen-/Fremderwerb anvertrauter Vermögenswerte eine Möglichkeit gesehen hätten, auch den *directors* einer Corporation den Erwerb von Unternehmensgut in Fällen zu erlauben, in denen die Gesellschaft eine der Maxime des *fair dealing* genügende kongeniale Verhandlungsposition gegenüber ihrer Gegenpartei erlangt hatte[892]. Dieser Gedanke vermag

---

884 Marsh, 22 Bus.Law. 35, 39 (1966).

885 Siehe bereits unter Glpkt. § 5 B. II 1. b) und II. 2. b).

886 So aber Marsh, 22 Bus.Law. 35, 39 (1966).

887 Marsh, 22 Bus.Law. 35, 40 (1966) m.V.a. U.S. Rolling Stock Co. v. Atlantic & Great Western R.R.R Co., 34 Ohio St. 450 (1878).

888 Siehe bereits unter Glpkt. § 5 B. II. 2. b).

889 Vgl. U.S. Rolling Stock Co. v. Atlantic & Great Western R.R. Co., 34 Ohio St. 450, 466 (Ohio Sup.1878).

890 Marsh, 22 Bus.Law. 35, 40 (1966).

891 Siehe eingehend dazu unter Glpkt. § 6 A.-B.

892 Marsh, 22 Bus.Law. 35, 40 (1966); Siehe m.N. zur Frage nach der Zulässigkeit sowie Wirksamkeit eines autorisierten Eigen-/Fremderwerbs von anvertrauten

jedoch nicht zu überzeugen, weil eben gerade diese Prinzipien die Grundlage für die pro-*fairness* und pur-*fairness* Methode bilden, die bereits im 19. Jahrhundert von einer Mehrheit der Gerichte als Beurteilungsmaßstab herangezogen worden sind[893].

Abschließend sei noch angemerkt, dass in *Marshs* Kommentar zum California Corporation Law nicht mehr die Rede ist vom „*(...) principle, absolutely inhibiting contracts between a corporation and (...)*"[894]. Zur Frage der Beurteilungsmethode des 19. Jahrhunderts wird darin vielmehr die Auffassung vertreten, dass damalige Urteile zwar auf den ersten Blick den Eindruck hinterlassen, dass es einem *director* selbst nach einer Zustimmung durch mehrheitlich neutrale *board*-Mitglieder verwehrt war, mit der Corporation zu kontrahieren. Eine eingehende Analyse würde jedoch den Schuss zulassen, dass „*(. . .) if a contract (. . .) had been approved by a majority vote of a quorum consisting entirely of disinterested directors, it would not be voidable by the corporation in the absence of a showing of unfairness or fraud*"[895]. Im Vergleich dazu ist zur Frage einer Anfechtbarkeit von Geschäften zwischen personell verflochtenen Corporations zu lesen: "*The courts in California have always dealt differently with a transaction between two corporatios when the only objection to the transaction is that some of the directors of each corporation were the same individuals than with a transaction with an interested director*"[896]. Angesichts dieses Kommentars weckt *Marsh* selbst Zweifel an der Substanz seiner Theorie, weil sich damit nicht mehr - wie in seiner Schrift - sagen lässt: „*In 1880 it could have been stated with confidence that in the United States the general rule was that any contract (. . .)*[897]*[. . . with directors but also to the situation of interlocking directorates where even a minority of the boards*

Vermögensgütern durch einen *fiduciary* im frühen 19. Jahrhundert bereits unter Glpkt. § 5 A. III. 4.

893 Siehe bereits unter Glpkt. § 5 A. II.-III.; ebenso: Beveridge, 41 DePaul L.Rev. 655, 671 (1992); siehe zum frühen *fiduciary law*: Merrymann v. Euler, 59 Md. 588; 43 A.R. 564 (1883) [*attorney* als *fiduciary*]; Highberger v. Stiffler, 21 Md 338; 83 A.D. 593 (1864); Todd v. Grove, 33 Md. 188 (1870) [*agent* als *fiduciary*]; m.w.N. Clapp, 3 Md.L.Rev. 221, 233 (1939); Scott, 49 Harv.L.Rev. 521 521, 524 (1936).

894 So einst *Marsh* in: Marsh, 22 Bus.Law. 35, 39 (1966) [hervorgehoben vom Verfasser]; m.V.d. bereits unter § 5 C. I. 1.

895 Marsh, Cal.Corpl.L. § 11.07[B], 11.64-65 (2011); siehe im Vergleich dazu die Ausführungen *Marshs* in: 22 Bus.Law. 35, 36 Fn. 3 (1966).

896 Marsh, Cal.Corpl.L. § 11.07, 11.77 (2011); siehe im Vergleich dazu die Ausführungen *Marshs* in: 22 Bus.Law. 35, 37 (1966).

897 Marsh, 22 Bus.Law. 35, 36 (1966) [hervorgehoben vom Verfasser].

were common to the two contracting corporations ...][898]*(...) was voidable at the instance of the corporation or its shareholders, without regard to the fairness or unfairness of the transaction* "[899].

2. Befürworter der Sichtweise *Marshs* im US-amerikanischen Schrifttum

Die von *Marsh* angeführten Fälle werden weitestgehend von den Autoren, die *Marschs* These folgen, nicht in der hierfür gebührenden Weise hinsichtlich der besonderen Umstände des Einzelfalls analysiert. Exemplarisch hierfür ist der Beitrag von *Bulbulia/Pinto*, welche ergänzend zu *Marshs* Fundstellen die anti-*fairness* Methode ebenso mittels zweier Quellen aus der Wissenschaft nachzuweisen versuchen[900]. Mit Hinweis auf die Fälle Stanton v. Occindental Life Ins. Co.[901] und Rugger v. Mt. Hood Electric Co.[902], wird das rigide Verfahren mancher Gerichte damit begründet, dass bei Geschäften einer Corporation mit deren *directors* die Gesellschafts- und Aktionärsinteressen nicht angemessen gewahrt werden könne[903]. Dem es nicht zuzustimmen, weil sich aus der nachfolgend zitierten Passage unzweifelhaft ableiten lässt, dass im erstgenannten Urteil nicht die anti-, sondern die pro-*fairness* Methode zur Anwendung gelangte: "*The rule obtaining in the majority of jurisdictions is that a director may deal or contract with a corporation where he acts in good faith and the corporation is represented by a quorum of disinterested directors. Such a contract is not void per se, nor is it voidable, except for unfairness or fraud*"[904]. Ähnlich argumentierte der Oregon Supreme Court im letztgenannten Urteil hinsichtlich der Wirksamkeit eines *board*-Beschlusses, der unter Mitwirkung eines für befangen erklärten *director* der Beklagten zustande gekommen war[905]. Als weitere Quelle wird das Werk *Ballantines* angeführt, worin jedoch die anti-*fairness* Methode als ein lediglich von einer Minderheit der Gerichte des 19. Jahrhunderts praktiziertes Verfahren

898 Marsh, 22 Bus.Law. 35, 37 (1966) [hervorgehoben vom Verfasser].

899 Marsh, 22 Bus.Law. 35, 36 (1966) [hervorgehoben vom Verfasser].

900 Bulbulia/Pinto, 53 Notre Dame Law. 201, 202 f (1977).

901 Vgl. Stanton v. Occindental Life Ins. Co., 81 Mont. 44; 261 Pac. 620 (Mont.Sup.1927).

902 Vgl. Rugger v. Mt. Hood Electric Co., 143 Ore. 193; 20 P2d 412 (Ore.Sup.1933).

903 Bulbulia/Pinto, 53 Notre Dame Law. 201, 202 f (1977) m.V.a. Note, 83 U.Pa.L. 56, 57 (1934).

904 Vgl. Stanton v. Occindental Life Ins. Co., 81 Mont. 44, 48 & 64; 261 Pac. 620 (Mont. Sup.1927).

905 Vgl. Rugger v. Mt. Hood Electric Co., 143 Ore. 193, 218; 20 P2d 412 (Ore.Sup.1933).

dargestellt wird. *Ballantine* folgt insoweit seinem Kollegen *Morawetz* in der Einschätzung, dass die Mehrheit der Gerichte die Frage nach der Anfechtbarkeit von Geschäften im Eigen-/Fremdinteresse eines Unternehmensleiters nach den Kriterien der pro-*fairness* Methode gewürdigt haben[906].

Ferner wird die These *Marshs* von *Holley* unterstützt[907], die die anti-*fairness* Methode insbesondere im Urteil des California Supreme Court in Davis v. Rock Creek L.R. & M. Co.[908] zu erkennen sieht[909]. Mit dieser Entscheidung lässt sich die anti-*fairness* Methode allerdings schon deshalb nicht nachweisen, weil es darin um ein Geschäft ging, das der CEO der Beklagten eigenmächtig, respektive nicht im Sinne des zuvor gefassten *board*-Beschlusses mit einer auch von ihm geführten Gesellschaft begründet hatte[910]. Damit war das Gericht mit einem Sachverhalt konfrontiert, der sowohl nach der anti-*fairness* wie auch nach der pro-*fairness* Methode zur Anfechtung des Vertrages ohne Fairness-Prüfung berechtigt hätte[911]. Ungeachtet dessen vertritt selbst *Marsch*, wie vorstehend ausgeführt, den Standpunkt, dass anfangs die Gerichte Kaliforniens die Kriterien der pro-*fairness* Methode als Prüfungsmaßstab praktiziert hätten[912]. Weiterhin führt *Holley* das Urteil in Wardell v. Union Pacific R.R. Co.[913] an, ohne jedoch anzumerken, dass der U.S. Supreme Court das Geschäft der Gesellschaft gerade deshalb für unwirksam erklärt hatte, weil es zu deren Nachteil ausgestaltet worden war und die Mehrheit ihrer *directors* durch Erwerb des Mehrheitsanteils an deren Gegenpartei, außerstande waren, unbefangen in deren Interesse zu handeln[914]. Schließlich versucht *Holly* in Anlehnung an den Fall Goodin v. Cincinnati & Whitewater Canal Co.[915] das vermeintlich generelle Anfechtungsrecht einer Corporation in Analogie zum *trust* zu begründen[916]. Unerwähnt bleibt dabei jedoch das Urteil U.S. Rolling Stock

906 Ballantine, Corporations, § 67, S. 171 (1946).

907 Holley, 52 Miss.L.J. 877, 878 (1982).

908 Vgl. Davis v. Rock Creek L.R.&M. Co., 55 Cal. 359 (Cal.Sup.1880).

909 Holley, 52 Miss.L.J. 877, 878 Fn. 8 (1982).

910 Vgl. Davis v. Rock Creek L.R.&M. Co., 55 Cal. 359, 363 (Cal.Sup.1880).

911 Siehe bereits unter Glpkt. § 5 B. II. 1.-2.

912 Siehe bereits unter Glpkt. § 5 C. I. 1. Siehe eingehend zum *case law* Kaliforniens unter Glpkt. § 6 B. I.

913 Vgl. Wardell v. Union Pacific R.R. Co., 103 U.S. 651 (1880).

914 Siehe zum Fall bereits unter Glpkt. § 5 B. II. 3.

915 Vgl. Goodin v. Cincinnati & Whitewater Canal Co., 18 Ohio St. 169 (Ohio Sup. 1868); siehe dazu bereits dazu unter Glpkt. § 5 B. II. 2. b).

916 Holley, 52 Miss.L.J. 877, 878 (1982).

Co v. Atlantik & Great Western R.R. Co.[917], worin dasselbe Gericht unterstrichen hat, dass ein Geschäft nicht ungeachtet der Fairness anfechtbar sei, wenn bloß bei der Minderheit der *board*-Mitglieder einer Corporation ein Pflichtenwiderstreit bestehe[918]. Letztlich behauptet *Holley* mit Hinweis auf zwei nach der anti-*fairness* Methode ergangenen Entscheide, dass frühere Urteile "*(...) had uniformly held that approval of the contract by a majority of disinterested directors did not save the contract from voidability*"[919]. Kritikwürdig daran ist der Terminus '*uniformly*', weil die vorstehenden Darlegungen zur Gerichtspraxis im 19. Jahrhundert gerade Gegenteiliges belegen; behaupten ließe sich allenfalls, dass in den zitierten Fällen die anti-*fairness* Methode Anwendung fand[920].

II. Sichtweisen deutscher Autoren

Im deutschen Schrifttum dürfte *Escher* der Erste gewesen sein, welcher die gerichtliche Methodik bei der Überprüfung von Geschäften einer Corporation im Eigen-/Fremdinteresse von *directors* erläuterte[921]. Kritisch hinterfragt wurden dessen Analysen später durch *Mestmäcker*[922]. Gänzlich im Lichte der Thesen dieser beiden Kommentatoren argumentierte *Handke*, so dass dessen Beitrag unerwähnt bleiben kann[923]. *Großfeld* dürfte wiederum der Erste unter den deutschen Autoren gewesen sein, in dessen Monographie die Einschätzungen *Marshs* vollumfänglich Zustimmung fanden[924].

1. Einschätzungen von *Escher*[925]

Eschers Rechtsprechungsanalyse zufolge seien Geschäfte einer Corporation mit *board*-Mitgliedern vorwiegend nach der pro-*fairness* Methode beurteilt worden,

917 Vgl. U.S. Rolling Stock Co. v. Atlantic & Great Western R.R. Co., 34 Ohio St. 450 (Ohio Sup.1878).

918 Vgl. U.S. Rolling Stock Co. v. Atlantic & Great Western R.R. Co., 34 Ohio St. 450, 466 (Ohio Sup.1878); m.N.d. unter Glpkt. § 5 B. II. 2. b)

919 Siehe Holley, 52 Miss.L.J. 877, 879 Fn. 13 (1982) m.V.a. Stewart v. Lehigh Valley R.R. Co., 38 N.J.Law 505, 522 f. (N.J.Err.&App.1875); Munson v. Syracuse, Geneva & Corning R.R., 103 N.Y. 58; 8 N.E. 355 (N.Y.App.1886),

920 Siehe zur anti-*fairness* Methode bereits unter Glpkt. § 5 B. II. 1. a).

921 Escher, Rechtsstellung, S. 64 f. (1954).

922 Mestmäcker, Verwaltung, S. 152 f. (1958).

923 Hanke, Selbstkontrahieren, S. 145 (1966).

924 Großfeld, Management, S. 67 ff. (1973).

925 Escher, Rechtsstellung, S. 64 ff. (1954).

so dass sie richterliche Bestätigung fanden, wenn sie durch mehrheitlich unbefangene, beschlussfähige *directors* autorisiert waren und fair erschienen. Soweit jedoch die Autorisierung durch *board*-Beschluss nicht ohne Mitwirkung eines im Eigeninteresse handelnden *director* stattfinden konnte, sei das Geschäft einer Corporation per se anfechtbar gewesen[926]. Nur eine Minderheit der Gerichte sei nach den rigiden Kriterien der anti-*fairness* Methode verfahren[927]. Demgegenüber seien Geschäfte einer Corporation mit *interlocking directorates* von manchen Gerichten nach den Kriterien der anti-*fairness*, von anderen nach denen der pro-*fairness* und von wiederum anderen nach denen der pur-*fairness* Methode analysiert worden[928]. Einheitlich verlief die Beurteilung in Fällen, in denen der mutmaßlich treuwidrig gestaltete Vertrag die Zustimmung alle Aktionäre gefunden hatte[929].

Die an sich mit den Feststellungen des Verfassers übereinstimmenden Thesen *Eschers* geben jedoch in nachfolgenden Punkten Anlass zur Kritik. Beanstandungswürdig ist zum einen die Argumentation zu den für Geschäfte zwischen einer Corporation und deren *board*-Mitgliedern geltenden Prüfungsmaßstab. So weist *Escher* an einer Stelle zu Recht darauf hin, dass nur wenige der Gerichte, insbesondere jene aus New York und New Jersey, Geschäfte mit *board*-Mitgliedern auch in Fällen für anfechtbar erklärt hätten, in denen sie mit Beschluss beschlussfähiger und mehrheitlich unbefangener *directors* ergangen waren[930]. Allerdings im Rahmen seiner Erörterungen zu der als herrschend deklarierten Ansicht stellt *Escher* fest, dass ein Geschäft „*als selbstkontrahiert*" behandelt worden sei, wenn der befangene *director* an dessen Autorisierung durch Beschluss der übrigen *board*-Mitglieder teilgenommen hatte, „*(...) auch wenn seine Stimme weder zur Bildung des Quorums noch zur Erzielung einer Stimmenmehrheit nötig gewesen wäre*"[931]. Als Fundstelle hierfür bezieht sich *Escher* alleinig auf den Entscheid des New York Court of Appeals in Munson v. Syracuse, Geneva & Corning R.R. Co.[932] [933]. Mit Hinweis darauf vermischt *Escher*

---

926 Escher, Rechtsstellung, S. 65-66 (1954).

927 Escher, Rechtsstellung, S. 66 (1954) m.V.a. Ballantine, Corporations, S. 170 (1946).

928 Escher, Rechtsstellung, S. 67 f. (1954).

929 Escher, Rechtsstellung, S. 70 (1954).

930 Escher, Rechtsstellung, S. 66 (1954).

931 Escher, Rechtsstellung, S. 67 (1954) [hervorgehoben vom Verfasser].

932 Vgl. Munson v. Syracuse, Geneva & Corning R.R., 103 N.Y. 58; 8 N.E. 355 (N.Y.App.1886).

933 Escher, Rechtsstellung, S. 67 Fn. 17 (1954).

jedoch die Kriterien der anti- mit denen der pro-*fairness* Methode, weil nach letztgenanntem Prüfungsverfahren[934] der Umstand der Gegenwart eines befangenen *director* oder dessen Stimmabgabe dann irrelevant war, wenn ohne dessen Berücksichtigung „*a disinterested quorum and voting majority*" entschieden hatte[935]. Letztlich ist *Escher* darin zu widersprechen, dass die aus dem Interessen-/Pflichtenkonflikt von *directors* abgeleitete Vermutung eines treuwidrigen Verhaltens nicht erst durch Zustimmung aller Gesellschafter, sondern bereits durch einen wirksamen Mehrheitsbeschluss der Anteilseigner beseitigt werden konnte. Einer Zustimmung aller Aktionäre einer Corporation bedurfte es schon seinerzeit nur bei den Geschäften, die sich als eine Verschwendung von Gesellschaftsvermögen qualifizieren ließen[936].

2. Einschätzungen von *Mestmäcker*[937]

Konträr zu *Escher* vertritt *Mestmäcker* die Theorie, dass im 19. Jahrhundert jede Form von Geschäft einer Corporation im Eigen-/Fremdinteresse von *board*-Mitgliedern für unwirksam erklärt worden sei[938]. Die richterliche Prüfung habe sich ungeachtet einer Fairness des Geschäfts aus Sicht der Gesellschaft und ohne Rücksichtnahme darauf vollzogen, ob mehrheitlich unbefangene *directors* gehandelt hatten[939]. Ein Wandel in der Prüfungsweise sei jenseits von Darlehensgeschäften zugunsten einer Corporation zu Beginn des 20. Jahrhunderts insoweit eingetreten, als der Interessenkonflikt zur Anfechtung berechtigte, falls die Mehrheit der *directors* betroffen war oder die Fairness des Geschäfts unbelegt geblieben sei[940]. Seine These leitet *Mestmäcker* aus den beiden Urteilen in Mobile Land & Imperial Co. v. Gass[941] und Massoth v. Central Bus Co.[942] ab, wenngleich

934 Siehe m.N. zur pro-*fairness* Methode bereits unter Glpkt. § 5 B. II. 1 b) und 2. b) und 3.

935 Ballantine, Corporations, § 46, S. 170 f. (1946). Ergänzend zu den Fundstellen unter Glpkt. § 5 B. II. 1 b) sei hiermit explizit auf *Ballantine* hingewiesen, weil auch *Escher* auf diesen Bezug nimmt, wenn er die ‚vorherrschende Ansicht' von der ‚Mindermeinung' abzugrenzen versucht.

936 Siehe m.N. bereits unter Glpkt. § 5 B. III. 1.; siehe m.N. zum geltenden Recht bereits unter Glpkt. § 2. C. I.

937 Mestmäcker, Verwaltung, S. 152 ff. (1958).

938 Mestmäcker, Verwaltung, S. 152 und 157 (1958).

939 Mestmäcker, Verwaltung, S. 153 (1958).

940 Mestmäcker, Verwaltung, S. 155 (1958).

941 Vgl. Mobile Land & Imperial Co. v. Gass, 142 Als. 520; 39 So. 229 (Ala.Sup.1904); m.V.d. Mestmäcker, Verwaltung, S. 153 Fn. 69 (1958)

942 Vgl. Massoth v. Central Bus Corp., 104 Conn. 683; 134 At. 236 (Conn.Sup.1926); m.V.d. Mestmäcker, Verwaltung, S. 153 Fn. 69 (1958)

diese erst Anfang des 20. Jahrhunderts getroffen wurden. Während der erste Fall einen Kaufvertrag betraf, ging es im zweiten Fall um eine Vergütungsabrede; gleichermaßen war ein unter Mitwirkung eines befangenen *director* ergangener Beschluss zu überprüfen. In beiden Urteilen bildete jedoch nicht die anti-*fairness*, sondern die pro-*fairness* Methode den Maßstab. Ausdruck findet dies im erstgenannten Entscheid darin, dass das Gericht zunächst der Frage nachging, ob der *board*-Beschluss mit oder ohne die Mitwirkung des befangenen *director* wirksam ergehen konnte. Kennzeichnend dafür ist die Urteilsbegründung mit Hinweis auf den Fall Buell v. Buckingham & Co.[943], wonach *directors* einer Corporation nur dann handlungsunfähig seien, wenn ein Zustimmungsbeschluss unter den übrigen *board*-Mitgliedern nicht ohne Mitwirkung der befangenen *directors* ergehen konnte[944]. Bestätigung erlangte damit eine bereits im Urteil Decatur Mineral Land Co. v. Palm[945] praktizierte Regel, die später in Holcomb v. Forsyth[946] mit den Worten umschrieben worden ist: "*This rule, however, does not preclude an officer or director of a corporation from entering into a contract with the corporation where the corporation is duly represented by the other directors, who are disinterested and constitute a quorum*"[947].

Keine andere Prüfungsweise kann dem Urteil Massoth v. Central Bus Corp.[948] entnommen werden, wenngleich für dessen Würdigung ein Rückgriff auf vorherige und spätere Urteile hilfreich sein dürfte[949]. Grund hierfür ist, dass das Gericht mit dem skizzierten Phänomen des *reciprocal voting* konfrontiert war, dass sich darin zeigt, dass in einer gleichermaßen alle *board*-Mitglieder betreffenden

943 Vgl. Buell v. Buckingham & Co., 16 Iowa 284 (Iowa Sup.1864); vgl. zum Fall bereits unter Glpkt. § 5 B. II. 1. b).

944 Vgl. Mobile Land & Imperial Co. v. Gass, 142 Als. 520, 528; 39 So. 229 (Ala.Sup. 1904) m.V.a. Buell v. Buckingham & Co., 16 Iowa 284, 293 (Iowa Sup.1864); vgl. in der Argumentation ähnlich: Clark v. American Coal Co. 86 Iowa 436, 449; 53 N.W. 291, 295 (Iowa Sup.1892).

945 Vgl. Decatur Mineral Land Co. v. Palm, 113 Ala. 531 (Ala.Sup.1896); Corey v. Wadsworth, 118 Ala. 488; 25 So. 503 (Ala.Sup.1897).

946 Vgl. Holcomb v. Forsyth, 216 Ala. 486; 113 So. 516 (Ala.Sup.1927).

947 Vgl. Holcomb v. Forsyth, 216 Ala. 486, 491; 113 So. 516 (Ala.Sup.1927) [hervorgehoben vom Verfasser].

948 Vgl. Massoth v. Central Bus Corp., 104 Conn. 683; 134 A. 236 (Conn.Sup.1926).

949 Vgl. Smith v. Skeary, 47 Conn. 47 (Conn.Sup.1879); Mallory v. Mallory Wheeler Co., 61 Conn. 131; 23 A 708 (Conn.Sup.1891); Nichols v. McCarthy, 53 Conn. 299, 307; 23 A. 93 (Conn.Sup.1885); Sisk vs. Jordan Co., 94 Conn. 384; 109 A.181 (Conn.Sup. 920), Klopot v. Northrup, 131 Conn. 14; 37 A.2d. 700 (Conn.Sup.1944).

Thematik mehrere *board*-Beschlüsse jeweils in Abwesenheit eines davon begünstigten *director* getroffen worden sind[950]. Stellung hierzu nahm erstmals der Connecticut Supreme Court in Mallory v. Mallory Wheeler Co.[951], der für eine ganzheitliche Prüfung der Beschlüsse plädierte und deren Anfechtbarkeit damit begründete, dass die Entscheidungsträger durch ihr jeweiliges Eigeninteresse an der Erhöhung der eigenen Vergütung nicht unparteiisch handeln, sondern vielmehr zugunsten des Kollegen in der Erwartung stimmen würden, dieser werde sodann ebenfalls zum Vorteil seines (vorherigen) Kollegen sein Stimmrecht ausüben[952]. Die Tatsache, dass dieser sowie der vorerwähnte Entscheid nach der pro-*fairness* Methode ergangen ist, wird ebenso durch die Argumentation in Sisk v. Jordan Co.[953] und in Klopot v. Northrup[954] unterstrichen, weil darin mit Hinweis auf den Fall Mallory v. Mallory Wheeler Co.[955] die Ansicht vertreten worden ist, dass Geschäfte einer Corporation mit deren *directors* nur anfechtbar seien, wenn sich ihr Inhalt nicht als „*(...) open, in good faith, fair and fully understood (...)*" erweist[956] bzw. wenn ein insoweit angemessenes Geschäft gerade ohne die Mitwirkung eines befangenen *directors* (wirksam) veranlasst worden ist[957]. Letztlich sei noch Osborne v. Locke Steel Chain Co.[958] angeführt, wo unter Hinweis auf *Mestmäckers* Fundstelle zum *case law* zu lesen it: „*(...) the only relevant rule is that contained in Massoth v. Central Bus Corp. (...) and similar cases, to the effect that a director of a corporation has the burden of showing that any personal dealing with the corporation is fair, in good faith and for adequate consideration*"[959].

Zweifel an der Theorie des Verfassers können ebenso wenig die Fallbeispiele *Mestmäckers* betreffend die Frage der Anfechtbarkeit von Geschäften zwischen personell verflochtenen Corporations auslösen. Grund dafür ist einerseits, dass es darin stets um Verflechtungen bei einer Mehrheit von *directors* ging[960] oder

950 Siehe bereits unter Glpkt. § 5 B. II. 1. b) cc) aaa).
951 Vgl. Mallory v. Mallory Wheeler Co., 61 Conn. 131; 23 A 708 (Conn.Sup. 1891).
952 Vgl. Massoth v. Central Bus Corp., 104 Conn. 683, 689; 134 A. 236 (Conn.Sup. 1926).
953 Vgl. Sisk v. Jordan Co., 94 Conn. 384; 109 A.181 (Conn.Sup.1920).
954 Vgl. Klopot v. Northrup, 131 Conn. 14; 37 A.2d. 700 (Conn.Sup.1944)
955 Vgl. Mallory v. Mallory Wheeler Co., 61 Conn. 131; 23 A 708 (Conn.Sup.1891).
956 Vgl. Sisk vs. Jordan Co., 94 Conn. 384, 389 & 396; 109 A.181 (Conn.Sup.1920) [hervorgehoben vom Verfasser].
957 Vgl. Klopot v. Northrup, 131 Conn. 14, 20; 37 A.2d. 700 (Conn.Sup.1944).
958 Vgl. Osborne v. Locke Steel Chain Co., 153 Conn. 527 (Sup.Conn.1966).
959 Vgl. Osborne v. Locke Steel Chain Co., 153 Conn. 527, 535 (Sup.Conn.1966).
960 Mestmäcker, Verwaltung, S. 157 Fn. 90 (1958) m.V.a. Pearson v. Concord R.R. Corp., 62 N.H. 537 (N.H.Sup.1883).

um Geschäfte einer Corporation, die gänzlich ohne *board*-Beschluss begründet worden waren[961]. Darüber hinaus greift *Mestmäcker* zur Begründung seiner Theorie bisweilen auf Überlegungen zurück, womit sich nur bei mehrheitlich personeller Verflechtung der Parteien die Vermutung eines treuwidrigen Verwaltungshandeln rechtfertigen lässt[962]. Zudem wird behauptet, dass die Beurteilungsmethodik im Fall Metropolitan Elevated Ry. Co. v. Manhattan Elevated Ry. Co.[963] auch den Prüfungsmaßstab im Fall Pink v. Title Guarantee & Trust Co.[964] gebildet habe[965]. Gegen diese These lässt sich jedoch einwenden, dass es im letztgenannten Fall um ein Geschäft ging, das ohne Zustimmung des *board* oder der Aktionäre der Gesellschaft ergangen war. Hinzu kommt, dass das Gericht - im Vergleich zum erstgenannten Fall[966] gerade nicht die Meinung vertrat, dass das Anfechtungsrecht einer Corporation ohne Rücksichtnahme auf die Autorisierung des Geschäfts durch mehrheitlich unbefangene *board*-Mitglieder zu bestätigen sei. Vielmehr stellt es explizit klar, dass sich die Anfechtung eines Geschäfts ohne Rücksicht auf dessen Fairness nur dann rechtfertigen würde „*(...) by acts ultra vires and otherwise illegal and fraudulent (...)*“[967]. Diese Aussage wurde noch im selben Jahr im gleichen Fall dahin konkretisiert, dass das Geschäft einer Corporation mit *interlocking directorates* dann zu bestätigen sei, „*(...) if it clearly appears to be just and fair in every respect (...)*“[968].

3. Befürworter der Sichtweise *Marshs* im deutschen Schrifttum

a) Einschätzungen von *Großfeld*[969]

Großfeld war der Erste unter den deutschen Kommentatoren, der unter Hinweis auf *Marsh* anführte, dass in den Anfängen der Rechtsprechung zu Verträgen einer

961 Mestmäcker, Verwaltung, S. 157 Fn. 91 (1958) m.V.a. Pink v. Title Guarantee & Trust Co., 274 N.Y. 167; 8 N.E.2d 321 (N.Y.App.1937).

962 Mestmäcker, Verwaltung, S. 157 (1958).

963 Vgl. Metropolitan Elevated Railway. Co. v. Manhattan Elevated Railway. Co., 14 Abb.N.C. 103, 272-294; 11 Daly 373, 409 (N.Y.C.P.1884).

964 Vgl. Pink v. Title Guarantee & Trust Co., 274 N.Y. 167; 8 N.E.2d 321 (N.Y.App.1937); siehe zum Fall unter Glpkt. § 6 B. III. 2.

965 Mestmäcker, Verwaltung, S. 157 Fn. 91 (1958).

966 Siehe zum Fall unter Glpkt. § 5 B. 2. a) und Glpkt. § 6 B. III. 2.

967 Vgl. Pink v. Title Guarantee & Trust Co., 274 N.Y. 167, 174; 8 N.E.2d 321 (N.Y.App.1937) [hervorgehoben vom Verfasser].

968 Vgl. Pink v. Title Guarantee & Trust Co., 164 Misc. 128, 135; 298 N.Y.S. 544 (N.Y.Sup.1937).

969 Großfeld, Management, S. 67 ff (1973).

Corporation im Eigen-/Fremdinteresse von Leitungsorganen deren Anfechtung ungeachtet einer Zustimmung durch mehrheitlich neutrale *directors* schon durch bloßen Hinweis auf deren Interessen-/Pflichtenkonflikt geltend gemacht werden konnte[970]. Dessen Theorie nach hätten die US-amerikanischen Richter die Meinung der britischen Kollegen geteilt, dass Aktionäre stets „*the unprejudiced judgment and advice of all its directors*"[971] beanspruchen können. Gleichermaßen wird *Marsh* darin gefolgt, dass von der sog. „*rule prohibiting all contracts between*" aus Praktikabilitätsgründen heraus erst zu Beginn des letzten Jahrhunderts Abstand genommen worden sei, soweit das Geschäft durch eine Mehrheit der unbefangenen *directors* einer Corporation autorisiert und nach Überzeugung des Gerichts weder als unangemessen noch als betrügerisch erachtet worden war[972].

Seinem Werk zufolge schien *Großfeld* von der Fachautorität *Marshs* so überzeugt gewesen zu sein, dass er über dessen Fallbeispiele hinaus die Judikatur des 19. Jahrhunderts nicht eingehender analysierte. Ergänzend hierzu bediente er sich der Entscheidung in Chathedral Estates, Inc. v. Taft Reality Corp.[973], worin ein Bundesgericht auf Grundlage des Rechts von Connecticut die Frage der Anfechtbarkeit von Geschäften zweier Corporations aufgrund einer mehrheitlich personellen Verflechtung zu prüfen hatte. An diesem Beispiel lässt sich die von ihm vertretene Theorie allerdings nicht überzeugend nachweisen, weil das Gericht gerade nicht die rigide anti-*fairness* Methode anwandte, sondern vielmehr betont hatte: „*(...) no disinterested majority vote was possible here. The transaction was therefore clearly voidable (...)*"[974]. Nicht verwundern dürfte diese Argumentation im Lichte der vorerwähnten Fälle[975] Klopot v. Northrup[976] und Massoth v. Central Bus Corp.[977]. Ähnliche Begründungen finden sich in den von *Großfeld* zitierten Entscheiden Sterling v. Mayflower Hotel Corp.[978] und

970 Großfeld, Management, S. 67-68 Rn.4-156 (1973).

971 Großfeld, Management, S. 68 Rn.4-157 (1973) m.V.a. Marsh, 22 Bus.Law. 35, 37 (1966) [hervorgehoben vom Verfasser].

972 Großfeld, Management, S.68 Rn.4-157 (1973) [hervorgehoben vom Verfasser].

973 Vgl. Chathedral Estates v. Taft Reality Corp, 22 F.2d 85 (2d Cir.1955).

974 Vgl. Chathedral Estates v. Taft Reality Corp, 22 F.2d 85, 88 (2d Cir.1955) [hervorgehoben vom Verfasser].

975 Siehe zu den Fällen bereits unter Glpkt. § 5 C. II. 2.

976 Vgl. Klopot v. Northrup, 131 Conn. 14; 37 A.2d. 700 (Conn.Sup.1944).

977 Vgl. Massoth v. Central Bus Corp., 104 Conn. 683; 134 At. 236 (Conn.Sup.1926).

978 Vgl. Sterling v Mayflower Hotel Corp., 89 A.2d 862 (Del.Ch. 1952); aff'd, 93 A.2d 107 (Del.Sup.1952).

Italo-Petroleum Corp. of America v. Hannigan[979], weil die Delaware Richter zu keiner Zeit nach der rigiden anti-*fairness* Methode verfahren sind[980].

b) Einschätzungen von *Ebke*[981]

Marshs These wird gleichermaßen von *Ebke* vertreten, der zur Frage der Wirksamkeit von Geschäften zwischen personell verflochtenen Corporations ausführt, dass diese zwischen 1880 und 1900 durch jede der Parteien ungeachtet der Prüfung ihrer Vor- oder Nachteilhaftigkeit aufgehoben werden konnten. Das generelle Anfechtungsrecht einer Corporation habe bei solchen Geschäften in seiner Rechtswirkung im Recht der Corporation einem Verbot personeller Verflechtungen auf *board*-Ebene gleichgestanden[982]. Von dieser Kontrollmethodik hätten die Gerichte erst Anfang des 20. Jahrhunderts Abstand genommen, wenn eine Angemessenheit des Geschäfts zur Überzeugung des Gerichts nachgewiesen worden sei[983]. Unerwähnt bleibt, ob die Frage der Fairness eines Geschäfts schon dann den Prüfungsmaßstab bildete, wenn dessen Autorisierung durch beschlussfähige und neutrale *board*-Mitglieder veranlasst worden war. Als Folge dessen finden all jene Entscheide keine Erwähnung, in denen bereits im 19. Jahrhundert nach den Kriterien der pro-*fairness* Methode das Anfechtungsrecht einer Corporation bestimmt worden ist[984].

Für die anfängliche Judikatur verweist *Ebke* ausschließlich auf Urteile der New Yorker Gerichte[985], die im 19. Jahrhundert mehrheitlich die anti-*fairness* Methode als Maßstab zur Anwendung brachten[986]. Zweifel an der Richtigkeit seiner Entschätzung entstehen zudem dadurch, dass die anfängliche Methodik an Urteilen aus dem 20. Jahrhundert zu belegen versucht wird[987], und dass eine

---

979 Vgl. Italo-Petroleum Corp. of Am. v. Hannigan, 40 Del. 534; 1940 Del. LEXIS 9 (Del. Sup.1940).

980 Siehe eingehend dazu unter Glpkt. § 6 B. II.

981 Ebke, ZGR 1990, S. 50 (1990).

982 Ebke, ZGR 1990, S. 50, 73-74 (1990).

983 Ebke, ZGR 1990, S. 50, 74 (1990).

984 Siehe m.N. bereits unter Glpkt. § 5 B. II. 2. b).

985 Ebke, ZGR 1990, S. 50, 73-74 Fn. 120, 121 (1990) m.V.a. Metropolitan Elevated Railway. Co. v. Manhatten Elevated Railway.Co. 11 Daly 373 (N.Y.C.P.1884); Burden v. Burden, 159 N.Y. 287, 307 (N.Y.App.1899).

986 Siehe eingehend zur Judikatur New Yorks unter Glpkt. § 6 B. III. 2.

987 Ebke, ZGR 1990, 50, 73 Fn. 120 (1990) m.V.a. Alabama Fidelity Mort. & Bond Co. v. Dubberty, 198 Ala. 543; 73 So. 911 (Ala.Sup.1916); North Confidence M. & D. Co. v. Fitch, 58 Cal. App. 329, 333 (Cal.Sup.1916).

vermeintliche Lockerung der Grundsätze an Beispielen festgemacht wird, welche auf eine Praxis des 19. Jahrhunderts hindeuten[988]. Kritikwürdig ist *Ebkes* Theorie schließlich hinsichtlich der Behauptung, die Annahme eines treuwidrigen Handelns aufgrund der Pflichtenkollision von *directors* sei nicht schon mit einem Mehrheitsbeschluss, sondern vielmehr erst durch Zustimmung aller Anteilseigner einer Corporation widerlegbar gewesen[989]. Wie schon ausgeführt[990], sprachen sich alle einzelstaatlichen Gerichte, selbst diejenigen, die nach der anti-*fairness* Methode verfuhren[991], schon frühzeitig dafür aus, dass Geschäfte im Eigen-/Fremdinteresse von Leitungsorganen in den Grenzen der Satzung und des Handlungsermessens der Anteilseigner einer Autorisierung durch einen Mehrheitsbeschluss stets zugänglich seien. Zwar zeigen die zitierten Urteile, dass sämtliche Aktionäre die Zustimmung erklärt hatten, keines der Gerichte wandte sich darin allerdings gegen die Möglichkeit eines Mehrheitsbeschlusses der Gesellschafter einer Corporation[992].

c) Einschätzungen von *Paschos*[993]

Unter Hinweis auf *Marsh* vertritt auch *Paschos* die Meinung, dass im 19. Jahrhundert Geschäfte einer Corporation mit *board*-Mitgliedern ohne Nachweis ihrer Fairness selbst dann vernichtet werden konnten, wenn deren Autorisierung mit Beschluss mehrheitlich unbefangener *directors* veranlasst worden sei[994]. Gleichermaßen sei bei Geschäften zwischen personell verflochtenen Corporations verfahren worden[995]. Als Fundstellen dafür dienen ihm die gleichfalls von *Marsh* zitierten Urteile zur anti-*fairness* Methode[996] wie auch Fälle, in denen eine Mehrheit der *board*-Mitglieder ein Eigen-/Fremdinteresse verfolgt hatte[997]. Unerwähnt bleiben all jene seinerzeit nach der pro- oder pur-*fairness* Methode

---

988 Ebke, ZGR 1990, S. 50, 75 Fn. 129, 130, 133 (1990) m.V.a. Mercantile Library Hall Co. v. Pittsburg Library Association, 173 Pa. 30; 33 A. 744 (Pa.Sup.1896); Evansville Public Hall Co. v. Bank of Commerce, 144 Ind. 34; 42 N.E. 1097 (Ind.Sup.1896).

989 Ebke, ZGR 1990, S. 50, 76 (1990).

990 Siehe bereits unter Glpkt. § 5 B. III. 1.

991 Siehe bereits unter Glpkt. § 5 B. II. 1. a) und B. II. 2. a)

992 Vgl. Coe v. East & W.R. Co. of Alabama v. Same, 52 F. 531 (C.C.N.D.Ala.1892).

993 Paschos, Die Stellung, S. 53 ff. (2003).

994 Paschos, Die Stellung, S. 53-54 (2003).

995 Paschos, Die Stellung S. 54 (2003).

996 Paschos, Die Stellung, S. 54 Fn. 237-238 (2003).

997 Paschos, Die Stellung, S. 53 Fn. 236 (2003) m.V.a. Wardell v. Union Pacific R.R., 103 U.S. 651 (1880); O'Connor Mining & Manufacturing Co. v. Coosa Furnace Co., 95

entschiedenen Urteile[998]. Letztlich folgt er *Marsh* darin, dass Anfang des 20. Jahrhunderts in der Beurteilung von Geschäften einer Corporation im Eigen-/Fremdinteresse von Leitungsorganen ein Paradigmenwechsel stattgefunden habe, weil die Gerichte seither der Erkenntnis Rechnung getragen hätten, dass auch Verträge zwischen *trustee* und *beneficiary* bei redlichem Handeln und fairem Leistungsaustausch Bestandskraft erlangen können[999]. Eine Begründung dafür, warum nach ebendiesem schon im frühen *equity law* wurzelnden Rechtssatz[1000] nicht schon im 19. Jahrhundert per Analogiebildung verfahren worden ist, bleibt *Pashos* jedoch schuldig. Wäre *Paschos* dieser Frage nachgegangen, hätte er feststellen müssen, dass all die gerade von ihm zum vermeintlichen Paradigmenwechsel zitierten Urteile[1001] nach einer schon 19. Jahrhundert praktizierten Prüfungsweise getroffen worden sind[1002].

Bestätigung findet diese Annahme zum einen durch einen Vergleich der richterlichen Argumente in dem von *Paschos* zitierten Fall Parsons v. Tacoma Smelting & Refining Co.[1003] mit dem Jahre zuvor nach der pro-*fairness* Methode ergangenen Urteil in Budd v. Walla Walla Printing & Publishing Co.[1004]. Überdies spiegelt sich das dem Entscheid Curtin v. Salmon River Hydraulic Gold Mining & Ditch Co.[1005] zugrunde gelegte Beurteilungsverfahren in der anfänglichen Judikatur

---

Ala. 614; 10 So. 290 (Ala.Sup.1891); Mallory v. Mallory-Wheeler Co., 23 A. 708 (Conn. Sup.1891).

998 Siehe m.N. bereits unter Glpkt. § 5 B. II. 1.b), c); § 2.b), c); 3.

999 Paschos, Die Stellung, S. 55 (2003).

1000 Siehe zum Rechtssatz bereits unter Glpkt. 5 A. III. 4.

1001 Paschos, Die Stellung S. 54 (2003) m.V.a. Parsons v. Tacoma Smelting & Refining Co., 25 Wash. 492; 65 P. 765 (Wash.Sup.1901); Curtin v. Salmon River Hydraulic Gold Mining & Ditch Co., 130 Cal. 345; 62 P. 552 (Cal.Sup.1900); Massoth v. Central Bus Corp., 104 Conn. 683; 134 A. 236 (Conn.Sup.1926); Holcomb v. Forsyth, 216 Ala. 486; 113 So. 516 (Ala.Sup.1927); McKey v. Swenson, 232 Mich. 505; 205 N.W. 583 (Mich.Sup.1925); Veeser v. Robinson Hotel Co., 275 Mich. 133; 266 N.W. 54 (Mich.Sup.1936); South Side Trust Co. v. Washington Tin Plate Co., 252 Pa. 237 (Pa. Sup.1916).

1002 Siehe am Beispiel der pro-*fairness* Methode bereits unter Glpkt. 5 B. II. 1. b) und II. 2 b).

1003 Vgl. Parsons v. Tacoma Smelting & Refining Co., 25 Wash. 492, 499; 65 P. 765 (Wash. Sup.1901).

1004 Vgl. Budd v. Walla Printing & Publishing Co. 2 Wash.Terr. 347, 353; 7 P. 896 (Wash. Sup.1885), m.V.d. bereits unter Glpkt. § 5 B. II. 1.b) cc).

1005 Vgl. Curtin v. Salmon River Hydraulic Gold Mining & Ditch Co., 130 Cal. 345; 62 P. 552 (Cal.Sup.1900).

kalifornischer Gerichte wider[1006]. Ebenso verhält es sich mit der bereits skizzierten Begründung im Urteil Massoth v. Central Bus Corp.[1007], wenn man diese mit den Ausführungen im Entscheid Mallory v. Mallory Wheeler Co.[1008] vergleicht[1009]. Ferner gründet die in *Paschos* erwähntem Urteil McKey v. Swenson[1010] getroffene Einschätzung auf der *dissenting opinion* des Richters *Campbells* in People v. Township Board Overyssel[1011], die wiederum in Miner v. Belle Isle Ice Co.[1012] zum Tragen kam, wo es heist: „*All the authorities agree that it is essential that the majority of the quorum of a board of directors shall be disinterested in respect to the matters voted upon*“[1013]. Zudem lässt sich die im Fall Holcomb v. Forsyth[1014] praktizierte pro-*fairness* Methode schon an den Fällen Manufactoring Co. v. Badley[1015] und Decatur Mineral Land Co. v. Palm[1016] nachweisen. Schließlich fußt die Argumentation im Entscheid South Side Trust Co. v. Washington Tin Plate Co.[1017] auf den Einschätzungen aus dem Urteil Mercantile Library Hall Co. v. Pittsburg Library Association[1018]. Mit Blick auf die vom Verfasser angeführten und schon im 19. Jahrhundert ergangenen Urteile bestehen doch erhebliche Zweifel an *Paschos* Theorie, wonach im 19. Jahrhundert nach den rigiden Kriterien der anti-*fairness* Methode verfahren worden sei und sich ein Pardigmenwechsel gliedstaatenübergreifend erst zum Beginn des 20. Jahrhundert vollzogen habe.

d) Einschätzungen von *Thoma*[1019]

Einer Kritik würdig ist weiterhin die von *Thoma* vertretene Theorie zur anfänglichen Gerichtspraxis, derer zufolge ‚Eigengeschäfte' von *directors*, selbst wenn sie

---

1006 Siehe eingehend zur Judikatur Kaliforniens unter Glpkt. § 6 II. I. 1.
1007 Vgl. Massoth v. Central Bus Corp., 104 Conn. 683; 134 A. 236 (Conn.Sup.1926).
1008 Vgl. Mallory v. Mallory Wheeler Co., 61 Conn. 131; 23 A 708 (Conn.Sup 1891).
1009 Siehe zu den Fällen bereits unter Glpkt. § 5 C. II. 2.
1010 Vgl. McKey v. Swenson, 232 Mich. 505; 205 N.W. 583 (Mich.Sup.1925); siehe zum Fall auch unter Glpkt. § 6 A. I. 1.
1011 Vgl. People v. Township Board of Overyssel, 11 Mich. 222, 230 (Mich.Sup.1863).
1012 Vgl. Miner v. Belle Isle Ice Co., 93 Mich. 97, 112; 53 N.W. 218 (Mich.Sup.1892).
1013 Vgl. Miner v. Belle Isle Ice Co., 93 Mich. 97, 110-111; 53 N.W. 218 (Mich.Sup.1892) [hervorgehoben vom Verfasser].
1014 Vgl. Holcomb v. Forsyth, 216 Ala. 486, 491; 113 So. 516 (Ala.Sup.1927).
1015 Vgl. Manufactoring Co. v. Badley, 105 U.S. 175, 183; 26 L.Ed. 1031 (1881).
1016 Vgl. Decatur Mineral Land Co. v. Palm, 113 Ala. 531; 21 So. 315 (Ala.Sup.1896).
1017 Vgl. South Side Trust Co. v. Washington Tin Plate Co., 252 Pa. 237 (Pa.Sup.1916).
1018 Vgl. Mercantile Library Hall Co. v. Pittsburg Library Association, 173 Pa. 30, 41 (Pa. Sup.1896); siehe dazu bereits unter Glpkt. § 5 B. 2. c).
1019 Thoma, Eigengeschäfte, S. 100 ff. (2003).

die Zustimmung neutraler *directors* fanden, anfangs ausnahmslos auf Antrag der Corporation oder eines Aktionärs für ungültig erklärt worden seien. Ebenso wie *Marsh* stellt *Thoma* fest, dass *„diese strikte Regel“* bis in das Jahr 1910 angedauert habe und seither insoweit gelockert worden sei, als ‚Eigengeschäfte‘ ausnahmslos Wirksamkeit erlangen konnten, wenn die Mehrheit der *board*-Mitglieder die Transaktion genehmigt hatte und sie sich als fair erwies[1020]. Als Rechtsquelle hierfür verweist sie auf Gerichtsurteile aus den Gliedstaaten Illinois und Missouri[1021], ohne aber anzumerken, dass diese auf einer schon im 19. Jahrhundert praktizierten Judikatur basieren[1022]. Nachweislich hierfür ist zum einen der Entscheid in Louisville, New Albany & Chicago Railway Co.[1023], wo schon unter Bezugnahme auf *Morawetz* betont wurde, dass Verträge im Eigeninteresse von *directors* einer Corporation nicht treuwidrig seien, wenn sie mit Beschluss neutraler *directors* ergangen sind[1024]. Ähnlich argumentierte das Berufungsgericht Missouris zur Frage nach der Gültigkeit eines Beschlusses zur Festlegung einer Managementvergütung im Urteil Hax v. R.T. Davis Mill Co.[1025], worin es u.a. heißt: “*(. . .) the presence of a director, who did not vote at a meeting of a board of director fixing his salary did not invalidate the proceedings where his presence was not necessary to constitute a quorum*”[1026]. Ebenso wenig lässt das Urteil McKey v. Swenson[1027] auf einen Paradigmenwechsel in der Prüfungsmethodik schließen, zumal darin - wie schon betont - in Anlehnung an Miner v. Belle Isle Ice Co.[1028] entschieden wurde[1029].

1020 Thoma, Eigengeschäfte, S. 100 (2003).

1021 Thoma, Eigengeschäfte, S. 100 (2003).

1022 Vgl. Louisville, New Albany & Chicago Railway Co., 151 Ill. 444, 450; 38 N.E. 140 (Ill. Sup.1884); Higgins v. Lansingh, 153 Ill. 301, 368; 40 N.E. 362 (Ill.Sup.1895); Kitchen v. St. Louis, Kansas City & Northern Railway Co., 69 Mo. 224 (Misso.Sup.1878); Hax v. R.T. Davis Mill Co., 39 Mo. App. 453, 456 (Misso.App.1889); Hill v. Gould, 129 Mo. 106, 112; 30 S.W. 181 (Misso.Sup.1895).

1023 Vgl. Louisville, New Albany & Chicago Railway Co., 151 Ill. 444; 38 N.E. 140 (Ill. Sup.1884); siehe dazu schon unter Glpkt. § 5 B. II. 2. b) aaa)

1024 Vgl. Louisville, New Albany & Chicago Railway Co., 151 Ill. 444, 449; 38 N.E. 140 (Ill.Sup.1884).

1025 Vgl. Hax v. R.T. Davis Mill Co., 39 Mo.App. 453 (Misso.App.1889).

1026 Vgl. Hax v. R.T. Davis Mill Co., 39 Mo.App. 453, 456 (Misso.App.1889) [hervorgehoben vom Verfasser].

1027 Vgl. McKey v. Swenson, 232 Mich. 505; 205 N.W. 583 (Mich.Sup.1925).

1028 Vgl. Miner v. Belle Isle Ice Co., 93 Mich. 97, 112; 53 N.W. 218 (Mich.Sup.1892).

1029 Siehe m.V.d. bereits unter Glpkt. § 5 C. II. 4. c); siehe ferner zum Fall unter Glpkt. § 6 A. I. 1.

e) Einschätzungen von *Abeltshauser*[1030]

Die einst von *Marsh* beschriebene zeitliche Struktur in der Entwicklung der richterlichen Praxis findet auch durch *Abeltshauser* Bestätigung, weil er das Ende der ‚ersten' und den Beginn der ‚zweiten' Phase der Entwicklung auf das Jahr 1910 datiert und die Meinung vertritt, dass noch bis dahin für Geschäfte einer Corporation im Eigeninteresse ihrer *directors* eine *„strikte Nichtigkeitsregel"* gegolten habe[1031]. Geschäfte mit *interlocking directorates* seien ebenso wie *self-dealing transactions* beurteilt worden[1032]. Nach dieser Regel, welche auch bestanden habe, wenn sich *„ein herrschender Gesellschafter auf eine Transaktion mit der Gesellschaft einließ (...)"*[1033] sei ab dem Jahr 1910 nur noch dann verfahren worden, wenn das Geschäft von keiner unbefangenen Mehrheit der *board*-Mitglieder genehmigt worden war bzw. nicht den Anforderungen des *fairness-tests* genügte[1034]. Den vermeintlichen Wandel in der Judikatur der Gliedstaaten macht *Abeltshauser* zum einen an den auch von *Marsh* zitierten Entscheidungen fest[1035] und zum anderen an den Urteilen des Supreme Court of Pennsylvania in Burt Coal & Iron Co. v. Humes[1036] und South Side Trust Co. v. Washington Tin Plate Co.[1037].

Beleuchtet man die beiden letzterwähnten Fälle, findet sich darin allerdings keinerlei Hinweis auf eine ungeachtet einer Zustimmung unbefangener *directors* bestandene 'strikte Nichtigkeitsregel'. Hinzu kommt, dass es im erstgenannten Urteil um einen Vertrag der Klägerin mit einem Dritten ging, den der beklagte *director* eigenmächtig ohne Zustimmung seiner Kollegen zu Gunsten eines Dritten und zum eigenen Vorteil abgeändert hatte[1038]. Auch in South Side Trust Co. v. Washington Tin Plate Co.[1039] ging es um ein Geschäft zwischen zwei mehrheitlich personell miteinander verflochtenen Corporations, das nicht nach

---

1030 Abeltshauser, Leitungshaftung, S. 274 ff, (1998).

1031 Abeltshauser, Leitungshaftung, S. 274 (1998) [hervorgehoben vom Verfasser].

1032 Abeltshauser, Leitungshaftung, S. 319 (1998) m.V.a. Ebke, ZGR 1990, S. 50, 73-74.

1033 Abeltshauser, Leitungshaftung, S. 274 (1998) [hervorgehoben vom Verfasser].

1034 Abeltshauser, Leitungshaftung, S. 275 (1998).

1035 Vgl. Abeltshauser, Leitungshaftung, S. 275 Fn. 17 (1998); vgl. mit Hinweis auf die darin angeführten Fälle bereits Glpkt. § 5 C. II. 4.

1036 Vgl. Burt Coal & Iron Co. v. Humes, 27 Atl.Rep. 750 (Pa.Sup.1893).

1037 Vgl. South Side Trust Co. v. Washington Tin Plate Co., 252 Pa. 237; 97 A. 450 (Pa. Sup.1916).

1038 Vgl. zum Sachverhalt: Abeltshauser, Leitungshaftung, S. 274 Fn. 16 (1998).

1039 Vgl. South Side Trust Co. v. Washington Tin Plate Co., 252 Pa. 237; 97 A. 450 (Pa. Sup.1916).

der pro-*fairness* Methode, sondern nach der pur-*fairness* Methode beurteilt worden ist[1040]. Beleg hierfür sind die folgenden Ausführungen des Gerichts unter Bezugnahme auf die bereits im Jahre 1896 ergangene Entscheidung im Fall Mercantile Library Hall Co. v. Pittsburg Library Association[1041], welche im Übrigen die These von der ‚strikten Nichtigkeitsregel' klar widerlegen, denn darin heißt es: „*Contracts between two corporations (…) are always open to investigation, and subject to careful scrutiny. But if no abuse of trust relations is shown, and the contract is fair, it will not be disturbed. (…) As a rule, even though the boards of directors of two corporations are the same (..). A contract (…) will not be declared invalid because the corporations have common directors, where its fairness is manifest*"[1042].

Schließlich kann *Abeltshauser* auch nicht darin gefolgt werden, dass bis um das Jahr 1910 herum eine Nichtigkeitsregel für Geschäfte einer Corporation mit deren herrschenden Anteilseigner bestanden habe. Ergänzend zu den bisherigen Ausführungen zu Geschäften im Eigeninteresse von Leitungsorganen, die sich in persona oder gemeinschaftlich als herrschender Aktionär der Corporation qualifizierten[1043], soll an dieser Stelle weiter im Lichte der Praxis des Supreme Court of Pennsylvania argumentiert werden. Diese gelangt im Besonderen in der Entscheidung Russell v. Henry C. Patterson Co.[1044] zum Ausdruck, worin ein *board*- und Gesellschafter-Beschluss der Beklagten über die Festlegung einer Vergütung für einen *director-shareholder* zur Überprüfung stand, an welchem dieser jeweils teilgenommen hatte[1045]. Im Aktionärsbeschluss sah das Gericht eine gültige Zustimmung, weil ein *director* sein Stimmrecht als Aktionär ausüben könne und als solcher der Corporation gegenüber nicht zur Treue verpflichtet sei[1046]. Konstatiert wurde dabei: "*(…) the majority stockholders (…)*

1040 Vgl. zum Fall bereits unter Glpkt. § 5 B. II. 2. c).

1041 Vgl. Mercantile Library Hall Co. v. Pittsburg Library Association, 173 Pa. 30; 33 A. 744 (Pa.Sup.1896).

1042 Vgl. South Side Trust Co. v. Washington Tin Plate Co., 252 Pa. 237; 97 A. 450 (Pa. Sup.1916) m.V.a. Mercantile Library Hall Co. v. Pittsburg Library Association, 173 Pa. 30, 41; 33 A. 744 (Pa.Sup.1896).

1043 Vgl. bereits unter Glpkt. § 5 B. III. 1.

1044 Vgl. Russell v. Henry C. Patterson Co., 232 Pa. 113; 81 A. 136 (Pa.Sup.1911).

1045 Vgl. Russell v. Henry C. Patterson Co., 232 Pa. 113, 115-116; 81 A. 136 (Pa.Sup.1911).

1046 Vgl. Russell v. Henry C. Patterson Co., 232 Pa. 113, 122-123; 81 A. 136 (Pa.Sup.1911) m.V.a. North-West Transportation Co. v. Beatty, 12 App.Cas. 589 (Privy Council 1887, a.t.f. Canada); m.V.d. Chambers v. Beaver-Advance Corp., 392 Pa. 481 (Pa. Sup.1958).

have the right to protect their own interests (. . .). This might, as it did in the case in hand, result in sustaining them in obtaining a salary from the corporation. But their action cannot be condemned for that reason as it must be assumed that they believed that in so voting it was to the advantage and interest of the corporation. (. . .) To hold otherwise, would be to permit a minority stockholder to control the majority stockholders (. . .). This cannot be done."[1047].

f) Einschätzungen von *Borsdorff*

Borsdorff wiederum führt zu der im 19. Jahrhundert geltenden Rechtslage mit Hinweis auf *Marsh* an, dass für Verträge einer Corporation mit *directors* ein ‚*strenges Verbot*' ungeachtet dessen bestanden habe, ob deren Inhalt „*bei neutraler Betrachtung als fair eingestuft werden konnte oder ob die Mehrheit oder sogar alle Mitglieder des board nach Aufdeckung aller relevanten Umstände, das Geschäft genehmigt hätten*"[1048]. Vom ‚*strikten Verbot*' sei erst schrittweise abgerückt worden, indem solche Geschäfte Bestand erlangten, wenn sie nach der Offenlegung aller Umstände durch die Mehrheit der *board*-Mitglieder der Corporation ohne Mitwirkung der Gegenpartei autorisiert und nicht allein zu deren Vorteil gestaltet worden waren[1049]. Ergänzend zu *Marsh* wird verwiesen auf die beiden Urteile Wardell v. Union Pacific R.R. Co.[1050] und Massoth v. Central Bus Corp.[1051], aus denen sich allerdings mit Blick auf vorstehenden Ausführungen ein solches Verbot für Geschäfte zwischen einer Corporation und einem *director* nicht ableiten lässt[1052]. Schließlich konnte anhand der bisherigen Abhandlung zur Thematik zweifelsfrei nachgewiesen werden, dass sich die von *Borsdorff* als ‚*zweiten Schritt der Entwicklung*" qualifizierte Gerichtspraxis nicht von jenen Urteilen unterscheidet, die schon im 19. Jahrhundert nach der pro-*fairness* Methode ergingen[1053].

g) Einschätzungen von *Merkt*[1054]

Letztlich folgt auch *Merkt* schon in der 3. Auflage seines Werkes der These *Marshs* von dem noch um 1880 herum bestandenen und im Trust-Recht wurzelnden

1047 Vgl. Russell v. Henry C. Patterson Co., 232 Pa. 113,123; 81 A. 136 (Pa.Sup.1911).
1048 Borsdorff, Interessenkonflikt, S. 32 (2009) [hervorgehoben vom Verfasser].
1049 Borsdorff, Interessenkonflikt, S. 33 (2009) [hervorgehoben vom Verfasser].
1050 Vgl. Wardell v. Union Pacific R. R. Co., 103 U. S. 651 (1880).
1051 Vgl. Massoth v. Central Bus Corp., 104 Conn. 683; 134 At. 236 (Conn.Sup.1926).
1052 Siehe bereits § 5 B. I.-III und C. II. 4..
1053 Siehe bereits unter Glpkt. § 5 B. II. 1.b) und II. 2.b).
1054 Merkt, US-Recht, Rn. 960-961, S. 500 f. (2013).

Anfechtungsrecht einer Corporation[1055]. Als Fundstellen hierfür dienen ihm lediglich jene die anti-*fairness* Methode kennzeichnenden Urteile[1056], wobei die seinerzeit im Lichte der pro- und pur-*fairness* Methode beurteilten Fälle unerwähnt bleiben[1057]. Gleichwohl weist *Merkt* auf eine bereits um die Jahrhundertwende einsetzende divergierende Würdigung des Anfechtungsrechts bei Geschäften im Eigen- und jenen im Fremdinteresse von Leitungsorganen hin, wenngleich er damit auch nicht die Unterschiede zwischen der pro- und pur-*fairness* Methode hervorhob, sondern jene zwischen der anti- und pro-*fairness* Methode[1058]. Hierbei stellt er schließlich die These auf, dass der um 1910 einsetzende vermeintliche Wandel in der Judikatur nicht zuletzt eine Reaktion auf eine Umgehungspraxis von *board*-Mitgliedern gewesen sei, die mit Blick auf das liberalere Verfahren bei der Überprüfung von Geschäften einer Corporations mit *interlocking directorates* dazu übergegangen seien, eigene Unternehmen zum Zwecke des rechtsgeschäftlichen Handelns mit der Corporation zu gründen[1059]. Zweifel an dieser Sichtweise weckt *Merkt* jedoch unwillkürlich mit Hinweis auf Burden v. Burden[1060], welcher ihm zuvor als Fundstelle für die *„(...) strenge dem Trust-Recht entstammende Regel (..)"* diente[1061], weil darin einer Corporation im Jahre 1899 das Anfechtungsrecht für ein Geschäft gerade aufgrund einer personellen Verflechtung zur Gegenpartei ohne Rücksicht auf dessen Fairness bestätigt worden war[1062].

D. Ergebnis zur Gerichtspraxis im 19. Jahrhundert

Ergänzend zum bisherigen Befund ist festzuhalten, dass dessen Substanz durch die vorskizzierten Beiträge aus der Lehre nicht in Frage gestellt wird. Der Diskurs mit den vertretenen Thesen hat gezeigt, dass sich auf Grundlage der herangezogenen Fundstellen keinesfalls die Schlussfolgerung ziehen lässt, dass im

1055 Merkt, US-Recht, Rn. 960, S. 501 (2013).

1056 Merkt, US-Recht, Rn. 960, S. 501 (2013) m.V.a. Munson v. Syracuse, Geneva & Corning R.R. Co., 103 N.Y. 58; 8 N.E. 355 (N.Y.App.1886); Burden v. Burden, 159 N.Y. 287 (N.Y.App.1899); Stewart v. Lehigh Valley R.R. Co., 38 N.J.L. 505 (N.J.Ct. Err.&App.1875).

1057 Siehe m.N. bereits unter Glpkt. § 5 B. II. 1. b), c); 2. b)-c) und 3.

1058 Merkt, US-Recht, Rn. 960, S. 501 (2013).

1059 Merkt, US-Recht, Rn. 960, S. 501 (2013).

1060 Vgl. Burden v. Burden, 159 N.Y. 287 (N.Y.App.1899).

1061 Merkt, US-Recht, Rn. 960, S. 500-501 (2013) [hervorgehoben vom Verfasser].

1062 Vgl. Burden v. Burden, 159 N.Y. 287, 307 (N.Y.App.1899).

19. Jahrhundert gliedstaatenübergreifend eine homogene und ausschließlich auf den Merkmalen der anti-*fairness* Methodik aufbauende Prüfung von Geschäften einer Corporation mit Leitungsorganen oder solchen mit einer auf *board*-Ebene personell verflochtenen Gesellschaft praktiziert worden sei. Richtig ist vielmehr, dass eine überwiegende Mehrheit der einzelstaatlichen Gerichte stets bestrebt war, solche Geschäfte im Lichte der einst von den englischen *equity courts* entwickelten Mechanismen zum (un-)autorisierten Eigen-/Fremderwerb anvertrauten Vermögens durch einen *fiduciary* zu überprüfen. Richterliche Bestätigung konnten daher Geschäfte erlangen, welche nicht zum Nachteil der Corporation gestaltet und in einer Weise autorisiert worden waren, in der die Gesellschaft im Vergleich zu dem im Interessen-/Pflichtenkonflikt handelnden Leitungsorgan eine kongeniale Verhandlungsmacht innehatte, so dass das Geschäft trotz des Eigen-/Fremdinteresses einem *arm's lenght bargain* gleichgekommen ist. Die Gefahr für eine Anfechtung des Geschäfts durch die Corporation bestand demzufolge nur in Fällen, in denen der Nachweis für eine solche Autorisierung oder die Fairness nicht hätte geführt werden können. Zu Recht betont daher schon *Morawetz* 1886 in der 2. Auflage seiner Abhandlung zum Corporation Law: "*There is no arbitrary rule of law prohibiting contracts between a corporation and its agents, where these principles (the priciples of agency) have no application. Thus, if an agent does not assume to represent the corporation in entering into a contract with it, but deals with another independent agent, who has authority to act for it, the transaction will be unobjectable*"[1063].

1063 Morawetz, Corporations, § 527, S. 494 (1886) [hervorgehoben vom Verfasser].

§ 6 Beurteilungskriterien der Gerichte in der 1. Hälfte des 20. Jahrhunderts

Die divergierende Prüfungsweise bei Geschäften einer Corporation im Eigen-/ Fremdinteresse von Leitungsorganen lässt sich bei der Mehrheit der Gerichte bis zur Mitte des 20. Jahrhunderts belegen[1064]. Seither werden jegliche Formen einer *self-dealing transaction* nach der pur-*fairness* Methode geprüft[1065]. Ursachen für den sich in der 1. Hälfte des 20. Jahrhunderts vollziehenden Wandel in der Rechtsprechung vom Übergang von den Kriterien der pro-*fairness* Methode hin zu denen der pur-*fairness* Methode waren einerseits das Verfassungsrecht einer Corporation und andererseits die einzelstaatliche Gesetzgebung. Letzteres zeigt sich daran, dass einige der Gesetzgeber den im Jahre 1928 eingeführten Uniform Business Corporation Act[1066] zum Anlass nahmen für eine Revision der Normen zum Recht einer Corporation[1067]. Gliedstaaten, wie z.B. Michigan (1931)[1068], Kalifornien (1931)[1069] und Vermont (1933)[1070], folgten dabei dem

---

1064 Siehe eingehend zu den Beurteilungsmethoden unter Glpkt. § 6 A. I.-III.

1065 Siehe eingehend am Beispiel der Rechtsprechung Kaliforniens, Delawares und New Yorks unter Glpkt. § 6 B. I.-III.

1066 Vgl. 9 U.L.A. 115 (1928).

1067 Wenngleich auch nicht mit dem Ergebnis der Rezeption desselben, orientierten sich doch die Gesetzgeber am Uniform Business Corporation Act Mit Abweichungen übernommen wurden dessen Musterregelungsvorschläge lediglich in Louisiana (1928), Idaho (1929) und Washington (1933). Der Uniform Business Corporation Act bildet quasi die Urform des heutigen MBCA, denn die ABA änderte im Jahre 1939 dessen Bezeichnung, indem der Begriff ‚*Uniform Act*' durch den Terminus ‚*Model Act*' ersetzt worden ist und unternahm mit Einführung der Urfassung des MBCA im Jahre 1946 einen erneuten Versuch zur Vereinheitlichung des Corporartion Law. Mit dessen Entwurf betraut wurde im Jahre 1940 das ‚*Committee on Business Corporations of the Section Corporation, Banking and Mercantile Law of the American Bar Association*', welches sich seither als verantwortlich zeigt für die Folgefassungen des (R)MBCA. Vertiefend zum MBCA: Booth, 56 Bus.Law. 63 (2000); Campbell, 11 Bus.Law. 98 (1956); Stocker, 16 Bus.Law. 748 (1961); Garrett, 6 Bus. Law. 1 (1950).

1068 Vgl. 1931 Michigan Public Acts, § 21.13 (5).

1069 Vgl. 1931 Cal. Civil Code, §§ 277-413 (1931); 1931 Cal. Stats. 1777, ch. 862, § 311; am'd 1933 Cal.Stats. 1369, ch. 533, § 311.

1070 Vgl. 1933 Vermont Public Laws, § 5827 bzw. Vermont Gen.Corp.Law, § 105.

Beispiel Rhode Islands (1923)[1071], indem sie - im Vergleich zu anderen Staaten[1072] - das Recht kodifizierten und - gleich den heutigen *safe-harbor rules* - drei alternative Verfahren regelten, durch deren Erfüllung sich der Makel des Interessen-/Pflichtenkonflikts eines *director* beseitigen ließ[1073]. Kalifornien nimmt dabei eine Vorreiterrolle ein, weil deren Urfassung einer *safe-harbor rule* vielen der einzelstaatlichen Gesetzgeber in der 2. Hälfte des 20. Jahrhunderts als ein Musterentwurf gedient hat[1074].

Jenseits der Kodifizierungsansätze versuchten auch die Corporations die Prüfungsweise der Gerichte mit Einführung von Satzungsregeln zu beeinflussen, welche einem *board* auch die Befugnis gewährten, Geschäfte ihrer Corporation im Eigen-/Fremdinteresse eines *director* oder *officers* zu autorisieren[1075]. Inwieweit diese Regelungen den damaligen Wandel in der Rechtsprechung tatsächlich begünstigt haben, soll im folgenden Teilabschnitt nach einer gliedstaatenübergreifenden Analyse derselben (sub A.I.-III.) an einigen Beispielsfällen nachgewiesen werden (sub A.IV.). Im Anschluss daran wird das im Vorfeld der Einführung von *safe-harbor rules* in den Rechtsordnungen Kalifornien, Delaware und New York praktizierte Recht erläutert (sub B.I-III.) und der Frage nachgegangen, inwieweit das Landesrecht in der Beurteilung von Geschäften im Eigen-/Fremdinteresse von Exekutivmitgliedern einer Corporation durch bundesrechtlichen Regelungen beeinflusst worden ist (sub B.IV.).

1071 Vgl. 1923 Rhode Island General Laws, ch. 116, Art. II, § 21.

1072 Siehe m.N. zu Normen mit einem anderen Wortlaut: Lane, 23 Cornell L.Q. 445, 449 f., Fn. 26 f. (1938).

1073 Siehe am Beispiel des § 311 (1931) bzw. des § 820 CCC (1947) unter Glpkt. § 6 B. I. 2.

1074 Mit Hinweis auf die Urfassung der *safe-harbor rule* Kaliforniens - dem § 311 CCC (1931) - und dessen Folgefassung - dem § 820 CCC (1947) - sprechen daher z.B. *Pinto/Branson* zu Recht auch vom „*the California model*". Siehe Pinto/Branson, Corporate Law, § 9.03, S. 226 (2004). Ebenso bildete für die MBCA-Verfasser der § 820 CCC (1947) die Grundlage für die erste *safe-harbor rule* im MBCA - dem § 41 MBCA (1971); siehe m.w.N. MBCA, Ann. 2.842 (1971); ders., Ann. 8-501 ff. (2009). Vertiefend zum anfänglichen Kodifizierungsbestreben der Gliedstaaten: Folk, 1966 Duke L.J. 875, 891 ff. (1966).

1075 Siehe eingehend dazu unter Glpkt. § 6 A. IV.

A. Gliedstaatenübergreifende Betrachtung der Beurteilungskriterien

I. Geschäfte zwischen einer Corporation und Leitungsorganen

In der 1. Hälfte des 20. Jahrhunderts bildete primär die pro-*fairness* Methode den Prüfungsmaßstab für Verträge einer Corporation mit Leitungsorganen - ob bei Dienstleistungs-[1076]- oder Kaufverträgen[1077]. Eine Abkehr hiervon ist zur Mitte des 20. Jahrhunderts hin festzustellen, als bei Dienstleistungs-[1078] und Kauf-/Leasingverträgen[1079] zumeist nach den Merkmalen der pur-*fairness* Methode verfahren wurde[1080]. Lediglich die Gerichte New Jerseys brachten weiterhin die anti-*fairness* Methode zur Anwendung[1081]. Darlehen unterlagen der pur-*fairness* Methode, soweit die Leitungsorgane der Darlehensgeber waren[1082]; andernfalls wurde nach die pro-*fairness* Methode verfahren[1083], soweit nicht schon für Darlehnsgeschäfte eine Gesetzesnorm bestand[1084].

1076 Siehe m.N. unter Glpkt. § 6 A. I. 1.

1077 Vgl. Mobile Land Improvement Co. v. Gass, 142 Ala. 520 (Ala.Sup.1905); Paxton v. Heron, 41 Colo. 147; 92 P. 15 (Colo.Sup.1907); Veeser v. Robinson Hotel Co., 275 Mich. 133; 266 N.W. 54 (Mich.Sup.1936); Klopot v. Northrup, 131 Conn. 124; 37 A.2d 700 (Conn.Sup.1944).

1078 Vgl. Fountain v. Oreck's, Inc., 245 Minn. 202; 71 N.W.2d 646 (Minn.Sup.1955); Orlando Orange Groves Co. v. Hale, 107 Fla. 304, 144 So. 674 (Fla.Sup.1932); Thauer v. Gaebler, 202 Wis. 296; 232 NW 561 (Wis.Sup.1930).

1079 Vgl. Jordan v. Jordan, 94 Conn. 384; 109 A. 181 (Conn.Sup.1920); Texas Auto Co. v. Arbetter, 1 SW.2d 334, 337 (Tex.App 1927); Yax v. Dit-Mco, Inc., 366 S.W.2d 363, 367 (Misso.Sup.1963).

1080 Ballantine, Corporations, § 74, S. 191 (1946); Collings, 38 Cal.L.Rev. 906, 908 (1950); Carp, 29 Cal.L.Rev. 480, 492 (1941); Grimm, 30 Misso.L.Rev. 628, 629 (1965); Lattin, Corporations, § 80, S. 291 (1971).

1081 Vgl. Hodge v. U.S. Steel Corp., 64 N.J.Eq 807; 54 A.1 (N.J.Ch.1902); Cuthbert v. McNeill, 193 N.J.Eq. 199; 142 A. 819 (N.J.Ch.1928); Wiencke v. Branch-Bridge Realty Corp., 125 N. J. Eq. 135, 4 A.2d 415 (N.J.Ch.1939); Rothenberg v. Franklin Washington Trust Co., 127 N.J.Eq. 406, 13 A.2d 667 (N.J.Ch. 1940), mod'd, 129 N.J.Eq. 361, 19 A.2d 640 (1941); m.w.N. unter Glpkt. § 6 A. I. 3.

1082 Vgl. Rawlings v. New Memphis Gaslight Co., 60 S.W. 206 (Tenn.Sup.1900); Leigh v. American Brake-Beam Co., 205 Ill. 147; 68 N.E. 713 (Ill.Sup.1903); Goldstein v. Wolfson, 132 F.2d 624, 626 (2d Cir.1943); Wright v. McLaury, 81 F2d 96, 98 (7th Cir.1936).

1083 Vgl. Felsenheld v. Bloch Bros. Tobacco Co., 192 S.E. 545, 549 (W.Va. 1937); Paddock v. Siemoneit, 218 S.W.2d 428 (Tex.Sup.1949); Klein v. Independent Brewing Ass'n, 83 N.E. 434 Ill.Sup.1907); Barber v. Kolowich, 275 N.W. 797 (Mich.Sup.1937).

1084 Michigans Gesetzgeber kommt hierbei in der Kodifizierung dieses Rechtsbereichs eine Führungsrolle zu [s. 1931 Mich.Pub.Acts 327, m.V.d. In re Wood's Estate, 299

1. Kontrolle nach der pro-*fairness* Methode

Vorzüglich belegen lassen sich die Kontrollmerkmale der pro-*fairness* Methode an Gerichtsurteilen, in denen *board*-Beschlüsse zur Vergütungsregelung für *inside* oder *outside directors* zu würdigen waren. Im Falle einer Befugnis des *board* zur Bestimmung der Entlohnung für dessen Mitglieder waren solche Beschlüsse einer Fairness-Analyse zugänglich, wenn eine beschlussfähige Mehrheit von unbefangenen *directors* in Kenntnis aller Umstände ohne unlauteren Einfluss auf die Willensbildung geurteilt hatte[1085]. Das Erfordernis einer Ermächtigung resultiert aus der in der Loyalitätspflicht eines *director* wurzelnden Vermutung für eine unentgeltliche Amtsführung[1086]. Diese Befugnis konnte sich aus dem Gesetz ergeben[1087], einem Aktionärsbeschluss[1088] oder aus einer durch Aktionärsbeschluss autorisierten[1089] Satzungsnorm[1090]. Ohne Rechtsgrundlage fanden bloß Vergütungsabreden mit

---

Mich. 635, 644; 1 N.W.2d 19 (Mich.Sup.1941)]. Kalifornien folgte zwei Jahre später [s. § 366 CCC (1933); m.V.d. Wulfjen v. Dolton, 24 Cal.2d. 878, 888; 151 P.2d 840 (Cal.Sup.1944)]. Im Vergleich zu diesen diesen Staaten war in Texas die Darlehensvergabe verboten [s. Art. 2.02A(6) Tex.Bus.C.A (1956), v.V.d. Whitten v. Republic National Bank, 397 S.W.2d 415, 419 (Tex.Bus.1966)]. Vertiefend zur Darlehensregulierung: Lane, 23 Cornell L.Q. 445, 448 Fn. 17, 19, 20 (1937); Rich, 14 Bus.Law. 658, 664 (1959). Siehe eingehend dazu am Beispiel von Del., Cal. und N.Y. unter Glpkt. § 7 B. I.-III.

1085 19 C.J.S. 199-200 (1936); Ballantine, Corpoations, § 74, S. 190 (1947); Lyons, 15 U.Kan.L.Rev. 366, 370 (1967); Drechsler, 24 A.L.R.2d 71, 91 (1952); Grimm, 30 Misso.L.Rev. 628 (1965); Kamm, 34 U.Det.L.J. 42 (1957); Habeeb, 175 A.L.R. 577, 589 (1948).

1086 Vgl. Cheeney v. Lafayette etc. R.R. Co., 68 Ill. 570 (Ill.Sup.1873); Bagley v. Carthage, W. S.H.R.R. Co, 165 N.Y. 179, 183; 58 N.E. 895 (N.Y.Sup.1900); m.w.N. Grange, Corporation Law, S. 399 (1940); Collings, 38 Cal.L.Rev. 906, 907 f. (1950).

1087 Vgl. § 14 N.Y.Cons.Laws (1943); § 5783 Vermont Stat. (1947); § 2852-401 PA Stat., tit. 15 (1936); W.Va. Acts Ch.53, § 52 (1863).

1088 Vgl. Russel v. Henry C. Patterson Co., 232 Pa. 113, 115; 81 Atl. 136 (Pa.Sup.1911); Tefft v. Schaefer, 136 Wash. 302; 239 Pac. 837 (Wash. Sup.1925); Kimball v. Kimball Bros. 67 N.E.2d 81; 43 Ohio App. 137 (Ohio App.1943).

1089 Vgl. Ravenswood, S. & G. Ty. Co. v. Woodyard, 46 W.Va. 558, 562; 33 S.E. 285 (W.Va. App.1899); Holcomb v. Forsyth, 216 Ala. 486, 491; 113 So. 516 (Ala.Sup.1927); Taylor v. Ellsworth Blgdg. Corp., 183 N.Y.S. 394; aff'd 198 A.D. 1022; 190 N.Y.S. 954 (N.Y.Sup.1921).

1090 Vgl. Green v. Felton, 42 Ind.App. 675; 84 N.E. 166 (Ind.App.1908); Francis v. Brigham-Hopkins, 108 Md. 233; 70 Atl. 95 (Md.Sup.1908).

inside directors richterliche Anerkennung, deren Dienste über das gewöhnliche nach ihrer Treuepflicht zu erwartende Leistungsmaß hinausgingen; hierauf konnten sich stets *director-officers* berufen[1091]. Anspruch bestand auf eine faire Entlohnung[1092]. Die Anforderungen an die pro-*fairness* Methode ließen sich nicht durch ein ‚*reciprocal voting*' umgehen; unbestätigt blieb die einst insoweit in Funsten v. Funsten Commission Co.[1093] vertretene Sichtweise - sowohl durch den (einst) urteilenden St. Louis Court of Appeals[1094] wie auch durch die Gerichte in anderen Gliedstaaten[1095].

In Fällen eines den Kriterien der pro-*fairness* Methode widersprechenden *board*-Beschlusses ließ sich die Vermutung für treuwidriges Verwaltungshandeln durch einen Gesellschafterbeschluss beseitigen[1096]. Eine über die Grenzen des Entscheidungsermessens einer Aktionärsmehrheit hinausgehende Würdigung einer Vergütungsregel im Lichte ihrer Fairness zogen stets solche Gesellschafterbeschlüsse nach sich, die unter Mitwirkung eines herrschenden Gesellschafters ergangen waren, insbesondere in Situationen, in denen der oder die befangenen *directors* als Aktionär oder Stimmrechtsvertreter beteiligt waren[1097]. Nicht selten galten die von einem herrschenden Anteilseigner ins Amt berufenen *directors* als ‚*dummies*', denen aufgrund eines Interesses an ihrer (Wieder-)Bestellung

1091 Vgl. Santa Clara Min. Ass. v. Meredith, 49 Md. 389; 33 Am.Rep. 264 (Md.Sup.1907); Carr v. Kimball, 153 A.D. 825; 139 N.Y.S. 253; aff'd 215 N.Y. 634 (N.Y.Sup.1912); Basset v. Fairchild, 132 Cal. 637; 64 Pac. 1082 (Cal.Sup.1901).

1092 Vgl. Massoth v. Central Bus Corp., 104 Conn. 683, 134 A. 236 (Conn.Sup.1926); Kenton v. Wood, 56 Ariz. 325; 107 P.2d 380 (Ariz.Sup.1940); m.w.N.: Habeeb, 75 A.L.R. 577, 600 (1948); Leroy, 32 Cal.L.Rev. 88, 90 (1944); Note, 54 Colum.L.Rev. 645, 647 (1954).

1093 Vgl. Funsten v. Funsten Commission Co., 67 Mo.App. 559 (Misso.Sup.1896); m.V.d. bereits § 5 Glpkt. 5 B. II. 1. b) cc) aaa).

1094 Vgl. Binz v. St. Louis Hide & Tallow Co.,378 S.W.2d 228 (Misso.App.1964).

1095 Vgl. Steele v. Gold Fissure Gold Min. Co., 42 Colo 529, 532 (Colo.Sup.1909); Beha v. Martin, 171 S.W. 393, 396 (Ky.Sup.1914); Wonderful Group Min. Co. v. Rand. 111 Wash 557; 191 P.631 (Wash.Sup.1920); Sagalyn v. Meekins, Packard & Wheat, 195 N.E. 769 (Mass.Sup.1935).

1096 Ballantine, Corporations, § 76, S. 192 (1946); Collings, 38 Cal.L.Rev. 906, 911 (1950); Zadeck, 10 Louis.L.Rev. 82, 86 (1940).

1097 Vgl. Green v. Felton, 42 Ind. App. 675 (1908); Russell v. Henry C. Patterson Co., 232 Pa. 113, 115; 81 Atl. 136 (Pa.Sup.1911); Massoth v. Central Bus Corp., 104 Conn. 683; 134 Atl. 236 (Conn.Sup.1926); Ostlind v. Ostlind Valve, Inc., 178 Ore. 161; 165 P.2d 779 (Or.Sup. 1946).

ein neutrales Handeln abzusprechen sei[1098]. In solchen Fällen war hilfreich, wenn auch Dritte in vergleichbarer Stellung wie der betreffende *director* vergütet wurden oder das Gehalt auf dem Niveau anderer *directors* der Corporation gelegen hatte[1099] oder wenn gerade die bisherige Leistung des (*inside*) *director* für den Unternehmenserfolg kausal war[1100]. Diese richterliche Praxis offenbart sich schließlich auch in der Entscheidung McKey v. Swenson[1101], obschon mit Hinweis darauf bisweilen im Schrifttum die Theorie vertreten wird, dass einem befangenen (herrschenden) Leitungsorgan-Aktionär von manchem Gericht das Stimmrecht versagt worden sei[1102]. Gegen diese Ansicht ist jedoch einzuwenden, dass die im Fall zu prüfende Vergütungsabrede nicht aus Gründen der Unwirksamkeit des Beschlusses des *board* oder der Aktionäre unbestätigt geblieben ist, sondern wegen des fehlenden Nachweises ihrer Fairness. Nicht zuletzt deshalb betont das Gericht auch: "*Such action (. . .) at least, casts upon the officers the burden of showing the salaries were reasonable (. . .)*"[1103]. Hinzu kommt, dass ebenso im Urteil Wiseman v. Musgrave[1104] mit Hinweis auf McKey v. Swenson[1105] die Feststellung getroffen worden ist: „*It is obvious that this conclusion was reached because the officers failed to prove the reasonableness of the salaries*“[1106].

1098 Vgl. Holcomb v. Forsyth, 216 Ala. 486, 491 (Ala.Sup.1927); Crocker v. Cumberland Min. & Mill. Co., 31 S.D. 137, 146 (S.D.Sup.1913).

1099 Vgl. Francis v. Brigham-Hopkins Co., 108 Md. 233; 70 A. 95 (Md.Sup.1908); Klopot v. Northrup, 131 Conn. 14; 37 A.2d 700 (Conn.Sup. 1944); Stratis v. Anderson, 254 Mass. 536; 150 N.E. 832 (Mass.Sup.1926); Backus v. Finkelstein, 23 F.2d 531 (Minn.4th D.1924).

1100 Vgl. Seitz v. Union Brass Co.,152 Minn. 460; 189 N.W. 586 (Minn.Sup.1922); s. aktuell: Randall/Kenneth, 79 W.U.L.Q. 569, 585 (2011).

1101 Vgl. McKey v. Swenson, 232 Mich. 505; 205 N.W. 583 (Mich.Sup.1925).

1102 So z.B. Marsh, 22 Bus.Law. 35, 49 Fn. 51 (1966); McMurray, 40 Vand.L.Rev. 605, 624 (1987); Paschos, Die Stellung, S. 56 Fn. 254 (2003).

1103 Vgl. McKey v. Swenson, 232 Mich. 505, 514; 205 N.W. 583 (Mich.Sup.1925) [hervorgehoben vom Verfasser].

1104 Vgl. Wiseman v. Musgrave, 309 Mich. 523; 16 N.W.2d 60 (Mich.Sup.1944).

1105 Vgl. McKey v. Swenson, 232 Mich. 505; 205 N.W. 583 (Mich.Sup.1925).

1106 Vgl. Wiseman v. Musgrave, 309 Mich. 523, 527; 16 N.W.2d 60 (Mich.Sup.1944) [hervorgehoben vom Verfasser]. Mit gleicher Argumentation: Garwin v. Anderson, 334 Mich. 287, 295; 54 N.W.2d 667 (Mich.Sup.1952); m.w.N. Kamm, 34 U.Det.L.J. 42, 49 f. (1956).

2. Kontrolle nach der pur-*fairness* Methode

Nach der pur-*fairness* Methode bildete die Tatsache der Teilnahme eines befangenen *director* an einem *board*-Beschluss nur eines von mehreren Kriterien zur Kontrolle der Fairness eines Geschäfts[1107]. Diese Methode fußt auf dem Gedanken, dass nach Feststellung eines für die Gesellschaft vorteilhaften und von gutgläubigen *directors* in Kenntnis der wesentlichen Umstände autorisierten Geschäfts nicht mehr ein treuwidriges Verhalten des als befangen geltenden Leitungsorgans vermutet werden könne[1108]. Anlass für diese Überlegung gab die sich bei damaligen Gerichten zunehmend durchsetzende Erkenntnis, dass Geschäfte im Eigeninteresse von Leitungsorganen nicht per se nachteilig für die Gesellschaft sind, wenn deren *directors* mehrheitlich oder gänzlich auch auf Seiten ihrer Gegenpartei gehandelt hatten[1109]. Grundlage für diese Erkenntnis bildeten die unzähligen Gerichtsurteile zu Geschäften einer Corporation, die trotz der Interessenkollision von Leitungsorganen redlich und angemessen gestaltet worden waren. Hierzu gehören nicht zuletzt auch solche zur Darlehnsvergabe von Leitungsorganen an ihre Gesellschaft, wie z.B. das Urteil in Minnesota Loan & Trust Co. v. Peteler Car Co.[1110], worin das Gericht ausführte, dass eine Würdigung der sachlichen Fairness stets eine Abgrenzung zwischen den Vor- und Nachteilen des Geschäfts unter Einbeziehung der wirtschaftlichen Bedürfnisse der Gesellschaft ermöglichen würde. Zudem sei zu berücksichtigen, dass eine Corporation gerade in krisenhaften Situationen oft nur auf Hilfe ihrer Leitungsorgane hoffen könne, so dass sich deren Engagement nicht als ungewöhnlich darstelle[1111]. Jenseits dieser Überlegungen dürften gleichfalls

---

1107 Vgl. Landstreet v. Meyer, 201 Miss. 826; 29 So.2d 653 (Miss.Sup.1947); Nicholson v. Kingery, 37 Wyo. 299, 261 Pac. 122 (Wyo.Sup.1927); Poutch v. National Foundry & Machine Co., 147 Ky 242; 143 SW 1003 (Ky.Sup.1912); m.w.N. bereits unter Glpkt. § § 6 A. I.

1108 Note, 83 U.Pa.L. Rev. 56, 60 (1934); Ballentine, Corporations, § 67, S. 171 (1946); Note, 81 U.Pa.L.Rev. 598 (1933); Note, 51 Harv.L.Rev. 327 (1937); Hornstein, Corporation Law, § 439 Rn. 542 (1959); Lattin, Corporations, S. 290 f. (1971); Holley, 52 Miss.L.J. 877, 879 (1982).

1109 Note, 29 Colum.L.Rev. 338, 345 (1929); Note, 51 Harv.L.Rev. 327, 327 (1937); Hornstein, Law & Practice, § 439, S. 542 (1959); Eisenberg, 13 J.Corp.L. 997 (1988); Pinto/Branson, Corporate Law, § 9.03, S. 224 (2004); Bainbridge, Corporation Law, § 7.2, S. 143 (2009).

1110 Vgl. Minnesota Loan & Trust Co. v. Peteler Car Co., 132 Minn. 277, 287 (Minn. Sup.1916).

1111 Vgl. Minnesota Loan & Trust Co., Peteler Car Co., 132 Minn. 277, 287 (Minn. Sup.1916); Wyman v. Bowman, 127 F. 257 ((8th Cir.1904).

Praktikabilitätserwägungen eine Rolle gespielt haben, weil weder die anti- noch die pro-*fairness* Methode den wirtschaftlichen Bedürfnissen einer Corporation angemessen Rechnung trägt, wenn Aktionäre imstande sind, Geschäfte nur deshalb aufheben zu lassen, weil sich dessen Autorisierung unter Mitwirkung eines befangenen *director* vollzogen hatte.

3. Kontrolle nach der anti-*fairness* Methode

Die anti-*fairness* Methode wurde bis in die 1940-er Jahre hinein nur von den Gerichten New Jerseys praktiziert[1112]. Beispielhaft hierfür ist die Bemerkung im Urteil Purchase v. Atlantic Safe Deposit & Trust Co.[1113], worin das Gericht eine die pro-*fairness* Methode beschreibende Passage aus ‚The American and English Encyclopedia of Law' (1893)[1114] mit den Worten kommentierte: "*The text above quoted is not a correct statement of the law of this state.*"[1115]. Unter Bezugnahme auf Stewart v. Lehigh Valley R.R. Co.[1116] führte *Vice Chancellor Leaming* zur Rechtslage aus, dass Geschäfte einer Corporation mit *directors* zwar nicht nichtig seien, jedoch bei fehlendem Gesellschafterbeschluss in angemessener Frist ohne Rücksicht auf deren Fairness von der Corporation klageweise aufgehoben oder rückabgewickelt werden können[1117]. Wiederum in Anlehnung an diesen Fall wurde weiter betont, dass sich aufgrund der freundschaftlichen oder kollegialen Bande unter *board*-Mitgliedern die Unparteilichkeit nur schwerlich beurteilen lasse[1118]. Eine Abkehr von der anti-*fairness* Methode erfolgte erstmals im Urteil Eliasberg v. Standard Oil Co.[1119], worin der Superior Court

1112 Vgl. Stephany v. Marsden, 75 N.J.Eq. 90, 93 (N.J.Ch.1908); Purchase v. Atlantic Safe Deposit & Trust Co., 81 N.J.Eq. 344; 87 A 444 (N.J.Ch. 1913); Cuthbert v. McNeill, 193 N.J.Eq. 199; 142 A. 819 (N.J.Ch.1928); m.w.N. bereits unter Glpkt. § 6 A. I.

1113 Vgl. Purchase v. Atlantic Safe Deposit & Trust Co., 81 N.J.Eq. 344; 87 A 444 (N.J.Ch.1913).

1114 Merrill, A. & E. E.L. (1893).

1115 Vgl. Purchase v. Atlantic Safe Deposit & Trust Co., 81 N.J.Eq. 344, 345; 87 A 444 (N.J.Ch.1913) [hervorgehoben vom Verfasser].

1116 Vgl. Stewart v. Lehigh Valley R.R. Co., 38 N.J.L. 505, 523 f. (N.J.Err.&App.1875), m.V.d. bereits unter Glpkt. § 5 B. II. 1. a) bb).

1117 Vgl. Purchase v. Atlantic Safe Deposit & Trust Co., 81 N.J.Eq. 344, 346; 87 A 444 (N.J.Ch.1913).

1118 Vgl. Rothenburg v. Franklin Washington Trust Co. 127 N.J.Eq. 406; 13 A.2d 667, 672 (N.J.Ch.1940).

1119 Vgl. Eliasberg v. Standard Oil Co., 23 N.J.Super. 431; 92 A.2d 892 (N.J.Super.1952), aff'd, 12 N.J. 467 (N.J.Super.1953)

einen Aktienoptionsplan im Lichte der Rechtsprechung Delawares würdigte[1120] und die prozeduralen wie sachlichen Merkmale der pur-*fairness* Methode zur Anwendung brachte[1121]. Der Supreme Court folgte dieser Methode erstmals im Entscheid Abeles v. Adams Engineering Co.[1122], indem er *board*-Mitgliedern einer Corporation das Recht zur klageweisen Durchsetzung eines Vertrages mit der Gesellschaft für Fälle bestätigte, in denen dieser als ‚*fair and reasonable*' zu qualifizieren sei[1123].

II. Geschäfte zwischen personell verflochtenen Corporations

Nahezu homogen verlief die Beurteilung des Anfechtungsrechts einer Corporation bei Geschäften mit einer auf Verwaltungsebene verflochtenen Gegenpartei, weil die anti-*fairness* Methode gar nicht[1124], die pro-*fairness* Methode kaum[1125] und die pur-*fairness* Methode überwiegend zur Anwendung kam[1126]. Selbst in New Jersey wurde im Lichte der Fairness bereits um die Jahrhundertwende herum entschieden, wenn Anteilseignern einer Corporation eine Pflichtenkollision bei deren *directors* beanstandet hatten[1127]. Angesichts der Urteilsbegründungen

1120 Vgl. Eliasberg v. Standard Oil Co., 23 N.J.Super. 431, 442; 92 A.2d 892 (N.J.Super 1952) m.V.a. Gottlieb v. Heyden Chemical Corp., 83 A.2d 595 (Del.Ch.1951), Kaufmann v. Shoenberg, 91 A.2d 786 (Del.Ch.1952); siehe *case law* Delawares unter Glpkt. § 6 B. II.

1121 Vgl. Eliasberg v. Standard Oil Co., 23 N.J.Super. 431, 441; 92 A.2d 892 (N.J.Super 1952), aff'd o.b. 12 N.J. 467 (1953).

1122 Vgl. Abeles v. Adams Engineering Co., 64 N.J.Super. 167, 165 A.2d 555 (N.J.Super.1960), aff'd, 35 N.J. 411; 173 A.2d 246 (N.J.Sup.1961).

1123 Vgl. Abeles v. Adams Engineering Co., 64 N.J.Super.167; 165 A.2d 555 (N.J.Super.1960), aff'd. 35 N.J. 411; 173 A.2d 246, 428 (N.J.Sup.1961)

1124 Siehe zum *case law* New Yorks unter Glpkt. § 6 B. III.

1125 Vgl. Parsons v. Tacoma Smelting & Refining Co., 25 Wash. 492, 499; 65 P. 765 (Wash. Sup.1901); Alabama Fidelity Mort. & Bond Co. v. Dubberty, 198 Ala. 543, 549; 73 So. 911 (Ala.Sup.1916); Atalla Iron Co. v. Virginia Iron Co., 111 Tenn. 527; 77 S.W. 774 (Tenn.Sup.1903); Hines v. C.A. Hiles & Co., 120 Ill.App. 617, 625 (Ill.Sup.1905); Reinhard v. Owensboro Mill. Co., 185 Ky. 600; 215 S.W. 523 (Ky.Sup.1919).

1126 Vgl. South Side Trust Co. v. Washington Tin Plate Co., 252 Pa. 237 (Pa.Sup.1916); Price v. Fraser, 119 Neb. 806; 231 N.W. 18 (Neb.Sup.1930); City National Bank v. Merchants' National Bank, 105 S.W. 338 (Tex.App.1907); G.W. Jones Lumber Co. v. Wisarkana Lumber Co., 125 Ark. 65; 187 S.W. 1068 (Ark.Sup.1916); Wiseman v. United Dairies, Inc. 325 Mich.473; 37 N.W.2d 174 (Mich.Sup.1949).

1127 Vgl. Robotham v. Prudential Insurance Co., 64 N.J.Eq. 673, 709; 53 A. 842 (N.J.Ch.1903); Booth v. Land Filing & Improvement Co., 68 N.J.Eq. 536; 59 A.767

ließen sich die Landesrichter in ihrer Entscheidungsfindung nicht unwesentlich durch die auf Ebene der Bundesgerichte praktizierte Prüfungsmethodik beeinflussen[1128]. Zumeist zitierten die Richter das letztinstanzliche Urteil in Geddes v. Anaconda Copper Mining Co.[1129], worin der U.S. Supreme Court der Vorinstanz darin gefolgt war, dass die personelle Verflechtung zweier Corporations die Vermutung für ein treuwidriges Verwaltungshandeln nur in Fällen begründen könne, in denen sich das Geschäft aus sachlichen wie prozeduralen Gründen als unfair erwiesen hatte[1130]. Als unbeachtlich galt das Ausmaß der personellen Verflechtung zwischen den kontrahierenden Parteien, weil nicht nur beim Handeln einer Mehrheit von *board*-Mitgliedern einer Corporation auf beiden Seiten des Geschäfts ein treuwidriges Verhalten zu vermuten sei, sondern ebenso bei einem unlauteren Einfluss auf die Willensbildung der an sich neutralen *board*-Mitgliedern durch ein befangenes Leitungsorgan[1131].

Uneinheitlich urteilten die Gerichte jedoch zur Frage der Beweislastverteilung zwischen den Parteien, wenn bloß deren personelle Verflechtung Anlass für die Anfechtung ihres Geschäfts gegeben hatte[1132]. Die überwiegende Mehrheit der Gerichte sah die Beweislast für die Fairness des Geschäfts bei der dessen Wirksamkeit im Prozess geltend machenden Partei, sobald eine mehrheitliche Verflechtung bestand und das Geschäft nicht durch eine Beschlussmehrheit unbefangener Aktionäre autorisiert worden war[1133]. Andere Gerichte meinten,

---

(N.J.Ch.1904); Helfman v. American Light & Traction Co., 121 N.J.Eq. 1, 187 A. 540 (N.J.Ch.1936).

1128 Vgl. Hellier v. Baush Machinery Tool Co., 21 F.2d 705 (1st Cir.1927); Schmitt v. Reconstruction Finance Corp., 20 F.Supp. 813 (D.C.1936); Marcy v. Guanajuato Development Co., 228 Fed. 150, 151 (D.C.1915); Geddes v. Anaconda Copper Mining Co., 222 F. 129 (D.C.1915); aff'd 245 F. 225 (9th Cir.1917); Pergament v. Frazer 93 F.Supp. 13 (E.D. Mich 1950); aff'd, Masterson v. Pergament, 203 F.2d 315 (6th Cir.1953).

1129 Vgl. Geddes v. Anaconda Copper Mining Co., 254 U.S. 590; 41 S.Ct. 209 (1920); revising 222 F. 129 (1915); aff'd 245 F. 225 (9th Cir.1917).

1130 Vgl. Geddes v. Anaconda Copper Mining Co., 222 F. 129 (1915); aff'd 245 F. 225 (9th Cir.1917).

1131 Vgl. Geddes v. Anaconda Copper Mining Co., 222 F. 129, 134 (1915); aff'd 245 F. 225 (9th Cir.1917).

1132 Siehe zum Disput: Note, 41 Ford.L.Rev. 639, 664 f. (1973); Baumler, 24 Clev.L.Rev. 215, 220 f. (1975); Ward, 23 Temple L.Q. 107 (1949).

1133 Vgl. Barrie v. United Railways Co., 125 Mo.App. 96, 102 S.W. 1078, 1084 (Misso. App.1907); Geddes v. Anaconda Copper Mining Co., 254 U.S. 590, 599; 41 S.Ct. 209 (1920); Bentley v. Zelma Oil Co., 76 Okla. 116, 125; 184 P. 131 (Okla.Sup.1919); Public Service Commission v. City of Indianapolis, 193 Ind. 37, 34; 137 N.E. 705 (Ind. Sup.1922); Kennan v. Eshleman, 23 Del. Ch. 234, 243; 2 A.2d 9048 (Del.Sup.1938).

dass ein treuwidriges Handeln nicht bei mehrheitlich personeller Verflechtung der Parteien zu vermuten sei, wenn die Satzung einer Corporation eine Doppel-/ Mehrfachmandatierung von Exekutivmitgliedern für zulässig erklärt[1134], so dass bis zum Beweis des Gegenteils durch den Kläger die Wahrung der Loyalitätspflicht bei den in Pflichtenkollision Handelnden vermutet werden müsse[1135]. Eine vermittelnde Strömung argumentierte im Lichte der sich für Aktionäre ergebenden Schwierigkeiten bei der Nachweisführung und befürwortete eine Umkehr der Beweislast zu Lasten einer beklagten Partei, sobald ein begründeter Zweifel an der Fairness des Geschäfts durch die Darlegung eines ungewöhnlichen Vermögensvorteils der einen zum Nachteil der anderen Partei bestand[1136]. Letztere Ansicht erfuhr durch die Delaware Gerichte eine Konkretisierung im Zusammenhang mit Geschäften zwischen zwei personell verflochtenen wie auch wirtschaftlich verbundenen Corporations[1137].

III. Geschäfte einer Corporation im finanziellen Interesse von Leitungsorganen

Unverändert im Vergleich zur Judikatur des 19. Jahrhunderts blieb die Prüfungsweise bei Geschäften einer Corporation mit einer einem ihrer Leitungsorgane wirtschaftlich nahestehenden Gegenpartei[1138]. Ein finanzielles Interesse an der Gegenpartei wurde (weiterhin) bei den Verwaltungsorganen vermutet, welche an dieser wesentlich beteiligt waren[1139], oder eine Geschäftsbeziehung mit ihr unterhielten[1140]. Ein treuewidriges Handeln vermuten ließen ebenso Geschäfte

1134 Siehe zur Problematik unter Glpkt. § 6 IV.

1135 Vgl. Wentz v. Scott, 10 F.2d. 426, 428 (6th Cir.1926); Atlantic Refining Co. v. Port Lobos Petroleum Corp., 280 F. 934, 939 (D.C.Del.1922); Caldwell v. Dean, 10 F.2d 299, 300 (6th Cir.1925); Spiegel v. Beacon Participations, Inc., 297 Mass. 389, 412; 8 N.E.2d 895 (Mass.Sup.1937).

1136 Vgl. Mayflower Hotel Stockholders Protective Committee v. Mayflower Hotel Corp., 73 F.Supp. 721, 724 (D D.C.1947), rev'd, 173 F.2d 416, 428; 84 U.S.App.D.C. 275 (1949); Johnson v. Pedergast, 308 Ill. 255; 139 N.E. 407 (Ill.Sup.1923); Cleary v. Higley, 154 Misc. 158; 277 N.Y.S. 63, aff'd 246 App. Div. 698 (N.Y.Sup.1934).

1137 Siehe eingehend dazu unter Glpkt. § 6 B. II. 3.

1138 Vgl. Lutherland., Inc. v. Dahlen, 357 Pa. 143, 152; 53 A.2d 143, 148 (Pa.Sup.1947); Durfee v. Durfee & Canning, Inc., 323 Mass. 187; 80 N.E.2d 522 (Mass.Sup.1948); Diedrick v. Helm, 217 Minn. 483, 499; 14 N.W.2d 913 (Minn.Sup.1944).

1139 Vgl. Lazenby v. Henerson, 241 Mass. 177; 135 N.E. 302, 303 (Mass.Sup.1922); m.w.N. Ballantine, Corporations, § 78, S. 201 f. (1946).

1140 Vgl. Kleinsasser v. McNamara, 129 Cal.App. 49, 56; 18 P.2d 423 (Cal.App.1933); m.w.N. bei Stevens, Corporations, § 147, S. 672 f. (1949).

einer Corporation mit nahen Angehörigen von *board*-Mitgliedern oder mit Unternehmen, die von deren nahen Angehörigen kontrolliert wurden[1141]. Als nahe Angehörige galten zum Beispiel der Sohn[1142], die Ehefrau[1143] oder der Bruder[1144] eines *director.*

IV. Versuche der Unternehmen zur Umgehung der *equitable common law rules*

In dem Bestreben, die zum Teil rigide und heterogene Prüfungsweise der Gerichte zu beeinflussen, gingen die Corporations Anfang des 20. Jahrhundert dazu über, in ihre Satzungen Normen einzuführen, die die Gültigkeit von Geschäften im Eigen-/Fremdinteresse ihrer Leitungsorgane zu regeln versuchten. Die Unternehmen folgten damit einer schon mit Auslauf des 19. Jahrhunderts im Mutterland geläufigen Praxis in der Ausgestaltung des Verfassungsrechts einer englischen *Company*, die darauf angelegt war, eine Handlungsfähigkeit des *board* auch für die Autorisierung solcher Geschäfte zu gewährleisten[1145]. Während in manchen der Satzungsnormen die Kriterien der pur-*fairness* Methode verarbeitet wurden[1146]; regelten andere die Zulässigkeit der Mitwirkung von befangenen *directors* bei der Entscheidungsfindung zum Zwecke der Feststellung einer Beschlussfähigkeit[1147] des und einer

---

1141 Vgl. Abeles v. Adams Engineering Co., Inc., 173 A.2d 246 (N.J.Ch 1961).

1142 Vgl. Barber v. Kolowich, 275 N.W. 797 (Mich.Sup.1937); Hansen v. Granite Holding Co., 218 P.2d 274 (Utah.Sup.1950).

1143 Vgl. National Manufactors Co. v. Bird, 97 N.J.Eq. 242; 127 A. 819 (N.J.Ch.1925); Veeser v. Robinson Hotel Co., 275 Mich. 133; 266 N.W. 54 (Mich.Sup.1936); Davis v. Nueces Valley Irrigation Co., 103 Tex. 243; 126 S.W. 4 (Tex.Sup.1910).

1144 Vgl. Baker v. Hellner Reality Co., 265 Mich. 625; 215 N.W. 793 (Mich.Sup.1933); Knox Glass Bottle Co. v. Underwood, 89 So.2d 799, (Miss.Sup 1956); overruled per curiam, 228 Miss. 699; 91 Sp.2d 843; cert. denied, 535 U.S. 977 (1953).

1145 Vgl. Imperial Mercantile Credit Association v. Coleman, 6 Ch.App. 558 (L.R.1871), rev'd, 6 H.L. 189 (1873); Costa Rica Railway Co. v. Forwood, 1 Ch. 746 (1901); m.w.N. Beveridge, 33 Loy.L.L.A. Rev. 97, 116 Fn. 112 (1999).

1146 Vgl. Voigt v. Remick, 260 198; 244 N.W. 446 (Mich.Sup.1932); Helfman v. American Light & Traction Co., 187 A. 540, 546; 121 N.J.Eq. 1 (N.J.Ch.1936); Spiegel v. Beacon Participations, Inc, 297 Mass. 398, 412; 8 N.E.2d 895 (Mass.Sup.1937); Everett v. Philipps, 288 N.Y. 227; 233; 43 N.E.2d 18 (N.Y.Sup.1942); Ewen v. Peoria & E.Railway Co., 78 F.Supp. 312 (S.D.N.Y.1948).

1147 Vgl. Piccard v. Sperry Corp., 48 F. Supp. 465, 467 (S.D.N.Y.1943); Francis v. Brigham-Hopkins Co., 108 Md. 233; 70 A. 95 (Md.Sup.1908); Sterling v. Mayflower Hotel

Beschlussmehrheit[1148] im *board*. Satzungsregeln, wie sie z.B. dem Urteil Martin Foundation, Inc. v. North Am. Rayon Corp.[1149] zugrunde lagen und einen *director* bereits bei einem unwesentlichen Geschäftsanteil an der Gegenpartei der Corporation für befangen erklärten, blieben eine Seltenheit[1150].

Mit Blick auf das richterrechtliche Verbot der Abdingbarkeit des *case law* durch Satzungsregelung[1151] waren die Gerichte vor die Frage gestellt, ob die Satzung die Wirksamkeit von Geschäften regeln darf, die aufgrund eines Eigen-/ Fremdinteresses von Leitungsorganen ein treuwidriges Handeln vermuten lassen. Bejaht wurde diese Frage erstmals in Sterling v. Mayflower Hotel Corp.[1152] hinsichtlich einer Klausel, die befangenen *directors* erlaubte, an Beschlüssen zur Feststellung der Beschlussfähigkeit mitzuwirken. Nach Auffassung des Gerichts müsse es Aktionären gestattet sein, in den Grenzen der guten Sitten und des Gesetzes vom *case law* abzuweichen, um eine Beschlussfähigkeit des *board* zu gewährleisten[1153]. Entsprechende Satzungsnormen seien grundsätzlich mit dem Zweck des § 2037 Del.Rev.Code vereinbar, wonach ein nicht rechtswidriger Sachverhalt einer individualvertraglichen Regelung zugänglich sei[1154]. Zudem sei es praxisfremd, am Teilnahmeverbot für befangene *directors* für Quorumzwecke festzuhalten, weil dadurch zur Umgehung desselben durch die Berufung von sog. *dummy directors* ermutigt werde[1155]. Bestätigung erlangte damit eine

---

Corp., 93 A.2d 107; 33 Del.Ch.293 (Del.Sup.1952); m.w.N. Kendrick, 21 S.W.L.J. 794, 805 Fn.102 (1967).

1148 Vgl. Adams v. Mid-West Chevrolet Corp., 198 Okl. 461, 473; 179 P.2d 147 (Okl. Sup.1946),

1149 Vgl. Martin Foundation Inc. v. North Am. Rayon Corp., 31 Del.Ch. 195; 68 A.2d 313 (Del.Ch.1949).

1150 Vgl. Martin Foundation Inc. v. North Am. Rayon Corp., 31 Del.Ch. 195, 198; 68 A.2d 313 (Del.Ch.1949).

1151 Vgl. Jones v. Concord & M.R.R., 67 N.H. 119 ; 38 Atl. 12, 126 (N.H.Sup. 1892); Piccard v. Sperry Corp., 48 F. Supp. 465 (S.D.N.Y.1943; Del. Law); m.w.N.: Calder, Notre Dame Law., 699, 700 (1956).

1152 Vgl. Sterling v. Mayflower Hotel Corp., 33 Del.Ch. 20; 89 A.2d 862 (Del.Ch); aff'd 93 A.2d 107; 33 Del.Ch. 293 (Del.Sup.1952).

1153 Vgl. Sterling v. Mayflower Hotel Corp., 33 Del.Ch. 20, 26; 89 A.2d 862 (Del.Ch.); aff'd 93 A.2d 107, 118; 33 Del.Ch. 293 (Del.Sup.1952).

1154 Vgl. Delaware Revised Code, Section 5 Subdivision 8, § 2037 (1935); siehe zum aktuellen Wortlaut § 102(b)(1) DGCL.

1155 Vgl. Sterling v. Mayflower Hotel Corp., 33 Del.Ch. 20, 26; 89 A.2d 862 (Del.Ch.); aff'd 93 A.2d 107, 118; 33 Del.Ch. 293 (Del.Sup.1952).

bereits im Entscheid Piccard v. Sperry Corp.[1156] vertretene Sichtweise, wonach es Aktionären nicht verboten werden könne, in den *charters* ihrer Gesellschaft sicherzustellen, dass die Handlungsfähigkeit von *board*-Mitgliedern auch bei einem Interessenkonflikt (fort-)besteht[1157]. Erwähnung fand auch der bei anderen Gerichten schon erkennbare Wandel in der Prüfungsmethodik[1158]. Beispielhaft dafür ist das Urteil Adams v. Mid-West Chevrolet Corp.[1159], worin es um eine Klausel ging, die zur Regelung der Managementvergütung ein Handeln aller *board*-Mitglieder für erforderlich erklärte. Das Gericht betonte dazu, dass sich das bisherige *case law* aus jenen Sachverhalten herausgebildet habe, in denen keine anderslautende Satzungsnorm zu prüfen war, so dass eine Anpassung geboten erscheine. Überdies wurde bemerkt, dass bei Geltung des *case law* den *directors* die Möglichkeit genommen werde, eine Vergütungsvereinbarung auch für die als außerordentlich geltenden Leistungen zu beschließen[1160].

Unternehmen wurde es folglich ermöglicht, durch eine - wie es einst *Stevens* trefflich bemerkte - nicht der *„good public policy"* widersprechenden Satzungsnorm[1161] die bisherige Methodik der Gerichte bei einer Überprüfung von Geschäften im Eigen-/Fremdinteresse von Verwaltungsorganen zu beeinflussen. Entsprechende Klauseln wurden als Entkräftung der Vermutung treuwidrigen Handelns interpretiert[1162] und führten zu einer Beweislastumkehr in der Frage der Fairness eines Geschäfts zu Lasten des Klägers, wenn sich dessen Autorisierung durch Beschluss des *board* oder der Gesellschafter vollzogen hatte[1163].

1156 Vgl. Piccard v. Sperry Corp., 48 F. Supp. 465 (S.D.N.Y.1943), aff'd per curium, 152 F.2d 462 (2d Cir.), cert. denied, 328 U.S. 845 (1946).

1157 Vgl. Piccard v. Sperry Corp., 48 F. Supp. 465, 469 (S.D.N.Y.1943; Del.Law).

1158 Siehhe bereits unter Glpkt. § 6 A. I.-III.

1159 Vgl. Adams v. Mid-West Chevrolet Corp., 198 Okl. 461; 179 P.2d 147 (Okl.Sup.1946).

1160 Vgl. Adams v. Mid-West Chevrolet Corp., 198 Okl. 461, 473; 179 P.2d 147, 160 (Okl. Sup.1946).

1161 Stevens, Corporations, § 149, S. 689 (1949) m.V.d.: Lattin, Corporations, S. 621 (1968).

1162 Vgl. Spiegel v. Beacon Participations, Inc, 297 Mass. 398, 417; 8 N.E.2d 895 (Mass. Sup.1937); Helfman v. American Light & Traction Co., 187 A. 540, 546; 121 N.J.Eq. 1 (N.J.Ch.1936); Voigt v. Remick, 260 198; 244 N.W. 446 (Mich.Sup.1932); Everett v. Philipps, 288 N.Y. 227, 240, 43 N.E.2d 18 (N.Y.Sup.1942), rearg. denied 289 N.Y. 625; 43 N.E.2d 18; 289 N.Y. 675 (1942); zugl.: Marsh, 22 Bus.Law. 35, 45 (1966).

1163 Vgl. Sterling v. Mayflower Hotel Corp., 93 A.2d 107, 109; 33 Del.Ch. 293 (Del. Sup.1952); Everett v. Philipps, 288 N.Y. 227, 240; 43 N.E.2d 18 (N.Y.Sup.1942); zugl. Callison, 52 Mich.L.Rev. 295, 298 (1953); vgl. zu letzteren Urteil unter Glpkt. § 6 B. III. 2.

Die damalige Rechtslage hat seither sowohl im Gesetz wie auch in der Judikatur Niederschlag gefunden: Exemplarisch hierfür sind die Ausführungen in Sutherland v. Sutherland[1164], wo eine Satzungsregelung zu würdigen war, die befangenen *directors* die Mitwirkung an *board*-Beschlüssen in der Weise erlaubte, als sie für Zwecke der Feststellung einer Beschlussfähigkeit und -mehrheit als *'not interested'* galten[1165]. Angesichts des Einwands der Beklagten hatte *Vice Chancellor Lamb* einerseits die Frage zu beantworten, ob an sich befangene *directors* durch eine solche Norm per definitionem als neutral gelten mit der Folge, dass ein unter deren Mitwirkung ergangener Beschluss den Schutz der *business judgment rule* verdient, und andererseits die Frage, ob die Norm durchsetzbar wäre, würde sie einen solchen Zweck verfolgen[1166]. Die erste Frage beantwortete der Vizekanzler mit dem Urteil Sterling v. Mayflower Hotel Corp.[1167], indem er betonte, dass solche Normen nicht per se eine Geltung der *business judgment rule* rechtfertigen. Vielmehr dürfe deren Zweck nur darin liegen, die Handlungsfähigkeit eines *board* zu gewährleisten, keinesfalls dürfen sie auf einen Freispruch für an sich treuwidriges Verwaltungshandeln hinauslaufen[1168]. Hinsichtlich der zweiten Frage konstatierte das Gericht unter Bezugnahme auf § 102(b)(7) DGCL, dass gerade „*(...) any breach of the director's duty of loyalty to the corporation or its stockholders*" von einer Satzungsregelung zum Haftungsausschluss für *board*-Mitglieder ausgenommen sei[1169], und dass die in Rede stehende Klausel "*(...) would be to do exactly what is forbidden [and] would therefore be void as 'contrary to the laws of this State and against public policy*"[1170]. Damit folgte der Chancery Court einer Einschätzung des Supreme Court, wonach eine Beschränkung in der

1164 Vgl. Sutherland v. Sutherland, 2009 WL 857468 (Del.Ch.2009); on reargument, 2010 WL 1838968 (Del.Ch.2010).

1165 Vgl. Sutherland v. Sutherland, 2009 WL 857468, *4 (Del.Ch.2009).

1166 Vgl. Sutherland v. Sutherland, 2009 WL 857468, *5 (Del.Ch.2009).

1167 Vgl. Sterling v. Mayflower Hotel Corp., 33 Del.Ch. 20; 89 A.2d 862 (Del.Ch.); aff'd 93 A.2d 107; 33 Del.Ch. 293 (Del.Sup.1952).

1168 Vgl. Sutherland v. Sutherland, 2009 WL 857468, *5 (Del.Ch.2009).

1169 Vgl. § 102(b)(7) DGCL [hervorgehoben vom Verfasser]. Siehe zu dieser Regelung bereits unter Glpkt. § 4 B.

1170 Vgl. Sutherland v. Sutherland, 2009 WL 857468, *5 (Del.Ch.2009): [hervorgehoben vom Verfasser]; ähnlich: Solash v. Telex, 1988 WL 3587, *6 (Del.Ch.1988); HMG/Courtland Properties, Inc. v. Gray, 749 A.2d 94, 121 (Del.Ch.1999), m.w.N. Hansen, Corporation, LXXX, 1 (2009).

Haftung aufgrund einer Verletzung der Treuepflicht nur innerhalb der Grenzen des § 107(b)(7 DGCL zulässigerweise stattfinden könne[1171].

V. Zwischenergebnis

Als Befund lässt sich zur Frage nach der Spruchpraxis in der 1. Hälfte des 20. Jahrhunderts festhalten, dass sich gliedstaatenübergreifend ein Wandel in der Beurteilungsmethodik der Gerichte vollzogen hatte. Dieser Wandel zeigt sich in Fällen zu Geschäften einer Corporation mit *interlocking directorates* darin, dass kaum noch die pro-*fairness* Methode, sondern vielmehr die pur-*fairness* Methode Anwendung fand. Letztere hatte sich bis zur Mitte des 20. Jahrhunderts bei allen Gerichten als Prüfungsmaßstab etabliert. Im Vergleich hierzu lässt sich an Urteilen zu Geschäften im Eigeninteresse von Unternehmensleitern in allen Gliedstaaten mit Ausnahme von New Jersey bis zur Mitte des letzten Jahrhunderts hin ein stetiger Übergang in den Kontrollkriterien von denen der pro-*fairness* zur pur-*fairness* Methode hin nachweisen; die Gerichte New Jerseys praktizierten auch in dieser Zeitspanne noch die rigide anti-*fairness* Methode. Wesentlich beeinflusst wurde dieser Wandel durch die Gestaltung des Satzungsrechts der Unternehmen, so dass eine gerichtlicherseits als wirksam geltende Satzungsregel einer Corporation dazu führen konnte, dass Geschäfte im Eigen-/Fremdinteresse von *directors* auch dann der Fairness-Beurteilung unterlagen, wenn sich deren Autorisierung gerade unter der Mitwirkung eines befangenen *director* vollzogen hatte.

B. Rechtslage in Kalifornien, Delaware und New York

Im folgenden Abschnitt wird gezielt das *case law* in Kalifornien, Delaware und New York analysiert, um hierdurch den Weg zum 3. Teil dieser Dissertation zu ebnen, in dessen Fokus das Gesetzesrecht steht, wie es in den dortigen *safe harbor rules* und Vorschriften zu Darlehensgeschäften kodifiziert worden ist. Für die Würdigung der Anfechtbarkeit von Geschäften im Eigen-/Fremdinteresse von Leistungsorganen ist die Kenntnis des dazu ergangenen Richterrechts unumgänglich, da es nicht gänzlich kodifiziert wurde und eine sachgerechte Anwendung der Gesetzesnormen ohne Heranziehung des Richterrechts schon aus Gründen des traditionellen Rechtsbildungsverständnisses der Gerichte nur

---

1171 Vgl. urspr. Zirn v. VLI Corp., 621 A.2d 773, 778 (Del.Sup.1993), aff'd, 681 A.2d 1050, 1058 (Del.Sup.1996); Pfeffer v. Redstone, 2008 WL 308450, *8 (Del.Ch.2008); aff'd 965 A.2d 676, 684 (Del.Sup. 2009); m.w.N. Folk, DGCL, § 102.15, I-28 ff. (2013).

schwerlich möglich erscheint. In der Chronologie der Erörterungen soll mit Blick auf die dem Gesetzgeber Kaliforniens zukommende Vorreiterrolle in der Kodifizierung des Rechts mit der Analyse des dortigen Fallrechts begonnen werden (sub I.). Daran anschließen wird sich eine Betrachtung des Rechts in Delaware (sub II.) und New York (sub III.).

I. Rechtslage in Kalifornien

Kaliforniens Bestreben in der Schaffung einer *safe-harbor rule* überrascht nicht, wenn man bedenkt, dass dortige Gerichte schon weit vor der Einführung des § 311 CCC[1172] zumeist nach Gesetzesrecht urteilten. Den Weg hierfür ebnete der Gesetzgeber 1879 mit der Einführung des *California Civil Code* (‚CCC')[1173], der zum Teil Regeln zum Corporation Law[1174] und zur Treuepflicht von *trustees* oder *agents* enthielt[1175], im Lichte derer die Gerichte auch die Pflichtenbindung für einen *director* und *officer* bestimmt hatten[1176]. Zur Anwendung gelangte dabei die Vorschrift des § 2230 CCC (1879), die einem *trustee*[1177] wie *agent*[1178] den Eigen-/Fremderwerb von anvertrautem Vermögen ohne eine Zustimmung des *entrustor* untersagte. Ein als geschäftsfähig geltender *entrustor* konnte entsprechende Geschäfte seines *fiduciary* autorisieren, wenn er in Kenntnis der wesentlichen Geschäftsumstände war, einschließlich der Motive seines *fiduciary* für den Eigen-/Fremderwerb anvertrauten Vermögens, und ohne unlauteren Einfluss entschieden hatte[1179]. Ohne entsprechende Zustimmung bestand für solche Geschäfte nach § 2235 CCC (1879) die Vermutung für ein treuwidriges Verhalten des *trustee* oder *agent* durch die Ausnutzung seiner Vertrauensstellung[1180]. Angesichts dieses Zustimmungsvorbehalts war es auch den Leitungsorganen einer Corporation verwehrt, deren Vermögen ohne einen gültigen Beschluss der

1172 Vgl. § 311 CCC; 1931 Cal.Stats. c. 862, p. 1777-1778, § 2, amended, 1933 Cal.Stats. c. 533, p.1369 (1933); m.w.N. unter Glpkt. § 6 B. I. 2.

1173 Siehe zum Gesetzeswerk: Sims, The Civil Code of State of California (1906).

1174 Vgl. CCC (1879), Division 1th, Part IV, Title I-III, §§ 283-653 (*corporations*).

1175 Vgl. CCC (1879), Division 3d, Part IV, Title VIII, §§ 2228-2289 (*trust*); Division 3d, Part IV, Title IX, §§ 2295-2326 (*agency*).

1176 Vgl. San Francisco Co. v. Solon Pattee, 86 Cal. 623, 629; 25 P. 135 (Cal.Sup.1890); Graves v. Mono Lake Hydraulic Mining Co., 81 Cal. 303, 319; 22 P. 665 (Cal.Sup.1889); Sims v. Petaluma Gas Light Co., 131 Cal. 656, 659; 63 P. 1011 (Cal. Sup.1901).

1177 Vgl. § 2230 CCC (1879).

1178 Vgl. § 2322 (3.) CCC (1879) i.V.m. § 2230 CCC (1879).

1179 Vgl. § 2230 CCC (1.) (1879).

1180 Vgl. § 2235 CCC (1879) i.V.m. § 2234 CCC (1879).

(übrigen) *directors* oder Aktionäre zu erwerben[1181]. Für einen solchen Beschluss bedurfte es einer beschlussfähigen Mehrheit unbefangenen *directors* eines sich aus mindestens drei qualifizierten Personen zusammensetzenden *board* einer Corporation[1182].

1. Rechtslage vor Einführung einer *safe-harbor rule*

a) Geschäfte einer Corporation im Eigeninteresse von Leitungsorganen

Durch Analogiebildung der §§ 2230, 2235 CCC (1879) konnten folglich Geschäfte einer Corporation mit Leitungsorganen aufgrund der Vermutung treuwidrigen Handelns für unwirksam erklärt werden, wenn der betreffende *director* oder *officer* eigenmächtig mit seiner Corporation kontrahiert hatte[1183] oder nur unter dessen Mitwirkung die Autorisierung des Geschäfts ein *board*-Beschluss ergehen konnte[1184]. Für einen wirksamen *board*-Beschluss bedurfte es der Zustimmung einer beschlussfähigen Mehrheit von unbefangenen *directors* einer Corporation wie auch des Nachweises für eine Fairness des Geschäfts[1185], wozu auch die Kenntnis der Entscheidungsträger vom Interessenkonflikt eines Leitungsorgans zählte[1186]. Unbestätigt blieb der einst in Schnittger v. Old Home Consolidated Mining Co.[1187] vertretene Ansatz, wonach die Mitteilung des Interessenkonflikts gegenüber den Entscheidungsträgern unterbleiben könne, wenn die Gesellschaft dadurch nicht benachteiligt und deren Gegenpartei nicht

---

1181 Vgl. Chamberlain v. Pacific Wool-Growing Co., 54 Cal. 103, 106 (Cal.Sup.1880); Graves v. Mono Lake Hydraulic Mining Co., 81 Cal. 303, 319; 22 P. 665 (Cal.Sup.1889); San Francisco Co. v. Solon Pattee, 86 Cal. 623, 629; 25 P. 135 (Cal.Sup.1890).

1182 Vgl. § 305 CCC (1879) [*'Powers of directors of corporations'*]; § 308 CCC (1879): [*'Organization of board of directors, etc.'*]

1183 Vgl. Davis v. Rock Creek L.F.& M. Co., 55 Cal. 364 (Cal.Sup.1880); Pacific Vinegar & Pickle Works v. Smith, 145 Cal. 352 (Cal.Sup.1904).

1184 Vgl. Shakespeare v. Smith, 77 Cal. 638, 640; 20 P. 294 (Cal.Sup.1888); Wickersham v. Crittenden, 93 Cal. 17, 30; 28 P. 788 (Cal.Sup.1892); San Francisco Co. v. Solon Pattee, 86 Cal. 623, 629; 25 P. 135 (Cal.Sup.1890).

1185 Machen, A Treatise, S. 1298 (1904); Marron, 19 Cal.L.Rev. 304, 305 (1931); Carp, 29 Cal.L.Rev. 480, 483 (1941); Note, 41 Ford.L.Rev. 639, 646 (1973); Gough, 24 U.KanL. Rev. 655, 669 (1976); Marsh, Cal.Corp.L., § 11.07[B] (2011).

1186 Vgl. Western States Life Insurance Co. v. Lockwood, 166 Cal. 185; 135 P. 496 (Cal. Sup.1913).

1187 Vgl. Schnittger v. Old Home Consolidated Mining Co., 144 Cal. 603; 78 P. 9 (Cal. Sup.1904).

bevorteilt worden sei[1188]. Den Nachweis für die Fairness eines Geschäfts schuldete das sich darauf berufende Exekutivmitglied[1189]. Ohne einen solchen *board*-Beschluss bedurfte es eines Beschlusses der Mehrheit der Aktionäre[1190] oder eines der Corporation zurechenbaren Handelns aller Aktionäre in Kenntnis der Geschäftsumstände[1191]. Unbenommen blieb einer Corporation die Neubesetzung ihres *board* mit anschließendem Beschluss[1192]. Angesichts dieser Kontrollmerkmale praktizierten die Gerichte Kaliforniens die pro-*fairness* Methode, die sich am Beispiel des Urteils in Porter v. Lassen County Land & Cattle Co.[1193] auch darin offenbart, da das Gericht explizit betonte, dass der unter Teilnahme zweier befangener *directors* gefasste Beschluss auch wirksam gewesen wäre, wenn diese nicht mit abgestimmt hätten, weil auch ohne deren Mitwirkung eine ein formal gültige Entscheidungsfindung des *board* namens der Gesellschaft vorgelegen hätte[1194]. Vergleichbar hierzu ist die Argumentation in dem Judikat Todd v. Temple Hospital Assoziation, Inc.[1195], wonach Verträge mit *board*-Mitgliedern

1188 Vgl. Schnittger v. Old Home Consolidated Mining Co., 144 Cal. 603, 607; 78 P. 9 (Cal.Sup.1904).

1189 Vgl. Woodroof v. Howes, 88 Cal. 184; 26 Pac. 111 (Cal. Sup.1891); Highland Park Inv. Co. v. List, 27 Cal.App. 761; 151 P. 162 (Cal.App. 1915); m.w.N. Marron, 19 Cal.L.Rev. 304, 309 (1931); Carp, 29 Cal.L.Rev. 480, 491 (1941).

1190 Vgl. Fudickar v. East Riverside Irrigation District, 109 Cal. 29; 41 P. 1024 (Cal. Sup.1895); Pacific Vinegar & Pickle Works v. Smith, 145 Cal. 352; 78 P. 550 (Cal. Sup. 1904); New Blue Point Mining Co. v. Weissbein, 198 Cal. 261; 244 P. 325 (Cal. Sup.1926).

1191 Vgl. Bates v. Coronado Beach Co., 109 Cal.160; 41 P. 855 (Cal.Sup.1895) [formeller Beschluss]; Philips v. Sanger Lumber Co, 130 Cal. 431; 62 P.749 (Cal.Sup.1900) [zurechenbares Handeln der Gesellschafter in Kenntnis aller Umstände nebst Verwirkung]; Western States Life Insurance Co. v. Lockwood, 166 Cal. 185; 135 P. 496; aff'd, 173 Cal. 734; 161 P. 498 (Cal.Sup.1916); m.w.N. Marron, 19 Cal.L.Rev. 304, 306 (1931).

1192 Vgl. Wickersham v. Crittenden, 93 Cal. 17, 30; 28 P. 788 (Cal.Sup.1892).

1193 Vgl. Porter v. Lassen County Land & Cattle Co., 127 Cal. 261, 271; 59 P. 563 (Cal. Sup.1899).

1194 Vgl. Schnittger v. Old Home Consolidated Mining Co., 144 Cal. 603, 607; 78 P. 9 (Cal.Sup.1904) m.V.a. Porter v. Lassen County Land & Cattle Co., 127 Cal. 261, 271; 59 P. 563 (Cal.Sup.1899). Im Porter-Fall fand der *board*-Beschluss Anerkennung, obwohl der befangene *director* neben 3 weiteren unbefangenen wie auch beschlussfähigen Kollegen an der Abstimmung teilgenommen hatte.

1195 Vgl. Todd v. Temple Hospital Association, Inc., 96 Cal.App. 42; 273 P. 595 (Cal. App.1929).

nur treuwidrig seien, wenn für deren Autorisierung gerade dessen Mitwirkung bei der Beschussfassung erforderlich gewesen war[1196].

Demzufolge wurde - wie für die pro-*fairness* Methode typisch - ein befangener *director* für Zwecke der Feststellung der Beschlussfähigkeit und -mehrheit im *board* als ein ‚*stranger*' behandelt. Obschon das damit praktizierte Stimmverbot erstmals im Urteil Curtin v. Salmon River Hydraulic Gold Mining & Ditch Co.[1197] explizit formuliert worden ist, lässt es sich doch aus Begründungen früherer Entscheide - selbst vor Erlass des CCC[1198] - entnehmen. Beleg hierfür bilden die Ausführungen im Urteil Chamberlain v. Pacific Wool-Growing Co.[1199]: „*Two of the trustees voted aye and two voted no. Sackett gave the casting vote aye. Sackett's vote was a nullity. He was personally and directly interested (...) The law applicable thereto is briefly stated CCC § 2230*"[1200]. Trefflich beschrieben wird das einstige Recht auch in Caminetti v. Prudence Mutual Life Ins. Assoc.[1201]: "*The law (...) formerly was that a director was disqualified from voting on any matter in which he was directly and personally interested and could not be one of a majority essential to the adoption of such a resolution*". Anwendung fand die pro-*fairness* Methode bei Geschäften einer Corporation mit deren Leitungsorganen[1202], wie auch bei solchen mit Rechtssubjekten, die eine bestimmte finanziell geprägte Nähebeziehung zu einem ihrer Exekutivmitglieder unterhielten. Diese konnte aus einer Provisionszusage für den erfolgreichen Vertragsabschluss[1203], einem als wesentlich geltenden künftigen oder gegenwärtigen Anteil an der Gegenpartei

1196 Vgl. Todd v. Temple Hospital Association, Inc., 96 Cal.App. 42, 47; 273 P. 595 (Cal. App.1929), m.V.d. Kleinsasser v. Mcnamara, 18 P.2d 423, 427; 129 Cal.App. 49 (Cal. App.1933).

1197 Vgl. Curtin v. Salmon River Hydraulic Gold Mining & Ditch Co., 130 Cal. 345; 62 P. 552 (Cal.Sup.1900).

1198 Vgl. City of San Diego v. San Diego & Los Angeles R.R. Co., 44 Cal. 106, 113 (Cal. Sup.1872).

1199 Vgl. Chamberlain v. Pacific Wool-Growing Co., 54 Cal. 103 (Cal.Sup.1880).

1200 Vgl. Chamberlain v. Pacific Wool-Growing Co., 54 Cal. 103, 106 (Cal.Sup.1880) m.V.a. § 2230 (1.) CCC (1879).

1201 Vgl. Caminetti v. Prudence Mutual Life Ins. Assoc., 62 Cal.App.2d 945, 950; 126 P.2d 15 (Cal.App.1944) [hervorgehoben vom Verfasser].

1202 Vgl. Anderson v. Calaveras Cent. Min. Corp., 13 Cal.App.2d 338, 348; 57 P.2d 560 (Cal.App.1936); Gravis v. Mono Lake Hydraulic Mining Co., 81 Cal. 303; 22 P. 665 (Cal.Sup.1889); Bassett v. Fairchild, 132 Cal. 637; 64 Pac. 1082 (Cal.Sup.1901). Siehe schon unter Glpkt. § 6 A. I. 1.

1203 Vgl. Farmers Bank of L.A. v. Downey, 53 Cal. 466, 468 (Cal.Sup.1879); Reid v. Robinson, 64 Cal.App. 46, 57; 220 P. 676 (Cal.Sup.1923).

der Corporation[1204] oder aus einem persönlichen, insbesondere familiären Verhältnis des Leitungsorgans zur Gegenpartei resultieren[1205]. Eine Orientierungshilfe bot insoweit der Wortlaut des § 2230 CCC (1879), wonach es auch dem Vertreter eines *trustee* nicht erlaubt war, ohne eine wirksame Zustimmung des *entrustor* ein anvertrautes Vermögen zu erwerben[1206].

b) Geschäfte zwischen personell verflochtenen Corporations

Mit der pro-*fairness* Methode als Prüfungsmaßstab sympathisierten jedoch nur wenige Gerichte bei der Überprüfung von Geschäften zwischen zwei auf *board*-Ebene personell verflochtenen Corporations. Der erste Entscheid hierzu erging im Fall Pauly v. Pauly[1207], wo ein Darlehen einstimmig mit Beschluss des 5-köpfigen *board* einer Corporation unter Mitwirkung jener 3 gleichfalls für die kreditgebende Bank amtierenden *directors* autorisiert worden war. Das Gericht bestätigte die Wirksamkeit des Beschlusses, indem es die Doppelmandatierung der 3 *directors* der Parteien nicht als Anfechtungsgrund genügen ließ, weil einem von beiden Geschäftsparteien bevollmächtigten *agent* nicht per se unterstellt werden könne, dass er zum Nachteil der einen Partei und zum Vorteil der anderen agiert habe; hinzu kommen müsse vielmehr der Nachweis für betrügerisches oder anderweitig missbräuchliches Verwaltungshandeln[1208]. In San Diego, Old Town & Pacific Beach R.R. Co. v. Pacific Beach Co.[1209] wurde diese Ansicht weiter insoweit konkretisiert, als eine Corporation in den Grenzen ihrer Satzung grundsätzlich berechtigt sei, selbst mit einer mehrheitlich auf Leitungsebene personell verflochtenen Gesellschaft zu kontrahieren[1210]. Unter Hinweis auf das Urteil Jesup v. Illinois Cental R.R. Co. v. Jesup[1211] wurde ebenfalls unterstrichen, dass solche Geschäfte auch bei mehrheitlich personengleichen Amtsträgern stets

---

1204 Vgl. Goodell v. Verdugo Canon Water Co., 138 Cal. 308, 313; 71 Pac. 354 (Cal. Sup.1903); Western States Life Insurance Co. v. Lockwood, 166 Cal. 185; 135 P. 496 (Cal.Sup.1913); aff'd, 173 Cal. 734; 161 P. 498 (Cal.Sup.1916).

1205 Vgl. Cuneo v. Giannini, 40 Cal.App. 348; 180 Pac. 633 (Cal.App.1919): [verneint beim Ehegatten eines *director*].

1206 Vgl. North Confidence Min. & Development Co. v. Fitch, 58 Cal.App. 329; 208 P. 328 (Cal.App.1922): [bejaht beim Anwalt eines *director*].

1207 Vgl. Pauly v. Pauly, 107 Cal. 8; 40 P. 29 (Cal.Sup.1895).

1208 Vgl. Pauly v. Pauly, 107 Cal. 8; 40 P. 29, 33 (Cal. Sup.1895).

1209 Vgl. San Diego, Old Town & Pacific Beach R.R. Co. v. Pacific Beach Co., 112 Cal. 53; 44 P. 333 (Cal.Sup.1896).

1210 Vgl. San Diego, Old Town & Pacific Beach R.R. Co. v. Pacific Beach Co., 112 Cal. 53, 59; 44 P. 333 (Cal.Sup.1896).

1211 Vgl. Jesup v. Illinois Cent R..R. CO. v. Jesup, 43 F. 483 (N.D.Ill.1890).

auf deren Fairness aus Sicht beider Parteien gewürdigt werden müssten und eben nicht nach jenem Rechtssatz des *equity law*, der das unautorisierte Geschäft eines *fiduciary* ungeachtet seiner Fairness für unwirksam erkläre[1212].

Konträr hierzu erging erstmals das Urteil in Sausalito Bay Land Co. v. Sausalito Improvement Co.[1213], wo unter Bezugnahme auf O'Connor Mining & Manuf. Co. v. Coosa Furnace Co.[1214] betont worden ist, dass treuwidriges Verhalten bei *board*-Mitgliedern einer Corporation auch dann vermutet werden müsse, wenn aufgrund des Doppelmandats die Treuepflichten bei einer Mehrheit ihrer *directors* kollidieren[1215]. Für eine Corporation ergebe sich damit ein Anfechtungsrecht ohne Prüfung der Fairness eines Vertrages, soweit nicht dessen Genehmigung durch die Gesellschaft oder deren Aktionäre veranlasst worden sei[1216]. In Folgeurteilen findet diese der pro-*fairness* Methode eigene Begründung zwar Erwähnung[1217], gleichwohl erachteten die Gerichte das Urteil nicht als Abänderung der anfänglichen Rechtsprechung[1218]. Anlass für diese Schlussfolgerung gibt das Urteil in Skelly v. Dockweiler[1219], worin ein Bundesgericht in Anlehnung an San Diego, Old Town & Pacific Beach R.R. Co. v. Pacific Beach Co.[1220] konstatierte: "*Two corporations have the right, within the scope of their chartered powers, to deal with each other; and this right is certainly not destroyed (...) by the fact that (...) a majority of the directors are common to both. (...) But such common directors owe the same fidality to both corporations, and*

1212 Vgl. San Diego, Old Town & Pacific Beach R.R. Co. v. Pacific Beach Co., 112 Cal. 53, 60; 44 P. 333 (Cal.Sup.1896) m.V.a. Jesup v. Illinois Cent R..R. CO. v. Jesup, 43 F. 483, 503 (N.D.Ill.1890); ähnlich: Smith v. Ferries & Cliff House Ry. Co., 51 Pac. 710 (Cal. Sup 1897).

1213 Vgl. Sausalito Bay Land Co. v. Sausalito Improvement Co., 166 Cal. 302; 136 P. 57, reh'g denied, 166 Cal. 302; 136 P. 57 (Cal.Sup.1913).

1214 Vgl. O'Connor Mining & Manuf. Co. v. Coosa Furnace Co., 95 Ala 614; 10 So. 290 (Ala.App.1891); siehe dazu unter Glpkt. § 5 B. II. 2. b)

1215 Vgl. Sausalito Bay Land Co. v. Sausalito Improvement Co., 166 Cal. 302, 305; 136 P. 57 (Cal.Sup.1913).

1216 Vgl. Sausalito Bay Land Co. v. Sausalito Improvement Co., 166 Cal. 302, 306; 136 P. 57 (Cal.Sup.1913).

1217 Vgl. Manning v. App Consolidated Gold Mining Co., 171 Cal. 610, 616 (Cal. Sup.1915); North Confidence Mining & Development Co. v. Fitch, 58 Cal.App. 329, 333; 208 P. 328 (Cal.App.1922).

1218 So auch: Marsh, Cal.Corp.L., § 11.08, 11-79 (2011).

1219 Vgl. Skelly v. Dockweiler, 75 F.Supp. 11 (S.D.Cal.1947).

1220 Vgl. San Diego, Old Town & Pacific Beach R.R. Co. v. Pacific Beach Co., 112 Cal. 53; 44 P. 333 (Cal.Sup.1896).

there is no presumption that they will deal unfairly with either"[1221], und sodann unter Hinweis auf Sausalito Bay Land Co. v. Sausalito Improvement Co.[1222] betonte: „*And as the law now stands (...) courts (...) will not set them aside unless actual fraud is alleged and proved"*[1223].

2. Rechtslage nach Einführung einer *safe-harbor rule*

Auf die insoweit divergierende wie zum Teil rigide Prüfungsmethodik der Gerichte reagierte der Gesetzgeber im Jahre 1931 durch die Einführung der ersten *safe-harbor rule* in Gestalt des § 311 CCC, wodurch 3 alternative Verfahren kodifiziert wurden, mit deren Erfüllung sich das Anfechtungsrecht einer Corporation aufgrund eines Interessen-/Pflichtenwiederstreits von *board*-Mitgliedern beseitigen ließ[1224]. Im Jahre 1947 wurde die Regelung im Wortlaut marginal modifiziert und durch § 820 CCC ersetzt[1225]. Für eine Regulierung der Darlehensvergabe sorgte der Gesetzgeber im Jahre 1933 durch den § 366 CCC[1226].

a) Regelungsgehalt der Norm

Dem Wortlaut beider Normen zufolge sollen Geschäfte einer Corporation mit deren *directors* oder mit einer auf *board*-Ebene verflochtenen Corporation oder mit Unternehmen, an denen *directors* der Corporation ein sog. ‚*financial interest*' haben, weder unwirksam noch anfechtbar aus dem Grunde sein, weil ein solcher *director* entweder an dem Beschluss zu deren Autorisierung mitgewirkt

1221 Vgl. Skelly v. Dockweiler, 75 F.Supp. 11, 14 Fn. 4 (S.D.Cal.1947) [hervorgehoben vom Verfasser].

1222 Vgl. Sausalito Bay Land Co. v. Sausalito Improvement Co., 166 Cal. 302; 136 P. 57; reh'g. denied, 166 Cal. 302; 136 P. 57 (Cal.Sup.1913).

1223 Vgl. Skelly v. Dockweiler, 75 F.Supp. 11, 14 Fn. 5 (S.D.Cal.1947) [hervorgehoben vom Verfasser]. Siehe insoweit auch die damaligen Urteile, in denen ein Aktionär bloß die personelle Verflechtung der Geschäftsparteien als Anfechtungsgrund anführte: Roberts v. Prisk, 103 Cal.App. 599, 606 (Cal.App.1930): Frank H. Buck. v. Tuxedo Land Co., 109 Cal.App. 453, 455; 293 Pac. 122 (Cal.App.1930).

1224 Vgl. 1931 Cal.Stats. ch. 862, p. 1777, § 2, amended, 1933 Cal.Stats. ch. 533, p. 1369, § 19 (1933).

1225 Vgl. 1947 Cal.Stats. ch. 1038, p. 2322, § 820. Siehe m.N. zur Revision des CCC (1947): Buhler, 35 Cal.L.Rev. 423 ff. (1947).

1226 Vgl. § 366 CCC (1933), m.V.d. Wulfjen v. Dolton, 24 Cal.2d. 878, 888; 151 P.2d 840 (Cal.Sup.1944), m.w.N. unter Glpkt. § 7 B. II.

hatte oder in nur in der Versammlung des *board* oder *board*-Ausschusses anwesend war:

(i) wenn die den Interessen-/Pflichtenwiderstreit begründenden Tatsachen allen *directors* bekannt waren oder ihnen gegenüber offengelegt sowie in dem Versammlungsprotokoll notiert worden sind und das Geschäft in gutem Glauben ohne die Mitwirkung des befangenen *director* ‚*by a vote sufficient for such purpose*' autorisiert oder genehmigt worden ist, oder

(ii) wenn die den Interessen-/Pflichtenwiderstreit begründenden Tatsachen den handelnden Aktionären bekannt waren oder ihnen gegenüber offengelegt worden sind und das Geschäft durch Beschluss oder schriftliche Erklärung stimmberechtigter Aktionäre in gutem Glauben autorisiert oder genehmigt worden ist, oder

(iii) wenn das Geschäft im Zeitpunkt seiner Autorisierung als ‚*just and reasonable*' erschien[1227].

Grundbedingung war ein gutgläubiges Handeln der Leitungsorgane im Interesse ihrer Corporation[1228].

b) Regelungsziel und Rechtswirkung der Norm

Die disjunktive Gestaltung der Norm durch den Gebrauch der Konjunktion „*if*" und „*or*" wie auch der Wortlaut „*No contract (...) shall be either void or voidable by reason of (...) if (...)*"[1229] gaben Anlass zu der Frage, ob schon ein den Kriterien in Absatz (a) oder (b) genügender Beschluss Einfluss hat auf den Rechtsstatus des Geschäfts und/oder auf den nach *case law* für Organbeschlüsse geltenden Prüfungsmaßstab[1230]. Mangels einer Kommentierung der Norm durch den Gesetzgeber orientierten sich die Gerichte an den allgemeinen Auslegungsprinzipien für Gesetzesnormen[1231]. Im US-amerikanischen Recht gilt für Zwecke

---

1227 Vgl. § 311 (a)-(c) CCC (1931); § 820 (a)-(c) CCC (1947).

1228 Vgl. § 311 S. 1 CCC (1931); § 820 S. 1 CCC (1947).

1229 Vgl. § 311 (1931) bzw. § 820 CCC (1947) [hervorgehoben vom Verfasser].

1230 Statt vieler Pinto/Branson, Corporate Law, § 9.03, S. 227 (2004); m.w.N. unter Glpkt. § 6 B. I. 2. b) bb).

1231 Kalifornien bildet insoweit keine Ausnahme, weil anfänglich ebenso andere *safe-harbor rules* (in dieser Frage) unkommentiert geblieben sind. Siehe z.B. zur Auslegung des § 21 R.I.Gen.Laws (1923): Mattison v. Wm.S. Sweet & Sons, Inc., 193 Atl. 171; 58 R.I.Sup. 411 (R.I.Sup.1937); des § 21.13 (5) Mich. Pub.Acts (1931): Veeser v. Robinson Hotel Co., 275 Mich.133 ; 266 N.W. 54 (Mich.Sup.1936); des § 31-1-69 W.Va. Code (1931): Bank of Mill Creek v. Elk Horn Coal Corp., 57 S.E.2d 736 (W.Va.1950).

der Auslegung von Gesetzen die ‚*plain meaning rule*' als die vorherrschende Methodik, bei der zur Feststellung der Bedeutung eines bestimmten Begriffs auf den allgemeinen Sprachgebrauch rekurriert wird[1232]. Neben der grammatischen Herangehensweise offenbart die richterliche Spruchpraxis den Gebrauch zweier anderer traditioneller Ansätze zur Gesetzesauslegung, nämlich die ‚*intentionalism*'-Theorie (auch '*soft plain meaning rule*') und die Theorie des ‚*purposivism*', wenngleich deren Geltung und Gewichtung gegenüber der *plain meaning rule* nicht unumstritten ist[1233]. Während Erstere unter Einbeziehung der Gesetzesmaterialien der mit der Gestaltung der Norm betrauten Personen versucht, den wahren oder zumindest mutmaßlichen Willen des Gesetzgebers zu erforschen[1234], setzt Letztere dort an, wo sich für Erstere die Grenze in der Beurteilung der Gesetzgebungshistorie zeigt, also in Fällen, in denen der Gesetzgeber ein bestimmtes Problem nicht gesehen hatte oder sehen konnte, oder sich ein für die Vorschrift typischer Lebenssachverhalt bei der Einführung noch nicht ereignet hatte. Nach der *purposivism*-Theorie steht folglich der im Gesetz objektivierte Wille im Fokus der Auslegung, indem versucht wird, bisherige Vorstellungen des Gesetzgebers zur Norm ‚zu-Ende-zu-denken'[1235]. Hilfreich hierfür sind regelmäßig die *committee reports* zur betreffenden Norm und die Stellungnahmen der Personen, die mit dem Gesetzesvorhaben betraut worden waren.

aa) Normverständnis des Gesetzgebers

Als Materialien zur Interpretation der beiden Normen eignen sich die Schriften von *Ballantine*[1236], welchem vom Revisionsausschuss die Formulierung des § 311 CCC (1931) angetragen worden war[1237]. Dessen Meinung nach liege deren Zweck primär darin, das Anfechtungsrecht einer Corporation insoweit zu beschränken, als Geschäfte im Eigen-/Fremdinteresse von *directors* nach Erfüllung der Norm nicht (mehr) deshalb angefochten werden können, weil

---

1232 Vertiefend dazu: Eskridge, 135 U.P.L.Rev. 1479 (1987); Scallia, Interpretation (1997); Melin, Gesetzesauslegung, S. 59 ff., 133 ff. (2003).

1233 M.w.N. Eskridge, 37 U.C.L.A.Rev. 621, 626 (1990), aus dessen Feder auch der Begriff '*soft plain meaning rule*' stammt.

1234 Melin, Gesetzesauslegung in den USA, S. 116 ff. (2003); Eskridge, Dynamic Statutory Interpretation, S. 215-221 (1994).

1235 Eskridge, 37 UCLA.L.Rev. 621, 626 (1990).

1236 Siehe zur Person des Gelehrten *Henry W. Ballantine* und dessen Werke: Dahlquist, 37 Cal.L.Rev. 171 ff. (1949).

1237 Ballantine, 17 A.B.A.J. 579 (1931); ders. 19 Cal.L.Rev. 465 (1931); ders. 1 U.Ch.L.Rev. 357 (1934); ders. 17 Cal.L.Rev. 529 (1929).

directors im Eigen-/Fremdinteresse agiert haben oder für Zwecke der Beschlussfähigkeit oder -mehrheit im *board* oder *board*-Komitee berücksichtigt wurden, sondern nur in Fällen, in denen das Geschäft der Corporation nicht als ‚*just and reasonable*' erscheint[1238]. Fernerhin sei die Einführung der Vorschrift von der Überlegung des Gesetzgebers getragen gewesen, dass es weder dem Unternehmensbedürfnis noch organschaftlichen Selbstverwaltungsprinzip genügt, wenn Geschäfte einer Corporation ohne Rücksicht auf deren sachliche wie prozedurale Fairness wegen eines Eigeninteresses einer Mehrheit ihrer *directors* angefochten und aufgehoben werden könnten[1239]. Zudem sollte mit Satz 1 der Norm die fiduziarische Pflichtenbindung für Leitungsorgane betont werden, so dass sich deren alternative Kontrollverfahren nur erfüllen lassen, wenn das Geschäft der Corporation aus Sicht des Gerichts ein gutgläubiges Handeln bei jedem einzelnen *director* und *officer* vermuten lässt. Hierdurch sollte sichergestellt werden, dass Leitungsorgane keinen unlauteren Vorteil dadurch erlangen, indem sie auf die Meinungsbildung der Entscheidungsträger durch eine Zurückhaltung wesentlicher oder Darstellung falscher Informationen zur Sache oder in anderer unlauterer Weise einzuwirken suchen[1240]. Schließlich sei die Norm nicht auf die Kodifizierung sämtlicher Rechtssätze aus *law* und *equity* angelegt, die sich für die ihrem Geltungsbereich unterfallenden Geschäfte einer Corporation herausgebildet haben, so dass in der Frage der Wirksamkeit weiterhin die Prinzipien aus *law* und *equity* Anwendung finden[1241].

bb) Normverständnis in der Wissenschaft

Trotzt dieser Einschätzungen zum Zweck des § 311 CCC (1931) entwickelte sich im Schrifttum eine kontrovers geführte Debatte zu eingangs gestellter Frage[1242]. Die überwiegende Mehrheit der Autoren sah in der disjunktiven Gestaltung der Norm eine Regel zur Beweislastverteilung zwischen den Parteien hinsichtlich der sachlichen Fairness eines Geschäfts. Danach sei ein befangener *director* vom

---

1238 Ballantine, 17 A.B.A.J. 579, 580 (1931); ders. 19 Cal.L.Rev. 465, 475 (1931); m.V.d. Bulbulia/Pinto, 53 Notre Dame Law. 201, 209 (1977).

1239 Ballantine, 17 A.B.A.J. 579, 580 (1931); ders. 19 Cal.L.Rev. 465, 476 (1931).

1240 Ballantine, 17 A.B.A.J. 579, 580 (1931); ders. 19 Cal.L.Rev. 465, 476 (1931).

1241 Ballantine/Sterling, Cal.CaL, § 92, S. 99 (1938); m.V.d. Lane, 23 Corn. L.Q. 445, 450 (1938); Carp, 29 Cal.L.Rev. 480, 488 Fn. 38 (1941).

1242 Carp, 29 Cal.L.Rev. 480, 486 (1941); Cocanower/Hay, 17 Ariz.L.Rev. 559, 589 (1975); Gough, 24 U.Kan.L.Rev. 655, 661 (1976); Holley, 52 Miss.L.J. 877, 883 (1982); Note, 11 Wm.Mitchel L.Rev. 199, 202 (1985); Bulbulia/Pinto, 53 Notre Dame Law. 201, 206 (1977).

Nachweis derselben befreit, wenn das Geschäft im Sinne von Absatz (a) oder (b) der Norm autorisiert worden sei; im Falle einer entsprechenden Zustimmung obliege es dem Kläger, den Beweis der Fairness zu führen[1243]. Nur vereinzelt wurde mit der Überlegung sympathisiert, dass ein Gericht durch eine solche Zustimmung gänzlich davon abgehalten werde, zu überprüfen, ob das Geschäft als ‚*just and reasonable*' erscheint[1244]. Gegen letztere Theorie spricht bereits, dass nach Richterrecht die Frage der Fairness eines Geschäfts bei geeignetem Sachvortrag stets geprüft wurde[1245]. Vertreter der erstskizzierten These verkennen hingegen, dass sie sich im Lichte der Regeln des *case law* zur Beweislastumkehr nur in Fällen rechtfertigen ließe, in denen eine den Kriterien der Norm genügende Zustimmung ebenfalls jenen Anforderungen entspricht, welche an die Geltung der *business judgment rule* oder *shareholder ratification rule* gerichtet werden[1246]. Grund dafür ist, dass die Kriterien der Norm in zwei Punkten unterhalb der Schwelle des *case law* liegen: zum einen muss für eine Entscheidungsfindung nur Kenntnis über die den Interessen-/Pflichtenkonflikt von *directors* begründenden Tatsachen bestehen, während es nach *case law* ebenso der Kenntnis über die wesentlichen Umstände des Geschäfts bedarf[1247]. Zum anderen könnten nach der Norm auch die als befangen geltenden *directors* als Aktionär oder Stimmrechtsvertreter die Autorisierung veranlassen[1248]. Im Vergleich dazu ist nach *case law* eine Mehrheit unbefangener und neutraler Aktionäre geboten[1249].

Im Hinblick darauf, dass sich die Norm in ebendiesen Gesichtspunkten vom *case law* unterscheidet, und in der Annahme, dass der Gesetzgeber nicht bestrebt war, die geltenden Beweislastregeln zu ändern, stellten *Bulbulia/Pinto*

1243 Israels, 23 Rutgers L. Rev. 615, 627 (1969); Clatterbuck, 58 Nebr.L.Rev. 909, 917-919 (1979; Gough, 24 U.Kan.L.Rev. 655, 671 (1976).

1244 So z.B. in Note, 61 Harv.L.Rev. 335, 339 (1948). Ähnlich m.V.a. § 311 CCC (1931): Pinto/Branson, Corporation Law, § 9.03, S. 227 (2004).

1245 Siehe m.w.N. bereits unter Glpkt. § 6 B. 1.

1246 Vgl. Fox v. Hale & Norcgross Silver Mining Co., 108 Cal. 368, 633; 41 P. 308 (Cal. Sup.1895); Fornaseri v. Cosmosart Realty & Bulding Corp. 96 Cal.App. 549; 274 P. 597 (Cal.App.1929); Burt v. Irvine Co., 237 Call.App.2d 828, 852; 47 Cal.Rptr. 392 (Cal. App.1965).

1247 Vgl. Brainard v. De La Montanya, 116 P.2d 66, 70 (Cal.Sup.1941); Armstrong Manors v. Burris, 14 Cal.Rptr. 338, 343 (Cal.App.1961).

1248 Vgl. § 311(b) CCC (1931) bzw. § 820(b) CCC (1947); siehe zum Wortlaut bereits Glpkt. § 6 B. I. 2. a).

1249 Vgl. Remillard Brick Co. v. Remillard-Dandini Co., 109 Cal.App.2d 405, 419; 241 P.2d 66 (Cal.App.1952); Kennerson v. Burbank Amusement Co., Inc., 120 Cal.App.2d 157, 169; 260 P.2d 823 (Cal.App.1953); m.w.N. bereits unter Glpkt. § 6 B. I. 1.

die Überlegung an, dass die disjunktive Gestaltung der Norm zwar eine Regelung zur Beweislastverteilung nahelegt, nicht jedoch eine hinsichtlich der sachlichen Fairness eines Geschäfts. Deren Theorie zufolge seien alle drei Absätze der Vorschrift in prozeduraler Hinsicht zu interpretieren, da auch die Phrase ‚*just and reasonable*' in Absatz (c) auf den Zeitpunkt der Autorisierung hinweise[1250]. Für die gerichtliche Überprüfung eines Geschäfts hätte eine solche Betrachtung der Regelung zur Folge, dass sachliche Erwägungen ohne Rücksicht auf die Autorisierung im Sinne der Norm stattfinden könnten bzw. die Form der Autorisierung nicht als Einwand gegen eine Fairness-Analyse erhoben werden dürfte. Demnach würde eine Zustimmung im Sinne von Absatz (a) oder (b) der Norm einer Anfechtungsklage nur aus vorbenannten Gründen vorbeugen, so dass hierdurch die Vermutung einer verfahrensmäßigen Fairness des Geschäfts begründet wird mit der Folge, dass der Kläger Zweifel an der sachlichen Fairness wecken müsste, welche sodann wiederum der Beklagte durch Nachweis derselben widerlegen könnte[1251]. Bei dieser Normzweckbetrachtung blieben die Beweislastverteilungsregeln des Richterrechts unberührt, so dass die Frage nach der sachlichen Fairness eines Geschäfts bloß dann beantwortet werden müsste, soweit nicht nach der *business judgment rule* oder *shareholder ratification rule* verfahren worden ist[1252].

cc) Normverständnis in der Rechtsprechung

Die bestehenden Unterschiede zwischen dem *case law* und der Vorschrift gelangten erstmals im Fall Remillard Brick Co. v. Remillard Dandini Co.[1253] zur Sprache, worin die beklagten *directors* versucht hatten, mit dem Einwand einer Erfüllung des § 820(b) CCC (1947) eine nach der *shareholder ratification rule* beschränkte Überprüfung des Geschäfts zweier personell verflochtenen Corporations zu rechtfertigen.

1250 Bulbulia/Pinto, 53 Notre Dame Law. 201, 209 (1977). Die Autoren folgen damit einem Konzept des U.S. Court of Appeal im Fall Williams v. Walter-Thomas Furniture Co. [350 F.2d 445 (D.C. 1965)], welcher hinsichtlich des Begriff ‚*unconscionability*' in § 2-302 UCC sachliche wie prozedurale Erwägungen anstellte; m.V.d, auch: Holley, 52 Miss.L.J. 877, 887 (1982); Hayes, 53 Tenn.L.Rev. 799, 815 (1986).

1251 Bulbulia/Pinto, 53 Notre Dame Law.201, 211 (1977), m.V.d. Clatterbuck, 58 Nebr.L. Rev. 909, 918 (1979); Holley, 52 Miss.L.J. 877, 888 (1982)

1252 Siehe zu den Instituten bereits unter Glpkt. § 2 C. I.

1253 Vgl. Remillard Brick Co. v. Remillard-Dandini Co., 109 Cal. App. 2d 405; 241 P.2d 66, 73 (Cal.App.1952).

aaa) Der Fall Remillard Brick Co. v. Remillard Dandini Co. (Cal.App. 1952)

aaaa) Sachverhalt und Norminterpretation

Gegenstand der Prüfung bildete die Frage, ob die *board*-Mitglieder der Remillard Dandini Co. (RD), namens Stanly, Sturges und Gatzert, treuwidrig handelten, als sie den Vertriebsbereich aus der RD und aus deren Tochtergesellschaft, der San Jose Brick & Tile, Ltd. (SJB), ausgliederten und in die eigens hierfür durch die vorbenannten *directors* gegründete Remillard-Dandini Sales Corp. (RDS) einbrachten. Autorisiert wurden die Maßnahmen durch *board*-Beschluss unter Mitwirkung der beklagten *directors*, weil ohne deren Teilnahme keine beschlussfähige Mehrheit im 5-köpfigen Verwaltungsrat der RD und SJB zustande gekommen wäre und bloß Stanly und Sturges im *board* der RDS vertreten waren. Diesen Beschlüssen vorausgegangen war der durch Stanly und Sturges erfolglos veranlasste Versuch, unter Androhung von Restrukturierungsmaßnahmen die von L. Dandini an der Beklagten persönlich und über die Klägerin gehaltenen Anteile zu erwerben. Genehmigt wurden die Verträge von den Aktionären, wobei Stanly und Sturges die Mehrheit in der RDS besaßen und als Stimmrechtsvertreter der Aktionäre der RD und SJB fungierten[1254]. Unstreitig war, dass die Verträge für jede der Parteien vorteilhaft waren, obschon der Vorteil für RD größer gewesen wäre, wenn sie das Vorhaben durch Gründung einer eigenen Tochtergesellschaft umgesetzt hätten[1255]. Mit dem Vortrag einer fehlenden Fairness begehrten die Kläger durch derivative Klage die Aufhebung der Verträge und Herausgabe der erzielten Gewinne der RDS an RD und deren Tochter. Die Beklagten wandten ein, die Verträge seien nach § 820 (b) CCC autorisiert worden und müssten demnach ohne Prüfung ihrer sachlichen Fairness als wirksam bestätigt werden[1256].

Der First District Court of Appeal entsprach dem Klageantrag und befand die Verträge für treuwidrig, weil die Gewinne aus dem Vertriebsgeschäft nicht der RD und SJB sowie deren Minderheitseignern, sondern der RDS und somit Stanley wie Sturgis, als deren Mehrheitseigner, zugute gekommen seien[1257].

1254 Vgl. Remillard Brick Co. v. Remillard-Dandini Co., 109 Cal. App. 2d 405, 419; 241 P.2d 66 (Cal.App.1952).

1255 Vgl. Remillard Brick Co. v. Remillard-Dandini Co., 109 Cal. App. 2d 405, 419; 241 P.2d 66 (Cal.App.1952).

1256 Vgl. Remillard Brick Co. v. Remillard-Dandini Co., 109 Cal. App. 2d 405, 416; 241 P.2d 66 (Cal.App. 1952).

1257 Vgl. Remillard Brick Co. v. Remillard-Dandini Co., 109 Cal. App. 2d 405, 411; 241 P.2d 66 (Cal.App.1952).

Grundlage der Argumentation bildete die Treuebindung der Mehrheitseigner gegenüber der Minderheit und die Treuepflicht der *board*-Mitglieder einer Corporation gegenüber der Gesamtheit ihrer Aktionäre. Leitungsorgane seien zu einem Handeln in gutem Glauben verpflichtet, so dass es ihnen untersagt ist, unautorisierte Vermögensvorteile zum Nachteil ihrer Gesellschaft und deren Aktionäre zu erlangen[1258]. Als Beweis für eine treuwidrige Motivation der Beklagten wertete das Gericht den Versuch des Erwerbs der Geschäftsanteile an der RD von Dandini unter der Androhung von Restrukturierungsmaßnahmen[1259]. Unter Bezugnahme auf die Ausführungen *Ballatines* zu § 311 CCC (1931) wies das Gericht darauf hin, dass *officers* wie *directors* einer Corporation stets loyal handeln müssen und ein treuwidriges Verhalten nicht mit einer Autorisierung des Geschäfts nach Absatz (a) oder (b) der Norm geheilt werden könne[1260]. Dem Einwand der Beklagten, wonach bei Erfüllung des § 820(b) CCC (1947) keine Fairnessprüfung des Geschäfts stattfinde, entgegnete das Gericht, dass diese Sichtweise dem Satz 1 der Norm widerspreche, der Exekutivmitglieder stets zu einem Handeln im alleinigen Interesse ihrer Gesellschaft verpflichte[1261]. Auf ein redliches Verwaltungshandeln lassen die in Rede stehenden Verträge allerdings nicht schließen, weil der RD und SJB bestimmte Vermögensgüter zum Vorteil der Beklagten entzogen worden seien und von diesen Vorteil gerade die Beklagten aufgrund ihrer Stellung als Mehrheitseigner profitieren würden. Es könne daher nicht rechtens sein, ein zum Nachteil der Minderheit der RD und SJB ausgestaltetes Geschäft nur deshalb zu bestätigen, weil sich treuwidrig handelnde *directors* sich offenbart hätten und unter deren Mitwirkung ein Aktionärsbeschluss zur Autorisierung der Verträge gefasst worden sei[1262]. Schließlich stellte das Gericht fest, dass es weder durch § 820 CCC (1947) noch eine andere

---

1258 Vgl. Remillard Brick Co. v. Remillard-Dandini Co., 109 Cal. App. 2d 405, 419; 241 P.2d 66 (Cal.App.1952).

1259 Vgl. Remillard Brick Co. v. Remillard-Dandini Co., 109 Cal. App. 2d 405, 410; 241 P.2d 66 (Cal.App.1952).

1260 Vgl. Remillard Brick Co. v. Remillard-Dandini Co., 109 Cal. App. 2d 405 420; 241 P.2d 66, 74 (Cal.App 1952). Siehe zu den Einschätzungen *Ballantines* bereits unter Glpkt. § 6 B. I. 2. b) aa); m.w.N.: Ballantine, 17 A.B.A.J. 579, 580 (1931); ders. 19 Cal.L.Rev. 465, 476 (1931).

1261 Vgl. § 820 S. 1 CCC (1947) bzw. § 311 S. 1 CCC (1931).

1262 Vgl. Remillard Brick Co. v. Remillard-Dandini Co., 109 Cal. App. 2d 405, 417-418; 241 P.2d 66 (Cal.App.1952).

(Gesetzes-) Bestimmung von der Überprüfung der Fairness eines Geschäfts einer Corporation abgehalten werde[1263].

bbbb) Einordnung der Argumentation des Gerichts

Die Urteilsbegründung lässt annehmen, dass eine Erfüllung des § 820(b) CCC (1947) weder vor einer gerichtlichen Fairness-Analyse bewahrt noch den für Geschäfte im Sinne der Norm geltenden Maßstab zur Prüfung der Gültigkeit eines Geschäfts und der Redlichkeit eines Verwaltungshandelns beeinflusst. In diesem Sinne lassen sich auch die Worte interpretieren: „*Even though the requirements of section 820 are technically met, transactions that are unfair and unreasonable to the corporation may be avoided*"[1264], denn danach wäre ein Gericht von einer ‚*unfair and unreasonable*'-Analyse auch dann nicht abgehalten, wenn das Geschäft durch einen Beschluss nach Absatz (a) oder (b) der Regelung autorisiert worden ist. Gegen diese Interpretation wird zu Recht vorgebracht, dass einer Erfüllung von Absatz (a) und (b) der Norm keine eigenständige Rechtswirkung mehr hätte, so dass deren Wortlaut sogleich gänzlich auf die Variante 3 in Absatz (c) der Vorschrift hätte begrenzt werden können[1265]. Andere Autoren wenden ein, die Absätze (a) bis (c) der Norm seien vom Gericht ‚*conjunctively*' interpretiert worden mit der Folge, dass Geschäfte einer Corporation nur Wirksamkeit erlangen können, wenn nach Absatz (a) und (b) der Regelung verfahren und dessen Fairness nach Maßgabe von Absatz (c) nachgewiesen worden sei[1266]. Beiden Auffassungen lässt sich entgegenhalten, dass die Urteilsgründe am Normzweck angelehnt sind, welcher sich unter Berücksichtigung der vorbeschriebenen Anmerkungen *Ballantines* darauf beschränkt, dass Geschäfte einer Corporation nicht aufgrund des Makels eines Interessen-/Pflichtenwiderstreits von *board*-Mitgliedern ungültig oder anfechtbar sein sollen, sondern nur in Ermangelung ihrer Fairness[1267]. Grundlage für diese Überlegung bildet nicht zuletzt der Umstand, dass das Gericht die vorzitierte Passage mit einem

---

1263 Vgl. Remillard Brick Co. v. Remillard-Dandini Co., 109 Cal. App. 2d 405, 218; 241 P.2d 66 (Cal.App.1952).

1264 Vgl. Remillard Brick Co. v. Remillard-Dandini Co., 109 Cal. App. 2d 405 420; 241 P.2d 66 (Cal.App.1952) [hervorgehoben vom Verfasser].

1265 Marsh, 22 Bus. Law. 35, 47 (1966); m.V.d.: Clatterbuck, 58 Nebr.L.Rev. 909, 913, 917 (1979); Holley, 52 Miss.L.J. 877, 887 (1982); Israels, 23 Rutgers L.Rev. 615, 627 (1969); Carp, 29 Cal.L.Rev. 480, 485 (1941); Brodsky/Adamski, Officer & Directors, § 3:7 (2012).

1266 Cocanower/Hay, 17 Ariz.L.Rev. 559, 589 (1975); Note, 11 Wm.Mitchell, 199, 206 (1985); Clare, 25 Creighton L.Rev. 603, 615, 619 (1992)

1267 Siehe bereits unter Glpkt. § 6 B. I. 2. b) aa).

Hinweis auf das Werk von *Ballantine/Sterling* zum California Corporation Law ergänzte[1268], der zur Vorstellung des damaligen Gesetzgebers ausführt: „*It was the view of the majority of the committee on corporations, however, that transactions with a director or between corporations with common directors should be merely voidable for unfairness and not (...) at the option of the corporation by reason of the fact that such director participated in a quorum or in a majority*"[1269].

Zweifel an dieser Normzweckbetrachtung wecken allerdings die Urteilsgründe in Tevis v. Beigel[1270], weil der Second District Court of Appeal zur Beweislastverteilung nach Erfüllung der Norm ausführt: "*Once it was established that the circumstances surrounding the execution of the contract did not meet the requirements of Corporation Code, section 820, the burden shifted to the defendants to show their good faith and the fairness of the contract to the corporation*"[1271]. Im Umkehrschluss legen diese Worte nahe, dass ein Beklagter bei einem nicht im Interesse des herrschenden Aktionärs einer Corporation liegenden Geschäfts vom Nachweis seiner Fairness befreit wäre, wenn es nach § 820 CCC autorisiert worden ist. Für eine Bestätigung dieser Auslegung[1272] lassen sich Folgeurteile zur Norm jedoch nicht heranziehen, da stets Geschäfte im Interesse des herrschenden Anteilseigners einer Corporation zu würdigen waren[1273] und somit allein Frage der Wahrung der Treuepflicht gegenüber Minderheitseignern im Fokus stand[1274]. Hinzu kommt, dass der Gesetzgeber schon im Jahre 1977 das Corporation Law umfassend reformierte und damit auch der § 820 CCC (1947) geändert und durch die §§ 309, 310 CGCL ersetzt worden ist[1275].

1268 Vgl. Remillard Brick Co. v. Remillard-Dandini Co., 109 Cal. App. 2d 405, 218-219; 241 P.2d 66 (Cal.App.1952).

1269 Ballantine, 17 A.B.A.J. 579, 580 (1931); ders. 19 Cal.L.Rev. 465, 475 (1931) [hervorgehoben vom Verfasser].

1270 Vgl. Tevis v. Beigel, 156 Cal.App.2d 8; 319 P.2d 98 (Cal.App.1957); aff'd, 174 Cal. App.2d 90, 344 P.2d 360 (Cal.App.1959).

1271 Vgl. Tevis v. Beigel, 156 Cal.App.2d 8, 11; 319 P.2d 98 (Cal.App.1957); aff'd, 174 Cal. App.2d 90, 95; 344 P.2d 360 (Cal.App.1959). [Hervorgeboben vom Verfasser].

1272 Siehe eingehend dazu unter Glpkt. § 7 A. II. 3. b)-c).

1273 Vgl. Johnes v. H.F. Ahmanson & Co., 460 P.2d 464; 81 Cal.Rptr. 592 (Cal.Sup.1969); Kennerson v. Burbank Amusement Co., Inc., 120 Cal.App.2d 157; 260 P.2d 823 (Cal. App.1953); Efron v. Kalmanovitz & S&P Co., 249 Cal.App.2d 187; 57 Cal.Rptr. 248 (Cal.App.1967); Thrasher v. Thrasher, 103 Cal.Rptr. 618; 27 Cal.App.3d 23 (Cal. App.1972).

1274 Siehe zur Problematik bereits unter Glpkt. § 5 B. III. 1. und ferner am Beispiel des Delaware Law unter Glpkt. § 6 B. II. 3.

1275 Siehe dazu unter Glpkt. § 7 A. II.

Jenseits der Zweckbetrachtung lässt sich jedoch aus der Rechtsprechung zu § 820 CCC (1947) ablesen, dass die Norm nicht als abschließende Regel zu *self-dealing transactions* von *directors* angesehen wurde, weil Geschäfte einer Corporation im Geltungsbereich der Vorschrift - wie bereits zuvor nach *case law* - auch in den Fällen als wirksam bestätigt worden sind, in denen sie - zwar nicht im Sinne der Vorschrift - wohl aber im Sinne des *case law* durch ein der Corporation zurechenbares schlüssiges Handeln aller Anteilseigner in Kenntnis der wesentlichen Umstände autorisiert worden waren[1276].

II. Rechtslage in Delaware

Für die Gerichte Delawares stellte sich das Problem der sachgerechten Beurteilung von Geschäften im Eigen-/Fremdinteresse von Leitungsorganen einer Corporation erst mit Beginn des 20. Jahrhunderts, weil die Landesverfassung den Weg für ein *general (in-)corporation law* anfangs nicht geebnet hatte[1277]. Dies geschah erst 1875 durch eine Verfassungsreform[1278], in deren Folge der Gesetzgeber im Jahre 1899 ein General Corporation Law erließ, welches eine Gesellschaftsgründung per Vertragsschluss vorsah[1279]. Mit Blick auf die dürftige Regelung im Gesetz zum Bereich der Treueverpflichtung von Leitungsorganen unterstrich der Chancery Court schon in einem seiner ersten Urteile: „*It is well settled that a court of equity may disregard formalities and break through the shell of fictions in order to prevent, or undo fraud (...)*“[1280]. Geschäfte im Eigen-/Fremdinteresse von Leitungsorganen wurden daher anfangs im Lichte der Regeln zu *trust* und *agency* zum (un-)autorisierten Eigen-/Fremderwerb von anvertrautem

1276 Vgl. Brainard v. De La Montanya, 18 Cal.2d 502, 510; 116 P.2d 66 (Cal.Sup.1941); Armstrong Manors v. Burris, 193 Cal.App.2d 447, 456; 14 Cal.Rptr. 338 (Cal. App.1961). Siehe ferner zum Prinzip des *case law*, wonach *board*-Miglieder formlos handeln können, wenn ihr Handeln den bisherigen Gepflogenheiten entsprach und die *directors* gänzlich Inhaber der Geschäftsanteile waren: Levin v. Martin C. Levin Investment Co., 123 Cal.App.2d 158; 266 P.2d 552 (Cal.App.1954).

1277 Vgl. Del. Const. Art. II, § 17 (1831); m.w.N zur Historie: Note, 33 Am.L.Rev. 418, 420 (1899); Arsht, 1 Del. J. Corp. L. 1, 4 (1976); Arsht/ Stapelton, 25 Bus.Law. 287 f. (1969); Cmt., 117 U.Pa.L.Rev. 861 ff. (1967); Seligman, 1 Del. Corp. L. 249, 265 (1976).

1278 Vgl. 15 Del. Laws 3, h. 1 and 119 (1875).

1279 Vgl. 21 Del. Laws 445 c 273 (1899); m.w.N. zu den Ursprüngen des *corporation law* in de USA bereits unter Glpkt. § 2 A. I. 2.

1280 Vgl. Martin v. D.B. Martin Co., 88 A. 612, 613 (Del.Ch.1900) [hervorgehoben vom Verfasser]; m.V.d. Arsht, 1 Del.J.Corp.L. 1, 8 (1976).

Vermögen geprüft[1281]. Ein Rückgriff auf diese Regeln war dem Chancery Court aufgrund der Landesverfassung gestattet[1282]. Das Anfechtungsrecht einer Corporation würdigten die Gerichte bei Verträgen mit einer (mehrheitlich) auf *board*-Ebene verflochtenen Corporation von Anbeginn allein nach der pur-*fairness* Methode[1283]; lediglich Geschäfte im Eigeninteresse von Unternehmensleitern wurden anfangs nach den Kriterien der pro-*fairness* und später nach denen der pur-*fairness* Methode auf ihren (Fort-)Bestand hin überprüft[1284]. Die rigide anti-*fairness* Methode wurde von keinem der Gerichte als Prüfungsstandard herangezogen[1285].

1. Geschäfte einer Corporation im Eigeninteresse von Leitungsorganen

Die pro-*fairness* Methode offenbart sich bei der Beurteilung von Geschäften im Eigeninteresse von Leitungsorganen darin, dass die Gerichte eine generelle Anfechtbarkeit des Geschäfts nur dann bejahten, wenn es entweder unter Mitwirkung eines befangenen *director* durch *board*-Beschluss autorisiert oder eigenmächtig ohne wirksamen *board*-Beschluss von einem ihrer Leitungsorgane begründet worden war. Als Mitwirkung eines befangenen *director* galt dessen Einbeziehung zum Zwecke der Ermittlung der Beschlussfähigkeit oder -mehrheit der *directors* in einer Versammlung eines *board*(-Ausschusses)[1286]. Bestätigung fand dabei die bereits im Fall Curtin v. Salmon River Hydraulic Gold Mining & Ditch Co.[1287] erwähnte '*general rule*', wonach bei fehlender gegenteiliger Satzungsnorm „*(...) the personally interested director loses pro hac vice his*

1281 Siehe bereits unter Glpkt. § 5 A. III.

1282 Vgl. Del.Const, Art. XXV (1776).

1283 Siehe m.N. unter Glpkt. § 6 B. II. 2.-3.

1284 Siehe m.N. unter Glpkt. § 6 B. II. 1.

1285 So auch: Arsht/Stapleton, 23 Bus.Law. 75, 81 (1967); Rohrbacher/Zeberkiewicz/Uebler, 33 Del.J.Corp.L. 719, 723 (2008).

1286 Vgl. Cahall v. Lofland, 12 Del.Ch. 299; 114 A.224 (Del.Ch.1921,) aff'd, 13 Del.Ch. 384; 118 A. 1 (Del.Ch.1922); Bowen v. Imperial Theaters, Inc., 115 A. 918 (Del.Ch.1922); Cahall v. Burbage, 121 A. 646; 14 Del.Ch. 55 (Del.Ch.1923); Italo-Petroleum Corp. v. Hannigan, 40 Del. 534, 140 Del.LEXIS 9, *17 (Del.Sup.1940); Hannigan v. Italo-Petroleum Corp., 77 A.2d 209 (Del.Sup.1950); Kerbs v. California Eastern Airways, Inc., 83 A.2d 473, 476 (Del.Ch.1951; rev'd, 90 A2d 652, 658; 33 Del.Ch. 69 (Del. Sup.1952).

1287 Vgl. Curtin v. Salmon River Hydraulic Gold Mining & Ditch Co., 130 Cal. 345; 62 P. 552 (Cal.Sup.1900); m.w.N. unter Glpkt. § 6 B. I. 1.

character as a director and cannot be counted for quorum purposes (...)"[1288]. Als Folge dessen ließ sich das generelle Anfechtungsrecht nur mit einem Aktionärsbeschluss beseitigen, bei dem sich die Mehrheit der ausstehenden Anteile in einer beschlussfähigen Versammlung für das in Rede stehende Geschäft der Gesellschaft ausgesprochen hatte. Entsprechende Gesellschafterbeschlüsse konnten allerdings unter Mitwirkung eines befangenen *director*-Gesellschafter wirksam gefasst werden. Richterliche Anerkennung fand hierbei die einst im Urteil North-West Transportation Co. v. Beatty[1289] vertretene Sichtweise, wonach es einem Anteilseigner frei stehe, in den Grenzen seiner aus dem Kapital-/Stimmanteil resultierenden Treueverpflichtung der Corporation und den Minderheitseignern gegenüber Eigeninteressen ohne Rücksichtnahme auf die anderer Aktionäre und des Unternehmens zu verfolgen[1290]. In Fällen einer Zustimmung durch Mehrheitsbeschluss fand die *shareholder ratification rule* Beachtung, wenn die Entscheidungsträger als unbefangen galten und gutgläubig in Kenntnis aller wesentlichen Umstände des Geschäfts ohne unlautere Einflussnahme auf ihre Meinungsbildung gehandelt hatten[1291]. Erwies sich die Verwaltungsmaßnahme als Schenkung oder Verschwendung von Unternehmenswerten, konnte deren (Fort-)Bestand nur durch einen einstimmigen Gesellschafterbeschluss gesichert werden[1292].

Eine Abkehr der Gerichte von der pro-*fairness* Methode als Prüfungsmaßstab für solche Geschäfte lässt sich erstmals an den Entscheidungsgründen in Gottlieb v. Heyden Chemical Corp.[1293] festmachen, weil darin auch bei fehlender Zustimmung der Gesellschafter eine Fairness-Analyse befürwortet wird: "*Where*

1288 Vgl. Blish v. Thomson Automatik Arms Corp., 64 A.2d. 581, 602; 30 Del.Ch. 538 (Del.Sup.1948) [hervorgehoben vom Verfasser].

1289 Vgl. North-West Transportation Co. v. Beatty, 12 App.Cas. 589 (Privy Council 1887; a.t.f. Canada); siehe dazu bereits unter Glpkt. § 5 B. III. 1.

1290 Vgl. Ringling Bros.-Barnum & Bailey Combined Shows, Inc. v. Ringling, 53 A.2d 441, 447 (Del.Ch.1947); Heil v. Standard Gas & Electric Co., 17 Del.Ch. 214; 151 A. 303, 304 (Del.Ch.1930); Williams v. Geier, 671 A.2d 1368, 1380 (Del.Sup.1996).

1291 Vgl. Kaufman v. Schoenberg, 33 Del.Ch. 211, 218; 91 A.2d 786, 790 (Del.Ch.1952); Gottlieb v. Heyden Chemical Corp., 91 A.2d 57, 58; 33 Del.Ch. 177 (Del.Sup. 1952); Schiff v. RKO Pictures Corp., 104 A.2d 267 (Del.Ch.1954); Beard v. Elster, 160 A.2d 731, 737 (Del.Sup.1960).

1292 Vgl. Saxe v. Brady, 40 Del.Ch. 474, 478; 184 A.2d 602 (Del.Ch.1962), m.V.a. Rosenthal v. Burry Biscuit Corp., 60 A.2d 106 (Del.Ch.1948).

1293 Vgl. Gottlieb v. Heyden Chemical Corp., 90 A.2d 660; 33 Del.Ch. 82 (Del.Sup.1952) - ‚Gottlieb I'; 91 A.2d 57; 33 Del.Ch. 177 (Del.Sup.1952) - 'Gottlieb II'; 92 A.2d 594; 33 Del.Ch. 283 (Del.Sup.1952) – ‚Gottlieb III'

directors have represented both themselves and the corporation, and where there was no ratification by stockholders (...) the court will have (..) to employ its own judgment in deciding (...) questions as to whether (...) directors in fact used the utmost good faith and the most scrupulous inherent fairness of the bargain"[1294]. Die seither in Gerichtsentscheidungen nachweisbare pur-*fairness* Methode hatte schließlich zur Folge, dass *board*-Mitglieder auch bei Geschäften im Eigeninteresse von Leitungsorganen eine eingeschränkte richterliche Überprüfung ihrer Entscheidung nach der *business judgment rule* beanspruchen konnten, wenn eine beschlussfähige Mehrheit von unbefangenen *directors* deren Autorisierung veranlasst hatte. Formale Bestätigung als Prüfungsmaßstab für ein im Eigeninteresse von *directors* stehendes Geschäft fand das Institut erstmals im Fall Beard v. Elster[1295], worin der Supreme Court zu einem unter Teilnahme von 2 befangenen *directors* durch ein 16-köpfiges *board* autorisierten Aktienoptionsplan konstatierte: "*The fact that a disinterested board reaches a decision by the exercise of business judgment is entitled to the utmost consideration by the courts in passing upon the results of that decision*"[1296]. Wenngleich damit auch eine in vorherigen Fällen artikulierte Sichtweise Bestätigung fand, wonach „*an honest mistake of business judgment should not be revivable by the court*"[1297], so wird doch Beard v. Elster in der Rechtsprechung als Präzedenzfall für Geschäfte einer Corporation im Eigen-/Fremdinteresse von Leitungsorganen zitiert, weil der Supreme Court darin erstmals die *business judgment rule* explizit für den Fall befürwortet hatte, in dem das Geschäft durch eine beschlussfähige Mehrheit neutraler *directors* autorisiert worden ist[1298].

2. Geschäfte zwischen personell verflochtenen Corporations

Die *business judgment rule* als Maßstab zur Beurteilung Geschäften zwischen personell verflochtenen Corporations lässt sich bereits in der 1. Hälfte des

---

1294 Vgl. Gottlieb v. Heyden Chemical Corp., 91 A.2d 57, 58; 33 Del.Ch. 177, 179 (Del. Sup.1952).

1295 Vgl. Beard v. Elster, 39 Del.Ch. 153; 160 A.2d 731, 738 (Del.Sup.1960).

1296 Vgl. Beard v. Elster, 39 Del.Ch. 153; 160 A.2d 731, 738 (Del.Sup.1960) [hervorgehoben vom Verfasser].

1297 Vgl. Robinson v. Pittsburg Refinery Corp., 126 A. 46, 48 (Del.Ch.1924) [hervorgehoben vom Verfasser]; m.V.d. Bodell v. Central Gas & Electric Corp., 132 A. 442 (Del.Ch.1926); aff'd, 15 Del.Ch. 420, 429; 140 A. 264 (Del.Sup.1927); Scully v. Auto Financing Co., 101 A.908, 909 (Del.Ch.1927); Davis v. Louisville Gas & Electric Co., 16 Del.Ch. 157, 167; 142 A. 654 (Del.Ch.1928).

1298 Vgl. m.N. unter Glpkt. § 6 B. II. 2.-3. und § 7 A. I. 3.

letzten Jahrhunderts an solchen Urteilen nachweisen, in denen es um Geschäfte ging, die von mehrheitlich unbefangenen *directors* beschlossen worden waren. Konnte der Nachweis für eine entsprechende Entscheidung des *board* allerdings nicht geführt werden, ließ die personelle Verflechtung ein treuwidriges Verhalten zum Nachteil der Corporation vermuten[1299]. Diese Vermutung gab einer Corporation das Recht zur Anfechtung des Geschäfts, soweit die Gegenpartei, respektive jene, die die Wirksamkeit des Geschäfts im Prozess geltend machten, außerstande waren, dessen *entire*[1300], *inherent*[1301] bzw. *intrinsic*[1302] *fairness* zu belegen[1303]. Richterliche Anerkennung fand dabei die bereits durch den U.S. Supreme Court vertretene Ansicht[1304], wonach der Pflichtenkonflikt bei (zumindest) einer Mehrheit der *directors* kontrahierender Corporations stets eine eingehende richterliche Überprüfung der „*entire fairness of the transaction*‘ nach sich ziehe[1305]. Ebendieser Worte bediente sich der Supreme Court erstmals in der Entscheidung Keenan v. Eshleman[1306] und wenig später im Fall Sterling v Mayflower Hotel Corp.[1307], indem er zur Beweislastfrage ausführte: „*Since they*

1299 Vgl. Fidanque v. American Maracaibo Co., 92 A.2d 311; 33 Del.Ch. 262 (Del. Ch.1952); Kennedy v. Emerald Coal & Coke Co., 28 Del.Ch. 405; 42 A.2d 398 (Del. Ch.1944); Martin v. D.B. Martin Co., 10 Del.Ch. 211; 88 A. 612 (Del.Ch.1913); Atlantic Refining Co. v. Port Lobos Petroleum Corp., 280 F. 934, 938; 283 F. 681 (1th D.C.Del.1922); Potter v. Sanitary Co., 194 A.87, 91; 33 Del.Ch. 110 (Del.Ch.1937).

1300 Vgl. Sterling v. Mayflower Hotel Corp., 33 Del.Ch. 20; 89 A.2d 862 (Del.Ch.); aff'd 93 A.2d 107; 33 Del.Ch. 293 (Del.Sup.1952); Keenan v. Eshleman, 23 Del.Ch. 234; 2 A.2d 904, 908 (Del.Ch.1938), jeweils m.V.a. Geddes v. Anaconda Cooper Mining Co., 254 U.S. 590 (1921).

1301 Vgl. Gottlieb v. Heyden Chemical Corp., 91 A.2d 57 (Del. 1952) m.V.a. Pepper v. Litton, 308 U.S. 295, 306 (1939).

1302 Vgl Levien v. Sinclair Oil Corp., 261 A.2d 911, 916 (Del.Ch.1969), rev'd, 280 A.2d 717, 721 (Del.Sup.1971); Getty Oil Co. v. Skelly Oil Co., 255 A.2d 717 (Del.Ch. 1969), rev'd, 267 A.2d 883, 886 (Del.Sup.1970); Fliegler v. Lawrence, 361 A.2d 218, 221 (Del. Sup.1976).

1303 Siehe zur Tautologie des Begriffs der ‚*fairness*‘ bereits unter Glpkt. § 2 C. III.

1304 Vgl. Geddes v. Anaconda Cooper Mining Co., 254 U.S. 590 (1921); siehe dazu bereits unter Glpkt. § 6 A. II.

1305 Vgl. Potter v. Sanitary Co., 194 A.87, 91; 33 Del.Ch. 110 (Del.Ch.1937), m.V.a. Corsicana National Bank v. Johnson, 251 U.S. 68; 40 S.Ct. 82, 91 (1919), rev'd, 218 F. 822 (5th Cir.1915); Keenan v. Eshleman, 23 Del.Ch. 234, 244; 2 A.2d 904 (Del.Ch.1938), m.V.a. Geddes v. Anaconda Cooper Mining Co., 254 U.S. 590 (1921).

1306 Vgl. Keenan v. Eshleman, 2 A.2d 904; 23 Del.Ch. 234 (Del.Sup.1938).

1307 Vgl. Sterling v Mayflower Hotel Corp., 89 A.2d 862 (Del.Ch. 1952); aff'd, 93 A.2d 107 (Del.Sup. 1952)

stand on both sides of the transaction, they bear the burden of establishing its entire fairness, and it must pass the test of careful scrutiny by the courts"[1308]. Die insoweit beweispflichten *board*-Mitglieder konnten den gerichtlichen Prüfungsmaßstab allerdings dadurch beeinflussen, indem sie dafür sorgten, dass das Geschäft auch die Zustimmung mehrheitlich unbefangener stimmberechtigter Aktionäre fand, welche in Kenntnis aller wesentlichen Umstände und ohne unlautere Einflussnahme gehandelt hatten[1309].

3. Geschäfte zwischen personell verflochtenen und strukturell verbundenen Corporations

Besonderheiten hinsichtlich der Treuepflicht von Leitungsorganen ergaben sich in Konstellationen, in denen personell verflochtene und wirtschaftlich verbundene Corporations miteinander kontrahierten. Grund hierfür ist, dass sich bei Geschäften zwischen zwei auf *board*-Ebene verflochtenen Corporations, die auch in einem Konzernrechtsverhältnis zueinander stehen, die Frage treuwidrigen Handelns nicht nur unter dem Gesichtspunkt eines Pflichtenkonflikts der von beiden Parteien mandatierten *directors* stellt, sondern auch hinsichtlich der Treuepflicht einer Muttergesellschaft gegenüber deren Tochtergesellschaft und deren (Minderheits-)Aktionären[1310]. Die Gefahr eines treuwidrigen Verwaltungshandelns bringt die bereits per definitionem bestehende Kapital- und Stimmenmehrheit einer Muttergesellschaft mit sich, weil diese hierdurch - ebenso wie ein herrschender Gesellschafter in natürlicher Person - in der Lage ist, die Geschäftspolitik der Tochtergesellschaft durch die (Ab-)Berufung ihrer *directors* zu beeinflussen[1311]. Die Ausübung der Stimmrechte in Aktionärsversammlungen

1308 Vgl. Sterling v Mayflower Hotel Corp., 89 A.2d 862 (Del.Ch.1952); aff'd, 93 A.2d 107, 109 (Del.Sup.1952) [hervorgehoben vom Verfasser]. Im Hinblick darauf ist *Regelsteiner* [vgl. 33 A.L.R. 1059, 1063, 1069 (1954)] darin zu widersprechen, dass mehrheitlich personell verflochtene Corporations ungeachtet der Fairness des Geschäfts dessen Anfechtung geltend machen konnten.

1309 Siehe zur *shareholder ratification rule* bereits unter Glpkt. § 6 B. II. 1 und § 2 C. II.

1310 Siehe zum Problem: Goldberg, 57 Va.L.Rev. 1223, 1225 (1971); Note, 74 Yale LJ. 338, 338 (1964); Kodak, 76 Dick.L.Rev. 237, 250 ff. (1971); Knauss, 79 Mich.L.Rev. 478, 495 (1981); Siegel, 24 Del.J.Corp. 27, 48 f. (1999); McGovern, 81 Neb.L.Rev. 170, 189 (2002).

1311 Siehe zur Herleitung einer Treuebindung des herrschenden Aktionärs bereits unter Glpkt. § § 5 B. II. 1. Siehe zur Treuebindung erstmals im Fall Allied Chemical & Dye Corp. v. Steel & Tube Co. of America [vgl. 14 Del.Ch. 1; 120 A. 486 (Del.Ch.1923); ebenso: Keenan v. Eshleman, 21 Del.Ch. 259; 187 A.25 (Del.Ch.1936)]. Der Supreme Court bestätigte die Sichtweise des Chancery Court u.a. in: Sterling v Mayflower

der Tochtergesellschaft obliegt in der Regel den *board*-Mitgliedern einer Muttergesellschaft, so dass bei einer mehrheitlich personellen Verflechtung *board*-Mitglieder der Tochtergesellschaft die Mitgliedschaftsrechte der Muttergesellschaft wahrnehmen. Als Folge dessen besteht die Vermutung eines treuwidrigen Verwaltungshandelns in dualer Hinsicht: einerseits gegenüber den jeweiligen Corporations durch das Handeln als Unternehmensleiter auf beiden Seiten des Geschäfts und andererseits gegenüber den Minderheitsaktionären der Tochtergesellschaft im Zuge eines Handelns als Stimmrechtsvertreter der Muttergesellschaft in der Gesellschafterversammlung. Eine ungeteilte Wahrung der Treuepflicht ist folglich einem doppelt mandatierten *director* unmöglich, so dass bei einer mehrheitlich personellen Verflechtung der Parteien sowohl bei *board*- wie auch Gesellschafterbeschlüssen einer Tochtergesellschaft die Vermutung treuwidrigen Handelns besteht.

Die aus der Vormachtstellung der Muttergesellschaft resultierende Gefahr für treuwidriges Handeln führte bei Geschäften mit Tochtergesellschaften stets zu einer Überprüfung ihrer sachlichen Fairness[1312]. Ein differenzierteres Verfahren praktizierte der Chancery Court erstmals im Urteil Chasin v. Gluck[1313], nachdem dessen Verdikt in Levien v. Sinclair Oil Corp.[1314] vom Supreme Court abgeändert worden war. Letzterer betont darin, dass eine zu Gunsten des Klägers wirkende Beweislastumkehr für die Fairness eines Geschäfts nicht schon aus einer personellen Verflechtung zweier Corporations resultieren dürfe; erforderlich sei vielmehr der Beleg des Klägers für eine *self dealing transaction* der Muttergesellschaft; ohne deren Handeln auf beiden Seiten des Geschäfts sei nach der *business judgment rule* zu verfahren[1315]. Eine *self-dealing transaction* sei durch eine Analyse der Vor- und Nachteile des Geschäfts festzustellen, indem ein aus der

---

Hotel Corp., 89 A.2d 862 (Del.Ch.1952); aff'd, 93 A.2d 107, 109 (Del.Sup.1952). Siehe schließlich zur Frage nach einer (fehlenden) Treuepflicht der Mutter- gegenüber einer 100%-en Tochtergesellschaft: Brakman-Reiser, 53 Rutgers L.Rev. 979, 1005 f. (2001).

1312 Siehe zur '*arm's length*-Methode': Abelow v. Symonds, 40 Del. Ch. 462, 184 A.2d 173 (Del.Ch.1962), aff'd sub. nom. Abelow v. Midstates Oil Corp., 41 Del. Ch. 145, 181 A.2d 675 (Del.Sup.1963); David J. Greene & Co. v. Dunhill International, Inc., 249 A.2d 427 (Del.Ch.1968); ebenso: Goldberg, 57 Va.L.Rev. 1223, 1225 (1971); Siegel, 24 Del.J.Corp.L. 27, 47 Fn. 88 (1999); Kodak, 76 Dick.L.Rev. 234, 250 f., 260 ff. (1971).

1313 Vgl. Chasin v. Gluck, 282 A.2d 188 (Del.Ch.1971).

1314 Vgl. Levien v. Sinclair Oil Corp., 261 A.2d 911 (Del.Ch. 1969), rev'd, 280 A.2d 717 (Del.Sup.1971).

1315 Vgl. Chasin v. Gluck, 282 A.2d 188, 192 (Del.Ch.1971) m.V.a. Levien v. Sinclair Oil Corp., 280 A.2d 717, 720-721 (Del.Sup.1971).

Stellung der Mutter- gegenüber der Tochtergesellschaft resultierender Sondervorteil für Erstere zum Nachteil Letzterer oder der Minderheitseigner dargelegt wird (sog. ‚*trashhold test*‘)[1316]. Wenngleich dieser sog. *trashhold test* in Folgeurteilen des Chancery Court zur Anwendung gelangte[1317], konnte er sich nicht wirklich - jedenfalls nicht in seiner Urform[1318] - in der Rechtsprechung etablieren[1319]. Ursächlich dafür sind die Ausführungen im Entscheid Weinberger v. UOP[1320], worin der Supreme Court unter Außerachtlassung seiner Worte in Levien v. Sinclair Oil Corp.[1321] zum Prüfungsstandard betonte: „*(...) that even though the ultimate burden of proof is on the majority shareholder to show by a preponderance of the evidence that the transaction is fair, it is first the burden of the plaintiff (...) to demonstrate some basis for invoking the fairness obligation (...) [by] specific acts of fraud, misrepresentation or (...) misconduct*"[1322]. Ein solcher Anscheinsbeweis

---

1316 Vgl. Levien v. Sinclair Oil Corp., 280 A.2d 717, 721 (Del.Sup.1971), ähnlich Getty Oil Co. v. Skelly Oil Co., 267 A.2d 883, 887 (Del.Sup.1970) Einen Sondervorteil sah das Gericht im Verzicht der Tochter- auf Geltendmachung des Anspruchs gegenüber der Mutter- oder einer anderen Tochtergesellschaft, nicht jedoch im Empfang überzogener Dividenden, wenn Minderheitseigner davon profitiert haben. Siehe bestätigend bei ähnlicher Sachlage: Singer v. Creole Petroleum Corp., 297 A.2d 440 (Del.Ch.1972); Gabelli & Co. v. Ligget Group, Inc., 479 A.2d 276, 281 (Del.Sup.1984). Vertiefend zur ‚Vorteil-Nachteils-Analyse‘: Siegel, 24 Del.J.Corp. 27, 75 ff .(1999), Wells, 33 J.M.L.Rev. 562, 568 ff. (2000).

1317 Vgl. Schreiber v. Bryan, 396 A.2d 512 (Del.Ch.1978); Schreiber v. Pennzoil Co., 419 A.2d 952, 957 (Del.Ch.1980); Trans World Airlines, Inc. v. Summa Corp., 374 A.2d 5, 13 (Del.Ch.1977); m.w.N. Siegel, 24 Del.J.Corp. 27, 50 Fn.113; 81 Fn.165 (1999).

1318 In Folgeurteilen fand die Vorteils-Nachteils-Analyse aus Sicht der Minderheitseigner zumeist im Rahmen der *entire-fairness*-Tests statt im Lichte der ‚*fair-dealing*‘-Komponente [vgl. dazu bereits unter Glpkt. § 2 C. III.]; vgl. ferner Kahn v. Lynch Communications Systems, Inc.. 638 A.2d 1110, 1117 (Del.Sup.1994); Kahn v. Tremont Corp., 694 A.2d 422, 422 (Del.Sup.1997); m.w.N. Siegel, 24 Del.J.Corp. 27, 61 (1999).

1319 Vgl. m.V.a. Levien v. Sinclair Oil Corp. [aaO] lediglich Gabelli & Co. v. Ligget Group, Inc., 479 A.2d 276, 281 (Del.Sup.1984)

1320 Vgl.Weinberger v. UOP, Inc., 426 A.2d 1333 (Del.Ch. 1981), rev'd 457 A.2d 701 (Del. Sup. 1983)

1321 Vgl. Levien v. Sinclair Oil Corp., 261 A.2d 911 (Del.Ch. 1969); rev'd, 280 A.2d 717 (Del.Sup.1971). Ein Hinweis auf dieses Urteil erging im Urteil Weinberger v. UOP, Inc. [aaO] lediglich insoweit, als Leitungsorgane von personell verflochtenen Corporations einer Treuebindung zu jeder Gesellschaft unterliegen. Vgl. Weinberger v. UOP, Inc., 457 A.2d 701, 710 (Del.Sup.1983)

1322 Vgl.Weinberger v. UOP, Inc., 426 A.2d 1333 (Del.Ch.1981), rev'd 457 A.2d 701, 703 (Del.Sup.1983) [hervorgehoben vom Verfasser].

für eine mangelnde Fairness würde jedoch nicht bei Geschäften genügen, welche mit der Zustimmung einer informierten Mehrheit der Minderheitseigner autorisiert worden seien, weil damit die Beweislast für die fehlende sachliche Fairness des Geschäfts auf den Kläger übergehe[1323]. An dieser Prüfungsmethodik hielt der Supreme Court auch in den nachfolgenden Entscheiden fest[1324], so dass letztlich auch der Chancery Court den Fall Weinberger v. UOP[1325] als ‚*landmark case*' ansah[1326]. Die beiden Entscheide des Supreme Court bringen daher ungeachtet ihrer Begründungen zum Ausdruck, dass konfliktsüchtige Aktionäre bei Geschäften zwischen Mutter- und Tochtergesellschaft durch einen sog. *trashhold test* davon abgehalten werden, deren Anfechtung nur mit einer personellen Verfechtung oder der faktischen Herrschaftsmacht einer Mutter- gegenüber deren Tochtergesellschaft zu begründen.

III. Rechtslage in New York

Obige Befunde zur Frage der Prüfungsmethodik der Bundesstaatengerichte haben bereits offenbart, dass die New Yorker Richter zu den wenigen zählten, welche die Merkmale der anti-*fairness* Methode sowohl bei der Überprüfung von Geschäften einer Corporation mit *board*-Mitgliedern praktizierten[1327] wie auch bei solchen zwischen zwei auf Leitungsorganebene personell verflochtenen Corporations[1328]. Gesondert beurteilt wurde nur die Darlehensvergabe von

---

1323 Vgl. Weinberger v. UOP, Inc., 426 A.2d 1333 (Del.Ch.1981), rev'd 457 A.2d 701, 703 (Del.Sup.1983).

1324 Vgl. Rosenblatt v. Getty Oil Co., 493 A.2d 929, 944 (Del.Sup.1985); Bershad v. Curtiss-Wright Corp., 535 A.2d 840, 845 (Del.Sup.1987); Kahn v. Tremont Corp., 694 A.2d 422, 422 (Del.Sup.1997); m.w.N. unter Glpkt. § 2 C. I. und § 7 A. I. 3.

1325 Vgl. Weinberger v. UOP, Inc., 426 A.2d 1333 (Del.Ch.1981), rev'd 457 A.2d 701 (Del. Sup.1983).

1326 Vgl. Citron v. E.I. Du Pont de Nemours & Co, 585 A.2d 490, 500 (Del.Ch.1990); In re Trans World Airlines, Inc. S'holders Litig., 1988 Del.Ch.LEXIS 139, *22 (Del. Ch.1988), repr.'d, 14 Del.J.Corp.L. 870 (1989); In re MAXXAM, Inc. 659 A.2 760, 776 (Del.Ch.1995); Kahn v. Tremont Corp., 1996 Del.Ch. LEXIS 40, *27 (Del.Ch.1996); repr.'d, 21 Del.J.Corp.L. 1161, 1182 (1996); m.N. unter Glpkt. § 2 C. I.

1327 Vgl. Cumberland Coal & Iron Co. v. Sherman, 30 Barb. 553 (N.Y. Sup.1859), repr'd in Am.L.Reg., Vol.8, No. 6, 333 (1860); Butts v. Wood, 37 N.Y. 317 (N.Y.Sup.1867); Coleman v. Second Avenue R.R. Co., 38 N.Y. 201 (N.Y.App.1868); Blake v. Buffalo Creek R.R. Co, 56 N.Y. 485 (N.Y.App.1874), Copeland v. Johnson Mfg. Co., 47 Hun 235 (N.Y.Sup.1888); m.w.N. § 5 B. II. 1. a)

1328 Vgl. N.Y. Central Ins. Co. v. Nat'l Protection Ins. Co., 14 N.Y. 85 (N.Y.App.1856); St James Church v. Church of the Redeemer, 45 Barb. 356, 356 (N.Y.Supp.1865);

Verwaltungsorganen an deren Corporation[1329]. Als Folge dieser Prüfungsweise stand es Corporations frei, die Anfechtung eines Geschäfts ungeachtet der Fairness bereits mit der aus dem Eigen-/Fremdinteresse abgeleiteten Vermutung eines treuwidrigen Verwaltungshandelns zu begründen, sofern nicht deren Aktionäre die Zustimmung dazu erteilt hatten[1330]. Dafür genügte ein sich in den Grenzen des Handlungsermessens vollziehender Mehrheitsbeschluss oder ein der Gesellschaft zurechenbares Handeln aller Aktionäre in Kenntnis der relevanten Umstände[1331], wie beispielsweise durch Inanspruchnahme der Vorteile aus einem Geschäft oder Verwirkung des Rechts auf Anfechtung des Geschäfts in Form einer nicht rechtzeitig geltend gemachten (abgeleiteten) Klage[1332]. Eine Abkehr von der anti-*fairness* Methode lässt sich erstmals mit Auslauf des 19. Jahrhunderts belegen, als einige wenige Gerichte dazu übergingen, die Merkmale der pur-*fairness* Methode heranzuziehen[1333]. Wirklich etabliert hatte sich dieser Prüfungsansatz allerdings erst zur Mitte des letzten Jahrhunderts hin. Anhand ausgewählter Urteile soll im Folgenden diese Rechtsprechungsentwicklung aufgezeigt werden.

Metropolitan Elevated Railway Co. v. Manhattan Elevated Railway Co., 14 Abb.N.C. 103; 11 Daly 373 (N.Y.C.P.1884); Currier v. N.Y. W.S. & B.R.R. Co., 35 Hun 355 (N.Y.Sup.1885); m.w.N. § 5 B. II. 2. a.).

1329 Vgl. Duncomb v. New York, Housatonic & Northern R.R. Co., 84 N.Y. 190, 198 (N.Y.App.1881); Welch v. Importers' & Traders' Nat.'l Bank, 122 N.Y. 177; 25 N.E. 259 (N.Y.Sup.1890); Converse v. Sharp, 161 N.Y. 571, 577; 56 N.E. 69 (N.Y.Sup.1900), jeweils m.V.a. Twin-Lick Oil v. Marbury, 91 U.S. 587 (1875).

1330 Siehe m.N. bereits unter Glpkt. § 5 B. II. 1. a) und 2. a)

1331 Vgl. Gamble v. Queens County Water Co., 123 N.Y. 91; 25 N.E. 201, 202 (N.Y.App.1890); Continental Sec. Co., v. Belmont, 206 N.Y. 7; 99 N.E. 138 (N.Y.Sup.1907); Brooklyn Height R.R. Co. v. Brokklyn City R.R. Co., 151 A.D. 465, 477; 135 N.Y.S. 990 (N.Y.App.1912); Pollitz v. Wabash R.R., 207 N.Y. 113, 123; 100 N.E. 721 (N.Y.App.1912); m.w.N. bereits unter Glpkt. § 5 B. III.

1332 Vgl. Barr v. N.Y. Lake Erie & Western R.R. Co., 125 N.Y. 263, 275; 26 N.E. 145 (N.Y.Sup.1891); N.Y. Trust Co. v. Am. Realty Co., 244 N.Y. 209, 217, 155 N.E. 102 (N.Y.App.1926); Polhemus v. Polhemus & Polhemus Printing Co., 43 Misc. 141, 145; 88 N.Y.S. 273 (N.Y.Sup.1904); Turner v. Am. Metal Co., 36 N.Y.S.2d 356, 377 (N.Y.Sup.1942), rev'd o.o.g, 268 A.D. 239, 50 N.Y.S.2d 800 (1944).

1333 Vgl. Langan v. Francklyn, 29 Abb.N.C. 102, 109; 20 N.Y.S. 404 (N.Y.Sup.1892); Genesee & W.V. Railway. Co. Retsof Mining Co., 36 N.Y.S. 896, 901 (N.Y.Sup.1895); Sage v. Culver, 147 N.Y. 241, 247; 41 N.E. 513 (N.Y.App.1895); Strobel v. Brownell, 16 Misc. 657, 660; 40 N.Y.S. 702 (N.Y.Sup.1895).

1. Geschäfte einer Corporation im Eigeninteresse von Leitungsorganen

Zum Nachweis der anti-*fairness* Methode als Prüfungsmaßstab für Geschäfte einer Corporation mit Leitungsorganen eignet sich zweifelsohne der Fall Munson v. Syracuse, Geneva & Corning R.R. Co.[1334], weil darin das Anfechtungsrecht der Corporation anerkannt wurde, obwohl ein *board*-Beschluss vorlag, der - neben dem klagenden *inside director* Munson - von 9 weiteren neutralen *directors* gefasst worden war[1335]. Unter Bezugnahme auf die *great rule of law*, die einen *entrustor* berechtige, ein ohne dessen Zustimmung im Eigeninteresse seines *fiduciary* veranlasstes Geschäft zu Fall zu bringen[1336], stellte das Gericht fest, dass diese Regel ebenso für Geschäfte einer Corporation mit *directors* gelte und zwar unabhängig davon, „*(...) that Munson's associates were not themselves disabled from contracting with the corporation, or that Munson was only one of ten directors who voted in favor of the contract*“[1337]. Eine Corporation sei bei einem Geschäft mit Leitungsorganen nicht veranlasst, nachzuweisen, dass mehrheitlich unbefangene *directors* frei handeln konnten, weil „*The law cannot accurately measure the influence of a trustee with his associates nor will it enter into the inquiry, in an action by the trustee in his private capacity, to enforce the contract in making of which he participated*“[1338]. Die Klage wurde daher abgewiesen und der Vertrag qualifiziert als "*(...) repugnant to the great rule of law which invalidates all contracts made by a trustee or fiduciary, in which he is personally interested, at the election of the party he represents (...)*"[1339] In Folgeurteilen wurde diese Sichtweise von keinem der New Yorker Gerichte verworfen[1340], vielmehr wurde diese

1334 Vgl. Munson v. Syracuse, Geneva & Corning R.R. Co., 103 N.Y. 58; 8 N.E. 355 (N.Y.App.1886).

1335 Vgl. Munson v. Syracuse, Geneva & Corning R.R. Co., 103 N.Y. 58, 73; 8 N.E. 355 (N.Y.App.1886).

1336 Siehe zur '*great rule of law*' bei Geschäften im Eigen-/Fremdinteresse eines *trustee* oder *agent* bereits unter § 5 A. III. 1.-4.

1337 Vgl. Munson v. Syracuse, Geneva & Corning R.R. Co., 103 N.Y. 58, 74; 8 N.E. 355 (N.Y.App.1886) [hervorgehoben vom Verfasser].

1338 Vgl. Munson v. Syracuse, Geneva & Corning R.R. Co., 103 N.Y. 58, 74; 8 N.E. 355 (N.Y.App.1886) [hervorgehoben vom Verfasser].

1339 Vgl. Munson v. Syracuse, Geneva & Corning R.R. Co., 103 N.Y. 58, 73; 8 N.E. 355 (N.Y.App. 1886) [hervorgehoben vom Verfasser].

1340 Hoffmann, 11 Buff.L.Rev. 496, 566 (1962); Schlopy, 16 Buff.L.Rev. 840, 841 (1966); Homer, 76 Colum.L.Rev. 1156, 1161 (1976)

bis zur Mitte des 20. Jahrhunderts hin entweder ausdrücklich bestätigt[1341] oder als Fundstelle verwendet[1342]. Die dem Urteil damit zuerkannte Präzedenzwirkung dürfte wohl auch den Gesetzgeber veranlasst haben, in dessen Kommentar zur Urfassung der *safe-harbor rule* des § 713 NYBCL explizit darauf hinzuweisen, dass damit die Beseitigung der einst praktizierten Regel bezweckt werde[1343].

Anlass für diesen Kommentar gaben seinerzeit die Urteile, worin das Anfechtungsrecht bestätigt wurde, weil das Geschäft unter Mitwirkung des befangenen *director* autorisiert worden war[1344]. Konnte dagegen ein *board*-Beschluss ohne die Mitwirkung eines auch als Gegenpartei handelnden *director* stattfinden, ließ sich die Vermutung treuwidrigen Handelns mit dem Nachweis der Fairness des Vertrags widerlegen. Beispielhaft hierfür ist das Urteil im Fall Polhemus v. Polhemus & Polhemus Printing Co.[1345], worin das Gericht zum *board*-Beschluss ausführte, dass die unbefangenen *directors* „*(...) were not under a duty to avoid the purchase for the corporation (...) They were free to affirm [it] (...) if the bargain was a fair one*"[1346]. Ähnlich argumentiert wurde später im Entscheid Hine v. Lausterer[1347] hinsichtlich der Wirksamkeit eines Vertrages zwischen einer

---

1341 So z.B. die *dissenting opinion* in: Everett v. Phillips, 288 N.Y. 227, 239; 43 N.E.2d 18 (N.Y.App.1942); La Vin v. La. Vin, 283 App.Div. 809; 128 N.Y.S.2d. 518 (N.Y.Sup.1954); aff'd, 307 N.Y. 790; 121 N.E.2d 620 (N.Y.App.1954) m.V.a. In re People (Bond & Mortgage Guarantee Co.), 303 N.Y. 423, 431; 103 N.E.2d 721 (N.Y.App.1952).

1342 Vgl..Billings v. Shaw, 209 N.Y. 265, 282; 103 N.E. 142 (N.Y.App.1913); New York Trust Co. v. Am. Realty Co., 244 N.Y. 209; 155 N.E. 310 (N.Y.App.1926); Hauben v. Morris, 161 Misc. 174, 291 N.Y.S. 96 (NY.Sup.1936).

1343 Vgl. § 713 NYBCL (1963), vgl. Memo zu § 713 NYBCL, S. 104 (1962) und S. 240 (1963), m.w.N. unter Glpkt. § 7 C. I. 3. a).

1344 Siehe zur Managementvergütung: Jacobson v. Brooklyn Lumber Co., 184 N.Y. 152; 76 N.E. 1075, 1078 (N.Y.Sup.1906); Davids v. Davids, 135 A.D. 206, 208; 120 N.Y.S. 350 (N.Y.App.1909); Carr & Carr v. Kimball, 153 A.D. 825, 835; 139 N.Y.S. 253 (N.Y.Sup.1912); Godley v. Crandall & Godley Co., 212 N.Y.121; 1105 N.E. 818 (N.Y.Sup.1914); Palmer v. Scheftel, 183 App.Div. 77; 170 N.Y.S. 588 (N.Y.App.1918).

1345 Vgl. Polhemus v. Polhemus & Polhemus Printing Co., 43 Misc. 141; 88 N.Y.S. 273 (N.Y.Sup. 1904).

1346 Vgl. Polhemus v. Polhemus & Polhemus Printing Co., 43 Misc. 141, 144; 88 N.Y.S. 273 (N.Y.Sup.1904); ähnlich: Vonnoh v. 67th Street Atelier Building, 55 Misc. 222, 223; 105 N.Y.S. 155 (N.Y.Sup.1907).

1347 Vgl. Hine v. Lausterer, 135 Misc. 397; 238 N.Y.S. 276, mod'd o.o.g., 135 Misc. 655, 239 N.Y.S. 385 (N.Y.Sup.1930), mod'd without op., 232 App.Div. 719, 248 N.Y.S. 806, aff'd without op, 257 N.Y. 523, 178 N.E. 778 (N.Y.App.1931).

Corporation und einer einem *directors* gehörenden Ein-Mann-Corporation[1348]. Mit Verweis auf *Morawetz* betonte das Gericht, dass es Verwaltungsorganen nicht per se verwehrt sei, mit der Corporation zu kontrahieren, so dass deren Anfechtungsrecht nicht geltend gemacht werden darf, wenn das Geschäft "*(...) was fairly and openly made for an adequate consideration and the corporation was adequately represented by other officers or directors. (...) There is no necessary impropriety in a contract between a director and the corporation, if the latter is represented by other agents*"[1349].

Die an sich unmissverständliche Argumentation im letztgenannten Fall wird durch den Hinweis auf Munson v. Syracuse, Geneva & Corning R.R. Co.[1350] jedoch insoweit getrübt, als angeführt worden ist, dass sich in Fällen eine andere Prüfung rechtfertige, in denen nicht (wie im Fall) ein Aktionär versucht, ein Geschäft der Corporation anzufechten, sondern in denen das als befangen geltende Verwaltungsorgan bestrebt ist, einen bislang seitens der Corporation nicht erfüllten Vertrag klageweise durchzusetzen[1351]. Diese Argumentation löst die Frage aus, ob die pro-*fairness* Methode ebenso in Fällen Anwendung fand, in denen sich die Corporation (und nicht einer der Aktionäre) gegen die Gültigkeit des Geschäfts wandte. Für eine eindeutige Antwort auf diese Frage eignet sich das Urteil Garbarino v. Utica Uniform Co.[1352], worin es - wie auch im Fall Munson v. Syracuse, Geneva & Corning R.R. Co.[1353] - um die Erfüllung einer (Vergütungs-)Leistung der Corporation ging, die im Beisein des klagenden *inside director* von den übrigen 3 *directors* der Beklagten in Kenntnis aller wesentlichen Umstände beschlossen worden war. Unter Aufhebung des Urteils erster Instanz gab das Berufungsgericht der Klage mit dem Hinweis statt, dass ein im Interesse von Verwaltungsorganen einer Gesellschaft liegendes Geschäft

1348 Vertragsgegenstand bildete der Erwerb zweckgebundener Maschinen zur Stimmrechtsauszählung, welche sich jedoch für den Erwerber erst nach aufwendiger Modifizierung zum Wiederverkauf eigneten. Gerade diesen Aspekt berücksichtigte das Gericht im Rahmen seiner Fairness- Analyse; vgl. Hine v. Lausterer, 135 Misc. 397, 403; 238 N.Y.S. 276 (N.Y.Sup.1930).

1349 Vgl. Hine v. Lausterer, 135 Misc. 397, 401 f.; 238 N.Y.S. 276 (N.Y.Sup.1930), m.V.a. Morawetz, Corporations, § 527, S. 494 (1886).

1350 Vgl. Munson v. Syracuse, Geneva & Corning R.R. Co., 103 N.Y. 58; 8 N.E. 355 (N.Y.App.1886).

1351 Vgl. Hine v. Lausterer, 135 Misc. 397, 406; 238 N.Y.S. 276 (N.Y.Sup.1930).

1352 Vgl. Garbarino v. Utica Uniform Co., 269 A.D. 622; 58 N.Y.S.2d 136 (N.Y.Sup.1945), aff'd, 295 N.Y. 794; 66 N.E.2d 579 (N.Y.App.1946).

1353 Vgl. Munson v. Syracuse, Geneva & Corning R.R. Co., 103 N.Y. 58; 8 N.E. 355 (N.Y.App.1886).

nur anfechtbar sei, wenn es nicht in gutem Glauben zum Nachteil der Interessen der Gesellschaft autorisiert worden ist[1354]. Mit den Worten „*The court would not be justified in interfering even in doubtful cases where the action of the majority might be susceptible of different constructions*“[1355] praktizierte es die *business judgment rule*, so dass die richterliche Prüfung hinsichtlich einer Fairness der Vergütung auf die Frage beschränkt blieb, ob diese nachvollziehbar erscheint und nicht außer Verhältnis zur erbrachten Managementleistung stand. Die Tatsache, dass der Kläger am *board*-Beschluss zur Feststellung der Vergütung teilgenommen hatte, ließ das Recht der übrigen *directors* auf Festlegung der Vergütung für einen *inside director* unberührt[1356]. Bestätigung fand damit der schon zuvor im Urteil Bull Co. v. Morris[1357] vertretene Standpunkt, wonach „*The fact that the officer whose compensation is voted by the board is also one of the directors does not vary the rule*”[1358].

2. Geschäfte zwischen personell verflochtenen Corporations

Nicht unbeeinflusst von der Methodik bei Geschäften im Eigeninteresse von Leitungsorganen vollzog sich die Prüfung der Anfechtbarkeit von Verträgen zwischen Corporations mit *interlocking directorates*. Einen Vergleich zwischen einer sich aus dem Eigeninteresse eines *director* am Geschäft der Corporation ableitenden Vermutung für treuwidriges Verhalten und einer solchen, die eine Pflichtenkollision bewirkt, wenn zwei personell miteinander verflochtene Corporations miteinander kontrahieren, stellte erstmals Richter *van Brunt* in dem Urteil Metropolitan Elevated Ry. Co. v. Manhattan Elevated Ry. Co.[1359] her. Unter Bezugnahme auf die für *trustees* und *agent* geltende *great rule of law* vertrat dieser die Auffassung, dass sich für jede der beiden Konfliktsituationen die gleiche Beurteilungsmethodik rechtfertigen würde, weil der einem Eigeninteresse

1354 Vgl. Garbarino v. Utica Uniform Co., 269 A.D. 622, 626 f.; 58 N.Y.S.2d 136 (N.Y.Sup.1945).

1355 Vgl. Garbarino v. Utica Uniform Co., 269 A.D. 622, 626 f.; 58 N.Y.S.2d 136 (N.Y.Sup.1945).

1356 Vgl. Garbarino v. Utica Uniform Co., 269 A.D. 622, 626; 58 N.Y.S.2d 136 (N.Y.Sup.1945).

1357 Vgl. Bull Co. v. Morris, 132 Misc. 509 (N.Y.Misc.1928); aff'd, 226 A.D. 868; 235 N.Y.S. 906 (N.Y.App.Div.1928).

1358 Vgl. Bull Co. v. Morris, 132 Misc. 509, 512 (N.Y.Misc.1928); aff'd, 226 A.D. 868; 235 N.Y.S. 906 (N.Y.App.Div.1928).

1359 Vgl. Metropolitan Elevated Railway Co. v. Manhattan Elevated Railway Co., 14 Abb.N.C. 103; 11 Daly 373, 409 (N.Y.C.P.1884).

innewohnende Makel des Interessenkonflikts eben jenem Makel gleiche, der dem Geschäft einer Corporation anhafte, deren *directors* auch namens der Gegenpartei auftreten[1360]. Zweifel an der Angemessenheit dieser Überlegung gelangten erstmals zur Sprache in der Entscheidung Genesee & W.V. Railway. Co. Retsof Mining Co.[1361], wonach nur arglistiges oder bösgläubiges Handeln die Anfechtung eines Geschäfts zwischen zwei personell verflochtenen Corporations rechtfertigen dürfe, nicht jedoch die bloße Vermutung dafür aufgrund einer personellen Verflechtung auf Leitungsebene[1362]. Anerkennung erlangte hiermit ein bereits kurz zuvor im Urteil Sage v. Culver[1363] vertretener Standpunkt, wonach Leitungsorganen bei einem Geschäft in deren Eigen-/Fremdinteresse ermöglicht werden müsse, dessen Fairness in der Weise nachzuweisen, dass hierdurch kein unlauterer Vorteil für sich selbst oder einen Dritten erlangt worden sei. Ihre Berechtigung würde diese Vorgehensweise in der Tatsache finden, dass bei solchen Geschäften einer Corporation ein treuwidriges Verhalten nur vermutet werden dürfe, wenn der Nachweis ihrer Fairness aus Sicht einer Corporation nicht überzeugend geführt worden sei[1364].

Allgemeine Bestätigung unter den Gerichten fand die in den beiden letztgenannten Urteilen vertretene pur-*fairness* Methode jedoch erst zur Mitte des 20. Jahrhundert hin[1365]. Beispielhaft hierfür ist das Urteil in Globe Woolen Co. v. Utica Gas & Electric Co.[1366], dessen Begründung noch in Anlehnung an den Fall Munson v. Syracuse, Geneva & Corning R.R. Co.[1367] erging. Einleitend mit den Worten „*A dominating influence may be exerted in other ways than by a vote (...)*" vertritt Richter *Cardozo* darin den Standpunkt, dass die *great rule of law*

1360 Vgl. Metropolitan Elevated Railway. Co. v. Manhattan Elevated Railway Co., 14 Abb.N.C. 103; 11 Daly 373, 503 (N.Y.C.P.1884); ergänzend zur Urteilsbegründung bereits unter Glpkt. § 5 B. II. 2. a).

1361 Vgl. Genesee & W.V. Railway. Co. Retsof Mining Co., 36 N.Y.S. 896 (N.Y.Sup.1895).

1362 Vgl. Genesee & W. V. Railway. Co. v. Retsof Mining Co., 36 N.Y.S. 896, 901; 15 Misc.187 (N.Y.Sup.1895).

1363 Vgl. Sage v. Culver, 147 N.Y. 241; 41 N.E. 513 (N.Y.App.1895).

1364 Vgl. Sage v. Culver, 147 N.Y. 241, 247; 41 N.E. 513 (N.Y.App.1895).

1365 Vgl. Pollitz v. Wabash R.R., 207 N.Y. 113, 123, 100 N.E. 721, 725 (N.Y.App.1912) i.V.z. Everett v. Phillips, 288 N.Y. 227, 232; 43 N.E.2d 18 (N.Y.App.1942).

1366 Vgl.Globe Woolen Co. v. Utica Gas & Electric Co., 151 A.D. 184; 136 N.Y.S. 24 (N.Y.Sup.1912), aff'd, 224 N.Y. 483; 121 N.E. 378 (N.Y. App.1918); siehe ferner zum Fall bei: O'Kelly/Thompson, Corporations, S. 316 (2017); Pinto/Branson, Corporate Law, § 9.03, S. 225 (2004).

1367 Vgl. Munson v. Syracuse, Geneva & Corning R.R. Co., 103 N.Y. 58; 8 N.E. 355 (N.Y.App.1886).

nicht nur gelte, wenn befangene *directors* an der Autorisierung eines Geschäfts teilgenommen haben, sondern auch wenn die Willensbildung in anderer Weise beeinflusst worden sei[1368]. Eine solche Einflussnahme sah das Gericht in der unterlassenen Aufklärung der Entscheidungsträger der Utica Gas & Electric Co. durch deren *inside director* (*Meinhard*) über die ihm bekannten Vertragsrisiken sowie in dessen Schweigen im Moment der Frage zur Profitabilität des Vertrages für dessen Gesellschaft, das von deren General Manager gegenüber den Mitgliedern des *board*-Komitees bejaht worden ist[1369]. Als *inside director* beider Geschäftsparteien handelte *Meinhard* auf beiden Seiten desselben insoweit, als er die Vertragsbedingungen verhandelte und an dem Beschluss des *board*-Komitee, dem er vorstand, zwar nicht mitwirkte, wohl aber teilnahm. Im Rahmen der Entscheidungsfindung unterließ er es jedoch, seine Kollegen auf das mit einem höheren Energiebedarf einhergehende Geschäftsrisiko hinzuweisen. Denn der Vertrag verpflichtete die Utica Gas & Electric Co., den Textilbetrieb der Globe Woolen Co. zu einem monatlichen Festpreis mit Elektroenergie zu versorgen; unberücksichtigt blieb dabei jedoch, dass Letztere zuvor von Dampf- auf Elektroenergie umgestellt hatte, so dass der vom Dampfgenerator einst erzeugte zum Trocknen wie Heizen genutzte überfällige Dampf elektrisch zu produzieren war[1370]. Die mangelnde Offenlegung aller wesentlichen Geschäftsumstände wurde daher als eine Verletzung der Offenlegungspflicht eines *fiduciary* und somit als Treueverstoß der Gesellschaft gegenüber qualifiziert, so dass das Gericht das Anfechtungsrecht bestätigte und den Vertrag für nicht durchsetzbar erklärte[1371].

Die Bezugnahme Richter *Cardozos* auf den Fall Munson v. Syracuse, Geneva & Corning R.R. Co.[1372] sowie dessen Hinweis, wonach es durch die fehlende Mitwirkung *Meinhards* am Beschluss des *board*-Komitee zu keiner *„(...)*

1368 Vgl. Globe Woolen Co. v. Utica Gas & Electric Co, 151 A.D. 184, 191; 136 N.Y.S. 24 (N.Y.Sup. 1912); aff'd, 224 N.Y. 483, 489; 121 N.E. 378 (N.Y.App.1918) [hervorgehoben vom Verfasser].

1369 Vgl. Globe Woolen Co. v. Utica Gas & Electric Co., 151 A.D. 184, 191; 136 N.Y.S. 24 (N.Y.Sup.1912).

1370 Vgl. Globe Woolen Co. v. Utica Gas & Electric Co., 224 N.Y. 483, 489; 121 N.E. 378 (N.Y.App.1918).

1371 Vgl. Globe Woolen Co. v. Utica Gas & Electric Co,. 224 N.Y. 483, 489; 121 N.E. 378 (N.Y.App.1918); m.w.N. bereits unter Glpkt. § 4 C. II.

1372 Vgl. Munson v. Syracuse, Geneva & Corning R.R. Co., 103 N.Y. 58; 8 N.E. 355 (N.Y.App.1886).

dominating influence (...) by a vote" gekommen sei[1373], lässt allerdings die Frage entstehen, ob eine Fairness-Analyse auch stattgefunden hätte, wenn das Geschäft durch die übrigen *board*-Mitglieder ohne die Mitwirkung des befangenen *director* wirksam autorisiert worden wäre[1374]. Denn dieses Hinweises bedurfte es nicht, wenn nach der pur-*fairness* Methode verfahren worden wäre, weil sich danach die Frage der Fairness des Geschäfts aus Sicht der Corporation unabhängig davon stellt, ob dessen Autorisierung eine beschlussfähige Mehrheit neutraler *board*-Mitglieder veranlasst hatte[1375]. Auch die Bemerkung im Judikat Pink v. Title Guarantee & Trust Co.[1376], wonach "*The courts (...) have, in the past, upheld this fiduciary principle to the extent even of setting aside, regardless of the fairness, intercorporate transactions effectuated through common officers and directors*"[1377] deutet nicht darauf hin, dass in Globe Woolen Co. v. Utica Gas & Electric Co.[1378] nach der pur-fairness Methode geurteilt wurde. Der sich daraus ableitende Gedanke, dass Richter *Cardozo* nach der pro-*fairness* Methode verfahren ist, wird gestützt durch die Argumentation in der Entscheidung In re American Telefon & Cable Co.[1379], worin das Anfechtungsrecht damit begründet worden ist, dass keine unbefangene Meinungsfindung im *board* aufgrund der mehrheitlich personellen Verflechtung der Vertragsparteien stattgefunden habe[1380]. Letztlich ließen sich die folgenden Worte der Bundesrichter im Urteil

---

1373 Vgl. Globe Woolen Co. v. Utica Gas & Electric Co., 224 N.Y. 483, 489; 121 N.E. 378 (N.Y.App.1918) [hervorgehoben vom Verfasser].

1374 Vgl. Norwegian-American Sec. Corp. v. Schenstrom, 124 Misc. 235, 207 N.Y.S. 163 (N.Y.Sup.1924); In re Mlichelbacher, 226 AD 858, 241 N.Y.S. 178 (N.Y.Sup.App.Div. 1929), aff'd, 253 N.Y. 515, 171 N.E. 762 (1930); so auch in: Note, 41 Fordh.L.Rev. 639, 644 /1973).

1375 Siehe bereits unter Glpkt. § 5 B. II. 1. c) und 2. c).

1376 Vgl. Pink v. Title Guarantee & Trust Co., 164 Misc. 128, 134; 298 N.Y.S. 544 (N.Y.Sup.1937).

1377 Vgl. Pink v. Title Guarantee & Trust Co., 164 Misc. 128, 134; 298 N.Y.S. 544 (N.Y.Sup.1937) [hervorgehoben vom Verfasser].

1378 Vgl. Globe Woolen Co. Utica Gas & Electric Co, 224 N.Y. 483; 121 N.E. 378 (N.Y.App.1918).

1379 Vgl. In re American Telefon & Cable Co., 139 Misc. 625; 248 N.Y.S. 98 (N.Y.Sup.1931).

1380 Vgl. In re American Telefon & Cable Co., 139 Misc. 625, 627; 248 NYS 98 (N.Y.Sup.1931); ferner: Hine v. Lausterer, 135 Misc. 397, 405; 238 N.Y.S. 276 (N.Y.Sup.1930); Barnes v. Atlantic Cement Products, Inc., 39 N.Y.S.2d 699 (N.Y.Sup.1942); m.w.N. Note, 41 Ford.L.Rev. 639, 644 (1973); Regensteiner, 33 ALR 2d 1059, 1067 f. (1954).

Piccard v. Sperry Corp.[1381] zitieren: „*To the extent that [Munson] may be said to impose a more rigid standard, it yields to the more moderate view expressed by both prevailing and dissenting opinions in [Everett]*“[1382], derer zufolge sich ein Wandel in der Prüfungsmethodik bei Geschäften einer Corporation im Eigen-/Fremdinteresse von *directors* erst im Jahre 1942 mit der Entscheidung in Everett v. Phillips[1383] vollzogen habe.

In dem letztgenannten Urteil wurde erstmals in Anlehnung an den Fall Sage v. Culver[1384] konstatiert, dass die personelle Verflechtung zweier Corporations auf Verwaltungsebene allein nicht genügen könne, um ein zwischen ihnen abgeschlossenes Geschäft aufzuheben; dieser Umstand rechtfertige es allerdings, dass eine Prüfung seiner Fairness erfolge, deren Nachweis der Partei obliege, die diese geltend macht[1385]. Nach welchen Kriterien der Nachweis zu führen sei, spezifizierte dasselben Gericht später im Entscheid Chelrob, Inc. v. Barrett[1386], worin es mit Hinweis auf die *business judgment rule* die Auffassung vertrat: „*Where directors act with undivided loyalty towards the corporation which they direct, their determination that a corporate course of action will promote the interest of the corporation is ordinarily not subject to review by the courts and errors of judgment by directors do not alone suffice to demonstrate lack of fidelity*[1387]. Eine ‚*undivided loyalty*‘ könne jedoch nicht beim Handeln von *board*-Mitgliedern unterstellt werden, wenn die miteinander kontrahierenden Gesellschaften mehrheitlich auf Leitungsebene verflochten seien. Unter Bezugnahme auf den Fall Geddes

1381 Vgl. Piccard v. Sperry Corp., 48 F. Supp. 465 (S.D.N.Y.1943; Del.Law), aff'd per curium, 152 F.2d 462 (2d Cir.1946).

1382 Vgl. Piccard v. Sperry Corp., 48 F. Supp. 465, 467 (S.D.N.Y.1943; Del:Law) [hervorgehoben vom Verfasser].

1383 Vgl. Everett v. Phillips, 288 N.Y. 227, 233, 237; 43 N.E.2d 18 (N.Y.App.1942), rehering den.. 289 N.Y. 625; 43 N.E.2d 841 (1942) m.V.a. Spiegel v. Beacon Participations, Inc., 297 Mass. 389, 417; 8 N.E.2d 895 (Mass.Sup.1937); m.w.N. dazu bereits unter Glpkt. § 6 A. IV.

1384 Vgl. Sage v. Culver, 147 N.Y. 241; 41 N.E. 51 3(N.Y.App.1895).

1385 Vgl. Everett v. Phillips, 288 N.Y. 227, 236-237; 43 N.E.2d 18 (N.Y.App.1942).

1386 Vgl. Chelrob, Inc. v. Barrett, 265 A.D. 455; 93 N.Y.S.2d 625 (N.Y.Sup.App.Div.1943); mod'd 293 N.Y. 442, 461; 57 N.E.2d 825 (N.Y.App.1944) motion for rearg. denied, 293 N.Y. 442; 57 N.E.2d 825 (1944).

1387 Vgl. Chelrob, Inc. v. Barrett, 293 N.Y. 442, 460; 57 N.E.2d 825 (N.Y.App.1944) m.V.a. Everett v. Phillips, 288 N.Y. 227, 232 43 N.E.2d 18 (N.Y.App.1942); ähnlich schon: Blaustein v. Pan American Petroleum & Transport Co., 174 Misc. 601, 669; 21 N.Y.S.2d 651 (N.Y.Sup.1940).

v. Anaconda Copper Mining Co.[1388] betonte das Gericht daher: "*The relation of directors to corporations is of such a fiduciary nature that transactions between boards having common members are regarded as jealously by the law (..) and where the fairness of such transactions is challenged the burden is upon those who would maintain them to show their entire fairness (. . .) the dual position of directors does not itself render such transactions void, it does make the unprejudiced exercise of judgment by them more difficult and should lead the courts to scrutinize these transactions with care (. . .)*"[1389]. Folgeentscheide lassen erkennen, dass diese Prüfungsmethodik fortan stets zur Anwendung kam und zwar ungeachtet dessen, ob die vertragsschließenden Parteien wirtschaftlich unabhängig voneinander agierten oder organisatorisch im Verhältnis einer Mutter- und Tochtergesellschaft verbunden waren[1390]. Kritisch hinterfragt wie kontrovers diskutiert wird diese Tatsache in der Literatur seit Publizierung der divergierenden Entscheide im Fall Case v. New York Central R.R. Co.[1391] und zwar im Hinblick darauf, ob die Interessen einer Tochtergesellschaft und deren Minderheitseignern angemessen gewahrt werden, wenn die *business judgment rule* oder der *entire fairness test* die Beurteilung des Geschäfts bestimmt[1392].

IV. Einfluss des Bundesrechts auf das Landesrecht

Im Kern unbeeinflusst blieb die Prüfungsmethodik der einzelstaatlichen Gerichte durch jene die Frage der Wirksamkeit von Geschäften einer Corporation im Eigen-/Fremdinteresse von Exekutivmitgliedern betreffenden bundesrechtlichen Normen, die bis Mitte des letzten Jahrhunderts u.a. im Clayton

---

1388 Vgl. Geddes v. Anaconda Copper Mining Co., 254 U.S.590; 41 S.Ct. 209 (1920), revising 222 F. 129 (1915); aff'd, 245 F. 225 (9th Cir.1917).

1389 Vgl. Chelrob, Inc. v. Barrett, 293 N.Y. 442, 461; 57 N.E.2d 825 (N.Y.App.1944).

1390 Vgl. Blaustein v. Pan American Petroleum & Transport Co., 174 Misc. 601; 21 N.Y.S.2d 651 (N.Y.Sup.1940); Espach v. Nassau & Suffolk Lighting Co., 293 N.Y. 463; 57 N.Y.2d 835, reh. den. 293 N.Y. 859; 59 N.E.2d 447 (N.Y.App.1944); Price v. Standard Oil Co., 55 N.Y.S.2d 890 (N.Y.Sup.1945); Marian v. Mariani, 276 A.D. 205; 93 N.Y.S2d 370 (N.Y.Sup.App.Div.1949).

1391 Vgl. Case v. New York Central R.R. Co., 232 N.Y.S.2d 702 (N.Y.Super.1962), rev'd, 19 A.D.2d 383; 243 N.Y.S.2d 620 (N.Y.Sup.App. Div.1963); rev'd, 15 N.Y.2d 150, 158; 204 N.E.2d 643, 646; 256 N.Y.S.2d 607, 611 (N.Y.App.1965).

1392 Siehe am Beispiel des Rechts in Delaware unter Glpkt. § 6 B. II. 3.; m.w.N. Note, 74 Yale L.J. 338, 339 (1964); Goldberg, 57 Va.L.Rev. 1223, 1234 (1971); Kodak, 76 Dick.L. Rev. 237, 257 ff. (1971); McGovern, 81 Neb.L.Rev. 170, 198, 250 (2002); Paschos, Die Stellung, S. 68 f. (2003).

Act[1393], Banking Act[1394], Securities Act[1395], Communication Act[1396], Securities Exchange Act[1397], Federal Power Act[1398], Public Utility Holding Company Act[1399] und Investment Company Act[1400] eingeführt wurden[1401]. Dies dürfte zum einen daraus resultieren, dass sich diese Gesetze nicht generell an die Rechtsform einer Corporation richten, sondern vielmehr allgemein an Unternehmen, die aufgrund ihres Satzungszwecks unter einer obrigkeitlichen Aufsicht stehen. Überdies zielen diese Gesetze vordergründig eine bestimmte Regulierung des Wettbewerbs- und Kapitalmarktrechts ab. Bedeutsam für die Frage des (Fort-) Bestands von Geschäften im Eigen-/Fremdinteresse von Unternehmensleitern sind bloß der Clayton Act (1914) und der Investment Company Act (1940), soweit eine Corporation auch deren Geltungsbereich unterfällt. So gilt Letzterer für Kapitalanlagegesellschaften und begründet ein Erwerbs- oder Veräußerungsverbot für Wertpapiere oder andere Vermögensgüter und deren Verleihung an eine sog. ‚*affiliated person*'[1402], soweit nicht die Zustimmung zur Vornahme solcher Geschäfte gegenüber der SEC eingeholt wurde[1403]. Als *affiliated* gelten neben *directors* und *officers* einer Corporation insbesondere jene Gesellschaften, an der vorbenannte Amtsträger einen Anteil in Höhe von mindestens 5% ihres ‚Stammkapitals' besitzen[1404].

1393 Vgl. § 8 I-IV Clayton Act (1914) [15 U.S.C. § 19]; § 10 I Clayton Act [15 U.S.C. § 20]; updated, Pub.L.101-588; 101st Cong.2d Sess. (1990); vgl. m.w.N. 51 Cong.Rec. 2142 (1914) und 61 Cong.Rec. 15819 (1914); Kramer, 59 Yale L.J. 1266, 1273 (1950), Ebke, ZGR 1990, S. 50, 60.

1394 Vgl. Banking Act of 1933, ch. 89, § 32, 48 Stat. 184, amended, 12 U.S.C.A. § 78 (1964), repealed, Pub.L.No. 106-112, Title I, Subtitle A, § 101(b), 113 Stat. 1341 (1999).

1395 Vgl. Securities Act (1933), SA (1933); [15 U.S.C. §§ 77a f]; zu den General Rules and Regulations in 17 C.F.R. § 230 (2006).

1396 Vgl. § 212 Communication Act (1934) [47 U.S.C. § 212] für öffentliche Nachrichtenunternehmen.

1397 Vgl. Securities Exchange Act (1934) [15 U.S.C.. §§ 78a f.]; zu den General Rules and Regulations in 17 C.F.R. § 240 (2006).

1398 Vgl. § 305(b) Federal Power Act (1935) [16 U.S.C. § 825(d)].

1399 Vgl. § 17(c) Public Utility Holding Company Act (1935) [15 U.S.C. 79q(c)]

1400 Vgl. § 17 Investment Company Act (1940) [54 Stat. 789, amended, 15 U.S.C. § 80a-17(a), (b), amended 15 U.S.C. 80a-10]

1401 Vgl. Lane, 23 Cornell L.Q. 445, 448-449, Fn. 17 ff. (1938). Siehe zur Einführung weiterer Bundesgesetze zu *interlocking directorate* in der 2. Hälfte des letzten Jahrhunderts: Halverson, 21 Vill.L.Rev. 393, 395 f., Fn. 9 ff. (1976).

1402 Vgl. § 2(3) Investment Company Act (1940).

1403 Vgl. § 17(a) Investment Company Act (1940).

1404 Vgl. § 17(a) i.V.m. § 2(3) Investment Company Act (1940).

Im Vergleich hierzu verbietet der Clayton Act (1914) jegliche Geschäfte zwischen einem öffentlichen Transportunternehmen und einer auf Verwaltungs- oder Angestelltenebene verflochtenen Gesellschaft, soweit der Gesamtwert der Vertragsleistung einen Betrag von US $ 50.000,00 pro Jahr übersteigt und keine öffentliche Ausschreibung stattgefunden hat. Angebote wie Ausschreibungen von Unternehmen sind für Beweiszwecke der Interstate Commerce Commission gegenüber vorzulegen, die dazu befugt ist, antragsgemäß zu dispensieren, soweit dem weder private noch öffentliche Interessen entgegenstehen[1405]. Fernerhin regelt das Gesetz das Verbot einer personellen Verflechtung zwischen zwei Gesellschaften, soweit es die *directors*, *officers* oder Angestellte einer dem Federal Reserve System zugehörenden Bank und einer nach dem National Banking Act oder dem Gliedstaatenrecht konzessionierten Bank betrifft[1406]. Wiederum durch § 8 IV Clayton Act (1914) wird ein für *directors* zweier Gesellschaften beschränktes Verflechtungsverbot normiert, soweit diese aufgrund ihrer Satzung und des Ortes der Geschäftstätigkeit in Wettbewerb stehen oder standen und eine von ihnen über Kapital, Überschüsse und thesaurierte Gewinne im Wert von über $ 1 Mio. verfügt[1407]. Bei Verträgen zwischen diesen Unternehmen genügt es, wenn sie eine wettbewerbsbeschränkende Wirkung haben könnten[1408]. Dem Normwortlaut nach ist das Verbot somit begrenzt auf direkte Verflechtungen auf *board*-Ebene, so dass indirekte Verflechtungen zwischen konkurrierenden Gesellschaften erlaubt wären mit der Folge, dass die *directors* der einen Gesellschaft *officers* der anderen sein können[1409]. Gleichermaßen gelten diese

1405 Vgl. § 10 I i.V.m. § 20(a) Clayton Act (1914); siehe kritisch zur Norm in: In re Missouri Pac.R.R., 13 F.Supp. 888, 892 (E.D.Misso.1935).

1406 Vgl. § 8 I-III Clayton Act (1914); siehe zu den jüngsten Änderungen der Norm auch: 12 U.S.C. §§ 3201 ff (1978) [Depository Management Official Interlocks Act]; 16 C.F.R. Parts 801-803 (2017) [Hart-Scott-Rodino Act].

1407 Vgl. § 8 IV Clayton Act (1914); zur rechtlichen Analyse der Norm erstmals: U.S. v. Sears, Roebuck & Co., 111 F.Supp. 614 (S.D.N.Y.1953); United States v. W.T. Grant Co., 345 U.S. 629, 633 (1953); zuvor bei: Kramer, 59 Yale L.J. 1266, 1268 (1950); m.w.N. Axin/Yoerg, Interlocking, S. 2 ff. (1984). Siehe zur Rechtsprechungsentwicklung: Flehner, 53 St.John's L.Rev. 234, 236 ff. (1979), Schoorman/Bazerman/Atkin, 2 Acadamy of Mgmt.Rev. 243 ff (1981).

1408 Vgl. In re Penn Central Sec.Litig. v. Pennsylvania Co., 367 F.Supp. 1158, 1168 (E.D.Pa.1973); m.w.N. Ebke, ZGR 1990, S. 50, 64.

1409 Lombard, 21 Bus.Law. 879, 884 (1966); Travers, 46 Tex.L.Rev. 819, 823 (1968); Ebke, ZGR 1990, S. 50, 64, 90.

Bestimmungen nicht für „*banks, banking associations, trust companies, and common carriers*“[1410].

C. Ergebnis zur Gerichtspraxis in der 1. Hälfte des 20. Jahrhunderts

Als abschließender Befund zur Frage der Prüfungsmethodik in der 1. Hälfte des 20. Jahrhunderts bei Geschäften einer Corporation im Eigen-/Fremdinteresse von Leitungsorganen kann festgehalten werden, dass sich der in anderen Gliedstaaten vollzogene Wandel in der Beurteilung des Anfechtungsrechts einer Corporation auch an Urteilen der Gerichte Kaliforniens, Delawares und New Yorks nachweisen lässt. Während in Delaware und Kalifornien von Anbeginn nach der pur-fairness Methode verfahren wurde, wenn Geschäfte zwischen personell verflochtenen Gesellschaften zur gerichtlichen Beurteilung standen, verfuhren die New Yorker Richter bis in die 1940-er Jahre hinein ausschließlich nach der pro-*fairness* Methode. Die pro-*fairness* Methode bildete allerdings in allen drei Rechtsordnungen den Maßstab zur Überprüfung des Anfechtungsrechts von Geschäften einer Corporation im Eigeninteresse ihrer Verwaltungsorgane. Ursächlich für die Abkehr von diesem Verfahren war in Kalifornien die Einführung der *safe harbor rule* in Gestalt der Regelung des § 311 CCC (1931) bzw. des § 820 CCC (1947), während in Delaware und New York mit Blick auf die (Präzedenz-)Rechtsprechung im Fall Sterling v. Mayflower Hotel Corp.[1411] und Piccard v. Sperry Corp.[1412] das Satzungsrecht zu einem Umdenken bei den Gerichten geführt hatte. Die pur-*fairness* Methode ermöglichte es, dass das Geschäft einer Corporation auch bei einem Beschluss durch mehrheitlich befangene *directors* richterliche Bestätigung fand, wenn durch die (Vertrags-)Partei, die sich auf deren Fairness des Geschäfts berief, den Nachweis hierfür zur Überzeugung eines Gerichts führen konnte. Eine Umkehr dieser Beweislastregel befürworteten die Gerichte, wenn das Geschäft nach Maßgabe der Prüfkriterien zur *business judmgent rule* oder zur *shareholder ratification rule* autorisiert worden war. An ebendiesen Mechanismen wurde auch in Fällen festgehalten, in denen eine Satzungsregelung oder eine *safe-harbor rule* geringere Anforderungen für den Akt der Autorisierung eines

---

1410 Vgl. § 8 IV Clayton Act (1914).

1411 Vgl. Sterling v. Mayflower Hotel Corp., 33 Del.Ch. 20; 89 A.2d 862 (Del.Ch); aff'd 93 A.2d 107; 33 Del.Ch. 293 (Del.Sup.1952).

1412 Vgl. Piccard v. Sperry Corp., 48 F. Supp. 465 (S.D.N.Y.1943), aff'd per curium, 152 F.2d 462 (2d Cir.), cert. denied, 328 U.S. 845 (1946).

Geschäfts vorsah, also die Kriterien für die Wirksamkeit einer Entscheidung unterhalb der Schwelle des *case law* blieben. Durch bundesrechtliche Normen konnte die Kontrolltechnik der Landesgerichte bei einer Beurteilung von Geschäften einer Corporation im Eigen-/Fremdinteresse von Unternehmensleitern nur beeinflusst werden, wenn die Gesellschaft ihrem Satzungszweck nach im Geltungsbereich des Clayton Act (1914) und/oder des Investment Company Act (1940) lag.

3. Teil: Korrelation zwischen Richter- und Gesetzesrecht bei der Überprüfung der Wirksamkeit von Geschäften einer Corporation im Eigen-/Fremdinteresse von Leitungsorganen

Im letzten Teil dieser Arbeit sollen die in den Bundesstaaten Delaware, Kalifornien und New York in der 2. Hälfte des 20. Jahrhunderts eingeführten Gesetzesvorschriften vorgestellt und erläutert werden, durch deren Erfüllung sich die Vermutung treuwidrigen Verhaltens bei Geschäften einer Corporation im Eigen-/Fremdinteresse von deren Leitungsorganen widerlegen lässt. Die Kodifizierung dieses Rechtsbereichs erfolgte in allen drei Landesgesetzen zum Corporation Law durch die eingangs erwähnten *safe-harbor rules* sowie durch Bestimmungen, welche einer Corporation unter bestimmten Voraussetzungen ermöglichen, für deren Leitungsorgane Darlehensgeber oder Bürge zu sein[1413]. Über die bloße Darstellung der Geltungsbereiche und der Voraussetzungen dieser Vorschriften hinaus zielt der letzte Teil dieser Abhandlung darauf ab, das Zusammenspiel zwischen dem Gesetzesrecht und den bislang dargestellten *equitable common law rules* aufzuzeigen, wenn ein Gericht in den Fällen der Erfüllung einer Gesetzesnorm mit der Frage nach dem Rechtstatus des Geschäfts einer Corporation und mit der Frage nach dem für Unternehmensentscheidungen geltenden Prüfungsmaßstab konfrontiert wird.

Mit der Einführung der Normen zu Darlehens- und Bürgschaftsverträgen einer Corporation reagierten die Gesetzgeber auf die Bedürfnisse der Corporations, ihren Leitungsorganen in Fällen ein Darlehen zu gewähren oder als deren Bürge aufzutreten, in denen dies für die Gesellschaft von Nutzen sein konnte. Ziel der Unternehmen war es, durch solche Geschäfte eine über die Amtstreue hinausgehende Bindung von Verwaltungsorganen an das Gesellschaftsinteresse zu erreichen[1414]. Im Vergleich dazu liegen die Beweggründe für den Erlass der

1413 Vgl. §§ 143, 144 DGCL; §§ 310, 315 CGCL; §§ 713, 714 NYBCL; m.N. dazu unter Glpkt. § 7 A. I.-III. und Glpkt. § 7 B. I.-III.

1414 Power, 71 U.M.K.C. L.Rev. 911, 913 (2003); Strauss, USA Today, Dez. 24, 2002; siehe zu den weiteren Gründen unter Glpkt. § 7 B..

safe-harbor rules allein im Richterrecht: Während in New York eine zum Teil widersprüchliche Entscheidungspraxis kanalisiert werden sollte[1415], reagierte man in Delaware auf die jüngsten Urteile zur Zulässigkeit von Satzungsregeln von Corporations zur Bestimmung der Wirksamkeit von Geschäften im Eigen-/ Fremdinteresse ihrer Leitungsorgane[1416]. Kalifornien dagegen handelte in dem Bestreben, das Richterrecht umfassender im Gesetz wiederzugeben, was sich darin zeigt, wie mit der aktuellen Fassung der Norm die Vorgaben ihres Vorläufers derogiert wurden[1417]. Damit folgen alle Staaten dem traditionellen Gesetzgebungsmotiv des anglo-amerikanischen Rechts, wonach ein Regelungskomplex des *case law* aufgrund einer Veränderung von Umständen kodifiziert wird, um bestimmte Rechtsgrundsätze ohne ein Zutun der Gerichte zu konkretisieren oder gesetzlich zu regeln[1418].

1415 Vgl. eingehend dazu unter Glpkt. § 7 A. III.

1416 Vgl. eingehend dazu unter Glpkt. § 7 A. I.

1417 Vgl. § 310 CGCL (1977) vs. § 820 CCC (1947) vs. § 311 CCC (1931); eingehend dazu unter Glpt. § 7 A. II.

1418 Stone, 50 Harv.L.Rev. 4 (1936); Pound, 21 Harv.L.Rev. 383 (1908); Blumenwitz, Einführung, S. 63 (2003).

§ 7 Rechtslage in den Gliedstaaten Delaware, New York und Kalifornien

Die jeweils in Betracht kommenden Gesetzesvorschriften werden im Folgenden hinsichtlich ihres Geltungsbereichs, der Rechtswirkungen und in ihren Voraussetzungen beschrieben. Hierbei wird der Frage nachgegangen, inwieweit die *equitable common law rules* in den jeweiligen Regelungen Niederschlag gefunden haben, um festzustellen, ob und wenn ja inwieweit, schon durch deren Erfüllung der Status eines Geschäfts und der gerichtliche Kontrollmaßstab zur Überprüfung redlichen Verwaltungshandelns beeinflusst werden kann. Mit anderen Worten steht als Leitfrage im Fokus dieser Analyse, ob sich schon mit Erfüllung der Normen die Rechtswirkungen der *business judgment rule* oder *shareholder ratification rule* auslösen lassen oder ob damit nur eine Umkehr in der Beweislastverteilung für die sachliche Fairness bewirkt werden soll. Durch Beantwortung dieser Kernfrage wird es möglich sein, darzulegen, ob und wenn ja inwieweit, das Gesetzesrecht die einstigen *equitable common law rules* konkretisiert, modifiziert oder gar verdrängt hat, so dass die Interaktion zwischen dem gesetzten und gesprochenen Recht exakt determiniert werden kann. Im Folgenden werden daher zunächst die *safe-harbor rules* dieser Gliedstaaten analysiert (sub A.) und sodann die Regeln zu Darlehens- und Bürgschaftsgeschäften zu Gunsten von Leitungsorganen (sub B.). Im Anschluss daran gilt es mit Blick auf das Bundesrecht festzustellen, ob und wenn ja inwieweit, das gesetzte und gesprochene Landesrecht zu Geschäften im Eigen-/Fremdinteresse von Leitungsorganen durch bundesrechtliche Regeln beeinflusst wird (sub C.). Abschließend werden die jeweils analysierten Gesetzesnormen hinsichtlich ihrer Gemeinsamkeiten und Unterschiede miteinander verglichen (sub D.).

A. Rechtslage in Fällen der (Nicht-)Erfüllung einer *safe-harbor rule*

I. Die Norm des § 144 DGCL

Das Delaware General Corporation Law regelt in § 144 DGCL drei Alternativen zur Beseitigung des Anfechtungsrechts einer Corporation bei Geschäften, die aufgrund eines bei deren *directors* oder *officers* bestehenden Eigen-/

Fremdinteresses ein illoyales Verhalten vermuten lassen[1419]. Weitere Anforderungen regelt § 143 DGCL, wenn das Geschäft der Corporation eine Darlehensvergabe, Bürgschaftserklärung oder finanziell geprägte Unterstützungshandlung zugunsten eines leitenden oder sonstigen Angestellten der Corporation oder eines solchen eines ihrer Tochterunternehmen darstellt[1420]. Beide Vorschriften sind aus der ersten großen Revision des DGCL im Jahre 1967 hervorgegangen[1421]und seither in ihrem Regelungsgehalt weitestgehend unverändert geblieben[1422].

1. Regelungsgehalt der Norm

Dem Wortlaut des § 144(a) DGCL nach soll ein Vertrag oder eine Transaktion („Geschäft") zwischen einer Corporation und einem oder mehreren ihrer *directors* oder *officers* oder mit einem Unternehmen (in der Form einer Corporation, Partnerschaft, Verband oder anderen Organisationsform) in welchem einer oder mehrere ihrer *directors* oder *officers* als *director* oder *officer* amtieren oder ein *financial interest* haben, weder deshalb nichtig oder anfechtbar sein noch aus dem Grunde, weil ein solcher *director* oder *officer* während der Versammlung zur Autorisierung des Geschäfts durch das *board* oder einen *board*-Ausschuss präsent war oder daran durch Abgabe seiner Stimme teilgenommen oder mitgewirkt hatte, sofern

(1) die wesentlichen Umstände des Geschäfts und die Beziehung oder das Interesse eines *director* oder *officer* gegenüber dem *board* oder einem *board*-Komitee mitgeteilt worden sind oder bekannt waren und das Geschäft in gutem Glauben mit Stimmenmehrheit unbefangener *board*-Mitglieder

---

1419 Vgl. 8 Del. Code 1953; 56 Del. Laws ch. 50, 186 § 5 (1967), amended, 57 Del. Laws ch. 148, § 7; 71 Del.Laws. ch 339, §§ 15-17 (1969), last amended 71 Del. Laws, ch 339, §§ 15-17 (July 1998).

1420 Vgl. 8 Del. Code 1953; 54 Del. Laws ch. 143 (1963); siehe dazu unter Glpkt. § 7 B. I.

1421 Vertiefend zur Gesetzgebung: Arsht, 1 Del.J.Corp.L. 1 (1976); Seligman, 1 Del.J. Corp.L. 249 ff. (1976); Arsht/Stapleton, 23 Bus.Law. 75 ff. (1967); dies., 25 Bus.Law. 287 ff. (1969); dies. Analysis, S. 321 ff. (1967).

1422 In ihrer Substanz verändert wurde die Norm nur im Jahre 1969, indem die vormalige Phrase "*by a vote sufficient for such purpose*" durch den letzten HS in § 144(a) (1) ersetzt worden ist; siehe dazu 57 Del.Laws ch. 148 (1969); m.N.d.: Folk, DGCL, § 144, S. 82 (1972); Arsht/Stapleton, 25 Bus.Law. 287, 290 (1969). Im Jahre 1998 erfolgten nur gender-neutrale Verbesserungen; siehe 71 Del. Laws, ch 339, §§ 15-17 (July 1998).

autorisiert worden ist, selbst wenn sie keine beschlussfähige Mehrheit im *board* bilden[1423]; oder

(2) die wesentlichen Umstände des Geschäfts und die Beziehung oder das Interesse eines *director* oder *officer* den stimmberechtigten Aktionären mitgeteilt worden sind oder bekannt waren und diese in gutem Glauben mit einer Stimmenmehrheit dem Geschäft zugestimmt haben; oder

(3) das Geschäft für die Corporation ‚*fair*' erscheint im Zeitpunkt seiner Autorisierung, Einwilligung oder Genehmigung durch das *board*, einen *board*-Ausschuss oder die Gesellschafter[1424].

2. Anwendungsbereich der Norm

In persönlicher Hinsicht gilt die Vorschrift für die *directors* und *officers* einer Corporation. Eine analoge Anwendung der Norm auf Geschäfte im Eigen-/Fremdinteresse eines de facto *director* oder *officer* dürfte sich aufgrund der beiden Personengruppen nach der dem *case law* zuerkannten Rechtsmacht zur (kollektiven) Verpflichtung einer Corporation gegenüber fremden Dritten rechtfertigen[1425]. Sachlich werden bereits bestehende Geschäfte im Sinne eines ‚*contract*' oder einer ‚*transaction*' nur erfasst, soweit es sich bei der Gegenpartei der Corporation um eines oder mehrere ihrer Leitungsorgane handelt oder eine Organisationsform, die von einem oder mehreren ihrer *directors* oder *officers* kontrolliert bzw. geleitet wird oder in der einer oder mehrere *directors* oder *officers* ein monetäres Interesse haben[1426]. Demzufolge liegen außerhalb des Normbereichs nicht konkret verhandelte Geschäfte, insbesondere Beschlüsse mit dem Gegenstand, ein Geschäft im Sinne der Norm künftig zu begründen[1427]. Nicht erfasst werden zudem Geschäfte einer Corporation im Interesse ihres herrschenden Gesellschafters (jedenfalls soweit dieser nicht ebenfalls in dem Unternehmen als deren *director* oder *officer* fungiert); außerhalb des Normbereich liegen ebenso Geschäfte zwischen einer Ober- und

1423 Gemäß dem § 144(b) DGCL können befangene *directors* zur Feststellung eines Quorums im Entscheidungsgremium berücksichtigt werden.

1424 Vgl. § 144(a)(1)-(2) DGCL.

1425 Vgl. Prickett v. American Steel & Pump Corp., 253 A.2d 86, 88 (Del.Ch.1969); Moon v. Moon Motor Car Co., 151 A. 298, 299 (Del.Ch.1930); m.w.N. Folk, DGCL, § 141.5.3. IV-205 und § 142.11, IV-242 (2013). Siehe zum Begriff des *de facto director/officer* bereits unter Glpkt. § 4 B.

1426 Vgl. § 144(a) DGCL.

1427 Vgl. Cooke v. Oolie, 2000 Del.Ch. LEXIS 89, *44 Fn.39 (Del.Ch.2000); repr'd, 28 Del.J.Corp.L. 609 (2001).

Untergesellschaft[1428]. Schließlich unterfallen der Norm nicht Geschäfte zwischen dem Leitungsorgan einer Corporation und deren Tochtergesellschaft (jedenfalls soweit diese nicht auch durch dieses geleitet oder kontrolliert wird).

Für eine Anwendung der Norm ist somit zu klären, wie die Termini ‚*contract*' und ‚*transaction*' sowie die Wendung „*(. . .) in which (. . .) directors or officers (...) have a financial interest (...)*" auszulegen sind[1429]. Mangels einer Kommentierung des Gesetzgebers[1430] hat die Auslegung im Lichte der bereits skizzierten Auslegungsmethoden zu erfolgen[1431]. Als hilfreich hierfür erweist sich ein Blick in die 33 Sitzungsprotokolle des für die Überarbeitung des Gesetzes zuständigen Ausschusses ebenso[1432] wie in die Schriften des mit der Aufbereitung und Kommentierung des Richterrechts betrauten Reporters[1433] - dem Professor *Ernest L. Folk, III*[1434], auf welche nicht selten in den Versammlungsprotokollen des Revisionsausschusses verwiesen wird[1435]. Ergänzend dazu bietet sich ein Rückgriff auf die Monographien der mit der Gestaltung der Norm befassten Mitglieder des Revisionsausschusses an[1436], einschließlich derer des Reporters *Folk*[1437].

1428 Vgl. Kahn v. Lynch Communications Systems, Inc. 638 A.2d 1110, 1116 (Del. Sup.1994); Citron v. EI. Du Pont de Nemours & Co., 584 A.2d 490, 502 (Del.Ch.1990).

1429 Vgl. § 144(a) DGCL [hervorgehoben vom Verfasser].

1430 Cmt., 117 U.Pa.L.Rev. 861, 870 (1969); Arsht, 1 Del.J.Corp.L. 1, 15 (1976); Seligman, 1 Del.J.Cop.L. 249, 280 (1976); Balotti/Finkelstein, Del.Corpl.L., Preface H-7 (2014); Kaouris, 20 Del.J.Corp.L. 965, 971 (1995).

1431 Vgl. bereits unter Glpkt. § 6 B. I. 2. b).

1432 Vgl. DGCL-Minutes (1964-1967).

1433 Folk, DGCL-Review, S. 67 ff. (1965-67). Es entspricht den Gepflogenheiten der US-Gesetzgebung, einen führenden Gelehrten als ‚*reporter*' zu beauftragen, das dem betreffenden Rechtsgebiet zugehörige Fallmaterial auszuwerten und konkrete Regelvorschläge zu formulieren, auf deren Basis im Zusammenwirken mit weiteren Rechtsgelehrten und -praktikern ein Gesetzestext im Entwurf verfasst werden kann.

1434 Siehe zur Person des Gelehrten *Ernest L. Folk* und dessen Werken: Kuykendall, 35 Rutgers L.J. 391 ff. (2004).

1435 Siehe z.B. DGCL-Minutes, 3d meeting, S. 1 (March 20, 1964); dies., 4th meeting, S. 2 (July, 14, 1964); dies, 10th meeting, S. 2 (Feb. 10, 1965).

1436 Hierzu gehörten insbesondere die Anwälte *Richard F. Corroon, Henry N. Canby* und *S. Samuel Arsh*t: siehe: Seligman, 1 Del.J.Cop.L. 249, 280 (1976); Arsht, 1 Del.J. Corp.L. 1, 15 (1976); Cmt., 117 U.Pa.L.Rev. 861, 865 (1969).

1437 Folk, DGCL, § 144, S. 74 ff. (1972); ders. 3 Ann.I.Sec.Reg. 161, 179 (1972) ders., 56 Va.L.Rev. 755, 782 (1970), ders., New DCL, S. 10 (1967).

a) Bestimmung des Terminus *‚financial interest'*

Interpretiert man die Phrase „*(. . .) or between a corporation and any other corporation, partnership (...) in which (...) its directors (...) have a financial interest (...)*"[1438], so lassen die Worte den Schluss darauf zu, dass der Geltungsbereich der Norm für Leitungsorgane eröffnet ist, welche ein finanzielles Interesse an der Gegenpartei ihrer Corporation haben. Zudem bietet die Formulierung Grund zur Annahme, dass die Größenordnung des pekuniären Interesses eines Leitungsorgans unbedeutend zu sein scheint. Wiederum die Angabe der als Gegenpartei in Betracht kommenden Organisationsformen lässt auf eine Interessenlage schließen, wie sie in der Regel Aktionäre oder Anleiheinhaber von Unternehmen haben. Gestützt wird diese Auslegung durch *Folks* Anmerkung, dass sich der Terminus *‚financial interest'* auf Fälle beziehe „*(. . .) where a director of Corporation A is ‚financially interested' in Corporation B (. . .)*" und dass ein ‚de minimis'-Ausschluss nicht hilfreich sei[1439]. Im Hinblick darauf würden außerhalb der Norm jene Interessenlagen von Verwaltungsorganen liegen, welche aus dem Geschäft selbst resultieren und einen persönlichen Vorteil finanzieller Art mit sich bringen. Exemplarisch dafür sind Beratungsentgelte im Rahmen der Begründung eines Geschäfts der Corporation oder Vergütungs- bzw. Provisionsabreden zwischen der Gegenpartei einer Corporation und deren Leitungsorganen, welche an den Abschluss des Geschäfts der Corporation (z.B. eine Fusion) geknüpft worden sind. Auch blieben Geschäfte außen vor, die mit einer Leitungsorganen persönlich nahestehenden Partei erfolgen, wie z.B. Familienangehörigen.

Zur Frage des Geltungsbereichs des § 144(a) DGCL äußerten sich die Delaware Gerichte erstmals im Urteil Cinerama, Inc. v. Technicolor, Inc.[1440], worin die Fälle des *self-dealing* im Sinne der Norm von einem - nicht gleichermaßen allen Aktionären zugeflossenen - *‚material personal financial interest'* von Verwaltungsorganen einer Corporation abgegrenzt worden sind[1441]. Der Chancery Court betonte dabei, dass im Geltungsbereich der Norm nur Geschäfte liegen würden, „*(. . .) when a corporate fiduciary is on both sides of a transaction*", mithin

1438 Vgl. § 144(a) DGCL [hervorgehoben vom Verfasser].

1439 Folk, DGCL-Review, S. 67, 74-75 (1965-67).

1440 Vgl. Cinerama, Inc. v. Technicolor, Inc., 663 A.2d 1134 (Del.Ch.1994), aff'd 663 A.2d 1156, 1167 (Del.Sup.1995); siehe zum Fall unter Glpkt. § 7 A. I. 3. d) cc) und § 7 A. I. 4 a) aa).

1441 So auch in: Robotti & Co. v. Liddell, 2010 WL 157474, *9 (Del.Ch.2010), repr'd, 36 Del.J.Corp. L. 265, 278 (2011); Pfeffer v. Redstone, 965 A.2d 676, 690 (Del.Sup.2009); Pogostin v. Rice, 480 A.2d 619, 624 (Del.Sup.1984).

solche Konfliktkonstellationen, in denen "*(...) a director deals directly with the corporation, or has a stake in or is an officer or director of a firm that deals with the corporation*"[1442]. Unbedeutend sei hierbei, ob das finanzielle Interesse eines Leitungsorgans von wesentlicher Natur ist[1443]. Unterstrichen wurde dieser Grundsatz jüngst im Fall Cambridge Ret. Sys. v. Bosnjak[1444] mit den Worten: „*§ 144 does not contain any qualification of materiality. Instead by its plain terms, it applies to self-dealing contracts (...) irrespective of whether they are material to a director's personal financial circumstances*"[1445]. Folglich sind (weiter) die Fälle nach den Regeln des *case law* zu prüfen, in denen Leitungsorgane nicht im Sinne der Norm auf beiden Seiten des Geschäfts handeln, wohl aber ein nicht gleichermaßen allen Aktionären der Corporation zufließendes ‚*material personal financial interest*' zu realisieren suchen[1446]. Beispielhaft dafür sind die bereits skizzierten Fälle, in denen Leitungsorgane eine Provisionszahlung für das Zustandekommen einer Fusion zwischen der Corporation und einer anderen Gesellschaft erhalten[1447], einen höher dotierten Dienstvertrag zugesagt bekamen[1448] oder für

1442 Vgl. Cinerama, Inc. v. Technicolor, Inc., 663 A.2d 1156, 1169 (Del.Ch.1994) [hervorgehoben vom Verfasser]; m.V.a. Sinclair Oil Corp. v. Levien, 280 A.2d 717, 720 (Del.Sup.1971); m.V.d. auch HMG/Courtland Properties, Inc. v. Gray, 749 A.2d 94, 113 (Del.Ch.1999).

1443 Schon an dieser Stelle sei allerdings angemerkt, dass sich die Frage nach der 'Substanz' eines finanziellen Interesses im Rahmen der Feststellung der Neutralität einer *director* zwecks Autorisierung eines Geschäfts stellt. Siehe eingehend dazu unter Glpkt. 7 A. I. 4. a).

1444 Vgl. Cambridge Retirement System v. Bosnjak, C.A.No.9178-CB; 2014 WL 2930869 (Del.Ch.2014).

1445 Vgl. Cambridge Retirement System v. Bosnjak, C.A.No.9178-CB, slip op. at 11; 2014 WL 2930869, *5 f. (Del.Ch.2014); best. in Lee v. Pincus, C.A.No.8458-CB, slip op. at 30; 2014 WL 6066108 (Del.Ch.2014); m.V.d. Folk, DGCL-Fundamentals, 141.02[10], S.186 (2017).

1446 Vgl. In re MFW S'holders Litig., 67 A.3d 496, 510 (Del Ch.2013); Rales v. Blasband, 634 A.2d 927, 937 (Del.Sup.1993); Orman v. Cullman, 794 A.2d 5 (Del.Ch.2002); Cinerama, Inc. v. Technicolor, Inc., 663 A.2d 1134, 1170 (Del.Ch.1994).

1447 Vgl. In re MFW S'holders Litig., 67 A.3d 496, 510 (Del.Ch.2013); Rales v. Blasband, 634 A.2d 927, 937 (Del.Sup.1993).

1448 Vgl. Cal. Public Employees Retirement Systems. v. Coulter, 2002 WL 31888343, *9 (Del.Ch.2002); Goodwin v. Live Entertainment, Inc., 1999 WL 64265 (Del.Ch.1999), aff'd, 741 A.2d 16 (Del.Sup.1999); Cinerama, Inc. v. Technicolor, Inc., 663 A.2d 1134, 1153 (Del.Ch.1994).

Beratungen vergütet worden sind[1449]. Gleiches gilt für Geschäfte mit Personen aus dem Familien-/Verwandtenkreis von Leitungsorganen[1450]. Im Schrifttum wird diese Differenzierung zwischen einem *financial interest* nach § 144(a) DGCL und einem *material personal financial interest* im Sinne des *case law* bisweilen nicht sauber dargelegt[1451].

b) Bestimmung der Begriffe ‚*contract*' und ‚*transaction*'

Zur näheren Bestimmung der Termini ‚*contract*' und ‚*transaction*' in § 144(a) DGCL erweisen sich die Ausführungen im Gutachten des Komitee-Reporters *Folk* als hilfreich, weil darin als Verträge oder Transaktionen „*(…) sales and purchases of property of all sorts, compensation of directors or officers, loans to such persons (…) and issue of stock or stock options*" qualifiziert werden[1452]. Dies lässt darauf schließen, dass die beiden Termini im Lichte der Regeln zur Rechtsgeschäftslehre näher bestimmt werden können. Soweit es den Begriff *contract*

1449 Vgl. Orman v. Cullman, 794 A.2d 5 (Del.Ch.2002); Cede & Co. v. Technicolor, Inc., 634 A.2d 345, 362 (Del.Sup.1993).

1450 Vgl. m.N. bereits unter Glpkt. § 2 B. I. 3.

1451 Ein Beispiel hierfür bieten die Erläuterungen von *Cox/Hazen* [in: Corporations, § 10.12, S. 522 Fn. 11 (2003)], die u.a. mit Hinweis auf das Urteil Ryan v. Tad's Enterprises, Inc., 709 A.2d 682 (Del.Ch.1996) anmerken: "*(…) the focus of the conflict-of-interest statute includes all matters that are an integral part of the transaction. Thus, a finders' fee or consulting contract that is secured by officers or directors as a conseqence of the self-dealing transaction is subject to scrutiny under the state's conflict of interest statute.*". Unerwähnt bleibt allerdings hierbei, dass § 144 DGCL in diesem Fall gar keine Anwendung fand, obschon die *board*-Mitglieder ein *financial interest* am Geschäft der Tad's Enterprises, Inc. besaßen.

Ähnlich verhält es sich bei *Thoma* [in: Eigengeschäfte, S. 105 f. (2003)], die mit den Worten „*Stellvertretend für die gesetzlichen Regelungen aller US-Staaten (…)*" auf den § 144 DGCL rekurriert und dessen Wortlaut skizziert, jedoch sodann dessen Geltungsbereich ohne Differenzierung im Lichte der Kommentierung zu § 8.60 MBCA zu bestimmen versucht. Für den Leser entsteht dadurch der Eindruck, dass die Ausführungen der MBCA-Verfasser gleichfalls für den § 144 DGCL gelten bzw. die Rechtsprechung dazu widerspiegeln. Dass dies aber nicht der Fall ist bzw. vom Gesetzgeber gewollt ist, zeigen die Anmerkungen zur Frage nach der Auslegung der Norm im Lichte des MBCA unter Glpkt. § 7 A. I. 3. a).

Letztlich sei noch *Borsdorff* erwähnt [in: Interessenkonflikt, S. 35 (2009)], der ohne Begründung und Fundstellen nach Delaware Law ausführt, dass dem Geltungsbereich des § 144 DGCL gleichfalls Geschäfte einer Corporation mit Ehegatten von deren *directors* unterfallen würden.

1452 Folk, DGCL-Review, S. 67, 69 (1965-67), ders. DGCL, § 144, S. 74, 82 (1972).

angeht, haben diese im englischen *common law* wurzelnden Prinzipien[1453] bereits im *Restatement (2d) of Contracts* (*Restatement*)[1454] und im *Uniform Commercial Code* (UCC)[1455] eine Kodifizierung gefunden[1456], so dass es eines Rückgriffs auf das Richterrecht lediglich hinsichtlich der Erläuterung des Terminus *transaction* bedarf.

aa) Der Begriff ‚*contract*'

Dem *Restatement* nach entsteht ein Vertrag mit Abgabe eines oder mehrerer als Rechtsverpflichtung geltender Versprechen durch die Parteien, deren Erfüllung gegenüber dem Adressaten einklagbar sei[1457]. Diese Definition gleicht der des UCC insoweit, als ein Vertrag eine rechtliche Verpflichtung darstellt, die sich aus einer zwischen den Parteien entsprechend getroffenen Vereinbarung (*agreement*) ergibt[1458]. Dem US-amerikanischen Vertragsbegriff wohnt damit das kontinentaleuropäische Vertragsprinzip inne, wonach Leistungspflichten nur durch einen Vertragsschluss begründet werden können, wobei Verträge als mindestens zweiseitige - aus Angebot und Annahme - bestehende Rechtsgeschäfte

---

1453 Vgl. zu den Wurzeln des US-amerikanischen Vertragsrechts bereits unter Glpkt. § 3 A.-B.

1454 ALI, Restat. (2d) of Contracts § 1; Corbin/Perillo, Contracts, § 1.3 S. 7 ff. (1993); Burton/Andersen, 75 Iowa L.Rev. 861 (1990).

1455 Der UCC resultiert aus dem in 1942 erneut unternommenen Versuch zur Vereinheitlichung des Vertragsrechts da der Uniform Sales Act (1906) bundesweit nicht rezeptiert worden ist. Anwendung findet der UCC für alle Warenkäufe mit Ausnahme des Handelsverkehrs [§ 2-104(1) UCC]. Für den internationalen Warenkauf wird der UCC vom Wiener UN-Abkommen (CISG) verdrängt. Siehe Reimann, Einführung, § 19, S.61 (2004).

1456 Beide Rechtsquellen stammen aus der Feder des ALI und bilden ein Regelwerk mit Vorschlägen zur Formulierung der bislang durch *case law* entwickelten Rechtssätze und -behelfe im Bereich des Kauf- und Handelsrechts sowie des allgemeinen Vertragsrechts. Inhaltlich gleichen sich beide Werke im Normenkomplex ‚*sale of goods*', weil der dazu im *Restatement* enthaltene Teilbereich ebenso im UCC verankert worden ist. Ihrem Charakter nach differieren beide Regularien darin, dass nur der UCC bundesweit mit Ausnahme in Louisiana unverändert übernommen worden ist, so dass dessen Normen Gesetzes- und solche des *Restatement* Modellcharakter besitzen. Siehe m.N. Hay, Einführung, S. 70 ff. (1995).

1457 ALI, Restat. (2d) of Contracts, § 1.; m.w.N. Corbin/Perillo, Contracts, § 1.3 S. 9 ff.; § 1.17, S. 24 ff. (1993).

1458 Vgl. § 1-201(11) UCC.

definiert sind[1459]. Zudem bedarf es für einen einfachen Vertrag (*simple contract*) [d.h. einer nicht schriftlich verfassten und unterzeichneten Abrede (*contract under seal*)[1460]], mindestens zweier im Verhältnis einer Abhängigkeit zueinanderstehender Verpflichtungserklärungen der Parteien im Sinne einer sog. ‚*consideration*'[1461]. Eine Voraussetzung hierfür ist ein gegenseitiges Aushandeln in Bezug auf ein Geben und Nehmen sowie eine rechtliche Werthaltigkeit des vom jeweiligen Versprechensempfänger erbrachten ‚Gegenopfers'. Für Letzteres genügt es, wenn sich der Versprechende verpflichtet, ein ihm zustehendes Etwas aufzugeben oder etwas zu tun, wozu noch keine Rechtspflicht besteht. Das sog. *bargain*-Element gilt erst als erfüllt, wenn das Versprechen in Bezug auf und im Austausch für das jeweils andere insoweit erklärt wurde, als beide Parteien einen bestimmten Vorteil in Bezug auf die erbrachte Leistung (z.B. ein Recht), und bezüglich der Gegenleistung einen bestimmten Nachteil (z.B. bestimmtes Unterlassen) erlangt haben[1462]. Im Falle sofortiger Leistungserbringung durch den Annehmenden liegt ein sog. *unilateral contract* vor, der mit Leistungsbeginn gültig wird. Ein zweiseitiger Vertrag (*bilateral contract*) wird dagegen wirksam, sobald der Versprechensempfänger zusagt, die im Angebot angetragene Gegenleistung zu bewirken[1463].

bb) Der Begriff ‚*transaction*'

Der Begriff ‚*transaction*' entspringt dem römischen Recht und ist angelehnt am Wort ‚*transactio*'[1464]. Im US-amerikanischen Recht kommt diesem Terminus eine im Vergleich zum Begriff des *contract* weiträumigere Bedeutung zu, so dass ein Vertrag zwar gleichsam als Transaktion erachtet werden kann, eine Transaktion jedoch nicht notwendigerweise den Anforderungen eines Vertrags genügen muss[1465]. Für eine Bestimmung dieses Begriffs rekurrieren die Gerichte nicht

---

1459 Vgl. § 1-201(3) UCC; Calamari/Perillo, Contracts, § 2-13 (1992); siehe zum frühen *common law*: Corbin, 28 Yale L.J. 739 ff. (1919).

1460 ALI, Restat. (2d) of Contracts, § 95. Im Vergleich dazu § 2-303 UCC, wonach nicht zwischen Versprechen mit und ohne Siegel differiert wird.

1461 Nach § 2-209 UCC wird für Kaufverträge auf die *consideration* verzichtet. Siehe zu den Wurzeln dieses Merkmals bereits unter Glpkt. § 3 A.-C.

1462 ALI, Restat. (2d) of Contracts, § 79; Murray on Conracts, § 75 (1990); Hay, Einführung, S. 72 f. (1995).

1463 ALI, Restat. (2d) of Contracts, § 45 und § 87; Corbin/Perillo, Contracts, § 1.23, S. 87 ff. (1993).

1464 Vgl. Black's Law Dictionary, S. 153 (2004).

1465 Siehe schon in: Roberts v. Donovan, 70 Cal. 113; 11 P. 599 (Cal.Sup.1886); Ter Kuile v. Marsland, 81 Hun. 420; 31 N.Y.S. 5 (N.Y.Sup.1893); siehe aktuell in: Warren

selten auf die Ausführungen im Fall Craft Refrigerating Mashine Co. v. Quinnipiac Brewing Co.[1466], derer zufolge nach eine Transaktion aus einer oder mehreren miteinander verbundenen Willenserklärungen oder Handlungen bestehen kann, die nicht nur eine Person betreffen und das Verhältnis zwischen den Parteien der Transaktion verändern[1467].

Außerhalb des Vertragsrechts wird der Terminus zumeist wie folgt definiert: "*Whatever may be done by one person which affects another's rights and out of which a cause of action may arise is a transaction*"[1468]. Demnach differiert eine *transaction* von einem *contract* vor allem darin, dass Erstere eine bestimmte Wirkung zwischen zwei oder mehreren Parteien auch ohne eine Abrede hinsichtlich eines bestimmten Gegenopfers (*consideration*) entfaltet, während der *contract*-Begriff auf Vereinbarungen beschränkt ist, durch die sich jede ihrer Parteien zu einer rechtlich durchsetzbaren Leistungserbringung verpflichtet hat.

Als *transaction* lassen sich daher einseitige rechtsgeschäftliche Handlungen betrachten, wie z.B. der Verzicht oder Erlass, die Schenkung oder Leihe oder die (zinslose) Gewährung eines Darlehens[1469].

3. Regelungsziel und Rechtswirkung der Norm

Die Wendung in § 144(a) DGCL „*No contract (...) shall be void or voidable solely for (. . .) if (. . .)*"[1470] lässt aufgrund der negativen Prägung annehmen, dass der Normzweck in erster Linie darin zu sehen ist, das Anfechtungsrecht einer Corporation im Falle einer Erfüllung der Alternativen in Ziffern (1)-(3) der Norm einzuschränken. Eine weitergehende Zielrichtung der Norm ist mit Blick auf

---

v. Campbell Farming Corp., 271 P.3d 36 (Mont.Sup.2011); McLaughlin v. Schenck, 220 P.3d 146 (Utah.Sup.2009)

1466 Vgl. Craft Refrigerating Mashine Co. Co. v. Quinnipiac Brewing Co., 63 Conn. 551 (Conn.Sup.1893).

1467 Vgl. j.m.V.d. Vanmeter v. Goldfarb, 317 Ill. 620 (Ill.Sup.1925); Baker v. S. A. Healy Co., 302 Ill.App. 634, 24 N.E.2d 228, 234 (Ill.App.1939); zugl: Warren v. Campbell Farming Corp., 363 Mont.190; 271 P.3d 36 (Mont.Sup.2011); McLaughlin v. Schenck, 220 P.3d 146 (Utah.Sup.2009).

1468 Vgl. Scarborough v. Smith, 18 Kan. 399, 406 (Kan.Sup.1877) [hervorgehoben vom Verfasser]; m.V.d. Haro v. Sothern Pacific R.R. Co., 17 Cal.App.2d 595, 596 (Cal. App. 1936); Sounders v. New Capital for Small Business, 231 Cal.App.2d 324 (Cal. App.1964).

1469 Bulbulia/Pinto, 53 Notre Dame Law. 201, 205 Fn. 33 (1977; Gough, 24 U.Kan.L.Rev. 655 Fn. 7 (1976); Folk, DGCL, S. 82 (1972).

1470 Vgl. § 144(a) DGCL [hervorgehoben vom Verfasser].

deren disjunktive Ausgestaltung zu erwägen, weil die in Ziffern (1)-(3) der Norm beschriebenen Varianten zur Begrenzung des Anfechtungsrechts an die Verfahren des *case law* erinnern, wodurch sich ein Interessen-/Pflichtenkonflikt bei Leitungsorganen auflösen und die daraus resultierende Vermutung eines treuwidrigen Handelns widerlegen lässt[1471]. Überlegenswert ist daher einerseits, dass eine Erfüllung der Ziffer (1) oder Ziffer (2) der Regelung eine Umkehr in der Beweislastverteilung hinsichtlich der sachlichen Fairness eines Geschäfts bewirken kann, so dass die Partei, die dessen Gültigkeit bezweifelt, dessen *unfairness* im Prozess darzulegen hätte bzw. jene Partei, welche selbige behauptet, von dem Nachweis einer sachlichen Fairness entbunden wäre. Danach bliebe die Frage nach der sachlichen Fairness eines Geschäfts als Kontrollmaßstab zwar erhalten, das im Eigen-/Fremdinteresse agierende Leitungsorgan müsste hierfür jedoch den Beweis nicht führen. Andererseits könnte die Zustimmung eine auf Feststellung eines Fehlgebrauchs im Handlungsermessen von *directors* oder Aktionären begrenzte richterliche Beurteilung des Geschäfts im Sinne der Wirkungen der *business judgment rule* oder *shareholder ratification rule* auslösen. Dies wiederum hätte zur Folge, dass ein Gericht die materielle Fairness des Geschäfts nur würdigen dürfte, wenn außerhalb der Grenzen des dem *board* oder einer Aktionärsmehrheit zustehenden Handlungsermessens entschieden worden ist. Mit anderen Worten wäre die richterliche Würdigung eines Geschäfts (bei entsprechendem Sachvortrag) auf die Feststellung beschränkt, ob sich dessen Bedingungen als betrügerisches, rechts-/satzungswidriges oder verschwenderisches Handeln von Leitungsorganen erweisen. Die Beweislast dafür hätte aufgrund der Rechtswirkungen der beiden Institute der Kläger zu tragen[1472].

Mangels einer Kommentierung des Gesetzgebers soll im Folgenden die Frage der Rechtswirkung einer der Ziffer (1) oder (2) des § 144(a) DGCL genügenden Beschlussfassung zunächst anhand der bereits angeführten Rechtsquellen[1473] aus der Sicht der Verfasser der Norm beantwortet werden (sub a)). Sodann soll am Beispiel einiger der hierzu im Schrifttum vertretenen Sichtweisen aufgezeigt werden, warum sich die beiden skizzierten Alternativen zur Rechtswirkung einer Zustimmung im Sinne der Norm weder mit dem Normverständnis ihrer Verfasser vereinbaren lassen noch mit den *equitable common law rules* zur Überprüfung mutmaßlich treuwidrigen Verhaltens von Leitungsorganen einer Corporation (sub b)). Im Anschluss daran soll kurz erläutert werden, warum

1471 Siehe bereits unter Glpkt. § 6 B. II.

1472 Siehe bereits unter Glpkt. § 2 C. I.

1473 Siehe bereits unter Glpkt. § 7 A. I. 2.

sich für Zwecke einer Auslegung der Norm weder ein Rückgriff auf die jeweilige Kommentierung zu den *safe-harbor rules* des MBCA anbietet noch auf die Anmerkungen in den PALI zu Geschäften im Eigen-/Fremdinteresse von Leitungsorganen (sub c). Schließlich wird am Beispiel repräsentativer Judikate die inhomogene Entwicklung der Judikatur zur Frage der Rechtswirkung einer Erfüllung des § 144(a) DGCL für den Prüfungsmaßstab nachgezeichnet, um zu verdeutlichen, dass eine klare Antwort darauf erst in jüngsten Fällen gegeben worden ist (sub d). Abschließend werden die getroffenen Feststellungen in einer Stellungnahme des Verfassers aufbereitet und durch wertvolle Hinweise für die Praxis ergänzt (sub e).

a) Normverständnis des Gesetzgebers

Den Ausführungen der Mitglieder des Revisionskomitees, einschließlich ihres Reporters *Folk*, nach zielte die Novellierung des DGCL im Jahr 1967 darauf ab, bestehende Normen sprachlich zu verbessern, die Instrumente für ein Handeln der Leitungsorgane einer Corporation grundlegend zu vereinfachen und das *case law* überall dort zu verändern, wo sich aufgrund der Rechtspraxis ein Bedürfnis dafür zeigte[1474]. Im Lichte dessen sollte § 144(a) DGCL bloß dazu beigetragen, das nach *case law* geltende Prinzip der Anfechtbarkeit eines Geschäfts im Eigen-/Fremdinteresse von Leitungsorganen dahin zu modifizieren, dass dessen Wirksamkeit schon mit einer Zustimmung im Sinne der Ziffer (1) oder (2) ohne gesonderten Nachweis der materiellen Fairness erreicht wird; respektive sollte eine Angemessenheitsanalyse nur in Ermangelung einer entsprechenden Autorisierung des Geschäfts stattfinden[1475]. *Folk* unterstrich hierbei, dass der Begriff des ‚*good faith*' in den Ziffern (1) und (2) der Norm nicht derart rigide auszulegen sei wie der Terminus ‚*fair*' in Ziffer (3) mit der Folge, dass „*(...) disinterested directors could approve or stockholders could ratify in good faith a transaction or (...) which did not meet the full fairness standard*"[1476]. Einige Vertreter der Literatur schlussfolgerten daraus, dass auch ein an sich unfaires Geschäft einer Corporation nach entsprechender Autorisierung im Sinne der

1474 Arsht, 1 Del.J.Corp.L. 1, 14-15 (1976); Cmt., 117 U.Pa.L.Rev. 861, 865 f. (1969); Seligman, 1 Del.J.Cop.L. 249, 280 (1976).

1475 Folk, DGCL-Review, S. 71 (1965-1967); ders., DGCL, § 144, S. 82 (1972); Arsht/Stapleton, 23 Bus.Law.75, 81 (1967).

1476 Folk, DGCL, § 144, S. 88 (1972) [hervorgehoben vom Verfasser] m.V.d. Bulbulia/Pinto, 53 Notre Dame Law., 201, 214 (1977)

Vorschrift Gültigkeit erlangen könne[1477]. Dem ist jedoch entgegenzuhalten, dass *Folk* den mit der Vorschrift intendierten Wirksamkeitseffekt bzw. die Entbehrlichkeit einer Fairnessanalyse auf jene darin ausdrücklich benannten Situationen beschränkte: „*The validation affect does not go beyond removing the spectre of voidablity which might otherwise arise from the presence of any one or more of these three elements*"[1478]. Im Hinblick darauf könnte folglich ein Geschäft auch im Falle einer Autorisierung nach Maßgabe der Norm klageweise angefochten werden, wenn sich dessen Aufhebung bzw. Rückabwicklung aus einem anderen - nicht in § 144(a) DGCL benannten - aber nach Gesetz, Satzung oder *case law* anerkannten (Anfechtungs-/Nichtigkeits-)Grund rechtfertigt. Als Folge dessen dürfte der Zweck der Norm bloß darin liegen, den aus dem Interessen-/Pflichtenkonflikt von Leitungsorganen abgeleiteten Makel treuwidrigen Verhaltens von dem Geschäft einer Corporation zu beseitigen[1479].

Der insoweit beschränkte Normzweck wird von *Folk* zudem in dessen gutachterlichen Stellungnahme im Urteil Northway, Inc. v. TSC Industries, Inc.[1480] unterstrichen, worin er zur Frage zitiert worden ist, ob ein den Kriterien des § 144(a)(1) DGCL genügender *board*-Beschluss gleichfalls den Anforderungen des § 275(a) DGCL entspricht, obschon darin von einer „*majority of the whole board*" die Rede ist[1481]. *Folk* verneinte die Frage mit Hinweis darauf, dass in § 144(a)(1) DGCL nur jene Kriterien geregelt seien, nach denen sich die Anfechtung des Geschäfts wegen des Interessen-/Pflichtenkonflikts vermeiden lasse, nicht jedoch solche, deren Erfüllung zur formalen Wirksamkeit einer Verwaltungsmaßnahme führe[1482]. Als Folge dessen würde ein auf die Liquidation

1477 Homer, 76 Colum.L.Rev. 1156, 1167 (1976); Gough, 24 U.Kan.L.Rev. 655, 656 (1976); Bulbulia/Pinto, 53 Notre Dame Law., 201, 207 f., 214 f. (1978); Clatterbuck, 58 Neb-r.L.Rev. 909, 916 (1979); Holley, 52 Miss.L.J. 877, 886 (1982); Hayes, 53 Tenn. L.Rev. 799, 810 (1986).

1478 Folk, DGCL, § 144, S. 82 (1972), zustd. Balotti/Bussard/Uebler, 2008 Del.Law. 22 (2008).

1479 Zugl. Arsht/Stapleton, 23 Bus.Law.75, 82 (1967); Arsht, 8 Hofstra L.Rev. 93, 118 (1979); m.V.d. auch: Drexler/Black/Sparks, Del.Corp.L, § 15.02[2] (2008); Rohrbacher/Zeberkiewicz/Uebler, 33 Del.J.Corp.L. 719, 724 (2008).

1480 Vgl. Northway, Inc. v. TSC Industies, Inc., 361 F.Supp. 108 (N.D.Ill.1973); aff'd in part, rev'd in part, 512 F.2d 324 (7th Cir.1975; Del. Law); rev'd 426 U.S. 438 (1976); siehe zum Fall ebenso unter Glpkt. § 7 A. I. 4. a) aa) aaa).

1481 Vgl. § 275(a) DGCL [hervorgehoben vom Verfasser]. Nach § 275 DGCL ist zu verfahren, wenn eine Corporation liquidiert werden soll.

1482 Vgl. Northway, Inc. v. TSC Industies, Inc., 512 F.2d 324, 337 Fn. 27 (7th Cir.1975; Del. Law).

einer Corporation gerichteter im Eigen-/Fremdinteresse von Exekutivmitgliedern stehender Beschluss von *board*-Mitgliedern nur Gültigkeit erlangen können, wenn er sowohl die Anforderungen des § 144(a)(1) DGCL wie auch die des § 275(a) DGCL erfüllt[1483]. Im Hinblick darauf könnte folglich ein den Kriterien des § 144(a)(1) DGCL entsprechender Beschluss von *board*-Mitgliedern lediglich in Fällen eine über den eigentlichen Regelungszweck hinausgehende Rechtswirkung auslösen, in denen der ergangene Beschluss gleichermaßen den Merkmalen entspricht, die hinsichtlich der konkreten Maßnahme an ein formalgültiges Handeln von *director* gerichtet werden - sei es nach Gesetz, Satzung oder *case law.*

b) Normverständnis in der Wissenschaft

aa) Darlegung der Sichtweisen einiger Autoren

Die insoweit limitierte Wirkung eines (nur) den Kriterien der Ziffer (1) oder (2) des § 144(a) DGCL genügenden Zustimmungsbeschlusses wird in der Wissenschaft zwar weitestgehend unterstrichen[1484], gleichwohl finden sich darin ebenso Stellungnahmen, derer zufolge ein solcher Beschluss geeignet sei, den im *case law* wurzelnden Maßstab zur Beurteilung von Unternehmensbeschlüssen des *directors* oder der Anteilseigner einer Corporation zu beeinflussen[1485]. Ein Befürworter dieser Meinungsgruppe ist zum Beispiel *Veasey,* der zu § 144(a)(1) DGCL feststellt: „*(...) approval by informed, disinterested directors implicates the business judgment rule*"[1486]. *McGovern* teilt diese Feststellung, indem er zum

---

1483 Vgl. Northway, Inc. v. TSC Industies, Inc., 512 F.2d 324, 337 Fn. 27 (7th Cir.1975; Del. Law).

1484 Clark, Corporate Law, S. 169 (1986); Eisenberg, 13 J.Corp.L. 997, 1007 (1988); Palm/Kearney, 42 Villa.L.Rev. 1043, 1100 (1997); Drexler/ Black/Sparks, Del.Corp.L, § 15.02[2], S. 15-24/25 (2008); Rohrbacher/Zeberkiewicz/Uebler, 33 Del.J.Corp.L. 719, 720 (2008); Orlinsky, 24 Del.J.Corp.L. 451, 464 Fn. 50 (1999); Balotti/Bussard/Uebler, 2008 Del.Law. 22 (2008); Brodsky/Adamski, Officer & Directors, § 3:6 (2012), Bainbridge, Corporation Law. § 7.2, S.146 (2009).

1485 Animashaun, 16 S.U.L.Rev. 345, 350 (1989); Seligman, 59 Brook.L.Rev. 1, 6 (1993); Small, 48 Bus.Law. 1377, 1386 Fn.43 (1993); Block/ Maimone/Ross, 59 Brook.L.Rev. 65, 78 (1993); Davis, 20 J.Corp.L. 215, 218 (1995); Gardner, 72 Fl.B.J. 31, 32 (1998); Siegel, 24 Del. J.Corp.L. 27, 39, Fn. 49 (1999); Johnson/Sides, 30 Wm.Mitchel L.Rev. 1149, 1215 (2004); Scott, 8 Duq.Bus.L.J. 117, 126, 133 (2006); Hecker, 54 U.Kan.L. Rev. 975, 1007 (2006); Dooley, 74 L.&Cont.Probs, 45, 46 (2011); Palmiter, Corporations, § 13.4.4 (2015).

1486 Veasey, 45 Bus.Law. 2065, 2070 (1990) [hervorgehoben vom Verfasser].

disjunktiven Worlaut der Norm anmerkt: „*(...) board or shareholder approval in conformity with the statute dictates that courts review approved self-dealing by directors under the business judgment rule*"[1487]. In diese Richtung geht auch die Kommentierung *Reuwers*, wonach "*(...) the business decision of an interested director may be evaluated under the business judgment rule if either a majority of disinterested directors approve the decision, or if a majority of shareholders approve the decision*"[1488]. *Hill/McDonnell* schließlich gehen darin konform, dass Geschäfte im Sinne der Norm "*(...) get the benefit of the business judgment standard, [if] defendants (...) show that the disinterested directors approved the transaction. Those directors must have been informed of all material facts concerning the conflict in order for their approval to have this cleansing effect*"[1489].

Ähnliche Thesen zur Rechtswirkung der Norm finden sich in Schriften deutschsprachiger Autoren: *Oltmann* z.B. meint, dass jenseits des Kontrahierens zwischen konzernierten Unternehmen Geschäfte im Sinne der Norm „*(...) durch Zustimmung derjenigen Directors, die keinem Interessenkonflikt unterliegen (...), uneingeschränkte Gültigkeit*" erhalten und „*nur anhand der business judgment rule überprüft*" werden[1490]. *Merkts* Auffassung nach urteilt der Delaware Supreme Court in der Frage anders als andere Gerichte, die ein als grob unfair zu erachtendes Geschäft auch nach einer Zustimmung des *board* kassieren würden, weil nach dem Recht Delawares „*(...) die Genehmigung eines board als Geschäftsführungsentscheidung durch die business judgment rule grundsätzlich vor gerichtlicher Prüfung geschützt sei*"[1491]. Wiederum *Borsdorff* meint, dass die *business judgment rule* dann zur Anwendung gelange, wenn neutrale *board*-Mitglieder oder die Aktionärsversammlung im Sinne der Norm agiert haben[1492], und dass eine entsprechende Zustimmung „*zugunsten des betroffenen director zur Beweislastumkehr führe* [mit der Folge, dass] *die Fairness des Geschäfts widerlegbar vermutet wird, womit sich die Beweislast zu Lasten einer klagenden Gesellschaft umkehrt*"[1493]. Insoweit zurückhaltender kommentiert jedoch *Thoma*, die den wesentlichen Effekt der Vorschrift in einer Beweislastegel hinsichtlich der sachlichen Fairness eines Geschäfts der Corporation zu Lasten des Klägers

1487 McGovern, 81 Neb.L.Rev. 170, 187 (2002) [hervorgehoben vom Verfasser].
1488 Reuwer, 2007 J.Bus.&Techn.L. 633, 636, Fn.22, 638 Fn.40 (2007) [hervorgehoben vom Verfasser].
1489 Hill/McDonnell, 36 Del.J.Corp.L. 903, 914 (2011) [hervorgehoben vom Verfasser].
1490 Oltmann, Geschäftsleiterhaftung, S. 66-67 (2001) [hervorgehoben vom Verfasser].
1491 Merkt, US-Recht, Rn. 979, S. 509 (2013).
1492 Borsdorff, Interessenkonflikt, S. 122, 133, 244 (2009).
1493 Borsdorff, Interessenkonflikt, S. 40 (2009) [hervorgehoben vom Verfasser].

sieht[1494]. *Ebke* hingegen behauptet gar, dass durch *safe-harbor rules* wie dem § 144 DGCL geregelt werde, *„unter welchen Voraussetzungen Rechtsgeschäfte und sonstige Transaktionen zwischen zwei personell verflochtenen Gesellschaften wirksam sind (...)*"[1495], und dass selbige nach einer Zustimmung im Sinne der Norm selbst dann Bestand erlangen, "*(. . .) wenn sie der Fairness-Prüfung nicht standhalten sollten*"[1496].

bb) Kritik

Beleuchtet man die vorstehend skizzierten Thesen in der Frage der Rechtswirkung einer Zustimmung im Sinne der Norm auf die Wirksamkeit von Geschäften einer Corporation und auf den Prüfungsmaßstab eines Gerichts für von *board*-Mitgliedern oder Gesellschaftern getroffene Unternehmensentscheidungen, so lassen diese sich nur schwerlich vereinbaren mit dem Zweck der Norm, wie ihn deren Verfasser sehen, und mit dem *case law*, wie es von den Gerichten vor der Einführung der Vorschrift bei der Beurteilung von Geschäften einer Corporation im Eigen-/Fremdinteresse ihrer Leitungsorgane praktiziert worden ist.

aaa) Begründung der Kritik im Lichte der Vorstellungen der Normverfasser

Die Unvereinbarkeit der zitieren Thesen vorbenannter Kommentatoren mit den Zielvorstellungen der Verfasser der Norm offenbart sich nach einem Einblick in die Niederschrift des Revisionsausschusses vom 01.02.1965 zu dessen 10. Sitzung hinsichtlich der Überarbeitung des Delaware Corporation Law. Beratungsgegenstand bildete unter anderem das durch den Reporter *Folk* erstellte Gutachten zum Thema ‚*Interested Director Transactions*' nebst seiner Einschätzung zur Rechtswirkung des § 144(a) DGCL[1497]. Hierzu wies *Folk* explizit darauf hin, dass *„The proposed statute does not treat burden of proof (...)*"[1498]. Fernerhin ging seine Empfehlung dahin, dass ungeachtet der Autorisierung eines Geschäfts im Sinne der Norm jene Beweislastregeln des *case law* Anwendung finden sollen, welche einst der Supreme Court in Gottlieb v. Heyden Chemical Corp.[1499] praktiziert hatte[1500]. Demnach werde durch einen Beschluss von Gesellschaftsorganen

---

1494 Thoma, Eigengeschäfte, S. 120, 126 (2003); zugl. Knapp, Treuepflicht, S.102 (2004).
1495 Ebke, ZGR 1990, S. 50, 98-99 [hervorgehoben vom Verfasser].
1496 Ebke, ZGR 1990, S. 50, 100-101 [hervorgehoben vom Verfasser].
1497 Vgl. DGCL-Minutes, 10th meeting, S. 2 (1Feb., 10, 965).
1498 Folk, DGCL-Review, S. 67, 72 (1965-67) [hervorgehoben vom Verfasser].
1499 Vgl. Gottlieb v. Heyden Chemical Corp., 91 A.2d 57; 33 Del.Ch. 177; aff'd, 92 A.2d 594; 33 Del.Ch. 283 (Del.Sup.1952).
1500 Siehe bereits zum Urteil unter Glpkt. § 6 B. II. 1.

eine zu Lasten des Klägers gehenden Umkehr in der Beweislast für die materielle Fairness eines Geschäfts nur ausgelöst, wenn eine Beschlussfassung von Entscheidungsträgern vorliegt, die mehrheitlich unbefangen, in Kenntnis aller wesentlichen Umstände, ohne unlautere Einflussnahme auf deren Meinungsbildung in gutem Glauben an die Vorteilhaftigkeit des Geschäfts gehandelt hatten[1501]. Diese Empfehlungen befürworteten die Komiteemitglieder, indem sie *Folks* Entwurf zur ersten Fassung des § 144 DGCL vorbehaltslos die Zustimmung erteilten[1502]. *Folk* selbst nahm die damaligen Beratungen im Ausschuss sowie die Akzeptanz seiner Empfehlungen zum Anlass, in seiner Kommentierung zur Vorschrift einerseits darauf hinzuweisen, dass „*(...) since the statute does not deal with questions of burden of proof, it is probable that the existing burden of proof rules (...) remain applicable.*"[1503] und andererseits anzumerken, dass "[*the existing burden of proof rules*] *remain unaltered since no statutory language indicates that they should be modified.*"[1504].

bbb) Begründung der Kritik im Lichte der *equitable common law rules*

Die von *Folk* vertretene Interpretation der Regelung erschließt sich dem Rechtsanwender um so mehr, wenn er die Anforderungen an eine Zustimmung nach Ziffer (1) oder (2) der Norm jenen gegenüberstellt, welche dem Institut der *business judgment rule* oder der *shareholder ratification rule* zugrundliegen[1505]. Betrachtet man zunächst die Kriterien für eine Zustimmung von Anteilseignern nach § 144(a)(2) DGCL, so zeigen sich die Unterschiede zum *case law* darin, dass hierfür schon der Beschluss einer Mehrheit von umfassend informierten, gutgläubig handelnden und stimmberechtigten Aktionären genügen würde[1506]. Im Vergleich dazu unterfallen dem Schutzbereich der *shareholder ratification rule* nur jene Beschlüsse, bei denen die Aktionäre nicht bloß in Kenntnis aller Umstände und in gutem Glauben entschieden haben, sondern zudem mehrheitlich unbefangen und unabhängig waren[1507]. Gerade die beiden letztgenannten Merkmale bilden jedoch nach dem Normwortlaut keine Voraussetzung für die

1501 Folk, DGCL-Review, S. 67, 72 (1965-67) m.V.a. Gottlieb v. Heyden Chemical Corp., 91 A.2d 57; 33 Del.Ch. 177 (Del.Sup.1952); aff'd, 92 A.2d 594; 33 Del.Ch. 283 (Del. Sup.1952).

1502 Vgl. DGCL-Minutes, 10th meeting, S. 2 (Feb., 10, 1965).

1503 Folk, DGCL, § 144, S. 87-88 (1972) [hervorgehoben vom Verfasser].

1504 Folk, DGCL, § 144, S. 86 (1972) [hervorgehoben vom Verfasser].

1505 Siehe bereits unter Glpkt. § 2 B.-C.

1506 Vgl. § 144(a)(2) DGCL; m.w.N. dazu unter Glpkt. § 7 A. I. 4. b).

1507 Vgl. Seinfeld v. Slager, 2012 WL 2501105 (Del.Ch.2012); m.w.N. zur *shareholder ratification rule* bereits unter Glpkt. § 2 C. II.

Entscheidungsfindung, so dass deren Erfüllung auch unter Mitwirkung eines oder mehrerer befangener *directors* oder *officers* in ihrer Stellung als Aktionär oder Stimmrechtsvertreter möglich wäre - selbst wenn einer derselben oder alle zusammen als herrschender Aktionär anzusehen sind[1508]. Könnte folglich ein (bloß) den Kriterien der Norm genügender Beschluss bereits die Rechtswirkungen der *shareholder ratification rule* auslösen, hätte der Gesetzgeber eine dem Prüfungsmaßstab nach *case law* widersprechende Norm geschaffen[1509].

Beleuchtet man ferner die Anforderungen für einen Beschluss von *directors* nach § 144(a)(1) DGCL, so zeigen sich Unterschiede zum *case law* sowohl in den Anforderungen an eine Zustimmung im Plenum wie auch an eine solche im *board*-Ausschuss. Denn gemäß der Vorschrift ist es lediglich Voraussetzung, dass eine Mehrheit unbefangener *directors* informiert und gutgläubig für das Geschäft gestimmt hatte, selbst wenn diese Mehrheit nicht eine Mehrheit unter den satzungsgemäß berufenen *directors* bildet[1510]. Im Vergleich dazu bedarf es nach dem Gesetz wie auch *case law* für einen gültigen Plenarbeschluss der Präsenz einer *„majority of the total number"* und einer *„majority of the directors present at a meeting"*[1511]. Ein diesen Vorgaben genügender Beschluss ist in der Regel durch die *business judgment rule* geschützt, wenn sich die beschlussfähige Mehrheit der *directors* als unbefangen wie auch unparteiisch erweist[1512]. Anders gewendet: die materielle Wirkung des Instituts wird als vom Kläger widerlegt in Fällen erachtet, in denen begründete Zweifel an der Unvoreingenommenheit bei der Mehrheit der *directors* bestehen[1513]. Hinzu kommt das richterliche Zögern, die *business judgment rule* auf *board*-Beschlüsse anzuwenden, die im Beisein oder unter Teilnahme eines oder mehrerer befangener *directors* gefasst worden sind[1514]. Gerade im Hinblick darauf ist es mehr als fraglich, ob die Gerichte bei

---

1508 Siehe zum Begriff bereits unter Glpkt. § 2 B. I. 4 und § 5 B. III. 1.

1509 Siehe zum *case law* bereits unter Glpkt. § 6 B. II.

1510 Vgl. § 144(a)(1) DGCL; m.w.N. dazu unter Glpkt. § 7 A. I. 4. a) aa).

1511 Vgl. § 141(b) DGCL [hervorgehoben vom Verfasser]; m.w.N. bereits unter Glpkt. § 2 A. II. 1.

1512 Vgl. Lee v. Pincus, 2014 WL 6066108, *10, *13 (Del.Ch.2014); Krasner v. Moffet, 826 A.2d 277, 287 (Del.Sup.2003); Kahn v. Lynch Communications Systems, Inc.. 638 A.2d 1110, 1117 (Del.Sup. 1994); m.w.N. bereits unter Glpkt. § 2 B. I. und Glpkt. § 2 C. I.

1513 Vgl. Harbor Fin. Partners v. Huizenga, 751 A.2d 879, 891 (Del.Ch.1999); Paramount Comm., Inc., v. QVC Network, Inc., 637 A.2d 34, 42, Fn. 9 (Del.Sup.1994); m.w.N. bereits unter Glpkt. § 2 B. I. 3.-4. und Glpkt. § 2 C. I.

1514 Vgl. Thorpe v. Cerbco, Inc., 676 A.2d 436, 442 (Del.Sup.1995); Ivanhoe Partners v. Newmont Mining Corp., 535 A.2d 1334, 1339 Fn.10 (Del.Sup.1987); m.w.N: Wells,

einem *board*-Beschluss im Sinne des § 144(a)(1) DGCL die *business judgment rule* anwenden, wenn der Beschluss (für Zwecke der Quorum-Feststellung) in Gegenwart (all) derer als befangen geltenden *directors* nur durch die ‚Ja'-Stimme des einzigen als ‚neutral' geltenden *director* zustande gekommen ist.

Vergleicht man schließlich die Anforderungen, die nach § 144(a)(1) DGCL und nach *case law* an die formale Wirksamkeit eines Beschlusses durch die Mitglieder eines *board*-Komitees gerichtet werden, zeigt sich auch daran, dass die Gesetzesmerkmale unterhalb der Schwelle des Richterrechts verbleiben. Denn nach *case law* können Komiteebeschlüsse die Wirkungen der *business judgment rule* nur auslösen, wenn der Ausschuss gänzlich aus unbefangenen sowie unabhängigen Mitgliedern gebildet worden ist, welche eine Handlungsvollmacht hinsichtlich einer Verhandlungsführung wie auch die Freiheit besitzen, für Beratungszwecke die Expertise neutraler Rechts- und Finanzexperten in Anspruch zu nehmen[1515]. Mangelt es bereits an dieser Zusammensetzung, weil beispielsweise Zweifel an der Neutralität eines von insgesamt 3 Mitgliedern bestehen, wird deren Entscheidung nicht den Schutz des Instituts finden können. Mit Argwohn geprüft werden Beschlüsse eines Ein-Mann-Komitees[1516], gerade wenn für dessen Bildung befangene *directors* gesorgt hatten[1517]. Diese Vorgaben sind im § 144(a)(1) DGCL aber nicht normiert[1518]. Wäre schon ein bloß dessen Merkmalen genügender Beschluss von der *business judgment rule* geschützt, so müsste dies ebenfalls für einen solchen gelten, welcher in Gegenwart eines befangenen herrschenden *director-shareholder* ergangen ist. Mit Blick auf vorherige Darlegungen

---

33 J.M.L.Rev. 561, 580 (2000); Lafferty/Schmidt/Wolfe, 116 Penn State L.Rev. 837, 846 (2012).

1515 Vgl. Valeant Pharms. Int. Co. v. Jerney, 921 A.2d 732,745 (Del.Ch.2007); Strassburger v. Earley, 752 A.2d 557, 571 (Del.Ch.2000); Gesoff v. IIC Industries, Inc., 902 A.2d 1130, 1146 (Del.Ch.2006); In re CNX Gas Corp. S'holders Litig., 4 A.3d 397 (Del. Ch.2010).

1516 Vgl. Lewis v. Fuqua, 502 A.2d 962, 967, 970 (Del.Ch.1985), m.V.d. Kahn v. Tremont Corp., 694 A.2d 422, 430 (Del.Sup.1997); Kahn v. Dairy Mart Convenience Stores, Inc., 1996 Del.Ch.LEXIS 38,*19 (Del.Ch.1996), repr'd, 21 Del.J.Corp. 1143, 1157 (1996).

1517 Vgl. In re Fort Howard Corp. S'holders Litig, 1988 Del.Ch.LEXIS 110,*36 (Del. Ch.1988); Cede & Co. v. Technicolor, Inc., 634 A.2d 345, 366 Fn. 35 (Del.Sup.1993); Weinberger v. UOP, Inc., 457 A.2d 701, 709 Fn. 7 (Del.Sup.1983); m.w.N. bereits unter Glpkt. § 2 A. II. 3.; § 2 B. I. 4.

1518 Vgl. § 144(a)(1) DGCL; m.w.N dazu unter Glpkt. § 7 A. I. 4. a).

zur Geltung des Instituts für Komiteebeschlüsse betreffend Geschäfte eines herrschenden Aktionärs ist dies jedoch zu bezweifeln[1519].

c) Exkurs: Vorstellungen der Verfasser des MBCA und der PALI

Nur wenig hilfreich für die Beantwortung der Frage nach der Rechtswirkung einer Zustimmung nach § 144(a) DGCL auf den gerichtlichen Beurteilungsmaßstab für Beschlüsse des *board* oder der Aktionäre einer Corporation erweisen sich die Kommentare der Verfasser des MBCA und der PALI zu den Regeln, welche zur Überprüfung von sog. ‚*Directors' Conflicting Interest Transactions*' eingeführt worden sind.

aa) Kommentare zu § 41 MBCA (1969), zu § 8.31 MBCA (1984) und zu §§ 8.60-8.63 MBCA (1989)

Eine Heranziehung der Kommentierung der ABA zur Frage der Rechtswirkung des § 41 MBCA (1969) - dem anfänglichen Pendant zu § 144 DGCL - würde sich zwar aufgrund der in Wortlaut und Gestaltung der beiden Bestimmungen bestehenden Parallelen[1520] anbieten, unberücksichtigt bliebe hierbei allerdings der Wille der Mitglieder des Komitees zur Revision des DGCL, weil diese bereits in ihrer vierten Zusammenkunft unter Bezugnahme auf die damalige Fassung des MBCA zu Protokoll gaben, dass Delaware in der Gesetzgebung „*a leader and not a follower*" bzw. kein „*me too state*" sein möge[1521]. Sieht man einmal von dieser Intention ab und würdigt die Kommentierung der ABA zu § 41 MBCA (1969) im Lichte der vorstehenden Fragestellung, so erweist sich diese auch nicht als hilfreich zur Beantwortung der vorgenannten Rechtsfrage, weil daraus nicht zweifelfrei hervorgeht, ob mit dem § 41 MBCA (1969) ein Maßstab zur Überprüfung der Wirksamkeit von Geschäften im Eigen-/Fremdinteresse von *directors* einer Corporation geschaffen werden sollte[1522].

1519 Siehe bereits unter Glpkt. § 2 C. I.

1520 Vgl. § 144 DGCL (1967) vs. § 41 MBCA (1969) bzw. zur Urfassung - dem § 37A MBCA (1966). Vertiefend zu beiden Fassungen der Norm: MBCA, Ann. 2.842 (1971); ders., Ann. 8-501 ff. (2009). Siehe m.N. zur Entstehung des MBCA bereits unter Glpkt. § 6 einleitend.

1521 Vgl. Minutes of 4th Meeting, S. 2-3 (July 14, 1964) [hervorgehoben vom Verfasser]. Siehe generell zu den Unterschieden zwischen dem MBCA und DGCL: Gorris/Hamermesh/Strine, 74 Law&Cont.Prob.107 ff. (2011), Dooley/Goldman, 56 Bus. Law. 737 (2001).

1522 Vgl. § 41 MBCA, cmt. S. 842 und 844 (1971).

Diese Unklarheit ist zwar mit der Kommentierung der Folgefassungen dieser Norm beseitigt worden, mit der Neufassung der Norm haben sich allerdings auch deren Wortlaut und Gestaltung derart verändert, dass zwischen dem § 144 DGCL und dem § 8.31 MBCA (1984) bzw. den §§ 8.60-8.63 MBCA (1989) nahezu keine Ähnlichkeiten mehr bestehen, welche auf eine gleiche Zweckrichtung schließen lassen[1523]. Erwähnt sei allerdings, dass in der Kommentierung zu § 8.31 MBCA (1984) ausdrücklich bemerkt wird, dass die Norm drei alternative Verfahren zur Beseitigung des sich aus dem Eigen-/Fremdinteresse eines *directors* am Geschäft einer Corporation ergebenden Makels eines Interessen-/Pflichtenkonflikt regelt, und dass ein nach ihren Vorgaben autorisiertes Geschäft von der *business judgment rule* geschützt sei[1524]. An diesem Regelungsziel wurde auch nach der Einführung der §§ 8.60-8.63 MBCA (1989) festgehalten, weil es - wie die ABA-Verfasser ausführen - in einer wirklichen Geschäftswelt allein um die Frage gehe, ob ein Geschäft der Corporation veranlasst werden solle und welche Bedingungen es einzuhalten gelte. Die Antwort darauf könne ‚ja' oder ‚nein' lauten, inakzeptabel sei es allerdings, dass ein Gericht sagt: *„go ahead and I will tell you later - perhaps years later - whether the transaction is vulnerable to attack"*[1525]

bb) Kommentar zu § 5.02 PALI (1994)

Nur der Vollständigkeit halber sei an dieser Stelle ein Hinweis auf die §§ 5.02, 5.03 PALI erlaubt, welche im Vergleich zu den Mustervorschlägen des MBCA eine ganz andere Zweckrichtung verfolgen, Im Gegensatz zu den benannten Vorschriften des MBCA zielen die §§ 5.02, 5.03 PALI allein darauf ab, die Treuwidrigkeit im Handeln von Leitungsorganen bei einem Geschäft der Corporation festzustellen, das aufgrund des Eigen-/Fremdinteresses eines Leitungsorgans ein illoyales Verhalten vermuten lässt[1526]. Für eine Bestimmung dessen stellt § 5.02(a) (2)(B)-(C) zwei unterschiedliche Verfahren zur Verfügung - den sog. *reasonably have concluded*-Test[1527], der die Rechtmäßigkeit im Handeln zu bestimmen

1523 Vgl. § 144(a) DGCL vs. § 8.31(a) iVm (c)-(d) MBCA (1984) bzw. §§ 8.60-8.63 MBCA (1989).

1524 Vgl. § 8.31 MBCA, cmt. Ann. 961 (1984)

1525 Vgl. §§ 8.60-8.63, cmt. S. 8-386 MBCA: [hervorgehoben vom Verfasser]; ABA, 43 Bus.Law. 691, 693 (1988); ABA, 45 Bus.Law. 1307, 1309 (1989); Palmiter, 67 Tex.L. Rev. 1351, 1411 f. (1989); kritisch zum MBCA: Kay, 69 Wash.L.Rev. 207, 221 ff. (1994).

1526 Vgl. für eine Darstellung der §§ 5.02, 5.03 PALI: Small, 48 Bus.Law. 1377, 1381 ff. (1993).

1527 Vgl. zum *'reasonable have concluded'*-Test in § 5.02(a)(2)(B), cmt. PALI.

sucht, das sich aus dem Verhalten des ein Eigen-/Fremdinteresse verfolgendes Verwaltungsorgans gegenüber den Entscheidungsträgern einer Corporation im Rahmen der Autorisierung des Geschäfts ableiten lässt, und den sog. ‚*rationally believes*'-Test des § 4.01(c)(3) PALI[1528], dessen Ziel darin besteht, festzustellen, ob die Entscheidungsträger der Corporation selbst pflichtgemäß ihre Entscheidung getroffen hatten[1529]. Demnach ist diese Vorschrift - im Vergleich zu den Mustervorschlägen des MBCA - nicht darauf aus, alternative Verfahren zur Überprüfung der Anfechtbarkeit von Geschäften einer Corporation anzubieten, sondern um festzustellen, ob bei deren Autorisierung die ‚*duty of fair dealing*' gewahrt worden ist[1530]. Eine Verletzung dieser Verpflichtung hat daher nicht Einfluss auf den rechtlichen Status des Geschäfts, sondern ermöglicht allenfalls eine persönliche Inanspruchnahme eines sich (mutmaßlich) pflichtwidrig - im Widerspruch zu seiner Treuepflicht - verhaltenden Verwaltungsorgans durch dessen Corporation[1531].

d) Normverständnis in der Rechtsprechung

Die vorzitierten Thesen aus der Literatur sind das Ergebnis einer missverständlichen Rechtsprechung zur Frage der Rechtswirkung einer Zustimmung im Sinne der Ziffer (1) oder (2) des § 144(a) DGCL auf den gerichtlichen Kontrollmaßstab für Entscheidungen der *directors* oder Aktionäre einer Corporation. Ursächlich hierfür ist einerseits, dass in den Urteilen zu § 144(a) DGCL über Jahrzehnte hinweg dessen Kontrollverfahren stets im Zusammenhang mit den Kontrollmaßstäben der Gerichte behandelt wurden, die den Instituten der *business judgment rule* und der *shareholder ratification rule* zugrunde liegen[1532]. Hinzu kommt, dass in einigen der Urteile auf die Prüfungsverfahren des § 144(a) DGCL rekurriert wird, obschon darin keine der im Geltungsbereich der Norm liegenden

---

1528 Vgl. § 4.01(c), cmt. PALI.

1529 Vgl. Small, 48 Bus. Law. 1377 (1993) - als einen der PALI-Autoren. Typisch für die Differenzierung ist zudem der Wortlaut des § 5.02(a)(2)(B) im Tentative Draft Part V (1986) „*(...) reasonably be believed (...)*" im Vergleich zur aktuellen Fassung „*(...) reasonably have concluded (...)*".

1530 Vgl. § 5.02(a)(2) PALI, introductory note; zugl. Sommer, 52 Geo.Wash.L.Rev. 719, 724 f. (1984); O'Connor, 93 Geo.Wash.L.Rev. 954, 956 (1993); Clare, 25 Creighton L.Rev. 603, 620 f. (1992); Beveridge, 41 DePaul L.Rev. 655, 676 f. (1992); Veasey, 48 Bus.Law. 1267 (1993).

1531 Vgl. § 5.02(a)(2) PALI, introductory note.

1532 Vgl. m.N. unter § 7 A. I. 3. d) aa)-ee).

Konfliktsituationen zur Beurteilung standen[1533]. Grund dafür dürfte die Tatsache sein, dass in Ziffer (1)-(3) der Norm - zumindest auf den ersten Blick - von jenen Verfahren die Rede ist, mittels derer sich der Makel (mutmaßlich) treuwidrigen Handelns von Leitungsorganen von einem Geschäft der Corporation zur Überzeugung eines Gerichts beseitigen lässt -nämlich mit wirksamen Beschluss ihrer *directors* oder Aktionäre oder durch Nachweis der Fairness[1534]. Darüber hinaus ist in Ziffer (1) und (2) des § 144(a) DGCL von ebenjenen Kontrollkriterien die Rede, die auch dem Institut der *business judgment rule* und der *shareholder ratification rule* zugrunde liegen, also jenen Instituten, deren Erfüllung eine beschränkte richterliche Beurteilungsweise zur Folge hat[1535].

Ebendiese Gesichtspunkte gaben daher Anlass zur Annahme, dass bereits eine den Kriterien der Ziffer (1) oder (2) des § 144(a) DGCL entsprechende Unternehmensentscheidung ausreichen könnte für eine auf den bloßen Ermessensfehlgebrauch begrenzte richterliche Prüfung des Geschäfts einer Corporation. Nicht selten findet sich eine entsprechende Argumentation in Klageerwiderungen von Leitungsorganen, denen treuwidriges Verhalten aufgrund eines Interessen-/Pflichtenkonflikts vorgeworfen worden ist[1536]. Einen Nährboden finden entsprechende Argumentationen gleichermaßen in allgemeinen Bemerkungen zur Frage der Rechtswirkung von *safe-harbor rules*, wie z.B. das folgende Zitat: „*States adopted statutes that provide three different ways by which interested transactions could survive a legal challenge (...)*"[1537]. Anschaulich belegen lässt

1533 Vgl. Citron v. E.I. Du Pont de Nemours & Co., 584 A.2d 490, 501 (Del.Ch.1990); Cinerama, Inc. v. Technicolor, Inc., 663 A.2d 1134 (Del.Ch.1994), aff'd, 663 A.2d 1156, (Del.Sup.1995), reh'g denied, (1995); Nebenzahl v. Miller, 1996 Del.Ch.LEXIS 113, *10 (Del.Ch.1996); repr'd, 22 Del.J.Corp. 779, 789 (1997); Cooke v. Oolie, 2000 Del.Ch. LEXIS 89, *44 (Del.Ch.2000); repr'd, 28 Del.J.Corp.L. 609, 627 (2001).

1534 Vgl. Cinerama, Inc. v. Technicolor, Inc., 663 A.2d 1134, 1154 (Del.Ch.1994), aff'd, 663 A.2d 1156, 1169 (Del.Sup.1995); m.V.d. unter Glpkt. § 7 A. I. 3. d) cc); siehe zu den Verfahren nach *case law* bereits unter Glpkt. § 2 B.-C. und Glpkt. § 6 B. II.

1535 So schon *V.C. Strine* in In re Cox Communications S'holders Litig., 879 A.2d 604, 615 (Del.Ch.2005); m.V.d. unter Glpkt. § 7 A. I. 3. d) dd). Siehe zu den Gemeinsamkeiten und Unterschieden zwischen dem § 144(a) DGCL und dem *case law* bereits unter Glpkt. § 7 A. I. 3. b) bb) bbb).

1536 Vgl. Fliegler v. Lawrence, 361 A.2d 218, 221 (Del.Sup.1976); Marciano v. Nakash, 535 A.2d 400, 404 (Del.Sup.1987); Benihana of Tokyo, Inc. v. Benihana, Inc., 891 A.2d 150, 185 (Del.Ch.2005); Gries Sport Enterprises,Inc. v. Cleveland Browns Football Co.,Inc, 496 N.E.2d 959, 963; 26 Ohio St.3d 15 (Ohio Sup.1986; Del.Law), m.w.N. unter Glpkt. § 7 A. I. 3. d).

1537 Hill/McDonnell, 36 Del.J.Corp.L. 903, 910 (2011) m.V.a. § 144 DGCL [hervorgehoben vom Verfasser].

sich dieses Phänomen sowohl an einzelnen Urteilen des Chancery Court und des Supreme Court von Delaware wie auch an Entscheidungen von Gerichten aus anderen Gliedstaaten, die aufgrund des Gründungsortes der Prozessparteien nach dem Recht von Delaware zu urteilen hatten. Deren Analyse wird aufzeigen, dass erst in jüngster Zeit die gebotene dogmatische Abgrenzung zwischen der Rechtswirkung einer Zustimmung nach § 144 DGCL auf den Rechtsstatus eines Geschäfts einerseits und auf den gerichtlichen Beurteilungsmaßstab andererseits in unmissverständlicher Weise erfolgt ist.

aa) Der Fall Fliegler v. Lawrence (Del.Sup.1976)

aaa) Sachverhalt und Norminterpretation

Das erste Urteil, in dem der Supreme Court zur Frage der Rechtswirkung einer Zustimmung im Sinne des § 144(a)(2) DGCL Stellung bezog, erging im Fall Fliegler v. Lawrence[1538]. Prüfungsgegenstand war der Verkauf einer Pachtoption zum Abbau von Antimon-Mineralien an die US-Antimony Co. (USAC) durch den Beklagten, nachdem dessen Agau Mines, Inc. (AM) das Angebot zum Erwerb der Option aus Gründen fehlender Liquidität abgelehnt hatte. Daraufhin gründeten nahezu alle AM-*directors* die USAC. Zudem sollte AM die Option zum Erwerb der USAC gegen Übertragung von 800.000 Anteilen erlangen, sobald eine gewinnträchtige Förderung dieser Minerale überzeugend nachgewiesen werden konnte[1539]. Berechnungsbasis dafür bildeten die voraussichtlich entstehenden Kosten für einen Abbau der Minerale. Verhandelt wie autorisiert wurde das Geschäft durch Beschlüsse der *board*-Mitgliedern beider Firmen, hinsichtlich derer - bis auf den daran mitwirkenden AM-*director* Dawsen - Personenidentität bestand. Ebenso fand das Geschäft unter mehrheitlicher Mitwirkung der befangenen *directors* in ihrer Stellung als Aktionäre Zustimmung durch Aktionärsbeschluss der AM. Nachdem die USAC fündig wurde und AM die Option gezogen hatte, erklärte der Kläger aus derivativem Recht die Anfechtung des Vertrags mit der Begründung einer mangelnden Fairness der Gegenleistung und mit dem Hinweis auf mangelnde Unvoreingenommenheit von 2/3 der Gesellschafter der AM[1540].

Das Gericht befand den Ersterwerb der Pachtoption als zulässige Ausübung einer Geschäftschance, weil diese der AM zuvor - wenn auch erfolglos - vom

---

1538 Vgl. Fliegler v. Lawrence, 361 A.2d 218 (Del.Sup.1976).

1539 Vgl. Fliegler v. Lawrence, 361 A.2d 218, 219-120 (Del.Sup.1976).

1540 Vgl. Fliegler v. Lawrence, 361 A.2d 218, 223 (Del.Sup.1976).

Beklagten zum Ankauf angeboten worden sei[1541]. In der Autorisierung des Geschäfts der beiden Unternehmen sah das Gericht ein treuwidriges Handeln, weil aufgrund der Personenidentität der beschließenden *board*-Mitglieder ein Pflichtenkonflikt bestand. Zur Verteidigung wandten die Beklagten ein, dass Geschäft sei nach Offenlegung aller Umstände durch einen Beschluss der Gesellschafter nach Maßgabe des § 144(a)(2) DGCL wirksam autorisiert worden, so dass sich die gerichtliche Überprüfung zur Frage der Fairness insbesondere darauf beschränken müsse, ob das Geschäft als eine Schenkung oder Verschwendung von Gesellschaftswerten zu betrachten sei[1542]. Darauf erwiderte das Gericht in Bezugnahme auf den Entscheid Gottlieb v. Heyden Chemical Corp.[1543], dass eine Beweislastumkehr bei einem Mehrheitsbeschluss von Gesellschaftern nur in Fällen stattfinde, in denen eine stimmberechtigte Mehrheit derselben informiert sowie unbefangen entschieden habe[1544]. Diesen Vorgaben konnte der Gesellschafterbeschluss aus vorbenannten Gründen jedoch nicht genügen, so dass die Beklagten die Fairness des Geschäfts nachzuweisen hatten. Diese waren hierbei in der Lage, dass Gericht davon zu überzeugen, dass die damaligen Berechnungen zum Aktienpaket aus Sicht der AM angemessen waren[1545]. Im Ergebnis wurde der Aktionärsbeschluss zwar als wirksam im Sinne des § 144(a)(2) DGCL erachtet, indem die Stimmen der befangenen *directors* mit einbezogen wurden[1546], nicht jedoch als geeignet, jenen nach *case law* für Gesellschafterbeschlüsse geltenden Prüfungsmaßstab im Sinne der *shareholder ratification rule* auszulösen[1547].

1541 Vgl. Fliegler v. Lawrence, 361 A.2d 218, 220 (Del.Sup.1976). Bestätigung fand damit die Regel zur Frage nach der Zulässigkeit der Ausübung einer *corporate opportunity*; vgl. dazu z.B. Equity Corp. v. Milton, 221 A.2d 494 (Del.Sup.1966); Guth v. Loft, Inc., 5 A.2d 503 (Del.Sup.1939).

1542 Vgl. Fliegler v. Lawrence, 361 A.2d 218, 222 (Del.Sup.1976).

1543 Vgl. Gottlieb v. Heyden Chemical Corp., 33 Del.Ch. 177; 91 A.2d 57 (Del.Sup.1952).

1544 Vgl. Gottlieb v. Heyden Chemical Corp., 33 Del.Ch. 177, 180; 91 A.2d 57 (Del.Sup.1952); siehe zum Fall bereits unter Glpkt. § 6 B. II.

1545 Vgl. Fliegler v. Lawrence, 361 A.2d 218, 221 (Del.Sup.1976).

1546 Vgl. Fliegler v. Lawrence, 361 A.2d 218, 222 (Del.Sup.1976); zugl.: Drexler/Black/Sparks, Del.Corp.L. § 15.02[2], S. 15-24 (2008), Gevurz, Corporation Law, § 402, S. 343 (2000). Siehe zur Frage der Einbeziehung der Stimmen von *manager-shareholders* unter Glpkt. § 7 A. I. 4. b) aa).

1547 Vgl. dazu bereits unter Glpkt. § 2 C. II. und Glpkt. § 6 B. II.

bbb) Einordnung der Argumentation des Gerichts

Zur Frage der Rechtswirkung einer Zustimmung nach § 144(a)(2) DGCL zeigt das Urteil zuvorderst, dass die richterliche Würdigung nicht auf die bloße Feststellung einer Erfüllung der Norm begrenzt blieb, sondern auch eine Prüfung des Geschäfts im Lichte der *equitable common law rules* vonstatten ging[1548]. Gemäß der Intention ihrer Verfasser betonte Richter *McNeilly*, dass nach Erfüllung der Norm allenfalls eine Anfechtbarkeit des Geschäfts einer Corporation aus den benannten Gründen beseitigt werden könne. Hervorgehoben wurde dies mittels der Worte: „*We do not read the statute as providing the broad immunity (...) It merely removes an interested director cloud when its terms are met and provides against invalidation of an agreement solely because such a director or officer is involved*"[1549]. Ferner unterstreichen die Worte: „*Nothing in the statutes sanctions unfairness or removes the transaction from judicial scrutiny.*" zweifelsfrei, dass allein die Fairness des Geschäfts die Richtschnur für die Bestätigung seiner Wirksamkeit bildete[1550]. Der Umstand, dass an dem Beschluss nicht mehrheitlich unbefangene Anteilseigner mitgewirkt hatten, hinderte das Gericht an einer Würdigung des Geschäfts in den Grenzen der *shareholder ratification rule*, so dass dessen rechtlicher (Fort-)Bestand vom Nachweis seiner Fairness abhängig gemacht worden ist. Durchaus konsequent erscheint diese Normzweckbetrachtung mit Blick auf die Treuepflichtenbindung, weil andernfalls befangene Leitungsorgane in der Eigenschaft als Mehrheitseigner der Corporation deren Geschäfte sanktionslos zum Nachteil der Minderheit durch Mehrheitsbeschluss durchsetzen könnten. Nicht zuletzt deshalb wird betont, dass der Gesetzgeber mit § 144(a)(2) DGCL keine Abänderung der nach *case law* geltenden Merkmale zur Anwendbarkeit der *business judgment rule* vornehmen wollte[1551]. Unterstrichen wird dies durch Bezugnahme auf den Entscheid in Gottlieb v. Heyden Chemical Corp.[1552], worin Richter *Tunnel* mit Blick auf die mehrheitliche Befangenheit der

1548 Vgl. Fliegler v. Lawrence, 361 A.2d 218, 222 (Del.Sup.1976) m.V.a. Johnston v. Greene, 35 Del.Ch. 479; 121 A.2d 919 (Del.Sup.1956); Sterling v. Mayflower Hotel Corp., 33 Del.Ch. 293; 93 A.2d 107 (Del.Sup.1952).

1549 Vgl. Fliegler v. Lawrence, 361 A.2d 218, 222 (Del.Sup.1976) [hervorgehoben vom Verfasser].

1550 Vgl. Fliegler v. Lawrence, 361 A.2d 218, 222 (Del.Sup.1976) [hervorgehoben vom Verfasser].

1551 Vgl. Fliegler v. Lawrence, 361 A.2d 218, 221 (Del.Sup.1976); vgl. zum *case law* bereits unter Glpkt. § 6 B. II.

1552 Vgl. Gottlieb v. Heyden Chemical Corp., 33 Del.Ch. 177; 91 A.2d 57 (Del.Sup.1952).

Gesellschafter ausgeführt hatte: „*(...) we cannot say that the entire atmosphere has been freshened*"[1553].

bb) Der Fall Marciano v. Nakash (Del.Sup.1987)

aaa) Sachverhalt und Norminterpretation

Die in Fliegler v. Lawrence[1554] noch offengelassene Frage zur Rechtswirkung einer Zustimmung im Sinne des § 144(a)(1) DGCL auf den für Unternehmensentscheidungen geltenden Beurteilungsmaßstab beantwortete der Delaware Supreme Court im Urteil Marciano v. Nakash[1555] mittels eines obiter dictum. Grund hierfür war der fehlende Beschluss im Sinn der Norm wegen eines *director-shareholder deadlock*, der die Autorisierung des durch die *directors* der Gasoline, Ltd. begebenen Darlehens unmöglich machte, da die *directors* der Gasoline, Ltd. als Darlehensgeber nicht unbefangen im Sinne des § 144(a)(1) DGCL und die Gesellschafter aufgrund einer Pattsituation in den Stimmen nicht im Sinne des § 144(a)(2) DGCL handeln konnten. Das Gericht beurteilte die Wirksamkeit des Darlehens daher nach § 144(a)(3) DGCL, indem es die prozedurale und sachliche Fairness des Geschäfts aus Sicht der Gasoline, Ltd bewertete[1556]. Im Zuge dessen betonte es per obiter dictum[1557], dass ein nach Ziffer (1) oder (2) des § 144(a) DGCL von neutralen Entscheidungsträgern autorisiertes Geschäft durch die *business judgment rule* geschützt werde und demzufolge nur eine eingeschränkte Überprüfung der Unternehmensentscheidung stattfinden dürfe. Bei Geschäften im Sinne der Norm würde der *intrinsic fairness test* erst dann zur Anwendung gelangen, wenn es zu keinem der beiden ‚*kurativen*' Schritte im Sinne des § 144(a)(1)/(2) DGCL gekommen sei[1558]. Schließlich erwiderte das Gericht auf den Einwand der Beklagten, die den § 144 DGCL „*as the sole basis for avoiding the per se rule of voidablity*" erachtet hatten[1559], dass deren Zweck ausschließlich

---

1553 Vgl. Fliegler v. Lawrence, 361 A.2d 218, 221 (Del.Sup 1976) m.V.a. Gottlieb v. Heyden Chemical Corp., 33 Del.Ch. 177, 180; 91 A.2d 57 (Del.Sup.1952) [hervorgehoben vom Verfasser].

1554 Vgl. Fliegler v. Lawrence, 361 A.2d 218 (Del.Sup.1976).

1555 Vgl. Marciano v. Nakash, 535 A.2d 400 (Del.Sup.1987):

1556 Vgl. Marciano v. Nakash, 535 A.2d 400, 407 (Del.Sup.1987) m.V.a. Weinberger v. UOP, Inc., 457 A.2d 701, 712 (Del.Sup.1983).

1557 Vgl. zur begrifflichen Abgrenzung zwischen einer ‚ratio decidendi' und einem ‚obiter dictum' bereits unter Glpkt. § 3 C.

1558 Vgl. Marciano v. Nakash, 535 A.2d 400, 405 Fn.3 (Del.Sup.1987).

1559 Vgl. Marciano v. Nakash, 535 A.2d 400, 404 (Del.Sup.1987) [hervorgehoben vom Verfasser].

darin liege, alternative Verfahren anzubieten, wodurch das Geschäft einer Corporation vom Makel eines Interessen-und/oder Pflichtenkonflikts bei einem oder mehreren ihrer Verwaltungsorgane befreit werden könne[1560].

bbb) Einordnung der Argumentation des Gerichts

Die Entscheidung im Fall Marciano v. Nakash[1561] bildet die erste aus einer Reihe von Urteilen des Delaware Supreme Court zu Geschäften einer Corporation im Anwendungsbereich des § 144(a) DGCL, in denen ein Zusammenhang hergestellt worden ist zwischen dem Beurteilungsmaßstab nach *case law*, der zum Zwecke der Prüfung eines (vermeintlichen) pflichtwidrigen Handelns eines *director* anzuwenden ist, und dem Kontrollmaßstab, der durch die alternativen Verfahren des § 144(a) DGCL vorgegeben wird. Einen Beleg hierfür bilden die Ausführungen im Urteil zur Frage der Rechtswirkung einer Zustimmung im Sinne der Norm auf die Frage der Beweislastverteilung zwischen den Parteien für die Fairness eines Geschäfts. Danach würden die befangenen *directors* einer Corporation - „*as under prior case law*" - nach Ziffer (3) des § 144(a) DGCL die Beweislast tragen für die „*(...) intrinsic fairness of a questioned transaction*", wenn es zu keiner Zustimmung nach dessen Ziffer (1) oder (2) „*(...) by fully-informed disinterested directors (...) or disinterested stockholders*" gekommen sei[1562]. Soweit allerdings eine den Merkmalen der Ziffer (1) oder (2) der Norm entsprechende Zustimmung nachgewiesen werden könne, beschränke sich der „*(...) judicial review to issues of gift or waste with the burden of proof upon the party attacking the transaction*"[1563]. Diese Argumentation lässt darauf schließen, dass durch entsprechende Erfüllung des § 144(a) DGCL der gerichtliche Maßstab für die Beurteilung des Geschäfts einer Corporation beeinflusst werden kann[1564]. In diese Richtung geht auch der nur zwei Jahre vor Marciano v. Nakash[1565] ergangene Entscheid im Fall Lewis v. Fuqua[1566], in dem *Vice Chancellor Hartnetts* zur Rechtswirkung der Vorschrift konstatierte: „*Title 8, § 144, Delaware Code provides that if a majority of disinterested directors approves a transaction after full*

1560 Vgl. Marciano v. Nakash, 535 A.2d 400, 404 (Del.Sup.1987) m.V.a. Fliegler v. Lawrence, 361 A.2d 218 (Del.Sup.1976).

1561 Vgl. Marciano v. Nakash, 535 A.2d 400 (Del.Sup.1987).

1562 Vgl. Marciano v. Nakash, 535 A.2d 400, 405, Fn.3 (Del.Sup.1987) [hervorgehoben vom Verfasser].

1563 Vgl. Marciano v. Nakash, 535 A.2d 400, 405, Fn.3 (Del.Sup.1987) [hervorgehoben vom Verfasser].

1564 Vgl. m.N. zu dieser Interpretation der Norm bereits unter Glpl. § 7 I. 3. b) aa).

1565 Vgl. Marciano v. Nakash, 535 A.2d 400 (Del.Sup.1987).

1566 Vgl. Lewis v. Fuqua, 502 A.2d 962; 85 Del.Ch.LEXIS 547 (Del.Ch.1985).

disclosure of all material facts as to such transaction the transaction cannot be challenged (...)“[1567]. Gestützt wird diese Überlegung zudem durch die folgende Formulierung im Urteil Oberly v. Kirby[1568]: „*(...) section 144 allows a committee of disinterested directors to approve a transaction and bring it within the scope of the business judgment rule (...)*“, welche der Supreme Court durch den Hinweis ergänzt hatte, dass der Nachweis der Fairness eines Geschäfts in Fällen zu Lasten des befangenen Leitungsorgans gehe, in denen das Geschäft der Corporation keine entsprechende Autorisierung durch deren *board*-Mitglieder oder Gesellschafter erlangt hatte[1569].

Die sich aus vorbenannten Fällen ableitende Einschätzung zur Frage des geltenden Prüfungsmaßstabs für ein im Sinne des § 144(a)(1) DGCL autorisiertes Geschäft einer Corporation ließe sich ebenso mit den Urteilen im Fall Gries Sport Enterprises, Inc. v. Cleveland Browns Football Co., Inc.[1570] begründen, in denen erstmals andere Gerichte, u.a. der Ohio Court of Appeals, die Regelung zu interpretieren hatten. Zur Beurteilung stand die Frage der Wirksamkeit eines durch *board*-Beschluss autorisierten Vertrages, der die Beklagte zur Übertragung von 80% der Geschäftsanteile an der Cleveland Stadium Corporation an einen ihrer *directors* verpflichtet hatte[1571]. Das Gericht befand den mit 4:1 der Stimmen ergangenen *board*-Beschluss als wirksam nach § 144(a)(1) DGCL, obwohl sich letztlich bloß 2 der insgesamt 3 als unbefangen geltenden *directors* der Beklagten für den Abschluss des Vertrages ausgesprochen hatten. Das Gericht rechtfertigte seine sich in den Grenzen der *business judgment rule* vollzogene Überprüfung des Vertrags mit der Wirksamkeit des *board*-Beschusses, indem es mit Hinweis auf den letzten Halbsatz des § 144(a)(1) DGCL ausführte „*(...) such a majority (...) is completly valid under Delaware Law*“[1572]. Ungeachtet des Umstands,

1567 Vgl. Lewis v. Fuqua, 502 A.2d 962, 970; 85 Del.Ch.LEXIS 547 (Del.Ch.1985).

1568 Vgl. Oberly v. Kirby, 952 A.2d 445 (Del.Sup.1991).

1569 Vgl. Oberly v. Kirby, 952 A.2d 445, 466 (Del.Sup.1991) [hervorgehoben vom Verfasser]; aff'd in: Stegemeier v. Magness, 728 A.2d 557, 562 (Del.Sup.1999).

1570 Vgl. Gries Sport Enterprises, Inc. v. Cleveland Browns Football Co., Inc., CA No. 49184, 49197, slip op. (8th Dist.App.Ohio 1986); 496 N.E.2d 959; 26 Ohio St.3d 15 (Ohio Sup.1986; Del.Law).

1571 Vgl. Gries Sport Enterprises, Inc. v. Cleveland Browns Football Co., Inc., 496 N.E.2d 959, 963; 26 Ohio St.3d 15 (Ohio Sup.1986; Del.Law).

1572 Vgl. Gries Sport Enterprises, Inc. v. Cleveland Browns Football Co., Inc., 496 N.E.2d 959, 963; 26 Ohio St.3d 15 (Ohio Sup.1986; Del.Law) [hervorgehoben vom Verfasser].

dass das Urteil in letzter Instanz vom Supreme Court aufgehoben wurde[1573], liegt doch dessen Besonderheit darin, dass die *business judgment rule* in einem Fall Anwendung fand, welcher sich zwar unter § 144(a)(1) DGCL subsumieren lässt, jedoch hinsichtlich der nach Delaware *case law* geltenden Prinzipien eine an den Merkmalen der Fairness orientierte Beurteilung verdient hätte, weil es in dem Fall gerade an einer beschlussfähigen Mehrheit von unbefangenen *directors* gefehlt hatte. Denn das *board* der Beklagten bestand insgesamt aus 7 Mitgliedern, von denen 4 als befangen galten. Von diesen 4 befangenen *directors* hatten 2 ihr Stimmrecht ausgeübt und 2 sich der Stimme enthalten. Damit hatten letztlich 5 *directors* ihr Stimmrecht ausgeübt und im Verhältnis von 4:1 aller Stimmen bzw. im Verhältnis 2:1 der Stimmen der unbefangenen *directors* ihre Zustimmung zu dem Vertrag erklärt[1574]. Demzufolge fehlte es an einer beschlussfähigen Mehrheit unter den unbefangenen *board*-Mitgliedern, denn nach Delaware *case law* hätte es für eine Anwendung der *business judgment rule* einer Mitwirkung von 4 (nicht 3) unbefangenen *directors* bedurft, von denen wiederum die Mehrheit, mithin 3 (nicht 2), für das Geschäft hätte stimmen müssen (falls man weiterhin unterstellt, dass 1 *director* dagegen votierte).

cc) Der Fall Cinerama, Inc. v. Technicolor, Inc. (Del.Sup.1995)

aaa) Sachverhalt und Norminterpretation

Hatte man seinerzeit aufgrund der vorzitierten Urteile in der Praxis oder Lehre die Theorie vertreten, dass ein Beschluss im Sinne des § 144(a)(1) DGCL zur Anwendung der *business judgment rule* führe, dürfte man nach Verkündung des Urteils in Cinerama, Inc. v. Technicolor, Inc.[1575] irritiert gewesen sein, weil der Supreme Court der vorinstanzlichen Entscheidung des Chancery Court u.a. darin gefolgt war, dass der § 144(a) DGCL "*(...) does not restore to the board*

1573 Grund dafür war, dass jene noch in der 2. Instanz für neutral befunden *directors* nunmehr für ‚*interested*' erklärt wurden. Als Folge dessen blieb die Frage nach der Geltung der *business judgment rule* unthematisiert; Bestätigung fand wieder das erstinstanzliche Urteil des Court of Common Pleas of Cuyahoga County; s. Gries Sport Enterprises,Inc. v. Cleveland Browns Football Co.,Inc., CA No. 40598, slip op. (C.P.Cuyahoga County, Ohio Aug. 30, 1984, repr'd in Appellant's Brief at app. 83 (Gries); 496 N.E.2d 959; 26 Ohio St.3d 15 (Ohio Sup.1986; Del.Law).

1574 Vgl. Gries Sport Enterprises, Inc. v. Cleveland Browns Football Co., Inc., 496 N.E.2d 959, 967; 26 Ohio St.3d 15 (Ohio Sup.1986; Del. Law) [hervorgehoben vom Verfasser].

1575 Vgl. Cinerama, Inc. v. Technicolor, Inc., 663 A.2d 1134, (Del.Ch.1994), aff'd, 663 A.2d 1156, (Del.Sup.1995).

the presumption of the business judgment rule; it simply shifts the burden to plaintiff to prove unfairness"[1576]. Unbeanstandet blieb ebenso die Auffassung: "*That statute does not deal with the question when will a financial interest of one or more directors cast on the board the burdens and risks of the entire fairness form of judicial review. Rather it deals with the related problem of conditions under which a contract can be rendered un-voidable solely by reason of a interest*"[1577]. Folgt man diesen Ausführungen, so hatte das Gericht den Zweck des § 144(a) DGCL nicht darin gesehen, einer Corporation alternative Wege anzubieten, wodurch sich bei einem im Eigen-/Fremdinteresse von einem oder mehreren ihrer Leitungsorgane liegenden Geschäft eine Fairness-Analyse vermeiden lasse, vielmehr begrenzte es das Ziel der Norm darauf, dass sich mit deren Erfüllung lediglich der Makel des Interessen-/Pflichtenkonflikts eines Leitungsorgans vom Geschäft einer Corporation beseitigen lasse[1578]. Ebenfalls stellte das Gericht klar, dass zwischen der Frage, ob eine Erfüllung der Norm zur Anwendung der *business judgment rule* führe oder nur die ‚*interested cloud*' vom Geschäft der Corporation beseitige, bloß insoweit Parallelen bestünden, als in beiden Fällen eine Entscheidung durch eine beschlussfähige Mehrheit von unbefangenen und gutgläubig handelnden *directors* einer Corporation Voraussetzung sei. Explizit betonte wurde hierbei, dass die Vorgaben für eine Zustimmung im Sinne des § 144(a)(1) DGCL nicht gänzlich den Kriterien zur Beurteilung der Anwendbarkeit der *business judgment rule* entsprechen, weil hierfür auch das Handeln unabhängiger Entscheidungsträger einer Corporation erforderlich sei[1579].

bbb) Einordnung der Argumentation des Gerichts

Obschon sich in den Worten des Chancery Court die Gedanken der Normverfasser wiederfinden[1580], so blieben doch die Urteile in Cede III[1581]- dem

---

1576 Vgl. Cinerama, Inc. v. Technicolor, Inc., 663 A.2d 1134, 1153 (Del.Ch.1994), aff'd, 663 A.2d 1156, 1169 (Del.Sup.1995) [hervorgehoben vom Verfasser], m.V.a. Kahn v. Lynch Communications Systems, Inc.. 638 A.2d 1110, 1116 (Del.Sup.1994); ebenso in: Kahn v. Tremont Corp., 1996 Del.Ch.Lexis 40 (Del.Ch.1996); rev'd o.o.g., 694 A.2d 422, 429 (Del.Sup.1997).

1577 Vgl. Cinerama, Inc. v. Technicolor, Inc., 663 A.2d 1134, 1154 (Del.Ch.1994) [hervorgehoben vom Verfasser].

1578 Vgl. Cinerama, Inc. v. Technicolor, Inc., 663 A.2d 1134, 1154 (Del.Ch.1994), aff'd, 663 A.2d 1156, 1169 (Del.Sup.1995).

1579 Vgl. Cinerama, Inc. v. Technicolor, Inc., 663 A.2d 1134, 1154 (Del.Ch.1994), aff'd, 663 A.2d 1156, 1169 (Del.Sup.1995).

1580 Vgl. bereits unter Glpkt. § 7 A. I. 3. a)-b).

1581 Vgl. Cinerama, Inc. v. Technicolor, Inc., 663 A.2d 1134 (Del.Ch.1994), aff'd, 663 A.2d 1156 (Del.Sup.1995).

3. Akt der sog. ‚Cede-Trilogie'[1582] - nicht ohne Kritik[1583]. Grund hierfür war die zuvor durch den Supreme Court in Cede II[1584] vertretene Auffassung, wonach *„(...) section 144(a) codified judicially acknowledged principles of corporate governance to provide a limited safe harbor for corporate boards to prevent director conflicts of interest from voiding corporate action"*[1585], so dass für Geschäfte im Geltungsbereich der Norm eine Fairness-Prüfung nur dann erforderlich werde, wenn der *„taint of interestedness"* bei einer Mehrheit der *directors* einer Corporation bestanden habe[1586]. Ähnlich urteilte *Vice-Chancellor Jabobs* in In re Wheelabrator Technologies Inc. S'holders Litig.[1587], der unter Bezugnahme auf das obiter dictum des Supreme Court in Marciano v. Nakash[1588] feststellte: *"Accordingly, the review standard applicable to this merger is business judgment, with the plaintiffs having the burden of proof. That result is reached by application of the 8 Del.Code § 144(a)(1). That statute (...)"*[1589]. Auf Unverständnis in der Lehre stieß zudem der Verweis in Cede III[1590] auf das Urteil in Kahn v. Lynch Communications

---

1582 Vgl. Cede & Co. v. Technicolor, Inc., 542 A.2d 1182 (Del.Sup.1988); aff'd in part, rev'd in part, 1991 Del.Ch.LEXIS 105, repr'd, 17 Del.J. Corp.L. 551 (1992) - 'Cede I'; aff'd, 634 A.2d 345 (Del.Sup.1993); mod'd on reh'g in part & reh'g denied in part o.o.g., 638 A.2d 956 (Del.Sup. 1994) - 'Cede II', dism'd on remand, sub. nom. Cinerama, Inc. v. Technicolor, Inc., 663 A.2d 1134, (Del.Ch.1994), aff'd, 663 A.2d 1156 (Del. Sup.1995) - 'Cede III'; vgl. zu den Fällen: Hansen, 19 Del.J.Corp.L. 617 (1994).

1583 So z.B.: Hansen, 19 Del.J.Corp.L. 617 (1994); ders. Corporation, LXIX, No. 17, § 2 (1998); ders. Corporation, LXXIII No. 5, § 2 (2002); ders. Corporation, LXXX No. 2, § 2 (2009); *Hansen* plädierte bereits vor der Entscheidung in Cede III für die Geltung der *business judgment rule* in Fällen einer Erfüllung des § 144(a)(1) DGCL; siehe insoweit z.B. Hansen/Johnston/Alexander, 45 Bus.Law. 2083, 2093 (1990).

1584 Vgl. Cede & Co. v. Technicolor, Inc., 634 A.2d 345 (Del.Sup.1993).

1585 Vgl. Cede & Co. v. Technicolor, Inc., 634 A.2d 345, 365 (Del.Sup.1993).

1586 Vgl. Cede & Co. v. Technicolor, Inc., 634 A.2d 345, 366 Fn. 34 (Del.Sup.1993) [hervorgehoben vom Verfasser].

1587 Vgl. In re Wheelabrator Technologies Inc. S'holders Litig., 663 A.2d 1194 (Del. Ch.1995).

1588 Vgl. Marciano v. Nakash, 535 A.2d 400 (Del.Sup.1987).

1589 Vgl. In re Wheelabrator Technologies Inc. S'holders Litig., 663 A.2d 1194, 1205 Fn. 8 (Del.Ch.1995).

1590 Vgl. Cinerama, Inc. v. Technicolor, Inc., 663 A.2d 1134 (Del.Ch.1994), aff'd, 663 A.2d 1156 (Del.Sup.1995).

Systems, Inc.[1591], auf das sich *Chancellor Allen* mit folgenden Worten berufen hatte: "*But as construed by our Supreme Court recently, compliance with the terms of Section 144 does not (...)*"[1592].

Grund für das Unverständnis in der Lehre bildete der Umstand, dass es in Cede III[1593] - anderes als im vorerwähnten Urteil - nicht um ein im Interesse eines herrschenden Aktionärs stehendes Geschäft ging, sondern um einen *two-step-cash-out-merger* in Form der Fusion zweier ungebundener Unternehmen[1594]. Hinzu kam, dass der Supreme Court in Kahn v. Lynch Communications Systems, Inc.[1595] seine Ansicht: "*Entire fairness remains the proper focus of judicial analysis in examining an interested merger, irrespective of whether the burden of proof remains upon or is shifted away from (...) the dominating shareholder*"[1596] ohne einen Hinweis auf § 144 DGCL vertreten hatte[1597]. Dieser Umstand blieb allerdings in Cede III[1598] unerwähnt, so dass die vorzitierten Worte *Chancellor Allens* den Eindruck hinterließen, der Supreme Court könnte seine zuvor in Cede II[1599] vertretenen Auffassung zur Frage der Rechtswirkung eines den Vorgaben des § 144(a)(1) DGCL genügenden Beschlusses auf den gerichtlichen Beurteilungsmaßstab revidiert haben.

1591 Vgl. Kahn v. Lynch Commun. Systems, Inc., 638 A.2d 1110 (Del.Sup.1994).

1592 Vgl. Cinerama, Inc. v. Technicolor, Inc., 663 A.2d 1134, 1153 (Del.Ch.1994) [hervorgehoben vom Verfasser].

1593 Vgl. Cinerama, Inc. v. Technicolor, Inc., 663 A.2d 1134 (Del.Ch.1994), aff'd, 663 A.2d 1156 (Del.Sup.1995)

1594 In dem Fall Kahn v. Lynch Commun. Systems, Inc. 638 A.2d 1110 (Del.Sup.1994) ging es um die Verschmelzung zwischen der Alcatel USA Corp. und der Lynch Communication Systems, Inc. wobei Erstere herrschender Aktionär war]. Vertiefend dazu: Clark, 20 Del.J.Corp.L. 564 ff. (1995).

1595 Vgl. Kahn v. Lynch Commun. Systems, Inc., 638 A.2d 1110 (Del.Sup.1994).

1596 Vgl. In Kahn v. Lynch Communications Systems, Inc., 638 A.2d 1110, 1111 (Del. Sup.1994) [hervorgehoben vom Verfasser]; ähnlich bereits in: In re Triton Group Ltd. S'holders Litig., Cons., 1991 Del.Ch.LEXIS 26 (Del.Ch.1991).

1597 Vgl. In Kahn v. Lynch Communications Systems, Inc., 638 A.2d 1110, 1111 (Del. Sup.1994). Der fehlende Hinweis auf § 144 DGCL folgte daraus, dass zwischen den Prozessparteien (die Technicolor, Inc. und die MacAndrews & Forbes, Inc.) unbestritten war, dass das zu prüfende Geschäft nicht im Geltungsbereich der Norm lag.

1598 Vgl. Cinerama, Inc. v. Technicolor, Inc., 663 A.2d 1134 (Del.Ch.1994), aff'd, 663 A.2d 1156 (Del.Sup.1995).

1599 Vgl. Cede & Co. v. Technicolor, Inc., 634 A.2d 345 (Del.Sup.1993).

dd) Die Urteile im Fall Cooke v. Oolie (Del.Ch.1997 & 2000)

aaa) Sachverhalt und Norminterpretation

Der Gedanke an einen Paradigmenwechsel in ebendieser Frage fand seinerzeit einen Nährboden nicht nur in Cooke v. Oolie[1600], wo *Chancellor Chandler* auf das Urteil in Cede III[1601] mit den Worten verwies: "*It is now clear that even, if a board's action falls within the safe harbor of section 144, the board is not entitled to receive the protection of the business judgment rule. Compliance with section 144 merely (...)*"[1602]. Auch dessen Kollege, *Vice-Chancellor Steele,* gab mit Bezug auf den Fall Nebenzahl v. Miller[1603] an: "*No longer does section 144 remove the interested director cloud from a transaction through these alternative methods and permit an otherwise interested transaction to be brought within the protection of the business judgment rule*"[1604]. Ebenso stellte *Chancellor Allen* per obiter dictum im Urteil Lewis v. Vogelstein[1605] fest: "*§ 144 of the DGCL (...) compliance with that section simply removed the automatic taint of a director conflict transaction, but nevertheless left the transaction subject to substantive judicial review for fairness*"[1606]. Vorzitierten Ausführungen folgend, befürwortete *Chancellor Chandler* daher in Cooke v. Oolie[1607] unter Hinweis auf Cede III[1608] keine eingeschränkte Prüfung des nach § 144(a)(1) DGCL ergangenen Beschlusses nach der *business judgment rule*, sondern beurteilte das Darlehensgeschäft nach dem *fairness test*[1609]. Drei Jahre später

1600 Vgl. Cooke v. Oolie, 1997 Del.Ch. LEXIS 92 (Del.Ch.1997), repr'd, 23 Del.J. Corp.L. 775 (1997) - 'Oolie I'.

1601 Vgl. Cinerama, Inc. v. Technicolor, Inc., 663 A.2d 1134 (Del.Ch.1994), aff'd, 663 A.2d 1156 (Del.Sup.1995).

1602 Vgl. Cooke v. Oolie, 1997 Del.Ch. LEXIS 92, *38; repr'd, 23 Del.J. Corp.L. 775, 796 (1997) hervorgehoben vom Verfasser].

1603 Vgl. Nebenzahl v. Miller, 1996 Del.Ch. LEXIS 113 (Del.Ch.1996); revised, 1996 Del. Ch..LEXIS 113, repr'd 22 Del.J.Corp. 779 (1997).

1604 Vgl. Nebenzahl v. Miller, 1996 Del.Ch.LEXIS 113, *14 (Del.Ch.1996); repr'd 22 Del. J.Corp. 779, 789 (1997) m.V.a. Cinerama, Inc. v. Technicolor, Inc., 663 A.2d 1134 (Del.Ch.1994), aff'd, 663 A.2d 1156, (Del.Sup.1995) - 'Cede III': [hervorgehoben vom Verfasser].

1605 Vgl. Lewis v. Vogelstein, 699 A.2d 327 (Del.Ch.1997).

1606 Vgl. Lewis v. Vogelstein, 699 A.2d 327, 335 Fn. 12 (Del.Ch.1997).

1607 Vgl. Cooke v. Oolie, 1997 Del.Ch. LEXIS 92 (Del.Ch.1997), repr'd, 23 Del.J. Corp.L. 775 (1997) - 'Oolie I'.

1608 Vgl. Cinerama, Inc. v. Technicolor, Inc., 663 A.2d 1134, (Del.Ch.1994), aff'd, 663 A.2d 1156, (Del.Sup.1995).

1609 Beweise für eine *unfairness* des Geschäfts konnten aufgrund der Situation der Corporation nicht dargelegt werden. Grund dafür war auch, dass sich die Gesellschaft

korrigierte *Chancellor Chandler* diesen Maßstab allerdings im Urteil Oolie II[1610], obschon es darin nicht mehr um das in Oolie I[1611]zu prüfende Darlehen zweier *directors* gegangen war, sondern vielmehr um den sich aus ihrer Gläubigerposition ergebenen Vorwurf treuwidrigen Verhaltens im Rahmen ihrer Verhandlungen mit Investoren über die Übernahme der Nostalgia Networks, Inc.[1612].

Die einst in Oolie I[1613] vertretene Auffassung rechtfertigte *Chancellor Chandler* mit der Faktenlage, respektive mit der irrtümlichen Annahme einer dominanten Amtsstellung der beiden Darlehensgeber[1614]. Im Rahmen dessen betonte er, dass der Makel des Interessenkonflikts bei den beiden *board*-Mitgliedern mit der Beschlussfassung mehrheitlich unabhängiger und unbefangener *directors* beseitigt worden sei, so dass die Darlehensverträge im Sinne der *business judgment rule* hätten überprüft werden müssen[1615]. Nach diesem Institut müsse bei einem Beschluss im Sinne des § 144(a)(1) DGCL stets verfahren werden, soweit damit nicht das Geschäft des herrschenden Aktionärs einer Corporation autorisiert worden ist[1616]. Mit einem Beschluss mehrheitlich neutraler *directors* werde die Vermutung eines treuwidrigen Handelns aufgrund des Interessenkonflikts beseitigt, so dass grundsätzlich ein die Treuepflicht wahrendes Handeln von *board*-Mitgliedern im Interesse der Gesellschaft und ihrer Anteilseigner vermutet werden dürfe[1617]. In Oolie

---

in einer finanziellen Krise befand und ein ‚neutraler' Dritter nicht bereit war, ein Darlehen zu besseren Konditionen zu gewähren. Vgl. Cooke v. Oolie, 1997 Del. Ch.LEXIS 92, *12 f. (Del.Ch.1997); repr'd, 23 Del.J.Corp.L. 775, 798 (1997).

1610 Vgl. Cooke v. Oolie, 2000 Del.Ch. LEXIS 89 (Del.Ch. 2000); repr'd, 28 Del.J.Corp.L. 609 (2001) - 'Oolie II'.

1611 Vgl. Cooke v. Oolie, 1997 Del.Ch. LEXIS 92 (Del.Ch.1997), repr'd, 23 Del.J. Corp.L. 775 (1997) - 'Oolie I'.

1612 Vgl. Cooke v. Oolie, 2000 Del.Ch. LEXIS 89, *5 ff. (Del.Ch.2000); repr'd in 28 Del. J.Corp.L. 609 (2001); Cooke v. Oolie, 1997 Del.Ch.LEXIS 92 (Del.Ch.1997); repr'd, 23 Del.J.Corp.L. 775, 785 (1997).

1613 Vgl. Cooke v. Oolie, 1997 Del.Ch. LEXIS 92 (Del.Ch.1997); repr'd, 23 Del.J. Corp.L. 775 (1997).

1614 Vgl. Cooke v. Oolie, 2000 Del.Ch. LEXIS 89, *46 Fn. 41 (Del.Ch.2000); repr'd, 28 Del.J.Corp.L. 609 (2001).

1615 Vgl. Cooke v. Oolie, 2000 Del.Ch. LEXIS 89, *44 (Del.Ch.2000); repr'd, 28 Del.J. Corp.L. 609 (2001).

1616 Vgl. Cooke v. Oolie, 2000 Del.Ch. LEXIS 89, *44 (Del.Ch.2000); repr'd, 28 Del.J. Corp.L. 609 (2001).

1617 Vgl. Cooke v. Oolie, 2000 Del.Ch. LEXIS 89 *44 (Del.Ch. 2000); repr'd, 28 Del.J. Corp.L. 609 (2001).

II[1618] hatte *Chancellor Chandler* somit die Gelegenheit ergriffen, seine Sichtweise zur Frage der Rechtswirkung eines Beschlusses im Sinne des § 144(a)(1) DGCL erneut zu bekräftigen, die er bereits 2 Tage zuvor im Fall In re Western National Corp. S'holders Litig.[1619] bekundet hatte.

bbb) Einordnung der Argumentation des Gerichts

Ungeachtet der Beweggründe für dessen ‚Zurückrudern' in Oolie II[1620] sei darauf hingewiesen, dass *Chancellor Chandler* in seinem Urteil - wie schon der Supreme Court in Marciano v. Nakash[1621] - einen Zusammenhang herstellte zwischen der Rechtswirkung einer Erfüllung des § 144(a)(1) DGCL und dem nach *case law* geltenden Kontrollmaßstab zur Ermittlung eines treuwidrigen Verwaltungshandelns. Beispielhaft dafür ist auch die folgende Passage: „*Once the plaintiffs demonstrate interest, the burden shifts to the defendants to show that one of § 144's safe harbor provisions protects them and the transaction*"[1622], welche dahingehend interpretiert werden kann, dass Leitungsorgane mit entsprechender Erfüllung der Norm nicht nur den (Fort-)Bestand des Geschäfts, sondern ebenso sich selbst vor einer Inanspruchnahme aufgrund treuwidrigen Handelns schützen können. Die damit hergestellte Korrelation zwischen einer Beschlussfassung im Sinne der Vorschrift und dem nach *case law* geltenden Maßstab zur Überprüfung von Entscheidungen der Organe einer Corporation wird schließlich durch die Schrittfolge unterstrichen, die *Chancellor Chandler* zur Feststellung einer Geltung der *business judgment rule* vorgeschlagen hatte. Demnach habe ein Kläger zunächst Tatsachen für ein Geschäft im Sinne der Vorschrift darzulegen. Soweit ein Eigen-/Fremdinteresse von Leitungsorganen naheliege, sei es deren Aufgabe, nachzuweisen, dass eine Autorisierung des Geschäfts im Sinne der Ziffer (1) oder (2) des § 144(a) stattgefunden habe. Soweit § 144(a)(1) DGCL einschlägig sei, werde das Geschäft von der *business judgment rule* geschützt, so dass es dem Kläger obliege, deren Vermutungswirkung zu widerlegen, indem er die Parteilichkeit der Entscheidungsträger aufgrund einer unlauteren Einflussnahme durch befangene Leitungsorgane belegt. Letztlich gab *Chancellor*

1618 Vgl. Cooke v. Oolie, 2000 Del.Ch. LEXIS 89 (Del.Ch. 2000); repr'd, 28 Del.J.Corp.L. 609 (2001) - 'Oolie II'.

1619 Vgl. In re Western National Corp. S'holders Litig., 2000 Del.Ch. LEXIS 82 (Del. Ch.2000).

1620 Vgl. Cooke v. Oolie, 2000 Del.Ch. LEXIS 89 (Del.Ch. 2000); repr'd, 28 Del.J.Corp.L. 609 (2001),

1621 Vgl. Marciano v. Nakash, 535 A.2d 400 (Del.Sup.1987).

1622 Vgl. Cooke v. Oolie, 2000 Del.Ch.LEXIS 89, *46, Fn. 41 (Del.Ch.2000) [hervorgehoben vom Verfasser].

Chandler an, dass in Oolie I[1623] ein *entire fairness test* statthaft gewesen wäre, wenn - „*(...) as I inadvertently assumed in my 1997 Opinion (...)*“[1624] - auch die beiden Darlehensgeber die Stellung eines herrschenden Gesellschafters der Nostalgia Networks, Inc. eingenommen hätten.

ee) Der Fall In re Cox Communications Shareholders Litig. (Del.Ch.2005)

aaa) Sachverhalt und Norminterpretation

Obschon die Argumentation in Oolie II[1625] unter Kommentatoren aus der Lehre Zustimmung fand, die einst harsche Kritik an der Begründung der Chancery in Oolie I[1626]und in Cede III[1627] geübt hatten[1628], so blieben doch die Gedanken *Chancellor Chandlers* zur Korrelation zwischen einer Erfüllung der Norm und dem *case law* zur Feststellung rechtmäßigen Verwaltungshandelns in Folgeurteilen unbestätigt. Mit der Frage der Rechtswirkung einer Entscheidung im Sinne des § 144(a)(1)/(2) DGCL befasste sich erstmals wieder *Vice-Chancellor Strine* in dem Urteil In re Cox Communications S'holders Litig.[1629]. Ohne eine Würdigung der Oolie-Judikate führte dieser aus, dass ungeachtet der bestehenden Parallelen zu differenzieren sei zwischen den Voraussetzungen für eine Erfüllung der Kontrollverfahren des § (144(a) DGCL und den *equitable common law rules* zur Feststellung eines rechtmäßigen Handelns von Leitungsorgangen bei einem im Geltungsbereich der Norm liegenden Geschäft, weil sich mit Erfüllung der Norm nur der darin benannte Interessen-/Pflichtenkonflikt beseitigen lasse[1630]. Zu unterscheiden sei zwischen der Frage, ob, und wenn ja inwieweit, bereits mit einer Zustimmung nach § 144(a)(1)/(2) DGCL der Status eines Geschäfts im Geltungsbereich der Norm beeinflusst werden kann, und der Frage, inwieweit eine solche Zustimmung geeignet ist, den gerichtliche Beurteilungsmaßstab zur

---

1623 Vgl. Cooke v. Oolie, 1997 Del.Ch. LEXIS 92 (Del.Ch.1997); repr'd, 23 Del.J. Corp.L. 775 (1997).

1624 Vgl. Cooke v. Oolie, 2000 Del.Ch.LEXIS 89, *46 Fn. 41 (Del.Ch.2000) [hervorgehoben vom Verfasser].

1625 Vgl. Cooke v. Oolie, 2000 Del.Ch. LEXIS 89 (Del.Ch. 2000); repr'd, 28 Del.J.Corp.L. 609 (2001) - 'Oolie II'.

1626 Vgl. Cooke v. Oolie, 1997 Del.Ch. LEXIS 92 (Del.Ch.1997); repr'd, 23 Del.J. Corp.L. 775 (1997).

1627 Vgl. Cinerama, Inc. v. Technicolor, Inc., 663 A.2d 1134, (Del.Ch.1994), aff'd, 663 A.2d 1156, (Del.Sup.1995).

1628 Hansen, Corporation, LXXIII No. 5, § 2, S.8 ff. (2002).

1629 Vgl. In re Cox Communications S'holders Litig., 879 A.2d 604 (Del.Ch.2005).

1630 Vgl. In re Cox Communications S'holders Litig., 879 A.2d 604, 614(Del.Ch.2005).

Ermittlung eines rechtmäßigen Handelns der *board*-Mitglieder einer Corporation zu beeinflussen[1631]. Die gebotene Differenzierung zwischen der Rechtswirkung einer Zustimmung nach § 144(a) DGCL und einer solchen, die geeignet ist, den Kontrollmaßstab nach *case law* zu bestimmen, unterstrich das Gericht, indem es die Kriterien des § 144(a)(2) DGCL mit den Anforderungen verglich, deren Erfüllung bei einem Mehrheitsbeschluss von Aktionären zur Anwendbarkeit der *shareholder ratification rule* führen kann. Während nach der Norm bereits ein gutgläubiges Handeln einer informierten Aktionärsmehrheit genüge, sei nach *case law* eine Beschlussmehrheit durch neutrale und informierte Gesellschafter erforderlich[1632]. *Vice Chancellor Strine* konkretisierte damit seine einst in HMG/Courtland Properties, Inc. v. Gray[1633] per obiter dictum geäußerte Meinung, wonach: "*(…) satisfaction of §§ 144(a)(1) or (a)(2) simply protects against invalidation of the transaction ‚solely' because it is an interested one. As such, § 144 is best seen as establishing a floor for board conduct but not a ceiling*"[1634].

bbb) Einordnung der Argumentation des Gerichts

Folgt man diesem Bild vom „*floor for board conduct*", so ließe sich die Regelung dahin interpretieren, dass im Rahmen der (gerichtlichen) Beurteilung eines Geschäfts die Feststellung der Frage nach einer Erfüllung der Alternativen des § 144(a) DGCL bloß ein Durchgangsstadium (‚*floor*') bildet auf dem Weg der Überprüfung der Gültigkeit des Geschäfts und der Rechtmäßigkeit des Verwaltungshandelns. Nach dem erfolgreichen Durchschreiten dieses ersten ‚floor' würde man zum '*floor*' des *case law* gelangen, auf welchem sich in Abhängigkeit von der Erfüllung der jeweiligen Ziffer der Vorschrift die Frage stellt, ob die von *board*-Mitgliedern oder Gesellschaftern veranlasste Autorisierung des Geschäfts ausreicht, die Rechtswirkungen der *business judgment rule* oder die einer *shareholder ratification rule* zu entfalten. Dieser Ansatz der Auslegung der Rechtswirkung einer Zustimmung nach § 144(a)(1)/(2) DGCL würde konform gehen mit dem Hinweis *Vice-Chancellor Strines* in HMG/Courtland Properties, Inc. v. Gray[1635], wonach eine nicht dem § 144(a)(1)/(2) DGCL genügende

---

1631 Vgl. ln re Cox Communications S'holders Litig., 879 A.2d 604, 614 (Del.Ch.2005).

1632 Vgl. ln re Cox Communications S'holders Litig., 879 A.2d 604, 614 (Del.Ch.2005), m.V.a. Harbor Fin. Partners v. Huizenga, 751 A.2d 879, 900 (Del.Ch.1999); s. auch Drexler/Black/Sparks, Del.Corp.L, § 15.05[2], 15-23 (2008).

1633 Vgl. HMG/Courtland Properties, Inc. v. Gray, 749 A.2d 94, 112 (Del.Ch.1999).

1634 Vgl. HMG/Courtland Proberties, Inc. v. Gray, 749 A.2d 94, 114 Fn. 24 (Del. Ch.1999): [hervorgehoben vom Verfasser].

1635 Vgl. HMG/Courtland Properties, Inc. v. Gray, 749 A.2d 94, 112 (Del.Ch.1999).

Autorisierung des Geschäfts zwar stets dessen Überprüfung nach dem *entire fairness test* zur Folge habe; im Wege einer Umkehrschlussbetrachtung dürfe hieraus jedoch nicht gefolgert werden, dass eine Entscheidung im Sinne des § 144(a)(1)/(2) DGCL zwangsläufig von der *business judgment rule* geschützt sei. Grund dafür sei die Zielrichtung der Norm, die nur in der Beseitigung des Makels des Interessen-/Pflichtenkonflikts von Leitungsorganen liege[1636]. Demnach sei eine Entscheidung im Sinne der Norm lediglich als „*(...) a minimum requirement to retain the protection of the business judgment rule (...)*" zu betrachten[1637].

Eine Bestätigung findet diese Normzweckanalyse sowohl in den Folgeurteilen des Chancery Court[1638] wie auch in denen des Supreme Court, der an den Argumentationen der *Chancellors* stets festhielt[1639]. So erwiderte zum Beispiel *Vice Chancellor Parsons* im Fall Benihana of Tokyo, Inc. v. Benihana, Inc.[1640] auf den Einwand der Beklagten zum geltenden Prüfungsmaßstab, dass bei einem *board*-Beschluss im Sinne des § 144(a)(1) DGCL eine Kontrolle der Fairness eines Geschäfts nicht per se unmöglich werde, weil ein solcher Beschluss lediglich zur Folge habe, dass das Geschäft einer Corporation nicht mehr als anfechtbar gelte aus Gründen des Interessen-/Pflichtenwiderstreits des betreffenden Leitungsorgans[1641]. Hiervon unberührt bleibe daher die sich dem Gericht stellende Frage, ob das Geschäft einer Corporation nicht aus anderen Gründen als dem Interessen-/Pflichtenwiderstreit eines Verwaltungsorgans unfair sei, so dass *"(...) equitable common law rules requiring the application of the entire fairness*

1636 Vgl. HMG/Courtland Properties, Inc. v. Gray, 749 A.2d 94, 114 Fn. 24 (Del.Ch.1999).

1637 Vgl. HMG/Courtland Properties, Inc. v. Gray, 749 A.2d 94, 112 (Del.Ch.1999); m.V.d.a. Folk. DGCL-Fundamentals § 144.02, S. 427 (2017).

1638 Vgl. Zimmerman v. Crothall, C.A. No. 6001-VCP, slip op. at 44 (Del.Ch.2012); 38 Del.J.Corp.L. 339, 370 ff (2013); Benihana of Tokyo, Inc. v. Benihana, Inc., 891 A.2d 150 (Del.Ch.2005); aff'd 906 A.2d 114 (Del.Sup.2006); Khanna v. McMinn, 2006 Del. Ch. LEXIS 86, *106, Fn. 201 (Del.Ch.2006).

1639 Vgl. Benihana of Tokyo, Inc. v., Benihana, Inc.,906 A.2d 114, 120 (Del.Sup.2006), Schoon v. Smith, 953 A.2d 196 (Del.Sup.2008), Reddy v. MBKS Co., 945 A.2d 1080, 1087, Fn. 15 (Del.Sup.2008); vgl. auch: Stegemeier v. Magness, 728 A.2d 557, 562 (Del.Sup.1999).

1640 Vgl. Benihana of Tokyo, Inc. v. Benihana, Inc., 891 A.2d 150 (Del.Ch. 2005); aff'd, 906 A.2d 114 (Del.Sup.2006).

1641 Vgl. Benihana of Tokyo, Inc. v. Benihana, Inc., 891 A.2d 150, 185 (Del.Ch.2005), aff'd, 906 A.2d 114 (Del.Sup.2006): [„*Satisfying the requirements of § 144 only means that the BFC Transaction is not void or voidable solely because of the conflict of interest. (...) Rather, satisfaction of §§ 144(a)(1) or (2) simply protects against invalidation of the transaction "solely" because it us an interested one.*"]

standard on grounds other than a director's interest"[1642]. An dieser seiner Auslegung in der Frage der Rechtswirkung der Norm knüpfte *Vice Chancellor Parsons* Jahre später in der Entscheidung Zimmerman v. Crothall[1643] an, in der eine dem Wortlaut des § 144(a)(1) DGCL ähnliche Satzungsvorschrift zur Beurteilung anstand. Mit dem Hinweis darauf, dass diese Regelung „*would not operate as a safe harbor against review of the challenged transaction under the entire fairness standard*"[1644], folgte *Vice Chancellor Parsons* der These *Vice Chancellor Strines*, der hierzu bereits konstatiert hatte: "*The somewhat different question of when an interested transaction might give rise to a claim for breach of fiduciary duty - i.e. to a claim in equity - as left to the common law of corporations to answer. Mere compliance with § 144 did not necessarily suffice*"[1645].

Mit dieser Ansicht befand sich *Vice Chancellor Parsons* auf der gleicher Linie mit *Vice Chancellor Noble*, der auch in Anlehnung an die vorzitierten Worte in Khanna v. McMinn[1646] per obiter dictum ausführte: "*(...) compliance with § 144(a) does not guarantee the benefit of the presumption of the business judgment rule that entire fairness review will not apply*"[1647]. Diesen Sichtweisen gänzlich folgend, stellte unlängst *Vice Chancellor Slights* in Cummings v. Edens[1648] fest: „*Based on the plain language of the statutes, (...) I am satisfied that compliance with Section 144(a)(1) does not necessarily invoke the business judgment review of an interested transaction. The court must still adhere to settled common law principles when fixing the appropriate standard of review by which fiduciary conduct should be measured*"[1649].

1642 Vgl. Benihana of Tokyo, Inc. v. Benihana, Inc., 891 A.2d 150, 185 (Del.Ch.2005), aff'd, 906 A.2d 114 (Del.Sup.2006).

1643 Vgl. Zimmerman v. Crothall, 2012 WL 707238 (Del.Ch.2012); 38 Del.J.Corp.L. 339 (2013).

1644 Vgl. Zimmerman v. Crothall, 2012 WL 707238, *18 (Del.Ch.2012); 38 Del.J.Corp.L. 339, 370 ff (2013); zugl. Folk, DGCL-Fundamentals, § 144.02, S. 427 (2017).

1645 Vgl. Benihana of Tokyo, Inc. v. Benihana, Inc., 891 A.2d 150, 185 Fn. 214 (Del. Ch.2005), m.V.a. In re Cox Communications S'holders Litig., 879 A.2d 604, 614 (Del. Ch.2005) [hervorgehoben vom Verfasser].

1646 Vgl. Khanna v. McMinn, 2006 WL 1388744, *25; 2006 Del.Ch.LEXIS 86, *106 Fn. 201 (Del.Ch.2006) [hervorgehoben vom Verfasser].

1647 Vgl. Khanna v. McMinn, 2006 WL 1388744, *25; 2006 Del.Ch.LEXIS 86, *106 Fn. 201 (Del.Ch.2006) [hervorgehoben vom Verfasser].

1648 Vgl. Cumming v. Edens, C.A. No. 13007-VCS, 2018 Del.Ch.LEXIS 54; 2018 WL 992877 (Del.Ch. 2018).

1649 Vgl. Cumming v. Edens, C.A. No. 13007-VCS, *59; 2018 Del.Ch.LEXIS 54; 2018 WL 992877 (Del.Ch. 2018) [hervorgehoben vom Verfasser].

e) Stellungnahme und eigener Ansatz

Im Lichte der jüngsten Rechtsprechung des Delaware Chancery Court lässt sich die Frage der rechtlichen Wirkung einer Erfüllung der Norm auf den Rechtsstatus des Geschäfts einer Corporation und auf den Prüfungsmaßstab zur Beurteilung rechtmäßigen Verwaltungshandeln wie folgt beantworten: Mit einer den Vorgaben des § 144(a)(1)/(2) DGCL genügenden Zustimmung erlangt ein Geschäft im Sinne der Norm einen Zustand, in dem es aufgrund des Interessen-/Pflichtenkonflikts eines Leitungsorgans nicht mehr anfechtbar ist, respektive weil *directors* oder *officers* einer Corporation direkt oder indirekt auf Seiten der Gegenpartei agiert hatten, an ihr ein finanzielles Interesse besitzen oder ein solcher *director* oder *officer* an dessen Autorisierung teilgenommen oder mitgewirkt hatte[1650]. Ohne Zustimmung im Sinne der Norm kann der Makel des Interessen-/Pflichtenkonflikts nur mit dem Nachweis der Fairness des Geschäfts für die Corporation zur Zeit der Zustimmung beseitigt werden[1651]. Nach einer Autorisierung im Sinne des § 144(a) DGCL gilt ein Geschäft jedoch nur insoweit als gültig, als sich die Anfechtung nicht mehr mit dem Interessen-/Pflichtenkonflikt eines *director* begründen lässt; hiervon unberührt bleibt jeder andere ein treuwidriges Verwaltungshandeln rechtfertigende Umstand[1652]. Als Folge dessen bleibt das Geschäft nach allgemeinen Regeln auf seinen Bestand hin überprüfbar[1653]. Damit bildet die Erfüllung der Norm zwar eine wesentliche, nicht aber die alleinige Voraussetzung für die Bestätigung der Wirksamkeit eines Geschäfts. Gleichwohl bildet die Beseitigung des Makels eines Interessen-/Pflichtenkonflikts von Leitungsorganen eine Grundbedingung für dessen Wirksamkeit und für den Nachweis eines redlichen Verhaltens der *board*-Mitglieder im Zeitpunkt der Autorisierung[1654]. Denn ohne Erfüllung der Norm besteht die Gefahr der

---

1650 Siehe m.N. bereits unter Glpkt. § 7 A. I. 3. a) und d).

1651 Vgl. § 144(a)(3) DGCL; m.N. zur Bestimmung des Begriffs ‚fair' unter Glpkt. § 7 A. I. 4. c).

1652 Jenseits der unter Glpkt. § 7 A. I. 3. b) bb) bbb) angezeigten Gründe, können als weiterer Makel des Geschäfts sowohl Unzulänglichkeiten vertragsrechtlicher Art in Betracht kommen (z.B. Widerspruch zum *statute of frauds*) wie gesellschaftsrechtlicher Art (z.B. Geschäft unterliegt Zustimmungsvorbehalt einer absoluten *board*-Mehrheit oder absoluten Gesellschaftermehrheit. Ebenso kann das Geschäft eine Verbotsnorm verletzen; siehe z.B. unter Glpkt. § 6 B IV. und § 7 C. I.

1653 Vgl. In re Cox Communications S'holders Litig., 879 A.2d 604, 614 (Del.Ch.2005); m.w.N. unter Glpkt. § 7 A. I. 3. d) und § 2 C. I.

1654 Vgl. Reddy v. MBKS Co., 945 A.2d 1080, 1087, Fn.15 (Del.Sup.2008); Marciano v. Nakash, 535 A.2d 400, 405, Fn.3 (Del.Sup.1987).

Anfechtung des Geschäfts durch die Corporation, soweit darauf nicht durch konkludentes zurechenbares Handeln ihrer Aktionäre verzichtet worden ist[1655]; unberührt davon bleibt die Möglichkeit der Sanktionierung des (mutmaßlich) treuwidrigen Handelns des betreffenden Leitungsorgans durch die Corporation[1656].

Der insoweit nur limitierte *safe-harbor* der Regelung offenbart sich ebenso in prozessualer Hinsicht, weil eine Zustimmung nach § 144(a)(1)/(2) DGCL den nach *case law* geltenden Beurteilungsmaßstab für Unternehmensentscheidungen nur beeinflussen kann, wenn die getroffene Entscheidung geeignet ist, die Rechtswirkungen der *business judgment rule* oder der *shareholder ratification rule* auszulösen[1657]. Jenseits der dargelegten Unterschiede zwischen einer Beschlussfassung nach § 144(a)(1)/(2) DGCL und einer solchen, die zur Anwendung der *business judgment rule* oder *shareholder ratification rule* führt[1658], zeigen sich die Besonderheiten zwischen beiden Formen einer Unternehmensentscheidung gerade bei der Autorisierung von Geschäften einer Corporation im Eigeninteresse ihres herrschenden Aktionärs, insbesondere wenn die im Eigen-/Fremdinteresse handelnden Leitungsorgane diese Stellung haben[1659]. Den Nachweis für die Autorisierung des Geschäfts einer Corporation im Sinne des § 144(a)(1)/(2) DGCL hat stets die sich in einem Prozess auf die Wirksamkeit desselben berufende (Geschäfts-)Partei zu führen, also in der Regel das im Interessen-/Pflichtenkonflikt handelnde Verwaltungsorgan der Gesellschaft[1660]. Auf der Grundlage des hierfür gebotenen Sachvortrags wird ein Gericht zum einen der Frage nachgehen, ob die durch *directors* und/oder Aktionäre getroffene Entscheidung dem § 144(a)(1)/(2) DGCL genügt, und dann prüfen, ob deren Entscheidung eine beschränkte Prüfung nach dem jeweiligen Institut auslöst. Maßgebend für

---

1655 Siehe m.N. bereits unter Glpkt. § 6 B. II.

1656 Siehe m.N. zu den Rechtsfolgen (mutmaßlich) treuwidrigen Handelns von Leitungsorganen bereits unter Glpkt. § 4 E.

1657 Vgl. Khanna v. McMinn, 2006 Del.Ch.LEXIS 86,*106, Fn.201 (Del.Ch.2006); Valeant Pharms. Int. Co. v. Jerney, 921 A.2d 732, 745 (Del.Ch.2007); m.w.N. bereits unter Glpkt. § 7 A. I. 3. d).

1658 Siehe bereits unter Glpkt. § 7 A. I. 3. b) bb).

1659 Vgl. In re Cox Communications S'holders Litig., 879 A.2d 604, 614 (Del.Ch.2005); Cooke v. Oolie, 2000 Del.Ch. LEXIS 89 *46 Fn. 41 (Del.Ch.2000); Kahn v. Lynch Communications Systems, Inc.. 638 A.2d 1110 (Del.Sup.1994); m.w.N. unter Glpkt. § 2 C. I.

1660 Vgl. Marciano v. Nakash, 535 A.2d 400, 405 Fn.3 (Del.Sup.1987); Fliegler v. Lawrence, 361 A.2d 218, 222 (Del.Sup.1976); HMG/Courtland Properties, Inc. v. Gray, 749 A.2d 94, 114 (Del.Ch.1999); Yiannatsis v. Stephanis, 653 A.2d 275, 280 (Del.Sup.1995).

dei Beurteilung der Schutzwürdigkeit einer Entscheidung sind die Treueprinzipien[1661]. Mangelt es hingegen gänzlich an einer Autorisierung des Geschäfts durch die *directors* oder Aktionäre, so erfolgt dessen Prüfung nach den Regeln des *case law* unter dem Gesichtspunkt treuwidrigen Handelns, so dass die sich auf ein rechtmäßiges Handeln berufende Partei nach § 144(a)(3) DGCL beweisen muss, dass das Geschäft im Zeitpunkt seiner Autorisierung aus der Sicht der Gesellschaft als *fair* erschien[1662]. Eine Grundvoraussetzung für diese Prüfung ist wiederum, dass das Geschäft autorisiert worden war[1663]. Ohne die Zustimmung durch eines ihrer Organe wird ein Gericht nur auf der Grundlage des *case law* in Fällen der Autorisierung des Geschäfts durch einen bevollmächtigten *officer* der Corporation der Frage der Fairness nachgehen können[1664].

Gemäß den *equitable common law rules* ist schließlich ebenfalls in Fallkonstellationen zu verfahren, in denen das Geschäft nicht im Sinne der Vorgaben des § 144(a)(1)/(2) DGCL autorisiert worden war. Grund hierfür ist, dass der Terminus ‚*fair*' in § 144(a)(3) DGCL nach den Prinzipien zu bestimmen ist, die sich aus dem Fallrecht entwickelt und im Institut des *entire fairness test* zum Ausdruck gelangen[1665]. Ungeachtet der bestehenden Parallelen in den Kontrollmerkmalen zwischen einer Fairness nach *case law* und einer Fairness nach § 144(a)(3) DGCL[1666], differieren beide Methoden doch in ihrer Zielrichtung: Denn während sich nach *case law* die Frage nach dem rechtlichen (Fort-)Bestand eines Geschäfts und nach der Rechtmäßigkeit des Verwaltungshandelns stellt, geht es bei § 144(a)(3) DGCL um die Frage, ob das Geschäft im Zeitpunkt seiner Autorisierung durch die *directors* oder Aktionäre der Corporation trotz des Eigen-/Fremdinteresses eines oder mehrerer Leitungsorgane als ‚*fair*' beurteilt werden konnte. Angesichts dieser Differenzierung darf nicht unberücksichtigt bleiben, dass im Falle einer Zustimmung im Sinne des § 144(a)(1)/(2) DGCL zwar der Nachweis der Fairness des Geschäfts zwecks Widerlegung der Vermutung treuwidrigen Verwaltungshandelns wegen des Eigen-/Fremdinteresses entbehrlich wird, nicht jedoch die Frage nach der Rechtmäßigkeit des Handelns

---

1661 Siehe m.w.N. bereits unter Glpkt. § 2 B.-C.

1662 Vgl. § 144(a)(3) DGCL.

1663 Vgl. § 144(a)(3) DGCL.

1664 Siehe insoweit bereits zu § 144(a)(3) DGCL unter Glpkt. § 7 A. I. 4. c). In diesem Punkt gleichen sich der Wortlaut in § 713(b) NYBCL und der in § 144(a)(3).

1665 Vgl. Marciano v. Nakash, 535 A.2d 400, 405, Fn.3 (Del.Sup.1987); Unitrin, Inc. v. American Gen.Corp., 651 A.2d 1361, 1371, Fn. 7 (Del.Sup.1995); Valeant Pharms Int. Co. v. Jerney, 921 A.2d 732, 745 (Del.Ch.2007).

1666 Siehe zur Begriffsbestimmung unter Glpkt. § 7 A. 4. c).

der Leitungsorgane einer Corporation[1667]. Vor diesem Hintergrund kann eine Entscheidung im Sinne der Kriterien des § 144(a)(1)/((2) DGCL nur eben die Rechtswirkung hinsichtlich ihres Prüfungsmaßstabs entfalten, wie sie schon nach *case law* einer auf der Basis einer wortlautgleichen Satzungsregel getroffenen Entscheidung zugestanden worden ist[1668].

Angesichts der insoweit beschränkten Rechtswirkung einer Zustimmung nach § 144(a)(1)/(2) DGCL verbieten sich generelle Aussagen zur Frage der Wirksamkeit eines Geschäfts oder dessen Beurteilung. Dogmatisch verfehlt wäre es folglich zu behaupten, ein Geschäft im Sinne der Norm könne bereits durch eine ihren Kriterien genügende Zustimmung der *directors* oder Anteilseigner Wirksamkeit erlangen[1669], weil dadurch dem lediglich limitierten *safe harbor*-Prinzip der Vorschrift nicht Rechnung getragen wird. Gleiches gilt für Aussagen betreffend den Prüfungsmaßstab oder die Beweislastverteilung zwischen den Prozessparteien eines (bloß) im Sinne der Normkriterien autorisierten Geschäfts einer Corporation[1670]. Geboten ist stets eine Differenzierung zwischen einer den Vorgaben der Norm genügenden Entscheidung und einer solchen im Geltungsbereich der *business judgment rule* oder der *shareholder ratification rule*. Aus ebendiesem Grund bestehen auch keinerlei Schutzlücken, wie sie von *Borsdorff* gesehen werden[1671], wenn das Geschäft unter Mitwirkung befangener Leitungsorgane durch die Aktionäre genehmigt wurde. Denn mit Blick auf die Gerichtspraxis wird einem Aktionärsbeschluss im Sinne des § 144(a)(2) DGCL gerade nicht die von *Borsdorff* behauptete Rechtswirkung nach der *business judgment rule* zuerkannt[1672]. Allenfalls ließe sich behaupten, dass mit einer Zustimmung im Sinne der Norm der erste Schritt auf dem Wege

---

1667 Vgl. Nebenzahl v. Miller, 1996 Del.Ch.LEXIS 113, *12 f. (Del.Ch.1996); repr'd, 22 Del.J.Corp. 779, 790 f. (1997); ähnlich schon Folk, DGCL-Review, S. 67, 71 (1965-67); m.V.d. auch: Rohrbacher/Zeberkiewicz/Uebler, 33 Del.J.Corp. 719, 733 Fn.62 (2008).

1668 So schon: Folk, DGCL-Review, S. 67 (1965-67); zustd. Rohrbacher/Zeberkiewicz/Uebler, 33 Del.J.Corp. 719, 723 Fn.21 (2008). Siehe m.N. zur Gerichtspraxis in der Frage nach der Rechtswirkung einer (wortlautähnlichen) Satzungsregelung bereits unter Glpkt. § 6 A. IV.

1669 So z.B. Holtz, 28 Suffolk U.L.Rev. 93, 105 (1994); Oltmann, Geschäftsleiterhaftung, S. 66-67 (2001); Ebke, ZGR 1990, S. 50, 98-99.

1670 Siehe m.N. bereits unter Glpkt. 7 A. I. 3. b) aa).

1671 Vgl. Borsdorff, Interessenkonflikt, S. 42 (2009).

1672 Vgl. Borsdorff, Interessenkonflikt, S. 40, 122, 133, 244 (2009); siehe dazu bereits unter Glpkt. § 7 A. I. 3 b) aa).

zur Erfüllung der die Wirkungen dieses Instituts auslösenden Merkmale vollzogen worden ist[1673]. Dem Normzweck wie auch den Regeln des *case law* würde es schließlich widersprechen, zu behaupten, Geschäfte zwischen personell auf *board*-Ebene verflochtenen Corporations würden ungeachtet der Frage ihrer (sachlichen) Fairness nach Erfüllung des § 144(a)(2) DGCL richterliche Bestätigung finden[1674]. Verkannt wird hierbei, dass stets die Frage nach der Fairness im Fokus der Prüfung eines Geschäfts steht, die von einem Gericht entweder explizit nach den Kontrollkriterien der *entire fairness* überprüft oder im Sinne der *business judgment rule* oder der *shareholder ratification rule* vermutet wird - allerdings nur innerhalb der Grenzen des dem jeweiligen Entscheidungsgremium zuerkannten Handlungsermessens[1675]. Unterstrichen wird dieses Prinzip nicht zuletzt mit den schon zitierten Worten in Fliegler v. Lawrence[1676], wonach „*Nothing in the statutes sanctions unfairness or removes the transaction from judicial scrutiny*“[1677].

4. Kontrollkriterien der Norm

Der disjunktiven Gestaltung der Norm zufolge kann der Makel eines Interessen-/Pflichtenkonflikts von Leitungsorganen von einem Geschäft der Corporation entweder im Wege einer entsprechenden Zustimmung ihrer *directors* oder Aktionäre beseitigt werden oder - in Ermangelung einer solchen - durch Darlegung von Tatsachen, welche das Geschäft aus Sicht der Corporation als ‚*fair*‘ erscheinen lassen[1678].

a) Zustimmung der *board*-Mitglieder nach § 144(a)(1) DGCL

Geschäfte einer Corporation im Sinne der Regelung erlangen die Zustimmung durch deren *directors*, wenn sich eine Mehrheit der neutralen *directors* in gutem Glauben sowie in Kenntnis der das Geschäft wie das Eigen-/Fremdinteresse eines

---

1673 Vgl. HMG/Courtland Properties, Inc. v. Gray, 749 A.2d 94, 112 (Del.Ch.1999); so bereits: Folk, DGCL, § 144, S. 74 (1972); Arsht/Stapleton, 23 Bus.Law.75, 82 (1967); Arsht, 8 Hofstra L. Rev. 93, 118 (1979); Rohrbacher/Zeberkiewicz/Uebler, 33 Del.J. Corp.L. 719, 735 Fn. 79 (2008)

1674 So aber Ebke, ZGR 1990, S. 50, 100-101 (1990).

1675 Siehe m.N. bereits unter Glpkt. § 2 C. I.

1676 Vgl. Fliegler v. Lawrence, 361 A.2d 218 (Del.Sup.1976); m.V.d. bereits unter Glpkt. § 7 A. I. 3. d) aa).

1677 Vgl. Fliegler v. Lawrence, 361 A.2d 218, 222 (Del.Sup.1976) [hervorgehoben vom Verfasser].

1678 Vgl. § 144(a)(1)-(3) DGCL.

Leitungsorgans betreffenden wesentlichen Umstände durch eine Beschlussfassung im Plenum oder *board*-Komitee für die Vornahme des Geschäfts ausgesprochen hat, selbst wenn die Anzahl der als unbefangen geltenden *directors* der Corporation nicht ausreichen sollte, eine beschlussfähige Mehrheit unter den Personen des jeweiligen Entscheidungsgremiums zu bilden[1679]. Zwecks Feststellung einer Beschlussfähigkeit im Entscheidungsgremium darf ein befangener *director* Berücksichtigung finden[1680]. Ungeachtet der möglichen Entscheidungsfindung im Umlaufverfahren[1681], sollte mit Blick auf den Normwortlaut „*(...) in the meeting of the board or commitee which authorizes*“[1682] eine Entscheidungsfindung grundsätzlich in einer formell einberufenen Versammlung stattfinden[1683]

aa) Autorisierung durch Mehrheitsbeschluss unbefangener *board*-Mitglieder

Grundbedingung für eine Zustimmung im Sinne der Norm ist folglich ein Entscheidungsgremium, das sich zumindest auch aus den als unbefangen geltenden *board*-Mitgliedern zusammensetzen sollte. Ungeachtet der in § 144(a)/(b) DGCL für befangene *directors* geregelten Möglichkeit der Teilnahme oder Mitwirkung an *board*- oder *board*-Komitee-Beschlüssen, sollte aufgrund der Rechtsprechung zur Geltung der *business judgment rule* bei *board*-Komitee-Beschlüssen stets sichergestellt werden, dass in das Komitee nur solche als unbefangen und unabhängig geltende *directors* gewählt worden sind und dass für deren Berufung nicht jene als befangen oder abhängig geltende *directors* gesorgt haben[1684]. Mit einer aus neutralen sowie unabhängigen *directors* bestehenden Sitzung wird dem Vorwurf begegnet, der Willensbildungsprozess könnte durch einen befangenen *director* unlauter beeinflusst worden sein[1685].

Mit Blick auf die vorherigen Erläuterungen zum Terminus des ‚*financial interesst*‘ eines Leitungsorgans gelten stets jene *directors* einer Corporation als

---

1679 Vgl. § 144(a)(1) DGCL.

1680 Vgl. § 144(b) DGCL. Mit diesem Passus trägt der Gesetzgeber dem *case law* Rechnung, wonach befangene *directors* Berücksichtigung finden konnten für Zwecke der Feststellung eines Quorums, wenn dies in der Satzung der Corporation geregelt war; m.N. bereits unter Glpkt. § 6 A. IV.

1681 Vgl. § 141(f) DGCL.

1682 Vgl. § 144(a) DGCL.

1683 Vgl. § 141(i) DGCL.

1684 Siehe m.N. bereits unter Glpkt. § 7 A. I. 3. b) bb) bbb) und unter Glpkt. § 2 A. II. 3. und Glpkt. § 2 C. I.

1685 Siehe m.N. bereits unter Glpkt. § 7 A. I. 3. b) bb) bbb) und Glpkt. § 2 B. I. 4.

‚*disinterested*', die weder im Sinne der Norm auf beiden Seiten des Geschäfts gehandelt noch ein ‚*material personal financial interest*' verfolgt haben[1686]. Die Phrase ‚*material personal financial interest*' entspringt den Entscheidungen in der Cede-Trilogie[1687], wo der Supreme Court die Frage nach der Wesentlichkeit eines Interesses erstmals nicht mehr objektiv, also aus Sicht eines vernünftigen Managers (*reasonable person test*), sondern subjektiv bestimmt hatte, indem er im Wege einer Wahrscheinlichkeitsprognose auf der Grundlage der Vermögensverhältnisse der *board*-Mitglieder deren Voreingenommenheit in der Willensbildung analysierte (*actual person test*)[1688]. Seither wird jedenfalls von Seiten der Delaware Gerichte[1689] ein Eigeninteresse als *material* qualifiziert, wenn der einem *director* im Zuge eines Geschäfts der Corporation zufließende Vor-/Nachteil monetärer Natur unter Einbeziehung seiner wirtschaftlichen Lebensverhältnisse eine derartige Tragweite besitzt, dass dessen Unvoreingenommenheit in der Willensbildung hinreichend wahrscheinlich zum Nachteil oder jedenfalls nicht zum Vorteil seiner Corporation und deren Anteilseigner beeinflusst werden könnte bzw. im Rahmen einer ergangenen Entscheidung beeinflusst worden ist[1690].

aaa) Auslegung der Phrase ‚*by the affirmative votes of a majority of the disinterested directors*'

Ein (auch) aus neutralen *directors* gebildetes Entscheidungsgremium kann für das Geschäft votieren „*by the affirmative votes of a majority of the disinterested directors*", selbst wenn diese Mehrheit keine beschlussfähige Mehrheit im Sinne einer Satzungsregel oder gemäß dem *case law* bilden würde[1691]. Betreffend die

---

1686 Siehe m.N. bereits unter Glpkt. § 7 A. 2. a).

1687 Siehe zur Typisierung bereits unter Glpkt. § 2 B. I. 3. und zu den Cede-Fällen selbst unter Glpkt. § 7 A. I. 3. d) cc).

1688 Vgl. Cede & Co. v. Technicolor, Inc., 634 A.2d 345, 364 (Del.Sup.1993); Cinerama, Inc. v. Technicolor, Inc., 663 A.2d 1134, 1151 (Del.Ch.1994); m.V.d. Benihana of Tokyo, Inc. v., Benihana, Inc., 891 A.2d 150, 174 (Del.Ch.2005); aff'd, 906 A.2d 114 (Del.Sup.2006).

1689 Auf Ebene der Bundesgerichte wird jedoch bisweilen der sog, '*reasonable person test*' angewandt: Siehe z.B. in Brandt v. Hicks, Muse & Co. (In re Health Co. Intern.,Inc.) 208 B.R. 288, 303 (Bankr.D.Mass.1997; Del.Law). Siehe m.N. zu diesem Verfahren bereits unter Glpkt. § 2 B. I. 3.

1690 Vgl. Cinerama, Inc. v. Technicolor, Inc., 663 A.2d 1156, 1169 (Del.Sup.1995); In re Emerging Communications, Inc. S'holders Litig, 2007 Del.Ch.LEXIS 70, 123 (Del. Ch.2004).

1691 Vgl. § 144(a)(1) DGCL [hervorgehoben vom Verfasser].

Beschlussfähigkeit von *board*-Mitgliedern regelt § 144(a)(1) DGCL durch die Wendung: "*even though the disinterested directors be less than a quorum*"[1692] eine Ausnahme zu der an sich für Beschlüsse der *directors* im Plenum oder im Ausschuss geltenden Norm des § 141(b)/(c) DGCL[1693]. Als beschlussfähig gelten *board*-Mitglieder, soweit die Satzung keine größere Mitgliederanzahl vorsieht, wenn in einer Versammlung des *board* bzw. *board*-Komitees die einfache Mehrheit der laut der Satzung zu berufenen *directors* bzw. der laut *board*-Beschluss ins Komitee gewählten *directors* anwesend ist[1694]. Im Falle eines Quorums wird per „*vote of the majority of the directors present at a meeting*" gehandelt[1695]. Mit Blick auf diese in § 141(b) DGCL bestimmten Anforderungen an einen „*act of the board*"[1696] stellt sich daher für einen Beschluss nach § 144(a)(1) DGCL die Frage, ob für dessen Wirksamkeit auf die Mehrheit ‚aller berufenen neutralen *directors*' abzustellen ist oder nur auf die ‚in einer Sitzung des *board* oder *board*-Komitees vertretenen neutralen *directors*'. Einer Klärung bedarf diese Frage deshalb, weil eine Zustimmung - bei unterstellter Richtigkeit der ersten der beiden Varianten - unwirksam wäre, wenn weniger als die Hälfte der als unbefangen geltenden *directors* in einer Versammlung vertreten sind, selbst wenn die anwesenden neutralen *directors* mehrheitlich oder gänzlich das Geschäft befürworteten.

Von den Delaware Gerichten ist diese Frage zur Auslegung der Norm bislang nicht behandelt worden. Hilfreich ist aber das nach Delaware Law ergangene Urteil in Northway, Inc. v. TSC Industries, Inc.[1697], weil darin ein Beschluss zu prüfen war, an dem 4 der insgesamt 6 neutralen *directors* eines 10-köpfigen *board* mitgewirkt und bei Stimmenthaltungen durch die 4 befangenen *directors* mit ‚Ja' votiert hatten[1698]. Der Federal District Court erklärte den Beschluss für wirksam, indem er der Auffassung *Folks* entsprach, wonach es für Beschlüsse nach § 144(a)(1) DGCL nur auf die berufenen neutralen *directors* ankomme. *Folks*

1692 Vgl. § 144(a)(1) DGCL [hervorgehoben vom Verfasser].

1693 Siehe bereits unter Glpkt. § 7 A. I. 3. b) und § 2 A. II. 1.

1694 Vgl. § 141(b)-(c) DGCL.

1695 Vgl. § 141(b) DGCL [hervorgehoben vom Verfasser]; m.w.N. bereits unter Glpkt. § 2 A. II. 1.

1696 Vgl. § 141(b)-(c) DGCL [hervorgehoben vom Verfasser].

1697 Vgl. Northway, Inc. v. TSC Industries, Inc., 361 F.Supp.108 (N.D.Ill.1973); aff'd in part, rev'd in part, 512 F.2d 324 (7thCir.1975; Del.Law); rev'd, 426 U.S. 438 (1976).

1698 Die Befangenheit der 4 *directors* der TSC Ind., Inc. resultierte bei 3 *directors* aus deren Amtsstellung in der National Ind. Inc., die bestrebt war, die Vermögensgüter der TSC Ind., Inc. zu erwerben, und bei einem *director* aus dessen kürzlichen TSC-Anteilsverkauf an die National Ind., Inc..

Einschätzung nach konnte folglich ein 9-köpfiges *board* einer Corporation auch unter Teilnahme von 5 befangenen *directors* einen formell wirksamen Beschluss im Sinne des § 144(a)(1) DGCL fassen, wenn in der Sitzung „*three of four disinterested directors on a nine-man board vote for the transaction*[1699]. Mit Blick auf die zuvor gestellte Frage bedarf es somit zur Autorisierung eines Geschäfts eines Beschlusses in einer beschlussfähigen Sitzung von *directors*, an der alle oder die Mehrheit der neutralen *directors* teilgenommen und zumindest die Mehrheit der erschienen neutralen *directors* mit „Ja“ gestimmt hatte. Im Schrifttum hat diese Variante der Auslegung des § 144(a)(1) DGCL bislang Bestätigung gefunden[1700]. In dem vorbenannten Fall konnte das Gericht eine Mehrheit von neutralen *board*-Mitgliedern feststellen, so dass die Entscheidung insoweit auch in zweiter Instanz durch den Seventh Circuit bestätigt wurde[1701].

bbb) Zeitpunkt für die Zustimmung durch unbefangene *board*-Mitglieder

Weiterhin ist in der Frage der Gültigkeit einer Zustimmung nach § 144(a)(1) DGCL zu klären, ob diese zur Zeit des Geschäfts vorliegen muss oder auch nach dessen Vornahme erteilt werden kann. Mit Blick auf den Normwortlaut, worin das Verb ‚*authorizes*‘ enthalten ist, ließe sich argumentieren, dass eine nachträgliche Zustimmung nicht genügt, um einen Interessen-/Pflichtenkonflikt aufzulösen[1702]. Hierfür würde sprechen, dass von „*authorized, approved or ratified*“ in § 144(a)(3) DGCL die Rede ist, so dass sich auch bei einer nachträglichen Zustimmung stets die Frage nach der Fairness des Geschäfts stellen würde[1703]. Eine solche Auslegung würde jedoch unterstellen, dass der Gesetzgeber vom *case law* abweichen wollte, denn schon vor der Einführung der Vorschrift wurde es *board*-Mitgliedern einer Corporation ermöglicht, Geschäfte im Eigeninteresse von Leitungsorgane ungeachtet der sachlichen Fairness zu genehmigen[1704]. Überdies entspricht es der Urteilspraxis, dass ein von *officers* außerhalb ihrer Befugnisse

---

1699 Vgl. Northway, Inc. v. TSC Industries, Inc., 361 F.Supp. 108, 115 (N.D.Ill.1973; Del. Law) m.V.a. Folk, 56 Va.L.Rev. 755, 782 (1970) [hervorgehoben vom Verfasser].

1700 Bainbridge, Corporation Law, § 7.2, S. 146, Fn.9 (2009); Gevurz, Corporation Law, § 4.2, S. 333 (2000); Davis, 20 J.Corp.L. 215, 230 (1995); Gough, 24 U.Kan.L.Rev. 655, 663 (1976); sieh auch Arsht, 25 Bus.Law. 287, 290 (1970) zur Urfassung des § 144(a)(1) a.F. DGCL (1967): Arsht/Stapleton, 23 Bus.Law. 75, 82 (1967).

1701 Vgl. Northway, Inc. v. TSC Industries, Inc., 361 F.Supp.108 (N.D.Ill.1973); aff'd in part, rev'd in part, 512 F.2d 324,337 (7th Cir.1975; Del.Law).

1702 So z.B. Gevurz, Corporation Law, § 4.2, S. 334 (2000); Buxbaum, 68 Cal.L.Rev. 1122, 1125 (1980).

1703 Vgl. § 144(a)(3) DGCL.

1704 Vgl. Blish v. Thompson Arms Corp., 64 A.2d 581, 604; 30 Del.Ch. 538 (Del.Sup.1948).

ausgehandeltes Geschäft einer Genehmigung durch *board*-Mitglieder der Corporation grundsätzlich zugänglich ist[1705]. Beleuchtet man die Spruchpraxis zu § 144 DGCL, so ist an diesem Prinzip bislang festgehalten worden[1706]. Im Hinblick darauf ist davon auszugehen, dass sich die der Norm zuerkannte Rechtswirkung auch durch eine nach Vornahme des Geschäfts veranlasste Zustimmung durch *board*-Mitglieder realisieren ließe.

bb) Autorisierung in gutem Glauben der Entscheidungsträger

Eine Zustimmung der *board*-Mitglieder sollte zudem ein Handeln in gutem Glauben erkennen lassen. Als eine Ausprägungsform der Loyalitätspflicht[1707] darf ein gutgläubiges Handeln angenommen werden, wenn die Entscheidungsträger im Lichte der wesentlichen Umstände in der Überzeugung votiert haben, dass das Geschäft im berechtigten Interesse ihrer Gesellschaft liegt und deren Anteilseigner dienen wird, also nicht bloß dem befangenen Leitungsorgan[1708]. Eine solche Geisteshaltung objektiviert sich in Fällen, in denen das Geschäft einen legitimen Zweck verfolgt und einen wirtschaftlichen Vorteil erkennen lässt. Diese Interpretation deckt sich mit den Vorstellungen *Folks*, welcher zum Begriff '*good faith*' anmerkt: „*Presumably the standards are different, and good faith is less rigid than fairness, so that disinterested directors could approve (. . .) a transaction or contract which did not meet the full fairness standard*"[1709]. Letztlich dürfte den Entscheidungsträgern eine entsprechende Überzeugung dann unterstellt werden, wenn deren Meinungsbildung auf den Einschätzungen eines unabhängigen Sachverständigen aufbaut[1710]. Anlass hierzu gibt *Folks* Hinweis zur Norm, wonach „*(. . .) a board of directors or shareholders act in good faith if they act upon findings by one or more of the following ‚independent persons' (. . .)*"[1711].

1705 So schon: Hannigan v. Italo-Petroleum Corp. of Am., 43 Del. (32 Terry) 333; 47 A.2d 169 (Del.Sup.1945); Folk, DGCL, § 142, S. 70 (1972).

1706 Vgl. HMG/Courtland Properties, Inc. v. Gray, 749 A.2d 94, 112 f. (Del.Ch.1999).

1707 Vgl. bereits unter Glpkt. § 4 C. I. und § 2 B. I. 2.

1708 Vgl. In re Walt Disney Co. Deriv.Litig., 907 A.2d 693, 756 Fn.464 (Del Ch.2005); aff'd, 906 A.2d 27, 66 (Del.Sup. 2006); Kosseff v. Ciocia & Gilman & Ciocia, Inc., 2006 WL 2337593, *6 (Del.Ch.2006); zugl.: Strine/Hammermesh/Balotti, 98 G-town L.J. 629, 657 (2010).

1709 Folk, DGCL, § 144, S. 88 (1972) [hervorgehoben vom Verfasser].

1710 Vgl. § 141(e) DGCL; m.N. bereits unter Glpkt. § 2 B. I. 1.

1711 Folk, DGCL-Review, S. 67, 75 (1965-1967) [hervorgehoben vom Verfasser].

cc) Kenntniserlangung der wesentlichen (Geschäfts-)Umstände

Schließlich bedarf es zur wirksamen Zustimmung einer Kenntnis der Entscheidungsträger über die relevanten Umstände des Geschäfts und des Eigen-/Fremdinteresses des Leitungsorgans, einschließlich der Motive für die Vornahme des Geschäfts[1712]. Als ‚wesentlich' gelten hierbei solche Informationen, bei deren Kenntnis ein vernünftiger Manager mit hinreichender Wahrscheinlichkeit zu einer anderen als der letztlich vertretenen Meinung gelangt wäre bzw. welche dessen Meinungsbildung in der Abwägung hinsichtlich des Für und Wider des Geschäfts mit hinreichender Wahrscheinlichkeit beeinflusst hätte[1713]. Die Kenntnisnahme hat im Zweifel durch entsprechende Mitteilung der Informationen zu erfolgen[1714]. Verantwortlich dafür ist das befangene Leitungsorgan, weil eine Offenlegung entscheidungserheblicher Umstände eine Ausprägung der Treuepflicht ist, die von Rechts wegen unaufgefordert zu wahren ist[1715]. Eine Aufklärung hat im Vorfeld der Beratung und Meinungsbildung der Entscheidungsträger zu ergehen. Für Beweiszwecke sollten schon die Unterlagen zur Tagesordnung über alle wesentlichen Informationen zur Willensbildung verfügen; mündliche Ergänzungen sind in dem Beschlussprotokoll aufzunehmen[1716].

b) Zustimmung der Gesellschafter nach § 144(a)(2) DGCL

Eine Zustimmung der Gesellschafter im Sinne der Norm findet das Geschäft einer Corporation, wenn sich dafür die stimmberechtigten Aktionäre in gutem Glauben in Kenntnis der das Geschäft und Eigen-/Fremdinteresse des Leitungsorgans betreffenden relevanten Umstände ausgesprochen haben[1717]. Zu erwägen ist eine Zustimmung der Aktionäre, wenn sich ein (limitierter) *safe harbor* durch Beschluss der *board*-Mitglieder nicht erreichen lässt, weil beispielsweise die Mehrheit oder alle *directors* aufgrund ihres Eigen-/Fremdinteresses am Geschäft nicht formalwirksam im Sinne der Norm handeln könnten.

1712 Vgl. § 144(a)(1) DGCL; so auch in: In re Walt Disney Co. Derivative Litig., 907 A.2d 693, 756, Fn.464 (Del Ch.2005); Smith v. Van Gorkom, 488 A.2d 858, 872 (Del. Sup.1985); m.w.N.: Arsht/Stapleton, Analysis, S. 327 (1967); Gough, 24 U.Kan.L.Rev., 655, 665 (1976).

1713 Siehe m.N. zur '*duty of disclosure*' bereits unter Glpkt. § 4 C. II.

1714 Vgl. § 144(a)(1) DGCL.

1715 Vgl. Sample v. Morgan, 914 A.2d 647, 664 (Del.Ch.2007); HMG/Courtland Probs., Inc. v. Gray, 749 A.2d 94, 119 (Del.Ch.1999); Lynch v. Vickers Energy Corp., 383 A.2d 278, 281 (Del.Sup.1977); m.w.N. Folk, DGCL, § 144.4, S. 254 (2013).

1716 Vgl. § 141 DGCL zur Verpflichtung zur Führung eines Versammlungsprotokolls.

1717 Vgl. § 144(a)(2) DGCL.

aa) Autorisierung durch die stimmberechtigten Gesellschafter

Dem Wortlaut der Norm zufolge bedarf es für eine Zustimmung „*a vote of the shareholders (...) entitled to vote*“[1718]. Diese Phrase lässt darauf schließen, dass nach allgemeinen Regeln zu verfahren ist, also insbesondere nach § 216 DGCL, worin ebenso von „*shares entitled to vote*“ die Rede ist[1719]. Als beschlussfähig gilt danach eine Aktionärsversammlung, soweit die Satzung nichts anderes regelt, wenn die Mehrheit aller stimmberechtigten, d.h. ausstehenden Anteile, einer Corporation vertreten ist; das festgelegte Quorum sollte nicht 1/3 der stimmberechtigten Aktien der Corporation unterschreiten[1720]. Maßgebend für eine Beschlussfähigkeit der Aktionäre ist der Zeitpunkt seiner Feststellung mit der Folge, dass ein zu Versammlungsbeginn einmal festgestelltes Quorum nicht nachträglich durch andauernde oder temporäre Abwesenheit eines oder mehrerer Aktionäre einer Corporation aufgelöst werden kann[1721]. Die Stimmberechtigung eines Aktionärs folgt im Zweifel aus der Gesellschafterliste (*corporate records*), respektive den Unterlagen einer Gesellschaft, in denen der entsprechende Anteil registriert worden ist[1722]. Soweit die Satzung dazu nichts regelt, verfügt jeder ausstehende Anteil über ein Stimmrecht[1723]. Keine Berücksichtigung finden die von einer Gesellschaft zurückerworbenen Anteile (*treasury shares*) oder die von einer Tochtergesellschaft gehaltenen Anteile, soweit die Corporation Mehrheitseigner ist[1724]

Eine beschlussfähige Aktionärsversammlung handelt in der Regel durch einfache Beschlussmehrheit, soweit die Satzung der Corporation nichts anderes hinsichtlich des Handelns der Anteilseigner bestimmt und der Beschlussgegenstand keine relative oder qualifizierte Stimmenmehrheit erforderlich macht. Grundlage hierfür bildet das Gesetz insoweit, als die unter Erlaubnisvorbehalt stehenden Maßnahmen durch einfache beschlussfähige Mehrheit der stimmberechtigten Anteile autorisiert werden können[1725] und eine über das

---

1718 Vgl. § 144(a)(2) DGCL [hervorgehoben vom Verfasser].

1719 Vgl. § 216 (1)-(2) DGCL [hervorgehoben vom Verfasser].

1720 Vgl. § 216 DGCL.

1721 Folk, DGCL, § 216, S. 227 (1972). Siehe im Gegensatz dazu das *case law* in: Hexter v. Columbia Baking Co.,145 A. 115, 117 (Del.Ch.1929).

1722 Vgl. §§ 213(a), 219 DGCL zur Bekanntgabe der Stimmberechtigung im Zuge der Einberufung einer Gesellschafterversammlung (*record date*); siehe schon nach *case law:* In re Giant Portland Cement Co., 21 A.2d 697 Del.Ch.1941).

1723 Vgl. § 151(a) DGCL (sog. *one-share-one-vote*-Prinzip).

1724 Vgl. § 160(c) DGCL.; m.V.d. Speiser v. Baker, 525 A.2d 1001, 1008 ff. (Del.Ch.1987).

1725 Vgl. z.B. § 242(b)(2) DGCL (Satzungsänderung), § 251(c) DGCL (Fusion) oder § 271(b) DGCL (Liquidation).

Gesetz hinausgehende Regel in den *articles* der Corporation normiert werden kann[1726]. Demzufolge könnte § 144(a)(2) DGCL erfüllt werden, soweit sich aus der Satzung nichts anderes ergibt, wenn eine beschlussfähige Mehrheit der vertretenen Stimmanteile für das Geschäft votiert hatte[1727]. Würden z.B. 100 stimmberechtigte Anteile ausstehen, wäre die Aktionärsversammlung beschlussfähig, wenn zumindest 51 Anteile in persona oder durch Stimmrechtsvertreter (*vote by proxy*) vertreten sind. Eine Zustimmung würde vorliegen, wenn zumindest 26 der vertretenen Anteile für das Geschäft gestimmt haben. Möglich wäre ein Beschluss während einer ordentlichen Versammlung (*annual shareholders' meeting*) oder zeitnah durch Berufung einer außerordentlichen Versammlung (*special shareholders' meeting*)[1728].

aaa) Einbeziehung der Stimme eines befangenen Leitungsorgan-Aktionärs

Für Zwecke der Feststellung einer Beschlussmehrheit dürfen auch die Stimmen mitgezählt werden, die von dem befangenen Leitungsorgan als Aktionär oder Stimmrechtsvertreter abgegeben worden sind. Gegenteiliges ist weder dem Richterrecht zu entnehmen[1729] noch aus dem Normwortlaut zu schließen, weil die Phrase „*a vote of the shareholders (...) entitled to vote*"[1730] bloß Grund zur Vermutung gibt, dass die Teilnahme an der Beschlussfassung nur den mit Stimmrecht versehenen Anteilen gebührt[1731]. Fernerhin ließe sich die richterliche Entscheidungspraxis vor Einführung der Norm anführen, wonach „*shareholders have the right to exercise wide liberality of judgment in the matter of voting, and may admit personal profit or even so long as no advantage is obtained at the expense of their fellow shareholders*"[1732]. Diese Praxis gibt Anlass zur Vermutung,

---

1726 Vgl. § 102(b)(4) DGCL, wonach die Satzung für bestimmte Verwaltungsmaßnahmen eine qualifizierte Mehrheit (*supermajority*) festlegen kann. Siehe zur relativen Mehrheit (*plurality*) in den Fällen einer Berufung der *board*-Mitglieder nach § 216(3) DGCL.

1727 Vgl. z.B. in Fliegler v. Lawrence, 361 A.2d 218 (Del.Sup.1976); In re Cox Comm's, Inc. S'holders Litig., 879 A.2d 604 (Del.Ch.2005).

1728 Vgl. § 211 (1)-(2) DGCL. Siehe ferner § 228 DGCL zur Zustimmung außerhalb einer örtlichen Versammlung (‚*by a consent in writing*').

1729 Vgl. Fliegler v. Lawrence, 361 A.2d 218, 222 (Del.Sup.1976); In re Cox Commc'ns, Inc. S'holders Litig., 879 A.2d 604, 615 (Del.Ch.2005).

1730 Vgl. § 144(a)(2) DGCL [hervorgehoben vom Verfasser].

1731 Zugl. Gevurz, Corportion Law, § 4.2, S. 342 (2000); Gough, 24 U.Kan.L.Rev. 655, 666 (1976); Brown, 54 Hastings L.J. 641, 649, Fn. 40 (2003.

1732 Vgl. Heil v. Standard Gas & Elektric Co., 17 Del.Ch. 214; 151 A. 303, 304 (Del. Ch.1930); m.w.N. bereits unter Glpkt. § 6 B. II. 1.

dass Ziffer (2) der Norm wohl anders gestaltet worden wäre, wollte der Gesetzgeber vom *case law* abweichen und befangenen Aktionären das Stimmrecht versagen. Schon aus diesem Grunde kann der von einigen Kommentatoren vertretenen These nicht gefolgt werden, wonach der Begriff ‚*disinterested*' im Lichte der Judikatur in die Norm hinein gelesen werden müsse[1733]. Zwar werden in einigen Urteilen die Worte ‚*majority of the disinterested shareholders*' im Kontext zum § 144(a)(2) DGCL gebraucht[1734], gleichwohl lassen diese auf eine solche Interpretation nicht schließen. Bei deren Betrachtung ließe sich allenfalls argumentieren, dass in den Situationen, in denen das Interesse der befangenen Leitungsorgane die Qualität eines bösgläubigen Handelns erreicht, nicht mehr von einer Entscheidung in gutem Glauben ausgegangen werden kann, wenn deren Stimmenanteil überwogen hatte. Diese Interpretation würde zum einen mit Blick auf die vorzitierte Phrase dem *case law* Rechnung tragen und zum anderen mit den Vorstellungen der Normverfasser konformgehen. Denn *Folks* Meinung nach, habe der Gesetzgeber bewusst davon abgesehen, eine neutrale Gesellschaftermehrheit zu fordern[1735]. Einerseits sah man das verwaltungstechnische Problem der Feststellung der Unvoreingenommenheit[1736]. Andererseits erkannte man mit Blick auf den Zweck der Norm kein Bedürfnis für ein solches Kriterium, weil eine Zustimmung nach § 144(a)(2) DGCL nicht darauf abzielt, das Geschäft für gültig zu erklären, sondern es bloß vom Makel des Interessen-/Pflichtenwiderstreits eines Leitungsorgans zu befreien[1737]. Schließlich wurde das *good faith*-Merkmal für geeignet erachtet, der Missbrauchsgefahr zu begegnen[1738].

1733 So z.B. Hecker, 54 U.Kan.L.Rev. 975, 1007 (2006); Thoma, Eigengeschäfte, S. 113, 118 (2003); Bulbulia/Pinto, 53 Notre Dame Law. 201, 215 (1977); Enriqures, 2 Int.&-Comp.L.J. 297, 329 (2000); Orlinsky, 24 Del.J.Corp.L. 451, 483 (1999); Pinto/Branson, Corporate Law, § 9.03, S. 232 Fn. 46 (2004); Keating, 2007 Bus.Torts J. 16, 17 (2007); wohl auch Rhiel, Related-Party Transactions, S. 135 (2014).

1734 Vgl. Marciano v. Nakash, 535 A.2d 400, 405 Fn.3 (Del.Sup.1987); In re Wheelabrator Tech's., Inc. S'holders Litig., 663 A.2d 1194, 1205 Fn.8 (Del.Ch.1995); In re Walt Disney C. Derivative Litig., 731 A.2d 342, 368 (Del.Ch.1998); Solomon v. Armstrong, 747 A.2d 1098, 1115 (Del.Ch.1999); In re Santa Fee Pacific Corp. S'holders Litig., 669 A.2d 59, 68 Fn. 5 (Del.Sup.1995).

1735 Folk, DGCL-Review, S. 67, 71 (1965-67). Zustd Bainbridge, Corporate Law, § 7.2, S. 147 (2009).

1736 Arsht/Stapleton, 23 Bus. Law. 75, 82 (1967); Folk, DGCL, § 144, S. 86 (1972).

1737 Siehe m.N. bereits unter Glpkt. § 7 A. I. 3. a).

1738 Folk, DGCL, § 144, 86 (1972); ders., DGCL-Review, S. 67, 71 (1965-67).

bbb) Einbeziehung der Stimme eines (befangenen) Vorzugsaktionärs

Schließlich sind zur Feststellung einer beschlussfähigen Mehrheit auch Aktionäre miteinzubeziehen, die nach den *corporate records* als Inhaber einer mit einem Stimmrecht versehenen Vorzugsaktie gelten. Welche Vorzugsrechte eine Vorzugsakte verbrieft, folgt regelmäßig aus der Satzung der Corporation[1739]. Die Frage, ob Stamm- (*common shares*) und Vorzugsaktien (*preferred shares*) Stimmrechte verbriefen, stellt sich bei Corporations, deren Geschäftsanteile in Aktiengattungen (*classes of shares*) aufgeteilt sind. Neben der Aufteilung in Stamm- und Vorzugsaktien ist auch die Klassifizierung einer Gattung möglich, indem die Gattung der Stammaktien in mehrere Klassen zerteilt wird, so dass z.B. die eine Klasse aus stimmrechtslosen und die andere aus stimmberechtigen Anteilen oder gar divergierenden Stimmrechten zwischen den beiden Klassen bestehen können[1740]. Bei einer Aufteilung in Stamm- und Vorzugsaktien, vermitteln Erstere in der Regel neben Vermögens- auch Stimmrechte, während Letztere (soweit Erstere ein Stimmrecht verbriefen) nicht unbedingt als ihre Vorzüge auch Stimmrechte enthalten müssen.

Jenseits der Fälle, in denen sich für Inhaber von Vorzugsaktien ein Stimmrecht aus der Satzung ergibt, stellt sich jedoch die Frage, ob auch Vorzugsaktionäre ohne Stimmrecht am Meinungsbildungsprozess der Aktionäre zwecks Autorisierung eines Geschäfts nach § 144(a)(2) DGCL mit einzubeziehen sind. Rechtfertigen ließe sich ein Stimm-/Teilnahmerecht für (stimmrechtslose) Vorzugsaktionäre in Fällen, in denen durch das Geschäft der Corporation mit hinreichender Wahrscheinlichkeit die der Vorzugsaktie innewohnenden Rechte (im Beschlusszeitpunkt) zum Nachteil eines Inhabers beeinträchtigt werden[1741]. Beispielhaft dafür sind Geschäfte, die zu einer grundlegenden Veränderung der Aktionärsstruktur führen, oder die Wahrnehmung des Rechts eines Vorzugsaktionärs auf Dividendenbezug (*dividend preferences*) und/oder auf Teilnahme am Liquidationserlös einer Gesellschaft (*liquidation preferences*) beschneiden. Im Hinblick darauf ist hinsichtlich der Feststellung einer Zustimmung nach § 144(a)(2) DGCL zu fragen, ob das Geschäft imstande ist, die Vermögensrechte stimmrechtsloser Vorzugsaktionären zu tangieren und wenn ja, ob sie in den Willensbildungsprozess der Aktionärsversammlung eingezogen worden sind.

1739 Vgl. § 151(c) DGCL; zugl. Wolfensohn v. Madison Fund, Inc., 253 A.2d 72, 75 (Del. Sup.1969); m.w.N. Folk, DGCL, § 151.4.1, V-18 (2013).

1740 Vertiefend zu den Gestaltungsmöglichkeiten: Merkt, US-Recht, Rn. 477, S. 276 (2013).

1741 Zugl. Weakley/Magistrale, Fiduciary Duties, § 4.41, 4-52 (2017); Orlinsky, 24 Del.J. Corp.L. 451, 500 ff. (1999).

bb) Autorisierung in gutem Glauben der Entscheidungsträger

Im Lichte obiger Ausführungen zum gutgläubigen Handeln wird einer Aktionärsmehrheit ein solches stets in Fällen zu unterstellen sein, in denen das Geschäft einen legitimen Zweck verfolgt und vorteilhaft ist[1742], insbesondere wenn den Einschätzungen unbefangener Sachverständiger Folge geleistet worden ist[1743]. Jenseits dessen wird in Fällen der Mitwirkung von befangenen Leitungsorgan-Aktionären zu fragen sein, ob die Gesamtumstände bösgläubige Motive bei der Mehrheit der Entscheidungsträger erkennen lassen oder ob die Entscheidungsträger in ihrem Abstimmungsverhalten unlauter beeinflusst (*coercion*)[1744] oder deren Stimmen erkauft worden sind (*vote-buying*)[1745].

cc) Kenntniserlangung der wesentlichen (Geschäfts-)Umstände

Schließlich erfordert eine Zustimmung der Gesellschafter eine Willensbildung in Kenntnis jener das Eigen-/Fremdinteresse eines Verwaltungsorgans wie das Geschäft betreffenden wesentlichen Umstände. Hinsichtlich dieser Anforderung kann auf die Ausführungen zu § 144(a)(1) DGCL verwiesen werden[1746]. Für eine entsprechende Kenntnis hat im Zweifel das als befangen geltende Verwaltungsorgan zu sorgen, da dessen fiduziarische Verpflichtung eine Offenlegung entscheidungsrelevanter Umstände verlangt[1747]. Für Beweiszwecke sollten schon die Unterlagen zur Tagesordnung über alle wesentlichen Informationen zur Meinungsbildung verfügen. Mündliche Ergänzungen sind im Versammlungsprotokoll aufzunehmen.

1742 Siehe m.N. bereits unter Glpkt. § 7 A. I. 4. a) bb).

1743 Folk, DGCL-Review, S. 67, 75 (1965-1967), m.V.d. bereits unter Glpkt. § 7 A. I. 4. a) bb).

1744 Vgl. Lacos Land Co. v. Arden Group, Inc., 517 A.2d 271 (Del.Ch..1986); m.V.d. Williams v. Geier, 671 A.2d 1368, 1382 f. (Del.Sup.1994).

1745 Vgl. Schreiber v. Carney, 447 A.2d 17, 25 f. (Del.Ch.1982); m.V.d. Polk v. Good, 507 A.2d 531 (Del.Sup.1986); m.w.N. zum ‚*vote-buying*': Clark, 29 Case Wes.Res.L.Rev. 776 (1979).

1746 Siehe bereits unter Glpkt. § 7 A. I. 4. a) cc); m.w.N. zur '*duty of disclosure*' bereits unter Glpkt. § 4 C. II.

1747 Vgl. Sample v. Morgan, 914 A.2d 647, 664 (Del.Ch.2007); HMG/Courtland Probs., Inc. v. Gray, 749 A.2d 94, 119 (Del.Ch.1999); Lynch v. Vickers Energy Corp., 383 A.2d 278, 281 (Del.Sup.1977); m.w.N. Folk, DGCL, § 144.4, S. 254 (2013).

dd) Zeitpunkt für die Zustimmung durch die Gesellschafter

Eine Zustimmung der Gesellschafterversammlung kann vor und nach Autorisierung des Geschäfts durch *directors* einer Corporation erfolgen[1748]. Hierfür sprechen das *case law*[1749] wie auch Praktikabilitätserwägungen in Fällen, in denen sich durch das Eigen-/Fremdinteresse bei der *board*-Mehrheit oder bei allen *directors* keine wirksame Autorisierung im Sinne des § 144(a)(1) DGCL erzielen lässt. Zudem sind die Ziffern (1) und (2) der Norm disjunktiv gestaltet, so dass ein Beschluss der *directors* keine Bedingung für die Autorisierung eines Geschäfts durch die Aktionäre einer Corporation darstellt.

c) Zustimmung nach § 144(a)(3) DGCL ohne Erfüllung des § 144(a)(1)/(2) DGCL

Geschäfte einer Corporation, die nicht im Sinne der Ziffer (1)/(2) der Norm autorisiert worden sind, können letztlich von dem Makel des Interessen-/Pflichtenkonflikts eines Leitungsorgans befreit werden, wenn sie für die Gesellschaft zur Zeit der Zustimmung der *directors* oder Aktionäre fair erschienen[1750]. Die in § 144(a)(3) DGCL vorgesehene Möglichkeit bietet sich beispielsweise in Fällen an, in denen die *directors* mehrheitlich oder gänzlich befangen sind, das Ersuchen um eine Zustimmung der Gesellschafter zu umständlich oder kostspielig wäre oder auch deren Zustimmung keine beschränkte richterliche Überprüfung des Geschäfts nach der *shareholder ratification rule* zur Folge haben würde[1751]. Die skizzierten Fälle lassen bereits erkennen, dass nach Ziffer (3) der Norm nur verfahren werden kann, wenn eine Autorisierung des Geschäfts durch die *board*-Mitglieder oder Aktionäre stattgefunden hatte. Anders gewendet: die Fairness eines Geschäfts kann nicht dessen (unwirksame) Autorisierung ersetzen. Die Norm betont dies durch die Phrase „*(...) approved or ratified by (...) directors (...) or shareholders*“[1752]. Fehlt die Autorisierung des Geschäfts durch die *directors* oder Aktionäre, ist nach *case law* zu verfahren, so dass für dessen

---

1748 So auch: Gough, 24 U.Kan.L.Rev. 655, 667 (1976); Buxbaum, 68 Cal.L.Rev. 1122, 1127 (1980); Clark, Corporate Law, § 5.2., S. 168 (1986).

1749 Vgl. Blish v. Thompson Arms Corp., 64 A.2d 581, 604; 30 Del.Ch. 538 (Del.Sup.1948).

1750 Vgl. § 144(a)(3) DGCL.

1751 Vgl. Marciano v. Nakash, 535 A.2d 400, 405 Fn.3 (Del.Sup.1987); Fliegler v. Lawrence, 361 A.2d 218, 221 (Del.Sup.1976).

1752 Vgl. § 144(a)(3) DGCL [hervorgehoben vom Verfasser]; siehe im Vergleich zu § 310(a)(3) CGCL unter Glpkt. § 7 B. I. 4. a) cc).

Zustandekommen zumindest ein *officer* namens der Corporation agiert haben muss[1753]. Maßgebend für die Fairness-Analyse des Geschäfts einer Corporation sind die Regeln des *case law*[1754], also die bereits beschriebenen Kriterien zum *entire-*[1755], *inherent-*[1756] bzw. *intrinsic-*[1757] *fairness test.*

II. Die Norm des § 310 CGCL

Im California General Corporation Law sind die Alternativen zur Beseitigung des Rechts einer Corporation auf Anfechtung von Geschäften aufgrund einer aus dem Eigen-/Fremdinteresse eines oder mehrerer ihrer *board*-Mitglieder abgeleiteten Vermutung für treuwidriges Verhalten in § 310 CGCL bestimmt[1758]. Weitere Vorgaben folgen aus § 315 CGCL, wenn eine Corporation beabsichtigt, zugunsten eines *director* oder *officer* ein Darlehen zu gewähren, eine Sache zu verleihen oder eine Bürgschaft zu übernehmen[1759]. Beide Normen sind aus der Revision des CGCL im Jahre 1977 und 1984 hervorgegangen mit der Folge, dass dadurch deren Vorläufer - § 820 CCC (1947)[1760] und § 823 CCC (1947)[1761] - ersetzt worden sind.

1. Regelungsgehalt der Norm

Nach dem Wortlaut in § 310(a) CGCL soll ein Vertrag oder eine Transaktion (‚Geschäft') zwischen einer Corporation und einem oder mehreren ihrer

---

1753 Vgl. Marciano v. Nakash, 535 A.2d 400, 405 (Del.Sup.1987), worin das Gerichte trotz fehlender Autorisierung der Darlehensgewährung durch die *directors* oder Aktionäre der Gasoline Ltd. zur Fairness-Prüfung gelangte, indem es das Geschäft mit der Rechtsmacht der *officers* begründete.

1754 Vgl. Marciano v. Nakash, 535 A.2d 400, 405 Fn. 3 (Del.Sup.1987); Unitrin, Inc. v. American General Corp., 651 A.2d 1361, 1371 Fn. 7 (Del.Sup.1995); Valeant Pharms Inter'l v. Jerney, 921 A.2d 732, 745 (Del.Ch.2007).

1755 Vgl. Keenan v. Eshleman, 2 A.2d 904, 908 (Del.Ch.1938) m.V.a. Geddes v. Anaconda Cooper Mining Co., 254 U.S. 590, 599 (1921).

1756 Vgl. Gottlieb v. Heyden Chemical Corp., 91 A.2d 57 (Del.Sup.1952) m.V.a. Pepper v. Litton, 308 U.S. 295, 306 (1939).

1757 Vgl. Fliegler v. Lawrence, 361 A.2d 218, 221 (Del.Sup.1976) m.V.a. Sinclair Oil Corp. v. Levien, 280 A.2d 717, 723 (Del.Sup.1971).

1758 Vgl. 1975 Cal.Stats, ch. 682 § 7; amended 1976 Cal.Stats, ch. 641 § 10 (Jan. 1, 1977).

1759 Vgl. 1984 Cal.Stats, ch. 812, § 1; 1984 Cal.Stats., ch. 335, § 3. (Jan.1, 1984).

1760 Durch § 310 CGCL wurde der § 820 CCC (1947) jedoch nur teilweise ersetzt, weil dessen Satz 1 im § 309(a) CGCL (1977) aufgegangen ist.

1761 Siehe eingehend dazu unter Glpkt. § 7 B. II.

directors oder zwischen einer Corporation und einem Unternehmen, woran einer oder mehrere der *directors* ein ‚*material financial interest*' haben, weder aus diesem Grunde unwirksam oder anfechtbar sein noch deshalb, weil ein solcher *director* an der Autorisierung des Geschäfts mit Beschluss des *board* oder eines *board*-Komitees teilgenommen hatte,

(1) wenn die wesentlichen Geschäftsumstände und das Interesse eines *directors* den Gesellschaftern gegenüber offengelegt worden sind oder bekannt waren und das Geschäft im Sinne des § 153 CGCL gutgläubig unter Außerachtlassung der Anteile eines solchen *director* genehmigt worden ist; oder
(2) wenn die wesentlichen Geschäftsumstände und das Interesse eines *director* dem *board* oder einem *board*-Komitee gegenüber offengelegt worden sind oder bekannt waren und das Geschäft gutgläubig unter Außerachtlassung der Stimme eines solchen *director* autorisiert oder genehmigt worden ist und zur Zeit der Autorisierung für die Corporation als ‚*just and reasonable*' erschien[1762], oder
(3) wenn das Geschäft nicht nach Ziffer (1) oder (2) autorisiert worden ist, jedoch jener, welcher dessen Gültigkeit geltend macht, bewiesen hat, dass es zur Zeit der Autorisierung ‚*just and reasonable*' war.

Ein als ‚*material financial interest*' geltendes Interesse eines *director* an der Gegenpartei der Corporation kann nicht schon aus dessen Amt als *director* in dem Unternehmen der Gegenpartei abgeleitet werden. Ebenso gelten *directors* nicht schon als ‚*interested*' hinsichtlich einer Entscheidungsfindung betreffend die Regelung einer Vergütung für die Leistungen eines ihrer *board*-Kollegen[1763].

Nach dem Wortlaut in § 310(b) CGCL soll das Geschäft einer Corporation mit einer anderen auf *board*-Ebene verflochtenen Gesellschaft weder nichtig noch anfechtbar sein, weil an der Autorisierung durch das *board* oder ein *board*-Komitee ein doppelt mandatierter *director* teilgenommen hat,

(1) wenn die wesentlichen Geschäftsumstände und das Doppelmandant erklärt worden sind oder bekannt waren und das Geschäft gutgläubig durch das *board* oder *board*-Komitee unter Außerachtlassung der Stimme eines solchen *director* autorisiert oder genehmigt worden ist oder eine Zustimmung durch die Gesellschafter im Sinne des § 153 CGCL in gutem Glauben erhalten hat, oder

1762 Vgl. § 310(c) CGCL.
1763 Gemäß § 310 (c) CGCL können befangene *directors* zur Festellung eines Quorums im Entscheidungsgremium berücksichtigt werden.

(2) wenn ein nicht nach Ziffer (1) autorisiertes Geschäft zur Zeit der Autorisierung für die Corporation als *‚just and reasonable‘* erschien[1764].

2. Anwendungsbereich der Norm

Ihrem Wortlaut nach gilt die Norm in persönlicher Hinsicht nur für die *directors* einer Corporation. Nicht erwähnt werden Geschäfte einer Corporation mit non-*director officers* oder mit einer Gesellschaft, an der non-*director officers* ein *‚material financial interest‘* haben oder in welcher non-*director officers* (auch) das Amt eines *officer* oder *director* ausüben (wie z.B. in Tochterunternehmen einer Corporation). Entsprechende Konfliktkonstellationen sind folglich in der Frage der Rechtmäßigkeit des Handelns eines non-*director-officer* nach den *equitable common law rules* zur Treuepflichtenbindung zu beurteilen[1765]. Außen vor bleiben auch Geschäfte einer Corporation mit oder im Interesse ihres herrschenden Aktionärs (jedenfalls soweit dieser nicht gleichfalls in der Gesellschaft das Amt eines *board*-Mitglieds begleitet); ebenso verhält es sich bei Geschäften von Unternehmen im Sinne einer Mutter- und Tochtergesellschaft. Eine Analogiebildung der Norm dürfte aber für de facto *directors* einer Corporation in Betracht kommen, wenn man bedenkt, dass de facto *directors* die Fähigkeit zur kollektiven Verpflichtung einer Corporation zugestanden wird und dass deren Treuepflichtenbindung ungeachtet ihres rechtlichen Status besteht[1766]. In sachlicher Hinsicht werden sowohl Verträge wie auch Transaktion vom Wortlaut der Norm erfasst, wenn Gegenpartei der Corporation deren *directors* sind oder eine andere Corporation oder Vereinigung, in welcher einer oder mehrere ihrer *board*-Mitglieder gleichermaßen das Amt eines *director* ausüben[1767] oder wie es im Absatz (a) der Norm heißt: *„in which (...) its directors has a material financial*

1764 Vgl. § 310(b) CGCL.

1765 Vgl. Dean v. Shingle, 198 Cal. 652; 246 P. 1049 (Cal.Sup.1926) m.V.a. Gravis v. Mono Lake Hydraulic Mining Co., 81 Cal. 303; 22 P. 665 (Cal.Sup.1889); m.w.N. unter Glpkt. § 6 B. I. 1. Ergänzend dazu gelten mit Blick auf die Stellung eines *officer* die Regeln des *agency law* analog; vgl. § 13 i.V.m. §§ 389-391 Restat. (2d) of Agency. Danach wären Geschäfte einer Corporation im Eigeninteresse eines non-*director officer* ohne die Zustimmung des *board* (*‚principal‘*) anfechtbar. Zustd. Gevurz, Corporation Law, § 4.2, S. 334 (2000); ABA, 44 Bus.Law. 1307, 1310 (1989).

1766 Vgl. John Paul Lumber Co. v. Agnew, 125 Cal.App.2d 613, 619; 270 P.2d 1044 (Cal.App.1954); American Concrete Units Co., Inc. v. National Stone-Title Corp., 115 Cal.App. 501, 503; 1 P.2d 1084 (Cal.App.1931); m.w.N. Marsh, Cal.Corp.L. § 10.18, S. 10-93 (2011).

1767 Vgl. § 310(b) i.V.m. (a) S. 2 CGCL.

interest"[1768]. Hinsichtlich des Geltungsbereichs der Vorschrift ist folglich zu klären, unter welchen Umständen ein sog. ,*material financial interest*' bei einem *director* einer Corporation bejaht werden kann.

a) Bestimmung des Merkmals ,*material financial interest*'

Anlass zur Bestimmung der Phrase „*in which (...) have a material financial interest*"[1769] besteht in zweifacher Hinsicht: Einerseits lassen die Worte ,*a material financial interest*' den Schluss darauf zu, dass nicht schon ein als geringfügig geltendes pekuniäres Interesse den Normbereich zu eröffnen vermag. Anderseits lässt die Formulierung „*any other corporation or association in which*" darauf schließen, dass nur Interessenlagen in Betracht kommen, wie sie Anleihengläubiger oder Gesellschafter verfolgen. Damit stellt sich die Frage, ab welcher Größenordnung ein finanzielles Interesse als wesentlich gilt und ob auch solche aus dem Geschäft selbst resultierende Interessenlagen von der Vorschrift erfasst werden. Gemäß dem Normwortlaut soll ein ,*material financial interest*' jedenfalls nicht schon daraus resultieren, dass *directors* einer Corporation auch bei deren Gegenpartei die Amtsstellung eines *director* begleiten. Ebenfalls gelten *directors* nicht als ,*interested*', wenn sie die Leistungsvergütung für Kollegen regeln[1770]. Mit diesen beiden Ausnahmeregelungen reagierte der Gesetzgeber auf zwei Themenbereiche aus dem *case law*: einerseits entkräftete er damit die Vermutung treuwidrigen Handelns in Fällen des *reciprocal voting*[1771]; andererseits folgte er der einst in San Diego, Old Town & Pacific Beach R.R. Co. v. Pacific Beach Co.[1772] betonten Differenzierung zwischen Geschäften im Eigeninteresse eines *director* einer Corporation und Geschäften zwischen zwei mehrheitlich auf der *board*-Ebene personell verflochtenen Gesellschaften[1773].

In der Rechtsprechung zu § 310(a) CGCL finden sich auf die vorgestellten Fragen keine Antworten, weil die Wendung ,*material financial interest*' bislang von keinem der Gerichte bestimmt worden ist. Als fruchtbar erweist sich jedoch

---

1768 Vgl. § 310(a) CGCL [hervorgeboben vom Verfasser].

1769 Vgl. § 310(a) CGCL [hervorgehoben vom Verfasser].

1770 Vgl. § 310(a) S.2-3 CGCL.

1771 Siehe bereits unter Glpkt. § 6 B. I. 1. a) und § 5 B. II. 1. b) cc) aaa); m.V.a. § 311 CCC (1931): Angelus Sec. Corp., v. Ball, 20 Cal.App.2d 423; 67 P.2d 152 (Cal.Sup.1937).

1772 Vgl. San Diego, Old Town & Pacific Beach R.R. Co. v. Pacific Beach Co., 112 Cal. 53, 59; 44 P. 333 (Cal.Sup.1896).

1773 Siehe zum Fall bereits unter Glpkt. § 6 B. I. 1. b). Siehe zur Differenzierung zwischen dem Abs. (a) und (b) der Norm unter Glpkt. § 7 B. I. 3. c).

das zu § 7233(a)CCC[1774] ergangene obiter dictum im Urteil Harvey v. Landing Homeowners Ass'n[1775], dessen Wortlaut auch die Phrase ‚*material financial interest*' enthält. Nach Auffassung des Gerichts sei ein finanzielles Interesse stets dann als wesentlich zu qualifizieren, „*when a person has an expectation of pecuniary gain*"[1776]. Demnach wäre für Zwecke der Ermittlung der Wesentlichkeit eines *financial interest* zu fragen, ob sich der betreffende *director* der Corporation durch seine wirtschaftliche Beziehung zur Gegenpartei aus dem Geschäft einen Vermögensvorteil erhofft hatte. In den Fällen der Aktionärsstellung eines *director* wäre zu untersuchen, ob das Geschäft der Corporation den Verkehrswert seiner Beteiligung verbessert und/oder zu höheren Dividendenbezügen geführt hätte. Hilfreich für die Wertbestimmung erweisen sich insoweit die Normen zum Nonprofit Corporation Law, respektive § 5233 CCC[1777] und § 9243 CCC[1778], welche sich im Wortlaut insbesondere darin gleichen, dass ein *material financial interest* bei Geschäften angenommen wird, deren Wert über einen Betrag von $ 100.000,00 oder 1% der Jahresbruttoumsätze der betreffenden Nonprofit Corporation hinausgeht[1779].

Darüber hinaus eignet sich das vorzitierte Urteil auch insoweit, als darin in Anlehnung an den Fall Michael v. Aetna Life & Casualty Ins. Co.[1780] argumentiert worden ist. Analysiert man dieses Judikat im Lichte eingangs gestellter Frage, ist festzustellen, dass das Gericht ein ‚*material financial interest*' sowohl bei Vermögensvorteilen bejaht hatte, die aus der Anteilseignerschaft eines *director* zur Gegenpartei seiner Corporation resultierten wie auch aus der Geschäftsbeziehung

---

1774 Die Norm des § 7233(a) CCC gleicht dem § 310(a) CGCL nahezu gänzlich und betrifft die Frage der Anfechtbarkeit entsprechender Geschäfte einer Nonprofit Mutual Benefit Corporation (§§ 7110-8817 CCC). Vertiefend dazu: Magistrale, Nonprofit Corporation, § 9.143 ff. (2017).

1775 Vgl. Harvey v. Landing Homeowners Ass'n, 162 Cal.App.4th, 809 Cal.App.2008).

1776 Vgl. Harvey v. Landing Homeowners Ass'n, 162 Cal.App.4th, 809, 823 Fn.10 Cal. App.2008) [hervorgehoben vom Verfasser].

1777 Die Regelung des § 5233 CCC gilt für das Recht einer Nonprofit Public Benefit Corporation [vgl. dazu §§ 5110-6815 CCC].

1778 Die Regelung des § 9243 CCC gilt für das Recht einer Nonprofit Religious Corporation [vgl. dazu §§ 9110-9690 CCC].

1779 Vgl. §§ 5233(b)(3), 9243(b)(3) CCC. Vertiefend dazu: Weakley/Magistrale, Fiduciary Duties, § 5.13 ff. (2017).

1780 Vgl. Michael v. Aetna Life & Casualty Ins. Co, 88 Cal.App.4th 925 (Cal.App.2001) m.V.a. Harvey v. Landing Homeowners Ass'n, 162 Cal.App.4th, 809 (Cal.App.2008).

zur Gegenpartei der Corporation[1781]. Somit wäre zur Ermittlung eines ‚*material financial interest*' im Sinne der Norm sowohl eine vertragliche wie auch gesellschaftsrechtliche Beziehung eines *director* zur Gegenpartei der Corporation zu prüfen. Wohl nicht zuletzt auch deshalb wird mitunter in der Literatur erwogen, einem *director* einer Corporation ein wesentliches pekuniäres Interesse zu attestieren, wenn dieser als *officer* der Gegenpartei amtiert und für die Ausübung des Amts eine Vergütung von wesentlicher Art bezieht[1782].

3. Regelungsziel und Rechtswirkung der Norm

Die Wendung in § 310(a)/(b) CGCL: "*No contract (...) between (...) is either void or voidable because (...) if (...) or (...)*"[1783] lässt aufgrund ihrer negativen Formulierung darauf schließen, dass der Gesetzgeber den Zweck der Regelung - wie schon bei deren Vorläuferfassungen[1784] - darin sieht, alternative Verfahren anzubieten, bei deren Erfüllung das Anfechtungsrecht einer Corporation in Fällen eines Interessen- und/oder Pflichtenwiderstreits von deren *board*-Mitgliedern beschränkt werden kann. Die disjunktive Gestaltung in Absatz (a) und (b) der Norm deutet mit Blick auf die Beweislastregel in Absatz (a) Ziffer (3) darauf hin, dass eine Zustimmung nach § 310(a)(1)/(2) CGCL geeignet sein könnte, den Kontrollmaßstab nach *case law* für Entscheidungen von *directors* oder Aktionären zu beeinflussen. Denn danach wäre in Fällen einer weder den Vorgaben der Ziffer (1) noch (2) von Absatz (a) genügenden Zustimmung jene Person, die die Wirksamkeit des Geschäfts geltend macht, veranlasst, nachzuweisen, dass es im Zeitpunkt der Autorisierung aus Sicht der Corporation ‚*just and reasonable*' gewesen war[1785]. Unterstrichen wird diese Annahme durch die Anforderungen an eine wirksame Zustimmungserklärung, die sich - im Vergleich zu denen der beiden Vorläuferfassungen[1786] - ebenso im *case law* wiederfinden. Im Hinblick darauf ist zu klären, in welchem Ausmaß eine den Kriterien in Absatz (a) Ziffer (1)/(2) bzw. Absatz (b) Ziffer (1) 1. HS/2. HS der Norm genügende

1781 Vgl. Michael v. Aetna Life & Casualty Ins. Co, 88 Cal.App.4th 925, 942-943 (Cal. App.2001); m.V.d. auch: Mahnke v. Superior Court, 180 Cal.App.4th 565, 576 (Cal. App.2009), ebenso: Weakley/Magistrale, Fiduciary Duties, § 4.42, 4-53 (2017)..

1782 So z.B. Marsh, Cal.Corp.L., § 11.07[E], 11-76 (2011).

1783 Vgl. § 310(a)/(b) CGCL [hervorgehoben vom Verfasser].

1784 Vgl. § 820 CCC (1947) bzw. § 311 CCC (1931); siehe dazu bereits unter Glpkt. § 6 B. I. 2. b) aa).

1785 Vgl. § 310(a)(3) CGCL [hervorgehoben vom Verfasser].

1786 Vgl. § 820 CCC (1947) bzw. § 311 CCC (1931); siehe dazu bereits unter Glpkt. § 6 B. I. 2. b) bb).

Beschlussfassung Einfluss nimmt auf den nach *case law* für Entscheidungen von *board*-Mitgliedern oder Aktionären geltenden Beurteilungsmaßstab.

Eine entsprechende Zustimmung der *directors* einer Corporation könnte daher bei einem Geschäft im Sinne des Absatz (a) der Norm wegen der in § 310(a)(2) CGCL fehlenden *just and reasonable*-Vorgabe die Vermutung für dessen Fairness begründen mit der Folge, dass es Aufgabe des Klägers wäre, zu beweisen, dass es im Zeitpunkt der Autorisierung aus Sicht der Corporation nicht ‚*just and reasonable*' erschien[1787]. Gestützt wird diese Überlegung durch das *case law* zu den Vorläuferfassungen, weil danach auch durch *board*-Beschluss autorisierte Geschäfte einer Corporation für die Entscheidungsträger ‚*just and reasonable*' im Beschlusszeitpunkt sein mussten[1788]. Im Vergleich dazu könnte eine Zustimmung nach § 310(b)(1) 1. HS CGCL die *business judgment rule* zur Anwendung bringen, weil diese Regelung nicht über das ‚*just and reasonable*'-Merkmal verfügt[1789]. Zudem sind befangene *directors* für die Feststellung eines Beschlussergebnisses außer Acht zu lassen[1790]. Hinzu kommt, dass durch die unterschiedlichen Vorgaben in Absatz (a) und (b) der Vorschrift zwischen den beiden Konfliktsituation ebenso differenziert wird wie es schon die Gerichte nach *case law* taten[1791].

Beleuchtet man die Kriterien für eine Zustimmung nach § 310(a)(1) CGCL bzw. § 310(b)(1) 2.HS CGCL zeigen sich darin Parallele zu den Merkmalen der *shareholder ratification rule*, so dass sich bezüglich der Rechtswirkung eines solchen Gesellschafterbeschlusses argumentieren ließe, dass das Geschäft nur in den Grenzen des Fehlgebrauchs im Entscheidungsermessen überprüfbar bleibt. Für diese Interpretation würde auch der Umstand sprechen, dass das ‚*just and reasonable*'-Erfordernis weder in § 310(a)(1) CGCL noch in § 310(b)(1) 2. HS CGCL zu einer Voraussetzung erklärt wird[1792]. Hinzu kommt, dass nach § 310(a)(1) CGCL die Stimmanteile eines befangenen *director* als Anteilseigner der Corporation bei der Feststellung des Beschlussergebnisses keine Berücksichtigung finden dürfen[1793]. Schließlich ist auch aufgrund der Vorgaben des § 310(b)(1)

1787 Vgl. § 310(a)(2) i.V.z. § 310(a)(3) CGCL.
1788 Vgl. § 310(a)(2) i.V.z. § 310(a)(3) CGCL.
1789 Vgl. § 310(b)(1) 1. HS i.V.z. § 310(a)(2) CGCL.
1790 Vgl. § 310(a)(1) CGCL; siehe eingehend zur Zustimmung durch *board*-Mitglieder unter Glpkt. § 7 A. II. 4. a) aa) aaa) und b) aa).
1791 Siehe bereits unter Glpkt. § 6 B. I. 1. a) .V.z. § 6 B. I. 1. b).
1792 Vgl. § 310(a)(1) i.V.z. § 310(b)(1) 2. HS CGCL.
1793 Vgl. § 310(a)(1) CGCL; siehe eingehend zur Zustimmung durch Gesellschafter unter Glpkt. § 7 A. II. 4. a) bb) aaa) und b) bb).

2. HS CGCL eine Beschlussfassung durch unbefangene Aktionäre gewährleistet, weil bei Geschäften im Sinne des § 310(b) CGCL nach den Ziffern (1) oder (2) nur verfahren werden kann, wenn die in Pflichtenkollision handelnden *directors* nicht auch ein ‚*material financial interest*' haben[1794], so dass die an der Zustimmung mitwirkenden Gesellschafter einer Corporation gleichsam als unbefangen im Sinne des § 310(a) CGCL gelten würden.

Die Frage, ob eine Zustimmung im Sinne von § 310 CGCL vorskizzierte Rechtswirkungen entfaltet, soll nachfolgend zunächst im Lichte der Kommentierung des Gesetzgebers beantwortet werden (sub a). Im Anschluss daran wird dargelegt, ob, und wenn ja inwieweit, die Vorstellungen des Gesetzgebers in der Rechtsprechung Niederschlag gefunden haben (sub b). Abschließend werden beide Befunde in einer Stellungnahme des Verfassers aufbereitet und durch ergänzende Darlegungen untermauert (sub c).

a) Normverständnis des Gesetzgebers

Bereits die Ergänzung des Wortes ‚*validity*' im Titel der Norm: „*Contracts in which a director has material interest*" lässt annehmen, dass der Rechtsstatus der Wirksamkeit eines Geschäfts im Sinne der Norm durch entsprechende Erfüllung der Ziffern in Absatz (a) oder (b) erzielt werden kann. Dieser Eindruck verfestigt sich durch den Kommentar, wonach die Norm - wie schon deren Vorläufer - alternative Methoden zwecks Erreichung einer „*validiation of interested transactions*" bereitstellt[1795]. Ein Geschäft könne danach „*be validated*", wenn Aktionäre hierzu ihre Zustimmung in gutem Glauben und in Kenntnis der wesentlichen Geschäftsumstände erteilt haben und die Anteile eines als befangen geltenden *director* keine Berücksichtigung fanden. Zudem könne ein Geschäft diesen Rechtsstatus mit einer in gutem Glauben und in Kenntnis der wesentlichen Geschäftsumstände ergangenen Zustimmung des *board* oder eines *board*-Komitees „*by a vote sufficient*" erlangen[1796]. Fernerhin wird in Anlehnung an das Urteil in Remillard Brick Co. v. Remillard-Dandini Co.[1797] betont, dass das Geschäft zur Zeit seiner Autorisierung aus Sicht der Corporation ‚*just and reasonable*' sein müsse und dass mit diesem Kriterium „*(...) a judicial decision*

1794 Vgl. § 310(b)(1) CGCL und § 310(a) S. 2 CGCL.

1795 Vgl. CGCL-Report, S. 54-55 (1975) [hervorgehoben vom Verfasser].

1796 Vgl. CGCL-Report, S. 54 (1975) [hervorgehoben vom Verfasser]; siehe zur Begriffsbestimmung unter Glpkt. § 7 A. II. 4. a) aa)..

1797 Vgl. Remillard Brick Co. v. Remillard-Dandini Co., 109 Cal.App.2d 405; 241 P.2d 66 (Cal.App.1952); m.N.d. unter Glpkt. § 6 B. I. 2. b) aa).

indicating that the courts in any event will review the transaction for fairness (...)" kodifiziert worden sei[1798]. Schließlich merkt der Gesetzgeber in seiner Kommentierung an, dass Geschäfte im Sinne der Norm auch ohne entsprechende Zustimmung Gültigkeit erlangen würden, wenn sie sich als ‚*just and reasonable*' aus Sicht der Gesellschaft zur Zeit der Autorisierung erweisen[1799]. In der Norm selbst wird dies durch das Wort ‚*validity*' in Ziffer (3) des § 310(a) CGCL unterstrichen[1800].

Der Kommentierung nach kann ein Geschäft somit nach Erfüllung der Norm Wirksamkeit erlangen. Als Folge dessen liegt die Annahme nahe, dass eine Zustimmung im Sinne der Norm gleichermaßen den Prüfungsmaßstab für Unternehmensentscheidungen von *directors* oder Aktionären beeinflussen kann, weil dadurch zumindest die Vermutung für ein rechtmäßiges Verwaltungshandeln begründet worden ist. Hinzu kommen die folgenden Parallelen zwischen den Normvorgaben und den Kriterien nach *case law*: Denn gleich dem *case law* verlangt § 310(a)(2) CGCL für eine Zustimmung der *board*-Mitglieder einen in Kenntnis der wesentlichen Geschäftsumstände und des Eigen-/Fremdinteresses gefassten Beschluss in gutem Glauben ‚*by a vote sufficient*' unter Außerachtlassung der Stimme eines interessierten *director*[1801]. Auch kann der § 310(a)(1) CGCL, gleich dem *case law*, nur erfüllt werden, wenn sich stimmberechtige Anteilseigner unter Außerachtlassung der Stimmen befangener *directors* gutgläubig für das Geschäft in Kenntnis der wesentlichen Umstände und des Eigeninteresses eines *director* ausgesprochen hatten[1802]. In den jeweiligen Anforderungen differieren die Ziffer (1) und (2) des § 310(a) CGCL lediglich insoweit, als nach Ziffer (2) das Geschäft im Zeitpunkt seiner Autorisierung ‚*just and reasonable*' sein muss[1803]. Im Lichte des *case law* könnte der Unterschied zwischen Ziffer (1) und (2) des § 310(a) CGCL bedeuten, dass ein Gericht die sachliche Fairness eines Geschäfts nicht mehr in Fällen einer Zustimmung durch die Gesellschafter hinterfragen dürfte, wohingegen in Fällen einer Autorisierung

---

1798 Vgl. CGCL-Report. S. 55 (1975) [hervorgehoben vom Verfasser].

1799 Vgl. CGCL-Report, S. 54 (1975). Siehe im Einzelnen unter Glpkt. § 7 A. II. 4. a) cc).

1800 Vgl. § 310(a)(3) CGCL.

1801 Vgl. § 310(a)(2) [hervorgehoben vom Verfasser], sie im Einzelnen unter Glpkt. § 7 A. II. 4. a) aa).

1802 Vgl. § 310(a)(1) CGCL iVm § 153 CGCL [hervorgehoben vom Verfasser]; siehe im Einzelnen unter Glpkt. § 7 A. II. 4. b) aa).

1803 Vgl. § 310(a)(2) [hervorgehoben vom Verfasser]; siehe im Einzelnen unter Glpkt. § 7 A. II. 4. a) aa).

durch die *board*-Mitglieder der Corporation auch die sachliche Fairness des Geschäfts von einem Gericht überprüft werden dürfte.

b) Normverständnis in der Rechtsprechung

Die Frage nach der Rechtswirkung einer Zustimmung im Sinne des § 310 CGCL auf den gerichtlichen Kontrollmaßstab für Unternehmensentscheidungen von *board*-Mitgliedern oder Anteilseignern und/oder auf den Rechtsstatus eines Geschäfts der Corporation wurde bislang nur in wenigen Urteilen thematisiert. In jeder dieser Entscheidungen ist im Lichte der Kommentarliteratur zu § 310 CGCL geurteilt worden, so dass es sich im Folgenden anbietet, die Lehre mit in die Würdigung der Spruchpraxis einzubeziehen.

aa) Der Fall Gaillard v. Natomas Co. (Cal.App. 1989)

aaa) Sachverhalt und Norminterpretation

Eine ausführliche Stellungnahme zu eingangs gestellter Frage erfolgte erstmals in der Entscheidung Gaillard v. Natomas Co.[1804]. Prüfungsgegenstand bildeten Verträge mit ‚*golden parachutes*'-Klauseln[1805] und Gehaltszahlungen an *inside directors* für die Beratung in der Fusion zwischen der Beklagten und der Diamond Shamrock Corporation. Auf Empfehlung des *board*-Komitees wurden diese Verträge mit Beschluss des *board* und der Aktionäre autorisiert - jeweils ohne Mitwirkung der befangenen *directors*. Das Gericht lehnte eine eingeschränkte Würdigung dieser Verträge nach der *business judgment rule* ab, weil es keine sorgfältige Prüfung durch das Komitee erkennen konnte und daher die Auffassung vertrat, dass sich das *board* auf dessen Empfehlung nicht hätte verlassen dürfen. Die Beklagten erklärten hierzu, dass die Verträge nach § 310(a)(1) CGCL von den Aktionären genehmigt worden seien mit der Folge, dass sie nicht mehr in der Frage gewürdigt werden dürften, ob sie als ‚*just and reasonable*' erschienen[1806]. Diesem Einwand widersprach das Gericht, indem es betonte, dass der Zweck der Norm allein darin liege, alternative Verfahren anzubieten,

---

1804 Vgl. Gaillard v. Natomas Co., 208 Cal.App.3d 1250; 1256; 256 Cal.Rptr.2d 702 (Cal. App.1989)

1805 Als *golden parachute* (goldener Fallschirm) gelten Abreden, die für Leitungsorgane eine Entschädigung vorsehen bei ihrer Abberufung aufgrund einer Fusion oder Übernahme der Corporation. Vertiefend dazu: Spalding, 40 Wash.&Lee L.Rev. 1117 (1983); Johnson, 94 Yale L.J. 909 (1985).

1806 Vgl. Gaillard v. Natomas Co., 208 Cal.App.3d 1250; 1273; 256 Cal.Rptr.2d 702 (Cal. App.1989).

mit deren Erfüllung sich von einem Geschäft einer Corporation der Makel eines Interessen-/Pflichtenkonflikts von *board*-Mitgliedern beseitigen lasse. Insbesondere würde ein Gesellschafterbeschluss im Sinne des § 310(a)(1) CGCL nicht davon abhalten, Geschäfte einer Corporation aus anderen Gründen als dem Eigeninteresse eines *director* anzugreifen, wie z.B. im Fall einer nachweislichen Verschwendung von Vermögenswerten der Gesellschaft. Ebenso wurde betont, dass eine Erfüllung der Norm nicht vor persönlicher Haftung bewahren würde[1807]: "*Regardless of the provisions of Section 310, a transaction with an interested director which is found to be unjust and unreasonable as to the corporation could not be legally sustained*"[1808].

bbb) Einordnung der Argumentation des Gerichts

Der Urteilsbegründung zufolge hat das Gericht den Zweck des § 310(a) CGCL zum einen darin gesehen, alternative Verfahren anzubieten, womit sich der Makel des Interessenkonflikts von *directors* aufgrund des Eigeninteresses am Geschäft beseitigen lasse. Zum anderen werde ein Gericht im Falle einer Zustimmung nach § 310(a)(1) CGCL nicht davon abgehalten, die Frage der Wirksamkeit eines Geschäfts im Lichte eines ‚*waste of corporate assets*' zu prüfen[1809]. Diese Begründung lässt annehmen, dass eine Zustimmung von Aktionären im Sinne der Norm ausreicht, eine beschränkte Beurteilung des Geschäfts in den Grenzen der *shareholder ratification rule* auszulösen, d.h. begrenzt auf die Frage, ob betrügerisch, rechtswidrig oder verschwenderisch gehandelt worden ist[1810] Für diese Auslegung sprechen die bereits vorstehend beschriebenen Parallelen in den Kriterien betreffend die Wirksamkeit einer Zustimmung durch Aktionäre nach *case law* und nach der Regelung[1811]. Andererseits findet diese Auslegung der Norm Bestätigung in der vorzitierten Urteilspassage, da ein nach § 310(a)(1) CGCL autorisiertes Geschäft schwerlich ‚*unjust and unreasonable*' sein kann, wenn es durch eine unbefangene Aktionärsmehrheit in den Grenzen ihres Ermessens genehmigt wurde.

1807 Vgl. Gaillard v. Natomas Co., 208 Cal.App.3d 1250; 1273; 256 Cal.Rptr.2d 702 (Cal. App.1989); so auch: Friedman, Cal.Prac.G., 6:291 (2011).

1808 Vgl. Gaillard v. Natomas Co., 208 Cal.App.3d 1250; 1273; 256 Cal.Rptr.2d 702 (Cal. App.1989) m.V.a Marsh, Cal.Corp.L., § 10.4 (1981).

1809 Vgl. Gaillard v. Natomas Co., 208 Cal.App.3d 1250, 1273; 256 Cal.Rptr.2d 702 (Cal. App.1989).

1810 Siehe zu den Grenzen des Entscheidungsermessens einer Gesellschaftermehrheit bereits unter Glpkt. § 2 C. II. und § 6 B. I.

1811 Siehe bereits unter Glpkt. § 7 A. II. 3. a).

Schließlich ließe sich auch im Lichte der Einschätzung *Marshs* zu § 310(a)(1) CGCL argumentieren, die das Gericht zitiert hatte[1812]. Bei genauerem Blick in dessen Werk fällt aber auf, dass nicht der Kommentar zu § 310(a)(1) CGCL, sondern der Kommentar zu § 310(a)(2) CGCL im Urteil zitiert wurde[1813]. Zu Recht distanziert sich *Marsh* in der Folgeauflage seines Werkes auch von der Ansicht des Gerichts[1814], indem er seine bisherige Meinung dahin ergänzt, dass schon wegen der Formulierung in Ziffer (1) des § 310(a) GGCL kein Grund dafür bestehe, dass ein von Aktionären autorisiertes Geschäft ‚*just and reasonable*' sein müsse. Gerichtlicherseits müsse Anerkennung finden, dass die Norm einen Schutz der Aktionäre beabsichtige, so dass ein im Sinne der Norm ergangener Gesellschafterbeschluss auch entsprechende Wirkung entfaltet. Einer unzufriedenen Minderheit unter den Aktionären einer Corporation dürfe es nicht gestattet werden, eine von unbefangenen und unabhängigen Aktionären autorisierte Maßnahme gerichtlich auf deren Sinnhaftigkeit überprüfen zu lassen[1815]. *Marshs* Ansicht nach dürfe die Fairness eines Geschäfts nur bei fehlender oder ungültiger Zustimmung der Gesellschafter von einem Gericht überprüft werden, weil das Merkmal ‚*just and reasonable*' weder in § 310(a)(1) CGCL noch in § 310(b)(2) CGCL zu einer Voraussetzung für die Wirksamkeit eines Zustimmungsbeschlusses von Anteilseignern erklärt werde[1816]. In diesen Fällen dürfe daher davon ausgegangen werden, dass das Geschäft ‚*just and reasonable*' sei[1817].

bb) Der Fall Sammis v. Stafford (Cal.App. 1996)

aaa) Sachverhalt und Norminterpretation

Ging es im vorerwähnten Fall um die Rechtswirkung eines Zustimmungsbeschlusses der Aktionäre, hatte der California Court of Appeals im Fall Sammis v. Stafford[1818] u.a. über die Frage zu entscheiden, inwieweit die gerichtliche Prüfung der sachlichen Fairness eines Geschäfts durch eine den Vorgaben des §

1812 Vgl. Gaillard v. Natomas Co., 208 Cal.App.3d 1250; 1273; 256 Cal.Rptr.2d 702 (Cal. App.1989), m.V.a Marsh, Cal.Corp.L., § 10.4 (1981).

1813 Siehe zur damaligen Kommentierung: Marsh, Cal.Corp.L., § 10.4 (1981).

1814 Marsh, Cal.Corp.L., § 11.07[C], 11-73 (2009).

1815 Marsh, Cal.Corp.L., § 11.07[C], 11-73 (2011).

1816 Vgl. § 310(a)/(b) CGCL; m.V.d . ebenso Holtz, 28 Suff.U.L.Rev. 93, 105 (1999); Bulbulia/Pinto, 53 Notre Dame Law. 201, 222 (1977).

1817 Marsh, Cal.Corp.L., § 11.07[B], 11-68; § 11.08, 11-80/81 (2011); zustd: Weakley/Magistrale, Fiduciary Duties, § 4.39, 4-48 (2017); Pinto/Branson, Corporate Law, § 9.03, S. 231 (2004).

1818 Vgl. Sammis v. Stafford, 48 Cal.App.4th 1935; 56 Cal.Rptr.2d 589 (Cal.App.1996).

310(a)(1) DGCL genügende Beschlussfassung der *board*-Mitglieder einer Corporation tangiert wird. Das betreffende Geschäft der FAST Inc. regelte eine Lohnerhöhung und Betriebsrente für den Beklagten, die in einem ersten Schritt von dem Beklagten selbst autorisiert worden war, indem sich dieser aufgrund seiner Stellung als Mehrheitseigner der FAST Inc. per Gesellschafterbeschlusses zum einzigen *director* wählte und sodann durch *board*-Beschluss eine Vergütung und Betriebsrente für seine Amtstätigkeit bestimmte. In einem zweiten Schritt wurde dieser *board*-Beschluss genehmigt durch ein erneut per Gesellschafterbeschluss berufenes *board*, das sich aus dem Beklagten, seiner Frau, deren Schwester, dem Kläger und dessen Sohn zusammensetzte. Dieser zweite *board*-Beschluss wurde vom Kläger mit der Behauptung eines treuwidrigen Handelns angefochten, weil die gewährte Vergütung unangemessen sei und somit Gesellschaftswerte verschwendet worden seien[1819].

Das Gericht befand die Regelung des § 310(a)(3) CGCL für anwendbar, da der zweite *board*-Beschluss unter Mitwirkung des Beklagten ergangen war, so dass der § 310(a)(2) CGCL nicht erfüllt worden sei[1820]. Der dem Beklagten damit auferlegte Nachweis für die Fairness des Geschäfts wurde erfolgreich geführt, so dass das Gericht die autorisierten Maßnahmen als ‚*just and reasonable*' im Sinne der Norm betrachtete. In der Frage der Rechtswirkung des § 310(a) CGCL folgte es dem Kommentar *Ballantines/Sterlings*[1821], die in Ziffer (2) und (3) des § 310(a) CGCL eine Beweislastverteilungsregel bzgl. der Fairness des Geschäfts sehen. Demnach sei es in Fällen einer Zustimmung nach § 310(a)(2) CGCL stets Aufgabe jener Person, die die autorisierte Maßnahme anzugreifen versuche, nachzuweisen, dass diese nicht für die Corporation ‚*just and reasonable*' sei. Soweit die Zustimmung aber nicht die Kriterien des § 310(a)(2) CGCL erfüllt, obliege es der Person, welche die Wirksamkeit des Geschäfts geltend zu machen versucht, nachzuweisen, dass es zur Zeit seiner Autorisierung aus der Sicht der Corporation ‚*just and reasonable*' gewesen sein[1822]. Betonung fand schließlich der Hinweis des Gesetzgebers zum Rechtsstatus eines § 310(a) CGCL genügenden

1819 Vgl. Sammis v. Stafford, 48 Cal.App.4th 1935, 1940; 56 Cal.Rptr.2d 589 (Cal.App.1996).

1820 Vgl. Sammis v. Stafford, 48 Cal.App.4th 1935, 1943; 56 Cal.Rptr.2d 589 (Cal.App.1996) m.V.a. § 310(a)(2) CGCL.

1821 Ballantine/Sterling, Cal.Corp.L., § 103.01, 6-01 ff. (2011).

1822 Vgl. Sammis v. Stafford, 48 Cal.App.4th 1935,1943; 56 Cal.Rptr.2d 589 (Cal.App.1996) m.V.a. Ballantine/Sterling, Cal.Corp.L. § 103.01 (1995)

Geschäfts, wonach mit der Vorschrift „*three independent procedures for validation of interested transactions*" kodifiziert worden seien[1823].

bbb) Einordnung der Argumentation des Gerichts

Der Urteilsbegründung zufolge werden durch § 310(a) CGCL drei alternative Verfahren bestimmt, mit deren Erfüllung ein (von *directors* oder Aktionären) autorisiertes Geschäft Gültigkeit erlangen kann. Soweit der Nachweis für eine den Kriterien des § 310(a)(2) CGCL genügende Zustimmung geführt ist, besteht grundsätzlich eine Vermutung dafür, dass sich das Geschäft als ‚*just and reasonable*' darstellt. Diese Vermutungswirkung zu entkräften, obliege jener Person, die das Geschäft aus Gründen fehlender (sachlicher) Fairness anzugreifen versucht. Soweit es an einer Zustimmung nach § 310(a)(2) CGCL fehlt, sei es Aufgabe der Person, welche die Wirksamkeit des Geschäfts behauptet, den Nachweis zu erbringen, dass es sich aus Sicht der Corporation ‚*just and reasonable*' darstellt, d.h. regelmäßig die Gegenpartei[1824]. Demzufolge sieht das Gericht im § 310(a)(2) CGCL eine zu Lasten eines Klägers wirkende Regel zur Beweislastverteilung betreffend das Merkmal ‚*just and reasonable*' für das Geschäft einer Corporation. Ihre Grundlage findet diese Argumentation in einer Umkehrschlussbetrachtung des Wortlauts der Norm, weil lediglich in § 310(a)(3) CGCL normiert ist, dass „*the person asserting the validity of the contract (...) sustains the burden of proofing that the contract (...) was just and reasonable*"[1825], so dass im Wege des Gegenschlusses angenommen werden darf, dass in Fällen einer Zustimmung nach § 310(a)(2) CGCL bis zum Nachweis des Gegenteils unterstellt wird, dass das Geschäft einst ‚*just and reasonable*' war[1826].

Diese Auslegung findet auch eine Stütze in der bisherigen Rechtsprechung zum Vorläufer der Norm, weil der Court of Appeals bereits in dem vorerwähnten Urteil Tevis v. Beigel[1827] die Auffassung vertrat: "*Once it was established that (...) the contract did not meet the requirements of [§ 820 CCC] the burden shifted to the defendants to show their good faith and the fairness of the contract to*

1823 Vgl. Sammis v. Stafford, 48 Cal.App.4th 1935, 1943.; 56 Cal.Rptr.2d 589 (Cal.App.1996) [Hervorgeboben vom Verfasser].

1824 Vgl. Sammis v. Stafford, 48 Cal.App.4th 1935, 1943.; 56 Cal.Rptr.2d 589 (Cal.App.1996).

1825 Vgl. § 310(a)(3) CGCL [hervorgehoben vom Verfasser].

1826 So auch: Marsh, Cal.Corp.L. § 11.07[B], 11.68 (2011); Friedmann, Cal.Prac.G., 6:296.3 (2011).

1827 Vgl. Tevis v. Beigel, 156 Cal.App.2d 8; 319 P.2d 98 (Cal.App.1957); aff'd, 174 Cal.App.2d 90, 344 P.2d 360 (Cal.App.1959).

the corporation"[1828]. Zudem findet diese Einschätzung zur Rechtswirkung des § 310(a) CGCL Zustimmung im Schrifttum, wo ergänzend dazu betont wird, dass eine Erfüllung des § 310(a)(2) CGCL einem befangenen *director* nur in Fällen zugutekomme, in denen die Corporation selbst bestrebt ist, das Geschäft zu Fall zu bringen. Soweit allerdings die Gegenpartei der Corporation Ansprüche aus dem Geschäft versucht herzuleiten, sei es allein deren Aufgabe zu beweisen, dass es einst als ‚*just and reasonable*' betrachtet worden sei[1829].

c) Stellungnahme und eigener Ansatz

Mit Blick auf die Rechtsprechung und die Einschätzungen aus der Wissenschaft lässt sich die Frage der Rechtswirkung einer den Vorgaben der Norm genügenden Autorisierung auf den Rechtsstatus eines Geschäfts und den gerichtlichen Kontrollmaßstab für Unternehmensbeschlüsse wie folgt beantworten: Geschäfte im Sinne des § 310(a) CGCL oder § 310(b) CGCL erlangen mit einer Zustimmung nach den Vorgaben des § 310(a)(1)/(2) CGCL bzw. § 310(b)(1) CGCL einen Status, in welchem sie nicht mehr angreifbar sind aufgrund eines Interessen-/Pflichtenwiderstreits von *directors*, respektive weil die *directors* einer Corporation als oder auf der Seite ihrer Gegenpartei gehandelt haben, an dieser ein wesentliches finanzielles Interesse besitzen oder ein insoweit voreingenommener *director* an der Sitzung des *board* oder *board*-Komitees zur Autorisierung des Geschäfts teilgenommen hatte[1830]. Ohne eine solche Zustimmung kann der Makel des Interessen-/Pflichtenkonflikts eines *director* nur mit Nachweis der Fairness des Geschäfts für die Corporation zur Zeit der Zustimmung beseitigt werden[1831]. Nach entsprechender Autorisierung gilt das Geschäft einer Corporation jedoch nur insoweit als wirksam, als sich dessen Aufhebung oder Rückabwicklung nicht aus anderen Gründen rechtfertigt[1832]. Infolgedessen bleibt das

---

1828 Vgl. Tevis v. Beigel, 156 Cal.App.2d 8, 11; 319 P.2d 98 (Cal.App.1957); aff'd, 174 Cal. App.2d 90, 95; 344 P.2d 360 (Cal.App.1959). [Hervorgeboben vom Verfasser]; siehe dazu schon unter Glpkt. § 6 B. I. 2. b) cc) aaa) bbbb).

1829 Marsh, Cal.Corp.L. § 11.07[B], 11.69 (2011); Weakley/Magistrale, Fiduciary Duties, § 4.39, 4-49 (2017); Friedman, Cal.Prac.G., 6:296.3 (2011); Hayes, 53 Tenn.L.Rev. 799, 832 (1986); Beveridge, 41 DePaul L.Rev. 655, 671 (1992); Buxbaum, 68 Cal.L.Rev. 1122, 1126 (1980).

1830 Vgl. Sammis v. Stafford, 48 Cal.App.4th 1935, 1943; 56 Cal.Rptr.2d 589 (Cal. App.1996); Gaillard v. Natomas Co., 208 Cal.App.3d 1250, 1273; 256 Cal.Rptr.2d 702 (Cal.App.1989); m.w.N. unter Glpkt. § 7 A. II. 3. b) aa)-bb).

1831 Siehe m.N. zur Bestimmung des Terminus ‚*just and reasonable*' unter Glpkt. § 7 A. II. 4. a) aa) ddd) und a) cc).

1832 Siehe zu den Gründen bereits unter Glpkt. § 7 A. I. 3. e) Fn. 1657.

Geschäft nach den allgemeinen Regeln auf seine Wirksamkeit hin überprüfbar, obschon es von Gesellschaftsorganen autorisiert worden ist[1833]. Somit bildet die Wahrung der Norm zwar eine wesentliche nicht jedoch die alleinige Voraussetzung für den rechtlichen Fortbestand des Geschäfts. Nichtsdestotrotz bildet die Beseitigung des Makels des Interessen-/Pflichtenkonflikts von *directors* eine Grundbedingung für die Wirksamkeit des Geschäfts und für den Nachweis des redlichen Verhaltens[1834]. Denn ohne Erfüllung der Norm besteht die Gefahr der Anfechtung des Geschäfts durch die Corporation, soweit darauf nicht durch konkludentes zurechenbares Handeln der Aktionäre verzichtet worden ist[1835]; unberührt davon bleibt die Möglichkeit der Sanktionierung des (mutmaßlich) treuwidrigen Handelns des betreffenden *director* durch die Corporation[1836].

Der insoweit limitierte *safe-harbor* der Regelung zeigt sich gleichermaßen in prozessualer Hinsicht, da sich eine Zustimmung im Sinne des Absatz (a) oder (b) der Norm in unterschiedlicher Weise auf den Prüfungsmaßstab nach *case law* für Unternehmensentscheidungen von Gesellschaftsorganen auswirkt: Der Nachweis einer Zustimmung durch die *directors* einer Corporation nach § 310(a)(2) CGCL bewirkt zugunsten des Beklagten eine Umkehr der Beweislast hinsichtlich des Merkmals ‚*just and reasonable*', indem vermutet wird, dass es für das Geschäft im Zeitpunkt seiner Autorisierung vorgelegen habe[1837]. Rechtsgrundlage für die Rechtswirkung bildet die Tatsache, dass dem § 310(a)(2) 2. HS CGCL eine dem § 310(a)(3) CGCL wortlautgleiche Beweislastregel fehlt, so dass die Zustimmung darauf schließen lässt, dass das Geschäft zu deren Zeitpunkt als ‚*just and reasonable*' aus der Sicht der Gesellschaft erschien. Mit anderen Worten wäre bei einer (abgeleiteten) Klage nachzuweisen, dass das Geschäft für die Gesellschaft im Zeitpunkt seiner Autorisierung nicht ‚*just and reasonable*' war. Wiederum die sich auf die Gültigkeit des Geschäfts berufende Prozesspartei wäre dann beweisbelastet, wenn die Corporation von der Gegenpartei auf

---

1833 Vgl. Gaillard v. Natomas Co., 208 Cal.App.3d 1250, 1273; 256 Cal.Rptr.2d 702 (Cal. App.1989); Remillard Brick Co. v. Remillard-Dandini Co., 109 Cal.App.2d 405; 241 P.2d 66 (Cal.App.1952); m.w.N. bereits unter Glpkt. § 2 C. I.

1834 Siehe bereits unter Glpkt. § 7 A. II. 3 b) aa) aaa) und Glpkt. § 2 C. I.

1835 So auch: Marsh, Cal.Gorp.L, § 11.07[F], 11-76 (2011); m.w.N. zum § 820 CCC (1947) bereits unter Glpkt. § 6 B. I. 2. cc) aaa) bbbb).

1836 Siehe m.N. zu den Rechtsfolgen (mutmaßlich) treuwidrigen Handelns von Leitungsorganen bereits unter Glpkt. § 4 E.

1837 Siehe m.N. bereits Glpkt. § 7 A. II. 3 b) bb) bbb).

Erfüllung ihrer Leistung in Anspruch genommen wird[1838]. Eine über diese Vermutung hinausgehende prozessuale Wirkung im Sinne der *business judgment rule* ist mit Blick auf die Kriterien zur Bestimmung des Terminus ‚*just and reasonable*' nicht zu erreichen[1839]. Unberührt davon bleibt die Rechtswirkung der *business judgment rule* aus haftungsrechtlicher Sicht[1840]. Voraussetzung dafür ist jedoch, dass die Entscheidung der unbefangenen *board*-Mitglieder die (sonstigen) Merkmale des Instituts erfüllt, respektive jene, wie sie in § 309(a)/(c) CGCL kodifiziert sind[1841]. Nachweislich dafür ist das methodologische Vorgehen des Gerichts im Fall Gaillard v. Natomas Co.[1842], wonach "*Section 309 incorporates the concept of a director's immunity from liability for an honest mistake of business judgment with the concept of a director's obligation of reasonable diligence in the performance of his or her duties and provides (...)*"[1843]. Im Vergleich dazu ist zur Wirkung des § 310 CGCL zu lesen: "*Satisfaction of section 310's requirements, however, does (...) not render the directors immune from liability for breach of fiduciary duty as a result of their approval of the contract*"[1844].

Im Vergleich zu einer Zustimmung nach § 310(a)(2) CGCL dürfte die Rechtswirkung einer solchen nach § 310(b)(1) CGCL über eine Beweislastumkehr hinsichtlich der sachlichen Fairness hinausgehen. Grund hierfür bildet zum einen, dass es am Merkmal ‚*just and reasonable*' in § 310(b)(1) CGCL fehlt[1845], so dass sich die gerichtliche Prüfung eines Geschäfts von Gesetzes wegen nicht daran

---

1838 So auch: Marsh, Cal.Gorp.L, § 11.07[B], 11-69 (2011); Weakley/Magistrale, Fiduciary Duties, § 4.39, 4-49 (2017), jeweils m.V.a. Sammis v. Stafford, 48 Cal.App.4th 1935, 1943; 56 Cal.Rptr.2d 589 (Cal.App.1996).
m.V.a. Gaillard v. Natomas Co., 208 Cal.App.3d 1250; 256 Cal.Rptr.2d 702 (Cal. App.1989) bereits unter Glpkt. § 7 A. II. 3. b) aa) bbb).

1839 Siehe m.N. zur Begriffsbestimmung unter Glpkt. § 7 A. II. 4.a) aa) ddd) und a) cc).

1840 S. zur BJR: Scheenstra v. Cal. Dairies, Inc., 2013 Cal.App.4th 370, 387 (Cal.App.2013); Berg & Berg Enterprises, LLC v. Boyle, 178 Cal.App.4th 1020, 1044; 100 Cal.Rptr.3d 875 (Cal.App.2009); Lee v. Interinsurance Exchange, 50 Cal.App.4th 694, 713; 57 Cal. Rptr.2d 789 (Cal.App.1996).

1841 Vgl. § 309 CGCL [1975 Cal.Stats, ch. 862, § 7, pp. 1537-1538]; m.V.d. bereits unter Glpkt. § 2 B. II. und § 7 A. II.

1842 Vgl. Gaillard v. Natomas Co., 208 Cal.App.3d 1250; 256 Cal.Rptr.2d 702 (Cal. App.1989); m.V.d. bereits unter Glpkt. § 7 B. I. 3. b) aa).

1843 Vgl. Gaillard v. Natomas Co., 208 Cal.App.3d 1250; 1264; 256 Cal.Rptr.2d 702 (Cal. App.1989), m.V.a Marsh, Cal.Corp.L., § 10.3 (1981).

1844 Vgl. Gaillard v. Natomas Co., 208 Cal.App.3d 1250; 1273; 256 Cal.Rptr.2d 702 (Cal. App.1989).

1845 Vgl. § 310(b)(1) CGCL.

auszurichten hat, ob es im Zeitpunkt seiner Autorisierung aus der Sicht der Corporation ‚*just and reasonable*' erschien[1846]. Zum anderen besteht kein Anlass dafür, bei einer in gutem Glauben von unbefangenen wie informierten *board*-Mitgliedern getroffenen Entscheidung betreffend die Vornahme des Geschäfts daran zu zweifeln, dass es die Entscheidungsträger als nicht ‚*just and reasonable*' zur Zeit der Autorisierung erachtet hatten. Prozessual gesehen würde sich daher eine auf den Fehlgebrauch des Handlungsermessens von *directors* begrenzte (weitere) richterliche Prüfung des Geschäfts nach der *business judgment rule* rechtfertigen[1847]. Letztlich lässt die Gestaltung der Norm aufgrund der Differenzierung zwischen Geschäften im Sinne von Absatz (a) und (b) sowie aufgrund der unterschiedlichen Vorgaben in deren Ziffern darauf schließen[1848]. Betont wurde die besondere Behandlung von Geschäften einer Corporation mit *interlocking directorates* erstmals in San Diego, Old Town & Pacific Beach R.R. Co. v. Pacific Beach Co.[1849] mit den Worten: „*Where two corporations, by their boards of directors, make a contract with each other, the directors who are common to both are not within the rigid rule, that one who acts in a fiduciary capacity cannot deal with himself in his individual capacity (...)*"[1850]. In § 310(b)(2) S. 2 CGCL werden diese Worte damit betont, dass ein Geschäft nicht mehr nach Maßgabe der Ziffer (1)/(2) des Absatzes (b) beurteilt werden könne, wenn die mit Doppelmandat ausgestatteten *directors* gleichfalls ein ‚*material financial interest*' haben[1851]. Infolgedessen ist für diese Fälle der Absatz (a) der Vorschrift lex specialis gegenüber deren Absatz (b).

Betrachtet man weiterhin die prozessualen Wirkungen einer Zustimmung durch Anteilseigner nach Absatz (a)(1) oder (b)(1) der Regelung, so dürfte sich mit deren Nachweis die Überprüfung des Geschäfts auf die Feststellung eines

1846 Siehe m.N. zur Bestimmung des Begriffs unter Glpkt. § 7 A II. 4. a) aa) ddd) und a) cc).

1847 Zugl. Marsh, Cal.Gorp.L, § 11.08, 11-80 f. (2011), m.V.a. Gaillard v. Natomas Co., 208 Cal.App.3d 1250; 256 Cal.Rptr.2d 702 (Cal.App.1989).

1848 Siehe § 310(a)(2) CGCL vs. § 310(b)(1) 1. HS. CGCL; siehe § 310(a)(1) vs. § 310(b)(1) 2. HS. CGCL; siehe § 310(a)(3) vs. § 310(b)(2) CGCL; siehe eingehend dazu unter Glpkt. § 7 A. II. 4. a)-b).

1849 Vgl. San Diego, Old Town & Pacific Beach R.R. Co. v. Pacific Beach Co., 112 Cal. 53; 44 P. 333 (Cal.Sup.1896).

1850 Vgl. San Diego, Old Town & Pacific Beach R.R. Co. v. Pacific Beach Co., 112 Cal. 53, 59; 44 P. 333 (Cal.Sup.1896).

1851 Vgl. § 310(b)(2) S. 2 CGCL; zustd. Marsh, Cal.Gorp.L, § 11.08, 11-79 (2011); Weakley/Magistrale, Fiduciary Duties, § 4.46, 4-59 (2017).

Fehlgebrauchs im Entscheidungsermessen von Gesellschaftern beschränken. Grund für die Geltung der *shareholder ratification rule* sind einerseits die bestehenden Parallelen in den Vorgaben für die Geltung des Instituts und für eine Erfüllung der Kriterien in § 310(a)(1)/(b)(1) CGCL[1852]. Andererseits enthält weder Absatz (a)(1) noch (b)(1) der Norm das ‚*just and reasonable*'-Merkmal[1853], so dass sich die gerichtliche Prüfung eines Geschäfts von Gesetzes wegen nicht daran auszurichten hat, ob es im Zeitpunkt seiner Autorisierung aus der Sicht der Corporation ‚*just and reasonable*' erschien[1854]. Schließlich lässt die vorskizzierte Begründung im Urteil Gaillard v. Natomas Co.[1855] darauf schließen, dass ein nach § 310(a)(1) CGCL durch Aktionärsbeschluss autorisiertes Geschäft in denselben Grenzen überprüfbar bleibt wie eines, dessen Beschluss den Vorgaben der *shareholder ratification rule* genügt. Dafür spricht der Hinweis des Gerichts, dass ein im Sinne des § 310(a)(1) CGCL autorisiertes Geschäft einer Corporation insbesondere in Fällen einer Verschwendung von Vermögenswerten anfechtbar sei[1856], mithin bei Maßnahmen, die außerhalb des Entscheidungsermessens einer Aktionärsmehrheit liegen[1857]. Mit Blick auf das *case law* dürfte dies auch bei der Zustimmung nach § 310(b)(1) 2.HS CGCL gelten[1858].

Richtet man schließlich das Schlaglicht auf die prozessuale Lage in Fällen, in denen eine Zustimmung nach den Vorgaben der Norm fehlt, so steht zwar (bei einer Autorisierung des Geschäfts) die Frage im Fokus der Prüfung, ob das Geschäft einst für die Corporation ‚*just and reasonable*' war[1859], hinsichtlich der Beweislast ist allerdings zwischen Geschäften nach Absatz (a) und (b) zu unterscheiden. Im Hinblick auf die Beweislastregel in § 310(a)(3) CGCL ist bei Geschäften nach Absatz (a) der Norm stets die Prozesspartei darlegungs- und beweispflichtig, die die Gültigkeit des Geschäfts behauptet[1860]. Anders verhält es

---

1852 Siehe bereits unter Glpkt. § 7 A. II. 3. a) und ferner zu den Normkriterien unter § 7 A. II. 4. a) bb); b) bb).

1853 Vgl. § 310(a)(1) CGCL vs. § 310(b)(1) CGCL.

1854 Zustd: Marsh, Cal.Gorp.L, § 11.08, 11-80/81 (2011); siehe ferner bereits unter Glpkt. § 7 A. II. 3. b) aa) bbb).

1855 Vgl. Gaillard v. Natomas Co., 208 Cal.App.3d 1250; 256 Cal.Rptr.2d 702 (Cal. App.1989).

1856 Vgl. Gaillard v. Natomas Co., 208 Cal.App.3d 1250, 1273; 256 Cal.Rptr.2d 702 (Cal. App.1989); m.w.N. unter Glpkt. § 7 A. II. 3. b) aa).

1857 Vgl. m.N. bereits unter Glpkt. § 2 C. II.

1858 Vgl. Remillard Brick Co. v. Remillard-Dandini Co., 109 Cal.App.2d 405; 241 P.2d 66 (Cal.App.1952); m.w.N. unter Glpkt. § 6 B. I.-II.

1859 Vgl. § 310(a)(3) CGCL / § 310(b)(2) CGCL.

1860 Vgl. § 310(a)(3) CGCL.

sich jedoch in Fällen der Klage einer Corporation bei Geschäften nach § 310(b) CGCL, weil dessen Ziffer (2) nicht über eine dem § 310(a)(3) CGCL wortlautgleiche Regel über die Zuweisung der Beweislast für das Merkmal ‚*just and reasonable*' verfügt[1861]. Mangels einer solchen ist anzunehmen, dass grundsätzlich eine Vermutung dafür besteht, dass das Geschäft als ‚*just and reasonable*' erscheint, so dass es dem Kläger obliegt, diese Vermutung durch Sachvortrag zu bestätigen bzw. zu widerlegen[1862]. Wendet sich also eine Corporation oder deren Aktionär gegen ein Geschäft im Sinne des § 310(b) CCGL, würde der Einwand, dass es keine Autorisierung nach § 310(b)(1) CCGL gefunden hatte, nicht genügen. Wird hingegen eine Corporation durch deren Gegenpartei auf Vertragserfüllung in Anspruch genommen, obliegt es der Gegenpartei zu beweisen, dass das Geschäft ‚*just and reasonable*' für die Beklagte war. Jenseits des Wortlauts des § 310(b)(2) CGCL entspringt diese Beweislastverteilung aus dem *case law* den Beurteilungsmaßstab für Geschäfte zwischen zwei auf *board*-Ebene verflochtenen Corporations[1863], dessen zufolge gerade nicht vermutet werden dürfe „*(...) that an agent of two parties will deal unlawfully with either, and it is only where the agent has personal interests conflicting with those of his principal*"[1864].

4. Kontrollkriterien der Norm

Der disjunktiven Ausgestaltung der Norm zufolge kann der Makel des Interessen-/ Pflichtenkonflikts eines *director* vom Geschäft einer Corporation durch Nachweis einer entsprechenden Zustimmung ihrer *directors* oder Aktionäre beseitigt werden oder - in Ermangelung einer solchen - durch Darlegung von Tatsachen, die das Geschäft aus Sicht der Corporation als ‚*just and reasonable*' erscheinen lassen[1865].

1861 Vgl. § 310(b)(2) CGCL vs. § 310(a)(3) CGCL.

1862 Zustd. Marsh, Cal.Corp.L., § 11.08, 11-81 (2011); Friedman, Cal.Prac.G, 6:309 (2011).

1863 Vgl. bereits unter Glpkt. § 6 B. I. 1. b)

1864 Vgl. Pauly v. Pauly, 107 Cal. 8; 40 P. 29, 33 (Cal.Sup.1895); San Diego, Old Town & Pacific Beach R.R. Co. v. Pacific Beach Co., 112 Cal. 53; 44 P. 333 (Cal.Sup.1896); siehe zu beiden Fällen bereits unter Glpkt. § 6 B. I. 1. b).

1865 Vgl. § 310(a)(1)-(3) / (b)(1)-(2) CGCL.

a) Geschäfte mit oder im *material interest* von *board*-Mitgliedern [§ 310(a) CGCL]

aa) Zustimmung der *board*-Mitglieder nach § 310(a)(2) CGCL

Geschäfte einer Corporation nach § 310(a) CGCL finden eine Zustimmung durch *board*-Mitglieder, wenn deren Beschluss im Plenum oder im Ausschuss durch „*a vote sufficient*" unter Außerachtlassung der Stimme des befangenen *director* in gutem Glauben und in Kenntnis der wesentlichen Umstände des Geschäfts und des Eigeninteresses eines *director* ergangen war[1866]. Unschädlich ist die Berücksichtigung eines befangenen *director* zwecks Feststellung einer Beschlussfähigkeit des Entscheidungsgremiums[1867]. Mit entsprechender Autorisierung des Geschäfts wird zu Lasten eines Klägers die Vermutung begründet, dass es im Zeitpunkt derselben aus Sicht der Gesellschaft als ‚*just and reasonable*' betrachtet wurde[1868]. Ungeachtet der Möglichkeit einer Entscheidungsfindung der *board*-Mitglieder im Umlaufverfahren[1869], sollte mit Blick auf den Normwortlaut „*in the meeting of the board or commitee which authorizes*"[1870] eine Entscheidungsfindung stets in einer formell einberufenen Versammlung stattfinden[1871]

aaa) Auslegung des Merkmals ‚*vote sufficient without counting*'

Ein (auch) aus neutralen *directors* bestehendes Entscheidungsgremium kann eine Zustimmung durch eine „*vote sufficient without counting the vote of the interested director or directors*" erteilen[1872]. Für eine Bestimmung dieser Wendung bietet sich eine Erläuterung der Regelung des § 307 CGCL an, weil sowohl in dessen Absatz (a) Ziffer (8) wie auch in Absatz (b) auf § 310 CGCL Bezug genommen wird[1873], und auch in § 307(b) S. 3 CGCL von „*the action by a vote that is sufficient without (...)*" die Rede ist[1874]. Gemäß § 307(a)(8) CGCL handeln *directors* durch Beschluss in einer beschlussfähigen Versammlung, wenn die einfache Mehrheit

1866 Vgl. § 310(a)(2) CGCL [hervorgehoben vom Verfasser].
1867 Vgl. § 310(c) CGCL.
1868 Vgl. § 310(a)(2) i.V.m. (c) CGCL, m.N. bereits unter Glpkt. § 7 A. II. 3. b)-c).
1869 Vgl. § 307(b) CGCL.
1870 Vgl. § 310(a)/(b) DGCL.
1871 Vgl. dazu § 307(a)(6) CGCL.
1872 Vgl. § 310(a)(2) CGCL [hervorgehoben vom Verfasser].
1873 Vgl. § 307(a) CGCL.
1874 Vgl. § 307(b) S. 3 CGCL [hervorgehoben vom Verfasser].

der anwesenden *directors* für den Beschlussgegenstand gestimmt hat[1875]. Soweit die Satzung einer Corporation nichts anderes bestimmt, ist eine Beschlussfähigkeit anzunehmen, wenn die Mehrheit der satzungsgemäß zu berufenden *directors* in einer Versammlung erschienen ist[1876]. Hinsichtlich dieser Vorgabe gilt für Beschlüsse im Plenum gleiches wie für solche im *board*-Komitee[1877]. Vor diesem Hintergrund lässt sich eine Zustimmung im Sinne einer ‚*vote sufficient*' wie folgt feststellen: Zunächst sollten zur Ermittlung der Beschlussfähigkeit einer Sitzung des *board* oder *board*-Komitees die Mehrheit der nach der Satzung zu berufenden bzw. ins Komitee gewählten *directors* anwesend sein. Berücksichtigung finden können hierbei grundsätzlich auch solche als befangen geltenden *directors*[1878]. Sodann ist die Anzahl der unbefangenen *directors* zu errechnen, welche für die Maßnahme votiert haben. Ebendiese Zahl sollte eine beschlussfähige Mehrheit unter den anwesenden neutralen *directors* bilden, da die Stimme eines befangenen *director* für die Feststellung einer Mehrheit außer Acht zu lassen ist[1879].

Auf der Grundlage dieser Berechnung würde zum Beispiel ein aus 7 Mitgliedern bestehendes *board* im Falle der Teilnahme von 4 *directors* an einer ordnungsgemäß berufenen Sitzung beschlussfähig sein, selbst wenn einer der 4 *directors* als befangen gelten würde. Die vertretenen *directors* könnten mit einer ‚*vote sufficient without*' beschließen, wenn jeder der 3 unbefangenen *directors* mit ‚Ja' abstimmen würde, weil in diesem Fall eine unbefangene Mehrheit unter den in der Versammlung vertretenen *directors* und eine Beschlussfähigkeit (und zwar unter Einbeziehung des einen befangenen *director*) vorliegen würde. Problematisch wird die Erfüllung der ‚*vote sufficient without counting the vote*'-Voraussetzung in Fällen, in denen es aufgrund der Stimmenthaltung oder ‚Nein' Stimme eines oder mehrerer neutraler *directors* an einer beschlussfähigen Mehrheit der in einer Sitzung vertretenen neutralen *directors* fehlt. Grund dafür ist der Umstand, dass ein für Quorumzwecke als gegenwärtig geltender befangener *director* gleichfalls bei der Ermittlung einer Beschlussmehrheit als

---

1875 Vgl. § 307(a)(8) S. 1 CGCL; s. zur Norm: Marsh, Cal.Gorp.L, § 10.11[J], 10-68/69 (2011); Ballantine/Sterling, Cal.Corp.L., § 84.02/03 (2011).

1876 Vgl. § 307(a)(7) S. 1 CGCL.

1877 Vgl. § 307(c) CGCL.

1878 Vgl. § 310(c) CGCL. Siehe m.N. zur Bestimmung eines *self-interested director* bereits unter Glpkt. § 7 A. II. 2. a).

1879 So schon in: Kennerson v. Burbank Amusement Co., 260 P.2d 823, 830 (Cal. App.1953); zustd. Marsh, Cal.Gorp.L, § 11.07[B], 11-65/66 (2011); Brodsky/Adamski, Officer & Directors, § 3:8 (2012); Gevurz, Corporation Law, § 4.2, S. 332 f. (2000); Davis, 20 J.Corp.L. 215, 228 (1995).

anwesend in der Versammlung behandelt wird, und zwar ungeachtet der Frage, ob dieser sein Stimmrecht ausgeübt oder sich der Stimme enthalten hatte[1880]. Bei Abwandlung vorerwähnten Beispiels würde daher keine Zustimmung im Sinne der Norm vorliegen, wenn von den 3 unbefangenen *directors* einer mit ‚Nein' gestimmt oder sich der Stimme enthalten hätte, da die verbleibenden 2 neutralen *directors* keine Mehrheit unter den vertretenen *directors* bilden würden. Mit anderen Worten wird bei Auszählung der abgegebenen Stimmen zwar die Stimme eines befangenen *director* außenvorgelassen, dessen Präsenz wird aber bei der Ermittlung der Mehrheit berücksichtigt[1881].

bbb) Zeitpunkt für die Zustimmungserteilung durch die *board*-Mitglieder

Die Erteilung einer Zustimmung durch *board*-Mitglieder kann mit Blick auf die Worte *„authorized, approved or ratified"* in § 310(a)(2) CGCL sowohl vor wie auch nach der Begründung des Geschäfts erfolgen[1882]. Rechnung getragen wird damit insbesondere Fallkonstellationen, in denen das Geschäft schon von einem bevollmächtigten *officer* verhandelt und eine Verpflichtung der Corporation begründet worden ist.

ccc) Autorisierung in gutem Glauben der Entscheidungsträger

Zudem haben die Entscheidungsträger im *board* oder *board*-Komitee in gutem Glauben zu handeln. Für Zwecke einer Bestimmung der Gutgläubigkeit von Entscheidungsträgern kann auf die Ausführungen zu § 144(a)(1) DGCL verwiesen werden, weil die Gerichte Kaliforniens - ebenso wie die in Delaware - gutgläubiges Handeln darin sehen, dass die Willensbildung von der inneren Überzeugung getragen ist, dass das Geschäft im berechtigten Interesse der Gesellschaft liegt und deren Aktionären dienen wird[1883].

1880 Vgl. Sammis v. Stafford, 48 Cal.App.4th 1935, 1944 Fn.7; 56 Cal.Rptr.2d 589 (Cal. App.1996) m.V.a. Friedman, Cal.Prac.G., 6:223.2 (1996).

1881 Im Schrifttum wird daher eine Revision der Norm in Richtung der Wortlaute des § 144(a)(1) DGCL oder § 713(a)(1) 2.HS. NYBCL angeregt. S.z.B. Marsh, Cal.Gorp.L, § 11.07[B], 11-67 (2011). Siehe eingehend zu den insoweit bestehenden Unterschieden unter Glpkt. § 7 D. I. 2. a).

1882 Vgl. § 310(a)(2) CGCL [hervorgehoben vom Verfasser]; zustd: Weakley/Magistrale, Fiduciary Duties, § 4.41, 4-52 (2017).

1883 Vgl. Efron v. Kalmanovitz, 249 Cal.App.2d 187; 57 Cal.Rptr. 248, 251 (Cal.App.1967); Mueller v. MacBan, 62 Cal.App.3d 258; 132 Cal.Rptr. 222 (Cal.App.1976); m.w.N. Bulbulia/Pinto, 53 Notre Dame Law. 201, 217, 224 (1977).

ddd) Kenntniserlangung der wesentlichen (Geschäfts-)Umstände

Darüber hinaus hat die Entscheidungsfindung in Kenntnis der wesentlichen Umstände des Geschäfts und des Eigeninteresses eines *director* stattzufinden. Für die Bestimmung der Wesentlichkeit einer offenlegungspflichtigen Information wird auch auf die Ausführungen zum § 144(a)(1) DGCL verwiesen, da die kalifornischen Richter insoweit keine andere Meinung als die Gerichte aus Delaware vertreten[1884].

eee) Geschäft ist ‚*just and reasonable*' im Zeitpunkt der Autorisierung

Letztlich hat ein nach § 310(a)(2) 1. HS CGCL autorisiertes Geschäft im Zeitpunkt der Zustimmung durch die *board*-Mitglieder aus der Sicht einer Corporation als „*just and reasonable*" zu erscheinen[1885]. Für eine Bestimmung der Phrase wird auf die Anmerkungen zu § 310(a)(3) CGCL Bezug genommen[1886].

bb) Zustimmung der Gesellschafter nach § 310(a)(1) CGCL

Geschäfte im Sinne des § 310(a) CGCL finden die Zustimmung durch stimmberechtigte Aktionäre, wenn in gutem Glauben und in Kenntnis der das Geschäft wie das (*material*) Eigeninteresses des *director* betreffenden wesentlichen Umstände unter Außerachtlassung der Stimmanteile des befangenen *director* ein Beschluss nach § 153 CGCL ergangen ist[1887]. Eine Zustimmung der Aktionäre ist stets zu erwägen, wenn das Geschäft nicht (wirksam) nach § 310(a)(2) CGCL durch die *directors* autorisiert worden ist[1888]. Jenseits der Normvorgaben dürften Geschäfte weiterhin in den Grenzen des Entscheidungsermessens der Aktionäre Bestätigung finden, wenn sich alle stimmberechtigten Aktionäre dafür aussprachen[1889]. Gerade in *close corporations* dürfte dieser Gesichtspunkt in den Fallkonstellationen Bedeutung erlangen, in denen alle Anteile in den Händen der *board*-Mitglieder liegen.

1884 Vgl. Gaillard v. Natomas Co., 208 Cal.App.3d 1250; 1273; 256 Cal.Rptr.2d 702 (Cal. App.1989); American Trust Co. v. California Western States Life Ins. Co., 15 Cal.2d 42; 98 P.2d 497 (Cal.Sup.1940); m.w.N. bereits unter Glpkt. § 4 C. II. und § 6 B. I.

1885 Vgl. § 310(a)(2) 2. HS. CGCL [hervorgehoben vom Verfasser].

1886 Vgl. dazu unter Glpkt. § 7 A. II. 4. a) cc).

1887 Insoweit differiert die Norm zu § 820(b) CCC (1947), wonach befangene *director-shareholders* mitstimmen durften; s. Glpkt. § 6 B. I. 2. b) cc).

1888 Vgl. z.B. Sammis v. Stafford, 48 Cal.App.4th 1935; 56 Cal.Rptr.2d 589 (Cal.App.1996), m.N.d.. bereits unter Glpkt. § 7 A. II. 3. b) bb).

1889 So schon zu § 820 CCC (1947) in: Brainard v. De La Montanya, 18 Cal.2d 502; 116 P.2d 66 (Cal.Sup.1941); Armstrong Manors v. Burris, 193 Cal.App.2d 447 ; 14 Cal. Rptr. 338, 343 (Cal.App.1961); zugl. Marsh, Cal.Corp.L., § 11.07[C], 11-70 (2011).

aaa) Zustimmung einer Mehrheit der unbefangenen Gesellschafter

Die Wendung in § 310(a)(1) CGCL „*contract (...) is approved by the shareholders (section 153)*" lässt darauf schließen, dass hinsichtlich der Vorgaben an einen Gesellschafterbeschluss der § 153 CGCL maßgebend ist. Danach liegt eine Zustimmung vor, wenn in einer als beschlussfähig geltenden Aktionärsversammlung die Mehrheit der anwesenden und stimmberechtigten Aktionäre für den Beschlussantrag votiert hatte[1890]. Ein Stimmrecht vermittelt grundsätzlich jeder als ausstehend geltende Anteil an einer Corporation[1891]. Für die Frage nach dem Stimmrecht von Vorzugsaktionären sei auf obige Anmerkungen hingewiesen[1892]. Als beschlussfähig gilt eine Versammlung, wenn die Mehrheit der ausstehenden Anteile in persona oder per Stimmrechtsvertreter (*vote by proxy*) anwesend ist, soweit die Satzung keine andere Regel trifft[1893]. Wiederum aus § 112 CGCL folgt, dass zur Ermittlung der Beschlussfähigkeit in einer Versammlung die als ‚*disqualified from voting*' geltenden Anteile nicht als ausstehende Anteile berücksichtigt werden[1894]. Mit Blick auf § 310(a)(2) CGCL, wonach die Stimmanteile von befangenen *directors* (ob in Stellung als Aktionär oder Stimmrechtsvertreter) bei einer Auszählung der Stimmen außer Acht zu lassen sind[1895], dürften deren Anteile zur Ermittlung der Beschlussfähigkeit nicht als ‚ausstehend' zu betrachten sein[1896]. Unbeachtlich bleiben auch Anteile in Händen der Corporation oder einer der Tochtergesellschaften[1897]. Für die Feststellung einer Mehrheit im Sinne des § 310(a)(1) CGCL ist somit auf die in der Versammlung vertretenen und von ihrem Stimmrechte berechtigterweise Gebrauch machenden Aktionäre abzustellen, so dass eine Zustimmung vorliegt, wenn die einfache Mehrheit der vertretenen (als beschlussfähig geltenden) Aktionären für das Geschäft votiert hatte (selbst wenn sie zahlenmäßig keine beschlussfähige

---

1890 Vgl. § 153 CGCL.

1891 Vgl. §§ 701, 700 CGCL; siehe zum *case law*: Los Angeles v. Owens River Canal Co., 120 Cal.App. 380, 386; 7 P.2d 1064 (Cal.App.1932).

1892 Siehe bereits unter Glpkt. § 7 A. I. 4. b) aa) bbb).

1893 Vgl. § 602(a) CGCL. Siehe § 603(a) CGCL für eine (informelle) Zustimmung außerhalb einer Versammlung der Aktionäre einer Corporation.

1894 Vgl. § 112 CGCL; siehe insoweit ähnlich § 194 CGCL (im Falle einer Beschlussfassung außerhalb einer Versammlung)

1895 Vgl. § 310(a)(1) CGCL.

1896 Vgl. § 112 CGCL; siehe insoweit ähnlich § 194 CGCL (im Falle einer Beschlussfassung außerhalb einer Versammlung)

1897 Vgl. § 703(b)-(c) CGCL; siehe zum *case law*: Lawrence v. I.N. Parlier Estate Co., 15 Cal.2d 220; 100 P.2d 765 (Cal.Sup.1940).

Mehrheit unter den (grundsätzlich) ausstehenden Stimmanteilen einer Corporation bilden würden)[1898]. Im Hinblick darauf könnte zum Beispiel ein Geschäft, das im Interesse des herrschenden Aktionärs liegt, der zugleich ein *director* ist, Zustimmung finden, wenn sich die Mehrheit unter den stimmberechtigten Minderheitseigner unter Wahrung der sonstigen Kriterien der Norm dafür ausgesprochen hatte.

bbb) Zeitpunkt für die Zustimmungserteilung durch die Gesellschafter

Die Erteilung einer Zustimmung durch die Gesellschafter kann mit Blick auf die Worte *„authorized, approved or ratified"* in § 310(a)(1) CGCL sowohl vor wie auch nach der Begründung des Geschäfts erfolgen[1899]. Rechnung getragen wird damit den Fallkonstellationen, in denen eine Zustimmung der *board*-Mitglieder nicht wirksam nach § 310(a)(2) CGCL wäre oder ein *board*-Ausschuss nicht gebildet werden konnte[1900].

ccc) Autorisierung in gutem Glauben der Entscheidungsträger

Fernerhin setzt die Autorisierung eines Geschäfts eine Meinungsbildung in gutem Glauben voraus. Für eine Bestimmung dieser Anforderung sei auf die Ausführungen zu § 144(a)(2) DGCL verwiesen[1901], da die kalifornischen Richter insoweit keine andere Meinung als die Richter aus Delaware vertreten[1902].

ddd) Kenntniserlangung der wesentlichen (Geschäfts-)Umstände

Letztlich setzt die Autorisierung eines Geschäfts eine Entscheidungsfindung in Kenntnis oder nach Aufklärung der das Geschäft wie das (*material*) Eigeninteresse eines *director* betreffenden wesentlichen Umstände voraus[1903]. Auch hinsichtlich dieser Vorgabe sei auf vorstehende Ausführungen verwiesen[1904].

cc) Zustimmung nebst Fairness-Betrachtung nach § 310(a)(3) CGCL

Ein Geschäft, welches nicht im Sinne der Vorgaben des § 310(a)(1)/(2) CGCL autorisiert worden ist, kann schließlich vom Makel des Interessenkonflikts eines

---

1898 Zugl. Weakley/Magistrale, Fiduciary Duties, § 4.41, 4-52 (2017).

1899 Vgl. § 310(a)(2) CGCL [hervorgehoben vom Verfasser]; zustd: Weakley/Magistrale, Fiduciary Duties, § 4.41, 4-52 (2017).

1900 Vgl. § 311 CGCL, wonach ein Komitee aus mindestens 2 *directors* bestehen muss und mindestens 1 *director* als Vertreter berufen sein kann.

1901 Siehe bereits unter Glpkt. § 7 A. I. 4. b) bb).

1902 Zugl. Weakley/Magistrale, Fiduciary Duties, § 4.39, 4-49 (2017).

1903 Vgl. § 310(a)(1) CGCL.

1904 Siehe m.N. bereits unter Glpkt. § 7 A. II. 4. a) aa) ddd).

director befreit werden, wenn bewiesen wird, dass es im Zeitpunkt der Autorisierung aus Sicht der Corporation als ‚*just and reasonable*' erschien[1905]. Mit dieser Variante wird den Situationen Rechnung getragen, in denen nicht nach § 310(a)(1)/(2) CGCL verfahren worden ist bzw. werden konnte, weil *directors* mehrheitlich oder gänzlich *interested* waren[1906], in persona oder gemeinschaftlich über eine Stimmrechtsmehrheit in der Gesellschaft verfüg(t)en[1907] oder eines der schon im Rahmen der Erörterung zu § 144(a)(3) DGCL skizzierten Beispiele einschlägig ist[1908]. Grundvoraussetzung für die Geltung der Norm ist eine Autorisierung des Geschäfts der Corporation, wenn auch nicht eine solche, welche den Vorgaben der Ziffer (1) oder (2) des § 310(a) CGCL entspricht. Zum Ausdruck gelangt dies in der Formulierung „*As to contracts (...) not approved as provided in (...)*"[1909], so dass sich befangene *directors* dann nicht auf § 310(a)(3) CGCL bei einem Geschäft berufen können, welches von ihnen eigenmächtig - ohne eine Erfüllung des § 307(a)(8) CGCL - veranlasst worden ist[1910]. Eine Prüfung nach § 310(a)(3) CGCL würde jedoch in Fällen in Betracht kommen, in denen das Geschäft durch einen bevollmächtigten *executive officer* einer Corporation ausgehandelt und autorisiert worden ist, weil sich dann argumentieren ließe, dass Geschäft „*was authorized, approved or ratified*"[1911].

Für eine Bestimmung der Phrase ‚*just and reasonable*' ist ein Rückgriff auf die bereits vorerwähnte Kommentierung des Gesetzgebers zu § 310(a) CGCL insoweit hilfreich, als darin unter Bezugnahme auf Remillard Brick Co. v. Remillard-Dandini Co.[1912] mit den Worten konstatiert wird: „*(...) a judicial decision indicating that the courts in any event will review the transaction*

1905 Vgl. § 310(a)(3) CGCL.

1906 Vgl. z.B. Sammis v. Stafford, 48 Cal.App.4th 1935; 56 Cal.Rptr.2d 589 (Cal.App.1996), m.N.d.. bereits unter Glpkt. § 7 A. II. 3. b) bb).

1907 Vgl. z.B. Remillard Brick Co. v. Remillard-Dandini Co., 109 Cal.App.2d 405; 241 P.2d 66 (Cal.App.1952), m.N.d. unter Glpkt. § 6 B. I. 2. b).

1908 Siehe bereits unter Glpkt. § 7 A. I. 4. c).

1909 Vgl. § 310(a)(3) CGCL [hervorgehoben vom Verfasser]; m.V.d. Sammis v. Stafford, 48 Cal.App.4th 1935, 1943; 56 Cal.Rptr.2d 589 (Cal.App. 1996), m.V.a.. Friedman, Cal.Prac.G, 6:297 (1996).

1910 Vgl. bereits: Abbot Kinney Co. v. Harrah, 84 Cal.App.2d 728; 191 P. 2d 761 (Cal. App.1948); Pacific Vinegar & Pickle Works, v. Smith, 145 Cal. 352, 360; 78 P. 550 (Cal.Sup.1904).

1911 Vgl. § 310(a)(3) CGCL [hervorgehoben vom Verfasser].

1912 Vgl. Remillard Brick Co. v. Remillard-Dandini Co., 109 Cal.App.2d 405; 241 P.2d 66 (Cal.App.1952); m.N.d. unter Glpkt. § 6 B. I. 2. b) aa).

for fairness"[1913]. Demzufolge dürfte sich das Geschäft einer Corporation stets in Fällen als ‚*just and reasonable*' erweisen, in denen es "*(...) carries the earmarks of an arm's length bargain (...)*"[1914]. Mit Blick auf dieses Urteil[1915] bilden daher die Kriterien der prozeduralen wie sachlichen Fairness den gerichtlichen Prüfungsmaßstab, deren (Nicht-)Vorliegen im Wege einer Gesamtbetrachtung aus Sicht der Corporation zu ermitteln ist[1916]. Für deren Bestimmung sei auf die vorherigen Anmerkungen zu den Kriterien für die ‚*entire fairness*' eines Geschäfts aus Sicht einer Corporation verwiesen[1917].

b) Geschäfte zwischen personell verflochtenen Corporations [§ 310(b) CGCL]

aa) Zustimmung der unbefangenen *board*-Mitglieder nach § 310(b)(1) CGCL

Geschäfte einer Corporation nach § 310(b) CGCL finden die Zustimmung durch *board*-Mitglieder, wenn ein Beschluss im Plenum oder im Ausschuss durch „*a vote sufficient*" unter Außerachtlassung der Stimme des befangenen *director* in gutem Glauben und in Kenntnis der wesentlichen Umstände das Geschäft und des Eigeninteresses eines *director* ergangen war[1918]. Unschädlich ist die Berücksichtigung eines befangenen *director* zwecks Feststellung einer Beschlussfähigkeit des Entscheidungsgremiums[1919]. In den Vorgaben an eine wirksame Zustimmung gleicht der § 310(b)(1) 1. HS CGCL im Wortlaut dem § 310(a)(2) 1.HS CGCL, so dass auf vorstehende Bemerkungen verwiesen werden kann[1920]. Beide Vorschriften unterscheiden sich nur darin, dass ein nach § 310(b)

1913 Vgl. CGCL-Report. S. 55 (1975) [hervorgehoben vom Verfasser].

1914 Vgl. Remillard Brick Co. v. Remillard-Dandini Co., 109 Cal.App.2d 405, 420; 241 P.2d 66 (Cal.App.1952) [hervorgehoben vom Verfasser]; m.V.a. Pepper v. Litton, 308 U.S. 295; 60 S.Ct. 238 (1936). Siehe zur Phrase ‚*just and reasonable*' bereits: Caminetti v. Prudence Mutual Life Insur. Assoc., 62 Cal.App.2d 945, 950; 126 P.2d 15 (Cal. App.1944).

1915 Siehe bereits unter Glpkt. § 6 B. I. 2. b) aa).

1916 Vgl. Tenzer v. Superscope, Inc., 39 Cal.2d 18, 31; 702 P.2d 212 (Cal.Sup.1985); Sammis v. Stafford, 48 Cal.App.4th 1935; 56 Cal.Rptr.2d 589 (Cal.App.1996); vgl. bereits zu § 820 CCC (1947): Tevis v. Beigel, 174 Cal.App.2d 90, 97; 344 P.2d 360 (Cal. App.1959); m.V.d. Marsh, Cal.Corp.L., § 11.07[D], 11-74 (2011); Weakley/Magistale, Fiduciary Duties, § 4.44, 4.55 (2017) .

1917 Siehe bereits Glpkt. § 2 C. III.

1918 Vgl. § 310(b)(1) CGCL [hervorgehoben vom Verfasser].

1919 Vgl. § 310(c) CGCL.

1920 Siehe bereits unter Glpkt. § 7 A. II. 4. a) aaa)-ddd).

(1) CGCL autorisiertes Geschäft im Zeitpunkt der Autorisierung nicht als ‚*just and reasonable*' für die Corporation erscheinen muss[1921].

bb) Zustimmung der Gesellschafter nach § 310(b)(1) CGCL

Geschäfte zwischen personell verflochtenen Corporations finden die Zustimmung durch Aktionäre, wenn stimmberechtigte Aktionäre im Sinne des § 153 CGCL in Kenntnis der für das Geschäft und das Doppelmandat eines *board*-Mitglieds wesentlichen Umstände für dessen Vornahme gestimmt haben[1922]. In den Vorgaben an eine solche Zustimmung gleicht der § 310(b)(1) CGCL dem § 310(a)(1) CGCL, so dass für deren Erläuterung auf die obigen Ausführungen zur Norm Bezug genommen werden kann[1923]. Beide Normen differieren nur darin, dass in § 310(b)(1) 2. HS CGCL die Stimmrechte eines doppelt mandatierten *director* - ob als Aktionär oder Stimmrechtsvertreter - im Vergleich zum § 310(a)(1) CGCL nicht beschränkt sind und demnach berücksichtigt werden dürfen[1924].

cc) Zustimmung nebst Fairness-Betrachtung nach 310(b)(2) CGCL

Ein Geschäft, das nicht im Sinne der Anforderungen des § 310(b)(1) CGCL autorisiert worden ist, wird nicht wegen des Makels eines Pflichtenkonflikts eines doppeltmandatierten *director* als anfechtbar oder unwirksam befunden, wenn es aus der Sicht einer Corporation als ‚*just and reasonable*' gilt[1925]. Voraussetzung für die Geltung der Norm ist demnach eine Autorisierung des Geschäfts der Corporation, wenn auch nicht eine solche, die den Kriterien für eine Zustimmung nach § 310(b)(1) CGCL genügt[1926]. Für eine Erläuterung der Phrase ‚*just and reasonable*' sei auf vorstehende Bemerkungen hingewiesen[1927].

1921 Vgl. § 310(a)(2) CGCL vs. § 310(b)(1) CGCL. Siehe zu den Gründen bereits unter Glpkt. § 7 A. II. 3. c).

1922 Vgl. § 310(b)(1) i.V.m. § 153 CGCL.

1923 Siehe bereits unter Glpkt. § 7 A. II. 4. b) aaa)-ccc).

1924 Vgl. § 310(b)(1) letzer Satz CGCL; zugl. Weakley/Magistrale, Fiduciary Duties, § 4.46, S. 4-59 (2017).

1925 Vgl. § 310(b)(2) CGCL.

1926 Vgl. § 310(b)(2) CGCL. Siehe insbesondere die Parallelen im Wortlaut zu § 310(a)(3) CGCL; m.N. dazu unter Glpkt. § 7 A. II. 4. a) aa) ddd).

1927 Siehe bereits unter Glpkt. § 7 A. II. 4. a) aa) ddd).

III. Die Norm des § 713 NYBCL

Das New York Business Corporation Law regelt in § 713 NYBCL drei Alternativen zur Beseitigung des Anfechtungsrechts einer Corporation bei Geschäften, die aufgrund eines bei deren *board*-Mitgliedern bestehenden Eigen-/Fremdinteresses ein treuwidriges Verhalten vermuten lassen[1928]. Weitere Vorgaben folgen aus § 714 NYBCL, soweit eine Corporation beabsichtigt, an *board*-Mitglieder ein Darlehen zu vergeben oder gegenüber Dritten zugunsten eines der *directors* als Bürge aufzutreten[1929]. Beide Bestimmungen bilden eines der Ergebnisse des im Jahre 1963 neu eingeführten Corporation Law, das aus einer Konsolidierung des General Corporation Law und des Stock Corporation Law entstanden ist[1930]. In wesentlichen Teilen modifiziert wurde § 713 NYBCL im Zuge der Gesetzesrevision im Jahre 1971. Während für die Entstehung der Urfassung der Norm noch der § 820 CCC (1947) als Vorbild diente[1931], gleicht die geltende Fassung nahezu dem § 715 New York Not-For-Profit Corporation Law (1970)[1932], der allerdings im Jahre 2016 sowohl im Wortlaut wie auch in der Gestaltung überarbeitet worden ist[1933]. Eine marginale Anpassung im Wortlaut haben die §§ 713, 714 NYBCL durch die zweite große Revision des NYBCL im Jahre 1997 erfahren[1934].

1. Regelungsgehalt der Norm

Gemäß dem Wortlaut der Norm soll ein Vertrag oder eine Transaktion (‚Geschäft') zwischen einer Corporation und einem oder mehreren ihrer *directors* oder zwischen einer Corporation und einem Unternehmen, in dem einer

---

1928 Vgl. 1961 N.Y.Laws, ch. 855, § 713; am'd, 1962 N.Y. Laws, ch. 834, § 52 (Sept. 1, 1963); am'd, 1965 N.Y. Laws, ch. 803, § 29 (Sept. 1, 1965); rep'd, 1971 N.Y.Laws. ch. 768, § 3 (Sept. 1, 1971); am'd, 1997 N.Y. Laws, ch. 449, § 44 (Feb. 22, 1998).

1929 Vgl. 1961 N.Y. Laws, ch. 855, § 714 (Sep. 1, 1963); am'd, 1997 N.Y. Laws, ch. 449, § 45 (Feb. 22, 1998); m.w.N. unter Glpkt. § 7 B. III.

1930 Mit Inkrafttreten des NYBCL am 1. April 1963 verloren das General Corporation Law wie auch das Stock Corporation Law ihre Gesetzeskraft. Vgl. 1960 N.Y.Leg. Doc. No. 15 (1960). Vertiefend zur Entstehung: Kessler, 36 St.John's L.Rev. 1 (1961); Stevens, 47 Cornell L.Q. 141 (1962).

1931 Siehe m.N. dazu unter Glpkt. § 7 A. III. 3. a).

1932 Vgl. Memo zu § 713 NYBCL, S. 33 (1971); m.V.d. Weiss, 23 Syra.L.Rev. 331, 333 (1972); Homer, 1976 Col.L.Rev. 1157, 1179, 1181 (1976).

1933 Vgl. 1970 N.Y.Laws, ch. 847, § 48 (Sept. 1, 1970); am'd, 2016 N.Y.Laws. ch. 466 (Mai 27, 2017).

1934 Vgl. 1997 N.Y.Laws ch. 449, §§ 44-45 (Feb. 22, 1998). Vertiefend zu den Veränderungen: Crean, 72 St.John's L.Rev. 695 ff. 1998)

oder mehrere ihrer *directors* ebenfalls als *director* oder *officer* amtieren oder ein *substantial financial interest* haben, weder deshalb nichtig oder anfechtbar sein noch aus dem Grund, weil ein solcher *director* an der Autorisierung des Geschäfts durch das *board* oder ein *board*-Komitee teilgenommen oder durch Stimmabgabe mitgewirkt hat, sofern

(1) gegenüber dem *board* oder *board*-Komitee die wesentlichen Umstände betreffend das Interesse am Geschäft, das (Doppel-)Mandat in oder das finanzielle Interesse an der Gegenpartei in gutem Glauben offenbart worden sind oder bekannt waren und das Geschäft ‚*by a vote sufficient for such purpose*' ohne Einbeziehung der Stimme eines befangenen *director* autorisiert worden ist[1935], oder, falls die Stimmen der unbefangenen *directors* nicht für eine Handlungsfähigkeit des *board* nach § 708 NYBCL genügen sollten, ‚*by unanimous vote of the disinterested directors*'; oder
(2) gegenüber den stimmberechtigten Aktionären die wesentlichen Umstände betreffend das Interesse am Geschäft, die duale Amtsstellung in oder das finanzielle Interesse an der Gegenpartei im guten Glauben offengelegt worden sind und diese dem Geschäft zugestimmt haben[1936].

Nicht entsprechend autorisierte Geschäfte können von einem Gericht aufgehoben bzw. rückabgewickelt werden, wenn die Gegenpartei der Corporation außerstande ist, deren Fairness zur Zeit der Autorisierung nachzuweisen[1937]. Weitere Schranken für solche Geschäfte kann die Satzung der Corporation regeln[1938]. Soweit sich daraus nichts anderes ergibt, können *directors* für ihresgleichen eine Leistungsvergütung im Beschlusswege festsetzen[1939].

2. Anwendungsbereich der Norm

Ihrem Wortlaut nach findet die Norm in persönlicher Hinsicht nur auf *board*-Mitglieder Anwendung. Außerhalb ihres Geltungsbereichs liegen demnach Geschäfte einer Corporation mit non-*director officers* oder mit Organisationsformen, an denen non-*director officers* ein *substantial financial interest* haben (selbst wenn es sich bei der Gegenpartei um das Tochterunternehmen einer

1935 Nach § 713(c) NYBCL können befangene *directors* jedoch zur Feststellung eines Quorums im Entscheidungsgremium berücksichtigt werden.
1936 Vgl. § 713(a)(1)-(2) NYBCL [hervorgehoben vom Verfasser].
1937 Vgl. § 713(b) NYBCL.
1938 Vgl. § 713(d) NYBCL.
1939 Vgl. § 713(e) NYBCL.

Corporation handeln sollte). Eine analoge Anwendung der Norm auf Geschäfte im Eigen-/Fremdinteresse von non-*director officers* ist im Lichte ihrer Entstehungsgeschichte abzulehnen, weil der Gesetzgeber auch deren letzte Revision nicht zum Anlass genommen hatte, ihren Anwendungsbereich auf non-*director officers* auszuweiten[1940]. Aus diesem Grunde lässt sich auch die in der Lehre in Bezug auf non-*director officers* im Nachgang zur vorletzten Revision der Norm aufgestellte Theorie vom „redaktionellen Fehler"[1941] nicht mehr vertreten. Anlass hierfür bildete einerseits die Tatsache, dass die revidierte Fassung des § 713 NYBCL (1971) in Anlehnung an den § 715 NYNPCL (1970) formuliert worden war[1942], in dessen Geltungsbereich sowohl die *directors* wie auch die non-*director-officers* einer Not-For-Profit Corporation einbezogen waren[1943]. Andererseits legte der Kommentar des Gesetzgebers eine Einbeziehung von non-*director-officers* nahe, weil der § 713 NYBCL mit dem Ziel einer Angleichung an den § 715 NYNPCL erlassen worden sei[1944]. Der somit nur auf *board*-Mitglieder der Corporation begrenzte Geltungsbereich der Norm hat zur Folge, dass Verträge im Eigen-/Fremdinteresse von non-*director officers* weiterhin dem *case law* unterliegen[1945]. Eine analoge Anwendung der Norm ist jedoch für de facto *directors* einer Corporation zu rechtfertigen, wenn man bedenkt, dass de facto *directors* die Fähigkeit zur kollektiven Verpflichtung der Corporation zuerkannt wird und eine Treueverpflichtung für Organe ungeachtet ihres rechtlichen Status besteht[1946].

1940 Vgl. § 713 NYBCL (1998) [1997 N.Y. Laws, ch. 449, § 44 (May. 22, 1998)].

1941 So jedenfalls: Weiss, 23 Syracuse L.Rev. 331, 332 Fn. 10 (1972).

1942 Siehe m.N. bereits unter Glpkt. § 7 A. III.

1943 Vgl. § 715(a) NYNPL (1970) [1970 N.Y.Laws, ch. 847, § 48 (Sept. 1, 1970); amended, 1971 N.Y.Laws ch. 1057, § 7 (July 2, 1971)].

1944 Vgl. Memo zu § 715 NYPCL, 13thRep. S.171 (1969) [„*It follows generally BCL sec. 713, extended to apply to officers as well as to directors*"]; siehe dazu auch White, NYBE, § N715.01, S. 7-111 Fn.15 (2009).

1945 Siehe zu den *equitable common law rules* bereits unter Glpkt. § 6 B. III. Ergänzend dazu gelten im Lichte der Stellung eines *officer* die Regeln des *agency law* analog; vgl. § 13 i.V.m. §§ 389-391 Restat. (2d) of Agency. Danach wären Geschäfte einer Corporation im Eigeninteresse eines *officer* ohne Zustimmung des *board* (‚*principal*') anfechtbar. Zust. Gevurz, Corporation Law, § 4.2, S. 334 (2000); ABA, 44 Bus.Law. 1307, 1310 (1989).

1946 Vgl. Ehret v. Ringler Co., 70 Misc. 627, 630, 204 204 N.Y. 30 (N.Y.Sup.1911); Permagon Press, Inc. v. Ross, 61 Misc.2d 479 (N.Y.Sup.1969); m.w.N. Henn/Alexander, Corporations, § 206, S. 562 (1983); Ballantine, Corporations, § 59, S. 149 (1946).

In sachlicher Hinsicht gilt die Norm für Geschäfte im Sinne eines Vertrages oder einer Transaktion, soweit es sich bei der Gegenpartei der Corporation um einen oder mehrere ihrer *directors* handelt oder um ein Unternehmen, das von einem oder mehreren ihrer *directors* geleitet oder kontrolliert wird oder um ein solches „*in which one or more of its directors (...) have a substantial financial interest*“[1947]. Außerhalb des Geltungsbereichs der Norm liegen demzufolge Geschäfte einer Corporation mit oder im Eigeninteresse ihres herrschenden Gesellschafters (jedenfalls soweit dieser nicht als *director* amtiert), insbesondere Geschäfte zwischen zwei Unternehmen im Sinne einer Mutter- und Tochtergesellschaft (jedenfalls soweit zwischen den kontrahierenden Parteien keine Verflechtung auf *board*-Ebene besteht). Ebenso wenig erfasst werden Geschäfte der *directors* einer Corporation und deren Tochtergesellschaft (jedenfalls soweit sie nicht auch in der Gegenpartei eine Leitungs- oder Verwaltungsfunktion ausüben). Hinsichtlich des sachlichen Geltungsbereichs der Norm stellt sich daher nur die Frage der Auslegung der Wendung „*in which one or more of its directors (...) have a substantial financial interest*“[1948].

a) Bestimmung des Merkmals ‚*substantial financial interest*‘

In Entscheidungen, in denen Geschäfte einer Corporation im Sinne der Norm zur Beurteilung standen, haben die Gerichte bislang von einer Definition der Wendung ‚*substantial financial interest*‘ abgesehen. Darin findet sich allerdings eine allgemeine Bestimmung zum Terminus des ‚*self-interested director*‘, der für *board*-Mitglieder einer Corporation in Fällen gebraucht wird, “*where they will receive a direct financial benefit from the transaction which is different from the benefit to shareholders generally*”[1949]. In Bundesgerichtsurteilen wird diese Umschreibung auch als “*test for self-interestedness*” qualifiziert[1950]. Wiederum die Landesgerichte erklären *board*-Mitglieder einer Corporation entweder dann als

1947 Vgl. § 713(a) NYBCL [hervorgehoben vom Verfasser].

1948 Vgl. § 713(a) NYBCL [hervorgehoben vom Verfasser].

1949 Vgl. urspr: Marx v. Akers, 88 N.Y.2d 189, 202; 644 N.Y.S.2d 121 (N.Y.App.1996) [hervorgehoben vom Verfasser]; m.V.d. Heller v. Lewis, 2015 N.Y. slip op. 51867[U] *5 (N.Y.Sup.2015); Lippman v. Shaffer, 15 Misc.3d 705, 711; 836 N.Y.S.2d 766 (N.Y.Sup.2006); Owen v. Hamilton, 44 A.D.3d 452; 843 N.Y.S.2d 298, 302 (N.Y.App. Div.2007).

1950 Vgl. Stein v. Immelt, 472 F.App'x 64, 66 (2d Cir.2012); Sciabacucchi v. Burns, 15 cv-7506 (PKC) (S.D.N.Y.2016); Lerner v.Immelt, 553 F.App'x 824, 827 (2d Cir.2013) [Hervorgeboben vom Verfasser]; j.m.V.a. Marx v. Akers, 88 N.Y.2d 189; 644 N.Y.S.2d 121 (N.Y.App.1996).

befangen, wenn "*a self-interest in the transaction at issue*" besteht oder - soweit es daran fehlen sollte - „*a loss of independence due to the control of a self-interested director*"[1951] nachgewiesen werden kann. Nicht selten werden beide Wendungen mit ausdrücklichem Hinweis auf § 713(a) NYBCL gebraucht[1952].

Angesichts dieser Aussagen liegt der Gedanke nahe, den Begriff '*financial interest*' über das in der Norm beschriebene Parteienkonzept hinaus auszulegen[1953]. Bestätigung findet diese These in der Urteilsbegründung zu Shapiro v. Rockville Country Club. Inc.[1954], wo die *directors* der Beklagten einen Leasingvertrag mit der Rockville Links Corp. ausgehandelt hatten, an der sie Anteile hielten. Das Gericht qualifizierte die *directors* nicht schon deshalb als '*self-interested*', sondern hinterfragte vielmehr, ob der Leasingvertrag den *directors* einen nicht auch den Aktionären der Beklagten zugeflossenen Vorteil gebracht hatte[1955]. Ähnlich verhält es sich im Urteil Heller v. Lewis[1956], wo das Gericht wie folgt zum monetären Interesse eines *director* am Geschäft der Corporation betonte: „*Defendants do not dispute that Peter Lewis had a substantial financial interest in the actions taken by the HTI board of directors (...) Directors are self-interested in a challenged transaction where they will receive a direct financial benefit from the transaction which is different from the benefit to shareholders generally*[1957]. Schließlich lassen die beiden vorerwähnten Entscheidungen in der in Rede stehenden Frage

---

1951 Vgl. Comverse Techn., Inc., 56 A.D.3d 49, 54; 866 N.Y.S.2d 10 (N.Y.Sup.App. Div.2008); Bansbach v. Zinn, 1 N.Y.3d 1, 11; 769 N.Y.S.2d 175 (N.Y.App.2003); Higgins v. New York Stock Exchange, Inc., 806 N.Y.S.2d 339, 358 (N.Y.Sup.2005) [Hervorgeboben vom Verfasser]

1952 Vgl. Heller v. Lewis, 2015 N.Y. slip op. 51867[U] *5 (NY.Sup.2015); Park River Owners Corp. v. Bangser, Klein, Rocca & Blum LLP, 269 A.D.2d 313; 703 N.Y.S.2d 465, 466 (N.Y.Sup.App.Div.2000); Barbour v. Knecht, 296 A.D.2d 218, 221 (N.Y.Sup. App.Div.2002).

1953 So bereits: Homer, 1976 Colum.L.Rev. 1157, 1174 Fn. 122 (1976); zustd. White, NYBE, § B713.01, S. 7-124 (2009).

1954 Vgl. Shapiro v. Rockville Country Club. Inc., Shapiro v. Rockville Country Club. Inc., 2 Misc.3d 1002A; 784 N.Y.2d 924 (N.Y.Sup.2004); aff'd, 22 A.D.3d 657; 802 N.Y.D.2d 717 (N.Y.Sup.App.Div.2005).

1955 Vgl. Shapiro v. Rockville Country Club. Inc., 22 A.D.3d 657, 659; 802 N.Y.S.2d 717 (N.Y.Sup.2005) ["*(. . .) directors were not 'interested' in any of the challenged transactions, as they did not receive a direct financial benefit different from the benefit received by the shareholders (. . .) Rather, the reduced Links membership dues received by the directors was offered to all shareholders of RCC and members of Links (. . .)*"].

1956 Vgl. Heller v. Lewis, 2015 N.Y. slip op 51867[U] (NY.Sup.2015).

1957 Vgl. Heller v. Lewis, 2015 N.Y. slip op. 51867[U] *5 (NY.Sup.2015).

erkennen, dass der Begriff *‚self-interested director'* stets in Anlehnung an Marx v. Akers[1958] ausgelegt worden ist. Beleuchtet man dieses Urteil, so zeigt sich, dass der New York Court of Appeals für eine Auslegung des Begriffs der Argumentation des Delaware Supreme Court im Urteil Rales v. Blasband gefolgt war[1959]. Demnach wäre die Frage der Wesentlichkeit eines finanziellen Interesses eines directors bei Geschäften im Sinne der Norm auf der Grundlage des (bereits skizzierten) *‚actual person test'* zu beantworten[1960].

3. Regelungsziel und Rechtswirkung der Norm

Von den beiden Revisionen der Vorschrift stets unberührt blieb die negativ gestaltete Formulierung: *„No contract or other transaction (...) shall be either void or voidable for this reason (...) if (...) or (...)"*[1961], womit der Gesetzgeber ihren Zweck insoweit unterstreicht, als das Anfechtungsrecht einer Corporation mit einer Zustimmung im Sinne der Kriterien in Ziffer (1) oder (2) des Absatz (a) begrenzt werden kann. Ein weitergehender Zweck der Norm ist im Hinblick auf die Beweislastregel in Absatz (b) zu erwägen, wonach das Geschäft einer Corporation bei Nichterfüllung des § 713(a)(1)/(2) NYBCL anfechtbar sei, *„unless the parties thereto shall establish affirmatively that the contract or transaction was fair and reason-able as to the corporation at the time it was approved by the board, a committee or the shareholders"*[1962]. Hieraus ließe sich ableiten, dass die Gegenpartei einer Corporation vom Fairness-Nachweis befreit wäre, wenn das Geschäft nach den Vorgaben des § 713(a)(1)/(2) NYBCL autorisiert worden ist. Die Frage, ob auch der Absatz (b) der Norm eine Beweislastumkehrregel enthält, soll im Folgenden zunächst unter Heranziehung der Kommentierungen des Gesetzgebers beantwortet werden (sub a)) und sodann anhand der dazu in der Lehre vertretenen Theorien zur Auslegung des Normzwecks (sub b)). Im Anschluss daran wird an repräsentativen Urteilen die richterliche Praxis näher beleuchtet (sub c)). Abschließend werden die getroffenen Feststellungen in einer Stellungnahme des Verfassers aufbereitet und durch weitere Hinweise für die Praxis ergänzt (sub d)).

1958 Vgl. Marx v. Akers, 88 N.Y.2d 189; 644 N.Y.S.2d 121 (N.Y.App.1996).

1959 Vgl. Marx v. Akers, 88 N.Y.2d 189, 202; 644 N.Y.S.2d 121 (N.Y.App.1996), m.V.a. Rales v. Blasband, 634 A.2d 927, 936 (Del.Sup.1993).

1960 Siehe dazu bereits (auch zur Abgrenzung zum *'reasonable person test'*) unter Glpkt. § 7 A. I. 2 a) und § 2 B. I. 3.

1961 Vgl. § 713(a) NYBCL [hervorgehoben vom Verfasser].

1962 Vgl. § 713(b) NYBCL [hervorgehoben vom Verfasser].

a) Normverständnis des Gesetzgebers

Als hilfreich für eine Normzweckbetrachtung aus der Sicht des Gesetzgebers erweisen sich zum einen die Aufzeichnungen des Joint Legislative Committee to Study Revision of Corporation Laws in Form der *Explanatory Memoranden* und der *Revisers Notes and Comments*[1963], einschließlich derer betreffend die Vorläuferfassung der Norm des § 715 NYNPLC (1970)[1964], weil § 713 NYBCL im Jahre 1971 mit dem Ziel einer Angleichung an die Regelung des § 715 NYNPLC (1970) modifiziert worden war[1965]. Zum anderen wird auf die Schriften der Mitglieder des Joint Legislative Committee zurück gegriffen[1966]. Diesen Kommentaren zufolge wurde der Zweck der Urfassung des § 713 NYBCL (1963) darin gesehen, die einst in Munson v. Syracuse, Geneva & Corning R.R. Co.[1967] praktizierte Regel zu beseitigen und das erstmals im Fall Everett v. Phillips[1968] und seither in anderen Entscheiden praktizierte Verfahren[1969] als allgemeinen Beurteilungsmaßstab für Geschäfte im Geltungsbereich der Vorschrift zu etablieren[1970]. Zur Frage des Rechtsstatus eines Geschäfts nach einer Erfüllung der Vorschrift bemerkt der Gesetzgeber, dass deren Ziel nicht darin liege, dessen Wirksamkeit herzustellen, sondern nur den Makel zu beseitigen, der sich aus der Vermutung treuwidrigen Handelns aufgrund eines Eigen-/Fremdinteresses ergebe[1971]. Berücksichtigung fand hierbei die Rechtsprechung kalifornischer

1963 Vgl. Memo zu § 713 NYBCL (1961); Memo zu § 713 NYBCL (1962); Memo zu § 713 NYBCL (1965); Memo zu § 713 NYBCL (1971).

1964 Vgl. 1969 N.Y.Laws, ch. 1066, § 715 NYNPCL und 1970 N.Y.Laws. ch,. 847, § 48 (Sept. 1, 1970).

1965 Vgl. Memo zu § 713 NYBCL (1971), S. 33.

1966 Verwendung finden die Schriften *Hoffmans* und *Kesslers,* welche an der Konzeption der Norm im Research Advisory Subcommittee - einem der 6 Unter-Ausschüsse des Joint Legislative Committee mitgewirkt haben; siehe Memo zu § 713 NYBCL (1961), S. 26.

1967 Vgl. Munson v. Syracuse, Geneva & Corning R.R. Co., 103 N.Y. 58; 8 N.E. 355 (N.Y.App. 1886); siehe dazu bereits unter Glpkt. § 6 B. III. 1

1968 Vgl. Everett v. Phillips, 288 N.Y. 227, 233, 237; 43 N.E.2d 18 (N.Y.App.1942), reh'g denied 289 N.Y. 625; 43 N.E.2d 841 (1942); siehe bereits zum Fall wie zum Beurteilungsverfahren unter Glpkt. § 6 B. III. 2.

1969 Vgl. zum *case law* bereits unter Glpkt. § 6 B. III.

1970 Vgl. Memo zu 713 NYBCL (1962), S. 140; m.V.d.: Hoffman, 11 Buff.L.Rev. 496, 564 (1962); Homer, 76 Colum.L.Rev. 1156, 1168 (1976); siehe auch Cmt. zu § 713 NYBCL (1962), S.104; Cmt. zu 713 NYBCL (1963), S. 240.

1971 Vgl. Memo zu § 713 NYBCL (1961), S. 49; Memo zu § 713 NYBCL (1962), S. 140; jeweils m.V.d. Hoffman, 11 Buff. Rev. 496, 567 (1962); Kessler, 36 St. John's L.Rev. 1, 75-76 (1961); Weiss, 23 Syracuse L.Rev. 331, 333 (1972).

Gerichte zum Zweck des § 820 CGCL, nach dessen Vorbild der § 713 NYBCL anfangs gestaltet worden ist[1972]. Wie schon das Gericht im Fall Remillard Brick Co. v. Remillard Dandini Co.[1973] wurde auch zu § 713(a)(3) NYBCL darauf verwiesen, dass die *directors* einer Corporation - ungeachtet einer Erfüllung der Norm - bei einem pflichtwidrigen Handeln, wie z.B. bei Verletzung ihrer Offenlegungspflicht, in Anspruch genommen werden können[1974].

An dieser Zweckbetrachtung hielt der Gesetzgeber nach der Revision der Norm im Jahre 1971 fest, weil diese nur damit begründet wurde, die Norm an die Fassung des § 715 NYNPCL anzugleichen und mit § 713(b) NYBCL (1971) eine Beweislastverteilungsregel hinsichtlich der Fairness zu schaffen[1975]. Der Gesetzgeber verfolgte hierdurch ein ebenso dem § 715 NYNPCL zugrunde gelegtes Regelungsziel, wonach eine zu Gunsten eines als befangen geltenden *director* (oder *officer*) wirkende Verlagerung der Beweislast insbesondere vom Nachweis der Offenlegung des Eigen-/Fremdinteresseses abhängig sei[1976]. Zudem reagierte der Gesetzgeber mit der ersten Revision der Vorschrift auf die seinerzeit in der Literatur geführte Debatte zur Frage der Wirkung einer Erfüllung von *safe-harbor rules* auf den Rechtsstatus eines Geschäfts der Corporation und den gerichtlichen Prüfungsmaßstab für Unternehmensentscheidungen[1977]. Auslöser der Debatte bildeten die diesbezüglich divergierenden Ansichten einzelstaatlicher Gerichte: während manche den Normzweck in der Begrenzung des Anfechtungsrechts einer Corporation sahen[1978], favorisierten andere eine

---

1972 Vgl. Memo zu § 713 NYBCL, S. 49 (1961). Der § 713 NYBCL (1963) differiert vom § 820 CCC (1947) lediglich darin, dass Ersterer die Phrase führte „*just and reasonable*" und Letzterer die Wendung „*fair and reasonable*". Siehe zu § 820 CCC (1947) bereits unter Glpkt. § 6 B. I. 2. a).

1973 Vgl. Remillard Brick Co. v. Remillard-Dandini Co., 109 Cal.App.2d 405; 241 P.2d 66 (Cal.App.1952); s. ebenso unter Glpkt. § 6 A. I. 2. b) cc).

1974 Vgl. Memo zu § 713 NYBCL (1962), S. 104. Siehe ähnlich zum Rohentwurf von Absatz (c) des § 713 NYBCL (1961) in: Memo zu § 713 NYBCL (1961), S. 49. Der Gesetzgeber folgt damit der in Everett v. Phillips [vgl. 288 N.Y. 227, 233, 237; 43 N.E.2d 18 (N.Y.App.1942) praktizierten Regel. So auch: Kessler, 36 St. John's L.Rev. 1, 75 (1961); Hetherington, 1963 Wis.L.Rev. 92, 149 (1963).

1975 Vgl. Memo zu § 713 NYBCL (1971), S. 33.

1976 Vgl. Memo zu § 715 NYNPCL (1970), S. 120; m.V. White, NYBE, § N715.01, S. 7-112 Fn. 18 (2009).

1977 Siehe bereits unter Glpkt. § 6 B. I. 2. Im Fokus dieser Debatte stand seinerzeit auch die Urfassung des § 713 NYBCL, weil diese noch am Vorbild der Regelung des § 820 CCC (1947) ausgestaltet worden war, vgl. insoweit bereits unter Glpkt. § 7 III.

1978 Vgl. Mattison v. Wm.S. Sweet & Sons, Inc., 193 Atl. 171, 172; 114 ALR. 293; 58 R.I. Sup. 411 (R.I.Sup.1937); Duncan Shaw Corp. v. Standard Machinery Co., 196 F.2d

konjunktive Auslegung, so dass nur die Geschäfte für gültig erachtet wurden, hinsichtlich derer der Nachweis für eine Zustimmung im Sinne der Norm wie auch für eine Fairness des Geschäfts aus der Sicht der Corporation geführt werden konnte[1979]. Wiederum andere Gerichte urteilten, dass nach entsprechender Autorisierung des Geschäfts dessen sachliche Fairness zu Lasten des Klägers und zu Gunsten eines befangenen *director* vermutet werden dürfe mit der Folge, dass es Aufgabe des Klägers war, das Gericht von der mangelnden Fairness des Geschäfts zu überzeugen[1980].

b) Normverständnis in der Wissenschaft

aa) Skizzierung der bislang vertretenen Theorien

Gerade im Hinblick auf diese Fragen zur Rechtswirkung der Norm stieß deren Revision, insbesondere die Einführung der Beweislastregel in § 713(b) NYBCL, in der Lehre grundsätzlich auf Zustimmung[1981]. Klärungsbedarf sahen allerdings einige ihrer Vertreter in der Frage, ob ein Gericht bereits in Fällen der Autorisierung eines Geschäfts im Sinne der Norm an der Würdigung seiner Fairness gehindert werde[1982]. Anlass hierfür geben die Termini ‚*disclosure*' und ‚*fair*' in der Fassung des § 713(b) NYBCL (1971), weil diese in einem Alternativverhältnis zueinander standen, so dass bisweilen argumentiert worden ist, dass ein im Sinne der Norm autorisiertes Geschäft gerichtlich als ‚*blatantly*' wirksam bestätigt werden müsste, selbst wenn es sich nach einer ex post Analyse als unangemessen für die Corporation erweisen würde[1983]. Der Gedanke, die Frage der

---

147; 33 A.L.R.2d 1050 (1st Cir.1950); Tennessee Dressed Beef Co. v. Hall, 519 S.W.2d 805, 807 (Tenn.App.1974).

1979 Vgl. Scott v. Multi-Amp Corp., 386 F.Supp. 44, 67 (D.C.N.J.1974); Holi-Rest, Inc. v. Treloar, 217 N.W.2d 517, 525 (Iowa Sup.1974); Cookies Food Prods., Inc. v. Lakes Warehouse Disrib. Inc., 430 N.W.2d 447, 451 f. (Iowa Sup.1988).

1980 Vgl. Tevis v. Beigel, 156 Cal.App.2d 8, 15; 319 P.2d 98 (Cal.App.1957); aff'd, 174 Cal. App.2d 90, 344 P.2d 360, 363 (Cal.App.1959). Siehe m.V.d. bereits unter Glpkt. § 6 B. I. 2. b) cc) aaa) bbbb).

1981 Schlopy, 16 Buff.L.Rev. 840, 842 (1967); Israels, Corporate Practice, § 9.19, S. 296 (1969); Kessler, 36 St.John's L.Rev. 1. 76 f. Fn. 306 (1961); Homer, 76 Colum.L.Rev. 1157, 1180 Fn. 151 (1976); Note, 41 Ford.L.Rev. 639, 648 (1973).

1982 Homer, 76 Colum.L.Rev. 1157, 1178 Fn. 142 & 1180 Fn.153 (1976); McDonald, 22 Syracuse L.Rev. 249, 256 (1970); Weiss, 23 Syracuse L. Rev. 331, 334 (1972); Clatterbuck, 59 Neb. L. Rev. 909, 920 Fn. (1979); White, NYBE, § N715.01, S. 7-111 (2009).

1983 Hornstein, Supplemental Analysis, S. 85 (1972) [hervorgehoben vom Verfasser]; m.V.d.z.B. Homer, 76 Colum.L.Rev. 1157, 1158, 1173 (1976).

Fairness eines Geschäfts könnte keinen Prüfungsgegenstand mehr bilden, wurde dadurch bestärkt, dass der Kommentar zu § 715 NYNPCL (1970) nicht mehr den Hinweis enthielt, dass die Fairness eines Geschäfts das entscheidende Element für dessen richterliche Überprüfung sei[1984].

Die überwiegende Mehrheit der Kommentatoren befand diese rigide Auslegung der Norm allerdings gerade im Lichte der Judikatur zum Verfassungsrecht einer Corporation[1985] als wenig überzeugend[1986]. Zu Recht wurde dabei auf die in der Norm enthaltenen prozeduralen Kriterien der Fairness hingewiesen, deren Bedeutung ad absurdum geführt werden würde, könnte ein Gericht bei an sich unfairen Geschäft bereits mit Erfüllung des § 713(a)(1)/(2) NYBCL von einer Fairness-Betrachtung abgehalten werden[1987]. Angeführt wurde schließlich der Wortlaut der Regelung, dessen zufolge nur das Recht einer Corporation auf Anfechtung eines Geschäfts wegen der darin spezifizierten Konfliktsituationen eingeschränkt werde, nicht jedoch aus Gründen eines sich als unfair oder betrügerisch erweisenden Handelns von *directors*[1988]. Gemeinhin Zustimmung fand daher die Sichtweise *Israels*, wonach *„a closer reading of the statute will indicate that in the event of actual litigation N.Y.BCL § 713 (a)(1) may provide a ‚fist line' of defense“*[1989]. Damit ungeklärt blieb jedoch die Frage nach der Auslegung der Beweislastregel in Absatz (b) der Norm. Während einige Autoren darin eine Beweislastumkehrregel bezüglich der Fairness des Geschäfts sahen, so dass der Nachweis dafür dem Kläger oblag, wenn eine Zustimmung nach § 713(a)

1984 Siehe hierzu den Kommentar zur Endfassung der Norm in 1970 N.Y.Laws, ch. 847, § 48 im Vergleich zur Rohfassung in 1969 N.Y.Laws. ch. 1066, § 715(a). Gleichfalls m.V.d.: McDonald, 22 Syracuse L.Rev. 249, 256 (1970); Homer, 76 Colum.L.Rev. 1157, 1181 f. (1976).

1985 Siehe m.N. bereits unter Glpkt. § 6 A. IV.

1986 Hoffman, 11 Buff. L. Rev. 496, 567 (1962); Homer, 76 Colum.L.Rev. 1157, 1158 Fn. 17, 1182 (1976); Kessler, 36 St. John's L.Rev. 1, 76, Fn. 306 (1961); Wymeersch, 17 Buffalo L.Rev. 747, 779 (1968); Note, 41 Ford.L.Rev. 639, 659 (1973).

1987 Note, 41 Ford.L.Rev. 639, 648, 659 f. (1973); Israels, Corporate Practice, Rn. 9.19, S. 174, 176, 289 f. (1974).

1988 Homer, 76 Colum.L.Rev. 1157, 1179 Fn. 149, 1185 (1976); Israels, Corporate Practice, S. 174, 289 (1974); Note, 41 Ford.L.Rev. 639, 660 (1973); Wymeersch, 17 Buffalo L.Rev. 747, 779 f. (1968); Kessler, 36 St. John's L.Rev. 1, 74 f. (1961); Schlopy, 16 Buff.L.Rev. 840, 841 (1967).

1989 Israels, Corporate Practice, Rn. 9.19, S. 296 (1969) [hervorgehoben vom Verfasser]. Siehe m.V.d. Note, 41 Ford.L.Rev. 639, 648 Fn. 75 (1973); Folgeman, Corporation Law, S. 154 (Supp. 1977). Siehe ebenso: Cohen v. Ayers, 596 F.2d 733, 741 Fn. 15 (7th Cir. 1979; N.Y. Law).

NYBCL vorlag[1990], plädierten andere Autoren für eine Anwendung der *business judgment rule* bei *board*-Beschlüssen und für die Geltung der *shareholder ratification rule* bei Entscheidungen einer Gesellschaftermehrheit[1991].

bb) Kritikpunkte an den Theorien betreffend die Rechtswirkung der Norm

Beleuchtet man diese in der Lehre vertretenen Ansätze im Lichte der *equitable common law rules* zu Geschäften einer Corporation, die ein treuwidriges Verhalten von *board*-Mitgliedern vermuten lassen, so lässt sich einwenden, dass die in § 713(a)(1)/(2) NYBCL bestimmten Vorgaben in mehrerlei Hinsicht nicht den Anforderungen genügen, deren Erfüllung nach *case law* bei Unternehmensentscheidungen zu einer allein auf den Fehlgebrauch im Entscheidungsermessen beschränkten richterlichen Kontrolle führt. Vergleicht man zunächst die Voraussetzungen für eine Zustimmung nach § 713(a)(2) NYBCL mit jenen, deren Erfüllung bei Gesellschafterbeschlüssen zur Anwendung der *shareholder ratification rule* führt, so zeigen sich Unterschiede darin, dass nach der Norm für Beschlüsse der Aktionäre die bloße Kenntnis bzw. Offenlegung der das Eigen-/Fremdinteresse von *directors* begründenden Umstände schon genügt; anderes als nach *case law* ist keine Kenntnis über die wesentlichen Geschäftsumstände erforderlich[1992]. Darüber hinaus bedarf es für eine Zustimmung keiner Meinungsbildung durch unbefangene Aktionäre, weil der Wortlaut der Vorschrift weder eine Beschränkung noch ein Verbot in der Stimmrechtsausübung für ein als befangen geltendes *board*-Mitglied als Anteilseigner noch Stimmrechtsvertreter vorsieht[1993]. Zwar besteht auch für einen als befangen geltenden *director*-Aktionär nach *case law* kein Stimmverbot, gleichwohl bildet ein Mehrheitsbeschluss von unbefangenen und unabhängigen Gesellschaftern eine Grundbedingung für eine beschränkte richterliche Kontrolle nach der *shareholder ratification rule*[1994].

Betrachtet man die Kriterien für eine Zustimmung von *board*-Mitgliedern nach § 713(a)(1) NYBCL, so zeigen sich Unterschiede zum *case law* in den Vorgaben an eine Zustimmung durch *board*- wie *board-committee*-Beschluss. Denn

1990 Homer, 76 Colum.L.Rev. 1157, 1182, 1186 (1976); Note, 41 Ford.L.Rev. 639, 660 (1973); Withe, NYBE § B71301, S. 7-126 f. (2009).

1991 Bainbridge, Corporate Law, § 7.2, S. 147 Fn. 13 (2009); Roman, III, 11 Colum.J.Asian L. 435, 458 f. (2001); Hoffman, Corporate Practice, Rn. 6.13, S. 190 (1983); Clatterbuck, 59 Neb. L. Rev. 909, 919 (1979).

1992 Vgl. § 713(a)(2) NYBCL i.V.z. den Feststellungen unter Glpkt. § 6 B. III.

1993 Vgl. § 713(a)(2) NYBCL; siehe zur Frage nach der Einbeziehung von Anteilen befangener *director*-Aktionäre unter Glpkt. § 7 A. I. 4. b) aaa).

1994 Siehe dazu bereits unter Glpkt. § 6 B. III. und § 2 C. I.-II.

im Vergleich zum *case law*, wonach Plenarbeschlüsse erst dann durch die *business judgment rule* geschützt sind, wenn zumindest die beschlussfähige Mehrheit der Entscheidungsträger unbefangen und unabhängig war[1995], würde nach § 713(a)(1) 2. HS NYBCL schon eine „*unanimous vote of the disinterested directors*" genügen, selbst wenn die unbefangenen *directors* keine beschlussfähige Mehrheit im Gremium bilden[1996]. Würde man die *business judgment rule* generell auf Beschlüsse nach § 713(a)(1) 2. HS NYBCL anwenden, müsste man dies auch in Konstellationen tun, in denen nur ein ‚unbefangener' *director* im Beisein seiner als befangen geltenden Kollegen agiert hatte. Zweifel an dieser Schlussfolgerung hinterlässt die Spruchpraxis zur Geltung der *business judgment rule* für solche in Gegenwart einen befangenen *director* gefassten Entscheidungen von *board*-Mitgliedern[1997]. Mit Recht führt daher auch *Dickerson* zur alten Fassung des § 713(b) S.2, 2.HS NYBCL (1971)[1998] aus, dass eine Umkehr der Beweislast zu Gunsten eines befangenen *board*-Mitglieds nur dann erfolgen dürfe, wenn unter Außerachtlassung der Stimme eines befangenen *director* eine beschlussfähige Mehrheit von unbefangenen *board*-Mitgliedern das Geschäft autorisiert habe[1999].

Vergleicht man überdies die Vorgaben in § 713(a)(1) NYBCL mit denen des *case law* betreffend die Geltung der *business judgment rule* für Beschlüsse eines *board*-Komitees, zeigt sich auch daran, dass eine nur den Normkriterien genügende Entscheidung nicht zwangsläufig zu einer auf Feststellung eines Fehlgebrauchs im Handlungsermessen begrenzten Überprüfung führen kann. Denn nach *case law* können Komiteebeschlüsse die Wirkungen der *business judgment rule* nur auslösen, wenn der Ausschuss gänzlich aus unbefangenen sowie unabhängigen Mitgliedern gebildet worden ist[2000]. Diese Anforderung regelt nicht § 713(a)(1) NYBCL[2001], vielmehr lassen dessen Halbsätze annehmen, dass der

---

1995 Siehe dazu bereits unter Glpkt. § 6 B. III. und § 2 B. I.

1996 Vgl. 713(a)(1) 2. HS NYBCL[hervorgehoben vom Verfasser]; siehe zur Bestimmung der Phrase unter Glpkt. § 7 A. III. 4. a) aa) bbb)

1997 So auch: Dickerson, 1988 Colum.Bus.L.Rev. 91, 118 ff., 125 f. (1988). Siehe am Beispiel der Judikatur in Delaware unter Glpkt. § 2 A. I., B. I.

1998 Die Phrase des § 713(b) S.2, 2.HS. NYBCL (1971) wurde mit der letzten Revision der Norm gestrichen und durch die geltende Fassung ersetzt. Siehe 1997 N.Y. Laws, ch. 449, § 44 (Feb. 22, 1998).

1999 Dickerson, 1988 Colum.Bus.L.Rev. 91, 118 f., 125 f. (1988); ähnlich: White, NYBE, § B713.01, S. 7-127 f. (2009).

2000 Vgl. Auerbach v. Bennett, 47 N.Y.2d 619, 632 f., 637; 393 N.E.2d 994 (N.Y.App.1979): (Beschluss eines *special litigation committee*).

2001 Vgl. § 713(a)(1) NYBCL; m.w.N. dazu unter Glpkt. § 7 A. III. 4. a) aa).

Beschluss grundsätzlich auch in Gegenwart von befangenen *directors* getroffen werden kann. Würde man die *business judgment rule* generell auf Ausschussbeschlüsse im Sinne der Norm anwenden, so müsste man dies ebenso in Fallkonstellationen tun, in denen die als ‚unbefangen' geltenden *directors* von einem befangenen herrschenden *director*-Aktionär in den *board*-Ausschuss berufen worden sind. Mit Blick auf die Judikatur zur *business judgment rule* bei Entscheidungen von nicht gänzlich neutralen und unbefangenen Komiteemitgliedern[2002] und bei Entscheidungen zu Geschäften einer Corporation im Interesse des herrschenden Aktionärs[2003] darf dies allerdings bezweifelt werden.

Schließlich ließe sich für eine Entscheidungsfindung durch Plenar- wie Komiteebeschluss anführen, dass § 713(a)(1) NYBCL in den Vorgaben an den Kenntnisstand der Entscheidungsträger auch insoweit unterhalb der Schwelle des *case law* liegt, als keine Kenntnis über die Vertragsumstände bestehen muss, mitzuteilen wären allenfalls die das Eigen-/Fremdinteresse eines *directors* betreffenden Umstände[2004]. Eine insoweit begrenzte Kenntnis würde nicht zur Schutzwirkung der *business judgment rule* führen[2005]. Auch fehlt in § 713(a)(1) NYBCL die Vorgabe für eine in gutem Glauben ergangene Entscheidung[2006]. Eine entsprechende Meinungsbildung auch für einen Beschluss nach § 713(a)(1) NYBCL zu fordern, rechtfertigt sich allerdings mit Blick auf § 717(a) NYBCL, wonach von *board*-Mitgliedern erwartet wird, das anvertraute Amt in gutem Glauben mit der Sorgfalt einer *ordinarily prudent person* auszuüben[2007].

c) Normverständnis in der Rechtsprechung

Die beiden vorerwähnten Sichtweisen zur Frage der Rechtswirkung einer Zustimmung im Sinne des § 713(a)(1)/(2) NYBCL gehen im Wesentlichen aus der Interpretation zweier Bundesgerichtsurteile hervor - namentlich aus Cohen v. Ayers[2008] und Lewis v. S.L. & E.,

2002 Siehe m.N. bereits unter Glpkt. § 2 A. I. 3., § 2 B. I. 4. und § 2 C. I.

2003 Vgl. Rodgers v. Bell, 202 A.D.2d 1040; 610 N.Y.S.2d 111 (N.Y.Sup.App.Div.1994); Burton v. Exxon Corp., 405, 418 f. (S.D.N.Y.1984); siehe schon: Case v. N.Y.Central R.R., 204 N.E.2d 634 (N.Y.Sup.1965); m.w.N. unter Glpkt. § 2 C. I. und Glpkt. § 6 B. III.

2004 Vgl. § 713(a)(1) NYBCL.

2005 Siehe bereits unter Glpkt. § 6 B. III. und § 2 B. I. 1.

2006 Vgl. § 713(a)(1) NYBCL.

2007 Vgl. § 717(a) NYBCL; siehe zur Bestimmung des Begriffs ‚Sorgfalt' bereits unter Glpkt. § 2 B. I. 1.

2008 Vgl. Cohen v. Ayers, 449 F.Supp. 298, 311 (N.D.Ill.1978); aff'd o.o.g., 596 F.2d. 733, 741 Fn.15 (7th Cir.1979; N.Y. Law).

Inc.[2009]. In anderen Landes-[2010] oder Bundesgerichtsurteilen[2011] ist diese Frage bislang unbehandelt geblieben. Wiederum dieser Umstand ist zweifelsohne darauf zurückzuführen, dass es zumeist um Verträge ging, die weder im Sinne der Norm autorisiert noch im Ergebnis als fair für die Corporation erklärt wurden[2012]. Darüber hinaus lassen die wenigsten der zu § 713(a) NYBCL ergangenen Urteile zweifelsfrei erkennen, ob nach der *business judgment rule* deshalb verfahren wurde[2013], weil die Autorisierung der *directors* den Vorgaben des § 713(a) NYBCL entsprach oder weil die Kriterien des *case law* vorlagen[2014]. Schließlich ist zu konstatieren, dass die vorerwähnten Bundesgerichtsurteile zwar zitiert wurden[2015], der darin vertretene Ansatz zur Rechtswirkung der Norm jedoch nicht weiter kommentiert worden ist[2016]. Wohl nicht zuletzt deshalb wird die Landesrechtsprechung in der Lehre mit Zurückhaltung interpretiert, weil bisweilen zur Frage der Rechtswirkung

2009 Vgl. Lewis v. S.L. & E., Inc., 929 F.2d 764, 770 (2d Cir.1980; N.Y. Law).

2010 Vgl. m.N. unter Glpkt. § 7 A. III. 3. c) cc).

2011 In vorherigen bundesgerichtlichen Urteilen wird zur Frage nach der Rechtswirkung der Norm ebenso dürftig thematisiert [vgl. United Founders Life Ins. Co. v. Consumers Nat'l Life Ins. Co., 447 F.2d 647, 653, Fn.2 (7th Cir.1971); In re Penn Central Transportation Co., 354 F. Supp. 759, 771 (E.D. Pa.1972)] wie in späteren Urteilen [vgl. Patrick v. Allen, 355 F.Supp.2d 704, 711 (S.D.N.Y.2005); Geffner v. Linear Rotary Bearings, Inc., 936 F.Supp. 1150, 1184 (E.D.N.Y.1996)].

2012 Vgl. Lippman v. Shaffer, 15 Misc.3d 705, 71f f.; 836 N.Y.S.2d 766 (N.Y.Sup.2006); Sardanis v. Sumitomo Corp., 282 A.D.2d 322, 324; 723 N.Y.S.2d 466 (N.Y.Sup.App. Div.2001); Park River Owners Corp. v. Bangser, Klein, Rocca & Blum LLP, 269 A.D.2d 313; 703 N.Y.S.2d 465 (N.Y.App.Div.2000); Ench v. Breslin, 241 A.D.2d 475, 476; 659 N.Y.S.2d 893 (N.Y.Sup.App.Div.1997); Rogers v. Bell, 202 A.D.2d 1040; 610 N.Y.S.2d 111 (N.Y.Sup.1994); Highland Views Corp. v. Gerdts, 190 A.D.2d 954 (N.Y.Sup.App. Div.1993); Hakim v. Mahdavian, 185 A.D.2d 428, 430; 585 N.Y.S.2d 828 (N.Y.Sup. App.Div.1992); Lewis v. Steinhart, 40 A.D.2d 817; 338 N.Y.2d 552 (N.Y.Sup.App. Div.1972).

2013 Vgl. Owen v. Hamilton, 44 A.D.3d 452; 843 N.Y.S.2d 298, 302 (N.Y.App.Div.2007); Freer v. Mayer, 223 A.D.2d 667, 668; 637 N.Y.S.2d 425 (N.Y.Sup.App.Div.1996); Blake v. Blake, 225 A.D.2d 337; 638 N.Y.S.2d 632 (N.Y.Sup.App.Div.1996).

2014 So auch White, NYBE, § B713.01, S. 1-127 (2009).

2015 Vgl. jeweils m.V.a. Cohen v. Ayers [aaO] in: Lippman v. Shaffer, 15 Misc.3d 705, 717 Fn. 5; 836 N.Y.S.2d 766 (N.Y.Sup.2006); Blake v. Blake, 225 A.D.2d 337; 638 N.Y.S.2d 632 (N.Y.Sup.App.Div.1996); Aronoff v. Albanese, 85 A.D.2d 2, 5; 446 N.Y.S.2d 368 (N.Y.App.Div. 1982); vgl. m.V.a. Lewis v. S.L. & E., Inc [aaO] nur in: Freer v. Mayer, 223 A.D.2d 667, 668; 637 N.Y.S.2d 425 (N.Y.Sup.App.Div.1996).

2016 Zugl. m.w.N. White, NYBE, § B713.01, S. 7-128 (2009).

der Norm ausgeführt wird, dass „*the business judgment rule will probably apply*“[2017] und andernorts zu lesen ist: „*Under this approach, the substance (or fairness) of a transaction (...) is likely to be beyond challenge*“[2018].

aa) Der Fall Cohen v. Ayers (7th Cir. 1979, applying New York Law)

aaa) Sachverhalt und Norminterpretation

In Cohen v. Ayers[2019] hatte das Gericht u.a. über die Wirksamkeit eines *board*-Komitee-Beschlusses zur Reduzierung des Ausgabepreises für Aktienoptionen der Leitungsorgane der Sears, Roebuck & Co. sowie die Wirksamkeit des im Nachgang dazu ergangenen Gesellschafterbeschlusses zu befinden[2020]. Die Tatsache, dass auch *employee-directors* der Gesellschaft vom Aktienoptionsplan partizipiert hätten, und dass 6 der insgesamt 9 berufenen Ausschussmitglieder als voreingenommen eingestuft wurden, gab Anlass zu einer Überprüfung der beiden Unternehmensbeschlüsse nach § 713 NYBCL. Da § 713(a)1) NYBCL wegen der mehrheitlichen Befangenheit der *directors* unerfüllt geblieben war[2021], würdigte das Gericht den Gesellschafterbeschluss in der Frage einer Erfüllung des § 713(a)(2) NYBCL und befand die dadurch erzielte Zustimmung als im Sinne der Anforderungen dieser Norm ergangen[2022]. Zur Frage der Rechtswirkung dieser Zustimmung traf das Gericht sodann die nachfolgende Feststellung: „*Although the statute is not explicit, we interpret these provisions (...) as shifting the burden of proving the unfairness of the transaction to the challenging shareholder (...), once effective ratification occurs. Thus, the act of ratification does not foreclose a finding of waste, but it does foreclose the presumption of waste*”[2023]. Unkommentiert blieb die Frage, ob diese Beweislastregel auch gelte, wenn der Gesellschafterbeschluss durch Mitwirkung befangener *directors* als Aktionär oder Stimmrechtsvertreter

2017 Dickerson, 1988 Colum.Bus.L.Rev. 91, 107 & 118 (1988) m.V.a. Kutik v. Taylor, 80 Misc.2d 839; 364 N.Y.S.2d 387 (N.Y.Sup. 1975); Cohen v. Ayers, 596 F.2d. 733, 735 ff & 740 (7th Cir. 1979; N.Y.Law).

2018 White, NYBE, § B713.01, S. 7-127 (2008) m.V.a. Blake v. Blake, 225 A.D.2d 337; 638 N.Y.S.2d 632 (N.Y.Sup.App.Div.1996); Shapiro v. Rockville Country Club, Inc., 784 N.Y.2d 924 (N.Y.Sup. 2004); aff'd, 22 A.D.3d 657, 659; 802 N.Y.S.2d 717 (N.Y.Sup. App.Div.2005).

2019 Vgl. Cohen v. Ayers, 449 F.Supp. 298, 311 (N.D.Ill.1978); aff'd o.o.g., 596 F.2d. 733, 741 Fn.15 (7th Cir.1979; N.Y. Law).

2020 Vgl. Cohen v. Ayers, 596 F.2d. 733, 743 (7th Cir. 1979; N.Y.Law).

2021 Vgl. eingehend zu den Gründen unter Glpkt. § 7 A. III. 4. a) aa) aaa) und bbb).

2022 Vgl. Cohen v. Ayers, 449 F.Supp. 298, 309 (N.D.Ill. 1978; N.Y. Law).

2023 Vgl. Cohen v. Ayers, 596 F.2d. 733, 740 (7th Cir. 1979; N.Y.Law).

gefasst worden wäre. Als Folge einer Zustimmung durch eine Aktionärsmehrheit oblag es dem Kläger, Tatsachen vorzutragen, die die Verwaltungsmaßnahme als betrügerisch, rechtswidrig oder verschwenderisch erscheinen ließ. Diesen Beweis blieb er schuldig, so dass eine Klageabweisung zugunsten der Beklagten erging[2024].

bbb) Einordnung der Argumentation des Gerichts

Mit Blick auf die zitierte Passage ist es verständlich, dass das Urteil bisweilen im Schrifttum für die Theorie angeführt wird, dass eine Erfüllung des § 713(a) NYBCL eine eingeschränkte Überprüfung des Geschäfts im Sinne der *business judgment rule* bzw. *shareholder ratification rule* zur Folge habe[2025], während andere Autoren anführen, dass damit nur die Beweislast für die sachliche Fairness umgekehrt werde[2026]. Letzterer Ansatz findet jedenfalls eine Stütze in den Worten von Satz 1 der vorstehend zitierten Passage, worin eindeutig von der Beweislastumkehr zu Lasten des Klägers hinsichtlich der Fairness die Rede ist. Danach würde eine Ziffer (1) oder (2) des § 713(a) NYBCL genügende Zustimmung eine Umkehr in der Beweislast hinsichtlich der sachlichen Fairness eines Geschäfts insoweit auslösen, als die Gegenpartei einer Corporation von deren Nachweis befreit wäre und der Kläger die mit der Zustimmungserklärung verbundene Vermutungswirkung für die Rechtmäßigkeit des Verwaltungshandelns widerlegen müsste. Mit anderen Worten würde die Frage der sachlichen Fairness eines Geschäfts zwar den Maßstab bilden, den Nachweis dafür müsste allerdings nicht ein im Eigen-/Fremdinteresse handelnder *director* erbringen.

Zweifel an der Richtigkeit dieser Überlegung ergeben sich aber aus dem Satz 2 der zitieren Urteilspassage, weil dessen Worte nahelegen, dass ein nach § 713(a) NYBCL autorisiertes Geschäft nur hinsichtlich der Feststellung eines Fehlgebrauchs im Entscheidungsermessen gerichtlich überprüfbar sei und nicht in der Frage seiner Fairness aus der Sicht einer Corporation im Zeitpunkt seiner

2024 Vgl. Cohen v. Ayers, 596 F.2d. 733, 743 (7th Cir. 1979; N.Y.Law).

2025 Roman, III, 11 Colum.J.Asian L. 435, 458 f. (2001); Dickerson, 1988 Colum.Bus.L. Rev. 91, 107 f. (1988); Hoffman, Corporate Practice, Rn. 6.13, S. 190 (1983); Bainbridge, Corporate Law, § 7.2, S. 147 Fn. 13 (2009); Clatterbuck, 59 Neb. L. Rev. 909, 919 (1979).

2026 White, NYBE, § B713.01, S. 7-127 f. (2009); Block/Barton/Radin, BJR, S. 271 Fn. 798 (2009); Brodsky/Adamski, Officer & Directors, § 3:7 Fn. 16 (2012); v. Bonin, in: Gesellschaften, § 14, S. 237 (2004); Pinto/Branson, Corporate Law., § 9.03, S. 228 Fn. 32, 230 Fn. 43 .

Autorisierung[2027]. Anders gewendet wäre bei einem entsprechend autorisierten Geschäft im Sinne des § 713(a) NYBCL dessen richterliche Überprüfung auf die Frage beschränkt, ob dessen Bedingungen ein betrügerisches, rechts-/satzungswidriges oder verschwenderisches Handeln der Leitungsorgane der Corporation zeigen. Diese insoweit für die *shareholder ratification rule* typische Verfahrensweise unterstreicht das Gericht, indem es unter anderem mit Hinweis auf das Delaware-Urteil in Beard v. Elster[2028] konstatiert, dass die *business judgment rule* zwar nicht den Kontrollstandard in Fällen eines Interessenkonflikts bilde, gleichwohl aber (wieder) Anwendung finden könne, wenn das mutmaßlich pflichtwidrige Handeln durch unbefangene *board*-Mitglieder oder durch einen Gesellschafterbeschluss autorisiert worden sei[2029].

bb) Der Fall Lewis v. S.L. & E., Inc. (2th Cir. 1980, applying New York Law)

aaa) Sachverhalt und Norminterpretation

Die noch offenen Fragen in der Auslegung des Urteils in Cohen v. Ayers[2030] hinsichtlich der Frage der Rechtswirkung einer Zustimmung nach § 713(a) NYBCL auf den gerichtlichen Beurteilungsmaßstab lassen sich allerdings unter Heranziehung der Entscheidung in Lewis v. S.L. & E., Inc.[2031] beantworten. In diesem Fall hatte der Second Circuit Court of Appeals einen Grundstückspachtvertrag zu beurteilen, weil 3 *directors* der Beklagten (Brüder des Klägers) den Vertrag trotz Möglichkeit der Kündigung für mehrere Jahre hinweg zu einem weit unter dem Marktpreis liegenden Zins hatten fortbestehen lassen[2032]. Autorisiert wurde der zwischen der S.L. & E., Inc. und der Lewis General Tires, Inc. geschlossene Vertrag durch eine Beschlussfassung von mehrheitlich für beide Vertragsparteien handelnde *board*-Mitglieder. Neben ihrer Pflichtenkollision

---

2027 Vgl. Cohen v. Ayers, 596 F.2d. 733, 741-743 (7th Cir.1979; N.Y.Law); zugl. Gevurz, Corporation Law, § 4.2, S. 344 (2000).

2028 Vgl. Beard v. Elster, 39 Del.Ch. 153 A.2d 731 (Del.Sup.1960); siehe zum Urteilen bereits unter Glpkt. § 6 B. II. 1.

2029 Vgl. Cohen v. Ayers, 596 F.2d. 733, 741 ff. (7th Cir.1979; N.Y.Law) m.V.a. Beard v. Elster, 39 Del.Ch. 153 A.2d 731 (Del.Sup.1960); Gottlieb v. Heyden Chemical Corp., 91 A.2d 57; 33 Del.Ch. 177 (Del.Sup.1952) - 'Gottlieb II'; 92 A.2d 594; 33 Del.Ch. 283 (Del.Sup.1952) – ‚Gottlieb III'; siehe zu diesen Urteilen bereits unter Glpkt. § 6 B. II. 1.

2030 Vgl. Cohen v. Ayers, 449 F.Supp. 298, 311 (N.D.Ill.1978); aff'd o.o.g., 596 F.2d. 733, 741 Fn.15 (7th Cir.1979; N.Y. Law).

2031 Vgl. Lewis v. S.L. & E., Inc., 929 F.2d 764 (2d Cir. 1980; N.Y.Law).

2032 Vgl. Lewis v. S.L. & E., Inc., 929 F.2d 764, 766 (2d Cir.1980, N.Y.Law).

wurden 2 der beklagten *directors* auch aus Gründen ihrer Stellung als Anteilseigner der Gegenpartei der Beklagten als „*interested*" im Sinne des § 713(a) NYBCL qualifiziert. Mit Hinweis auf das Eigen-/Fremdinteresse der *directors* traf das Gericht die Feststellung, dass der Vertrag anfechtbar sei, falls nicht die Beklagten imstande seien, dessen Fairness zu beweisen[2033]. Unter Anführung des *case law* betonte das Gericht, dass in § 713 NYBCL das ‚*common law principle*' zu Verträgen einer Corporation im Eigen-/Fremdinteresse von deren *directors* kodifiziert worden sei[2034]. Als Ausdruck dessen betrachtete das Gericht die Beweislastregelung in § 713(b) NYBCL (1971), mit welcher der Gesetzgeber einen bereits im Schrifttum zur Urfassung des § 713(a)(3) NYBCL (1963) vertretenen Ansatz zur Interpretation der Norm formuliert habe[2035]. Diese Argumentation macht deutlich, dass ein bloß den Vorgaben des § 713(a) NYBCL genügender Beschluss von *directors* oder Aktionären einer Corporation nicht zwangsläufig imstande ist, den Prüfungsmaßstab des *case law* zu beeinflussen, wenn es um die Beurteilung der Frage der Rechtmäßigkeit des Handelns von *board*-Mitgliedern geht[2036].

bbb) Einordnung der Argumentation des Gerichts

Bestätigung findet diese Urteilsauslegung im Lichte der bisherigen Landesrechtsprechung zur Norm. Exemplarisch dafür ist der Fall Kutik v. Taylor[2037], wo ein Geschäft zweier Corporations aufgrund der personellen Verflechtung durch einen ihrer *directors* nicht wegen der Erfüllung des § 713(a)(1) NYBCL im Sinne der *business judgment rule* beurteilt worden war, sondern weil das Gericht festgestellt hatte, dass das Geschäft unter Einhaltung der in § 717(a) NYBCL kodifizierten Treuepflicht ergangen war[2038]. Erwähnung fand § 713 NYBCL nur insoweit, als damit eine Erkenntnis des *case law* unterstrichen werde, wonach Geschäfte zwischen personell verflochtenen Corporations nicht aufgrund der Pflichtenkollision ihrer *directors* treuwidrig und anfechtbar seien, wenn diese einer Fairness-Überprüfung standhalten[2039]. Als weiteres Beispiel lässt sich die

---

2033 Vgl. Lewis v. S.L. & E., Inc., 929 F.2d 764, 769 (2d Cir.1980, N.Y.Law).

2034 Vgl. Lewis v. S.L. & E., Inc., 929 F.2d 764, 769 (2d Cir.1980; N.Y.Law).

2035 Vgl. Lewis v. S.L. & E., Inc., 929 F.2d 764, 770 (2d Cir.1980, N.Y.Law).

2036 Siehe zum *case law* bereits unter Glpkt. § 6 B. III.

2037 Vgl. Kutik v. Taylor, 80 Misc.2d 839; 364 N.Y.S.2d 387 (N.Y.Sup.1975).

2038 Vgl. Kutik v. Taylor, 80 Misc.2d 839, 842; 364 N.Y.S.2d 387 (N.Y.Sup.1975).

2039 Vgl. Kutik v. Taylor, 80 Misc.2d 839, 841; 364 N.Y.S.2d 387 (N.Y.Sup.1975) m.V.a. Everett v. Phillips, 288 N.Y. 227, 236 f.; 43 N.E.2d 18 (N.Y.App. 1942), reh den 289 N.Y. 625; 43 N.E.2d 841 (1942).

Argumentation in der Entscheidung Aronoff v. Albanese[2040] anführen, wo ein von Anteilseignern der Hospital Building Corp. autorisiertes Geschäft zur Beurteilung stand. Das Gericht nahm darin zur Frage der Rechtswirkung der Vorschrift insoweit Stellung, als eine Zustimmung im Sinne des § 713(a)()1) NYBCL nicht per se zur Gültigkeit des Geschäfts führen könne[2041]. Dabei rekurrierte es auf die Prinzipien des Delaware *case law*, wie sie schon vor Einführung des § 144 DGCL bestanden[2042]. Unter Bezugnahme auf das Urteil in Gottlieb v. Heyden Chem. Corp.[2043] traf das Gericht die Feststellung, dass sich bei einem durch Mehrheitsbeschluss der Anteilseigner einer Corporation autorisierten Geschäft eine auf Feststellung einer Verschwendung von Gesellschaftsmitteln begrenzte Prüfung des Geschäfts nur rechtfertigen lasse, wenn eine unbefangene Gesellschaftermehrheit ohne unlautere Einflussnahme und in Kenntnis aller wesentlichen Umstände des Geschäfts für dessen Vornahme gestimmt hatte[2044]. Bei entsprechendem Gesellschafterbeschluss verschiebe sich die Beweislast für die mangelnde Fairness des Geschäfts auf den Kläger mit der Folge, dass es fortan dessen Aufgabe ist, nachzuweisen, „*(...) that no person of ordinary sound business judgment would say that the corporation received fair benefit (...)*"[2045]. In den Folgeurteilen blieb diese Beurteilungsmethode des Supreme Court stets unwidersprochen[2046].

2040 Vgl. Aronoff v. Albanese, 85 A.D.2d 2; 446 N.Y.S.2d 368 (N.Y.Sup.App.Div.1982).

2041 Vgl. Aronoff v. Albanese, 85 A.D.2d 2, 6; 446 N.Y.S.2d 368 (N.Y.Sup.App.Div.1982) m.V.a. Rapoport v. Schneider, 29 N.Y.2d 396; 328 N.Y.S.2d 431 (N.Y.App.1972).

2042 Vgl. Aronoff v. Albanese, 85 A.D.2d 3, 6; 446 N.Y.S.2d 368 (N.Y.Sup.App.Div.1982) m.V.a. Gottlieb v. Heyden Chem. Corp., 91 A.2d 57; 33 Del.Ch. 177 (Del.Sup.1952); Gottlieb v. McKee, 107 A.2d 240, 242 (Del.Ch.1954); siehe zu den Fällen bereits unter Glpkt. § 6 B. II. 1

2043 Vgl. Gottlieb v. Heyden Chem. Corp., 91 A.2d 57; 33 Del.Ch. 177 (Del.Sup.1952).

2044 Vgl. Aronoff v. Albanese, 85 A.D.2d 3, 5; 446 N.Y.S.2d 368 (N.Y.Sup.App.Div.1982) m.V.a. Michelson v Duncan, 407 A.2d 211 (Del.Sup.1979).

2045 Vgl. Aronoff v. Albanese, 85 A.D.2d 3, 5; 446 N.Y.S.2d 368 (N.Y.Sup.App.Div.1982), m.V.a. Gottlieb v. Heyden Chem. Corp., 91 A.2d 57; 33 Del.Ch. 177 (Del.Sup.1952).

2046 Vgl. jeweils m.V.a. Aronoff v. Albanese {aaO] in: Blake v. Blake, 225 A.D.2d 337; 638 N.Y.S.2d 632 (N.Y.Sup.App.Div.1996); Shapiro v. Rockville Country Club. Inc., 22 A.D.3d 657, 658; 802 N.Y.D.2d 717 (N.Y.Sup. 2005); Lippman v. Shaffer, 15 Misc.3d 705, 711; 836 N.Y.S.2d 766 (N.Y.Sup. 2006); Patrick v. Allen, 355 F.Supp.2d 704, 710 (S.D.N.Y. 2005).

d) Stellungnahme und eigener Ansatz

Im Lichte dieser Rechtsprechung und der Einschätzungen aus der Wissenschaft kann die Frage der Rechtswirkung einer den Vorgaben der Norm genügenden Autorisierung eines Geschäfts auf dessen Rechtsstatus und den Kontrollmaßstab für Unternehmensentscheidungen wie folgt beantwortet werden: Mit einer Zustimmung nach § 713(a)(1)/(2) NYBCL erlangt das Geschäft einen Zustand, in welchem es nicht mehr angreifbar ist aufgrund eines Interessen-/Pflichtenwiderstreits von *directors*, respektive weil die *directors* einer Corporation als oder auf der Seite ihrer Gegenpartei gehandelt haben, an ihr ein wesentliches finanzielles Interesse besitzen oder ein als befangen geltender *director* an der Sitzung des *board* oder *board*-Ausschusses für die Autorisierung des Geschäfts teilgenommen hatte[2047]. Fehlt es hingegen an einer Zustimmung im Sinne der Norm, befindet sich das Geschäft in einem Zustand, in welchem es aufgrund des Interessen-/Pflichtenwiderstreits eines *director* anfechtbar ist mit der Folge, dass sich dessen Makel im Falle einer Anfechtung nur durch Nachweis der Fairness beseitigen lässt[2048]. Nach einer Autorisierung im Sinne des § 713(a) NYBCL gilt ein Geschäft jedoch nur insoweit als gültig, als sich die Anfechtung nicht mehr mit dem Interessen-/Pflichtenkonflikt eines *director* begründen lässt; hiervon unberührt bleibt jeder andere ein treuwidriges Verwaltungshandeln rechtfertigende Umstand[2049]. Als Folge dessen bleibt das Geschäft nach allgemeinen Regeln auf seinen Bestand hin überprüfbar[2050]. Damit bildet die Erfüllung der Norm zwar eine wesentliche nicht jedoch die alleinige Voraussetzung für die Bestätigung der Wirksamkeit des Geschäfts. Gleichwohl bildet die Beseitigung des Makels eines Interessen-/Pflichtenwiderstreits von *directors* eine Grundbedingung für dessen Wirksamkeit und für den Nachweis eines redlichen Verhaltens von *board*-Mitgliedern im Zeitpunkt der Beschlussfassung[2051]. Denn ohne Erfüllung der Norm besteht die Gefahr der Anfechtung des Geschäfts durch die Corporation, soweit darauf nicht durch konkludentes zurechenbares Handeln

---

2047 Vgl. Barbour v. Knecht, 296 A.D.2d 218, 223 (N.Y.App.Div.2002); Cohen v. Ayers, 596 F.2d. 733, 743 (7th Cir.1979; N.Y.Law); m.w.N. unter Glpkt. § 7 A. III. 3. a) .

2048 Siehe m.N. zur Bestimmung des Terminus ‚*fair and reasonable*' unter Glpkt. § 7 A. III. 4. c).

2049 Siehe zu den Gründen bereits unter Glpkt. § 7 A. I. 3. e) Fn. 1657.

2050 Vgl. Sardanis v. Sumitomo Corp., 282 A.D.2d 322, 324; 723 N.Y.S.2d 466 (N.Y.Sup.App.Div. 2001); Park River Owners Corp. v. Bangser, Klein, Rocca & Blum LLP, 269 A.D.2d 313; 703 N.Y.S.2d 465 (N.Y.App.Div. 2000); Ench v. Breslin, 241 A.D.2d 475, 476; 659 N.Y.S.2d 893 (N.Y.Sup.App.Div.1997).

2051 Siehe bereits unter Glpkt. § 7 A. III. 3 b) aa)-bb) und § 2 C. I.

ihrer Aktionäre verzichtet worden ist[2052]; unberührt davon bleibt die Möglichkeit der Sanktionierung des (mutmaßlich) treuwidrigen Handelns des betreffenden *director* durch die Corporation[2053].

Der insoweit nur limitierte *safe-harbor* der Regelung offenbart sich ebenso in prozessualer Hinsicht, weil eine Zustimmung nach § 713(a)(1)/(2) NYBCL den nach *case law* geltenden Beurteilungsmaßstab für Unternehmensentscheidungen nur beeinflussen kann, wenn die getroffene Entscheidung geeignet ist, die Rechtsfolgen nach der *business judgment rule* oder der *shareholder ratification rule* auszulösen[2054]. Jenseits der dargelegten Unterschiede zwischen einer Zustimmung nach § 713(a)(1)/(2) NYBCL und einer solchen, die zur Anwendung der *business judgment rule* oder *shareholder ratification rule* führt[2055], zeigen sich die Besonderheiten zwischen beiden Formen einer Unternehmensentscheidung gerade bei der Autorisierung von Geschäften einer Corporation im Eigeninteresse ihres herrschenden Aktionärs, insbesondere wenn die im Eigen-/Fremdinteresse handelnden *board*-Mitglieder diese Stellung haben[2056]. Den Nachweis für eine den Vorgaben des § 713(a)(1)/(2) NYBCL genügende Beschlussfassung hat stets die sich auf die Wirksamkeit des Geschäfts in einem Prozess berufende (Geschäfts-)Partei zu führen, also in der Regel der einem Interessen-/Pflichtenkonflikt unterliegende *director* einer Gesellschaft[2057]. Auf der Grundlage des hierfür gebotenen Sachvortrags wird ein Gericht zum einen der Frage nachgehen, ob der von *directors* und/oder Aktionären gefasste Beschluss dem § 713(a)(1)/(2) DGCL genügt, und sodann ermitteln, ob deren Beschluss geeignet ist, den gerichtlichen Kontrollmaßstab zu beeinflussen. Maßgebend für die Beurteilung der Schutzwürdigkeit einer Entscheidung sind die Treueprinzipien[2058].

2052 Siehe bereits unter Glpkt. § 6 B. III.

2053 Siehe m.N. zu den Rechtsfolgen (mutmaßlich) treuwidrigen Handelns von Leitungsorganen bereits unter Glpkt. § 4 E.

2054 Vgl. Kutik v. Taylor, 80 Misc.2d 839, 842; 364 N.Y.S.2d 387 (N.Y.Sup.1975). Lewis v. S.L. & E., Inc., 929 F.2d 764, 769 (2d Cir.1980; N.Y.Law); Cohen v. Ayers, 596 F.2d. 733, 743 (7th Cir.1979; N.Y.Law); m.w.N. unter Glpkt. § 7 A. III. 3. c).

2055 Siehe bereits unter Glpkt. § 7 A. III. 3. b) bb).

2056 Vgl. Rodgers v. Bell, 202 A.D.2d 1040; 610 N.Y.S.2d 111 (N.Y.Sup.App.Div.1994); Burton v. Exxon Corp., 405, 418 f. (S.D.N.Y.1984); siehe schon: Case v. N.Y.Central R.R., 204 N.E.2d 634 (N.Y.Sup.1965); m.w.N. unter Glpkt. § 2 C. I. und Glpkt. § 6 B. III.

2057 Vgl. Owen v. Hamilton, 44 A.D.3d 452; 843 N.Y.S.2d 298, 302 (N.Y.App.Div.2007); Freer v. Mayer, 223 A.D.2d 667, 668; 637 N.Y.S.2d 425 (N.Y.Sup.App.Div.1996); Blake v. Blake, 225 A.D.2d 337; 638 N.Y.S.2d 632 (N.Y.Sup.App.Div.1996).

2058 Siehe m.w.N. bereits unter Glpkt. § 2 B.-C.

Mangelt es hingegen gänzlich an einer Autorisierung des Geschäfts durch die *directors* oder Aktionäre, bemisst sich dessen Überprüfung nach *case law* unter dem Gesichtspunkt eines treuwidrigen Handelns, weil Absatz (b) der Norm insoweit eine Beweislastregel enthält, als ein Anfechtungsrecht dann besteht, wenn nicht die Gegenpartei einer Corporation imstande ist, die Fairness des Geschäfts nachzuweisen[2059]. Grundvoraussetzung für diese Prüfung ist wiederum, dass das Geschäft durch die *board*-Mitglieder oder Gesellschafter der Corporation autorisiert worden war[2060]. Ohne die Zustimmung durch eines der Organe wird ein Gericht nur auf der Grundlage des *case law* in Fällen der Autorisierung des Geschäfts durch einen bevollmächtigten *officer* der Corporation der Frage der Fairness nachgehen können[2061].

4. Kontrollkriterien der Norm

Der disjunktiven Gestaltung der Norm nach kann der Makel des Interessen-/Pflichtenkonflikts eines*director* vom Geschäft einer Corporation entweder durch Nachweis einer entsprechenden Zustimmung der *directors* oder der Aktionäre beseitigt werden oder - in Ermangelung einer solchen - durch Darlegung von Tatsachen, die das Geschäft aus Sicht der Corporation als ‚*just and reasonable*‘ erscheinen lassen[2062].

a) Zustimmung der *board*-Mitglieder nach § 713(a)(1) NYBCL

Geschäfte einer Corporation im Sinne der Vorschrift lassen sich durch deren *directors* autorisieren, wenn diese entweder durch „*a vote sufficient for such purpose*“ unter Außerachtlassung des als befangen geltenden *director*[2063], oder, falls die Stimmen im Entscheidungsgremium nicht für eine Handlung im Sinne des § 708 NYBCL genügen sollten, durch eine „*unanimous vote of the disinterested directors*“ des *board* oder eines Komitee in Kenntnis des Eigen-/Fremdinteresses eines *director* und der wesentlichen Geschäftsumstände entschieden haben[2064]. Unschädlich ist die Einbeziehung eines befangenen *director* für Zwecke der Feststellung einer Beschlussfähigkeit des betreffenden Entscheidungsgremiums[2065].

2059 Vgl. § 713(b) NYBCL.
2060 Vgl. § 713(b) NYBCL.
2061 Siehe insoweit bereits zu § 144(a)(3) DGCL unter Glpkt. § 7 A. I. 4. c). In diesem Punkt gleichen sich der Wortlaut in § 713(b) NYBCL und der in § 144(a)(3).
2062 Vgl. § 713(a)/(b) NYBCL.
2063 Vgl. § 713(a)(1) 1. HS NYBCL [hervorgehoben vom Verfasser].
2064 Vgl. § 713(a)(1) 2. HS NYBCL [hervorgehoben vom Verfasser].
2065 Vgl. § 713(c) NYBCL.

Ungeachtet der Möglichkeit einer Beschlussfassung der *board*-Mitglieder durch Umlaufverfahren[2066], sollte mit Blick auf den Wortlaut der Vorschrift „*(...) at the meeting of the board or of the commitee thereof, which authorizes (...)*“[2067] eine Entscheidung stets in einer formell einberufenen Versammlung ergehen[2068]

aa) Autorisierung durch (Mehrheits-)Beschluss der unbefangenen *board*-Mitglieder

Grundbedingung für einen gültigen Beschluss des *board* oder eines *board*-Komitees ist demnach ein sich zumindest auch aus unvoreingenommenen *directors* zusammensetzendes Entscheidungsgremium. Die Anwesenheit befangener *directors* in der Versammlung oder deren Teilnahme an einem Beschluss durch eine Ausübung ihres Stimmrechts gilt dem Wortlaut der Norm nach grundsätzlich als zulässig[2069]. Auch die Gerichte erachten die Teilnahme oder Mitwirkung eines begangenen *directors* als unschädlich, soweit den Anforderungen an eine Beschlussfassung gemäß § 713(a)(1) NYBCL genügt worden ist[2070]. Mit Blick auf die Voraussetzungen für eine Geltung der *business judgment rule* auf Entscheidungen von *board*-Mitgliedern dürfte die bisherige Spruchpraxis allerdings auf Plenarbeschlüsse beschränkt bleiben, weil gerade in Auerbach v. Bennett[2071] betont wurde, dass Entscheidungen eines *board*-Komitees den Schutz der *business judgment rule* nur dann genießen würden, wenn es ausschließlich aus unbefangenen und unabhängigen Mitgliedern gebildet worden sei[2072].

In der Frage der Bestimmung der Befangenheit von *directors* dürften im Lichte der Ausführungen zum Geltungsbereich der Norm all die *directors* einer Corporation als unbefangen zu qualifizieren sein, welche weder auf beiden Seiten des Geschäfts handeln noch den ‚*test for self-interestedness*' erfüllen[2073]. Unter Berücksichtigung dieses Tests ist nicht auszuschließen, dass die einst in Piccard v. Sperry Corp.[2074] geführte Argumentation Bestätigung erlangt, wonach ein

2066 Vgl. § 708(b) NYBCL.

2067 Vgl. § 713(a) NYBC.

2068 Vgl. dazu § 708((c) NYBCL.

2069 Vgl. § 713(a) NYBCL; ferner die Kommentierung zur Norm im Memo zu § 713 NYBC (1962), S. 140; siehe dazu auch Glpkt. § 7 A. III. 3. a).

2070 Vgl. Barbour v. Knecht, 296 A.D.2d 218, 223 (N.Y.App.Div.2002). Siehe im Vergleich dazu das Delaware Law unter Glpkt. § 7 A. I. 4. a).

2071 Vgl. Auerbach v. Bennett, 47 N.Y.2d 619; 393 N.E.2d 994 (N.Y.App.1979).

2072 Vgl. Auerbach v. Bennett, 47 N.Y.2d 619, 631; 393 N.E.2d 994 (N.Y.App.1979).

2073 Siehe insoweit bereits unter Glpkt. § 7 A. III. 2. a).

2074 Vgl. Piccard v. Sperry Corp., 48 F. Supp. 465 (S.D.N.Y.1943), aff'd per curium, 152 F.2d 462 (2d Cir.1946).

director nicht schon deshalb als befangen gilt, weil dessen Ehefrau über einen bestimmten Kapitalanteil an der Gegenpartei der Corporation verfügt[2075].

aaa) Auslegung des Merkmals ‚*a vote sufficient for such purpose*'

Ein (auch) aus neutralen *directors* bestehendes Beschlussgremium kann ein Geschäft autorisieren im Wege einer „*vote sufficient for such purpose without counting the vote of such interested director (. . .)*"[2076]. Für die Bestimmung dieses Merkmals erweisen sich die Worte in § 713(a)(1) 2. HS NYBCL als hilfreich, wonach eine einstimmige Zustimmung der als unbefangen geltenden *directors* ebenso ausreichen würde, „*(...) if the votes of disinterested directors are insufficient to constitute an act of the board as defined*"[2077]. Demnach nimmt das '*by a vote sufficient for such purpose*'-Merkmal in § 713(a)(1) 1. HS. NYBCL Bezug auf die Voraussetzungen für eine formwirksame Handlung von *board*-Mitgliedern einer Corporation. Gemäß der dafür einschlägigen Regelung des § 708(d) NYBCL spricht man von einem ‚*act of the board*', wenn sich - soweit die Satzung nichts anderes regelt - eine beschlussfähige Mehrheit der laut Satzung zu berufenen oder in den *board*-Ausschuss gewählten *directors* für die Maßnahme ausgesprochen hatte[2078]. Als beschlussfähig gelten *directors*, wenn - soweit die Satzung nichts anderes bestimmt - die einfache Mehrheit der satzungsgemäß ins *board* berufenen bzw. ins Komitee gewählten *directors* anwesend sind in einer Sitzung des betreffenden Gremiums[2079]. Vor diesem Hintergrund lässt sich eine ‚a *vote sufficient*' wie folgt feststellen: Zunächst sollte für Zwecke einer Beschlussfähigkeit die Mehrheit der laut Satzung zu berufenen bzw. in das Komitee gewählten *directors* in der betreffenden Versammlung anwesend sein. Berücksichtigung finden können hierbei grundsätzlich auch die als befangen geltenden *directors*[2080]. Sodann ist die Anzahl der unbefangenen *directors* zu errechnen, welche für die Maßnahme votiert haben. Diese Anzahl sollte eine beschlussfähige Mehrheit

2075 Vgl. Piccard v. Sperry Corp., 48 F. Supp. 465, 469 (S.D.N.Y.1943), aff'd per curium, 152 F.2d 462 (2d Cir.1946).

2076 Vgl. § 713(a)(1) 1. HS NYBCL [hervorgehoben vom Verfasser].

2077 Vgl. § 713(a)(1) 2. HS NYBCL [hervorgehoben vom Verfasser].

2078 Vgl. § 708(d) i.V. §§ 702, 709 NYBCL. Vertiefend: White, NYBE, § B708.04 ff., Rn. 7-78 ff. (2009). Kodifizierung fand damit das *case law*: vgl. Cirincione v. Polizzi, 14 A.D.2d 281, 283; 220 N.Y.S.2d 741 (N.Y.Sup.App.Div.1961); Winkelman v. General Motors Corp., 39 F. Supp. 826, 830 (S.D.N.Y.1940); Casey v. Woodruff, 29 N.Y.S.2d 625, 643 (N.Y.Sup.1944).

2079 Vgl. § 707 i.V.m. § 702 NYBCL.

2080 Vgl. § 713(c) NYBCL. Siehe m.N. zur Bestimmung eines *self-interested director* bereits unter Glpkt. § 7 A. III. 2. a).

unter den anwesenden unbefangenen *directors* bilden, weil die Stimmen befangenen *directors* für die Feststellung einer Mehrheit außer Acht zu lassen sind[2081].

Auf der Grundlage dieser Berechnung würde zum Beispiel ein aus 7 Mitgliedern bestehendes *board* bei einer Teilnahme von 4 *directors* in einer formell wirksam einberufenen Sitzung beschlussfähig sein, selbst wenn einer der 4 *directors* als befangen gelten würde. Die anwesenden *directors* könnten mit einer ‚*vote sufficient without*' beschließen, wenn jeder der 3 unbefangenen *directors* mit ‚Ja' abstimmen würde. In diesem Fall würde eine unbefangene Mehrheit unter den in einer Versammlung vertretenen *directors* und eine Beschlussfähigkeit (und zwar unter Berücksichtigung des einen befangenen *director*) vorliegen. Die Vorgaben der Norm wären allerdings nicht erfüllt, wenn von den unbefangenen *directors* einer mit ‚Nein' stimmen oder sich der Stimme enthalten würde, weil die verbleibenden 2 neutralen *directors* dann nicht mehr eine Mehrheit unter den in einer Versammlung vertretenen neutralen *directors* bilden würden. Grund für die Nichterfüllung des § 713(a)(1) 1. HS NYBCL ist der Umstand, dass ein für die Feststellung des Quorums berücksichtigter befangener *director* gleichfalls bei der Ermittlung einer Stimmenmehrheit in einer Versammlung des Entscheidungsgremiums als anwesend mitgerechnet werden würde und zwar ungeachtet der Frage, ob dieser sein Stimmrecht ausgeübt oder sich seiner Stimme enthalten hatte[2082]. Dieses Berechnungsbeispiel findet eine Grundlage in der Begründung der Urteile in Cohen v. Ayers[2083], wo ein einstimmig von 8 der insgesamt 9 *directors* des Komitees gefasster Beschluss als nicht im Sinne des § 713(a)(1) 1. HS NYBCL ergangen erklärt worden ist, weil 6 der 8 *directors* als befangen galten, so dass es an einer beschlussfähigen Mehrheit unter den neutralen Ausschussmitgliedern gefehlt hatte[2084]. Angesichts der Sachlage im Fall bemerkte das Gericht daher auch zutreffend: „*Since more than half of the members were interested, it was essential that all of the disinterested directors participate in the vote*"[2085]. Durch

2081 Vgl. Cohen v. Ayers, 449 F.Supp. 298, 311 (N.D.Ill.1978, N.Y.Law); zustd. Brodsky/Adamski, Officer & Directors, § 3:8 (2012); Gevurz, Corporation Law, § 4.2, S. 332 f. (2000); Davis, 20 J.Corp.L. 215, 228 (1995).

2082 Siehe zur bestehenden Problematik bereits zu § 310(a)(2) CGCL unter Glpkt. § 7 B. I. 4. a) aa) aaa).

2083 Vgl. Cohen v. Ayers, 449 F.Supp. 298 (N.D.Ill. 1978, aff'd, 596 F.2d. 733 (7th Cir. 1979; N.Y. Law).

2084 Vgl. Cohen v. Ayers, 449 F.Supp. 298 (N.D.Ill.1978, aff'd, 596 F.2d. 733 (7th Cir.1979; N.Y. Law).

2085 Vgl. Cohen v. Ayers, 449 F.Supp. 298, 311 (N.D.Ill.1978; N.Y. Law) [hervorgehoben vom Verfasser].

die New Yorker Landesrichter wurde diese Auslegung der Norm bislang nicht in Frage gestellt[2086], so dass darauf verzichtet werden kann, die einst zur Urfassung der Norm in Rapoport v. Schneider[2087] vorgenommene Auslegung des Merkmals näher zu beleuchten, zumal diese im Schrifttum einhellig auf Kritik gestoßen war[2088].

bbb) Auslegung des Merkmals ‚*unanimous vote of the disinterested directors*'

Ein nicht dem § 713(a)(1) 1. HS NYBCL genügender Beschluss kann allerdings den Merkmalen des § 713(a)(1) 2. HS NYBCL genügen, wenn eine ‚*unanimous vote of the disinterested directors*' vorliegt[2089]. Mit Blick auf die allgemeinen Regeln zur kollektiven Willensbildung von *directors* stellt sich die Frage, ob sich das ‚*unanimous vote*'-Merkmal auf die laut Satzung berufenen und neutralen *directors* bezieht oder nur auf die ‚Ja'-Stimmen der in einer Versammlung des Gremiums vertretenen *board*-Mitglieder. Eine Antwort auf diese Frage lässt sich bislang nur aus der Entscheidung Cohen v. Ayers[2090]entnehmen, weil die New Yorker Landesrichter bislang nur mit anders gelagerten Sachverhalten konfrontiert worden sind[2091]. Wie bereits zum Urteil angemerkt, stand darin der Beschluss eines *board*-Ausschusses zur Überprüfung, der zwar einstimmig, nicht aber unter Mitwirkung aller unbefangenen *directors* getroffen worden war[2092]. Das Gericht konstatierte daher auch: "*But only eight of the nine members of the Executive Committee were present when the vote was taken. If the absent committee member was interested, his vote was unnecessary. If the absent committee member was disinterested, his vote was essential*"[2093]. Diese Wendung stellt klar, dass § 713(a)(1) 2. HS NYBC

2086 Vgl. m.V.a. Cohen v. Ayers [a.a.O.]: Lippman v. Shaffer, 15 Misc.3d 705, 717 Fn. 5; 836 N.Y.S.2d 766 (N.Y.Sup.2006); Blake v. Blake, 225 A.D.2d 337; 638 N.Y.S.2d 632 (N.Y.Sup.App.Div.1996); Aronoff v. Albanese, 85 A.D.2d 2, 5; 446 N.Y.S.2d 368 (N.Y.Sup.App.Div.1982).

2087 Vgl. Rapoport v. Schneider, 29 N.Y.2d 396; 328 N.Y.S.2d 431 (N.Y.App.1972).

2088 Davis, 20 J.Corp.L. 215, 229 (1995); Dickerson, 1988 Colum.Bus.L.Rev. 91, 115 (1988); Homer, 1976 Colum.L.Rev. 1157, 1183 (1976).

2089 Vgl. § 713(a)(1) 2. HS NYBCL.

2090 Vgl. Cohen v. Ayers, 449 F.Supp. 298 (N.D.Ill.1978, aff'd 596 F.2d. 733 (7th Cir. 1979; N.Y. Law)

2091 Siehe m.N. zum Fallmaterial bereits unter Glpkt. § 7 A. III. 3. c)

2092 Siehe zum Sachverhalt bereits unter Glpkt. § 7 A. III. 3. a).

2093 Vgl. Cohen v. Ayers, 449 F.Supp. 298, 311 Fn. 8 (N.D.Ill.1978), aff'd 596 F.2d. 733 (7th Cir. 1979; N.Y. Law) [hervorgehoben vom Verfasser]; zustd. Davis, 20 J.Corp.L. 215, 229 (1995).

nur erfüllt werden kann, wenn - im Falle eines Komiteebeschlusses - alle gewählten und als neutral geltenden *directors* bzw. - im Falle eines *board*-Beschlusses - alle nach der Satzung zu berufenen und als neutral geltenden *directors* für das Geschäft der Corporation votiert haben. Unschädlich wäre bloß das Fernbleiben eines als befangen geltenden *director* von der Versammlung[2094].

bb) Zeitpunkt für die Zustimmung durch unbefangene *board*-Mitglieder

Des Weiteren ist zur Frage der Wirksamkeit einer Zustimmung nach § 713(a)(1) NYBCL zu klären, ob diese zur Zeit eines Geschäfts vorliegen muss oder auch nach dessen Vornahme erklärt werden kann. Mit Blick auf den Wortlaut der Norm, worin das Verb ‚*approves*' enthalten ist, ließe sich argumentieren, dass die Autorisierung des Geschäfts sowohl durch Einwilligung wie auch Genehmigung erfolgen kann. Grundlage dafür bildet zum einen der Wortlaut der Norm, weil sich der Terminus ‚*approved*' ebenso in Absatz (a) Ziffer (2) betreffend eine Zustimmung durch die Gesellschafter wie auch in Absatz (b) der Norm findet, der das Verfahren in Fällen einer nicht dem Absatz (a) der Norm genügenden Zustimmung bestimmt[2095]. Zum anderen lässt der Kommentar zur Fassung des § 713 NYBCL (1965) auf diese Auslegung schließen, weil der Gesetzgeber die Änderung der Norm durch Austausch des Wortes ‚*approval*' gegen ‚*authorize*' damit begründet hatte, dass Letzteres „*is used whenever the directors or shareholders (...) are undertaking a particular corporate activity, and the reference in the Business Corporation Law is to the transaction in its generetic or total aspects (...)*"[2096]. In der Judikatur wird die Einwilligung wie auch die Genehmigung des Geschäfts einer Corporation für zulässig betrachtet[2097].

cc) Kenntnis über die das Eigen-/Fremdinteresse begründenden Umstände

Schließlich haben die *directors* in Kenntnis der das Eigen-/Fremdinteresse eines *director* betreffenden wesentlichen Umstände zu beschließen. Soweit Zweifel an der entsprechenden Kenntnisnahme bestehen, hat im Vorfeld eine Offenlegung der erforderlichen Informationen in gutem Glauben zu erfolgen[2098]. Nicht

---

2094 Zustd: Brodsky/Adamski, Officer & Directors, § 3:8, S. 3-29 (2012); Davis, 20 J.Corp.L. 215, 229 (1995); Dickerson, 1988 Colum.Bus. LRev. 91, 115 (1988); Homer, 76 Colum.Law.Rev. 1156, 1177 Fn. 135 (1976).

2095 Vgl. § 713(a)/(b) NYBCL. Zustd. schon zur Urfassung der Norm: Israels, Corporate Practice, Rn. 6.13, S. 196 (1969).

2096 Vgl. Memo zu § 713 NYBCL (1965), S. 132 f. Siehe vertiefend dazu m.w.N. Note, 41 Ford.L.Rev. 639, 653 (1973).

2097 Vgl. Blake v. Blake, 225 A.D.2d 337; 638 N.Y.S.2d 632 (N.Y.Sup.App.Div. 1996).

2098 Vgl. § 713(a)(1) NYBCL.

ausdrücklich normiert ist die Kenntnis oder Offenlegung der das Geschäft betreffenden Umstände. Als ‚wesentlich' gelten dabei Informationen, bei deren Kenntnisnahme ein vernünftiger Manager mit hinreichender Wahrscheinlichkeit zu einer anderen als der letztlich vertretenen Meinung gelangt wäre bzw. die dessen Willensbildung in der Abwägung des Für und Wider wahrscheinlich beeinflusst hätte[2099]. Für die In-Kenntnis-Setzung haben im Zweifel die befangenen *directors* zu sorgen, da eine Offenlegung wesentlicher Umstände einen Bestandteil der Treuepflicht bildet, die unaufgefordert zu wahren ist[2100]. Für Zwecke der Darlegung eines gutgläubigen Handelns sei auf vorherige Ausführungen verwiesen[2101]. Jenseits der Merkmale der Norm sollten mit Blick auf die Rechtswirkungen der *business judgment rule* stets auch die das Geschäft betreffenden wesentlichen Umstände mit in eine Offenlegung einfließen[2102]. Zudem rechtfertigt sich eine Offenlegung aufgrund der für *inside directors* geltenden Mitteilungspflicht in Unternehmensfragen und zur Vorbeugung einer Inanspruchnahme wegen treuwidrigen Handelns[2103]. Eine Aufklärung hat im Vorfeld der Beratung und Meinungsbildung der Entscheidungsträger zu ergehen. Für Beweiszwecke sollten schon die Unterlagen zur Tagesordnung über die wesentlichen Informationen zur Willensbildung verfügen; mündliche Ergänzungen sind im Versammlungsprotokoll aufzunehmen.

b) Zustimmung der Gesellschafter nach § 713(a)(2) NYBCL

Eine Zustimmung im Sinne der Norm durch die Gesellschafter einer Corporation findet ein Geschäft, wenn stimmberechtigte Aktionäre in Kenntnis des Eigen-/Fremdinteresse eines *director* handelten[2104]. Zu erwägen ist eine solche Autorisierung, wenn sich ein (limitierter) *safe harbor* durch einen Beschluss der *board*-Mitglieder nicht erreichen lässt, weil ein solcher aufgrund eines

---

2099 Siehe m.N. zur '*duty of disclosure*' bereits unter Glpkt. § 4 C. II.

2100 Siehe m.N. bereits unter Glpkt. § 7 C. I. 3. b)-c); zugl.: Memo zu § 713 NYBCL, S. 33 (1971); Folk, 1966 Duke L.J. 875, 894 (1966).

2101 Siehe bereits unter Glpkt. § 2 B. I. 2. und Glpkt. § 4 C. I.

2102 Vgl. Geffner v. Linear Rotary Bearings, Inc., 936 F.Supp. 1150, 1184 (E.D.N.Y.1996); Ench v. Breslin, 241 A.D.2d 475, 476; 659 N.Y.S.2d 893 (N.Y.Sup.App.Div.1997); Barbour v. Knecht, 296 A.D.2d 218, 223 (N.Y.Sup.App.Div.2002); zust.: Note, 41 Ford L.Rev. 639, 656 (1973).

2103 Vgl.Tsutsui v. Barasch, 67 A.D.3d 896, 899 (N.Y.Sup.App.Div.2009); Patrick v. Allen, 355 F.Supp.2d 704 (S.D.N.Y.2005); jeweils m.V.a. Diamond v. Oreamuno, 24 N.Y.2d 494, 797 f; 29 A.D.2d 285 (N.Y.Sup.App.Div.1968).

2104 Vgl. § 713(a)(2) NYBCL.

Interessen-/Pflichtenkonflikts bei einer Mehrheit oder alle *directors* einer Corporation nicht wirksam im Sinne der Norm ergehen kann.

aa) Autorisierung durch die stimmberechtigten Gesellschafter

Dem Wortlaut der Norm zufolge bedarf es hierfür '*a vote of the shareholders (...) entitled to vote*'[2105]. Dieses Merkmal lässt darauf schließen, dass die allgemeinen Regeln für Gesellschafterbeschlüsse gelten, mithin § 614(b) NYBCL, dessen Wortlaut ebenfalls über die Phrase ‚*shares entitled to vote*' verfügt[2106]. Grundlage für diese Überlegung bildet die Rechtsprechung hinsichtlich der Anwendbarkeit der Norm[2107]. Demnach ist eine Gesellschafterversammlung beschlussfähig, soweit die Satzung nichts anderes regelt, wenn die Mehrheit der auf das Grundkapital einer Corporation entfallenden Stimmanteile anwesend ist; ein festgelegtes Quorum sollte nicht 1/3 aller stimmberechtigten ausgegebenen Aktien unterschreiten[2108]. Maßgebend für die Beschlussfähigkeit von Aktionären ist der Zeitpunkt ihrer Feststellung mit der Folge, dass ein zu Beginn der Versammlung einmal festgestelltes Quorum nicht nachträglich durch andauernde oder temporäre Abwesenheit eines oder mehrerer Aktionäre einer Corporation aufgelöst werden kann[2109]. Die Stimmberechtigung ergibt sich in der Regel aus einer Liste der Anteilseigner (*corporate records*)[2110]. Unberücksichtigt bleiben die von einer Gesellschaft zurückerworbenen Anteile (*treasury shares*) oder die von der Tochtergesellschaft gehaltenen Stimmanteile, soweit die Corporation Mehrheitseigner ist[2111]. In der Frage der Einbeziehung der Stimmen (stimmrechtsloser/stimmberechtigter) Vorzugsaktionäre sei auf obigen Ausführungen zu § 144(a)(2) DGCL verwiesen[2112], weil mit Blick auf die Möglichkeit der Gestaltung von Aktiengattungen die skizzierte Problematik auch für New Yorker Corporations gilt[2113]. Eine beschlussfähige Versammlung handelt regelmäßig im Falle einer absoluten

2105 Vgl. § 713(a)(2) NYBCL [hervorgehoben vom Verfasser].

2106 Vgl. § 614(b) NYBCL [hervorgehoben vom Verfasser].

2107 Vgl. Aronoff v. Albanese, 85 A.D.2d 3, 4; 446 N.Y.S.2d 368 (N.Y.Sup.App.Div.1982); Cohen v. Ayers, 449 F.Supp. 298, 311 (N.D.Ill.1978; N.Y.Law); zum *case law*: C.S. Goss & Co. V. Goss, 127 A.D. 698; 132 N.Y.S. 76; aff'd 207 N.Y. 741; 101 N.E. 1099 (N.Y.Sup.App.Div.1911).

2108 Vgl. § 608(a)-(b) NYBCL.

2109 Vgl. § 608(c) NYBCL.

2110 Vgl. §§ 607, 612(a) NYBCL.

2111 Vgl. § 612(b) NYBCL. Siehe zu weiteren Beschränkungen § 612(c)-(i) NYBCL.

2112 Siehe bereits unter Glpkt. § 7 A. I. 4. b) aa) bbb).

2113 Vgl. § 501 NYBCL.

Stimmenmehrheit[2114], falls der Beschlussgegenstand keine relative oder qualifizierte Stimmenmehrheit erforderlich macht[2115]. Ein entsprechender Mehrheitsbeschluss kann in einer form- und fristgemäß einberufenen Versammlung oder ohne Versammlung ergehen, falls die Satzung nichts anderes regelt, mit schriftlicher Zustimmung durch beschlussfähige Mehrheit der stimmberechtigten Anteilsscheine (*action by written consent*)[2116]. Ergehen können solche Beschlüsse in einer ordentlichen Versammlung (*annual shareholders' meeting*) oder nach der Einberufung einer außerordentlichen Versammlung (*special shareholders' meeting*)[2117].

aaa) Einbeziehung der Stimme eines befangenen *director*-(Vorzugs-) Aktionärs

Für die Feststellung einer Beschlussfähigkeit dürfen auch die Stimmanteile berücksichtigt werden, welche von befangenen *directors* als Gesellschafter oder als Stimmrechtsvertreter ausgeübt worden sind. Gegenteiliges lässt sich weder aus dem Wortlaut der Norm[2118] noch aus der Gerichtspraxis[2119]entnehmen. Fernerhin spricht für eine Berücksichtigung der Stimmabgabe eines befangenen *director* der Umstand, dass die noch im Rohentwurf zur Regelung enthaltene Phrase „*the shares of such interested director or directors shall not be shares entitled to vote*"[2120] nicht in deren Endfassung übernommen worden ist[2121]. Anerkennung findet damit das *case law*, welches einem befangenen *director*-Aktionär die Ausübung des Stimmrechts nicht verwehrt hatte, weil Anteilseigner, soweit sie nicht als *controlling shareholder* gelten, im Vergleich zu Leitungsorganen keiner Treueverpflichtung der Corporation gegenüber unterliegen[2122]. Nicht gefolgt werden kann daher einer These aus der Lehre, wonach das Merkmal der ‚Unbefangenheit einer Aktionärsmehrheit' als ungeschriebenes Merkmal in § 713(a)(2) NYBCL hineinzulesen sei[2123].

2114 Vgl. § 614(b) NYBCL.

2115 Siehe zur relativen Mehrheit (*plurality*) bei Wahl der *board*-Mitglieder: § 614(a) NYBCL, und zur qualifizierten Mehrheit: § 616(a) NYBCL

2116 Vgl. § 615 NYBCL.

2117 Vgl. § 602(b)-(c) NYBCL.

2118 Vgl. § 713(a)(2) NYBCL i.V.z. § 714(a)(1) NYBCL; siehe im Unterschied dazu auch § 310(a)(1) CGCL unter Glpkt. § 7 A. II. 4. a) bb) aaa).

2119 Siehe m.N. zum *case law* bereits unter Glpkt. § 5 B. III. und § 6 B. III.

2120 Vgl. § 1961 N.Y.Laws., ch 855, § 7.13 (1961) [Hervorgeboben vom Verfasser].

2121 Zugl. Hoffman, 11 Buff.L.Rev. 496, 565 (1962); Israels, Corporate Practice, § 9.24, S. 304 (1969); Homer, 76 Col.L.Rev. 1156, 1176 (1976).

2122 Siehe bereits unter Glpkt. § 5 B. III. 1. und § 6 B. III.

2123 Hetherington, 1963 Wis.L.Tev. 92, 149 Fn. 230 (1963)

bb) Zeitpunkt für die Erteilung einer Zustimmung durch die Gesellschafter

In der Frage nach dem Zeitpunkt einer Zustimmung durch die Gesellschafterversammlung kann auf die vorstehenden Ausführungen zur Zustimmungserteilung durch *directors* Bezug genommen werden, weil der Begriff '*approve*' sowohl in Ziffer (1) wie auch (2) des § 713(a) NYBCL Verwendung findet[2124]. Ungeachtet dessen sprechen für eine Zustimmung durch die Gesellschafter im Vorfeld einer Zustimmung durch *board*-Mitglieder Praktikabilitätserwägungen, welche in Fällen des Eigen-/Fremdinteresses bei einer Mehrheit oder aller *directors* einer Corporation zum Tragen kommen.

cc) Kenntnis über die das Eigen-/Fremdinteresse begründenden Umstände

Schließlich haben Aktionäre in Kenntnis der das Eigen-/Fremdinteresse eines *director* betreffenden wesentlichen Umstände zu beschließen. Soweit Zweifel an der entsprechenden Kenntnisnahme bestehen, hat im Vorfeld eine Offenlegung der erforderlichen Informationen in gutem Glauben zu erfolgen[2125]. Hinsichtlich dieser Vorgabe kann auf die Ausführungen zu § 713(a)(1) NYBCL verwiesen werden[2126]. Für die In-Kenntnis-Setzung haben im Zweifel die befangenen *directors* zu sorgen, da eine Offenlegung wesentlicher Umstände einen Bestandteil der Treuepflicht bildet, welche unaufgefordert zu erfüllen ist[2127]. Jenseits der Normvorgaben sollte mit Blick auf die Rechtswirkungen der *shareholder ratification rule* stets auch die das Geschäft betreffenden wesentliche Umstände mit in eine Offenlegung einfließen[2128]. Eine Aufklärung hat im Vorfeld der Beratung und Meinungsbildung der Entscheidungsträger zu ergehen. Für Beweiszwecke sollten schon die Unterlagen zur Tagesordnung über die wesentlichen Informationen zur Willensbildung verfügen; mündliche Ergänzungen sind im Versammlungsprotokoll aufzunehmen.

c) Zustimmung nebst Fairness-Betrachtung nach § 713(b) NYBCL

Schließlich lassen sich Geschäfte, die keine Autorisierung nach § 713(a)(1) NYBCL erlangt haben, dadurch vom Makel eines Interessen-/Pflichtenkonflikts

2124 Siehe bereits unter Glpkt. § 7 A. III. 4. a) bb).

2125 Vgl. § 713(a)(2) NYBCL.

2126 Siehe bereits unter Glpkt. § 7 A. III. 4. a) cc).

2127 Siehe m.N. bereits unter Glpkt. § 7 A. III. 3. b)-c); zugl.: Memo zu § 713 NYBCL (1971), S. 33; Folk, 1966 Duke L.J. 875, 894 (1966).

2128 Vgl. Cohen v. Ayers, 449 F.Supp. 298, 313 (N.D.Ill.1978, aff'd, 596 F.2d. 733 (7th Cir.1979; N.Y.Law); m.w.N. bereits unter Glpkt. § 2 C. I.

von *directors* befreien, indem die Gegenpartei nach § 713(b) NYBCL nachweist, dass sie zur Zeit der Autorisierung (durch *directors* oder Aktionäre) ‚*fair and reasonable*' für die Corporation erschienen[2129]. Für den Nachweis dieses Merkmals genügt es, wenn das Geschäft sämtliche Kriterien des *entire-*[2130] bzw. *inherent-*[2131] *fairness* Verfahrens erfüllt[2132]. Nach § 713(b) NYBCL kann folglich in den bereits vorstehend skizzierten Fällen verfahren werden[2133].

B. Rechtslage bei Geschäften einer Corporation im Sinne von Darlehen oder Bürgschaften

I. Die Norm des § 143 DGCL

Geschäfte einer Corporation mit Leitungsorganen unterliegen in der Frage ihrer Anfechtbarkeit einer über § 144 DGCL hinausgehenden Würdigung nach § 143 DGCL, wenn gegenüber einem leitenden oder sonstigen Angestellten, welcher auch *director* sein kann, die Verpflichtung zur Vergabe eines Darlehens, zur Übernahme einer Bürgschaft oder zu einer ähnlichen Unterstützungshandlung begründet wurde[2134]. Zudem ist § 144 DGCL in Fällen heranzuziehen, in denen ein Geschäft im Sinne des § 143 DGCL einen untrennbaren Bestandteil eines im Geltungsbereich des § 144 DGCL liegenden Geschäfts bildet[2135]. Entsprechende

---

2129 Vgl. § 713(b) NYBCL.

2130 Vgl. jm.V.a. Chelrob, Inc. v. Barrett, 293 N.Y. 442, 461; 57 N.E.2d 825 (N.Y.App.1944): Lippman v. Shaffer, 15 Misc.3d 705, 711; 836 N.Y.S.2d 766 (N.Y.Sup.2006); Lirosi v. Elkins, 89 A.D.2d 903; 453 N.Y.S.2d 718, 722 (N.Y.Sup.1982); In re Franklin Nat'l Bank Sec. Litig., 2 B.R. 687 (N.Y.E.D. 1979); aff'd, 633 F.2d 203 (2d Cir. 1980; N.Y.Law).

2131 Vgl. jeweils m.V.a. Gottlieb v. Heyden Chemical Corp., 33 Del.Ch. 177, 178; 91 A.2d 57 (Del.Sup.1952): Aronoff v. Albanese, 85 A.D.2d 2, 5; 446 N.Y.S.2d 368 (N.Y.Sup. App.Div.1982); Cohen v. Ayers, 449 F.Supp. 298 (D.C.Ill.1978); aff'd, 596 F.2d 733, 740 (7th Cir.1979).

2132 Vgl. bereits unter Glpkt. § 2 C. II.; ergänzend: Anderson v. Blabey, 52 A.D.3d 1234; 860 N.Y.S.2d 341 (N.Y.Sup.App.Div.2008).

2133 Siehe bereits unter Glpkt. § 7 A. I. 4. c).

2134 Vgl. § 143 S. 1 DGCL [s. 8 Del.Code 1953, § 143; 56 Del.Laws, c.50 (1967)]. Für einige der Gliedstaaten diente die Fassung der Norm einst als Vorbild zur Kodifizierung des Rechts, einschließlich der ABA betreffend § 47 MBCA (1969). Siehe zur Auflistung von wortlautgleichen Normen: Barnard, 17 Sec.Reg.L.J. 257, 258 Fn. 9 (1989). Siehe für einen Vergleich zu anderen Regelungen: Sroka, Suff.U.L.Rev. 877, 883 Fn. 52 (2005).

2135 Siehe mit Beispielen unter Glpkt. § 7 A. II. 2.

Verpflichtungen kann eine Corporation mit einer Zustimmung ihrer *directors* eingehen, wenn deren Meinung nach *„such loan (...) may reasonably be expected to benefit the corporation“*[2136].

Im Vergleich zur Urfassung der Norm, wonach Darlehensvergaben untersagt waren, soweit sie nicht den Unternehmenszweck darstellten[2137], ist die geltende Fassung bemerkenswert liberal formuliert worden, weil das ‚Ob' und ‚Wie' der Rückzahlung eines Darlehens ebenso im Ermessen des *board* liegt wie die Vergabebedingungen, so dass Darlehen auch zinslos und/oder ungesichert gewährt werden können[2138]. Nicht zuletzt deshalb wird die Vorschrift in der Lehre bisweilen auch als *„financial plum“* deklariert[2139] - eine Bezeichnung, die sich durchaus rechtfertigt, wenn man die Praxis der großen Corporations in der Darlehensvergabe wie auch in der Geltendmachung von Rückzahlungspflichten in Bezug nimmt[2140], welche letztlich für die Bilanzskandale zu Beginn dieses Jahrhunderts mitursächlich geworden sind[2141].

1. Anwendungsbereich der Norm

In sachlicher Hinsicht erfasst die Norm Geschäfte, wodurch eine Corporation ein Darlehen gewährt, eine Bürgschaft erklärt oder die Bereitschaft für eine anderweitige Unterstützungshandlung bekundet. Persönlich erstreckt sich die Vorschrift auf die leitenden und sonstigen Angestellten einer Corporation, einschließlich derer eines ihrer Tochterunternehmen[2142]. Für *directors* einer Corporation gilt die Norm, wenn sie in einem Anstellungsverhältnis zur Corporation oder einem ihrer Tochterunternehmen stehen. Entsprechende Geschäfte mit

2136 Vgl. § 143 S. 1 DGCL [hervorgehoben vom Verfasser].

2137 Vgl. § 36 DGCL (1915); 65 Del.Rev.Code § 1959 (1915); m.V.d.: Graham v. Young, 35 Del. 484, 485; 167 A.906 (Del.Sup.1933); Maclary v. Pleasant Hill, Inc., 109 A.2d 830 Fn.2 (Del.Ch.1954); zugl. Keedy, Del.Corp.L. 127 (1931). Das Verbot galt bis 1963 (s. 54 Del.Laws.c. 143).

2138 Vgl. § 143 S. 2 DGCL, m.V.d. Armstrong v. Pomerance, 423 A.2d 174, 176 Fn. 4 (Del. Sup.1980).

2139 Cmt, 117 U.Pa.L.Rev. 861, 873 (1969) m.V.d. Barnard, 1988 Wis.L.Rev. 237, 244 Fn.34 (1988); ders.,17 Sec.Reg.L.J. 257, 259 Fn.15 (1989).

2140 Einer Studie von *Hodgson* zufolge [vgl. Corporate Loan, S. 1-2 (2002)], haben von den 362 großen (insbesondere in Delaware beheimateten) Firmen 102 gänzlich auf eine Darlehensrückzahlung verzichtet und lediglich 50% dieser Corporations haben überhaupt Darlehenszinsen erhoben.

2141 Siehe mit Beispielen und zur Reaktion des Bundesgesetzgebers unter Glpkt. § 7 C I.

2142 Vgl. § 143 S. 1 DGCL.

outside directors unterfallen daher nur dem § 144 DGCL und den Prinzipien des *case law*[2143].

2. Kontrollkriterien der Norm

Geschäfte im Sinne der Norm bedürfen stets eines Plenarbeschlusses von *directors* in dem Glauben, deren Gesellschaft werde hiervon (künftig) mit hinreichender Wahrscheinlichkeit profitieren können[2144]. Der Glaube an die Nützlichkeit des Geschäfts dürfte nach allgemeinen Erfahrungswerten dann vorliegen, wenn sich damit die Marktkapitalisierung der Corporation, der Marktwert ihrer Produkte/Leistungen, die Loyalität ihrer Mitarbeiter oder die Produktivität ihrer betrieblichen Arbeitsmittel steigern lässt und der jeweils angestrebte Nutzen im angemessenen Verhältnis zu dem geleisteten Aufwand steht[2145]. Einfluss auf die Marktkapitalisierung einer Corporation hat stets der Anteilsbesitz durch Führungskräfte, so dass ein zum Erwerb von Unternehmensanteilen gewährtes Darlehen durchaus nützlich erscheint[2146]. Zudem kann ein Aktienpaket eine über die Treuepflicht hinausgehende Unternehmensbindung bewirken, so dass sich auch mit diesem Argument Geschäfte im Sinne der Norm grundsätzlich rechtfertigen lassen. Einfluss auf die Effizienz von Führungskräften dürfte zweifelsohne ein geordnetes Familienleben haben. Grundbedingung dafür ist, dass sich deren Wohnort in unmittelbarer Nähe zum Unternehmen befindet, damit nicht kostbare Arbeitszeit durch Pendeln zwischen Wohnort und Unternehmenssitz verloren geht. Durch eine Darlehnsvergabe ließe sich der Immobilienerwerb für die leitenden Mitarbeiter finanzieren, so dass sie sich in Unternehmensnähe niederlassen und die Familie nachholen können mit dem Ergebnis, dass mehr Zeit für eine Erledigung der Arbeiten verbleibt[2147]. Schließlich ist die Darlehensvergabe ein Baustein in der Managementvergütung, insbesondere im Rahmen der Ausübung von Aktienoptionen[2148]. Letztlich sind der Praxis ebenso Fälle bekannt, in denen erst die Zusicherung einer Darlehensvergabe zur Verlängerung des

---

2143 Siehe bereits unter Glpkt. § 7 A. I.

2144 Vgl. § 143 S. 2 DGCL.

2145 Barnard, 1988 Wisc.L.Rev. 237, 261 (1988).

2146 Stano, 42 S.Econ.J. 272, 277 (1975); Posner/Scott, Corporation Law, S. 38 (1980); Sroka, 38 Suff.U.L.Rev., 877, 878, 886 (2013).

2147 Barnard, 1988 Wisc.L.Rev. 237, 261 f. 263 ff. (1988); Sroka, 38 Suff.U.L.Rev., 877, 878 (2013); Brown, 38 U.Rich.L.Rev. 317, 361 (2004).

2148 Murphy, 64 Harv.Bus.Rev. 125, 126 (1986); Brickley/Bhagat/Lease, 7 J.Acct.&Econ. 115 (1985); Balsam, Compensation, S. 341 f. (2002).

Vertrages mit einem für den Unternehmenserfolg mitverantwortlichen (leitenden) Mitarbeiter der Corporation geführt hatte.

3. Regelungsziel und Rechtswirkung der Norm

Die Wendung „*Any corporation may lend money to or guarantee (...) whenever*"[2149] legt nahe, dass der Zweck der Norm darin liegt, einer Corporation die Begründung solcher Geschäfte zu erlauben, zumal deren Vorläufer noch ein Verbot für die nicht per Satzung erlaubten Geschäfte geregelt hatte[2150]. Ein nicht im Sinne der Norm autorisiertes Geschäft begründet demnach stets einen Anfechtungsgrund. Darüber hinaus führt es für die pflichtwidrig handelnden *directors* zu einer persönlichen Haftung (neben der Gegenpartei einer Corporation) auf (Rück-)Zahlung erlangter Gelder und entstandener Zinsen[2151]. Eine Erfüllung der Norm zieht allerdings eine Geltung der *business judgment rule* in Fällen nach sich, in denen die Unternehmensentscheidung ansonsten geeignet erscheint, deren Vorgaben zu erfüllen[2152].

Gebotene Vorsicht sollten *board*-Mitglieder stets bei Geschäften im Sinne der Norm walten lassen, die gleichermaßen eine gerichtliche Beurteilung nach § 144 DGCL rechtfertigen würden. Beispielhaft hierfür sind Situationen, in denen ein Geschäft im Sinne des § 143 DGCL Bestandteil einer Vergütungsabrede geworden ist, oder in denen eine Corporation einem oder mehreren *director-officers* zwecks einer Finanzierung des Erwerbs eines Unternehmensguts ein Darlehen begeben oder gebürgt hat. Denn wenn entsprechende Geschäfte nicht im Anwendungsbereich der *business judgment rule* liegen, wird ein Gericht stets der Frage nachgehen, ob das Darlehen oder die Bürgschaft zugunsten eines *officer* zu Bedingungen vergeben/übernommen worden ist, die auch ein unbekannter Dritter erhalten hätte bzw. ob die gewährten Konditionen hinsichtlich der Rückzahlung und Zinsberechnung ebenfalls von einem neutralen am Markt tätigen Kreditvermittler angeboten worden wären[2153]. In diesen Fällen dürfte daher die

---

2149 Vgl. § 143 DGCL [hervorgehoben vom Verfasser].

2150 Siehe bereits unter Glpkt. § 7 B. I.

2151 Vgl. Pereira v. Cogan, 294 B.R. 449, 537 (S.D.N.Y.2003; Del.Law); Williams v. Don Yerkes Fine Cars. Inc., 1977 WL 2582, *3; 1977 Del.Ch. 160, *15 f. (Del.Ch.1977); Maclary v. Pleasant Hills, Inc., 109 A.2d 830, 836 (Del.Ch. 1954): zugl.: Folk, DGCL, § 143.1 S. IV-244 (2013).

2152 Vgl. White v. Panic, 2001 Del.LEXIS 421 (Del.Sup. 2001); Theodora Holding Corp. v. Henderson, 257 A.2d 398, 403 (Del.Ch.1969); m.w.N. Folk, DGCL, § 143.1, S. IV-244 (2013); ders. DGCL-Fundamentals, § 143.1, S. 272 (2017);

2153 Barnard, 1988 Wisc.L.Rev. 237, 264 (1988); Sroka, 38 Suff.U.LRev. 877, 886 (2013).

Frage nach dem Nutzen des Geschäfts durch die nach dessen (sachlicher) Fairness überlagert werden.

Ungeachtet einer Erfüllung der Anforderungen der Norm sollte stets Bundesrecht beachtet werden, da es einer dem Geltungsbereich des SOA (2002) unterfallenden Corporation grundsätzlich verboten ist, Darlehens- und Bürgschaftsgeschäfte mit einem ihrer *directors* oder *executive officers* zu begründen[2154].

II. Die Norm des § 315 CGCL

Geschäfte einer Corporation mit *board*-Mitgliedern unterliegen - ergänzend zu § 310(a) CGCL - einer Kontrolle nach § 315 CGCL, wenn sich die Corporation hierdurch verpflichtet, ein Darlehen zu begeben, eine Bürgschaft zu erklären oder leihweise ein Vermögensgut zugunsten eines *director* zu übertragen[2155]. Zudem ist die Regelung des § 310(a) CGCL bei Geschäften im Sinne des § 315(a) CGCL anzuwenden, die auch ein im Geltungsbereich des § 310(a) CGCL liegendes Geschäft einer Corporation darstellen[2156]. Wiederum keiner Beurteilungskontrolle nach § 310(a) CGCL unterliegen die benannten Geschäftstypen, wenn sie zwischen einer Corporation und einem oder mehreren ihrer *officers* abgeschlossen worden sind.

Soweit das Geschäft nicht einer der Ausnahmeregelungen in Absatz (e) oder (f) der Norm unterfällt, bedarf es grundsätzlich einer Zustimmung durch Mehrheitsbeschluss der Aktionäre einer Corporation; die bloße Autorisierung durch die *directors* gilt nur unter besonderen Voraussetzungen als zulässig[2157]. In den Vorgaben an eine Autorisierung ist die aktuelle - letztmalig 1984 modifizierte - Fassung der Norm im Vergleich zu deren Vorläufern, dem § 366 CCC (1933) und § 823 CCC (1947), dahingehend liberaler, als nicht mehr eine 2/3 Mehrheit aller Klassen für einen gültigen Aktionärsbeschluss benötigt wird[2158]. In diesem Punkt gleicht die Vorschrift der nicht mehr geltenden Fassung des § 8.32 MBCA (1984)[2159].

2154 Siehe eingehend dazu unter Glpkt. § 7 C. I.

2155 Vgl. § 315(a) CGCL [1984 Cal.Stats, ch. 812, § 1; 1984 Cal.Stats., ch. 335, § 3].

2156 Siehe mit Beispielen bereits zu § 143 DGCL unter Glpkt. § 7 B. I. 2.

2157 Vgl. § 315(b) CGCL.

2158 Siehe zu § 366 CCC (1933): Wulfjen v. Dolton, 24 Cal.2d 878, 888; 151 P.2d 840 (Cal. Sup.1944); zu § 823 CCC (1947): Cechettini v. Consumer Associates, Ltd., 260 Cal. App.2d 295, 301; 67 Cal.Rept. 15 (Cal.App.1968); m.V.d auch Jennings, 23 L.&Cont. Prob. 193, 199 (1958).

2159 Im aktuellen MBCA sind Darlehensverträge zugunsten eines *director* ungeregelt, da der vormalige § 8.32 MBCA (1984) gestrichen worden ist, mangels Rezeption durch Landesgesetzgeber. Vertiefend: Barnard, 17 Sec.Reg.L.J. 257, 258 (1989); Knepper/

1. Anwendungsbereich der Norm

In sachlicher Hinsicht erfasst die Norm Geschäfte, wodurch eine Corporation ein Darlehen gewährt, eine Bürgschaft erklärt oder vorübergehend leihweise bestimmte Vermögensgüter zur Verfügung stellt. In persönlicher Hinsicht kommen als Gegenpartei einer Corporation sowohl deren *directors* oder *officers* als auch die *directors* oder *officers* der Muttergesellschaft einer (Tochter-)Corporation in Betracht[2160]. Außen vor bleiben nach § 315(e) CGCL Zahlungen auf Lebensversicherungen von Leitungsorganen[2161] und nach § 315(f) CGCL Geschäfte im Sinne des § 408 CGCL, mithin z.B. die Darlehensvergabe für Zwecke der Ausübung von Aktienoptionen im Rahmen eines Aktienoptionsplans der Gesellschaft[2162]. Ebenso zulässig sind nach § 315(d) Zuwendungen betreffend betrieblich veranlasste Aufwendungen[2163]. In persönlicher Hinsicht findet die Vorschrift keine Anwendung auf Corporations im Sinne des § 202 Depository Institutions Management Interlocks Act, also z.B. für Banken, Kreditinstitute, *trusts*, etc.[2164]. Gleiches gilt für Corporations, deren Zweck in der Gewährung von Darlehen und/oder der Übernahme von Bürgschaften liegt, soweit sich eine dem § 315(a) CGCL vergleichbare Regelung aus einem Gesetz oder einer für die Corporation geltenden Verordnung ergeben sollte[2165].

2. Kontrollkriterien der Norm

Geschäfte im Geltungsbereich der Norm bedürfen einer Zustimmung des *board* oder der Aktionäre. Eine Autorisierung durch das *board* ist möglich, wenn die ausstehenden Anteile der Corporation zur Zeit der Zustimmung in den Händen von 100 oder mehr Inhabern lagen und eine durch Mehrheitsbeschluss stimmberechtigter Aktionäre geschaffene Ermächtigung des *board* zur Autorisierung des Geschäfts in den *bylaws* Niederschlag gefunden hat[2166]. In diesem Fall kann der Beschluss „*by a vote sufficient without counting the vote of any interested director*"

Baily, Liability, § 5.10 (2002). Kritisch dazu: Elfin, 28 St.L.U.L.J 865 (1984); Barnard, 1988 Wisc.L.Rev. 237, 245 (1988); zu dessen Vorläufer - §§ 42(f), 43(d) MBCA (1969): Scott, 24 Bus.Law. 291, 292 (1968).

2160 Vgl. 315(a) CGCL.

2161 Vgl. 315(e) CGCL.

2162 Vgl. 315(g)(1) i.V.m. § 408 CGCL.

2163 Vgl. 315(d) CGCL.

2164 Vgl. 315(g)(2) CGCL i.V.m. 12 U.S.C. § 3201.

2165 Vgl. 315(g)(3) CGCL.

2166 Vgl. § 315(b) i.V.m. § 152 CGCL.

wirksam ergehen, wenn bestimmt worden ist, „ *that such loan or (...) may reasonable be expected to benefit the corporation*“[2167]. Für Zwecke einer Erläuterung dieser Anforderungen soll aus Gründen des jeweils gleichen Wortlauts auf die vorstehenden Ausführungen zur Regelung des § 310(a)(2) CGCL[2168] bzw. des § 143 DGCL[2169] verwiesen werden[2170].

Eine Zustimmung der Aktionäre ist geboten, wenn die ausstehenden Stimmanteile einer Corporation im Zeitpunkt der Zustimmungsbeschlusses in den Händen von weniger als 100 Anteilseignern liegen[2171]. In diesem Fall erfordert eine Zustimmung „*a majority of the shareholders entitled to act thereon*“[2172]. Eine solche Mehrheit liegt nach § 315(g) CGCL entweder vor: (1) wenn in Schriftform die Mehrheit der ausstehenden Anteile der Gesellschaft unter Außerachtlassung derer befangener *directors/officers* für das Geschäft gestimmt hatte; (2) wenn in einer formell einberufenen beschlussfähigen Versammlung die Mehrheit der stimmberechtigten Aktionäre unter Außerachtlassung der Stimmanteile eines befangenen *director/officer* für das Geschäft votierte, oder (3) wenn die stimmberechtigten Aktionäre einstimmig in einer berufenen Versammlung oder durch schriftliche Erklärung für das Geschäft gestimmt hatten[2173].

Im Lichte dieser Vorgaben sollten *board*-Mitglieder im Vorfeld der Autorisierung eines Geschäfts durch die Aktionäre stets die möglichen Szenarien hinsichtlich des Beschlussergebnisses durchspielen. Grund dafür ist, dass die zweite der vorerwähnten Varianten nicht zum erwünschten Erfolg führen wird, wenn die durch das Geschäft begünstigten *directors* oder *officers* an der Beschlussfassung mitwirken. Denn im Vergleich zu § 310 CGCL[2174] wird im § 315(g) CGCL nicht auf § 153 CGCL Bezug genommen, so dass die Stimmanteile eines befangenen *director* oder *officer* als ausstehend angesehen werden und demzufolge zum Zwecke der Feststellung einer Beschlussfähigkeit ebenso Berücksichtigung

---

2167 Vgl. § 315(b) CGCL [hervorgehoben vom Verfasser].
2168 Vgl. § 315(b) CGCL vs. § 310(a)(2) CGCL.
2169 Vgl. § 315(b) CGCL vs. § 143 DGCL.
2170 Vgl. § 310(a)(2) CGCL bereits unter Glpkt. § 7 A. II. 4. a) aa) aaa); vgl. zu § 143 DGCL bereits unter Glpkt. § 7 B. I. 2.
2171 Vgl. § 315(a) i.V.m. (b) CGCL.
2172 Vgl. § 315(a) CGCL.
2173 Vgl. § 315(a) iVm (g) CGCL.
2174 Vgl. § 310(a)/(b) CGCL. Siehe dazu bereits unter Glpkt. § 7 A. II. 4. a) bb) aaa) und b) bb).

finden[2175]. In Konsequenz dazu ließe sich selbst bei einer Zustimmung durch alle übrigen Aktionäre keine Mehrheit in einer Aktionärsversammlung erzielen, wenn befangene Leitungsorgan-Aktionäre gemeinschaftlich oder in persona über die Mehrheit der ausstehenden Geschäftsanteile einer Corporation verfügen würden, weil zur Feststellung eines Quorums die Anteile befangener Exekutivmitglieder außen vor bleiben[2176]. Denn in § 315(g)(2) CGCL heißt es dazu: „*(...) the affirmative vote of a majority of the shares present and voting at a duly held meeting at which a quorum is otherwise present, without counting for the purposes of the vote as either present or voting any share owned by any officer or director eligible to participate in the (...) transaction (...)*“[2177].

Vor diesem Hintergrund bietet es sich an, in Fällen, in denen befangene Leitungsorgane über eine bestimmte Anzahl oder gar die Mehrheit an den stimmberechtigten Anteilen einer Corporation verfügen, von der ersten der drei vorstehend skizzierten Alternativen des § 315(g) CGCL Gebrauch zu machen, sofern es als hinreichend wahrscheinlich gilt, dass die verbleibenden Gesellschafter der Corporation mehrheitlich für das Geschäft stimmen werden. Nach der dritten Variante ist in Fällen zu verfahren, in denen befangene Leitungsorgane über alle Anteile verfügen, weil § 315(g)(3) CGCL insoweit eine schon in § 823 CCC (1947) normierte Möglichkeit wiedergibt, welche bereits in dem Entscheid Cechettini v. Consumer Associates, Ltd.[2178] richterliche Bestätigung erlangt hatte[2179] und darüber hinaus eine Regel des *case law* kodifiziert[2180].

3. Regelungsziel und Rechtswirkung der Norm

Die Formulierung „*A corporation shall not make any loan of money or (...) unless (...)*“[2181] legt nahe, dass der Zweck der Norm darin liegt, einer Corporation die Begründung solcher Geschäfte zu verbieten, sofern deren Autorisierung

2175 Vgl. § 315(a) iVm (g) CGCL. Insoweit differiert die Norm von § 310(a)(1)/(b)(1) CGCL sowie vom Vorläufer - dem § § 823 CCC (1947). kritisch dazu: Marsh, Cal. Corps.L., § 11.10, 11-86 f. (2011).

2176 So auch: Marsh, Cal.Corps.L., § 11.10, 11-86 (2011); Weackley/Magistrale, Fiduciary Duties, § 4.38, 4-46 (2017).

2177 Vgl. § 315(g) CGCL [hervorgehoben vom Verfasser].

2178 Vgl. Cechettini v. Consumer Associates, Ltd., 260 Cal.App.2d 295; 67 Cal.Rptr. 15 (Cal.App.1968).

2179 Vgl. Cechettini v. Consumer Associates, Ltd., 260 Cal.App.2d 295, 301; 67 Cal.Rptr. 15 (Cal.App.1968) m.V.a. § 823 CCC (1947).

2180 Siehe m.N. bereits unter Glpkt. § 6 B. I. 2. b) cc) aaa) bbbb) und § 7 A. II. 4. b) aa).

2181 Vgl. § 315(a) S. 1. CGCL [hervorgehoben vom Verfasser].

nicht die Vorgaben der Norm erfüllt oder das Geschäft einer der Ausnahmen der Norm unterfällt. Ohne entsprechende Autorisierung bleibt das Geschäft demzufolge anfechtbar. Schließlich führt ein nicht entsprechend autorisiertes Geschäft zu einer Haftung der handelnden *directors* und der Gegenpartei der Corporation auf (Rück-)Zahlung der gewährten Gelder und etwaiger Zinsen[2182]. Verantwortlich sind auch *directors*, die sich der Stimme enthalten, nicht aber widersprochen haben[2183].

Eine im Sinne der Norm durch *board*-Beschluss getroffene Entscheidung dürfte im Schutzbereich der *business judgment rule* liegen, wenn der Beschluss den Kontrollmerkmalen dieses Instituts genügt und nicht (auch) ein Geschäft im Sinne des § 310(a)(2) CGCL vorliegt. Ein Beschluss der Aktionäre dürfte gleichfalls zu einer eingeschränkten gerichtlichen Prüfung nach der *shareholder ratification rule* führen, zumal bei einem Mehrheitsbeschluss die Stimmen der befangenen Leitungsorgane außen vor bleiben[2184].

Mit Blick auf die Geltung des § 310(a) CGCL für Geschäfte des § 315(a) CGCL zu Gunsten eines *director* sollten in Fällen eines *board*-Beschlusses stets auch über deren möglichen Nutzen hinaus Überlegungen angestellt werden, zumal in § 310(a)(2) CGCL von ‚*just and reasonable*' die Rede ist[2185]. Die insoweit schon zu § 143 DGCL angestellten Überlegungen gelten daher ebenso für die Frage der Rechtswirkung einer Zustimmung durch *board*-Mitglieder nach § 315(b) CGCL[2186].

Ungeachtet einer Erfüllung der Anforderungen der Norm sollte stets Bundesrecht beachtet werden, da es einer dem Geltungsbereich des SOA (2002) unterfallenden Corporation grundsätzlich verboten ist, Darlehens- und Bürgschaftsgeschäfte mit einem ihrer *directors* oder *executive officers* zu begründen[2187].

III. Die Norm des § 714 NYBCL

Einer über § 713 NYBCL hinausgehenden Beurteilung unterliegen Geschäfte nach § 714(a) NYBCL, wenn eine Corporation damit zugunsten ihrer *directors* ein Darlehen vergibt oder als Bürge auftritt[2188]. Nach § 714(a) NYBCL kann eine

2182 Vgl. § 316(a)(3) CGCL.
2183 Vgl. § 316(b) CGCL.
2184 Vgl. § 315(g) CGCL.
2185 Vgl. § 310(a)(2) CGCL.
2186 Siehe bereits unter Glpkt. § 7 B. I. 3.
2187 Siehe eingehend dazu unter Glpkt. § 7 C. I.
2188 Vgl. § 714 NYBCL; siehe 1961 N.Y. Laws, ch. 855, § 7.14 (Sep. 1, 1963); amended, 1997 N.Y. Laws, ch. 449, § 55 (Feb. 22, 1998).

Corporation als Darlehensgeber oder Bürge eines *directors* auftreten, wenn eine Berechtigung dafür durch entsprechenden Beschluss der Aktionäre oder *directors* vorliegt[2189]. Die Möglichkeit des Handelns durch *board*-Beschluss besteht seit Revision der Norm im Jahre 1997[2190], weil die Urfassung noch einen Zustimmungsvorbehalt der Aktionäre einer Corporation geregelt hatte[2191]. Im Vorfeld der Einführung der Norm im Jahre 1963 galt die Darlehensgewährung durch eine Corporation zu Gunsten eines *director* - in den Grenzen des *case law* - auch ohne Aktionärsbeschluss als zulässig[2192].

1. Anwendungsbereich der Norm

Dem Geltungsbereich der Norm unterfallen nur Geschäfte einer Corporation im Sinne der Vergabe eines Darlehens oder der Übernahme einer Bürgschaft zu Gunsten eines oder mehrerer ihrer *directors*. Darlehen oder Bürgschaften einer Corporation zu Gunsten eines ihrer non-*director officers* unterliegen folglich den Vorgaben nach *case law*, so dass diese sich in den Grenzen des Entscheidungsermessens des *board* einer Corporation oder eines entsprechend autorisierten *executive officer* begründen lassen.

2. Kontrollkriterien der Norm

Geschäfte im Sinne der Norm können mit Zustimmung der Anteilseigner oder *directors* ergehen[2193]. Für eine Autorisierung durch Gesellschafterbeschluss bedarf es einer Zustimmung durch die Mehrheit der als stimmberechtigt geltenden und beschlussfähigen Aktionäre, wobei die laut Gesellschafterliste von einem befangenen *director* persönlich oder in Vertretung gehaltenen Stimmanteile zur Feststellung einer Beschlussfähigkeit in der Gesellschafterversammlung keine Berücksichtigung finden können[2194]. Ansonsten gelten die Vorgaben für eine Beschlussfassung durch die Aktionäre nach § 713(a)(2) NYBCL.

2189 Vgl. § 714(a)(1)/(2) NYBCL.

2190 Vgl. 1997 N.Y.Laws ch. 449, § 45 (Feb. 22. 1998).

2191 Vgl. § 714 NYBCL (1963) [1961 N.Y. Laws, ch. 855, § 7.14 (Sep. 1, 1963)]. Vertiefend dazu: Andrews, 28 Alb.L.Rev. 45, 59 (1964); Stevens, 47 Cornell L.Q. 141, 163 (1962); Kessler, 36 St.Johns's L.Rev. 1, 77 (1961).

2192 Nach § 59 N.Y.Stock Corp.L war nur die Darlehensvergabe an Aktionäre der Corporation verboten.

2193 Vgl. § 714(a)(1)-(2) NYBCL.

2194 Vgl. § 714(a)(1) i.V.m. § 608(a) NYBCL.

Die Möglichkeit der Autorisierung eines Geschäft durch das *board* wird einer Corporation eröffnet, wenn diese am Tage oder nach der Einführung der Norm, am 22. Februar 1998, gegründet worden ist; Corporations, welche am benannten Tag bereits bestanden, können hiervon nur Gebrauch machen, wenn in deren Satzung eine Autorisierung solcher Geschäfte durch *board*-Beschluss vorgesehen ist[2195]. Als autorisiert im Sinne der Norm gelten Geschäfte, die mit Zustimmung (entsprechend ermächtigter) *board*-Mitglieder ergingen und aus Sicht der Entscheidungsträger „*benefits the corporation*"[2196]. Für Zwecke der Auslegung der letztgenannten Voraussetzung sei auf die Ausführungen zu der insoweit wortlautähnlichen Norm des § 143 DGCL verwiesen[2197]. Ansonsten bedarf es eines *board*-Beschlusses im Sinne des § 713(a)(1) NYBCL oder des Beweises der Fairness des Geschäfts nach § 713(b) NYBCL, soweit die Vorgaben an eine Beschlussfassung nach § 713(a)(1) NYBCL nicht erfüllt worden sind[2198].

3. Regelungsziel und Rechtswirkung der Norm

Die Formulierung „*A corporation may not lend money to or guarantee (...) unless (...)*"[2199] legt nahe, dass der Zweck der Norm primär darin liegt, einer Corporation entsprechende Geschäfte zu verbieten, sofern sie nicht nach den Vorgaben der Norm von deren *directors* oder Aktionären autorisiert wurden[2200]. Ein nicht entsprechend autorisiertes Geschäft gilt jedoch nicht als nichtig, zumal § 714(b) NYBCL regelt, dass bei einer Nichterfüllung des § 714(a) NYBCL die Pflichten einer Gegenpartei unberührt bleiben[2201]. Schließlich führt ein nicht entsprechend autorisiertes Geschäft zu einer Haftung der handelnden *directors* und der Gegenpartei der Corporation auf (Rück-)Zahlung der gewährten Gelder und etwaiger Zinsen[2202]. Verantwortlich sind auch *directors*, die sich der Stimme enthalten, nicht aber widersprochen haben[2203]. Eine Erfüllung der Norm dürfte jedoch zur Anwendbarkeit der *business judgment rule* in Fällen führen,

---

2195 Vgl. § 714(a)(2) NYBCL.
2196 Vgl. § 714(a)(2) NYBCL [hervorgehoben vom Verfasser].
2197 Vgl. § 714(a)(2) NYBCL vs. § 143 S. 1 DGCL; siehe dazu bereits unter Glpkt. § 7 B. I. 2.
2198 Vgl. § 713(a)(1) NYBCL.
2199 Vgl. 714(a) S. 1. NYBCL [hervorgehoben vom Verfasser].
2200 Vgl. Rodgers v. Bell, 202 A.D.2d 1040; 610 N.Y.S.2d 111 (N.Y.Sup.App.Div.1994).
2201 Vgl. 714(b) NYBCL, m.V.d. schon zur Urfassung: Stevens, 47 Cornell L.Q. 141, 163 (1962); Hoffman, 11 Buff.L.Rev. 496, 569 (1962).
2202 Vgl. 719(a)(4) NYBCL.
2203 Vgl. 719(b) NYBCL.

in denen der *board*-Beschluss deren Kriterien genügt[2204]. Gleiches gilt für einen Gesellschafterbeschluss, zumal nur die als unbefangen geltenden Aktionäre von ihrem Stimmrecht Gebrauch machen dürfen[2205].

Angesichts der Anwendbarkeit des § 713 NYBCL auf Geschäfte im Sinne des § 714 NYBCL sollten *board*-Mitglieder einer Corporation bei der Autorisierung eines Geschäfts stets auch dessen Fairness in Fällen hinterfragen, in denen ihr Beschluss nicht den Kriterien der *business judgment rule* genügen und auch ein Beschluss der Anteilseigner der Corporation nicht vor einer Fairness-Prüfung schützen würde. Denn wenn entsprechende Geschäfte nicht im Anwendungsbereich der *business judgment rule* liegen, wird ein Gericht stets der Frage nachgehen, ob das Geschäft zu Bedingungen zustande gekommen ist, die auch ein Dritter erhalten hätte bzw. ob die gewährten Konditionen auch von einem neutralen am Markt tätigen Kreditvermittler angeboten worden wären[2206]. In diesen Fällen dürfte daher die Frage nach dem Nutzen des Geschäfts auch durch die Frage nach dessen (sachlicher) Fairness überlagert werden.

Ungeachtet einer Erfüllung der Anforderungen der Norm sollte stets Bundesrecht beachtet werden, da es einer dem Geltungsbereich des SOA (2002) unterfallenden Corporation grundsätzlich verboten ist, Darlehens- und Bürgschaftsgeschäfte mit einem ihrer *directors* oder *executive officers* zu begründen[2207].

C. Einfluss des Bundesrechts auf das Landesrecht

Die Frage nach der Wirksamkeit von Geschäften einer Corporation mit einem ihrer Leitungsorgane, die auf eine Darlehensvergabe oder Bürgschaftserklärung zugunsten eines Leitungsorgans gerichtet sind, lässt sich mit dem Gesetzesrecht und der Judikatur eines Gliedstaates allein nur in Fällen beantworten, in denen das Geschäft nicht dem Anwendungsbereich des § 402 Sarbanes-Oxley Act (2002) unterfällt[2208]. Mit dieser in der Lehre bisweilen sehr kritisch bewerteten Vorschrift[2209] reagierte der Bundesgesetzgeber auf die ausufernde Praxis

---

2204 Vgl. insoweit bereits: Everett v. Phillips, 288 N.Y. 227, 233; 43 N.E.2d 18 (N.Y.App.1942), reh'g. denied, 289 N.Y. 625; 43 N.E.2d 841 (1942). Siehe zum Fall auch unter Glpkt. § 6 B. III. 2.

2205 Vgl. § 714(a)(1) NYBCL m.V.d. zugl. White, NYBE, § B714; Rn. 7-137 (2009).

2206 Barnard, 1988 Wisc.L.Rev. 237, 264 (1988); Sroka, 38 Suff.U.LRev. 877, 886 (2013).

2207 Siehe eingehend dazu unter Glpkt. § 7 C. I.

2208 Vgl. Sarbanes-Oxley Act of 2002, Pub.L.No. 107-204, 116 Stat. 745, July 30, 2002 [§§ in 15, 18, 28 and 29 U.S.C.].

2209 S. zum Diskurs: Ribstein, 28 J.Corp.L. 1, 47 (2002; Stewart-Lehman, 81 N.C.L.Rev. 2115, 2117 (2003); Roe, 117 Harv.L.Rev. 588, 633 (2003); Romano, 114 Yale L.J. 1521,

der großen Corporations bei der Kreditvergabe an deren Verwaltungsorgane. Beispielhaft sei an die Bilanzskandale zu Beginn dieses Jahrhunderts erinnert, die von Unternehmen wie z.B. WorldCom[2210], Tyco[2211], Adelphia[2212] und anderen Corporations[2213] ausgelöst worden sind[2214]. Die Regelung des § 402 SOA (2002), die als § 13(k) SEA (1934) im SEA (1934) verankert worden ist, bildet allerdings die einzige unter den bundesrechtlichen Normen, die die Wirksamkeit von Darlehens- oder Bürgschaftsverträgen zugunsten eines *director* oder *officer* einer Corporation zu beeinflussen vermag. Keinen direkten Einfluss auf den rechtlichen (Fort-)Bestand solcher Geschäfte hat die (Nicht-)Befolgung kapitalmarktrechtlicher Publizitätspflichten zu Geschäften im Eigeninteresse von Leitungsorganen[2215], insbesondere solche betreffend die Festlegung der Vergütungsleistungen für Exekutivmitglieder[2216] oder Geschäfte einer Corporation hinsichtlich derer eine Zustimmung durch die Aktionäre angestrebt wird[2217]. Gleiches gilt für die Verletzung der Regelungen einer Börse, an welcher eine

---

1569 (2005); Barnard, 31 Ohio N.U.L. Rev. 31 (2005); Johnson/Sides, 30 Wm.Mitchel L.Rev. 1149, 1150 (2004).

2210 Vertiefend: Brickey, 81 Wash.U.L.Rev. 357, 369 ff. (2003); Shaner, 48 U.C.Davis.L.Rev. 271, 289 (2014).

2211 Vertiefend: Maremont, Wall.St.J., Oct. 3 (2003), S. C1; Murphy, Bus.L.Today, Feb. 2003, S.10; Sroka, 38 Suff.U.L.Rev. 877, 892 (2013).

2212 Vertiefend: Leonard, Fortune, Aug. 12, 2002, S. 136; Lowenstein, N.Y.Times Mag., Feb. 2003; Sroka, 38 Suff.U.L.Rev. 877, 891 (2013).

2213 Vertiefend: Hodgson, Corporate Loan, S. 1, 3, 7 (2002). Dessen Studie zufolge bestanden im Jahre 2001 Darlehensrückzahlungsverpflichtungen von Leitungsorganen gegenüber 1.500 Corporations i.H.v. insgesamt $ 5 Milliarden. Hiervon haben von den 362 großen Aktiengesellschaften 102 gänzlich auf ihren Anspruch auf Rückzahlung der Darlehenssumme verzichtet und lediglich 50% dieser Gesellschaften haben Zinsen erhoben.

2214 Vgl. § 2 (a)(7) SOA (2002).

2215 Vgl. SEA-Regulation S-K, § 404(a)-(c) [17 C.F.R. § 229.404]; Sched. 14A, Item 7; Sec. 951 Dodd-Frank Wall Street Reform and Consumer Act (2010)

2216 Vgl. SEA-Regulation S-K, § 402(a)(3) [17 C.F.R.§ 229.402] i.V.m. Formular 10-K zur Mitteilungspflicht im Jahresabschluss [§ 10A(a)(2) SEA] über Bezüge an *directors* und *named executive officers* einer Corporation sowie derer ihrer Tochterunternehmen, soweit sie $ 100.000 übersteigen.

2217 Vgl. SEA-Rule 13a-1 iVm Rule 4-08(k) Regulation S-X i.V.m. Formular 10-K. Siehe zu den Inhalts-/Formerfordernissen im *proxy statement*: § 14-A i.V.m. SEC-Rule 19a-9; § 7 i.V.m. § 404 Regulation S-K (Regulation S-B für Corporations mit unter $ 25 Mio. Umsatz). Vertiefend zum Ganzen: Tauber/Levy, Executive Compensation, S. 462 ff. (2002); Terrion, 43 Case W.Res.KL.Rev. 1175, 1179 ff. (1993).

Corporation gelistet ist[2218]. Eine Missachtung oder Unterlassung von kapitalmarktrechtlichen Offenlegungspflichten kann allenfalls für die *directors* einer Corporation zur Haftung im Innenverhältnis und gegenüber der SEC führen[2219].

I. Verbot der Darlehensvergabe an Leitungsorgane durch eine emittierende Corporation

Nach der in § 13(k) SEA (1934) verankerten Vorschrift des § 402 SOA (2002) sind einer Corporation sowohl Darlehens- wie auch Bürgschaftsgeschäfte zugunsten eines ihrer *director* oder *officer* untersagt, wenn diese eine emittierende Gesellschaft darstellt und sich auf keinen Ausnahmefall berufen kann[2220]. In persönlicher Hinsicht ist die Norm auf alle als Emittent zu qualifizierenden Unternehmen anwendbar. Als Emittent im Sinne des § 2 (a)(7) SOA (2002), respektive des § 3(a)(8) SEA (1934), gelten Firmen, deren Wertpapiere an einer der Börsen in den USA gemäß dem § 12 SEA (1934) registriert worden sind, welche einer Berichtspflicht im Sinne der §§ 13, 15(d) SEA (1934) unterliegen oder welche bereits einen (jedoch nicht wieder zurück gezogenen) Antrag auf die Registrierung von Wertpapieren anlässlich einer öffentlichen Emission gestellt haben[2221]. Unerheblich für den Adressatenkreis ist der Inkorporationsort, soweit das Unternehmen an einer der US-amerikanischen Börsen gelistet ist oder deren Anteile an einer solchen gehandelt werden[2222]. Für solche Gesellschaften gilt jenseits der Ausnahmefälle[2223] das Verbot, weder direkt noch indirekt (insbesondere

2218 Für die an der NYSE oder NASDAQ gelisteten Unternehmen findet sich zu Geschäften mit directors oder officers eine Regelung dahin, dass die Kontrolle von *Related Party Transactions* (i.S.d. Item 404 of Regulation S-K) entweder dem Prüfungsausschuss der Corporation oder einem anderen vergleichbaren Board-Ausschuss unterliegt; vgl. NASDAQ E.R. 5630(a); NYSE L.C.M. 314.00; § 120 NYSE A.C.G. Nach deren Regeln (audit committee) müssten unabhängige directors urteilen; vgl. NASDAQ E.R. 5605(c)(2)(A); NYSE L.C.M. 303A.07(a).

2219 Vgl. §§ 11, 12 SA (1933). Siehe auch §§ 16,18 SEA (1934) und § 10(b) SEA (1934) iVm Rule 10b-5 SEA (1934) bei Täuschung anlässlich des Wertpapiererwerbs-/verkaufs oder § 14 SEA (1934) und SEC-Rule 14a-9 bei Falschdarstellungen gegenüber Eignern registrierter Firmen.

2220 Vgl. § 402 SOA (2002), Pub. L. No. 107-204, 116 Stat. at. 787 [15 U.S.C. § 78m(k); amending § 78m SEA (1934)].

2221 Vgl. § 3(a)(8) SEA (1934); m.w.N.: Stewart-Lehman, 81 N.C.L.Rev. 2115, 2121 (2003).

2222 Stewart-Lehman, 81 N.C.L.Rev. 2115, 2132 (2003). Vertiefend für deutsche AGs: Altmeppen, ZGR 2004, 393, 401 f.; Krause, WM 2003, 762 f.

2223 Siehe zu den Ausnahmefällen in § 13(k) (2)-(3) SEA (1934). Danach gilt die Norm nicht für Corporations, deren Zweck in der Kreditvermittlung liegt und das einem

durch ihre Tochtergesellschaften) Geschäfte nach § 402(a) SEA mit einem oder mehreren ihrer de jure oder de facto *directors* oder *excutive officers* zu vereinbaren[2224]. Dem SEA (1934) zufolge gilt eine Person als *director,* welche Mitglied des *board* einer Corporation ist oder ein ähnliches Amt in einem Unternehmen ausübt, ungeachtet seines Status als juristische Person[2225]. Demgegenüber werden als *executive officers* die formell berufenen *officers* einer Gesellschaft angesehen, die im Unternehmen als *president* oder *vice president* eines Geschäfts- oder Leitungsbereichs fungieren, wie zum Beispiel solche im Amte eines CEO, CFO, COO oder CSO, oder solche, die eine andere Stellung inne haben, wodurch Einfluss auf die Geschäftspolitik gleichermaßen ausgeübt werden kann[2226].

In sachlicher Hinsicht unterfallen der Regelung sowohl Zuwendungen im Sinne eines ‚*personal loan*', welche die Gesellschaft an *directors* oder *executive officers* vergeben, erneuert oder verlängert hatte, wie auch solche von Dritten, die vom Unternehmen ‚*arranged*' worden sind[2227]. Außerhalb des Geltungsbereichs liegen Geschäftsvorfälle im Sinne der Absätze (2) und (3) der Norm[2228]. Einen Bestandsschutz genießen nur solche Geschäfte, welche vor Einführung des SOA (2002) bestanden, soweit diese nicht nach dem 30. Juli 2002 Gegenstand einer entsprechenden Novation geworden sind[2229]. Als ‚*material modification*' gilt dabei nicht schon die Ausweitung des Fälligkeitstages zur Rückzahlung eines Darlehens oder eine Erklärung des Verzichts zu dessen gänzlicher oder teilweiser Rückzahlung[2230]. Mangels eines Kommentars des Gesetzgebers und ergiebiger Hinweise durch die SEC hinsichtlich der Bestimmung der Termini ‚*personal loan*' und ‚*arranged*' ist eine weite Auslegung der Norm geboten. Als ‚*personal loan*' ist daher jede geldwerte Leistung an einen *director* oder *executive officer* anzusehen, die einen rein persönlichen Nutzen bewirken und aus

Leitungsorgan angebotene Darlehen hinsichtlich der Konditionen einem Drittvergleich standhält. Erfasst werden hierbei Kredite von (US-)Banken, die von der U.S. Federal Deposit Insurance Corporation besichert sind. Ebenso wenig unterfallen dem Geltungsbereich Verbraucherkredite, soweit diese zu marktüblichen Zinsen begeben worden sind, oder Kredite, deren Zweck in einer Finanzierung von Bau- oder Modernisierungsmaßnahmen für Wohnraum liegt.

2224 Vgl. § 13(k) (1) SEA (1934).

2225 Vgl. SEC-Rule 16a-1(f) (1934) [12 C.F.R. 240.16a-1].

2226 Vgl. SEC-Rule 3b-7; SEA (1934) [15 U.S.C. § 78c]; m.V.d. In the Matter of Goodfellow, SEC Admin.Proc.File No. 3-12117 (Dec. 1, 2005).

2227 Vgl. § 13(k) (1) SEA (1934).

2228 Vgl. § 13(k) (2)-(3) SEA (1934); siehe dazu a.a.O Fn. 2245.

2229 Vgl. 402 SOA (2002), Pub. L. No. 107-204, 116 Stat. at. 787 [15 U.S.C. § 78m(k)].

2230 Power, 71 UMKC L.Rev. 911, 922 (2003); SAO - § 402 Outline, S. 12 (2002).

Sicht der Gesellschaft keine irgendwie vertretbare unternehmerische Zielrichtung erkennen lässt[2231]. Sachlich unerheblich ist die Höhe der Zuwendung[2232]. Außen vor bleiben daher Zuwendungen, welche zum Zweck einer sachgerechten Amtsführung zufließen, wie z.B. Reisekostenvorschüsse, zweckorientierte Kreditkartenzahlung oder betriebliche Nutzungen des Firmenwagens, oder der Ausgleich von Aufwendungen im Rahmen sachgerechter Amtsführung[2233]. Zweifelsohne gilt als ‚*personal loan*' die Vergabe eines Darlehens zum Zwecke des Erwerbs von Anteilen an der Corporation oder der Ausübung von Rechten in einem Programm zum Aktienoptionserwerb[2234]. In der Frage einer Bestimmung des Begriffs ‚*arrange*' herrscht im Schrifttum noch Uneinigkeit darin, ob im Sinne eines ‚*arranging*' in der Federal Reserve Regulation T eine weite Auslegung gewollt ist[2235] oder ob mit Blick auf die Bezeichnung des § 402 SOA (2002) ‚*enhenced conflict of interest provision*' ein bestimmtes Maß an Mitwirkung durch die Gesellschaft für die Realisierung einer Zuwendung im Sinne der Norm gefordert werden muss[2236]. Es bleibt daher abzuwarten, welche Sichtweise in der Frage künftig von Bundesgerichten vertreten werden wird.

D. Zusammenfassende Vergleichsbetrachtung der vorgestellten Gesetzesnormen

Die bisherigen Ausführungen zeigen, dass das in den Jurisdiktionskreisen Delaware, Kalifornien und New York praktizierte Gesetzesrecht betreffend Geschäfte einer Corporation im Eigen-/Fremdinteresse ihrer *directors* und/ oder *officers* mehr Unterschiede als Gemeinsamkeiten aufweist. In welcher Hinsicht sich zwischen den einzelnen Vorschriften Antagonismen und Parallelen offenbaren, soll im Folgenden in puncto Geltungsbereich, Prüfungsverfahren und Rechtswirkungen erläutert werden. Differenziert wird dabei zwischen den Normen zu Darlehns- und Bürgschaftsgeschäften (sub II.) und den Normen, mit deren Erfüllung sich der Makel des Interessen-/

2231 Grenee, U.S.Regulation § 5.05(1), S. 5-47 (2017); SOA - § 402 Outline, S. 3 (2002).

2232 Vgl. § 13(k)(1) SEA (1934).

2233 Vgl. Envirokare Tech. Inc. V. Pappas, 420 F.Supp.2d 291, 294 (S.D.N.Y.2006); zugl. SAP - § 402 Outline, S. 3 ff. (2002); Power, 71 UMKC L.Rev. 911, 921 (2003).

2234 Romano, 114 Yale L.J. 1521, 1538 (2005); Power, 71 UMKC L.Rev. 911, 924 (2003); Brown, 38 U.Rich.L.Rev. 317, 361 (2004).

2235 Vgl. §§ 7, 11(d) EA (1933).

2236 Bejahend: SOA - § 402 Outline, S. 3, 6 f. (2002); Power, 71 UMKC L.Rev. 911, 921 (2003); Greene, U.S.Regulation, § 5.05(1), S. 5-46 (2017).

Pflichtenkonflikts eines *board*-Mitglieds (oder eines *officer*) von einem Geschäft einer Corporation beseitigen lässt (sub I.).

I. Antagonismen und Parallelen zwischen § 144 DGCL, § 310 CGCL und § 713 NYBCL

1. Anwendungsbereich der Normen

In ihrem Anwendungsbereich stimmen die *safe-harbor rules* in sachlicher Hinsicht darin überein, dass jeweils Geschäfte im Sinne eines Vertrages oder einer Transaktion einer Corporation erfasst werden, deren Gegenpartei entweder deren *directors* sind, eine Gesellschaftsform in der deren *directors* ebenfalls als solche amtieren oder an derer sie ein finanzielles Interesse haben. Unterschiede zeigen sich in persönlicher Hinsicht insoweit, als Geschäfte im Eigen-/Fremdinteresse eines *officer* einer Corporation nur von § 144 DGCL erfasst werden, nicht aber von § 310 CGCL oder § 713 NYBCL[2237]. In § 713 NYBCL wird der Terminus des *officer* lediglich in Bezug genommen, wenn es um Verträge zwischen zwei auf *director*- oder *officer*-Ebene verflochtene Corporations geht[2238]. Demnach gelten nach dem (Gesetzes-)Recht in Kalifornien und New York die *agency*-Regen, wenn non-*directors-officers* einer Corporation aufgrund eines Interessen-/Pflichtenkonflikts auf beiden Seiten eines Geschäfts ihrer Gesellschaft handeln[2239]. Darüber hinaus differieren die Regelungen darin, dass von § 144(a) DGCL jede Form von *financial interest* erfasst wird, während § 310(a) CGCL und § 713(a) NYBCL ein unwesentliches Interesse an der Gegenpartei einer Corporation ausklammern[2240]. Fernerhin wird nach § 310(a)/(b) CGCL hinsichtlich der Anforderungen wie auch in der Frage der Beweislastverteilung differenziert zwischen Verträgen einer Corporation im wesentlichen Interesse eines ihrer *directors* und solchen zwischen zwei auf *board*-Ebene verflochtenen Corporations. Eine diesbezügliche Unterscheidung wird weder in § 144 DGCL noch in § 713 NYBCL vorgenommen, weil sich mittels der darin bestimmten Kontrollverfahren sowohl der Makel des Interessen- wie auch des Pflichtenkonflikts eines *director* (oder *officer*) von einem Geschäft der Corporation beseitigen lässt[2241].

2237 Siehe m.N. unter Glpkt. § 7 A. I. 2.; § 7 A. II. 2. und § 7 A. III. 2.

2238 Vgl. § 713(a)/(b) NYBCL.

2239 ALI, Restat. (2d) of Agency, §§ 389-292.; siehe m.N. unter Glpkt. § 5 A. I.-III. und § 2 B.-C.

2240 Siehe m.N. unter Glpkt. § 7 A. III. 2. a).

2241 Vgl. § 144(a) vs. § 713(a) NYBCL vs. § 310(a)/(b) CGCL.

Schließlich zeigen sich Unterschiede hinsichtlich der Bestimmung eines sog. *,financial interest'*[2242]. Während die Delaware Gerichte nur solche Konfliktlagen als vom Wortlaut der Norm erfasst ansehen, in denen Leitungsorgane einer Corporation auf beiden Seiten des Geschäfts in Erscheinung treten oder aufgrund ihrer Stellung als Anteilseigner der Gegenpartei vom Geschäft ihrer Gesellschaft profitieren[2243], wird in New York eine weite Begriffsauslegung gehandhabt, so dass über die Aktionärsstellung hinaus auch Interessenlagen erfasst werden, die aus einer Geschäftsbeziehung zur Gegenpartei resultieren[2244]. In Kalifornien lassen zumindest die bisherigen Urteile zum Nonprofit Corporation Law darauf schließen, dass ein *,material financial interest'* im Sinne des § 310(a) CGCL auch aus einer zwischen *directors* der Corporation und deren Gegenpartei getroffenen und im Zusammenhang mit deren Geschäft stehenden Vereinbarung entstehen kann[2245]. Die Delaware Gerichte überprüfen solche Interessenkonflikte allein nach *case law*, so dass ein aus dem Geschäft einer Corporation für deren Leitungsorgane resultierender finanzieller Vor- oder Nachteil (der deren Gesellschaftern nicht gleichermaßen zugutekommt) nur dann treuwidrig ist, wenn er im Hinblick auf die Vermögensverhältnisse des betreffenden Leitungsorgans geeignet erscheint, dessen Unbefangenheit in der Willensbildung mit hinreichender Wahrscheinlichkeit zu beeinflussen[2246]. Parallelen im *case law* der drei Gliedstaaten zeigen sich wiederum darin, dass jene einem *director* (oder *officer*) im Zuge eines Geschäfts der Corporation zufließenden Vor- oder Nachteile finanzieller Art unschädlich sind, die gleichermaßen deren Aktionären zugutenkommen[2247].

2. Kontrollverfahren der Normen

In den jeweiligen Kontrollverfahren zur Beseitigung des Makels eines Interessen-/Pflichtenkonflikts von *directors* (oder *officers*) einer Corporation zeigen sich zum Teil gravierende Unterschiede in den Anforderungen an eine Zustimmung durch (Mehrheits-)Beschluss der *directors* oder Anteilseigner. Konform gehen die Regelungen nur darin, dass die Vermutung eines treuwidrigen Verwaltungshandelns neben einer entsprechenden Autorisierung des Geschäfts auch durch

2242 Vgl. § 144(a) vs. § 713(a) NYBCL vs. § 310(a) CGCL [hervorgehoben vom Verfasser].
2243 Siehe m.N. unter Glpkt. § 7 A. I. 2. a).
2244 Siehe m.N. unter Glpkt. § 7 A. III. 2. a).
2245 Siehe m.N. unter Glpkt. § 7 A. II. 2. a).
2246 Siehe m.N. unter Glpkt. § 7 I. 2. b) und § 2 B. I. 3.
2247 Siehe m.N. unter Glpkt. § 7 A. I. 2. a); § 7 A. II. 2. a) und § 7 A. III. 2. a).

den Nachweis der Fairness aus der Sicht der Corporation im Zeitpunkt seiner Autorisierung durch deren Organe widerlegt werden kann[2248].

a) Anforderungen an eine Zustimmung durch *board*-Mitglieder

Hinsichtlich der Vorgaben an einen Beschluss des *board* oder *board*-Komitee einer Corporation differieren die Vorschriften zunächst darin, dass nach § 144(a)(1) DGCL sowie nach § 310(a)(2)/(b)(1) CGCL, nicht aber nach § 713(a)(1) NYBCL eine Zustimmung in gutem Glauben für erforderlich erklärt wird[2249]. In § 713(a)(1) NYBCL nimmt das *good faith*-Merkmal ausschließlich Bezug auf die Verpflichtung zur Offenlegung des Interessen-/Pflichtenkonflikts eines *director* gegenüber den Entscheidungsträgern[2250]. Nach dem Gesetzesrecht New Yorks ließe sich allenfalls mit Blick auf § 717(a) NYBCL argumentieren, dass von einem *director* stets erwartet werden darf, Entscheidungen in gutem Glauben zu treffen[2251]. Weiterhin zeigen sich Unterschiede hinsichtlich der für eine Meinungsbildung erforderlichen Umstände: während in § 144(a)(1) DGCL und in § 310(a)(2)/(b)(1) CGCL von Kenntnis bzw. Offenlegung der das Geschäft und Eigen-/Fremdinteresse eines *director* (oder *officer*) betreffenden Umstände die Rede ist, reicht es für eine Zustimmung nach § 713(a)(1) NYBCL schon aus, wenn den Entscheidungsträgern nur die das Eigen-/Fremdinteresse eines *director* betreffenden Umstände bekannt waren[2252].

Gänzlich unterscheiden sich die Normen in den Vorgaben an einen gültigen Zustimmungsbeschluss: Am wenigsten restriktiv formuliert ist § 144(a)(1) DGCL, weil danach bereits ein Beschluss ausreicht, durch den die Mehrheit der unbefangenen *directors* einer Corporation für das Geschäft gestimmt hatte, selbst wenn diese zahlenmäßig keine beschlussfähige Mehrheit im Entscheidungsgremium bildeten. Grundvoraussetzung ist lediglich, dass die Mehrheit der unbefangenen *directors* einer Corporation in der Versammlung des *board* oder *board*-Komitee gleichfalls zumindest eine Mehrheit aller ins *board* zu berufenen bzw. ins *board*-Komitee gewählten *board*-Mitglieder bildet. Die Vorgaben der Norm würde demnach auch ein Plenarbeschluss erfüllen, durch den sich in Gegenwart der im Eigen-/Fremdinteresse handelnden *directors* der einzige als

2248 Siehe m.N. unter Glpkt. § 7 A. I. 4. c).; § 7 A. II. 4. a) cc) / b) cc) und § 7 A. III. 4. c).

2249 Siehe m.N. unter Glpkt. § 7 A. I. 4. a) bb); § 7 A. II. 4. a) aa) bbb) / 4. b) aa) und § 7 A. III. 4. a).

2250 Siehe m.N. unter Glpkt. § 7 A. III. 4. a) bb).

2251 Vgl. § 717(a) NYBCL.

2252 Siehe m.N. unter Glpkt. § 7 A. I. 4. a) cc); Glpkt. § 7 A. II. 4. a) aa) ccc) / 4. b) aa) und § 7 A. III. 4. a) bb).

unbefangen geltende *director* für das Geschäft ausgesprochen hatte. Gleichermaßen könnte die Zustimmung durch ein unbefangenes Ein-Mann-Komittee veranlasst werden, obwohl für dessen Besetzung die als befangen geltenden *directors* einer Corporation gesorgt haben[2253].

Streng am *case law* ausgerichtet sind hingegen die Vorgaben an eine wirksame Beschlussfassung von *directors* nach § 310(a)(2) CGCL oder nach § 310(b)(1) CGCL. Als Folge dessen ließe sich zum Beispiel in den beiden vorskizzierten Fällen kein wirksamer Beschluss im Plenum oder *board*-Komitee erzielen. Der Beschluss eines *board*-Komitees würde schon an den Voraussetzungen des § 311 CGCL scheitern, wonach ein *board*-Komitee aus mindestens zwei *directors* bestehen muss[2254]. Ein Plenarbeschluss wäre deshalb nicht formwirksam, weil hierfür stets eine beschlussfähige Mehrheit von unbefangenen *board*-Mitgliedern einer Corporation erforderlich ist[2255]. Problematisch können daher Fallsituationen werden, in denen befangene *directors* für Quorum-Zwecke berücksichtigt werden, weil diese dann als ‚anwesend' bei der Auszählung der abgegebenen Stimmen zur Ermittlung einer Beschlussmehrheit behandelt werden, so dass daran eine neutrale Beschlussmehrheit scheitern könnte, wenn sich unbefangene *directors* der Stimme enthalten oder gegen das Geschäft gestimmt haben[2256].

Das skizzierte Problem kann hingegen bei einem Beschluss nach § 713(a)(1) NYBCL nicht auftreten, weil es hierfür entweder eines Beschlusses einer beschlussfähigen Mehrheit unbefangener *directors* oder eines Beschlusses aller unbefangenen in das *board* bzw. ein *board*-Komitee gewählten *directors* bedarf[2257]. An der Einstimmigkeit würde es fehlen, wenn in der Sitzung des Entscheidungsgremiums nicht alle als unbefangen geltenden *directors* anwesend sind, weil der Wortlaut der Norm nicht auf die unbefangenen *directors* einer Corporation in einer Sitzung, sondern auf jene im Entscheidungsgremium abstellt[2258]. Demnach muss bei Geschäften einer Corporation im Eigen-/Fremdinteresse von nahezu allen *directors* (soweit sich deren Autorisierung nicht durch die Beschlussfassung eines *board*-Komitees erreichen lässt) dafür gesorgt werden, dass alle unbefangenen *directors* des Gremiums in dessen Sitzung erschienen sind. Mit Blick auf die Regel in § 712(a) NYBCL, wonach auch Ein-Mann-Komitees gebildet werden

2253 Siehe m.N. unter Glpkt. § 7 A. I. 3. b) bb) bbb) und § 7 A. I. 4. a) aaa).
2254 Vgl. § 311 CGCL.
2255 Siehe m.N. unter Glpkt. § 7 A. II. 4. a) aa) aaa).
2256 Siehe m.N. unter Glpkt. § 7 A. II. 4. a) aa) aaa).
2257 Siehe m.N. unter Glpkt. § 7 A. III. 4. a) aa) aaa)-bbb).
2258 Siehe m.N. unter Glpkt. § 7 A. III. 4. a) aa) aaa)-bbb).

können, ließe sich diese Vorkehrung mit einer Versammlung des Ein-Mann-Komitees stets erzielen.

Gemeinsamkeiten in der Frage der Gültigkeit einer Zustimmung unbefangener *directors* zeigen sich zwischen den Regelungen lediglich darin, dass ein im Eigen-/Fremdinteresse handelnder *director* an der Versammlung wie auch an der Beschlussfassung im Plenum oder *board*-Ausschuss teilnehmen und/oder mitwirken und zwecks Feststellung einer Beschlussfähigkeit des Gremiums einbezogen werden kann[2259]. Wiederum die Spruchpraxis der Gerichte hinsichtlich der Auslegung des Begriffs ‚*(dis)interested*' gibt in allen drei Rechtsordnungen zu erkennen, dass nur jene *directors* als unbefangen betrachtet werden, die weder im Sinne der Norm auf beiden Seiten des Geschäfts einer Corporation auftreten noch damit ein wesentliches finanzielles Interesse verfolgen, das für einen Entscheidungsträger einen nicht zugleich allen Gesellschaftern einer Corporation zufließenden Vermögensvorteil/-nachteil erwarten lässt[2260]

b) Anforderungen an eine Zustimmung durch Gesellschafter

Würdigt man die gesetzlichen Kriterien für die Autorisierung eines Geschäfts durch die Anteilseigner, bestehen diesbezüglich nur insoweit Parallelen, als stimmberechtigte Gesellschafter handeln müssen und grundsätzlich eine Beschlussmehrheit in einer beschlussfähigen Aktionärsversammlung genügen würde, soweit nicht die Satzung andere Mehrheitserfordernisse generell oder bezüglich des Geschäfts regelt[2261]. Divergierende Voraussetzungen bestehen zunächst hinsichtlich des Kenntnisstandes der Gesellschafter: während nach § 144(a)(2) DGCL und nach § 310(a)(1)/(b)(1) CGCL sowohl die wesentlichen Umstände des Geschäfts wie auch des Eigen-/Fremdinteresses eines *director* (oder *officer*) offengelegt sein müssen, ist nach § 713(a)(2) NYBCL keine Aufklärung über die wesentlichen Geschäftsumstände geboten[2262]. Überdies zeigen sich Unterschiede darin, das eine Zustimmung der Aktionäre in gutem Glauben nur in § 144(a)(2) DGCL und § 310(a)(1)/(b)(1) CGCL gefordert wird, nicht aber in § 713(a)(2) NYBCL[2263]. In § 713(a)(2) NYBCL bezieht sich das

2259 Siehe m.N. unter Glpkt. § 7 A. I. 4. a); § 7 A. II. 4. a) aa) / 4. b) aa) und § 7 A. III. 4. a).

2260 Siehe m.N. unter Glpkt. § 7 A. I. 2. a); § 7 A. II. 2. a) und § 7 A. III. 2. a).

2261 Siehe m.N. unter Glpkt. § 7 A. I. 4. b); § 7 A. II. 4. a) bb) / b) bb) und § 7 A. III. 4. b).

2262 Siehe m.N. unter Glpkt. § 7 A. I. 4. b) cc); § 7 A. II. 4. b) aa) ccc) / 4. b) bb) und § 7 A. III. 4. b) bb).

2263 Siehe m.N. unter Glpkt. § 7 A. I. 4. b) bb); § 7 A. II. 4. b) aa) bbb) / 4. b) bb) und § 7A. III. 4. b).

‚*good faith*‘-Merkmal hingegen nicht auf die Erklärung selbst, sondern auf die Verpflichtung eines *director* zur Offenlegung seines Interessen-/Pflichtenkonflikts[2264].

Letztlich unterscheiden sich die *safe harbor rules* in den Anforderungen an einen Aktionärsbeschluss, weil bloß in § 310(a)(1) CGCL bestimmt ist, dass die Stimmanteile befangener *director-shareholders* zur Ermittlung einer Beschlussmehrheit (und eines Quorums) in der Versammlung außer Acht bleiben[2265]. Anders verhält es sich bei Geschäften im Sinne des § 310(b) CGCL, weil dem § 310(b)(1) 2. HS CGCL eine dem § 310(a)(1) CGCL wortlautgleiche Regelung fehlt mit der Folge, dass die Stimmanteile eines doppelt mandatierten bzw. in einer Pflichtenkollision handelnden *director* zur Feststellung einer beschlussfähigen Mehrheit in einer Gesellschafterversammlung Berücksichtigung finden[2266]. Insoweit wiederum gleicht § 310(b)(1) 2.HS. CGCL dem § 144(a)(2) DGCL und § 713(a)(2) NYBCL, weil danach auch die Stimmanteile von befangenen *directors* (*officers*) berücksichtigt werden dürfen[2267]. Die insoweit bestehenden Unterschiede zwischen den Normen kommen in Konstellationen zum Tragen, in denen mutmaßlich treuwidrig agierende *directors* (oder *officers*) zugleich herrschender Aktionär sind. Während sich in diesen Fällen das Geschäft nach § 144(a)(2) DGCL wie auch nach § 713(a)(2) NYBCL stets bzw. nur unter Mitwirkung des herrschenden *director(/officer)*-Gesellschafters autorisieren ließe, würde eine wirksame Zustimmung nach § 310(a)(1) CGCL nur vorliegen, wenn diese auch durch eine beschlussfähige Mehrheit unter den Minderheitseignern einer Corporation zustande gekommen ist[2268]. Wegen der Subsidiarität gegenüber § 310(a) CGCL wäre § 310(b)(1) 2. HS CGCL nicht anwendbar[2269].

3. Rechtswirkungen der Normen

In ihren Rechtswirkungen gleichen sich die *safe-harbor rules* darin, dass Geschäfte einer Corporation nach einer entsprechenden Autorisierung oder nach Darlegung ihrer Fairness nicht mehr zur Aufhebung oder Rückabwicklung gebracht werden können, weil *directors* (oder *officers*) der Corporation auch auf Seiten der Gegenpartei gehandelt haben, an ihr ein (wesentliches) finanzielles Interesse

2264 Siehe m.N. unter Glpkt. § 7 A. III. 4. a) bb).
2265 Siehe m.N. unter Glpkt. § 7 A. II. 4. a) bb) aaa)
2266 Siehe m.N. unter Glpkt. § 7 A. II. 4. b) bb).
2267 Siehe m.N. unter Glpkt. § 7 A. I. 4. b) aa) und § 7 A. III. 4. b) aa) aaa).
2268 Siehe m.N. unter Glpkt. § 7 A. II. 4. a) bb) aaa)
2269 Siehe m.N. unter Glpkt. § 7 A. II. 3. c).

besitzen und/oder an der Beschlussfassung des *board* oder *board*-Komitees über die Vornahme des Geschäfts teilgenommen oder mitgewirkt haben[2270]. Darüber hinaus kann ein nur nach den Regelungskriterien autorisiertes Geschäft einer Corporation grundsätzlich aus anderen rechtlich zulässigen Gründen klageweise zur Anfechtung gebracht werden[2271]. Demnach liegt das ‚*safe-harbor*'-Prinzip einer jeden Norm nicht darin, die Wirksamkeit eines Geschäfts mit Erfüllung der Norm herzustellen, sondern bloß in der Bereitstellung von drei Methoden, mit denen sich das Anfechtungsrecht aus (vorerwähnten) explizit in der Norm benannten Gründen beseitigen lässt. Unterstrichen wird dieses Regelungsziel durch den negativ gestalteten Wortlaut einer jeden Vorschrift. Mit einer Zustimmung im Sinne der Vorschrift kann daher nur ein limitierter *safe harbor* erzielt werden, weil Geschäfte weiter nach den *equitable common law rules* zur Treueverpflichtung überprüfbar bleiben.

Unterschiede bestehen jedoch in der Frage der Wirkung einer Zustimmung im Sinne einer Norm auf den für Entscheidungen von *board*-Mitgliedern oder Aktionären nach *case law* geltenden Kontrollmaßstab. Grund hierfür ist, dass § 713(b) NYBCL wie auch § 310(a)(3) CGCL eine Beweislastregel enthalten[2272], der § 144 DGCL aber über eine solche nicht verfügt[2273]. Als Folge dessen kann ein nach Maßgabe des § 144(a)(1)/(2) DGCL ergangener Beschluss den gerichtlichen Prüfungsmaßstab nur beeinflussen, wenn er die Kontrollkriterien der *business judgment rule* oder *shareholder ratification rule* erfüllt[2274]. Jüngste Urteile der Delaware Gerichte haben den insoweit begrenzten Normzweck bestätigt[2275]. Nicht anders verhält es sich bei Beschlüssen im Sinne des § 713(a)(1)/(2) NYBCL, weil der § 713(b) NYBCL zur Frage der Beweislastverteilung lediglich insoweit eine Aussage trifft, als der Gegenpartei einer Corporation der Nachweis für die Fairness des Geschäfts in Fällen obliegt, in denen eine Autorisierung des Geschäfts nach § 713(a)(1)((2) NYBCL nicht vorliegt[2276]. Hinzu kommt, dass die in § 713(a) NYBCL bestimmten Vorgaben an eine Entscheidungsfindung von *directors* oder Aktionären in einigen Punkten unterhalb der Schwelle des *case law* liegen[2277]. Schließlich wird der Vorschrift durch die Gerichte keine

2270 Siehe m.N. unter Glpkt. § 7 A. I. 3. e); § 7 A. II. 3. c) und § 7 A. III. 3. d).
2271 Siehe m.N. unter Glpkt. § 7 A. I. 3. e); § 7 A. II. 3. c) und § 7 A. III. 3. d).
2272 Siehe m.N. unter Glpkt. § 7 A. II. 3. b) und § 7 A. III. 3. b)-d)
2273 Siehe m.N. unter Glpkt. § 7 A. I. 3. b) bb).
2274 Siehe m.N. unter Glpkt. § 7 A. I. 3. d). und § 2 C. I.
2275 Siehe m.N. unter Glpkt. § 7 A. I. 3. c). ee).
2276 Vgl. § 713(b) NYBCL.
2277 Siehe m.N. unter Glpkt. § 7 A. III. 3. b).

weitergehende Rechtswirkung hinsichtlich der Beweislastverteilung zwischen den Parteien beigemessen[2278].

Im Vergleich dazu lässt die Beweislastregel in § 310(a)(3) CGCL und der Normwortlaut auf eine den gerichtlichen Kontrollmaßstab beeinflussende Wirkung bei den Geschäften einer Corporation schließen, die im Sinne des § 310(a)(1)/(2) CGCL bzw. nach § 310(b)(1) 1./2. HS CGCL autorisiert worden sind. Hinzu kommt, dass die jeweiligen Anforderungen an eine Entscheidung im Sinne dieser Normen den Prinzipien des *case law* genügen, so dass eine Zustimmung im Sinne des § 310 CGCL zwangsläufig auch den gerichtlichen Beurteilungsstandard für Unternehmensentscheidungen zu beeinflussen vermag[2279]. In Fällen der Autorisierung des Geschäfts durch die Aktionäre nach § 310(a)(1) bzw. § 310(a)(1) CGCL liegt eine den Kontrollmerkmalen der *shareholder ratification rule* entsprechende Meinungsbildung vor, so dass die richterliche Prüfung in den Grenzen des Handlungsermessens einer Aktionärsmehrheit bleibt. Wiederum eine auf den Fehlgebrauch des Handlungsermessens von *directors* begrenzte gerichtliche Prüfung rechtfertigt sich bei einer den Kriterien des § 310(b)(1) 1.HS CGCL genügenden Zustimmung. Eine eingehendere Analyse nach den Kriterien der Fairness zieht bloß eine Zustimmung im Sinne des § 310(a)(2) CGCL nach sich, weil danach ein Geschäft auch ‚*just and reasonable*' sein muss; dennoch lässt ein solcher Beschluss zugunsten des Beklagten auf die Fairness des Geschäfts schließen, so dass es dem Kläger obliegt, darzulegen, dass das Merkmal vorliegt, wenn er sich darauf berufen sollte bzw. Tatsachen für dessen Nichtvorliegen vorzutragen wenn er die Vermutungswirkung entkräften will[2280]. Eine entsprechende Rechtswirkung wird durch die bisherige Spruchpraxis zu § 310(a) CGCL belegt[2281].

II. Antagonismen und Parallelen zwischen § 143 DGCL, § 315 CGCL und § 714 NYBCL

1. Anwendungsbereich der Normen

In ihrem Geltungsbereich gleichen sich § 143 DGCL, § 315 CGCL und § 714 NYBCL lediglich darin, dass jeder der Vorschriften Geschäfte im Sinne eines Darlehens oder einer Bürgschaft unterfallen[2282]. Unterschiede bestehen insoweit,

2278 Siehe m.N. unter Glpkt. § 7 A. III. 3. c).
2279 Siehe m.N. unter Glpkt. § 7 A. II. 3. c).
2280 Vgl. § 310(a)(2) i.V.z. § 310(a)(3) CGCL.
2281 Siehe m.N. unter Glpkt. § 7 A. II. 3. b).
2282 Siehe m.N. unter Glpkt. § 7 B. I. 1.; § 7 B. II. 1 und § 7 B. III. 1

als § 315 CGCL auch die Verleihung von Unternehmensgütern erfasst und § 143 DGCL auch die Unterstützung einer Corporation gegenüber Angestellten miteinschließt[2283]. In persönlicher Hinsicht differieren die Normen darin, dass der § 315(a) CGCL für *directors* wie *officers* gleichermaßen gilt, während in § 714(a) NYBCL nur die *directors* und in § 143 DGCL nur die leitenden und sonstigen Angestellten einer Corporation in den Geltungsbereich der Norm miteinbezogen sind[2284]. Demzufolge unterliegen Geschäfte im Sinne des § 143 DGCL mit oder im Interesse eines *director* nach Delaware Law ausschließlich dem § 144 DGCL (soweit der *director* nicht ebenso als *officer* fungiert). Nach dem Recht New Yorks wäre nach *case law* zu verfahren, wenn eine Corporation zugunsten eines ihrer non-*director officers* ein Darlehen zu begeben oder eine Bürgschaft zu übernehmen beabsichtigt. Schließlich enthält § 315 CGCL im Vergleich zu § 143 DGCL und § 714 NYBCL Ausnahmetatbestände, so dass zum Beispiel eine Corporation Darlehen zwecks Ausübung von Aktienoptionen vergeben könnte, ohne dass es einer Erfüllung der Vorgaben für eine Zustimmung im Sinne der Regelung bedürfte[2285].

2. Kontrollverfahren der Normen

a) Anforderungen an eine Zustimmung durch *board*-Mitglieder

In der Frage der Form der Autorisierung eines im Geltungsbereich einer Norm liegenden Geschäfts gleichen sich die Regelungen lediglich darin, dass *directors* durch Plenarbeschluss zu entscheiden haben; nicht vorgesehen ist die Möglichkeit einer Autorisierung durch Beschluss eines *board*-Ausschusses. Zwar wird in allen Normen die Überzeugung der Entscheidungsträger von der Nützlichkeit des Geschäfts für die Corporation unterstrichen; ein Handeln in gutem Glauben an die Nützlichkeit wird allerdings nur in § 143 DGCL gefordert. Der § 315(b) CGCL und § 714(a)(2) NYBCL verlangt nur, dass die Nützlichkeit des Geschäfts für die Gesellschaft durch die *board*-Mitglieder einzuschätzen sei[2286]. Unterschiede zeigen sich ferner darin, dass die Autorisierung des Geschäfts durch einen *board*-Beschluss nach § 315(b) CGCL sowie nach § 714(a)(2) NYBC nur unter besonderen Voraussetzungen zulässig ist: Nach § 315(b) CGCL, falls sich die ausstehenden Stimmanteile der Corporation zur Zeit der (möglichen) Zustimmung in den Händen von 100 oder mehr Inhabern befinden und eine

2283 Vgl. § 143 DGCL vs. § 315(a) CGCL vs. § 714(a) NYBCL
2284 Siehe m.N. unter Glpkt. § 7 B. I. 1.; § 7 B. II. 1 und § 7 B. III. 1
2285 Vgl. § 143 DGCL vs. § 315(f) CGCL vs. § 714 NYBCL
2286 Siehe m.N. unter Glpkt. § 7 B. I. 2.; § 7 B. II. 2. und § 7 B. III. 2.

Ermächtigung zum Handeln durch einen *board*-Beschluss aus einer durch die Aktionäre autorisierten Satzungsregel hervorgeht[2287]. Der § 714(a)(2) NYBCL setzt hingegen voraus, dass die Corporation entweder vor dem 22. Februar 1998 gegründet worden ist oder - soweit die Gesellschaft an dem benannten Tag oder später entstanden ist -, dass eine mögliche Autorisierung eines Vertrages per *board*-Beschluss aus der Satzung hervorgeht[2288]. Im Vergleich dazu lassen sich Verträge im Sinne des § 143 DGCL stets per *board*-Beschluss autorisieren.

Darüber hinaus unterscheiden sich die Normen auch in den Anforderungen an einen - wiederum nach § 144(a)(1) DGCL, § 310(a)(2) CGCL oder § 713(a)(1) NYBCL zu würdigenden - Plenarbeschluss[2289]. Demnach würde eine Zustimmung nach § 315(b) CGCL nur als wirksam beurteilt werden können, wenn sich eine beschlussfähige Mehrheit unbefangener *directors* für das Geschäft ausgesprochen hatte[2290]. Im Vergleich dazu würde es nach § 143(a) i.V.m. § 144(a)(1) DGCL - bei Geschäften einer Corporation zugunsten eines *director-officer/employee* - genügen, wenn die Mehrheit der ins Amt berufenen und in der Plenarsitzung vertretenen unbefangenen *directors* einer Corporation für das Geschäft votiert hatte, selbst deren Anzahl keine beschlussfähige Mehrheit unter allen *board*-Mitgliedern ausmachen würde[2291]. Angesichts des persönlichen Geltungsbereichs des § 714 NYBCL muss zur Autorisierung des Geschäfts zwangsläufig ein den Vorgaben des § 713(a)(1) HS 1 oder 2 NYBCL genügender Beschluss vorliegen, weil Geschäfte im Sinne des § 714 NYBCL für den davon begünstigten *director* einen Interessenkonflikt nach § 713(a) NYBCL begründen und demzufolge (auch) einer Erfüllung dieser Vorschrift bedürfen[2292]. Über die Unbefangenheit der Entscheidungsträger hinaus sollte der Beschluss allen Kriterien genügen, welche es gemäß § 144(a)(1) DGCL, § 310(a)(2) CGCL oder § 713(a)(1) NYBCL für eine wirksame Beschlussfassung durch *board*-Mitglieder zu erfüllen gilt[2293].

2287 Vgl. § 315(b) CGCL.

2288 Vgl. § 714(a)(2) NYBCL.

2289 Siehe m.N. unter Glpkt. § 7 D. I. 2. a) und § 7 A. I. 4. a) aa); § 7 A. II. 4. a) aa) aaa) und § 7 A. III. 4. a) aa) aaa).

2290 Siehe m.N. unter Glpkt. § 7 D. I. 2. a) und § 7 A. II. 4. a) aa) aaa).

2291 Siehe m.N. unter Glpkt. § 7 D. I. 2. a) und § 7 A. I. 4. a) aa).

2292 Siehe m.N. unter Glpkt. § 7 D. I. 2. a) und § 7 A. III. 4. a) aa) aaa).

2293 Siehe m.N. unter Glpkt. § 7 D. I. 2. a) und § 7 A. I. 4. a) aa); § 7 A. II. 4. a) aa) aaa) und § 7 A. III. 4. a) aa) aaa).

b) Anforderungen an eine Zustimmung durch Gesellschafter

Die Maßgabe der Autorisierung eines Geschäfts im Sinne der Norm durch die Gesellschafter einer Corporation ist lediglich in § 315(a) CGCL und § 714(a) NYBCL, nicht aber in § 143 DGCL vorgesehen; nach Delaware Law bedarf es stets eines die Kriterien des § 143 DGCL erfüllenden *board*-Beschlusses. Im Vergleich zum § 315 CGCL, der einen Gesellschafterbeschluss ausdrücklich für erforderlich erklärt, eröffnet § 714(a) NYBCL jedenfalls die Möglichkeit für eine Autorisierung durch *board*-Beschluss[2294]. Darüber hinaus differieren der § 714(a)(1) NYBCL und der § 315(a) CGCL auch insoweit voneinander, als ein Mehrheitsbeschluss der Anteilseigner nach § 714(a)(1) NYBCL nur unter Außerachtlassung von etwaigen Stimmrechten befangener *directors* zustande kommen kann[2295]. Im Vergleich dazu eröffnet der § 315(g) CGCL die Möglichkeit eines Gesellschafterbeschlusses unter Einbeziehung der Stimmrechte eines befangenen Leitungsorgans in Fällen, in denen die Zustimmung der Aktionäre einstimmig war[2296].

3. Rechtswirkungen der Normen

Betrachtet man schließlich die Frage der Rechtswirkung einer Erfüllung der benannten Normen auf den Rechtsstatus eines Geschäfts, so gleichen sie sich darin, dass sie einen Zustimmungsvorbehalt regeln. Ein nicht im Sinne einer Vorschrift autorisiertes Geschäft einer Corporation begründet demzufolge stets die Vermutung für ein die Anfechtung des Geschäfts berechtigendes treuwidriges Verwaltungshandeln. Zudem führt die Nichterfüllung der Norm zu einer Haftung des Begünstigten gegenüber der Gesellschaft (neben einer Haftung der Gegenpartei) auf Herausgabe des erlangten Etwas nebst etwaigen Zinsen[2297]. Hat das Geschäft jedoch eine Autorisierung nach Maßgabe der jeweiligen Vorgaben einer Norm erhalten, dürfte eine von *board*-Mitgliedern oder Gesellschaftern getroffene Entscheidung zu einer beschränkten richterliche Überprüfung im Sinne der *business judgment rule* oder *shareholder ratification rule* führen, wenn der Entscheidungsfindungsprozess auch ansonsten den Kriterien dieser beiden Institute genügt[2298].

2294 Siehe m.N. unter Glpkt. § 7 B. III. 2.

2295 Siehe m.N. unter Glpkt. § 7 B. III. 2.

2296 Siehe m.N. unter Glpkt. § 7 B. II. 2.

2297 Siehe m.N. unter Glpkt. § 7 B. I. 3.; § 7 B. II. 3. und § 7 B. III. 3.

2298 Siehe m.N. unter Glpkt. § 2 B.-C.

Ungeachtet der Autorisierung eines Geschäfts gemäß § 143 DGCL, § 315 CGCL oder § 714 NYBCL wird ein solches nur dann richterliche Bestätigung finden:

- wenn die Corporation nicht eine im Geltungsbereich des SOA (2002) liegende Gesellschaft ist, oder
- sofern die Corporation dem SOA (2002) unterfällt, das Geschäft nicht zugunsten eines *director* oder als *executive officer* geltenden Amtsträgers wirkt, oder
- sofern die Corporation dem SOA (2002) unterfällt und das Geschäft einen *director* oder *executive officer* begünstigt, einer der Ausnahmetatbestände des § 402 SOA (2002) einschlägig ist[2299].

2299 Siehe m.N unter Glpkt. § 7 C. I.

§ 8 Ergebnisse der Untersuchung in Thesen

Die in dieser Niederschrift erzielten Erkenntnisse sollen nunmehr thesenförmig dargestellt werden. Dabei wird der Fokus auf die Korrelation zwischen dem geschriebenen und gesprochenen Recht gelegt wie es in den Jurisdiktionskreisen Delaware, Kalifornien und New York in der Frage der Beurteilung der Wirksamkeit von Geschäften im Eigen-/Fremdinteresse von Unternehmensleitern Anwendung findet.

A. Geltendes Recht zu Geschäften im Eigen-/Fremdinteresse von Unternehmensleitern

1) Die Gesetze zum Corporation Law in den benannten Rechtsordnungen enthalten *safe-harbor rules*, deren Erfüllung dazu führt, dass eine Corporation Geschäfte im Eigen-/Fremdinteresse ihrer *directors* (oder *officers*) nicht aufgrund einer aus dem Interessen-/Pflichtenkonflikt eines *director* (oder *officer*) resultierenden Vermutung für treuwidriges Verhalten vernichten kann[2300].
2) Als *safe-harbor rules* gelten jeweils § 144 DGCL, § 310 CGCL und § 713 NYBCL, weil jede der Normen bestimmte Kontrollverfahren anbietet, mit deren Erfüllung Leitungsorgane ihren aus dem Eigen-/Fremdinteresse am Geschäft der Corporation resultierenden Konflikt mit der Treuepflicht auflösen und die damit einhergehende Vermutung eines treuwidrigen Handelns beseitigen können[2301].
3) Corporations, welche nicht im Geltungsbereich der Verbotsregelung des § 402 SOA (2002) liegen, können zugunsten ihrer *directors* oder *officers* Darlehen vergeben oder Bürgschaften übernehmen, wenn das Geschäft autorisiert wurde nach § 143 DGCL, § 315 CGCL oder §§ 714, 713 NYBCL[2302].
4) Geschäfte einer Corporation im Eigen-/Fremdinteresse ihrer Leitungsorgane müssen in der Frage ihrer Wirksamkeit neben dem Gesetzesrecht auch den *equitable common law rules* zur Loyalitätspflicht von Leitungsorganen Rechnung tragen, weil der Bereich des *case law* zur Frage der Loyalitätspflicht und

---

2300 Siehe m.N. ab S. 283 ff., 340 ff. und 369 ff.

2301 Siehe m.N. ab S. 324 ff., 359 ff. und 390 ff.

2302 Siehe m.N. ab S. 448, 449 und 451.

deren Ausprägungsformen nicht gänzlich in den *safe-harbor rules* kodifiziert worden ist[2303].

5) Als ergiebig für eine Formulierung der *equitable common law rules* zur Loyalitätspflicht von Leitungsorganen erscheint die richterliche Praxis, welche sich seit Mitte des letzten Jahrhunderts zur Frage der Beurteilung von Geschäften im Eigen-/Fremdinteresse von Verwaltungsorganen herausgebildet hat, weil die hierzu im Vorfeld ergangenen Urteile noch uneinheitlich in der Beurteilungsmethodik ausfielen[2304].

B. Richterliche Rechtsfortbildung der *equitable common law rules*

6) In den Bundesstaaten verlief die Entwicklung der *equitable common law rules* zur Beurteilung des Anfechtungsrechts einer Corporation wegen eines Eigen-/Fremdinteresses ihrer Leitungsorganen unterschiedlich[2305].
7) Während sich in New York eine über 100-jährige richterliche Rechtsfortbildung belegen lässt[2306], können Kalifornien und Delaware auf einen über 60-jährigen Prozess in der Entwicklung des Rechts zu Geschäften einer Corporation im Eigen-/Fremdinteresse von Leitungsorganen zurückblicken[2307].
8) Durch bundesrechtliche Normen wurde die Methode der einzelstaatlichen Gerichte in der Kontrolle von Geschäften einer Corporation im Eigen-/Fremdinteresse von Leitungsorganen nur innerhalb der Grenzen der jeweiligen Norm beeinflusst[2308].
9) Anders als in Kalifornien und Delaware haben die Gerichte New Yorks in den Kontrollkriterien für die Beurteilung der Wirksamkeit von Geschäften einer Corporation im Eigen-/Fremdinteresse von Verwaltungsorganen einen Wandel durchlaufen von der anti-*fairness* Methode über die pro-*fairness* Methode bis hin zur pur-*fairness* Methode[2309].

2303 Siehe m.N. ab S. 304 ff., 349 ff. und 381 ff.
2304 Siehe m.N. ab S. 247 ff., 257 ff. und 265 ff.
2305 Siehe m.N. ab S. 163 ff. und 225 ff.
2306 Siehe m.N. ab S. 265 ff.
2307 Siehe m.N. ab 241 ff. und 257 ff.
2308 Siehe m.N. ab S. 275 ff.
2309 Siehe m.N. ab S. 241 ff., 257 ff. und 265 ff.

10) Die Gerichte Kaliforniens und Delawares gehören zu der Gruppe jener einzelstaatlichen Gerichte, welche von Anbeginn in ihrer Rechtsprechung hinsichtlich der Konfliktsituation bei Geschäften im Eigen-/Fremdinteresse von Unternehmensleitern differenzierten. Ein Wandel in der Prüfungsweise ist daher in deren Urteilen nur bei Geschäften im Eigeninteresse von Leitungsorganen zu belegen und zwar von den Kriterien der pro-*fairness* Methode hin zu denen der pur-*fairness* Methode[2310]; bei Geschäften zwischen Corporations mit *interlocking directorate* wurde von Anbeginn nach der pur-*fairness* Methode verfahren[2311].
11) Nicht zuletzt am Beispiel der inhomogenen Spruchpraxis Kaliforniens im 19. Jahrhundert lässt sich die in der Lehre als vorherrschend angesehene Theorie widerlegen, wonach noch um 1880 herum ein homogenes Prüfungsverfahren insoweit Anwendung fand, als Geschäfte im Eigeninteresse von *directors* und jene zwischen personell auf der Ebene des *board* verflochtene Corporations ohne Rücksichtnahme auf deren mögliche sachliche und prozedurale Fairness aus Sicht der Corporation anfechtbar waren und durch bloßen Hinweis auf den Interessen-/Pflichtenkonflikt selbst dann aufgehoben werden konnten, wenn die klagende Corporation durch beschlussfähige mehrheitlich unbefangene und unabhängige *board*-Mitglieder vertreten worden war[2312].

C. Korrelation zwischen dem Richter- und Gesetzesrecht

I. Anzustellende Erwägungen jenseits der normspezifischen Anforderungen

12) Geschäfte im Geltungsbereich der §§ 143, 144 DGCL, §§ 310, 315 CGCL oder §§ 713, 714 NYBCL werden ungeachtet ihrer Autorisierung im Sinne der jeweiligen Norm nur Bestand haben können, wenn sich deren Bedingungen nicht aus Sicht der Gesellschaft als betrügerisch, rechts(-satzungs-) widrig oder verschwenderisch erweisen[2313].
13) Geschäfte im Geltungsbereich des § 144 DGCL, § 310 CGCL oder § 713 NYBCL sind nur insoweit einer Autorisierung durch Beschluss eines

2310 Siehe m.N. ab S. 242 ff. und 257 ff.
2311 Siehe m.N. ab S. 245 ff. und 260.
2312 Siehe m.N. ab S. 199 ff.
2313 Siehe m.N. ab S. 68 ff. und 84 ff.

board-Ausschusses einer Corporation zugänglich, als deren Gegenstand keinen Plenarbeschluss der *directors* einer Corporation erforderlich macht; maßgebend sind insoweit das Gesetz und die Satzung der Gesellschaft[2314].

14) Geschäfte im Geltungsbereich der §§ 143, 144 DGCL, §§ 310, 315 CGCL oder §§ 713, 714 NYBCL unterliegen ungeachtet einer Autorisierung im Sinne der jeweiligen Norm einer gesonderten Kontrolle im Lichte der *equitable common law rules* zur Treuepflichtenbindung von Verwaltungsorganen, wenn die im Eigen-/Fremdinteresse handelnden Leitungsorgane in persona oder zusammen als herrschender Gesellschafter der Corporation zu qualifizieren sind[2315].

II. Maßnahmen zur Sicherung einer beschränkten richterlichen Prüfung eines Geschäfts

15) Jenseits der Erfüllung der Kriterien für einen Plenarbeschluss von *board*-Mitgliedern im Sinne der §§ 143, 144 DGCL, §§ 310, 315 CGCL oder §§ 713, 714 NYBCL wird deren Entscheidung von der *business judgment rule* grundsätzlich nur in Fällen geschützt sein, in denen
   - (i) in einer wirksam einberufenen Versammlung eine beschlussfähige Mehrheit von unbefangenen wie unabhängigen *directors* vertreten war (wobei ein als befangen geltender *director* zum Zwecke der Feststellung einer Beschlussfähigkeit Berücksichtigung finden darf)[2316];
   - (ii) für Beratungszwecke neutrale Rechts- und/oder Finanzexperten konsultiert und deren Analyse mit in die Entscheidungsfindung einbezogen worden ist;
   - (iii) die als befangen geltenden Leitungsorgane davon abgesehen haben, am Aushandeln der Inhalte des Geschäfts mitzuwirken, Vertragsdokumente (mit) zu entwerfen und am Prozess zur Beratung und Beschlussfassung der Entscheidungsträger teilzunehmen und
   - (iv) sich eine beschlussfähige Mehrheit der unbefangenen *directors* in der Versammlung in gutem Glauben und in Kenntnis der wesentlichen Umstände ohne unlautere Einflussnahme auf die Willensbildung für das Geschäft ausgesprochen hatte[2317].

2314 Siehe m.N. ab S. 304 ff., 349 ff. und 381 ff.

2315 Siehe m.N. ab S. 84 ff. und 190 ff.

2316 Vgl. § 144(b) DGCL; § 310(c) CGCL; § 713(c) NYBCL.

2317 Siehe m.N. ab S. 68 ff. und 89 ff.

16) Jenseits einer Erfüllung der Kriterien für einen Beschluss der Mitglieder eines *board*-Ausschusses im Sinne des § 144 DGCL, § 310 CGCL oder § 713 NYBCL wird deren Entscheidung von der *business judgment rule* grundsätzlich nur in Fällen geschützt sein, in denen
    (i) sich der *board*-Ausschuss aus unabhängigen sowie unbefangenen Mitgliedern zusammensetzt, welche nicht von solchen als befangen geltenden *board*-Mitgliedern ausgewählt worden sind;
    (ii) die Komiteemitglieder nicht nur ermächtigt sind, das Geschäft der Corporation zu autorisieren, sondern auch die Befugnis besitzen, dessen Bedingungen auszuhandeln, für Beratungszwecke auf neutrale Rechts- und Finanzexperten zu rekurrieren (also nicht nur auf die Rechtsabteilung der Corporation) und sich im Zweifel gegen das Geschäft auszusprechen, und
    (iii) sich eine beschlussfähige Mehrheit der unbefangenen Komiteemitglieder in der Versammlung in gutem Glauben und in Kenntnis der wesentlichen Umstände ohne unlautere Einflussnahme auf die Willensbildung für das Geschäft ausgesprochen hatte[2318].

17) Eine Entscheidungsfindung von *directors* sollte mit Blick auf den Wortlaut vorerwähnter Normen stets in einer formell wirksam einberufenen Versammlung erfolgen[2319], zumal mit einem Beschluss nach sorgfältiger Beratung und Willensbildung auch den Vorgaben an ein ‚*informed judgment*' im Sinne der *business judgment rule* Rechnung getragen wird[2320].
18) Als unbefangen gelten *directors* einer Corporation, die weder nach § 144 DGCL, § 310 CGCL oder § 713 NYBCL aufgrund ihres (faktischen) Handelns auf Seiten der Gegenpartei als befangen gelten noch ein - nicht gleichermaßen allen Aktionären der Corporation zugute kommendes - wesentliches finanzielles Interesse mit dem Geschäft ihrer Corporation zu realisieren versuchen[2321].
19) Als wesentlich gilt ein finanzielles Interesse, wenn der dem betreffenden Leitungsorgan im Zuge des Geschäfts zufließende Vor- oder Nachteil finanzieller Art mit Blick auf dessen wirtschaftlichen Lebensverhältnissen eine solche Tragweite besitzt, dass dessen Neutralität in der

2318 Siehe m.N. ab S. S. 232 ff., 354 ff. und 388 ff.
2319 Siehe m.N. ab S. 61 f.
2320 Siehe m.N. ab S. 71 f.
2321 Siehe m.N. ab S. 327 ff., 360 ff. und 390 ff.

Willensbildung mit hinreichender Wahrscheinlichkeit zum Nachteil oder jedenfalls nicht zum Vorteil der Corporation und deren Aktionäre beeinflusst werden könnte bzw. im Rahmen einer ergangenen Entscheidung beeinflusst worden ist[2322].

20) Als unabhängig gelten *directors*, deren Meinungsbildung selbstbestimmt erfolgte, also weder durch äußere unlautere Einflussnahme noch aufgrund eines inneren Verlangens bestimmt gewesen war, die Interessen der als dominant geltenden Person(engruppe) über die ihrer Corporation zu stellen. Eine Parteilichkeit ist anzunehmen, wenn die zwischen der dominanten Person und dem *director* bestehende oder vergangene Verbindung persönlicher oder geschäftlicher Art darauf schließen lässt, dass eher das eigene Ansehen als die Loyalität zur dominanten Person riskiert werden würde[2323].
21) Als gutgläubig gelten *directors*, die bei der Ausübung ihres Stimmrechts davon überzeugt waren, dass das zu autorisierende Geschäft im berechtigten Interesse der Gesellschaft liegt und dem Wohle der Gesamtheit ihrer Aktionäre dienen wird. Eine entsprechende Geisteshaltung ist zu vermuten, wenn das Geschäft einen berechtigten Zweck verfolgt sowie einen wirtschaftlichen Vorteil für das Unternehmen und dessen Aktionäre hinreichend erkennen lässt. Hiervon darf ausgegangen werden, wenn die Willensbildung auf den Einschätzungen von unabhängigen Sachverständigen aufbaute[2324].
22) Als informiert gelten *directors*, die durch entsprechende Auskunft über die wesentlichen Umstände des Geschäfts sowie des Interessen-/Pflichtenkonflikts eines *director* informiert wurden. Als wesentlich betrachtet werden die Informationen, bei deren Kenntnis ein vernünftiger Manager mit hinreichender Wahrscheinlichkeit zu einer anderen als der gefassten Meinung gelangt wäre[2325]
23) Verantwortlich für die Sicherstellung einer entsprechenden Kenntnis der Entscheidungsträger ist das mutmaßlich treuwidrig handelnde Leitungsorgan, da die Offenlegung entscheidungserheblicher Umstände eine Ausprägung der Loyalitätspflicht darstellt, welche von Rechts wegen zu erfüllen ist. Ungeachtet dessen bildet die Aufklärung über entscheidungserhebliche

2322 Siehe m.N. ab S. 75 f., 287 f., 343 f. und 372 f.
2323 Siehe m.N. ab S.77 f.
2324 Siehe m.N. ab S. 73 f., 124 f, 332 und 362.
2325 Siehe m.N. ab S. 71 f., 333, 363 und 395.

Geschäftsumstände eine Grundbedingung für die Auflösung des Interessen-/Pflichtenwiderstreits von Leitungsorganen[2326].

24) Für Zwecke des Nachweises einer entsprechenden Aufklärung der Entscheidungsträger sollten schon die Unterlagen zur Tagesordnung der Versammlung über alle wesentlichen Informationen des Geschäfts verfügen; etwaige mündliche Ergänzungen sind im Protokoll festzuhalten[2327].
25) Eine den Kriterien der *business judgment rule* entsprechende Entscheidung von *board*-Mitgliedern hat insoweit Einfluss auf den Kontrollmaßstab eines Gerichts, als die Überprüfung der getroffenen Verwaltungsmaßnahme (nach einem entsprechenden Klagevortrag) auf die Frage beschränkt bleibt, ob sie (irgend-)einen Nutzen für das Unternehmen hatte und als wirtschaftlich vernünftig gilt[2328].
26) Die Kriterien für eine Entscheidungsfindung im Sinne der *business judgment rule* sind Ausfluss der Loyalitätspflicht von Leitungsorganen einer Corporation und können nicht im Wege einer Regelung in deren Satzung ausgeschlossen oder modifiziert werden[2329].
27) Jenseits einer Erfüllung der Kriterien für einen Beschluss der Anteilseigner einer Corporation im Sinne § 144 DGCL, §§ 310, 315 CGCL oder §§ 713, 714 NYBCL wird deren Entscheidung von der *shareholder ratification rule* grundsätzlich nur in Fällen geschützt, in denen
    (i) sich in einer als beschlussfähigen Gesellschafterversammlung die Mehrheit der ausstehenden Anteile von den als unbefangen geltenden Aktionären für die Maßnahme ausgesprochen und
    (ii) die Entscheidungsträger in Kenntnis aller wesentlichen Umstände des Geschäfts ohne eine unlautere Einflussnahme auf deren Willensbildung gehandelt hatten[2330].
28) Als beschlussfähig gilt eine Aktionärsversammlung, soweit die Satzung nichts anderes bestimmt, wenn eine Mehrheit der ausstehenden Anteile einer Corporation im Zeitpunkt der Feststellung eines Quorums vertreten ist; eine zu Beginn der Versammlung festgestellte Beschlussfähigkeit kann

---

2326 Siehe m.N. ab S. 126 f., 333, 338, 363, 395 und 399.
2327 Siehe m.N. ab S. 333, 338, 363, 365, 395 und 399.
2328 Siehe m.N. ab S. 68 ff.
2329 Siehe m.N. ab S. 124 ff. und 236 ff.
2330 Siehe m.N. ab S. 89 f. und 190 ff.

nicht nachträglich durch andauernde oder temporäre Abwesenheit von Aktionären aufgelöst werden[2331].

29) Gesellschafterbeschlüsse können in einer form- und fristgemäß einberufenen Versammlung ergehen oder, soweit die Satzung nichts anderes normiert, ohne Versammlung bei schriftlicher Zustimmung durch eine beschlussfähige Mehrheit der ausstehenden Geschäftsanteile[2332].

30) Als gutgläubig gelten Gesellschafter, die bei Ausübung ihres Stimmrechts davon überzeugt sind, dass das zu autorisierende Geschäft im berechtigten Interesse des Unternehmens und der Gesamtheit ihrer Aktionäre liegt. Eine solche Geisteshaltung ist zu unterstellen, wenn das Geschäft einen legitimen Zweck hat und einen ökonomischen Vorteil für das Unternehmen und deren Aktionäre hinreichend erkennen lässt. Anhaltspunkte für eine solche Geisteshaltung folgen aus der Tatsache, dass die Willensbildung der Aktionäre auf Einschätzungen von unabhängigen Finanz- und Rechtssachverständigen aufbaute. Ein gutgläubiges Handeln ist Aktionären abzusprechen, deren Stimmverhalten unlauter beeinflusst oder deren Stimmabgabe erkauft worden ist[2333].

31) Als informiert gelten Gesellschafter, die im Zweifel durch entsprechende Mitteilung sowohl über die wesentlichen Umstände des Geschäfts wie auch des Eigen-/Fremdinteresses des Leitungsorgans, einschließlich seiner Motive zur Vornahme des Geschäfts positive Kenntnis erlangt haben[2334].

32) Für Zwecke des Nachweises über eine entsprechende Aufklärung der Entscheidungsträger sollten schon die Unterlagen zur Tagesordnung der Versammlung über alle wesentlichen Informationen des Geschäfts verfügen; etwaige mündliche Ergänzungen sind im Protokoll festzuhalten[2335].

33) Eine den Kriterien der *shareholder ratification rule* genügende Entscheidung der Anteilseigner hat insoweit Einfluss auf den Kontrollmaßstab eines Gerichts, als die Überprüfung der getroffenen Verwaltungsmaßnahme (nach einem entsprechenden Klagevortrag) auf die Frage beschränkt bleibt, ob sie innerhalb des einer unbefangenen Aktionärsmehrheit zuerkannten Handlungsermessens liegt, respektive ob das Geschäft als betrügerisch,

2331 Siehe m.N. ab S. 333 ff., 363 ff. und 396 ff.
2332 Siehe m.N. ab S. 333 ff., 363 ff. und 396 ff.
2333 Siehe m.N. ab S. 338 und 365.
2334 Siehe m.N. ab S. 124 ff.
2335 Siehe m.N. ab S. 338, 365 und 395.

rechts(-satzungs-)widrig oder verschwenderisch aus Sicht der Gesellschaft zu erachten ist[2336]

34) Eine weder die Rechtswirkung der *business judgment rule* noch der *shareholder ratification rule* auslösende Unternehmensentscheidung lässt auf ein pflichtwidriges Verwaltungshandeln schließen. (Mutmaßlich) pflichtwidrige Verwaltungsmaßnahmen können durch Anfechtungsklage aufgehoben oder rückabgewickelt werden, soweit deren *entire fairness* nicht als erwiesen gilt[2337].

35) Den Maßstab für die *entire fairness* eines Geschäfts bildet eine in das richterliche Ermessen gestellte Gesamtschau prozeduraler wie sachlicher Kriterien, auf Basis derer der Frage nachgegangen wird, ob die in Rede stehende Verwaltungsmaßnahme zur Zeit der Entscheidungsfindung der *directors* einer Corporation auch von einem sorgfältig und im Interesse der Gesellschaft handelnden Manager autorisiert worden wäre[2338].

III. Rechtslage betreffend Geschäfte im Sinne einer *safe harbor rule*

1. Rechtslage betreffend die Geltung des § 144 DGCL

a) Geltungsbereich des § 144 DGCL

36) Dem Geltungsbereich des § 144(a) DGCL unterfallen Geschäfte einer Corporation mit einem oder mehreren ihrer *directors* oder *officers* oder mit einer Organisationsform, in welcher *directors* oder *officers* der Corporation ebenso eine Kontroll- oder Leitungsfunktion ausüben oder ein finanzielles Interesse im Sinne einer Anteilseignerschaft gleich welchen Ausmaßes besitzen[2339].

37) Außerhalb des Geltungsbereichs dieser Regelung liegen Konfliktlagen von Verwaltungsorganen, welche (jenseits einer Aktionärsstellung) aus einer geschäftlichen oder persönlichen Beziehung zur Gegenpartei einer Corporation resultieren[2340].

38) Nicht im Geltungsbereich der Norm liegende Geschäfte einer Corporation, die im Eigeninteresse eines ihrer Leitungsorgane liegen, lassen auf

2336 Siehe m.N. ab S. 89 f., 323 f., 354 f. und 388 f.
2337 Siehe m.N. ab S. 327, 359 und 390.
2338 Siehe m.N. ab S. 90 f., 339, 365 und 399.
2339 Siehe m.N. ab S. 283 ff.
2340 Siehe m.N. ab S. 284.

treuwidriges Handeln des Leitungsorgans schließen, wenn das betreffende Leitungsorgan ein ‚*material personal financial interest*' besitzt[2341].

b) Rechtswirkungen des § 144 DGCL

39) Geschäfte einer Corporation im Geltungsbereich der Norm gelten nach einer alternativen Erfüllung der Merkmale des § 144(a)(1)-(3) DGCL weder deshalb als unwirksam oder anfechtbar, weil eines oder mehrere ihrer Leitungsorgane auch für die Gegenpartei der Corporation handelten, ein finanzielles Interesse an der Gegenpartei haben, teilgenommen hatten an der Versammlung des *board* oder *board*-Komitees zur Autorisierung des Geschäfts oder an der kollektiven Willensbildung im betreffenden Gremium mitgewirkt hatten[2342].
40) Im Falle einer den Normkriterien genügenden Autorisierung durch die *directors* oder Gesellschafter einer Corporation gilt das Geschäft insoweit als wirksam, als sich dessen Anfechtung nicht mit einem anderen (als den Interessen-/Pflichtenkonflikt) nach Gesetz oder *case law* anerkannten Grund begründen ließe[2343].
41) Nach dem mutmaßlichen Willen des Gesetzgebers ist der § 144(a) DGCL nicht darauf ausgerichtet, den nach *case law* geltenden Beurteilungsmaßstab für Unternehmensentscheidungen von *directors* oder Gesellschaftern einschließlich der Regel zur Beweislastverteilung zwischen den Prozessparteien in der Frage der (sachlichen) Fairness eines Geschäfts zu beeinflussen[2344].
42) Ein den Normmerkmalen entsprechender Beschluss von *board*-Mitgliedern oder Gesellschaftern kann den nach *case law* geltenden Prüfungsmaßstab für Unternehmensentscheidungen beeinflussen, wenn der Entscheidungsfindungsprozess gleichermaßen all jenen Kontrollkriterien Rechnung trägt, bei deren Erfüllung sich eine auf den Fehlgebrauch des Handlungsermessens begrenzte richterliche Prüfung im Sinne der *business jugdgment rule* oder der *shareholder ratification rule* rechtfertigt; auf vorstehende Thesen sei hiermit verwiesen[2345].
43) Ein weder den Kriterien der Ziffer (1) noch der Ziffer (2) des § 144(a) DGCL genügender Beschluss ist für den rechtlichen (Fort-)Bestand des Geschäfts

---

2341 Siehe m.N. ab S. 287.
2342 Siehe m.N. ab S. 283 und 327.
2343 Siehe m.N. ab S. 323 f.
2344 Siehe m.N. ab S. 292 ff.
2345 Siehe m.N. ab S. 323 ff.

einer Corporation unschädlich, wenn aus deren Sicht die Fairness im Zeitpunkt der Autorisierung nach Maßgabe des *case law* geführt werden kann; beweispflichtig ist die (Geschäfts-)Partei, die die Fairness des Geschäfts im Prozess behauptet[2346].

c) Voraussetzungen des § 144 DGCL

44) Der Makel des Interessen-/Pflichtenkonflikts von Leitungsorganen lässt sich von einem Geschäft der Corporation entweder durch Nachweis einer der Norm genügenden Zustimmung von *directors* oder Anteilseignern beseitigen oder - in Ermangelung einer solchen - durch Nachweis der Fairness des Geschäfts aus Sicht der Corporation im Zeitpunkt seiner Autorisierung[2347].

aa) Autorisierung des Geschäfts durch die *board*-Mitglieder

45) Die Autorisierung eines Geschäfts durch die *board*-Mitglieder einer Corporation kann entweder durch Beschluss im Plenum oder im *board*-Ausschuss ergehen, sofern die Entscheidungsträger gutgläubig und in Kenntnis der das Geschäft wie das Eigen-/Fremdinteresse eines Leitungsorgans betreffenden wesentlichen Umstände gewesen sind[2348].

46) Ein Beschluss ist wirksam, wenn sich die Mehrheit der im Entscheidungsgremium amtierenden und als unbefangen geltenden Mitglieder für das Geschäft ausgesprochen hatte, selbst wenn die Anzahl der in der Versammlung vertretenen unbefangenen *directors* keine beschlussfähige Mehrheit unter den Mitgliedern des Gremiums bildet; zulässig ist die Berücksichtigung eines befangenen *director* für Zwecke der Feststellung einer Beschlussfähigkeit im Entscheidungsgremium[2349].

47) Für die Feststellung eines wirksamen Beschlusses im Sinne der Norm ist zuvörderst zu ermitteln, ob in einer Versammlung eine beschlussfähige Mehrheit der laut Satzung in das *board* zu berufenen bzw. in den Ausschuss gewählten *directors* anwesend war (Berücksichtigung können hierbei auch die einem Interessen-/Pflichtenwiderstreit unterliegenden *directors* einer Corporation finden). Sodann ist auszuzählen, ob die Mehrheit unter den neutralen *directors* für das Geschäft votiert hatte; abgegebene Stimmen

---

2346 Siehe m.N. ab S. 323 ff.
2347 Siehe m.N. ab S. 327.
2348 Siehe m.N. ab S. 327 ff.
2349 Siehe m.N. ab S. 328 ff.

oder Stimmenthaltungen befangener *directors* werden nicht berücksichtigt; abzustellen ist auf die unbefangenen Stimmen der in der Versammlung vertretenen *directors*[2350]

48) Ein als *contract* oder *transaction* geltendes Geschäft einer Corporation im Geltungsbereich der Norm kann durch die *board*-Mitglieder vor oder nach dessen Durchführung autorisiert werden[2351]

bb) Autorisierung des Geschäfts durch die Gesellschafter(-mehrheit)

49) Geschäfte im Sinne der Norm finden die Zustimmung der Aktionäre einer Corporation, wenn sich hierfür die einfache Mehrheit der in einer beschlussfähigen Versammlung vertretenen Stimmen in gutem Glauben und in Kenntnis der das Geschäft wie das Eigen-/Fremdinteresse des Leitungsorgans betreffenden wesentlichen Umstände ausgesprochen hatte[2352].
50) Für Zwecke der Feststellung einer einfachen Mehrheit dürfen auch die Stimmen mitgezählt werden, die befangene Leitungsorgane als Anteilseigner oder Stimmrechtsvertreter abgegeben haben[2353].
51) An sich nicht stimmberechtigte (Vorzugs-)Aktionäre sind mit in den Entscheidungsfindungsprozess einzubeziehen, wenn das Geschäft hinreichend wahrscheinlich deren Rechte beeinflussen kann[2354]

cc) Zustimmung nebst Nachweis der Fairness des Geschäfts

52) Der Nachweis einer Fairness des Geschäfts im Zeitpunkt der Autorisierung durch *directors* oder Aktionäre vollzieht sich nach den Regeln des *case law* zur Bestimmung der *entire fairness* des Geschäfts aus Sicht der Corporation[2355].

2350 Siehe m.N. ab S. 328 ff.
2351 Siehe m.N. ab S. 331.
2352 Siehe m.N. ab S. 333 ff.
2353 Siehe m.N. ab S. 335.
2354 Siehe m.N. ab S. 337.
2355 Siehe m.N. ab S. 339.

2. Rechtslage betreffend die Geltung des § 310 CGCL

a) Geltungsbereich des § 310 CGCL

53) Dem Geltungsbereich des § 310(a) CGCL unterfallen Geschäfte einer Corporation mit einem oder mehreren ihrer *directors* oder mit einer Organisationsform, in der einer oder mehrere der *directors* der Corporation ein wesentliches finanzielles Interesse im Sinne einer Aktionsstellung besitzt[2356].

54) Als finanziell erheblich gilt eine Beteiligung, sobald der betreffende *director* davon ausgehen darf, dass sich durch das Geschäft der Corporation der Marktwert der Anteile verbessern wird und/oder eine höhere Dividendenausschüttung die Folge ist[2357].

55) Im Zweifel sollte eine Geltung der Norm ebenfalls in Konfliktkonstellationen angenommen werden, in denen *directors* zwar keine wesentliche Beteiligung an der Gegenpartei der Corporation haben, wohl aber eine solche Beziehung zu dieser unterhalten, die aufgrund des Geschäfts die Erwartung auf einen nicht gleichermaßen allen Aktionären der Corporation zufließenden Vermögensvorteil wesentlicher Art entstehen lässt[2358].

56) Im Geltungsbereich des § 310(b) CGCL liegen Geschäfte einer Corporation mit einer personell auf der Ebene des *board* verflochtenen Corporation oder einer anderen Organisationsform, hinsichtlich derer die betreffenden *directors* kein wesentliches finanzielles Interesse (§ 310(a) CGCL) haben[2359].

57) Außerhalb des Geltungsbereichs liegen Geschäfte einer Corporation mit non-*director officers* oder mit einer Organisationsform, an der ein solcher ein (un-/wesentliches) finanzielles Interesse hat, oder in der ein solcher das Amt eines *director* oder *officer* ausführt[2360].

58) Geschäfte einer Corporation im Eigen-/Fremdinteresse eines ihrer non *director-officers* unterliegen den Regeln zur Treuebindung nach *agency law*, respektive den Prinzipien zum (un-)autorisierten Eigen-/Fremderwerb eines anvertrauten Vermögensguts durch einen *agent*[2361].

2356 Siehe m.N. ab S. 340.
2357 Siehe m.N. ab S. 343.
2358 Siehe m.N. ab S. 343 f.
2359 Siehe m.N. ab S. 340 und 367 ff.
2360 Siehe m.N. ab S. 340.
2361 Siehe m.N. ab S. 340.

b) Rechtswirkungen des § 310 CGCL

59) Geschäfte einer Corporation im Geltungsbereich der Norm gelten nach einer alternativen Erfüllung der Merkmale in Absatz (a) oder (b) des § 310 CGCL weder deshalb als ungültig oder als anfechtbar, weil einer oder mehrere ihrer *directors* auch auf Seiten der Gegenpartei der Corporation handelten, ein wesentliches finanzielles Interesse an der Gegenpartei haben, an der Versammlung des *board* oder *board*-Komitees zur Autorisierung des Geschäfts teilgenommen oder an der kollektiven Willensbildung im betreffenden Gremium mitgewirkt hatten[2362].

60) Im Falle einer den Normkriterien genügenden Autorisierung durch *directors* oder Gesellschafter einer Corporation gilt das Geschäft insoweit als wirksam, als sich dessen Anfechtung nicht mit einem anderen (als den Interessen-/Pflichtenkonflikt) nach Gesetz oder *case law* anerkannten Grund begründen ließe[2363].

61) Durch eine den Kriterien der Norm genügende Autorisierung des Geschäfts wird der nach *case law* geltende Beurteilungsmaßstab für Unternehmensentscheidungen wie folgt beeinflusst:

62) Eine Zustimmung von *board*-Mitgliedern nach § 310(a)(2) CGCL wirkt sich auf die Verteilung der Beweislast für die Fairness eines Geschäfts insoweit aus, als die sachliche Fairness vermutet wird, so dass es einem Kläger obliegt, diese Vermutung zu entkräften, wenn er die Fairness des Geschäfts bestreitet bzw. den Nachweis für Fairness des Geschäfts zu führen hat, wenn er diese behauptet[2364].

63) Eine Zustimmung von *board*-Mitgliedern nach § 310(b)(1) CGCL wirkt sich auf die Verteilung der Beweislast für die Fairness eines Geschäfts insoweit aus, als das Geschäft grundsätzlich nur in den Grenzen der *business judgment rule* überprüfbar bleibt (soweit es nicht auch im Eigeninteresse des herrschenden Anteilseigners der Corporation liegt)[2365].

64) Eine Zustimmung von Gesellschaftern nach § 310(a)(1) CGCL oder nach § 310(b)(1) CGCL wirkt sich auf die Verteilung der Beweislast für die Fairness eines Geschäfts insoweit aus, als das Geschäft nach der *shareholder*

2362 Siehe m.N. ab S. 340 und 359 ff.
2363 Siehe m.N. ab S. 345 ff. und 354 ff.
2364 Siehe m.N. ab S. 345 ff. und 354 ff.
2365 Siehe m.N. ab S. 354 ff.

ratification rule nur auf den Fehlgebrauch des Entscheidungsermessens einer Gesellschaftermehrheit überprüfbar bleibt[2366].

65) Ein weder den Kriterien der Ziffer (1) noch der Ziffer (2) des § 310(a) CGCL genügender Beschluss hat für die Verteilung der Beweislast hinsichtlich der Fairness eines Geschäfts zur Folge, dass die Partei die Beweislast trägt, die die Fairness behauptet[2367].

66) Ein nicht im Sinne der § 310(b)(1) CGCL ergangener Beschluss wirkt insoweit auf die Beweislast, als die Partei, welche die Fairness des Geschäfts behauptet, den Beweis dafür zu erbringen hat bzw. die Partei, welche die Unfairness des Geschäfts behauptet, den Beweis dafür zu führen hat[2368].

3. Voraussetzungen des § 310 CGCL

67) Der Makel des Interessen-/Pflichtenkonflikts von *directors* kann vom Geschäft einer Corporation entweder durch Nachweis einer der Norm entsprechenden Zustimmung von *board*-Mitgliedern oder Gesellschaftern beseitigt werden oder - in Ermangelung einer solchen - durch Nachweis der Fairness des Geschäfts aus Sicht der Corporation im Zeitpunkt seiner Autorisierung[2369].

a) Autorisierung des Geschäfts durch *board*-Mitglieder

68) Die Autorisierung eines Geschäfts durch Beschluss der *directors* einer Corporation kann entweder im Plenum oder durch einen *board*-Ausschuss ergehen, sofern die Entscheidungsträger gutgläubig und in Kenntnis der das Geschäft wie das Eigen-/Fremdinteresse eines Leitungsorgans betreffenden wesentlichen Umstände gewesen sind[2370].

69) Ein Beschluss der *directors* einer Corporation ergeht im Sinne der Norm, wenn für das Geschäft die Mehrheit unbefangener Mitglieder des beschlussfähigen Entscheidungsgremiums votiert hatte; zulässig ist die Einbeziehung eines befangenen *director* zur Feststellung einer Beschlussfähigkeit im Entscheidungsgremium[2371].

2366 Siehe m.N. ab S. 354 ff.
2367 Siehe m.N. ab S. 354 ff.
2368 Siehe m.N. ab S. 354 ff.
2369 Siehe m.N. ab S. 340 und 359 ff.
2370 Siehe m.N. ab S. 360 ff.
2371 Siehe m.N. ab S. 360 ff.

70) Für die Feststellung eines wirksamen Beschlusses im Sinne der Norm ist zuvörderst zu ermitteln, ob in einer Versammlung eine beschlussfähige Mehrheit der laut Satzung der Corporation ins *board* zu berufenen bzw. in den *board*-Ausschuss gewählten *directors* anwesend ist, wobei die im Eigen-/Fremdinteresse handelnden *directors* Berücksichtigung finden können. Sodann gilt es festzustellen, ob die ‚Ja'-Stimmen von unbefangenen *directors* zahlenmäßig eine beschlussfähige Mehrheit unter den in der Sitzung vertretenen *directors* ausmachen. Abgegebene Stimmen oder Stimmenthaltungen eines befangenen *director* bleiben außen vor, obschon dessen Präsens für Zwecke der Feststellung einer Beschlussmehrheit berücksichtigt werden kann[2372]
71) Hinsichtlich ihrer Kriterien entspricht die Norm den Regeln des *case law*, so dass im Vorfeld eines Beschlusses der *directors* mit Blick auf das mögliche Stimmverhältnis abgewogen werden sollte, ob die Entscheidung im Plenum oder durch den Beschluss eines *board*-Ausschusses getroffen wird. Die Bildung eines Ausschusses bedingt einen *board*-Beschluss, wodurch zumindest zwei (neutrale) *directors* berufen worden sind[2373].
72) Ein als *contract* oder *transaction* geltendes Geschäft einer Corporation im Geltungsbereich der Norm kann durch die *board*-Mitglieder vor oder nach dessen Durchführung autorisiert werden[2374]

b) Autorisierung des Geschäfts durch Gesellschafter

73) In den Anforderungen an eine wirksame Zustimmung durch die Gesellschafter ist zu unterscheiden, ob ein Geschäft im Sinne von Absatz (a) oder Absatz (b) der Vorschrift zur Autorisierung ansteht, weil solche *directors*, welche einem Pflichtenkonflikt aufgrund eines Doppelmandats unterliegen, im Vergleich zu denen, die einen Interessenkonflikt aufgrund Eigeninteresses am Geschäft haben, in der Ausübung des Stimmrechts als Aktionär oder Stimmrechtsvertreter nicht beschränkt sind[2375].
74) Geschäfte einer Corporation im Sinne von Absatz (a) der Norm finden eine Zustimmung der Aktionäre, wenn sich hierfür die einfache Mehrheit der in einer beschlussfähigen Versammlung vertretenen unbefangenen Stimmen

---

2372 Siehe m.N. ab S. 360 f.
2373 Siehe m.N. ab S. 360 f.
2374 Siehe m.N. ab S. 363.
2375 Siehe m.N. ab S. 363 f. und 368.

in gutem Glauben und in Kenntnis der das Geschäft wie das Eigeninteresse eines *director* betreffenden wesentlichen Umstände ausgesprochen hatte[2376].

75) Geschäfte einer Corporation im Sinne von Absatz (b) der Norm finden die Zustimmung der Aktionäre, wenn sich hierfür die einfache Mehrheit der in einer beschlussfähigen Versammlung vertretenen Stimmen in gutem Glauben und in Kenntnis der das Geschäft wie das Eigeninteresse eines *director* betreffenden wesentlichen Umstände ausgesprochen hatte[2377].

76) An sich nicht stimmberechtigte (Vorzugs-)Aktionäre sind mit in den Entscheidungsfindungsprozess einzubeziehen, wenn das Geschäft hinreichend wahrscheinlich deren Rechte beeinflussen kann[2378]

c) Zustimmung nebst Nachweis einer Fairness des Geschäfts

77) Der Nachweis der Fairness des Geschäfts im Zeitpunkt einer Autorisierung durch die *director* oder Aktionäre einer Corporation vollzieht sich nach den Regeln des *case law* zur Bestimmung einer *entire fairness* des Geschäfts aus Sicht der Corporation[2379].

4. Rechtslage betreffend die Geltung des § 713 NYBCL

a) Geltungsbereich des § 713 NYBCL

78) Dem Geltungsbereich des § 713(a) NYBCL unterfallen Geschäfte einer Corporation mit einem oder mehreren ihrer *directors* oder mit einer Organisationsform, in der *directors* ebenso eine Kontroll- oder Leitungsfunktion ausüben oder ein finanzielles Interesse im Sinne einer Aktionärsstellung von wesentlicher Art besitzen[2380].

79) Im Zweifel sollte eine Geltung der Norm ebenfalls in Konfliktkonstellationen angenommen werden, in denen *directors* zwar keine wesentliche Beteiligung an der Gegenpartei der Corporation haben, wohl aber eine solche Beziehung zu dieser unterhalten, die aufgrund des Geschäfts die Erwartung auf einen nicht gleichermaßen allen Anteilseignern der Corporation zufließenden Vermögensvorteil wesentlicher Art entstehen lässt[2381].

2376 Siehe m.N. ab S. 364.
2377 Siehe m.N. ab S. 364 f.
2378 Siehe m.N. ab S. 365.
2379 Siehe m.N. ab S. 365.
2380 Siehe m.N. ab S. 369.
2381 Siehe m.N. ab S. 372.

80) Außerhalb des Geltungsbereichs der Norm liegen Geschäfte einer Corporation mit non-*director officers* oder mit einer Organisationsform, an welcher non-*director officers* einer Corporation ein (un-/wesentliches) finanzielles Interesse haben, oder in der ein non-*director officer* das Amt eines *director* oder *officer* ausführt[2382].
81) Geschäfte einer Corporation im Eigen-/Fremdinteresse eines ihrer non *director-officers* unterliegen den Regeln zur Treuebindung nach *agency law*, respektive den Prinzipien zum (un-)autorisierten Eigen-/Fremderwerb eines anvertrauten Vermögensguts durch einen *agent*[2383].

b) Rechtswirkungen des § 713 NYBCL

82) Geschäfte einer Corporation im Geltungsbereich der Norm gelten nach einer alternativen Erfüllung der Merkmale in Absatz (a) oder in Absatz (b) der Norm weder als unwirksam noch als anfechtbar, weil einer oder mehrere der *directors* auch auf Seiten der Gegenpartei einer Corporation handelten, an dieser ein wesentliches finanzielles Interesse haben, an der Versammlung des *board* oder *board*-Komitees zur Autorisierung des Geschäfts teilgenommen oder an der kollektiven Willensbildung im betreffenden Gremium mitgewirkt hatten[2384].
83) Im Falle einer den Normkriterien genügenden Autorisierung durch die *directors* oder Gesellschafter einer Corporation gilt das Geschäft insoweit als wirksam, als sich dessen Anfechtung nicht mit einem anderen (als den Interessen-/Pflichtenkonflikt) nach Gesetz oder *case law* anerkannten Grund begründen ließe[2385].
84) Nach dem Willen des Gesetzgebers ist die Beweislastregel des § 713(b) NYBCL darauf gerichtet, der Gegenpartei einer Corporation in Fällen einer nicht der Ziffer (1) oder (2) von § 713a) NYBCL genügenden Autorisierung des Geschäfts zu ermöglichen, den Nachweis für dessen Fairness aus Sicht der Corporation im Zeitpunkt der Autorisierung zu führen[2386].
85) Ein den Normmerkmalen entsprechender Beschluss von *board*-Mitgliedern oder Gesellschaftern kann den nach *case law* geltenden Prüfungsmaßstab für Unternehmensentscheidungen beeinflussen, wenn der

2382 Siehe m.N. ab S. 370.
2383 Siehe m.N. ab S. 370 f.
2384 Siehe m.N. ab S. 388 f.
2385 Siehe m.N. ab S. 388 f.
2386 Siehe m.N. ab S. 375 f. und 388 f.

Entscheidungsfindungsprozess gleichermaßen all jenen Kontrollkriterien Rechnung trägt, bei deren Erfüllung sich eine auf den Fehlgebrauch des Handlungsermessens begrenzte richterliche Prüfung im Sinne der *business jugdgment rule* oder der *shareholder ratification rule* rechtfertigt; auf vorstehende Thesen sei hiermit verwiesen[2387].

c) Voraussetzungen des § 713 NYBCL

86) Der Makel des Interessen-/Pflichtenkonflikts eines *board*-Mitglieds kann von einem Geschäft der Corporation entweder durch Nachweis einer den Vorgaben der Norm entsprechenden Zustimmung von *board*-Mitgliedern oder Gesellschaftern beseitigt werden oder - in Ermangelung einer solchen - durch Nachweis der Fairness des Geschäfts für die Corporation im Zeitpunkt der Autorisierung[2388].

aa) Autorisierung des Geschäfts durch die *board*-Mitglieder

87) Die Autorisierung eines Geschäfts durch die *board*-Mitglieder einer Corporation kann entweder durch Beschluss im Plenum oder im *board*-Ausschuss ergehen, wenn den Entscheidungsträgern die das Eigen-/Fremdinteresse eines *director* betreffenden wesentlichen Umstände bewusst waren[2389].
88) Der Beschluss ist wirksam, wenn sich für das Geschäft entweder eine beschlussfähige Mehrheit von unbefangenen Mitgliedern des Entscheidungsgremiums oder alle als neutral geltenden Mitglieder des Entscheidungsgremiums ausgesprochen hatte; zulässig ist die Einbeziehung eines befangenen *director* zur Feststellung einer Beschlussfähigkeit im Entscheidungsgremium[2390].
89) Für einen Beschluss nach § 713(a)(1) 1. HS NYBCL ist eine beschlussfähige Mehrheit unter den unbefangenen *board*-Miglieder erforderlich[2391].
90) Für einen Beschluss nach § 713(a)(1) 2. HS. NYBCL müssen sich alle unbefangenen Mitglieder im *board* oder *board*-Komitee für das Geschäft ausgesprochen haben[2392].

2387 Siehe m.N. ab S. 388 f.
2388 Siehe m.N. ab S. 390 f.
2389 Siehe m.N. ab S. 390 f.
2390 Siehe m.N. ab S. 391 f.
2391 Siehe m.N. ab S. 392 f.
2392 Siehe m.N. ab S. 394 f.

91) Ein als *contract* oder *transaction* geltendes Geschäft einer Corporation im Geltungsbereich der Norm kann durch die *board*-Mitglieder vor oder nach dessen Durchführung autorisiert werden[2393]

bb) Autorisierung des Geschäfts durch die Gesellschafter(-mehrheit)

92) Geschäfte im Sinne der Norm finden die Zustimmung der Aktionäre einer Corporation, wenn die einfache Mehrheit der in einer beschlussfähigen Versammlung vertretenen Stimmen in Kenntnis der wesentlichen Umstände des Eigen-/Fremdinteresses eines *director* votiert hatte[2394].
93) Für Zwecke der Feststellung einer einfachen Mehrheit dürfen auch die Stimmen mitgezählt werden, welche befangene *directors* als Anteilseigner oder Stimmrechtsvertreter abgegeben haben[2395].
94) An sich nicht stimmberechtigte (Vorzugs-)Aktionäre sind mit in den Entscheidungsfindungsprozess einzubeziehen, wenn das Geschäft hinreichend wahrscheinlich deren Rechte beeinflussen kann[2396]

cc) Zustimmung nebst Nachweis der Fairness des Geschäfts

95) Der Nachweis der Fairness des Geschäfts im Zeitpunkt seiner Autorisierung durch die *directors* oder Aktionäre einer Corporation vollzieht sich nach den Regeln des *case law* zur Bestimmung der *entire fairness* des Geschäfts aus Sicht der Corporation[2397].

IV. Rechtslage betreffend Darlehens- und Bürgschaftsgeschäfte einer Corporation

1. Rechtslage betreffend die Geltung des § 143 DGCL

a) Geltungsbereich des § 143 DGCL

96) Die Norm des § 143 DGCL sollte stets ergänzend zum § 144 DGCL in Fällen herangezogen werden, in denen eine Corporation gewillt ist, einem oder

2393 Siehe m.N. ab S. 395.
2394 Siehe m.N. ab S. 396 f.
2395 Siehe m.N. ab S. 398.
2396 Siehe m.N. ab S. 397 f.
2397 Siehe m.N. ab S. 399.

mehreren *inside directors, employee-directors* oder non-*director-officers* ein Darlehen zu geben, sich als Bürge zu verpflichten oder in ähnlicher Form zu unterstützen, weil solche Geschäfte im Geltungsbereich beider Vorschriften liegen[2398].

97) Wiederum allein nach § 143 DGCL ist zu verfahren, wenn eine Corporation beabsichtigt, gegenüber einem ihrer leitenden oder sonstigen Angestellten oder einem solchen ihrer Tochtergesellschaften eine Verpflichtung im Sinne der Norm einzugehen[2399].

b) Kontrollkriterien und Rechtswirkung nach Erfüllung des § 143 DGCL

98) Geschäfte im Sinne des § 143 DGCL bedürfen einer Zustimmung der *board*-Mitglieder im Glauben an dessen (künftige) Nützlichkeit für die Corporation. Davon ist auszugehen, wenn hinreichend wahrscheinlich ist, dass das Geschäft auf die Marktkapitalisierung des Unternehmens, die Loyalität und/oder Produktivität des betreffenden Angestellten positiv wirken könnte[2400].

99) Ergänzend zu den Vorgaben des § 143 DGCL ist auch dem § 144(a) DGCL Rechnung zu tragen, wenn das Geschäft der Corporation im Geltungsbereich dieser Vorschrift liegt oder als wesentlicher Bestandteil eines anderen Geschäfts im Sinne dieser Vorschrift zu betrachten ist, wie z.B. in Fällen, in denen sich die Darlehensgewährung als ein Vergütungsbestandteil qualifizieren lässt[2401].

100) Kann ein Beschuss im Sinne der Norm gewährleistet werden, sollten die *directors* über die Frage der Nützlichkeit des Geschäfts hinaus auch dessen Fairness prüfen, weil damit sichergestellt ist, dass das Geschäft in seinem (Fort-)Bestand auch im Falle einer Fairness-Prüfung bestätigt wird[2402].

2. Rechtslage betreffend die Geltung des § 315 CGCL

a) Geltungsbereich des § 315 CGCL

101) Die Norm des § 315 CGCL sollte ergänzend zum § 310(a) CGCL in Fällen herangezogen werden, in denen eine Corporation ein Geschäft begründet,

---

2398 Siehe m.N. ab S. 400 f.
2399 Siehe m.N. ab S. 401.
2400 Siehe m.N. ab S. 402.
2401 Siehe m.N. ab S. 403.
2402 Siehe m.N. ab S. 403.

wodurch sie einem oder mehreren ihrer *directors* ein Darlehen gewährt, zu deren Gunsten als Bürge auftritt oder einen ihrer Vermögensgegenstände leihweise bereitstellt, weil solche Geschäfte im Geltungsbereich beider Vorschriften liegen[2403].

102) Wiederum allein nach § 315 CGCL ist zu verfahren, wenn das Geschäft der Corporation einen ihrer non-*director officers* oder Leitungsorgane ihrer Muttergesellschaft entsprechend begünstigt[2404].

b) Kontrollkriterien und Rechtswirkung nach Erfüllung des § 315 CGCL

103) Geschäfte im Sinne des § 315 CGCL, die nicht dem Ausnahmetatbestand von Absatz (e) oder (f) der Norm unterfallen, bedürfen einer Zustimmung der Mehrheit der Aktionäre einer Corporation[2405].

104) Die Möglichkeit einer Autorisierung des Geschäfts durch einen *board*-Beschluss besteht in Fällen, in denen die ausstehenden Anteile der Corporation zur Zeit der Zustimmung in den Händen von 100 oder mehr Anteileignern lagen und eine durch Mehrheitsbeschluss stimmberechtigter Aktionäre geschaffene Ermächtigung des *board* zur Autorisierung des Geschäfts in den *bylaws* vorlag[2406].

105) Ein durch die *bylaws* entsprechend ermächtigtes *board* einer Corporation kann wirksam handeln, indem sich für das Geschäft eine beschlussfähige Mehrheit unter deren unbefangenen *directors* (in einer Versammlung) unter Außerachtlassung der Stimme eines befangenen *director* ausspricht und die Entscheidungsträger davon ausgehen, dass es mit hinreichender Wahrscheinlichkeit nützlich für die Gesellschaft sein wird[2407].

106) Ein im Sinne der Norm durch einen *board*-Beschluss autorisiertes Geschäft dürfte im Schutzbereich der *business judgment rule* liegen, wenn der Beschluss auch deren Kontrollmerkmalen entspricht und nicht ein Geschäft im Sinne des § 310(a)(2) CGCL vorliegt. Bei Geschäften im Geltungsbereich des § 310(a) CGCL ist zu beachten, dass diese ebenfalls ‚*just and reasonable*' sein sollen[2408].

2403 Siehe m.N. ab S. 405.
2404 Siehe m.N. ab S. 405.
2405 Siehe m.N. ab S. 405.
2406 Siehe m.N. ab S. 405 f.
2407 Siehe m.N. ab S. 405 f.
2408 Siehe m.N. ab S. 406.

107) Geschäfte im Sinne der Norm, welche eine Zustimmung durch die Aktionäre erforderlich machen, können entweder autorisiert werden (i) in Schriftform durch die Mehrheit der ausstehenden Anteile einer Gesellschaft unter Außerachtlassung der Stimmanteile eines befangenen Verwaltungsorgans; (ii) in einer beschlussfähigen Versammlung durch die Mehrheit stimmberechtigter Anteilseigner unter Außerachtlassung der Stimmanteile eines befangenen Leitungsorgans oder (iii) einstimmig durch die Gesellschafter in einer berufenen Versammlung oder durch schriftliche Erklärung[2409].

108) Geschäfte im Sinne der Norm zugunsten eines herrschenden Leitungsorgan-Aktionärs sollten nach Ziffer (1) oder (3) des § 315(g) CGCL autorisiert werden, weil sich ein Mehrheitsbeschluss unter Mitwirkung eines herrschenden Leitungsorgan-Aktionärs in einer beschlussfähigen Versammlung nicht nach § 315(g)(2) CGCL erzielen lässt[2410]

109) Ein im Sinne der Norm durch Mehrheitsbeschluss der Aktionäre autorisiertes Geschäft dürfte eine beschränkte richterliche Prüfung in den Grenzen der *shareholder ratification rule* nach sich ziehen, zumal die Stimmen eines befangenen Leitungsorgans zur Feststellung einer Beschlussmehrheit keine Berücksichtigung finden[2411].

110) Ergänzend zu den Vorgaben des § 315 CGCL ist jenen des § 310(a) CGCL Rechnung zu tragen, wenn das Geschäft der Corporation im Geltungsbereich dieser Vorschrift liegt oder als wesentlicher Bestandteil eines anderen Geschäfts im Sinne dieser Vorschrift zu betrachten ist, wie z.B. in Fällen, in denen sich eine Darlehensvergabe als Bestandteil einer Vergütungsabrede qualifizieren lässt[2412].

3. Rechtslage betreffend die Geltung des § 714 NYBCL

a) Geltungsbereich des § 714 NYBCL

111) Die Anforderungen des § 714 NYBCL sind stets auch im Lichte des § 713 NYBCL zu betrachten, weil Geschäfte im Sinne des § 714 NYBCL auch im Geltungsbereich des § 713 NYBCL liegen.[2413].

2409 Siehe m.N. ab S. 407.
2410 Siehe m.N. ab S. 407.
2411 Siehe m.N. ab S. 407.
2412 Siehe m.N. ab S. 407.
2413 Siehe m.N. ab S. 408 f.

b) Kontrollkriterien und Rechtswirkung nach Erfüllung des § 714 NYBCL

112) Geschäfte im Sinne der Norm bedürfen in Fällen eines Beschlusses durch die Anteilseigner einer Zustimmung durch die Mehrheit der ausstehenden Stimmanteile, wobei die von einem befangenen *director* persönlich oder in Vertretung gehaltenen Stimmanteile unberücksichtigt bleiben[2414].

113) Geschäfte im Sinne der Vorschrift können durch die *directors* der Corporation autorisiert werden, wenn die Gesellschaft am oder nach dem 22. Februar 1998 gegründet worden ist und in der Satzung die *board*-Mitglieder zur Autorisierung der Geschäfte ermächtigt worden sind[2415].

114) Entsprechend ermächtigte *directors* können die Autorisierung des Geschäfts durch Beschluss im Sinne des § 713(a)(1) NYBCL veranlassen, wenn die Entscheidungsträger im Glauben handelten, dass das Geschäft für die Corporation mit hinreichender Wahrscheinlichkeit nützlich sein wird[2416].

115) Kann ein Beschuss im Sinne der Norm gewährleistet werden, sollten die *directors* über die Frage der Nützlichkeit des Geschäfts hinaus auch dessen Fairness prüfen, weil damit sichergestellt ist, dass das Geschäft in seinem (Fort-)Bestand auch im Falle einer Fairness-Prüfung bestätigt wird[2417].

4. Einschränkungen für Darlehens- und Bürgschaftsgeschäfte nach Bundesrecht

116) Jenseits der Vorgaben in § 143 DGCL, § 315 CGCL oder § 714 NYBCL sollten Geschäfte im Sinne einer Darlehensgewährung oder Bürgschaftserklärung nur von einer Corporation erwogen werden, auf die der SAO (2002) keine Anwendung findet, weil solche Geschäfte nach § 402 SOA (2002) für eine als emittierend im Sinne des § 2(a)(7) SAO (2002) geltende Gesellschaft verboten sind, soweit kein Ausnahmetatbestand eingreift[2418].

117) Ungeachtet der Ausnahmetatbestände in Absatz (2) und (3) des 402 SOA (2002) besteht gleichwohl für eine emittierende Corporation die Möglichkeit, Darlehens- und Bürgschaftsgeschäfte zu Gunsten eines ihrer *officers* oder der einer Tochtergesellschaft zu begründen, soweit die Amtsstellung

2414 Siehe m.N. ab S. 409.
2415 Siehe m.N. ab S. 409.
2416 Siehe m.N. ab S. 410.
2417 Siehe m.N. ab S. 410.
2418 Siehe m.N. ab S. 411.

nicht der eines *executive officer* gleicht. Dies ist anzunehmen, wenn die funktionale Stellung des *officer* nicht auf dem C-Level im Unternehmen liegt[2419].

118) Unberührt von dem Verbot des § 402 SOA (2002) bleiben Geschäfte einer Corporation im Sinne des § 315 CGCL, wenn diese auf die Verleihung von Vermögensgegenständen gerichtet sind[2420]

***

2419 Siehe m.N. ab S. 413.

2420 Siehe m.N. ab S. 413 f.

Literaturverzeichnis

Abelthauser Thomas E. Leitungshaftung im Kapitalgesellschaftsrecht – Zu den Sorgfalts- und Loyalitätspflichten von Unternehmensleitern im deutschen und im US-amerikanischen Kapitalgesellschaftsrecht, Köln u.a. 1998.

Abernathy, Charles F. Law in the United States: Cases and Materials, International Law Institute, Washington, DC, 1995.

Adams, George Burton The Origins of English Equity, 16 Columbia Law Review 87–98 (1916).

Atiyah, Patrick S. The Rise and Fall of Freedom of Contract, Oxford 1979.

Akin, Irfan Corporate Governance & Vorstandsvergütung, Aachen 2006.

Allen, William T. / Jacobs, Jack B. / Strine, Jr, Leo I Function Over Form: A Reassessment of Standards of Review in Delaware Corporation Law, 56 Business Lawyer 1287–1321 (2001) and 26 Delaware Journal Corporation Law 859–893 (2001).

Altmeppen, Der Prüfungsausschuss – Arbeitsteilung im Aufsichtsrat, Zeitschrift für Gesellschaftsrecht, 390–415 (2004).

American Bar Association (ABA) Report of the Task Force of the ABA Section of Business Law Corporate Governance Committee on Delineation of Governance Role & Responsibilities, 65 Business Lawyer 107–152 (2009).

dies. Managing Closely Held Corporations: A Legal Guidebook, 58 Business Lawyer 1073–1126 (2003).

dies. Changes in the Model Business Corporation Act pertaining to the Standards of Conduct for Officers; Inspection Rights and Notices–Final Adoption, 54 Business Lawyer 1229– (1999).

dies. Changes in the Model Business Corporation Act – Amendments Pertaining to Electronic Filings, Standard of Conduct and Standards of Liability for Directors, 53 Business Lawyers 157–190 (1997).

dies. Changes in the Model Business Corporation Act – Amendments Pertaining to Directors' Conflicting Interest Transactions, 44 Business Lawyer 1307–1334 (1989).

dies. Changes in the Model Business Corporation Act – The Overview Committees of the Board of Directors, 35 Business Lawyer 1335–1365 (1980).

dies. Report of Committee on Corporate Laws: Changes in the Model Business Corporation Act, 29 Business Lawyer 947–965 (1974).

American Law Institute (ALI) Principles of Corporate Governance: Analysis and Recommendations Volume 1 (Parts I–VI, §§ 1.01–6.02); Volume 2 (Part VII, §§ 7.01–7.25), St. Paul 1994 (2004 Annual Pocket Part).

dass. Principles of Corporate Governance: Analysis and Recommendations, Proposed Final Draft No. 5, Duty of Fair Dealing, Philadelphia 1992.

dass. Principles of Corporate Governance: Analysis and Recommendations, Tentative Draft No. 5, Duty of Loyalty, Philadelphia 1986.

dass. Restatement of the Law (2d) of Contracts, Volume 1, §§ 1–177, St. Paul 1981.

dass. Restatement of the Law (2d) of Torts, Volume 3, §§ 504–707A St. Paul 1977.

dass. Restatement of the Law (3d) of Trusts, Volume 1–4, St. Paul 2005.

dass. Restatement of the Law (2d) of Trusts, Volume 1, §§ 1–260, St. Paul 1959.

dass. Restatement of the Law (3d) of Agency, Volume 1, §§ 1.0–8.15, St. Paul 2006

dass. Restatement of the Law (2d) of Agency, Volume 1, §§ 1–283, St. Paul 1958.

dass. Restatement of the Law (2d) of Conflict of Laws, Volume 2, §§ 222–423, St. Paul 1971

dass. Restatement of the Law of Restitution, Quasi Contracts and Constructive Trusts, St. Paul 1937.

Ames, James Bar The Origin of Uses and Trusts, 21 Harvard Law. Review 261–274 (1908)

Ders. Lectures on legal History and Miscellaneous Legal Essays, Cambridge1913

Andrews, Burton The New York Business Corporation Law, 27 Albany Law Review 202–230 (1963) – Part I, 28 Albany Law Review 45–68 (1964) – Part II.

Angell, Joseph Kinicutt / Ames, Samuel A Treatise on the Law of Private Corporations Aggregate, 4th Edition, Boston 1852.

Animashaun, Babatunde The Business Judgment Rule: Fiduciary Duties and Liabilities of Corporate Directors, 16 Southern University Law Review 345–363 (1989).

Arsht, Samuel S. The Business Judgment Rule Revisited, 8 Hofstra Law Review 93– (1979).

Arsht, Samuel S. Fiduciary Responsibilities of Directors, Officers and Key Employees, 4 Delaware Journal Corporate Law 652– (1979).

Arsht, Samuel S. A History of the Delaware Corporation Law, 1 Delaware Journal Corporate Law 1–22 (1976).

Arsht, Samual S. / Stapleton, Walter K. Delaware General Corporation Law: 1969, 25 Business Lawyer 287–298 (1969).

Arsht, Samual S. / Stapleton, Walter K. Delaware`s New General Corporation Law: Substantive Changes, 23 Business Lawyer 75–93 (1967).

Arsht, Samual S. / Stapleton, Walter K. Analysis of the New Delaware Corporation Law, Prentice Hall Corporation Service 321–345 (1967) (Delaware Division).

Aviram, Amitai — Officers' Fiduciary Duties and the Nature of Corporate Organs, 3 University of Illinois Law Review 763–784 (2013).

Axinn, Stephen M. / Yoerg, Norman — Interlocking Directorates under Section 8 of the Clayton Act, Volume 15, 5th Edition, New York 1984.

Bainbridge, Stephen M. — Corporation Law, 2d Edition, New York 2009.

ders. — Unocal at 20: Director Primacy in Corporate Takeovers, 31 Delaware Journal of Corporate Law 769–860 (2006).

ders. — The Business Judgment Rule as Abstention Doctrine, 57 Vanderbilt Law Review 83–130 (2004).

Baker, John H. — An Introduction to English Legal History, 4th Edition, London 2002.

ders. — The Use upon a Use in Equity 1558–1625, 93 Law Quarterly Review 33– (1977).

Baker, Ralph J. / Cary, William L. / — Cases and materials on Corporations, 3d Edition, Brooklyn 1959.

Ballantine, Henry W. / Sterling, Graham L. — California Corporation Laws, 4th Edition, Volumes 1–2 (Loose-Leaf), Los Angeles 2011.

Ballantine, Henry W. — Corporations, 1th Edition, Chicago 1927, 2d Edition, Chicago 1946.

ders. — A Critical Survey of the Illinois Business Corporation Act, 1 University of Chicago Law Review 357–593 (1934).

ders. — Manual of Corporation Law and Practice, Chicago 1930.

ders. — Problems in Drafting a Modern Corporation Law, 17 American Bar Association Journal 579–582 (1931).

ders. — Questions of Policy in Drafting a Modern Corporation Law, 19 California Law Review 465–485 (1931).

ders. — Changes in the California Corporation Laws, 17 California Law Review 529–536 (1929).

Balotti, Franklin R. / Finkelstein, Jesse A. — The Delaware Law of Corporations and Business Organizations, 3d Edition, Volumes 1–3 (Loose-Leaf), Gaithersburg 1998 (2014 Suppl.).

Balotti, Franklin R. / Shaner, Magan W. — Safe Harbor for Officer Reliance: Compering the Approaches of the Model Business Corporation Act and Delaware's General Corporation Law, 74 Law and Contemporary Problems 161–174(2011).

Balotti, Franklin R. / Bussard, Donald A. / Uebler Thomas A. — The (Mis)Application of Section 144, 26 Delaware Lawyer 22–24 (2008).

Balotti, Franklin R. / Hinsey IV, Joseph — Director Care, Conduct, and Liability: The Model Business Corporation Act Solution, 56 Business Layer 35– (2000).

Balotti, Franklin R. / Hanks, James J. — Rejudging the Business Judgment Rule, 48 Business Lawyer 1337–1353 (1993)

Balsam, Steven — An Introduction to Executive Compensation, 1st Edition, San Diego, San Francisco, New York u.a. 2002.

Barbera, Holly M. — Fiduciary Duties and Disclosure Obligations: Resolving Questions after Malone V. Brincat, 26 Delaware Journal of Corporate Law 563–584 (2001).

Barclift, Z. Jill — Senior Corporate Officers and the Duty of Candor: Do the CEO and CFO have a Duty to inform, 41 Valparaiso University Law Review 270–301 (2006)

Barnard, Jayne W. — Historical Quirks, Political Opportunism, and the Anti-Loan Provision of the Sarbanes-Oxley Act, 31 Ohio Nothern University Law Review. 31–55 (2005).

dies. — Executive Loans from Corporate Funds, 17 Securities Regulation Law Journal 257–273 (1989)

dies. — Corporate Loans to Directors and Officers: Every Business now a Bank?
1988 Wisconsin Law Review 237–283 (1988).

dies. Curbing Management Conflict of Interests – The Search for an Effective Deterrent, 40 Rutgers Law Review 369–427 (1988).

Batenga, Ernest F. / Willis, Mark Corporation Code Section 309 and 1203: California redefines Directors' Duties Towards Shareholders, 16 Pepperdine Law Review 1083–1141 (1989).

Baumann, Jeffrey D. / Weiss, Elliott J. / Palmiter, Alan R. Corporations, Law and Policy, Materials and Problems, 5th Edition, St. Paul 2003 (Supplement 2005).

Baumler, J.V. Line-of-Business Reporting: A Legal Basis, 24 Cleveland Law Review 215–222 (1975).

Beach Charles Fisk, Jr. Commentaries on the Law of private Corporations: whether with or without capital stock, also of joint-stock companies and all the various voluntary unincorporated Associations organized for pecuniary profit or mutual benefit, Chicago 1891.

Bean, Gerard Fiduciary Obligation and Joint Ventures – The Collaborative Fiduciary Relationship, Oxford 1995.

Bebchuk, Lucian A. / Hamdani, Assaf Vigorous Race or Leisurely Walk: Reconsidering the Competition over
Corporate Charters, 112 Yale Law Journal 553–615 (2002).

Bebchuk, Lucian A. / Cohen, Alma / Ferrell, Allen Does the Evidence favor State Competition in Corporate Law?, 90 California Law Review 1775–1821 (2002).

Berger, Moritz Treu und Glauben und vorvertragliche Aufklärungspflichten im US-amerikansichen und Deutschen Recht, Göttingen 2003

Berle, Adolf A. Jr. Control in Corporate Law, 58 Colum. L. Rev. 1212–1225 (1958)

ders. Corporate Powers as Powers in Trust, 44 Harvard Law Review 1049–1074 (1931)

ders. For Whom Corporate Managers Are Trustees? 45 Harvard Law Review 1365–1372 (1932)

Berle, Adolf A. Jr. / Means, Gardiner C. The Modern Corporation and Private Property, 1th Edition, New York 1933 (revised Edition 1968).

Beveridge, Norwood P. Jr. Interested Directors Contracts at Common Law: Validation under the Doctrine of Constructive Fraud, 33 Loyola of Los Angeles Law Review 97–131 (1999).

ders. The Corporate Director's Fiduciary Duty of Loyalty: Understanding the Self-Interested Director Transaction, 41 DePaul Law Review 655–688 (1992).

ders. Does the Corporate Director have a Duty always to obey the Law? 45 DePaul Law Review Review 729–780 (1996).

Brickley J. A. / Bhagat, Sanjai / Lease, R.C. The Impact of Long-Range Managerial Compensation Plans on Shareholder Wealth, 7 Journal of Accounting and Economics 115–129 (1985)

Biancalana, Joseph Medieval Uses, in: Richard Helmholz / Reinhard Zimmermann (Hrsg.), Itinera Fiduciae – Trust and Treuhand in Historical Perspective, S. 111–152, Berlin 1998.

Bishop, Carter G. Directorial Abdiction and Taxonomic Role of Good Faith in Delaware Corporate Law, 2007 Michigan State Law Review 905–940 (2007).

Black Henry C. Black's Law Dictionary, 10th Edition 2014.

Blackstone, Sir William Commentaries on the Laws of England, Volume 2–3, 11th Edition 1791 (reprint 1966).

Block Dennis J. / Maimone, Michael J. / Ross Steven B. The Duty of Loyalty and the Evolution of the Scope of Judicial Review, 59 Brooklyn Law Review 65–105 (1993).

Block, Dennis J./ Barton, Nancy E. / Radin, Stephen A. The Business Judgment Rule – Fiduciary Duties of Corporate Directors and Officers, 5th Edition, Volume 1, New York 1998 (2009 Supplement).

Block, Dennis J./ Radin, Stephen A. / Rosenzweig, James P. The Role of the Business Judgment Rule in Shareholder Litigation at the Turn of the Decade, 45 Business Lawyer 469–510 (1990).

Blumenwitz, Dieter Einführung in das anglo-amerikanische Recht, Arbeiten mit praktischen Rechtsfällen, 7. Auflage, München 2003.

Böger, Ole System der vorteilsorientierten Haftung, Tübingen 2009.

Bogert, George G./ Bogert, George T. The Law of Trusts and Trustees, 2d Edition, St. Paul 1993.

Bonin, Gregor von Die Leitungs der Aktiengesellschaft zwischen Shareholder Value und Stakeholder-Interessen, Baden-Baden 2004.

ders. Die Corporation and die Limited Liability Company nach dem Recht des US-Staates Delaware, in: Hirte, Haribert/Bücker, Thomas (Hrsg): Grenzüberschreitende Gesellschaften – Ein Paxishandbuch, 2. Auflage, ____.

Booth, Richard A. A Chronology of the Evolution of the MBCA, 56 Business Lawyer 63–68 (2000).

Borsdorff, Roland Georg Interessenkonflikt bei Organmitgliedern, Solingen 2009.

Boyle, Antony J. Minority Shareholders' Remedies, Cambridge 2004.

Ders. The Minority Shareholder in the Nineteenth Century: A Study in Anglo-American Legal History, 28 Modern Law Review 317–329 (1965).

Bowman, Harold M. Validity of Contracts between Corporations having Common Directors, 4 Michigan Law Review 577–601 (1906).

Brakman Reiser, Dana Decision-Makers without Duties: Defining the Duties of Parent Corporations acting as Sole Corporate Members in Nonprofit Health Care Systems, 53 Rutgers Law Review 979–612 (2001).

Branson, Douglas M. Assault on another Citadel: Attempts to Curtail the Fiduciary Standard of Loyalty applicable to Corporate Directors, 57 Fordham Law Review 375–402 (1988).

Branson, Douglas M. Corporate Governance, Charlottesville 1993 (2000 Cumulative Supplement).

Bray, Samuel L. A Little Bit of Laches Goes a Long Way: Notes on Petrella v. Metro-Goldwyn-Mayer, Inc. 67 Vanderbilt Law Review En Blanc 1–18 (2014).

Brice, Seward A Treatise on the Doctrine of Ultra Vires: Being an Investigation on the Prin-ciples which Limit the Capacities, Powers, and Liabilities of Corporations, and more especially of Joint Stock Companies, 2d Edition, London 1880.

Brickey, Kathleen F. From Enron to Woldcom and Beyond: Life and Crime after Sarbanes-Oxley, 81 Washington University Law Review 357–401 (2005).

Brodsky, Edward / Adamski, Patricia, M. Law of Corporate Officers and Directors Rights, Duties and Liabilities, (Loose-Leaf), New York 2012.

Brown, Grover. C / Maimone, Michael J. / Schoell, Joseph C. Director and Advisor Disinterestedness and Independence under Delaware Law, 23 Delaware Journal on Corporate Law 1157–1200 (1998).

Brown, Jr., J. Robert Disloyalty without Limits: "Independent" Directors and the Elimination of the Duty of Loyalty,95 Kentucky Law Journal 53–105 (2007).

ders. The Irrelevance of State Corporate Law in the Regulation of Public Companies, 38 University of Richmond Law Review 317–380 (2004).

ders. Speaking with Complete Candor: Shareholder Ratification and the Elimination of the Duty of Loyalty, 54 Hastings Law Journal 641–694 (2003).

ders. The Corporate Director's Compliance Oversight Responsibility in the Post Caremark Era, 26 Delaware Journal of Corporate Law 45–127 (2001).

Brudney, Victor Revisiting the Import of Shareholder Consent for Corporate Fiduciary Loyalty Obligations, 25 Journal of Corporate Law 209–240 (2000).

ders. Contract and Fiduciary Duty in Corporate Law, 38 Boston Collage Law Review 595–665 (1997).

ders. Corporate Governance, Agency Costs and the Rhetoric of Contract, 85 Columbia Law Review 1403– (1985).

Bruemmer, Margaret B. Proxy Solicitations: The Need for Expanded Disclosure Requirements, 60 Marquette Law Review 1100–1115 (1977).

Buckley, F.H. / Connelly, Mark Q. Corporations – Principles and Policies, Toronto 1988.

Buhler, Harriett R. 1947 California Corporation Code and Other Corporation Legislation, 35 California Law Review 423–433 (1947).

Bulbulia, Ahmed / Pinto, Arthur R. Statutory Responses to Interested Directors' Transactions: A Watering Down of Fiduciary Standards? 53 Notre Dame L. Rev. 201–228 (1977).

Bungert, Hartwin Gesellschaftsrecht in den USA, Eine Einführung mit vergleichenden Tabellen, 3. Auflage, München 2003.

Burton, Steven J. Breach of Contract and the Common Law Duty to Perform in Good Faith, 94 Harvard Law Review 369– (1980).

Burton, Steven J / Andersen, Eric G. The World of Contract, 75 Iowa Law Review 861– (1990).

Butler, Henry / Ribstein, Larry E. General Incorporation in Nineteenth Century England: Interaction of Common Law and Legislative Process, 6 International Review of Law & Econonimics 168–188 (1986).

Buxbaum, Richard M. Conflict-of-Interests Statutes and the Need for a Demand on Directors in Derivative Actions, 68 California Law Review 1122–1133 (1980).

CGCL-Report California Legislative Assembly Select Committee on the Revision and Corporation Code, 15th Interim Report on the Revision of the Corporation Code 33 (1971).

Calamari, John D. / Perillo, Joseph M. The Law of Contracts, 3d Edition, St. Paul 1992.

Calder, Thomas S. Corporations – Articles and Bylaws – Statutory Requirement of Consistency with Law – Contractual Enforcement of Inconsistent Articles and Bylaws, 31 Notre Dame Lawyer, 699–710 (1956).

California Law West's Annotated California Codes, Corporations Code, Volumes 23E, 24, 24A and 25, St. Paul 1977–191 (2013 Cumulative Pocket Part).

Callison, James W. Effect of a Provision in Articles of Incorporation permitting the counting of interested Directors for Quorum Purposes, 52 Michigan Law Review 295–298 (1953).

Campbell, Whitney The Modell Business Corporation Act, 11 Business Lawyer 98–123 (1956).

Campton, William R. Early History of Stock Ownership, 9 George Washington Law Review 125–152 (1941).

Conaglen, Matthew Fiduciary Loyalty, London 2011.

Conaglen, Matthew A Re-Appraisal of the Fiduciary Self Dealing and Fair-Dealing Rules, 65 Cambridge Law Journal 366–396 (2006).

Carney, William J. The ALI's corporate governance project: The death of property rights?, 61 George Washington Law Review 898–953 (1993).

Carp, E. Robert Corporations: Effect of Directors' adverse Interest or conflicting Duties to invalidate Contracts: California Civil Code Section 311, 29 California Law Review 480–494 (1941).

Carter, John C. The Fiduciary Rights of Shareholders, 29 William & Mary Law Review 823–854 (1988).

Cary, William L. Federalism and Corporate Law: Reflections upon Delaware, 83 Yale Law Journal 663–704 (1974).

Cary, William L. Corporate Standards and Legal Rules, 50 California Law Review 408–420 (1962).

Cary, William L. / Eisenberg, Melvin Aron Cases and Materials on Corporations, 7th Edition, New York 1995 (Supplement 1999).

Chapman, Jeffrey A. / James/ Benjamin W. The Use of Special Committees in Mergers and Acquisitions, 42 Texas Journal of Business Law 315–337 (2009).

Chittur, Krishnan The corporate Director`s Standard of Care: Past, Present and Future, 10 Delaware Journal of Corporate Law 505–543 (1985).

Chrisholm, Hugh (Hrsg). Encyclopedia Britannica, 11th Edition 1911.

Church, Janice M. Director Conflict of Interest Under the 1983 B.C.A. A Standard of Fairness, 1985 University of Illinois Law Review 741–756 (1985).

Clapp, Roger A. A Fiduciary`s Duty of Loyalty, 3 Maryland Law Review 221–236 (1939).

Clare, Timothy F. Section 21.204.01: Interested Director Transactions in Nebraska – A Proposed Interpretation, 25 Creighton Law Review 603–629 (1992).

Clark, Jeffrey J. Recent Developments in Delaware Corporate Law: Kahn v. Lynch Commun-ication Systems, Inc.: A Major Step toward clarifying the Role of independent Committees, 20 Delaware Journal of Corporate Law 564–587 (1995).

Clark, Robert Charles Corporate Law, Boston/Toronto 1986.

Clark, Robert Charles Agency Cost versus Fiduciary Duties, in: John W. Pratt/Richard J. Reckhauser Hrsg), Principals and Agents: The Structure of Business, S. 55–79, Boston 1985.

Clark, Robert Charles Vote Buying and Corporate Law, 29 Case Western Reserve Law Review 776–807 (1979).

Clark, William L. / Marshal, William L. A Treatise of the Law of Private Corporations, Volume 1–2, St. Paul 1901.

Clarke, Donald C. Three Concepts of the Independent Director, 32 Delaware Journal of Corporate Law 73–111 (2007).

Carp, Robert .E Corporations: Effect of Director's Adverse Interest or Conflicting Duties to Invalidate Contracts: California Civil Code Section 311, 29 California Law Review 480–494 (1941).

Clatterbuck, Gary N. Section 21-2040.01: Interested Director Transactions and Considerations of Fairness, 58 Nebraska L. Rev. 909–924 (1979).

Cocanower, John L.
Hay, John L. The New Arizona Business Corporation Act, 17 Arizona Law Review 559– (1975).

Cohen, Morris R. The Basis of Contract, 46 Harvard Law Review 553–592 (1933).

Coing, Helmut English Equity and Denunciatio Evangelica of the Conon Law, 71 Law Quarterly Review 223–241 (1955).

Collings. Rex A. Corporations: Problems in fixing or increasing Compensation of Officer-Directors, 38 California Law Review 906–913 (1950).

Collins, Andrew J. Choice of Corporate Domicile: California or Delaware?, 13 University of San Francisco Law Review 103–144 (1978).

Comment (Cmt.) Law for Sale: A Study of the Delaware Corporation Law of 1967, 117 University of Pennsylvania Law Review 861–898 (1969).

Comment (Cmt.) Standards of Disclosure in Proxy Solicitation of Unlisted Securities, 1960 Duke Law Journal 623– (1960).

Compton, William R. Early History of Stock Ownership by Corporations, 9 George Washington Law Review 125–132 (1940).

Conaglen, Matthew Fiduciary Loyalty, London 2011.

Ders. A Re-Appraisal of the Fiduciary Self-Dealing and Fair-Dealing Rules, 65 Cambridge Law Journal 366–396 (2006).

Conard, Alfred F. The Corporate Census: A Preliminary Exploration, 63 California Law Review 440–462 (1975).

Conard, Alfred F. Corporations in Perspective, Mineola 1976.

Conard, Alfred F. An Overview of the Laws of Corporations, 71 Michigan Law Review 621–648 (1973).

Cook, William W. A treatise on stock and stockholders and general corporation law, 3d Edition, Chicago 1894.

ders. A Treatise on the Law of Corporations having a Capital Stock, Volumes I–V, 7th Edition, Boston 1913.

Corbin, Arthur L. / Perillo, Joseph M. Corbin on Contracts, Volume I, Revised Edition, §§ 1.1–4.14, St. Paul, 1993.

Corbin, Arthur Conditions in the Law of Contract, 28 Yale Law Journal 739– (1919).

Cooter, Robert / Freedman, Bradley J. The Fiduciary Relationship: Its Economic Character & Legal Consequences, 66 New York University Law Review 1045–1075 (1991).

Corpus Juris Secundum C.J.S. Encyclopedia, 2d Edition, 101 Volumes, St. Paul 1936 ff. (Loose-Leaf), Corporations, Volumes 18–20, St. Paul 1990.

Ders. Encyclopedia, 2d Edition, 101 Volumes, St. Paul 1936 ff. (Loose-Leaf), Fraud and Deceit, Volume 37, St. Paul 1968.

Correspondence Directors' Contract with Themselves, 16 American Law Review 917–919 (1882).

Cox, James D. Managing and Monitoring Conflicts of Interests: Empowering The outside Directors with Independent Counsel, 48 Villanova Law Review 1077–1095 (2003).

Cox, James D./ Munsinger, Harry L. Bias in the Boardroom: Psychological Foundations and Legal Implications of Corporate Cohesion. 48 Law & Contemporary Problems 83–135 (1985).

Cox, James D. / Hazen, Thomas Lee Cox and Hazen on Corporations, 2d Edition, Volume I, New York 2003.

Cox, Samuel Compton Cox`s note – Peer William's equity Reports (3 P Wms 131), 4th Edition 1787, 5th Edition 1793.

Crean, Renee L.	Recent Development in New York Law, 72 Saint John's Law Review 695–719 (1998).
Dahlquist, Thomas W.	Henry W. Ballantine, 37 California Law Review 171–180 (1949).
Daniel, Patricia A.	The Duty of Care and the Duty of Loyalty in the Revised MBCA, 40 Vanderbilt Law Review 633–662 (1987).
Davies, Paul L. / Worthington, Sarah	Principles of Modern Company Law, 9th Edition, London 2012.
Davis, Kenneth B.	Structural Bias, Special Litigation Committees, and the Vagaries of Director Independence, 90 Iowa Law Review 1305–1360 (2005).
Davis, Jr., Kenneth B.	Approval by disinterested Directors, 20 Journal of Corporation Law 215–244 (1995).
Dawson, John P.	Economic Duress – A Essay in Perspective, 45 Michigan Law Review 253–290 (1947).
DeFuniak, William Q.	Handbook of Modern Equity, 2th Edition, Englewood Cliffs 1956.
Delaware Law (DGCL)	Delaware Code Annotated, Revised 1974 Volume 4, Charlottesville 2001.
DeMott, Deborah A.	Disloyal Agents, 58 Alabama Law Review 1049–1067 (2007).
dies.	The Mechanismus of Control, 13 Connecticut Journal International Law 233–255 (1999).
dies.	Beyond Metaphor: An Analysis of Fiduciary Obligation, 1988 Duke Law Journal 879–924 (1988).
dies.	Shareholder Derivative Actions, Law and Practice, St. Paul 1987.
dies.	Perspektives on Choice of Law for Corporate Internal Affairs, 48 Law and Contemporary Problems 161–198 (1985).
DGCL-Minutes	Minutes of Delaware Corporation Law Revision Committee (1964–1967); abrufbar unter: http://www.delawarelaw.widener.edu.

Dickerson, Claire M.	Interested Directors of New York Corporations and the Burden of Proof, 1988 Columbia Business Law Review 91–127 (1988).
Die Bibel	Übersetzung nach Martin Luther, Stuttgart 2017.
Dodd, E. Merrick	The Evolution of Limited Liability in American Industry: Massachusetts, 61 Harvard Law Review 1351–1379 (1948).
ders.	Is Effective Enforcement of the Fiduciary Duties of Corporate Managers Practicable. 2 University of Chicago Law Review 194–207 (1935).
ders.	For Whom are Corporate Managers Trustees? 45 Harvard Law Review 1145–1163 (1932)
Donohue, David C.	Corporations – Validity of Contract Between Director and his Corporation – Buck v. Northern Dairy Co., 3 Boston Collage Law Review 534–536 (1962).
Dooley, Michael P.	Rules, Standards, and the Model Business Corporation Act, 74 Law and Contemporary Problems 46–55 (2011).
ders.	Two Models of Corporate Governance, 47 Business Lawyer 461–527 (1992).
Dooley, Michael P. / Goldmann, Stephan M.	Some Comparisons between the Model Business Corporation Act and die Delaware General Corporation Law, 56 Business Lawyer 737–766 (2001).
Drexler, David A. / Black, Lewis S. Jr. / Sparks, A. Gilchrist III	Delaware Corporation Law and Practice, Volume 1–2 (Loose-Leaf), New York 2008.
Drechsler. C.T.	Right of Corporate Officer to purchase Corporate Assets from Corporation, 24 American Law Reports (2d) 71–112 (1952).
Duggin, Sahrah H. / Goldman, Stephan M.	Restoring Trust in Corporate Directors: The Disney Standard and The "New" Good Faith, 56 American University Law Review 211–274 (2006).
Dyson, Richard	The Director's Liability for Negligence, 40 Indiana Law Journal 341–376 (1965).

Easterbrook, Frank H. / Fischel, Daniel R. Close Corporation and Agency Costs, 38 Stanford Law Review 271–301 (1986).

Eaton, Paul W. Corporates- General Effect of Statutes prohibiting Corporate Loans to Directors, Officers and Stockholders, 48 Michigan Law Review 213– (1949).

Ebke, Werner F. Interlocking Directorates, Zeitschrift für Gesellschaftsrecht 1990, 50–106.

Eggert, Christian Aktienoptionen für Führungskräfte, Baden-Baden 2004.

Eisenberg, Melvin Aron Corporations and other Business Organizations – Cases and Materials, 9th Edition, New York 2005 (Supplement 2008).

ders. The Duty of Good Faith in Corporate Law, 31 Delaware Journal of Corporate Law 1–75 (2006).

ders. The Divergence of Standards of Conduct and Standard of Review in Corporate Law, 62 Fordham Law Review 437–468 (1993).

ders. Self-Interested Transactions in Corporate Law, 13 Journal of Corporation Law 997–1009 (1988).

Elfin, Rodman A Critique of Portions of the 1983 RMBCA, 28 St. Louis University Law Journal 865– (1984).

Elsing, Siegfried / Van Alstine, Michael US-amerikanisches Handels- und Wirtschaftsrecht, 2. Auflage, Heidelberg 1999.

Engfer, Klaus Der Ausschluss des organschaftlichen Stimmrechts bei Interessenkollision, Berlin 1970.

Enriques, Luca The Law on Company Directors' Self-Dealing: A Comparative Analysis, 2 International & Comparative Corporation Law Journal 297–333 (2000).

Escher, Andreas Die Rechtsstellung des Verwaltungsrats nach dem Aktienrecht der Vereinigten Staaten von Amerika, Basel 1954.

Eskridge, Jr., William N Dynamic Statutory Interpretation, Boston 1994.

ders. The New Textualism, 37 University of California at Los Angeles Law Review 621–691 (1990).

ders. Dynamic Statutory Interpretation, 135 University of Pennsylvania Law Review 1479–1555 (1987).

Fairfax, Lisa M. The Uneasy Case fort he Inside Director, 96 Iowa Law Review 127–193 (2010).

Fama, Eugene F. / Jensen, Michael C. Separation of Ownership and Control, 26 Journal Law & Economics 301–325 (1983).

dies. Agency Problems and Residual Claíms, 26 Journal Law & Economics 327–329 (1983).

Farnsworth, E. Allan On Contracts, 2d Edition, Volumes 1–3, Boston 1998 (2002 Supplement).

ders. An Introduktion to the Legal System of the United States, 3d Edition, New York 1996.

ders. Good Faith Performance and Commercial Reasonableness under the Uniform Commercial Code, 30 University of Chicago Law Review 666–679 (1963).

Fiegenbaum, Itai The Goography of MFW-Land, 41 Delaware Journal of Corporation Law 763–797 (2017).

Finn, Paul D. The Fiduciary Principle, in: Timothy G. Youdan (Hrgs.), Equity, Fiduciaries and Trusts, S. 1–56, Toronto, Calgary, Vancouver 1989.

ders. Fiduciary Obligations, Sidney, Melbourne, Brisbane and Perth 1977.

Fischel, Daniel R. The "Race to the Bottom" Revisited: Reflections on recent Developments in Delaware Corporation Law, 76 North Western University Law Review 913-913–945 (1982).

Flaum, Douglas H. / Lari, Shahzeb The Applicability of Business Judgment Rule to Corporate Officers after Gantler v. Stephens, 41 Securities Regulation & Law Report 622–628 (2009).

Flannigan, Robert The Adulteration of fiduciary Doctrine in Corporate Law, 122 Law Quarterly Review 449–468 (2006).

ders. The Boundaries of Fiduciary Accountability, 2004 New Zealand Law Review 215–268 (2004).

ders. The Fiduciary Obligation, 9 Oxford Journal of Legal Stud. 285–322 (1989).

Flehner, Maralynne Section 8 of the Clayton Act Applicable to Corporations (SCM Corp. v. FTC), 53 St. John's Law Review 234–244 (1976).

Fleischer, Holger Gerichtsspezialisierung im Gesellschaftsrecht, in Festschrift für Theodor Baums, Band 1, 2017, S. 417–432.

Fletcher, William Meade Cyclopedia of the Law of Private Corporations, 26 Volumes (Revised and Permanent Edition), St. Paul 1986 ff. (2016).

Fogelman, M. McKinney's Forms-Business Corporation Law, New York 1965 (Suppl.1977).

Folk, III, Ernest L. State Statues: Their Role in Prescribing Norms of Responsible Conduct, 31 Business Lawyer 1031–1080 (1976).

ders. The Delaware General Corporation Law – A Commentary and Analysis, Wilmington 1972.

ders. Conflicts of Interests under State Law, 3 Annual Institute on Securities Regulation 161–186 (1972).

ders. Corporation Law Developments – 1969, 56 Virginia Law Review 755–825 (1970).

ders. The New Delaware Corporation Law, Chapel Hill, N.C. 1967.

ders. Corporation Statutes: 1959–1966, 1966 Duke Law Journal 875–957 (1966).

ders. Review of the Delaware Corporation Law (1965–1967), Philadelphia 1967.

ders. The Red Book Digest of the New Delaware Corporation Law – 1967, Chapel Hill, N.C. 1967.

Follet, Michael Gantler v. Stephens: Big Epiphany or big Failure? A Look at the current State of Officers Fiduciary Duties and Advice for potential Protection, 35 Delaware Journal of Corporate Law 563–582 (2010).

Fonblanque, John de Gremier Ballow, A Treatise of Equity, Volume 1–2, 4th Edition, London 1812.

Friedman, Hugh C. California Practice Guide: Corporations, Volumes 1–2, San Francisco 1996 (Suppl. 2011).

Francis, Richard Maxims of Equity, Collected from and Proved by Cases, Out of the Books of the Best Authority in the High Courts if Chancery, London 1728.

Frankel, Tamar Fiduciary Law, New York 2011.

ders. Fiduciary Duties as Default Rules, 74 Oregon Law Review 1209–1255 (1995).

ders. Fiduciary Law, 71 California Law Review 795–836 (1983).

Frey, Edward Sir. A Treatise on the Specific Performance of Contracts, Albany, N.Y. 1985.

Furlow, Clark W. Good Faith, Fiduciary Duties, and the Business Judgment Rule in Delaware, 2009 Utah Law Review 1061–1095 (2009).

Gardner, Davis Directors Conflicts of Interests under the Florida Business Corporation Act Hidden Shoals in a Safe Harbor, 72 Florida Bar Journal 31–34 (1998).

Garrett, Ray History, Purpose and Summery of the Model Business Corporation Act, 8 Business Lawyer 1– (1950).

de la Garza, Christa K.M. Conflict of Interest Transaction: Fiduciary Duties of Corporate Directors who are also Controlling Shareholders, 57 Denver Law Journal 609–648 (1980).

German, Shannon What they don't know can hurt them: Corporation Officers Duty of Candor to Directors, 2009 Delaware Journal of Corporate Law 221–774 (2009).

Gevurts, Franklin A. Corporation Law, St. Paul 2000.

Gevurts, Franklin A. Corporate Law Anthology, Cincinnati 1997.

Gilhily, Peter M / Dillman, Ted A.	Corporate Fiduciary Liability to Creditors and Interested-Director Transactions: Two Key Distinctions between California and Delaware Fiduciary Duty Law that come under Scrutiny during Insolvency, 31 California Bankruptcy Journal 827–841(2012).
Gillen, Mark R. / Woodman, Faye	The Law of Trusts A contextual Approach, 2d Edition, Toronto 2008.
Glover, John	Commercial Equity: Fiduciary Relationships, Sydney, Adelaide, u.a. 1995.
Göthel, Stephan R.	Delaware bestätigt Gründungstheorie und schützt Pseudo-Foreign Corporations, Recht der Internationalen Wirtschaft 2006, S. 41–45.
Gold, Andrew S.	The New Concept of Loyalty in Corporate Law, 43 University of California at Davis Law Review 457–528 (2009).
Goldberg, M.B.	The Fiduciary Duty of Parent to Subsidiary Corporations, 57 Virginia Law Review 1223–1241 (1971).
Gorris, Jeffrey M Hamermesh, Lawrence A / Strine, Jr., Leo E. /	Delaware Corporate Law and the Model Business Corporation Act: A Study of Symbiosis, 74 Law and Contemporary Problems 107–120 (2011).
Gower, L.C.B.	The Principles of modern Company Law, 3d Edition, London 1969.
ders.	Some Contrasts between British and American Corporation Law, 69 Harvard Law Review 1369– (1956).
ders.	Corporation Law in England and America, 11 Business Lawyer 39–56 (1955).
Gough, Steve	The Voidability of Interested Director Contracts under the Kansas Corporation Code, 24 University Kansas Law Review 655–675 (1976).
Graf, Paul	A realistic Approach to Officer Liability, 66 Business Lawyer 315–338 (2011).
Grange, William J.	Corporation Law for Officers and Directors, 2d Edition, New York 1940.

Grassmann, Güther / Will, Michael Einführung in die großen Rechtssysteme der Gegenwart, 2. Auflage, München 1988.

Greene, Edward F. / Beller / Alan, L. / U.S. Regulation of the International Securities and Derivatives Markets, 12th Edition, Loose-Leaf, New York 2017.

Griffith, Sean J. Good Faith Business Judgment Rule: A Theory of Rhetoric in Corporate Law Jurisprudence, 55 Duke Law Journal 1–73 (2005).

Griffin, Stephen Company Law Handbook, London 2008.

Grimm, Hadley E. Corporations – Directors' contracts with the corporation – Burden of Proof, 30 Missouri Law Review 628–631 (1965).

Habeeb, W.R. Participation by Corporate Director in vote or meeting fixing compensation for his own Service, 175 American Law Reports 577–605 (1948).

Hallgring, Robert W. The Uniform Trustees' Power Act and the basic Principles of fiduciary Responsibility, 41 Washington Law Review 801–837 (1966).

Halloran, Michael / Hammer, Douglas L. Section 2115 of the New California General Corporation Law – The Application of California Law to foreign Corporation, 23 University of California at Los Angeles Law Review 1283–1331 (1976).

Halverson, James T. Interlocking Directorates – Present Anti-Trust Enforcement Interest placed in proper analytical Perspective, 21 Villanova Law Review 393–409 (1976).

Hamermesh, Lawrence A Calling Off the Lynch Mob: The Corporate Director's Fiduciary Disclosure Duty, 49 Vanderbilt Law Review 1087–1178 (1996).

Hamilton, Robert W. / Macey, Jonathan R. Cases and Materials on Corporations, including Partnerships and Limited Liability Companies, 7th Edition, Thomson/West 2003.

Hamilton, Robert W. The Crisis in Corporate Governance: 2002 Style, 40 Houston Law Review 1– (2003).

ders. Reliance and Liability Standards for Outside Directors, 24 Wake Forest Law Review 5–30 (1989).

Hamilton, Walter The Ancient Maxim Caveat Emptor, 40 Yale Law Journal 133– (1931).

Hanbury, Harold G. / Maudsley, Ronald H. Modern Equity, 12th Edition, London 1985.

Hanke, Reinhard Das Selbstkontrahieren des Stellvertreters im französischen und anglo-amerikanischen Recht verglichen mit dem deutschen Recht, Münster 1966.

Hansen, Charles The Duty of Care, the Business Judgment Rule, and the American Law Institute, 48 Business Lawyer 1355–1376 (1993).

ders. The Validity of Charter and Bylaws Provision Exculpating Directors for Conflict of Interests – An important Delaware Decision sheds new Light Corporation, Volume LXXX, No 12, § 2, 1–7 (2009).

ders. Benehana of Tokyo v. Benehana Inc.: Does this represent final closure in the Delaware Law of Conflicts, Corporation, Vol. LXXX, No 2, § 2, 1–12 (2009).

ders. Needed: A Modern Labor of Hercules in the Delaware Law of Conflicts Corporation, Vol. LXXII No. 5, § 2, 1–11 (2002).

ders. Cooke v. Oolie: Something`s Rotten in Denmark, Corporation, Vol. LXIX, No. 17, § 2 1–11 (1998).

ders. The Technicolor Case – A Lost Opportunity, 19 Delaware Journal of Corporate Law 617–639 (1994).

Hansen, Charles / Sommer A.A., Jr. A Guide to the American Law Institute of Corporate Governance Project, 51 Business Lawyer 1331–1338 (1996).

Harper, Fowler V. / McNeely, Mary C. A Synthesis of the Law of Misrepresentation, 22 Minnisota Law Review 939–1007 (1938).

Harris, Lee Mastering Corporations and other Business Entities, Durham 1978.

Haskett, Timothy S. The Medieval English Court of Chancery, 14 Law and History Review 245–325 (1996).

Hatzis-Schoch, Brent Die Bedeutung von Delaware für das US-amerikanische Gesellschaftsrecht, Recht der Internationalen Wirtschaft 1992, S. 539–543

Hay, Peter US-Amerikanisches Recht – Ein Studienbuch, München 2008.

Hay, Peter Einführung in das Amerikanische Recht, 4. Auflage, Darmstadt 1995.

Hayes, Deborah K. Corporate Directors Conflict of Interest: The Fairness Test and its Application Under Existing Statutory Provisions and Proposals for Statutory Reform, 53 Tennessee Law Review 799–840 (1986).

Hecker, Jr., Edwin W. Fiduciaries Duties in Business Entities, 54 University of Kansas Law Review 975–1020 (2006).

Hein von, Jan Die Rezeption des US-amerikanischen Gesellschaftsrechts in Deutschland, Tübingen 2008.

ders. Die Rolle des US-amerikanischen CEO gegenüber dem Board of Directors im Lichte neuerer Entwicklungen, Recht der Internationalen Wirtschaft 2002, S. 501–509.

Helmholz, Richard Trusts in the English Ecclesiastical Courts 1300–1640, in: Richard Helmholz / Reinhard Zimmermann (Hrsg.), Itinera Fiduciae – Trust and Treuhand in Historical Perspective, S. 153–172, Berlin 1998.

Henn, Harry G. / Alexander, John R. Laws of Corporations and other Business Enterprises, 3d Edition, St. Paul 1983 (1986 Pocket Part).

Hetherington, J. A. C. Defining the Scope of Controlling Shareholders' Fiduciary Responsibilities, 22 Wake Forest Law Review 9–40 (1987).

Hetherington, J. A. C.	Trends in Legislation for Close Corporations: A Comparison of the Wisconsin Business Law of 1951 and the New York Business Corporation Law of 1961, 1963 Wisconsin Law Review 92–152 (1963).
Hill, Claire A. *McDonnell, Brett H.*	Disney, Good Faith, and Structural Bias, 32 Iowa Journal Corporate Law 833–865 (2007).
dies.	Stone v. Ritter and the Expending Duty o Loyalty, 76 Fordham Law Review 1769–1796 (2007).
Hilton, Jordan C.	Overcoming the *Rippy* Effect: Why the North Carolina Business Corporations Act should allow permissive Officer Exculpation, 94 North Carolina Law Review 2155–2175 (2016).
Hodgson, Paul	My Big Fat Corporate Loan, (Dez.2002); abrufbar unter: http://www.thecorporatelibrary.com_research/reports/loanrepor_120402.pdf.
Hoffman, Alan M.	Israels on Corporate Practice, 4th Edition, New York 1983.
Hoffman, Samuel	The Status of Shareholders and Directors under New York`s Business Corpo-ration Law: A comparative View, 11 Buffalo Law Review 496–590 (1962).
Holland, Randy J.	Delaware Directors' Fiduciary Duties: The Focus on Loyalty, 11 University of Pennsylvania Journal of Business Law 675–701 (2009).
Holley, Janice E.	Transaction between a Corporation and its Directors: Where Does Mississippi Stand, 52 Mississippi Law Journal 877–900 (1982).
Holdsworth, Sir William S.	A History of English Law, 16 Volumes, London 1903–1978, Volume 1, 7th Edition, London 1956 (reprint 1966); Volume IV, 3d Edition, London 1945 (reprint 1966).
ders.	The Early History of Equity, 13 Michigan Law Review 293–301 (1915).

Holtz, Richard W. Interested Transactions by Corporate Directors: A Weakening of the Fiduciary Duty of Loyalty, 28 Suffolk University Law Review 93–121 (1994).

Homer, Lauren B. The Status of Fairness Test under Section 713 of the New York Business Corporation Law, 76 Columbia Law Review 1156–1186 (1976).

Hoover, Earl R. Basic Principles Underlying Duty of Loyalty, 5 Cleveland Marshall Law Review 7–34 (1956).

Honabach, Dennis R. Smith v. Van Gorkom; managerial Liability and Exculpatory Clauses – A Proposal to Fill the Gap of Missing Officer Protection, 45 Washburn Law Journal 307– (2006).

Hopt, Klaus J. / Teubner, Gunther Self-Dealing and the Use of Corporate Opportunity and Information: Regulating Directors` Conflict of Interest, in: Hopt, Klaus J. / Teubner, Gunther (Hrsg.): Corporate Governance and Directors` Liabilities – Legal, Economic and Sociological Analyses on Corporate Social Responsibility, Berlin, New York 1985, S. 285–326.

Hornstein, George D. Corporation Law & Practice, Volume 1, St. Paul 1959.

Horwitz, Morton J. Santa Clara Revisited: The Development of Corporate Theory, 88 West Virginia Law Review 173- (1985).

Hovenden, John Eykyn A Supplement to Vesey Junior's Chancery Reports of Cases in Chancery, Volumes I. –II., London 1827.

Hudson, Alastair Equity & Trusts, London 2005.

Hübner, Ulrich Interessenkonfikt und Vertretungsmacht – Eine Untersuchung zur funktionalen Präzisierung des § 181 BGB, München 1977.

Huffcut, Ernest Wilson The Law of Agency: including the law of principal and agent and the law of master and servant, 2d Edition, Boston 1901

Israels, Carlos L. Corporate Practice, 2d Edition, New York 1969; 3d Edition, New York 1972.

ders. The Corporate Triangle – Same Corporate Aspects of the New Jersey, New York and Delaware Statute, 23 Rutgers Law Review 615–631 (1969).

Jacobson, Mary A. Interested Director Transactions and the (Equivocal) Effects of Shareholder Ratification, 21 Delaware Journal of Corporate Law 981–1025 (1996).

James, Daniel Interested Directors in Corporate Transactions, 6 Indiana Law Journal 413–421 (1931).

Jennings, Richard W. The Role of the States in Corporate Regulation and Investor Protection, 23 Law & Contemporary Problems 193–230 (1958).

Jensen, Michael C./ Meckling, William H. Theory of the firm: Managerial behavior, agency cost and ownership structure, 3 Journal of Financial Economics 305–360 (1976).

Jones, Aaron D. Corporate Officer Wrongdoing and Fiduciary Duties of Corporate Officers under Delaware Law, 44 American Business Law Journal 475–520 (2007).

Johnson, Kenneth J. Golden Parachutes and the Business Judgment Rule: Toward a proper Standard of Review, 94 Yale Law Journal 909–928 (1985).

Johnson, Lyman, P.Q. Having a Fiduciary Duty Talk: Model Advice for Corporate Officers (and other Senior Agents), 63 Business Lawyer 147–161 (2007).

ders. Corporate Officers and the Business Judgment Rule, 60 Business Lawyer 439–496 (2005).

ders. The Modest Business Judgment Rule, 55 Business Lawyer 625–652 (2000).

Johnston, John F. / Alexander, Frederick H. The Effect of Disinterested Director Approval of Conflict Transactions under the ALI Corporate Governance Project – A Practitioner's Perspective, 48 The Business Lawyer 1393–1405 (1993).

Johnston, John F. / Alexander, Frederick H. The Role of Disinterested Directors in "Conflict" Transactions: The ALI Corporate Governance Project and Existing Law, 45 Business Lawyer 2083–2103 (1990).

Hansen, Charles

Johnson, Lyman P.Q. / Ricca, Robert V. Reality Check on Officer Liability, 67 Business Lawyer 75–97 (2011).

Johnson, Lyman P.Q. / Ricca, Robert V. (Not) Advising Corporate Officers about Fiduciary Duties, 42 Wake Forest Law Review 663–692 (2007).

Johnson, Lyman P.Q. / Garvis, Dennis Are Corporate Officers advised about Fiduciary Duties, 64 Business Lawyer 1105-(2009).

Johnson, Lyman P.Q. / Millon, David K. Recalling why Corporate Officers are Fiduciary, 46 William & Mary Law Review 1597–1653 (2005).

Johnson, Lyman, P.Q./ Sides Mark A. The Sarbanes-Oxley Act and Fiduciary Duties, 30 William Mitchell Law Review 1149–1604 (2004).

Johnson, Sveinbjorn Corporate Directors as Trustees in Illinois, 23 Illinois Law Review 653–772 (1929).

Kadens, Emely Justice Blackstone's Common Law Orthodoxy, 103 Northwestern University Law Review 1553–1605 (2009).

Kahan, Marcel / Kamar, Ehud The Myth of State Competition ion Corporate Law, 55 Stanford Law Review 685–749 (2002).

Kamm, Thomas A. Dealings between Directors and their Corporations – A Discussion of the Dis-interested Quorums' Rule under Present Statutory Limitations in Michigan, 34 University of Detroit Law Journal 43–54 (1956).

Kaouris, Demetrius G Is Delaware still a Heaven for Incorporation?, 20 Delaware Journal of Corporate Law 965–1043 (1995).

Kay, Peter E. Director Conflicts of Interest under the Model Business Corporation Act: A Model for all States?, 69 Washington Law Review 207–233 (1994).

Keating, Patrick D. Partial Safe Harbors for Interested Officers and Director Transactions, 2007 Business Torts Journal 1–18 (2007).

Keedy, Charles C. Delaware Corporation Law and Equity Practice, New York 1931.

Keeton, George W. Fraud, Concealment and Non-Disclosure, 15 Texas Law Review 1–45 (1936).

Keeton, George W. / Sheridan, Lionel A.	The Law of Trusts, 10th Edition, London 1974.
Kempin, Frederick G., Jr.	Historical Introduktion tot Anglo-American Law in a Nutshell, 3d Edition, St. Paul 1990.
Kendrick, John J., Jr.	The Interested Director in Texas, 21 Southwestern Law Journal 794–807 (1967).
Kent, James	Commentaries on American Law, Volumes 1–4, Volume 2, Philadelphia 1889.
Kerr, William W.	A Treatise on the Law of Fraud and Mistake, 3d Edition, London 1902.
Kessler, Robert, A.	Interested and Interlocking Directorates Contracts, 2 Delaware Journal of Corporate Law 270–308 (1977).
ders.	The New York Business Corporation Law, 36 St. John's Law Review 1–108 (1961).
Kessler, Friedrich	Contracts of Adhesion-Some Thoughts about Freedom of Contract, 43 Columbia Law Review 629–642 (1943).
ders.	The Protection of the Consumer under Modern Sales Law, Part 1, 74 Yale Law Journal 262–285 (1964).
Kessler, Friedrich / Fine, Edith	Culpa in Contrahendo, Bargaining in Good Faith, and Freedom of Contract: A Comparative Study; 77 Harvard Law Review 401–449 (1964).
Klöckner, Stefan	Informationspflichten und Haftung der Organmitglieder börsennotierter Aktiengesellschaften, Baden Baden 2009.
Knapp, Christoph	Die Treuepflicht der Aufsichtsratsmitglieder von Aktengesellschaften und Directors von Corporations – Ein vergleichender Beitrag zur Begründung und Konkretisierung der Treuepflicht von Verwaltungsmitgliedern im deutschen und US-amerikanischen Aktienrecht, München 2004.
Knauss, Robert L.	Corporate Governance – A Moving Target, 79 Michigan Law Review 478–500 (1981).

Knepper, William E. / Bailey, Dan A. Liability of Corporate Officers and Directors, Volume 1–2, 7th Edition, Charlottesville 2002.

Kodak, Robert D. The Corporate Fiduciary Doctrine and the Requirement of Fairness in Parent-Subsidiary-Relations, 76 Dickinson Law Review 237–265 (1971).

Kötz, Hein Trust und Treuhand – Eine rechtsvergleichende Darstellung des anglo-amerikanischen trust und funktionsverwandter Institute des deutschen Rechts, Göttingen 1963.

Kozyris, P. John Corporate Wars and Choice of Law, 1985 Duke Law Journal 1–99 (1985).

Kramer, Victor H. Interlocking Directorships and the Clayton Act after 35 Years, 59 Yale L.J. 1266–1295 (1950).

Krause, Rüdiger Sarbanes-Oxley Act und deutsche Mitbestimmung, Wertpapiermitteilungen 2003, S. 762–677.

Kuykendall, Mae Reflections on a Corporate Law Draftsman: Ernes L. Folk's Lessons for Writing and Judging Corporate Law, 35 Rutgers Law Journal 391–481 (2004).

Laby, Arthur B. The Fiduciary Obligation as the Adoption of Ends, 56 Buffalo Law Review 99–167 (2008).

Lafferty, William M. / Schmidt Lisa A. / Wolfe, Jr., Donald J. A Brief Introduction to the Fiduciary Duties of Directors under Delaware Law, 116 Pennsylvania State Law Review 837–877 (2012).

Lane, Kenneth B. Statutory Regulation of Dealings between Corporations with Interlocking directorates, 23 Cornell Law Quarterly 445–451 (1938).

Lane, Marc J Representing Corporate Officers, Directors, Managers and Trustees, 2d Edition (Loose-Leaf), Chicago 2016.

Landstrom, Norman Ratification by Majority Shareholders – A Problem in Corporate Democracy, 31 Boston University Law Review 165–178 (1951).

Langevoort, Donald C. Resetting the Corporate Termostat: Lessons from the Recent Financial Scandals about Self-Deception, Deceiving others and the Disign, 93 Georgetown Law Journal 285–317 (2004).

Laster, J. Travis / Haas, Steven M. Delaware Supreme Court establishes clear Rules in Ganthler Decision, 2009 Corporate and Securities Law Advisor 2–35 (2009).

Lattin, Norman D. The Law of Corporations, 2d Edition, Mineola 1971.

Lattin, Norman D. / Jennings, Richard W. / Buxbaum, Richard M Corporations – Cases and Materials, 4th Edition, Mundelein 1968.

Lazarus, Lewis H. Standards of Review in Conflict Transactions: An Examination of Decisions rendered on Motions to dismiss, 26 Delaware Journal Corporate Law 911–925 (2001).

Lazarus, Lewis H. / Cartney, Brett M. Standards of Review in Conflict Transactions on Motions to dismiss: Lessons Learned in the past Decade, 36 Delaware Journal Corporate Law 967–1010 (2011).

Laylin, Clarence D. The Duty of a Director Purchasing Shares of Stock, 27 Yale Law Journal 731–740 (1918).

Lee, Thomas C. Limiting Corporate Directors' Liability: Delaware's Section 102(b)(7) and the Erosion of the Corporate' Duty of Care, 136 University of Pennsylvania Law Review 238–280 (1987).

Leff, Arthur A. Unconscionability and The Code: The Emperor's New Clause, 115 University of Pennsylvania Law Review 485–559 (1967).

Leroy, Allan Corporations: Judicial Review of unreasonable Compensation voted to Executives by independent Directors, 32 California Law Review 88–91 (1944).

Leonard, Davin The Adelphia Story – The sixth-largest cable company might as well have been called John Rigas & Sons. Its rise and fall was a small-town sage of epic dimensions, Fortune, August 12, 2002, S. 136–146.

Lewin, Thomas A practical Treatise of the Law of Trusts and Trustees, London 1837.

Livermore, Samuel Treatise on the Law of Principal and Agent and Sales by Auction, Volume I, Baltimore 1818.

Lowenstein, Roger The Company They Kept, New York Time Magazine, February 1, 2004; abrufbar unter http://wwwnytimes.com/2004/02/01/magazine/01RIGAS.html.

Lund, Andrew C.W. Opting Out of Good Faith, 37 Florida State Law University Law Review 393–449 (2010).

Lyons, James E. The Validity or Invalidity of Corporate Directors' Action and the Quorum Requirement, 15 University of Kansas Law Review 366–373 (1967).

Macnair, Michael R.T. The Conceptual Basis of Trust in the Later 17th and Early 18th Centuries, in: Richard Helmholz / Reinhard Zimmermann (Hrsg.), Itinera Fiduciae – Trust and Treuhand in Historical Perspective, S. 207–236, Berlin 1998.

Macey, Jonathan R. / Miller, Geoffrey P. Toward an Interest Group Theory of Delaware Corporate Law, 65 Texas Law Review 469–523 (1987).

Magistrale, Jean Advising California Nonprofit Corporation, 3d Edition, Oakland 2017.

Main, Thomas O. Traditional Equity and Contemporary Procedure, 78 Washington Law Review 429–514 (2003).

Maitland, Forms of Action at Common Law – A Course of Lecture, Cambridge 1968.

Ders. Equity – A Course of Lecture, 3d Edition, Cambridge 1949.

Marron, Owen B. Corporations: Effect upon Contracts of adverse Interest of Directors: Interlocking Directorates, 19 California Law Review 304–313 (1931).

Marsh, Jr., Harold Are Directors Trustees? Conflict of Interest and Corporate Morality, 22 The Business Lawyer 35–76 (1966).

Marsh, Jr., Harold / Finkle, Roy R. / Sonsini, Larry W. Marsh`s California Corporation Law, 4th Edition, Volume 1–4 (Loose-Leaf), New York 2004 (Suppl. 2011).

Massie, J.P. Validity of Contract between Corporations as affected by Directors or Officers in common, 114 American Law Review 299–318 (1938).

Macey, Jonathan R. / Miller, Geoffrey P. Toward an Interest Group-Theory of Delaware Corporate Law, 65 Texas Law Review 469- (1987).

Machen, Arthur W. A Treatise on the modern Law of Corporations: with reference to Formation and Operation under General Law, Boston 1904.

Matwyshyn, Andrea M. Imagining the Intangible, 34 Delaware Journal of Corporate Law 965–1013 (2009).

MBCA Model Business Corporation Act Annotated, 4th Edition, Volumes 1–4 (Loose-Leaf), Englewood Cliffs 2009.

McDonald, Wallace J. Business Associations: 1970 Survey of New York Law, 22 Syracuse L. Rev. 249–261 (1970).

McGinty, Park The Twilight of Fiduciary Duties: On the Need for Shareholders Self-help in an Age of Formalistic Proceduralism, 46 Emory Law Journal 163–305 (1997).

McGovern, Bruce A. Fiduciary Duties, Consolidated Returns and Fairness, 81 Nebraska Law Review 170–208 (2002).

McMurray, Marcia M. An Historical Perspective on the Duty of Care, the Duty of Loyalty, and the Business Judgment Rule, 40 Vanderbilt Law Review 605–629 (1987).

Melchione, Joseph S. / Oppelt, Timothy, I. Fiduciary Duties of Credit Union Directors in the Merger Context, 7 DePaul Business & Commercial Law Journal 203–239 (2009).

Melin, Patrik Gesetzesauslegung in den USA und Deutschland, Tübingen 2003.

Melikan, Rose A. John Scott Lord Eldon, 1751–1838 – The Duty of Loyalty, Cambridge 1999.

Memo zu § 713 NYBCL (1961) *Memo zu § 713 NYBCL (1962)* *Memo zu § 713 NYBCL (1965)* — Explanatory Memorandum on Amendments to Business Corporation Law to § 713 NYBCL – Revised Supplement: in:
5th Interim Report to 1961 Session of N.Y.S. Legislature, 1961 N.Y.S.Legis. Doc. No. 12, p. 49;
6th Interim Report to 1962 Session of N.Y.S. Legislature, 1962 N.Y.S.Legis. Doc. No. 30, p. 140–141;
9th Interim Report to 1965 Session of N.Y.S. Legislature, 1965 N.Y.S. Legis, Doc. No. 24, p. 132–133.

Memo zu § 713 NYBCL (1971) — Explanatory Memorandum on an Act amend the Business Corporation Law in Relation to special Meetings of Shareholders, Term of Directors and Interested Directors, in
15th Interim Report to 1971 Session of N.Y.S. Legislature, 1971 N.Y.S. Legis, Doc. No. 10, p. 33.

Memo zu § 715 NYNPCL (1970) — Explanatory Memorandum to Amendments to proposed Not-for-Profit Corporation Law, in.
13th Interim Report to 1969 Session of N.Y.S. Legislature, 1969 N.Y.S.Legis. Doc. No. 83, p. 58;
14th Interim Report to 1970 Session of N.Y.S. Legislature, 1970 N.Y.S.Legis. Doc. No. 11, p. 120.

Mestmäcker, Ernst-Joachim — Verwaltung, Konzerngewalt und Rechte der Aktionäre – Eine rechtsvergleichende Untersuchung nach deutschem Aktienrecht und dem Recht der corporations in den Vereinigten Staaten, Karlsruhe 1958.

Merrill, John Housten u.a. (Hrsg.) — The American and English Encyclopedia of Law, Volumes 1–31, Northport 1887 ff.

Merkt, Hanno / Göthel, Stephan R. — US-amerikanisches Gesellschaftsrecht, 3. Auflage, Frankfurt am Main 2013.

Miller, Cleaveland D. — The Fiduciary Duties of a Corporate Director, 4 University of Baltimore Law Review 259–280 (1975).

Millon, David K. — Therories of the Corporation, 1990 Duke Law Journal 201–262 (1990).

Mitchell, Lawrence E. — Fairness and Trust in Corporate Law, 43 Duke Law Review 425–491 (1993).

Modzelewski, Ernest F. Corporations – Transactions between Corporations with Common Directors presumed unfair, 1960 University of Illinois Law Forum 452–457 (1960).

Moffat, Graham Trusts Law: Texts and Materials, 3d Edition, London 1999.

Mommsen, Theodor / Krueger, Paul / Watson, Alan The Digest of Justinian, Volumes I–IV, Philadelphia 1998.

Moody, Lizabeth Anne Statutory Solutions to Conflicts of Interests in Close Corporations, 35 Cleveland State Law Review 95–119 (1987).

Moore, Andrew G.T. The "Interested" Director or Officer Transaction, 4 Delaware Journal of Corporate Law 674–679 (1979).

ders. The birth of Unocal – A Brief History, 31 Delaware Journal of Corporate Law 865–895 (2006).

Morawetz, Victor A Treatise on the Law of Private Corporations, 2d Edition, Boston 1886.

Mowbray, John / Tucker, Lynton / Le Poidevin Nicolas / Simpson, Edwin Lewin on Trusts, 17th Edition, London 2000.

Murphy, Kevin J. Top Executives are Worth Every Nickel They Get, 64 Harvard Business Review 125–132 (1986).

Murphy, Joseph E. Can the Scandals teach us anything? Enron, Ethics, and Lessons for Lawyers, 12 Business Law Today 3 (January/February) 2003, S. 10–16; abrufbar unter: http://www.abanet.org/buslaw/blt/2003-01-02/murphy.html.

Murray, John Edward Murray on Contracts, 4th Edition, Charlottesville 2001.

Musson, Antony The Influence of Canon Law on the Administration of Justice in Late Medieval England, in Yves Mausen u.a. (Hrsg): Der Einfluss der Knonistik auf die Europäische Rechtskultur, S. 325–341 (2014).

Nader, Ralph / Green, Mark / Seligman, Joel Taming the Giant Corporations, New York 1976.

Newman, Ralph A. The Renaissance of Good Faith in Contracting in AngloAmerican Law, 54 Cornell Law Review 553–565 (1969).

Nolan, Richard C. Conflicts of Interest, Unjust Enrichment, and Wrongdoing, in: Cornish, William R. u.a. (Hrsg.), Restitution, Past, Present and Future – Essays in Honor of Gareth Jones, Oxford 1998, S. 87–132.

Note Beyond "Independent" Directors: A Functional Approach to Board Independence, 119 Harvard Law Review 1553–1575 (2006).

Note The Internal Affairs Doctrine: Theoretical Justifications and Tentative Explanations for its continued Primacy, 115 Harvard Law Review 1480–1501 (2002).

Note When must a Transaction between the Corporation and its Directors be fair and reasonable? An Analysis of Conflict of Interest Statutes, 11 William Mitchell Law Review 199–225 (1985).

Note Interested Director's Contracts – Section 713 of the New York Business Corporation Law and the Fairness Test, 41 Fordham Law Review 639–670 (1973).

Note Law for Sale: Study of the Delaware Corporation Law of 1967, 117 University of Pennsylvania Law Review 861–898 (1969).

Note Corporate Fiduciary Doctrine in the Context of Parents Subsidiary Relations, 74 Yale Law Journal 338–353 (1964).

Note Silence as Fraudulent Concealment – Vendor and Purchaser – Duty to Disclose, 36 Washington Law Review 202– (1961).

Note Inherent Power as a Basis of a corporate Officer's Authority to contract, 57 Colombia Law Review 868–886 (1957).

Note Restrictions on Nepotism and Director-Corporation Transactions in Insurance Companies, 54 Columbia Law Review 645–649 (1954).

Note Position of Corporate Directors as Sui Generis, 35 Minnesota Law Review 564–575 (1951).

Note Inherent Powers of Corporate Officers, 61 Harvard Law Review 867–74 (1948).

Note The Fairness Test of Corporate Contracts with Interested Directors, 61 Harvard Law Review 335–344 (1948).

Note Corporations: Fiduciary Duty of Directors to Shareholders, 29 California Law Review 67–71 (1940).

Note Shareholder Ratification of Directors' Fraudulent Acts, 53 Harvard Law Review 1368–1375 (1940).

Note The Validity of Contracts between Corporations with Common Directors, 51 Harvard Law Review 327–330 (1937).

Note Legal Safeguards about Transactions between a Director and his Corporation, 83 University of Pennsylvania Law Review 56–66 (1934).

Note The Effect of Common Officers in Intercorporate Transactions, 81 University of Pennsylvania Law Review 598–608 (1933).

Note Restrictions on the Power of a Director to contract with his Corporation, 29 Columbia Law Review 338–347 (1929).

Note Corporations – Payment to a Director to look after Particular Interests, 62 University of Pennsylvania Law Review 450–452 (1914).

Note Contract of Corporations with its own Directors, 1 Virginia Law Review 66–68 (1913).

Nowicki, Elisabeth A. A Director's Good Faith, 55 Buffalo Law Review 457–535 (2007).

dies. Not in Good Faith, 60 Southern Methodist University Law Review 441–491 (2007).

New York Law McKinney's Consolidated Laws of New York Annotated, Book 6, Business Corporation Law, St. Paul 2003 (2013 Cumulative Annual Pocket Part.

Oakley, A.J. Constructive Trusts, 2d Edition, London 1987.

O'Connor, Marleen A. How should we talk about Fiduciary Duty? Directors' Conflict-of-Interest Transactions and the ALI's Principles of Corporate Governance, 61 George Washington Law Review 954–983 (1993).

Ogilvie, Margaret H. Fiduciary Obligations in Canada from Concept to Principle, 1995 Journal of Business Law 638- (1995).

O'Kelley, Charles R.T. / Thompson, Robert B. Corporations and other Business Associations: Cases and Materials, 8th Edition (Loose-Leaf), Boston 2017.

Oltmanns, Martin Geschäftsleiterhaftung und unternehmerisches Ermessen: Die Business Judg-ment Rule im deutschen und im amerikanischen Recht, Frankfurt/M. 2001.

O'Neal, Forest Hodge Close Corporation Legislation: A Survey and an Evaluation, 1972 Duke Law Journal 867–893 (1972).

O'Neal, Forest Hodge / Thompson, Robert B. O'Neal's Close Corporations & LLCs: Law and Practice, 3d Edition, Volume 1, Boston 2007.

Orlinsky, Eric G. Corporate Opportunity Doctrine and Interested Director Transaction – A Framework for Analyses in an Attempt to Restore Predictability, 24 Delaware Journal of Corporate Law 451–528 (1999).

Orts, Eric W. Beyond Shareholder: Interpreting Corporate Constituency Statutes, 61 George Washington Law Review 14–142 (1992).

Otto, Karl Eduard, Schilling, Bruno / Sintenis, Karl F. F. Das Corpus Iuris Civilis (Romani), Band 1–7, Leipzig 1831 (Neudruck 1894).

Palm, Craig W. / Kearney, Mark A. A Primer on the Basics of Director's Duties in Delaware: Rules of the Game, 40 Villanova Law Review 1297–1364 (1995) - Part I, 42 Villanova Law Review 1043–1114 (1997) - Part II.

Palmiter, Alan R. Corporations – Examples & Explanations, 8th Edition, New York 2015.

Palmiter, Alan R. Reshaping the Corporate Fiduciary Model: A Directors Duty of Independence, 67 Texas Law Review 1351–1464 (1989).

Pam, Max Interlocking Directorates, the Problem and its Solution, 26 Harvard Law Review 467–492 (1913).

Paredes, Troy A. To much to pay, too much Deference: Behavioral Corporate Finance; CEOs, and Corporate Governance, 32 Florida State University Law Review 673–762 (2005).

Parsons, Ross W. The Directors' Duty of Good Faith, 5 Melbourne University Law Review 395–409 (1967).

Paschos, Nikolaos Die Stellung des herrschenden Gesellschafters – Eine rechtsvergleichende Untersuchung des deutschen GmbH-Rechts sowie des US-amerikanischen Rechts der corporation unter besonderer Berücksichtigung der Principles of Corporate Governance des American Law Institute, Düsseldorf 2000.

Pearce, Robert / Stevens, John. The Law of Trusts and Equitable Obligations, London, Dublin 1995.

Pease, Donald E. Outside Directors: Their Importance tot he Corporation and Protection from Liablity, 12 Delaware Journal Corporate Law 25–40 (1987).

Pennings, Johannes M. Interlocking Directorates: Origins and Consequences of Connections among Organisations's Boards of Directors, San Francisco 1980.

Perkins, Roswell B. The ALI Corporate Governance Project in Midstream, 41 Business Lawyer 1195–1235 (1986).

Perlstein, Matthew N. Corporations: When informal Action by Corporate Directors will be permitted to bind the Corporation, 53 Boston University Law Review 101–121 (1973).

Perry, Jairus Ware A Treatise on the Law of Trusts and Trustees, Volume I, 5th Edition, Boston 1899.

Pettit, Philip Equity and the Law of Trust, 6th Edition, London 1989.

Pinto, Arthur T. / Branson, Douglas M. Understanding Corporate Law, 2d Edition, New York 2004.

Pogue, Richard W. Antitrust considerations in forming a joint Venture, 54 American Law Journal 925–952 (1985).

Pollock, Frederick Sir / Maitland, Frederic W. The History of English Law before the Time of Edward I, Volumes 1–2, 2d Edition, Cambridge 1968.

Pomeroy, John Norton A Treatise on Equity Jurisprudence, as administered in the United States Of America; adapted for all the states and to the Union of legal and Equitable Remedies under the reformed Procedure, 2d Edition, Volume I, San Francisco 1892 und 5th Edition 1941.

Posner, Richard A. / Scott, Kenneth E. Economics of Corporation Law and Securities Regulation, Boston 1980.

Prosser, William Lloyd / Keeton, W. Page Prosser and Keeton on the Law of Torts, 5th Edition, St Paul 1984.

Pound, Roscoe N. The Development of American Law and its Deviation from English Law, 67 Law Quarterly Report 49–66 (1951).

Pound, Roscoe N. The Spirit of the Common Law, Whitefish 1921.

Pound, Roscoe N. Common Law and Legislation, 21 Harvard Law Review 383–407 (1908).

Power, Sean A. Sarbanes Oxley End Corporate Lending to Insiders: Some Interpretative Issues for Executive Compensation Surrounding the Section 402 Loan Prohibition, 71 University of Missouri at Kansas City Law Review 911–938 (2003).

Purdy, James Hart / Beach, Charles, Fisk A Treatise on the Law of Private Corporations, also of Joint-Stock Companies and other unincorporated Associations, Volumes 1–3, Chicago 1905.

Radin, Max The Endless Problem of Corporate Personality, 32 Columbia Law Review 643–667 (1932).

Randall, S. Thomas / *Kenneth, Martin* Litigating Challenges to Executives Pay: An. Exercise in Futility, 79 Washington University Law Quarterly 569–614 (2001).

Raymond, Robert L. The Geneses of the Corporation, 19 Harvard Law Review 353–369 (1906).

Regensteiner M. Validity of Contract Between Corporations as affected by Directors or Officers in common, 33 American Law Review 2d 1060–1085 (1954).

Reimann, Mathias Einführung in das US-amerikanische Privatrecht, 2. Auflage, München 2004.

Rhiel, Jörg Related-Party Transactions im deutschen und US-Amerikanischen Recht der Aktiengesellschaft, Berlin 2014.

Ribstein, Larry E. Market vs. Regulatory Responses to Corporate Fraud. A Critique of the Sarbanes-Oxley Act of 2002, 28 Journal of Corporate Law 1–68 (2002).

Rich, John F. Corporate Loans to Officers, Directors and Shareholders, 14 Business Lawyer 658–664 (1959).

Rinck, Gerd Pflichtwidrige Vertretung: Insichgeschäfte und sonstiger Vollmachtsmiß-brauch nach deutschem und englischem Recht unter besonderer Berücksichtigung der Umgehungsfälle, Berlin 1936.

Reuwer, Megan L. Wood Prince v. Lynch: Opening the Door for Subsequent Misapplications of the Business Judgment Rule to Claims alleging that a Trustee has breached his fiduciary Duty of Loyalty, 2007 Journal of Business & Technology Law 633–646 (2007).

Rhee, Robert J. The Foundation of Duty of Care and Business Judgment, 88 Notre Dame Law Review 1139–1198 (2013).

Robinson, Thomas / *Wilson John* — The Common Law of Kent: or, The customs of gavelkind: With an appendix concerning borough English, 3d Edition, London 1822.

Rodrigues, Usha — From Loyalty to Conflict: Addressing Fiduciary Duty at the Officer Level, 61 Florida Law Review 1–53 (2009).

ders. — The Fetishization of Independence, 33 Journal of Corporation Law 447–495 (2008).

Rodriguez, Nicholas R. — Kahn v. M&F Worldwide Corp.: Risking too much on Ab Initio Conditions, 10 Journal Business & Technology Law 113–135 (2015).

Roe, Mark J. — Delaware Competition, 117 Harvard Law Review 588–645 (2003).

Rohrbacher, Blake / Zeberkiewicz, John M./ — Fair Summary: Delaware's Framework for Disclosing Fairness Options 63 Business Lawyer 881–905 (2008).

Rohrbacher, Blake / Zeberkiewicz, John M./ Uebler, Thomas A. — Stockholder Litigation under the Delaware General Corporation Law: Finding Safe Harbor: Clarifying the limited Application of Section 144, 33 Delaware Lawyer 719–747 (2008).

Roller, Elmer W. — The Relation of the Directors to the corporation and the stockholders, 5 Marquette Law Review 169–176 (1921).

Roman III, Antonio B. — Comparative Responses to Self-Dealing Transactions: The United States and the Philippines, 11 Columbia Journal of Asian Law 435–467 (1997).

Romano, Roberta — The Sarbanes-Oxley Act and the Making of Quack Corporate Governance, 114 Yale Law Journal 1521–1611 (2005).

dies. — The Genius of American Corporate Law, Washington 1993.

dies. — Law as Product: Some Pieces of the Incorporation Puzzles, 1 Journal of Law, Economics & Organizations 255–283 (1985).

Rotman, Leonard — Fiduciary Doctrine: A Concept in Need of Understanding, 34 Alta Law Review. 821–851 (1996).

Rounds, Charles E. / Rounds, Charles E., III — Loring A Trustee's Handbook, London 2009.

Roy, William G — Interloking Directorates and the Corporate Revolution, 2 Social Science History 143–164 (1983)

Ruder, David S. — Duty of Loyalty – A Law Professor`s Status Report, 40 Business Lawyer 1383–1402 (1985).

Rusch, Konrad — Gewinnhaftung von Treuepflichten – Eine rechtsvergleichende Untersuchung zum englischen und deutschen Recht, Tübingen 2003.

Sale, Hilary — Delaware's Good Faith, 89 Cornell Law Review 456–495 (2004).

Scallia, Antonin / Gutmann Amy — A Matter of Interpretation: Federal Courts and the Law: An Essay by Antonin Scalia, Princton 1997.

Schindler, Thomas — Rechtsgeschäftliche Entscheidungsfreiheit und Drohung, Tübingen 2005.

Schoorman, F. David/ Bazeman, Max H./ Atkin, Robert S. — Interlocking Directorates: A Strategy for Reducing Environmental Uncertainty, 2 The Academy of Management Review 243–251 (1981).

Scrutton, Thomas Edward — Roman Law Influence in Chancery Church, Admirality, and Law Merchant, in: John H. Wigmore/Ernst Freund/William E. Mikell (Hrsg.), Selected Essays in Anlgo-American Legal Historie, Volume 1, Artikel 7 (1907).

Schlopy, Max E. — The "Unfair" Interested Directors' Contract Under the New York Business Corporation Law, 16 Buffalo L. Rev. 840–845 (1967).

Sealy, L.S. — The Director as Trustee, 1967 Cambridge Law Journal 83–103 (1967).

ders. — Some Principles of Fiduciary Obligations, 1963 Cambridge Law Journal 119–131 (1963).

ders. — Fiduciary Relationships, 1967 Cambridge Law Journal 69–81 (1962).

Shaner, Megan Wischmeier The (Un)Enforcement of Corporate Officers' Duties, 48 University of California at Davis Law Review 271–336 (2014).

Shaner, Megan Wischmeier Restoring the Balance of Power in Corporate Management: Enforcing an Officer's Duty of Obedience, 66 Business Lawyer 27–59 (2010).

Schaefer, Jesse A. Beyond a Definition: Understanding the Nature of void and voidable Contract, 33 Campbell Law Review 193–209 (2010).

Schmidt, Lena Die Bedeutung des Model Business Corporation Act im US-amerikansichen Gesellschaftsrecht, Recht der Internationalen Wirtschaft 2016, S. 718–729.

Schmitz, Rainer Die Haftung des Vorstands gegenüber den Aktionären, Frankfurt/Main 2004.

Scott, Austin W. The Fiduciary Principle, 37 California Law Review 539–555 (1949).

ders. The Trustee's Duty of Loyalty, 49 Harvard Law Review 521–565 (1936).

Scott, Krystal P. A Catch-22 or a Catch-All?: Delaware and Texas Grasp for Certainty in Shareholder Ratification, 8 Duquesne Business Law Journal 117–142 (2006).

Sealy, L.S. The Director as Trustee, 1967 Cambridge Law Journal 83–103 (1967).

ders. Some Principles of Fiduciary Obligation, 1963 Cambridge Law Journal 119–140 (1963).

ders. Fiduciary Relationships, 1962 Cambridge Law Journal 69–81 (1962).

Selden, John The Table-Talk of John Selden (The Legal Classic Library 1989).

Seligman, Joel The New Corporate Law, 59 Brooklyn Law Review 1–63 (1993).

Seligman, Joel A Brief History of Delaware's General Corporation Law of 1899,1 Delaware Corporation Law 249–287 (1976).

Shaner, Megan W. The (Un)Enforcement of Corporate Officers' Duties, 48 University of California at Davis Law Review 271–336 (2014).

Shaner, Megan W. Restoring the Balance of Power in Corporate Management: Enforcing an Officer's Duty of Obedience, 66 Business Lawyer 27–60 (2010).

Sharfman, Bernanrd S. Enhancing the Efficiency of Board Decisions Making: Lessons Learned from the Financial Crises of 2008, 34 Delaware Journal of Corporate Law 813–851 (2009).

Sharpe, Nicola Faith The Cosmetic Independence of Corporate Boards, 34 Seattle University Law Review 1435–1456 (2011).

Shepherd, J.C. The Law of Fiduciaries, Toronto 1981.

ders. Towards a Unified Concept of Fiduciary Relationship, 97 Law Quarterly Review 51–79 (1981).

Shub, Jonathan Distinguishing Individual and Derivative Claims in the Context of Battles for Corporate Control, 13 Delaware Journal of Corporate Law 579–609 (1988).

Siedel, George Close Corporation Law: Michigan Delaware and the Model Act, 11 Delaware Journal of Corporate Law 383–434 (1986).

Siegel, Mary The Erosion of the Law of Controlling Shareholders, 24 Delaware Journal of Corporate Law 27–81 (1999).

Simmons, Omari Scott The Corporate Immune System Governance from the Inside Out, 2013 University of Illinois Law Review 1131–1170 (2013).

Simpson, Edwin Conflicts, in: Breach of Trusts (Hrsg.) Peter Birks / Ariann Pretto, Oxford u.a. 2002, S. 75–94.

Simpson, Scott V. The Emerging Role of the Special Committee – Ensuring Business Judgment Rule Protection in the Context of Management Leveraged Buyouts and Corporate Transactions involving Conflict of Interests, 43 Business Lawyer 665–690 (1988).

Story, Joseph Commentaries on Equity Pleadings, and the Incidents thereof; according to the Practice of the Courts of Equity of England and America, Volumes I. –II., Boston, London 1838.

ders. Commentaries in Equity Jurisprudence as administered in England and
America, 14th Edition, Little Brown 1918.

Strauss, Gary Execs reap benefits of cushy Loans, USA Today, Dec. 24, 2002, 1B.

Strine, Jr. Leo. E. Derivative Impact – Some Early Reflections on the Corporation Law Implications of the Enron Debacle, 57 Business Lawyer 1371–1402 (2002).

Strine, Jr., Leo E. / Hamermesh, Lawrence A / Balotti, R. Franklin Loyalty's Core Demand: The Defining Role of Good Faith in Corporation Law, 98 Georgetown Law Journal 629–696 (2010).

Subrin, Stephen N. David Dudley Field and The Field Code: A Historical Procedural Vision, 6 Law and History Review 311–333 (1988).

Sugden, Edward B. A Practical Treatise of the Law of Vendors and Purchasers of Estates, 5th Edition, Philadelphia 1820.

Summers, Robert S. Interpreting Precedents: A Comparative Study. Neil_ MacCormick/Robert S. Summers (Hrsg.), S. 355–395 (1997).

Summers, R.S. The General Duty of Good Faith – Its Recognition and Conceptualization, 67 Cornell Law Review 810–835 (1982).

Swanson, Carol B. The Turn in Takeovers: A Study in public Appeasement and unstoppable Capitalism, 30 Georgia Law Review 943–1004 (1996).

Tauber, Yale D. / Levy, Donald R. Executive Compensation, Washington, D.C. 2002.

Terrion, Halle Fine — Regulation S-K, Item 402: The New Executive Compensation Disclosure Rules, 43 Case Western Reserve Law Review 1175–1197 (1993).

Thoma, Katrin — Eigengeschäfte des Vorstands mit der Aktiengesellschaft: Eine vergleichende Untersuchung zum englischen, US-amerikanischen und deutschen Recht, Frankfurt am Main 2003.

Thompson, Seymour D. — Commentaries on the Law of Private Corporations, 2d Edition Indianapolis 1908–1910.

Teevens, Kevin M. — A History of the Anglo-American Common Law of Contract, New York, Westport, London 1990.

Teichmann, Christoph — Die GmbH im europäischen Wettbewerb der Rechtsformen, Zeitschrift für Unternehmens und Gesellschaftsrecht 2017, S. 543–582.

ders. — Modellgesetze für Kapitalgesllschaften in den USA (MBCA) und Europa (EMBCA), in Festschrift für Theodor Baums, Band 2, 2017, S. 1227–1248.

Tiffany, Francis B. — Handbook of the Law of Principal and Agent, St. Paul 1924.

Tung, Frederick — Before Competition: Origins of the Affairs Doctrine, 32 Journal of Corporate Law 33–101 (2006).

Tyrell, Heribert — Fiduziarische Geschäftsführungsverhältnisse im englischen Recht, Leipzig 1933.

Uhlman, Rudaolph E. — The Legal Status of Corporate Directors, 19 Boston University Law Review 12–31 (1939).

Veasey, E. Norman / DiGuglielmo, Christine — What happended in Delware Corporate Law and Governance from 1992–2004, 153 University of Pennsylvania Law Review 1399–1512 (2005).

ders. — The Defining Tension in Corporate Governance in America, 52 Business Lawyer 393–406 (1997).

ders. — The Emergency of Corporate Governance as New Legal Discipline, 48 Business Lawyer 1267–1270 (1993).

ders. — Duty of Loyalty: The Criticality of the Counselors' Role, 45 Business Lawyer 2065–2081 (1990).

Veasey, E. Norman / Manning, William E. Codified Standard – Safe Harbor or Uncharted Reef? An Analysis of the Model Act Standard of Care with Delaware Law, 35 Business Lawyer 919– (1980).

Velasco, Julian Structural Bias and the Need for Substantive Review, 82 Washington University Law Quarterly 821- (2004).

Vesey, Francis / Beames, John Reports of cases argued and determined in the High Court of Chancery during the time of Lord Chancellor Eldon, 1795–1822, Volume 1–19, Reports 1789–1817, London 1813.

Vinogradoff, Paul Reason and Conscience in the Sixteenth Century Jurisprudence, 24 Law Quarterly Review 373–384 (1908).

Wadmond, Lowell Conflicts of Business Interests, 17 Business Lawyer 48–62 (1961).

Wagner, Stephan Huguenin v. Baseley (1807) – Die Bedeutung Pothiers für die Entwicklung von undue influence, in: Vanessa Duss u.a. (Hrsg.), Rechtstransfer in der Geschichte, München 2006.

Walker, Robert The Duty of a Disclosure by a Director Purchasing Stock from his Shareholder, 32 Yale Law Journal 637–649 (1923).

Ward, Philip H. Some Notes on Transactions involving interested and interlocking Directors in Pennsylvania, 23 Temple Law Quarterly 107–115 (1949).

Waters, Donavan Banks, Fiduciary Obligations and Unconscionable Transactions, 65 Canadian Bar Review 37–74 (1986).

Watt, James Crabb Transactions between Trustees and Beneficiaries, 14 Juridical Review 141–151(1902).

Weakley, Suzanne L. / Magistrale, Jean Understanding Fiduciary Duties in Business Entities, Oakland 2017.

Webber, Susan Arkansas Corporate Fiduciary Standards – Interested Directors' Contracts and the Doctrine of Corporate Opportunity, 5 University of Arkansas Law Review 39–75 (1982).

Weber, Max Wirtschaft und Gesellschaft, Tübingen 1956.

Wedderburn, K. W. Shareholders' Rights and the Rule in *Foss v. Hartbottle*, 15 Cambridge Law Journal 194–215 (1957).

Weinrib, Ernest J. The Fiduciary Obligation, 28 University of Toronto Law Journal 1–22 (1975).

Weiss, Jerome P. Business Association and Securities Regulation, 23 Syracuse Law Review 331–372 (1972).

Welch, Edward P. / Saunders, Robert S. Enabling Delaware's Success, 2008 Delaware Lawyer 33–35 (2008).

Welch, Edward P. / Turezyn, Andrew J. / Saunders, Robert S. / Allison, L. Land / Voss, Jennifer C. Folk on the Delaware General Corporation Law – Fundamentals, 2017 Edition, Austen, et al. 2017.

Welch, Edward P. / Turezyn, Andrew J. / Saunders, Robert S. Folk on the Delaware General Corporation Law, 5th Edition, Volume 1, Austen, et al. 2013.

Wells, John Multiple Directorship: The Fiduciary Duties and Conflict of Interest the arise when one individual serves more than one Corporation, 33 John Marshall Law Review 561–581 (2000).

Wengler, Wilhelm Die Anpassung des englischen Rechts durch die Judikatur der Vereinigten Staaten, in: Festschrift Ernst Rabel, Band 1, Tübingen 1954, S. 39–65.

White, Frank / Kantrowitz, Isidore New York Business Entities, 14th Edition (Loose-Leaf); New York 2009.

White, Frederick T./ Tudor, Owen D. A Selection of Leading Cases in Equity with Notes, 8th Edition, Volume 2, London 1912.

Williston, Samuel / Jaeger, Walter H. E. Treatise on the Law of Contracts, 3d Edition, Volumes 1–2, Mount Kisco, New York 1959.

Williston, Samuel History of the Law of Business Corporations before 1800 – Part I–II, 2 Harvard Law Review 105–124 (1888) and 149–166 (1888).

Winder, W.H.D. Precedent in Equity, 57 Law Quarterly Review 245–279 (1941).

Winder, W.H.D. Undue Influence and Coercion, 3 Modern Law Review 97–120 (1939).

Winter, Ralph K. The "Race for the Top" Revisited: A Comment on Eisenberg, 89 Columbia Law Review 1526–1229 (1989).

Wintterlin, Werner Die Haftung für fahrlässige Irreführung im englischen Delikts- und Vertragsrecht unter vergleichender Berücksichtigung des deutschen und nordamerikansichen Rechts, Frankfurt/Main, Berlin 1968.

Wilgus, Horace LaFayette Purchase of Shares of Corporation by a Director from a Shareholder, 8 Michigan Law Review 267–297(1910).

Wolfe, Donald J. / Pittenger, Michael A. Corporate and Commercial Practice in the Delaware Court of Chancery, 1d Edition, Charlottesville 1998.

Wolff, Josef Trust, Fiducia und fiduziarische Treuhand, Frankfurt/Main u.a. 2005.

Woodward, Calvin Josep Story and American Equity, 45 Washington & Lee Law Review 623–634 (1981).

Wymeersch, Eddy Some Aspects of Management Fees of Mutual Funds, 17 Buffalo Law Review 747–797 (1968).

Yablon, Charles M. On the Allocation of Burdens of Proof in Corporate Law: An Essay on Fairness and Fuzzy Sets, 13 Cardozo L. Rev. 497–518 (1991).

Zadeck, Donald J. Corporations: Shareholder Ratification of Directors' Action, 10 Louisiana Law Review 82–87 (1949).

Zalecki, Paul H. The Corporate Governance Roles of the inside and the outside Directors, 24 University of Toledo Law Review 831–848 (1993).

Zweigert, Konrad / Kötz, Hein Einführung in die Rechtsvergleichung auf dem Gebiet des Privatrechts, 3. Auflage, Tübingen 1996.

***

Anhang

Delaware Code Annotated Title 8, section 144 (2017)[2421]

Interested directors, Quorum

(a) No contract or transaction between a corporation and 1 or more of its directors or officers, or between a corporation and any other corporation, partnership, association, or other organization in which 1 or more of its directors or officers, are directors or officers, or have a financial interest, shall be void or voidable solely for this reason, or solely because the director or officer is present at or participates in the meeting of the board or committee which authorizes the contract or transaction, or solely because any such director's or officer's votes are counted for such purpose, if

(1) The material facts as to the director's or officer's relationship or interest and as to the contract or transaction are disclosed or are known to the board of directors or the committee, and the board or committee in good faith authorizes the contract or transaction by the affirmative votes of a majority of the disinterested directors, even though the disinterested directors be less than a quorum; or

(2) the material facts as to the director's or officer's relationship or interest and as to the contract or transaction are disclosed or are known to the shareholders entitled to vote thereon, and the contract or transaction is specifically approved in good faith by a vote of the shareholders; or

(3) the contract or transaction is fair as to the corporation as of the time it is authorized, approved or ratified, by the board of directors, a committee or the shareholders.

(b) Common or interested directors may be counted in determining the presence of a quorum at a meeting of the board of directors or of a committee which authorizes the contract or transaction.

2421 Vgl. letztmalig modifiziert in: 71 Del. Laws, ch 339, §§ 15-17 (July 1998).

Delaware Code Annotated Title 8, section 143 (2017)[2422]

Loans to Employees and Officers; guaranty of Obligations of Employees and Officers

Any corporation may lend money to, or guarantee any obligation of, or otherwise assist any officer or other employee of the corporation or of its subsidiary, including any officer or employee who is a director of the corporation or its subsidiary, whenever, in the judgment of the directors, such loan, guaranty or assistance may reasonably be expected to benefit the corporation. The loan, guaranty or other assistance may be with or without interest, and may be unsecured, or secured in such manner as the board of directors shall approve, including, without limitation, a pledge of shares of stock of the corporation. Nothing in this section contained shall be deemed to deny, limit or restrict the powers of guaranty or warranty of any corporation at common law or under any statute.

New York Business Corporation Law, section 713 (2017)[2423]

Interested directors; Quorum

(a) No contract or other transaction between a corporation and one or more of its directors, or between a corporation and any other corporation, firm, association or other entity in which one or more of its directors are directors or officers, or have a substantial financial interest, shall be either void or voidable for this reason alone or by reason alone that such director or directors are present at the meeting of the board, or of a committee thereof, which approves such contract or transaction, or that his or their votes are counted for such purpose:

(1) If the material facts as to such director's interest in such contract or transaction and as to any such common directorship, officership or financial interest are disclosed in good faith or known to the board or committee, and the board or committee approves such contract or transaction by a vote sufficient for such purpose without counting the vote of such interested director or, if the votes of the disinterested directors are insufficient to constitute an act of the board as defined in section 708 (Action by the board), by unanimous vote of the disinterested directors; or

2422 Vgl. 8 Del. Code 1953; 54 Del. Laws ch. 143 (1963).

2423 Vgl. letztmalig modifiziert in 1997 N.Y. Laws, ch. 449, § 44 (Feb. 22, 1998).

(2) If the material facts as to such director's interest in such contract or transaction and as to any such common directorship, officership or financial interest are disclosed in good faith or known to the shareholders entitled to vote thereon, and such contract or transaction is approved by vote of such shareholders.

(b) If a contract or other transaction between a corporation and one or more of its directors, or between a corporation and any other corporation, firm, association or other entity in which one or more of its directors are directors or officers, or have a substantial financial interest, is not approved in accordance with paragraph (a), the corporation may avoid the contract or transaction unless the party or parties thereto shall establish affirmatively that the contract or transaction was fair and reasonable as to the corporation at the time it was approved by the board, a committee or the shareholders.

(c) Common or interested directors may be counted in determining the presence of a quorum at a meeting of the board or of a committee which approves such contract or transaction.

(d) The certificate of incorporation may contain additional restrictions on contracts or transactions between a corporation and its directors and may provide that contracts or transactions in violation of such restrictions shall be void or voidable by the corporation.

(e) Unless otherwise provided in the certificate of incorporation or the by- laws, the board shall have authority to fix the compensation of directors for services in any capacity.

New York Business Corporation Law, section 714 (2017)[2424]

Loans to Directors

(a) A corporation may not lend money to or guarantee the obligation of a director of the corporation unless:

(1) the particular loan or guarantee is approved by the shareholders, with the holders of a majority of the votes of the shares entitled to vote thereon constituting a quorum, but shares held of record or beneficially by directors who are benefitted by such loan or guarantee shall not be entitled to vote or to be included in the determination of a quorum; or

2424 Vgl. letztmalig modifiziert in 1997 N.Y. Laws, ch. 449, § 45 (Feb. 22, 1998).

(2) with respect to any corporation in existence on the effective date of this subparagraph (2) the certificate of incorporation of which expressly provides such and with respect to any corporation incorporated after the effective date of this subparagraph (2), the board determines that the loan or guarantee benefits the corporation and either approves the specific loan or guarantee or a general plan authorizing loans and guarantees.

(b) The fact that a loan or guarantee is made in violation of this section does not affect the borrower's liability on the loan.

California Corporation Code, section 310 (2017)[2425]

Contracts in Which Director Has Material Interest; Validity

(a) No contract or other transaction between a corporation and one or more of its directors, or between a corporation and any corporation or association in which one or more of its directors has a material financial interest, is either void or voidable because such director or directors is present at the meeting of the board or a committee thereof which authorizes, approves or ratifies the contract or transaction, if

(1) The material facts as to the transaction and as to such director's interest are fully disclosed or known to the shareholder and such contract or transaction is approved by the shareholders (Section 153) in good faith, with the shares owned by the interested director or directors not being entitled to vote therein, or

(2) The material facts as to the transaction and as such director's interest are fully disclosed or known to the board or committee authorizes, approves or ratifies the contract or transaction in good faith by a vote sufficient without counting the vote of the interested director or directors and the contract or transaction is just and reasonable as to the corporation at the time it is authorized, approved or ratified, or

(3) As to contracts or transactions not approved as provided in paragraph (1) or (2) of this subdivision, the person asserting the validity of the contract or transaction sustains the burden of proving that the contract or transaction was just and reasonable as to the corporation at the time it was authorized, approved or ratified.

2425 Vgl. letztmalig modifiziert in 1976 Cal.Stats, ch. 641 § 10 (Jan.1, 1977).

A mere common directorship does not constitute a material interest within the meaning of this subdivision. A director is not interested within the meaning of this subdivision in a resolution fixing the compensation of another director as a director, officer or employee of the corporation, notwithstanding the fact that the first director is also receiving compensation from the corporation.

(b) No contract or other transaction between a corporation and any corporation or association of which one or more of its directors are directors is either void or voidable because such director or directors are present at the meeting of the board or a committee thereof which authorizes, approves or ratifies the contract or transaction, if
  (1) The material facts as to the transaction and as to such director's other directorship are fully disclosed or known to the board or committee, and the board or committee authorizes, approves or ratifies the contract or transaction in good faith by a vote sufficient without counting the vote of the common director or directors or the contract or transaction is approved by the shareholders (Section 153) in good faith, or
  (2) As to contracts or transaction not approved as provided in paragraph (1) of this subdivision, the contract or transaction is just and reasonable as to the corporation at the time it is authorized, approved or ratified. This subdivision does not apply to contracts or transactions covered by subdivision (a).

(c) Interested or common directors may be counted in determining the presence of a quorum at a meeting of the board or a committee thereof which authorizes, approves or ratifies a contract or transaction.

California Corporation Code, section 315 (2017)[2426]

Loans to Directors and Officers

(a) A corporation shall not make any loan of money or property to, or guarantee the obligation of, any director or officer of the corporation or of its parent, unless the transaction, or an employee benefit plan authorizing the loans or guaranties after disclosure of the right under such a plan to include officers or directors, is approved by a majority of the shareholders entitled to act thereon.

2426 Vgl. leztmalig modifiziert in 1984 Cal.Stats, ch. 812, § 1; 1984 Cal.Stats., ch. 335, § 3. (Jan.1, 1984)

(b) Notwithstanding subdivision (a), if the corporation has outstanding shares held of record by 100 or more persons (determined as provided in Section 605) on the date of approval by the board, and has a bylaw approved by the outstanding shares (Section 152) authorizing the board alone to approve such a loan or guaranty to an officer, whether or not a director, or an employee benefit plan authorizing such a loan or guaranty to an officer, such a loan or guaranty or employee benefit plan may be approved by the board alone by a vote sufficient without counting the vote of any interested director or directors if the board determines that such a loan or guaranty or plan may reasonably be expected to benefit the corporation.

(c) A corporation shall not make any loan of money or property to, or guarantee the obligation of, any person upon the security of shares of the corporation or of its parent if the corporation's recourse in the event of default is limited to the security for the loan or guaranty, unless the loan or guaranty is adequately secured without considering these shares, or the loan or guaranty is approved by a majority of the shareholders entitled to act thereon.

(d) Notwithstanding subdivision (a), a corporation may advance money to a director or officer of the corporation or of its parent for any expenses reasonably anticipated to be incurred in the performance of the duties of the director or officer, provided that in the absence of the advance the director or officer would be entitled to be reimbursed for the expenses by the corporation, its parent, or any subsidiary.

(e) The provisions of subdivision (a) do not apply to the payment of premiums in whole or in part by a corporation on a life insurance policy on the life of a director or officer so long as repayment to the corporation of the amount paid by it is secured by the proceeds of the policy and its cash surrender value.

(f) This section does not apply to any of the following:
  (1) Any transaction, plan, or agreement permitted under Section 408.
  (2) Any depository institution, as defined in Section 202 of the Depository Institutions Management Interlocks Act (12 U.S.C. Sec. 3201).
  (3) Any loan or guaranty made by a corporation that makes loans or guaranties in the ordinary course of its business if statutes or regulations pertaining to the corporation expressly regulate the making by the corporation of loans to its officers or directors or the undertaking of guaranties of the obligations of its officers or directors.

(g) For the purposes of subdivisions (a) and (c), "approval by a majority of the shareholders entitled to act" means either (1) written consent of a majority of the outstanding shares without counting as outstanding or as consenting any shares owned by any officer or director eligible to participate in the plan or transaction that is subject to this approval, (2) the affirmative vote of a majority of the shares present and voting at a duly held meeting at which a quorum is otherwise present, without counting for purposes of the vote as either present or voting any shares owned by any officer or director eligible to participate in the plan or transaction that is subject to the approval, or (3) the unanimous vote or written consent of the shareholders. In the case of a corporation which has more than one class or series of shares outstanding, the "shareholders entitled to act" within the meaning of this section includes only holders of those classes or series entitled under the articles to vote on all matters before the shareholders or to vote on the subject matter of this section, and includes a requirement for separate class or series voting, or for more or less than one vote per share, only to the extent required by the articles.

California Corporation Code, section 820 (1947)[2427]

Duty to act in good faith, effect of personal financial interest or common directorship'

Directors and officers shall exercise their powers in good faith and with a view to the interests of the corporation. No contract of other transaction between a corporation, firm, or association in which one or more of its directors are directors or are financially interested, is either void or voidable because such director or directors are present at the meeting of the board of directors or a committee thereof which authorizes or approves the contract or transaction, or because his or their votes are counted for such purpose, if the circumstances specified in any of the following subdivisions exist:

(a) The fact of the common directorship or financial interest is disclosed or known to the board or directors or committee and noted in the minutes, and the board or committee authorizes, approves or ratifies the contract or transaction in good faith by a vote sufficient for the purpose without counting the vote or votes of such directors or directors

2427 Vgl. 1947 Cal.Stats. ch. 1038, p. 2322 (1947).

(b) The fact of the common directorship or financial interest is disclosed or known to the shareholders, and they approve or ratify the contract or transaction in good faith by a majority vote written consent of shareholders entitled to vote.
(c) The contract or transaction is just and reasonable as to the corporation at the time it is authorized or approved.

Common or interested directors may be counted in determining the presence of a quorum at a meeting of the board of directors or a committee thereof which authorizes approves or ratifies a contract or transaction.

California Corporation Code, section 311 (1933)[2428]

Effect of common directorship and director's personal interest

Directors and officers shall exercise their powers in good faith, and with a view to the interests of the corporation.

No contract or other transaction between a corporation and one or more of its directors, or between a corporation and any corporation, firm or association in which one or more of its directors are directors or are financially interested, shall be either void or voidable by reason of the fact that such director or directors are present at the meeting of the board of directors or a committee thereof which authorizes or approves such contract or transaction, or that his or their votes are counted for such purpose, if:

(a) The fact of such common directorship or financial interest be disclosed or known to the board of directors or committee and noted in the minutes, and the board or committee authorize, approve or ratify such contract or transaction in good faith by vote sufficient for such purpose without counting the vote or votes of such director or directors; or
(b) The fact of such common directorship or financial interest be disclosed or known to the shareholders and they approve or ratify such contract or transaction in good faith by a majority vote or written consent of shareholders entitled to vote; or
(c) The contract or transaction be just and reasonable as to the corporation at the time it was authorized or approved.

2428 Vgl. 1931 Cal.Stats. ch. 862, p. 1777, § 2 (1931), amended, 1933 Cal.Stats. ch. 533, p. 1369, § 19 (1933).

Such common or interested directors may be counted in determining the presence of a quorum at such meeting.

Sarbanes Oxley Act, section 402 (2002), Enhanced Conflict of Interest Provisions Section13 of the Securities Exchange Act of 1934, section 13(k)[2429]

Prohibition on Personal Loans to Executives

(1) In General - It shall be unlawful for any issuer (as defined in section 2 of the Sarbanes-Oxley Act of 2002), directly or indirectly, including through any subsidiary, to extend or maintain credit, to arrange for the extension of credit, or to renew an extension of credit, in the form of a personal loan to or for any director or executive officer (or equivalent thereof) of that issuer. An extension of credit maintained by the issuer on the date of enactment of this subsection shall not be subject to the provisions of this subsection, provided that there is no material modification to any term of any such extension of credit or any renewal of any such extension of credit on or after that date of enactment.

(2) Limitation - Paragraph (1) does not preclude any home improvement and manufactured home loans (as that term is defined in section 5 of the Home Owners' Loan Act (12 U.S.C. 1464)), consumer credit (as defined in section 103 of the Truth in Lending Act (15 U.S.C. 1602)), or any extension of credit under an open end credit plan (as defined in section 103 of the Truth in Lending Act (15 U.S.C. 1602)), or a charge card (as defined in section 127(c)(4)(e) of the Truth in Lending Act (15 U.S.C. 1637(c)(4)(e)), or any extension of credit by a broker or dealer registered under section 15 of this title to an employee of that broker or dealer to buy, trade, or carry securities, that is permitted under rules or regulations of the Board of Governors of the Federal Reserve System pursuant to section 7 of this title (other than an extension of credit that would be used to purchase the stock of that issuer), that is -

   (A) made or provided in the ordinary course of the consumer credit business of such issuer;

   (B) of a type that is generally made available by such issuer to the public; and

2429 Vgl. § 402 SOA (2002), Pub. L. No. 107–204, 116 Stat. at. 787 [15 U.S.C. § 78m(k); amending § 78m SEA (1934)].

(C) made by such issuer on market terms, or terms that are no more favorable than those offered by the issuer to the general public for such extensions of credit.

(3) Rule of Construction for certain Loans - Paragraph (1) does not apply to any loan made or maintained by an insured depository institution (as defined in section 3 of the Federal Deposit Insurance Act (12 U.S.C. 1813)), if the loan is subject to the insider lending restrictions of section 22(h) of the Federal Reserve Act (12 U.S.C. 375b).

www.ingramcontent.com/pod-product-compliance
Ingram Content Group UK Ltd.
Pitfield, Milton Keynes, MK11 3LW, UK
UKHW021923290926
8980IPUK00016B/1428

9 783631 856703